Littérature française
du XVIIIᵉ siècle

MICHEL DELON

De l'Encyclopédie aux Méditations, 1750-1820 (en coll. avec R. Mauzi et S. Menant), Arthaud, 1984, 2ᵉ éd. 1989.

P.-A. Choderlos de Laclos, Les Liaisons dangereuses, PUF, coll. « Etudes littéraires », 1986, 3ᵉ éd. 1992.

L'Idée d'énergie au tournant des Lumières, 1770-1820, PUF, coll. « Littératures modernes », 1988.

Ed. Sade, *Œuvres*, Gallimard, « Bibl. de la Pléiade », t. I, 1990, t. II, 1995.

Ed. Mercier-Rétif, *Paris le jour, Paris la nuit*, Robert Laffont, coll. « Bouquins », 1990 (en coll. avec D. Baruch).

Ed. Sade, *Les Crimes de l'amour*, Vivant Denon, *Point de lendemain*, etc., dans la coll. « Folio », Gallimard.

Ed. Sénac de Meilhan, *Des principes et des causes de la Révolution en France*, Révéroni Saint-Cyr, *Pauliska ou la Perversité moderne*, Desjonquères.

Ed. Fougeret de Monbron, *Margot la ravaudeuse*, Baculard-Florian-Sade, *Histoires anglaises*, Anon., *L'Enfant du bordel*, Zulma.

PIERRE MALANDAIN

La Fable et l'intertexte (Lecture de La Fontaine, *Fables*), Temps actuels, coll. « Entaille/s », 1981.

Delisle de Sales philosophe de la nature (1741-1816), Oxford, Studies on Voltaire and the eighteenth Century, nᵒˢ 203 et 204, 1982, 2 vol.

Madame de Lafayette, La Princesse de Clèves, PUF, coll. « Etudes littéraires », 1985, 2ᵉ éd. 1989.

Le premier XVIIIᵉ siècle : les Lumières, dans *Lettres européennes, histoire de la littérature européenne*, dir. A. Benoit-Dusausoy et G. Fontaine, Hachette, 1992.

Anthologie de la littérature française du XVIIIᵉ siècle, Larousse, 1994.

Ed. Voltaire, *Candide*, Montesquieu, *Lettres persanes*, Prévost, *Manon Lescaut*, Rousseau, *Les Rêveries du promeneur solitaire*, dans la coll. « Lire et voir les classiques », Presses Pocket.

Ed. Delisle de Sales, *Eponine ou De la République*, Les Belles Lettres, 1990.

Ed. Molière, *Théâtre complet*, dans la coll. « La Salamandre », Imprimerie nationale *(à paraître en 1996)*.

**Collection
Premier
Cycle**

Littérature française
du XVIIIe siècle

MICHEL DELON
Professeur à l'Université de Paris X-Nanterre

PIERRE MALANDAIN
Professeur à l'Université Charles-de-Gaulle - Lille III

*Presses
Universitaires
de France*

ISBN 2 13 047405 5
ISSN 1158-6028

Dépôt légal — 1re édition : 1996, janvier

1001002788

Sommaire

Avant-propos

Littérature française du XVIIIᵉ siècle : le titre pourrait être doublement inadéquat. La production de langue française dépasse largement l'Hexagone dans une Europe dont les élites sont francophones, où le Polonais Potocki, le Vénitien Casanova et l'Anglais Beckford choisissent de rédiger en français *Le Manuscrit trouvé à Saragosse*, l'*Histoire de ma vie* et *Vathek*. La scansion séculaire ne correspond pas non plus à la conscience qu'eurent les contemporains d'appartenir au siècle de Louis XIV, de Louis XV ou de Louis XVI, voire à un âge éclairé. C'est autour de cette idée des Lumières que nous avons construit notre plan, sans hésiter à déborder de part et d'autre de 1700 et de 1800, en préférant nous interroger sur la pertinence de ces *terminus a quo et ad quem*. La première partie marque la dispersion et le tâtonnement des « Lumières naissantes », la seconde l'affirmation et parfois l'éclatement des Lumières qui prennent conscience d'elles-mêmes autour de l'entreprise encyclopédique.

Le crépuscule du Roi-Soleil et la Révolution nécessitent des analyses spécifiques, au début et à la fin du livre. Au centre s'impose la figure de Voltaire dont la longévité, la productivité polymorphe et la combativité ont imprimé sa marque sur une époque qui est devenue le siècle de Voltaire. Autour de ce personnage décisif, nous étudions les principaux genres littéraires, tels que nous les reconnaissons aujourd'hui (théâtre, roman, poésie) et tels qu'ils étaient définis alors, ainsi que le mouvement des idées et des sensibilités (la littérature des idées des années 1680-1750, les Lumières, philosophie du siècle, le radicalisme philosophique, les questions de la Cité et de l'Individu autour de Rousseau).

Avec cette traversée de l'époque, nous avons voulu proposer un double régime de lecture : lecture continue au fil des chapitres, lecture transversale à l'aide des tableaux, encadrés et index. La première unifie, simplifie, réduit la diversité à une narration ; la seconde livre des informations qui restent à interpréter, elle met l'utilisateur du manuel en contact avec le matériau foisonnant du temps. Le travail des textes littéraires suppose de tels aller et retour, des documents aux hypothèses interprétatives, et des grandes œuvres à la multiplicité des textes moins connus.

Chaque chapitre est suivi d'indications bibliographiques particulières, tandis que les livres d'intérêt général se trouvent dans la bibliographie de fin de volume. Nous n'avons généralement retenu ni les titres en langue étrangère ni les éditions critiques. Quelques exceptions ne manquent pas de confirmer la règle. Nous avons privilégié les livres récents auxquels on se reportera pour trouver des indications plus fournies sur la critique antérieure.

Au siècle de la pensée critique et de la prose ironique ne pouvait être consacré un manuel dogmatique ou péremptoire. D'une part, nous n'avons pas cherché à gommer les différences de style entre les deux parties qui ont été conçues dans le dialogue, sans être soumises à une stricte uniformité. D'autre part, nous avons cherché à problématiser les catégories utilisées, celles de siècle, d'auteur ou de genre, mais surtout celle de Lumières. Les Lumières sont en effet moins un système qu'une démarche susceptible d'inflexions libertines ou moralisantes. Réformateurs prudents et révolutionnaires pourront s'en réclamer. Nous en montrons l'historicité aussi bien que la possible modernité, l'archaïsme parfois aussi bien que l'actualité. Voltaire est un fils du siècle de Louis XIV, épris de perfection racinienne, en même temps qu'un compagnon du Zola de l'affaire Dreyfus, de Salman Rushdie et de Taslima Nasreen.

PREMIÈRE PARTIE

1680-1750 :
Les Lumières naissantes

Introduction

Lumières en littérature

Comme le mouvement a coutume de se prouver en marchant, la lumière ne se démontre que par son éclat. S'interroger sur sa nature ou sur son origine ne peut se faire qu'avec son aide. Et ne pas savoir ce qu'elle est n'empêche pas de reconnaître immédiatement sa présence, quand elle est menacée par ses contraires : ombre, obscurité, ténèbre. Passer de la lumière aux lumières permet encore mieux de repérer un trait distinctif, un point commun qui les apparente dans les manifestations variées du phénomène lumineux sans le constituer en essence et, sans l'ériger en absolu, de voir se dessiner le système de relations bien réelles qu'a pu tisser, sur un champ historique donné, sa relativité.

Ainsi, ce n'est pas faire preuve d'un idéalisme naïf que de parler du XVIIIe siècle comme du siècle des Lumières. On a beaucoup insisté, ces dernières années, sur le danger de se laisser éblouir, en l'occurrence, par une trop belle évidence : construite par la légende révolutionnaire, relayée au XIXe siècle par l'exaltation d'un Michelet et par la haine anticléricale, puis par l'école républicaine, objet d'une vénération intéressée — et d'ailleurs sélective : le Diderot de Greuze et de Dorval plus que celui du *Rêve de d'Alembert* ou du *Supplément au Voyage de Bougainville* — de la part d'une classe bourgeoise qui y fondait sa dignité et la légitimité de sa puissance, cette image du XVIIIe siècle fausserait gravement une réalité qui fut aussi peuplée d'ombres, en laissant croire qu'au profit de la lutte, toute dialectique avait alors brusquement disparu. A ne vouloir voir, dans cette lumière souveraine, que des passages d'anges, on aurait toute chance de faire la bête. Et de rappeler les hésitations de la philosophie (sur l'idée de nature, par exemple), ses compromissions (avec le despotisme, le colonialisme, etc.), les contradictions des philosophes (de Voltaire avec lui-même, entre *Le Mondain* et *Candide* ; de Voltaire avec Rousseau, mais aussi avec le courant athée, de Meslier à La Mettrie et à d'Holbach), leur probable stupéfaction s'ils pouvaient constater ce qui a été dit et fait sous leur patronage.

Il ne faudrait pourtant pas, en voulant redresser la perspective, la déformer dans l'autre sens. Les Lumières correspondent bien à un phénomène historique, intellectuel, culturel, qui a marqué le continent européen et dans lequel la France a pris une part tout à fait importante. De deux manières : par la mise en œuvre brutale — et décisive dans l'histoire du monde — des idéaux des Lumières en 1789, et par le long retardement de cette explosion, qui obligea les Français, pendant un siècle entier (1689, ce sont *Les Caractères* de La Bruyère, et c'est la naissance de Montesquieu) à la vivre sur le mode imaginaire : grand profit pour la littérature ! En résistant si longtemps, les structures de l'Ancien Régime ont à la fois prouvé leur solidité et rendu aux Lumières un service éminent : elles les ont portées à l'incandescence dans les textes où, faute de s'employer ailleurs, s'accumulait leur énergie. Or, si l'on se donne pour objet principal non pas l'évaluation d'un mouvement idéologique et de ses conséquences dans l'organisation de la Cité, mais celle des œuvres qui en sont nées, nul doute que le XVIIIe est un très grand siècle. C'est le moment où, grâce à son métissage avec la philosophie, la littérature se découvre elle-même et s'impose telle que nous la connaissons aujourd'hui ; où, pour le plus grand nombre, la culture orale cède définitivement le pas à la culture écrite ; où s'affirme, comme une instance autonome et garantie par des droits, l'auteur ; où les genres hérités du passé par le relais prestigieux du « siècle de Louis XIV » sont à la fois respectés et détournés, mis au service d'autre chose que leur célébration, au cœur de leur célébration même ; où s'inventent de nouveaux canaux d'information, de nouveaux modes de communication, de nouvelles postures de réception, de nouveaux cadres pour l'institution littéraire.

Le présent ouvrage est consacré à la description critique de ce moment, et cette formulation même suggère le premier problème qu'il doit affronter : « les Lumières et le moment », pourrait-on dire en parodiant le fameux titre de Crébillon fils. Y a-t-il un moment des Lumières ? Un tel moment commence-t-il ? cesse-t-il ? Toute époque n'est-elle pas à sa manière avide de savoir, soucieuse de raison, éprise de liberté, entêtée de bonheur ? Et à supposer même que ces forces en faisceau aient été particulièrement à l'œuvre au XVIIIe siècle, est-ce bien le même *moment* qui s'éprouve dans telle réplique de Marivaux où se suspend toute une existence, telle page de Buffon où s'organise tout un monde, telle rêverie de J.-J. Rousseau où une conscience se découvre tout entière, dans son principe pur ? Ceci pour n'essayer d'accorder que quelques-uns des plus grands ! Il se trouve que, pour n'avoir été à peu près expérimenté que sur le plan littéraire, d'une manière longue, multiple et condamnée au jeu fantasmatique, ce moment a en effet trouvé son mode, qui l'identifie et le fait reconnaître, comme en musique. Comme entre les sons, en effet, il y a entre les images des accointances plus subtiles qu'entre les idées, plus actives qu'entre les faits. Philosophes et anti-philosophes, gueux et nantis, anti-jansénistes, jansénistes, déistes et athées, enthousiastes et cyniques, grands artistes et plumitifs besogneux, tous sont entrés dans le jeu de ces images, qu'ils ont produites, répercutées, combattues, outrées, célébrées, parodiées. Leur point de vue sur la bataille pouvait être différent, c'était la même bataille. On peut aller jusqu'à dire que rarement siècle littéraire a été aussi complice de lui-même, aussi vivement et voluptueusement autoréférentiel. Ce ne sont que clubs, salons, académies, cercles, journaux, sectateurs de tel, admirateurs de tel autre, émules, épigones, lettres ouvertes, entretiens, réfutations, réponses, et, au sens le plus ouvert du terme, correspondances. Rien ne s'écrit qui ne soit conçu pour venir s'inscrire à sa place dans le tableau d'ensemble, dans la symphonie totale. C'est ce que révèlent Roxane à Usbek, l'Hermite à Zadig, le Neveu à Moi, dans des œuvres que l'on pourrait croire assez éloignées par leur sujet comme par leur tonalité, si chacune d'elles ne disait surtout précisément cela.

Musicale donc doit être l'exécution du parcours critique de la littérature de ce moment. Elle s'articulera ici en deux mouvements, par des raisons que chacun d'eux rendra évidentes. Pendant le premier, les accords se cherchent, se devinent, s'appellent. La partition rend possibles les conditions mêmes de l'écoute qu'on en pourra faire. Elle fait, comme Chantecler, exister en chantant la lumière qu'elle chante. Elle est donc intitulée « Lumières naissantes », parce que la naissance est plus un mode de la vie que l'instant seul qui la tire du néant. Comme on verra qu'elles ont mis quelque soixante-dix ans à naître, on comprendra qu'à cela s'est longtemps réduite leur activité : au surgissement, à la manifestation, à l'affirmation de leur droit d'être au monde et des étranges bonheurs qui en peuvent découler. Pour simplifier et pour distribuer commodément en chapitres l'examen de ces soixante-dix années, on dira que, dans l'histoire de la France, les Lumières ont eu non pas une mais trois naissances, si bien qu'avant 1750, d'une certaine façon, elles n'en ont jamais fini de naître.

Une naissance fut nocturne. Elle s'accomplit dans la douleur et dans l'angoisse, en un temps où il paraissait douteux que quoi que ce soit de nouveau pût survenir, où même se pratiquait l'étouffement systématique de tout ce qui semblait vouloir le prétendre. La longue fin du règne de Louis XIV (1680-1715) a ainsi vu la Bête accoucher, bien malgré elle, dans la honte et dans le sang, de la Beauté. Cette première naissance fera l'objet du chapitre 1, et l'on ne se demandera plus s'il faut faire commencer le siècle en 1715, ou en 1700, ou en 1685. Une autre naissance, qu'on pourrait dire aurorale, est entourée, elle, de cris d'allégresse et des augures les plus favorables. Il semble à tous, à la mort de l'interminable roi et pendant les huit années de la Régence (1715-1723), que les Lumières sont désormais au monde, où elles ne peuvent que croître et embellir, en l'embellissant. Et le plaisir en est tel qu'on s'y livre sans réserve, sans même prendre garde à ce qu'il conserve d'obscur. Cette deuxième naissance sera décrite au début du chapitre 5, à propos des textes d'idées mais rayonnant sur tous les autres, saisie dans la période Régence proprement dite mais débordant sur tout le demi-siècle. Une autre naissance encore, disons-la diurne, promeut au grand jour ce qui apparaît de plus en plus comme un programme de vie, pour l'individu comme pour le groupe. Ce programme ne prend la peine de s'énoncer dans les textes d'idées (chap. 5) que parce qu'il s'est déjà rendu désirable dans les œuvres poétiques (chap. 2), dans l'écriture dramatique (chap. 3) et dans l'extraordinaire générosité de la fiction en prose (chap. 4).

Il faut soigneusement se garder de réduire le schéma de ces trois naissances à une pure succession chronologique, et s'efforcer plutôt de les penser ensemble. Chacun des phénomènes littéraires de la période sera ainsi marqué, à nos yeux, de trois traces : le souvenir d'une douleur, l'élan d'une libération, l'effort d'une conquête. Manière plus habile, sans doute, d'envisager le fameux problème de l'optimisme et du pessimisme que de les maintenir dans leur stérile face-à-face. Vers 1750, on peut dire que ce mode d'être « naissant » des Lumières laisse la place à un autre, plus engagé, plus responsable peut-être, plus militant en tout cas. L'histoire événementielle y joue son rôle, mais aussi la maturation interne des premiers enfants des Lumières, œuvres et hommes. Voltaire, homme et œuvre, sera un instrument de choix pour mesurer, dans toutes leurs dimensions, les Lumières naissantes et pour suivre leur transformation au-delà de 1750. C'est pourquoi son étude (chap. 6) servira de charnière entre les deux parties.

Phares, photophores et fanaux : noms de personnes

Trois immenses écrivains dominent la période des Lumières naissantes : Marivaux, Montesquieu et Voltaire. Le premier sera étudié comme un « cas » dans le chapitre 3 consacré au théâtre, mais il apparaîtra aussi, en bonne place, dans le chapitre 4 sur le roman et dans le chapitre 5 sur la littérature d'idées. Le deuxième sera le noyau de ce chapitre 5, vie, œuvre et pensée confondues dans une « carrière » exemplaire. Le troisième est présent partout, si bien que l'examen du « phénomène » qu'il constitue pourra servir, on l'a dit, de chapitre conclusif à l'étude de toute la période et d'ouverture sur celle qui suit, et qu'il anima encore activement.

A l'autre extrémité du palmarès que, du seul point de vue de la valeur esthétique, on pourrait dresser pour cette époque des lettres françaises, on trouvera, brièvement évoqués mais non négligés, une foule d'auteurs mineurs. Leur présence est indispensable, si l'on veut ne pas trahir l'esprit et la pratique d'un temps où la littérature n'est plus réservée à un petit nombre de beaux esprits ou de grands créateurs, mais devient l'affaire de tous, envahit l'ensemble des activités de la vie sociale et de la pensée, se fait le laboratoire et la caisse de résonance de tout ce qui, tour à tour et dans la fébrilité, enchante, inquiète, mobilise et oriente les hommes. Qu'il s'agisse de Chaulieu, de Catherine Bernard ou du chevalier de Mouhy, ces auteurs seront signalés non parce qu'ils ont écrit (un tel projet d'exhaustivité conviendrait mieux à une *Histoire littéraire du XVIIIᵉ siècle*), mais pour ce qu'ils ont écrit, dans la mesure où de ces touches diverses se compose le fond du tableau vivant de l'activité littéraire du siècle, qui fait l'objet et l'ambition de ce manuel. S'ils ne font plus l'admiration des lecteurs d'aujourd'hui, certains de leurs textes ont fait événement, écho, écueil, scandale, relance dans la vie littéraire de leurs contemporains, et contribué soit à son développement dans le public le plus large, soit au surgissement et au retentissement des grandes œuvres, soit à l'évolution historique des genres, des tons et des motifs. Dans les chapitres successifs, ils seront regroupés dans un *Générique des auteurs* qui fournira l'essentiel des informations nécessaires pour situer et apprécier le rôle qu'ils ont tenu dans la dramaturgie d'ensemble.

Entre ces deux groupes, celui des protagonistes et celui des utilités, on en distinguera un autre, composé de très bons acteurs dont l'importance dans le jeu collectif s'allie à une qualité personnelle d'écriture encore appréciée aujourd'hui. Les Perrault, Fénelon, Fontenelle, Regnard, Challe, Lesage, Crébillon fils, Prévost, Saint-Simon, Vauvenargues mériteront, à ce titre, des analyses dans le fil des chapitres et une présentation d'ensemble dans le *Générique des auteurs* de l'un d'entre eux.

L'insistance métaphorique sur la forme dramatique qu'on a pu remarquer dans les lignes qui précèdent n'est pas fortuite, de simple commodité ou de pur ornement : dans l'effervescence qui caractérise son combat — et qui installe souvent les écrivains sur plusieurs créneaux à la fois — la période des Lumières naissantes *cherche* sa poésie, *inaugure* le roman moderne, *développe* comme jamais la littérature d'idées ; mais elle *trouve* son théâtre. Rarement société s'est à ce point tournée vers sa propre représentation, y utilisant, outre le dialogue dramatique et en accord avec lui, les autres arts, musique, danse, peinture, gravure, décoration. Rarement aussi l'écriture théâtrale a à ce point envahi les autres genres, animant le poème, actualisant le récit, faisant dialoguer les idées. On comprend pourquoi le théâtre sera ici situé au cœur du dispositif. Et pourquoi les acteurs sont regroupés en « génériques ».

La seconde partie du manuel procédera d'une manière différente avec les noms d'auteurs. Moins caractérisée par l'effervescence que par le regroupement, moins dispersée et plus tendue sur des lignes de forces plus nettes, la deuxième moitié du siècle voit se modifier considérablement et l'activité littéraire, et la représentation qu'on se fait de l'écrivain : l'aventure voltairienne, bien entendu, n'y est pas pour rien. Comme le siècle donc, et en accord avec son mouvement, ce manuel verra s'infléchir la tonalité de sa présentation et de sa description historico-critique. Pour simplifier un peu, et en appeler d'entrée de jeu à la vigilance questionneuse du lecteur, on pourrait lui demander de vérifier si la lecture suivie de ces treize chapitres le fait bien passer, dans le jardin littéraire, d'une zone où un apparent désordre ne laisse pas ignorer la postulation active d'un ordre à découvrir (appelons-la « rococo ») à une autre (disons-la « néo-classique ») où les repères de plus en plus éloquents d'un nouvel ordre dissimulent un tel désordre réel qu'il ne pourra que s'épanouir en désintégration.

Au reste, un index général des noms d'auteurs viendra rappeler, en fin d'ouvrage, que l'on n'a pas cessé d'arpenter le même jardin.

Dimension européenne des Lumières naissantes : noms de pays

Il est toujours dommage, il est parfois dangereux, il peut être tout simplement sot de séparer une littérature nationale de celles qui l'entourent. Toute une tradition nous y pousse, qui n'a pourtant pas le privilège d'une longue durée et ne remonte guère, sous sa forme radicale, qu'au XIXᵉ siècle. La période des Lumières naissantes a particulièrement besoin d'être considérée comme celle d'une « crise de la conscience européenne » et des conséquences de cette crise, dans les formes qu'elles ont prises à Londres comme à Paris, à Berlin aussi bien qu'à Florence, Vienne, Stockholm, Madrid, Saint-Pétersbourg ou Athènes. Au reste, l'existence même des écrivains de cette période, les liens qui se tissent entre eux au-delà des frontières, la communication qu'établissent, comme jamais auparavant, les journaux et revues, la pratique du « grand tour », ce voyage que les jeunes Européens, fortunés ou à la recherche de la fortune, entreprennent alors à travers tout le vieux continent, la réflexion politique, religieuse ou scientifique d'où jaillit et qu'alimente la production littéraire, obligent à concevoir un élargissement du champ. On sait même que beaucoup cherchaient à faire sauter les blocages de l'ancien monde par la proposition d'un idéal de cosmopolitisme qui fut alors très porteur d'espoir, avant que l'histoire ne reconstitue, dès la fin du siècle, la division désastreuse des nationalismes, dont nous sortons — peut-être — à peine.

Ce n'est donc pas dans la perspective de littératures bilatéralement comparées mais dans celle d'un mouvement général des idées et des formes, à l'échelle européenne, qu'il convient de brosser un tableau d'ensemble, évidemment schématique, de ceux qui furent, avec les différences et les décalages dus au degré de développement respectif de leurs propres langues, littératures et civilisations, les contemporains de Voltaire.

Le carrefour hollandais

Attirés par la liberté qui y règne, par la vitalité étonnante de l'activité éditoriale qu'on y trouve, et par le souvenir brillant de la grande époque humaniste, un grand nombre d'hommes d'élite se retrouvent aux Provinces-Unies dans les années 1680. Ils ont été chassés de leur pays respectif par les bouleversements politiques ou la persécution religieuse. Ils ont nom Bayle, Jurieu, Shaftesbury, Locke, Le Clerc. Sans former à proprement parler un groupe organisé, ils constituent ce que Fontenelle a joliment appelé « la petite troupe choisie » et lancent dans toute l'Europe les ferments et les instruments d'une pensée nouvelle. Outre cette fonction de « refuge », l'activité de leurs libraires, et l'excellence de leurs savants (Huygens, Boerhaave, 's Gravesande, Musschenbroeck), les Provinces-Unies comptent alors quelques écrivains non négligeables, en langue néerlandaise : P. Langendijk, « le Molière hollandais », et les poètes L. Rotgans, A. Hoogvliet, H. K. Poot.

Le laboratoire anglais

Héritiers de la pensée politique de Hobbes, dont ils s'efforcent de conjurer le pessimisme, et de la méthode empiriste de Bacon, qui va trouver ses plus brillants continuateurs dans J. Locke et I. Newton, les Anglais sont les plus radicaux adversaires d'une philosophie cartésienne dont les principes et surtout les méthodes se sont répandus et continuent de se répandre dans le reste de l'Europe. En donnant une forme claire et vivante à une théorie de la connaissance résolument empiriste dans son *Essai sur l'entendement humain* (1690, toute connaissance nous vient de l'expérience), Locke met à distance la dimension métaphysique. En matière politique, il met au point la fameuse théorie du contrat, qui ôte toute sa crédibilité à la monarchie absolue. En matière religieuse enfin, il est le principal initiateur du « déisme », qui croit en une divinité unique et agissante, mais de nature inconnaissable et sans aucune relation personnelle avec les hommes. Sur le plan philosophique, l'école anglaise est très active, avec A. Shaftesbury, S. Clarke, G. Berkeley et D. Hume. En matière littéraire, les grandes innovations viennent aussi d'Angleterre : la chronique journalistique avec J. Addison et R. Steele (*Le Spectateur*, 1711-1714) ; la poésie philosophique avec A. Pope (*Essai sur l'homme*, 1734), la poésie de la nature avec J. Thomson (*Les Saisons*, 1726), la poésie de la mort avec Th. Gray (*Elégie écrite dans un cimetière de campagne*, 1751) ; l'acheminement des formes dramatiques vers le drame, avec les successeurs de W. Congreve et de G. Farquhar : N. Rowe qui crée la *domestic tragedy*, C. Cibber qui lance la *sentimental comedy*, J. Gay (*L'Opéra du Gueux*, 1728) et G. Lillo (*Le Marchand de Londres*, 1731) ; l'extraordinaire invention romanesque avec J. Swift (*Les Voyages de Gulliver*, 1726), D. Defoe (*Robinson Crusoé*, 1719), H. Fielding (*Tom Jones*, 1749) et S. Richardson (*Pamela*, 1741 ; *Clarisse*, 1747) ; enfin l'écriture féminine avec lady Montagu, D. Manley et E. Haywood.

L'Europe du Sud

La plus grande résistance de l'Eglise catholique, sous des formes parfois violentes (Inquisition), y freine considérablement le progrès des Lumières, qui ne s'affirmera qu'après 1750. Néanmoins L. A. Vernei au Portugal et B. Feijóo en Espagne œuvrent déjà dans leur sens. La Grèce orthodoxe, sous la forme d'un mouvement d'humanisme religieux, commence à s'ouvrir aux idées de l'Europe de l'Ouest. Y participent D. et Ch. Notaras, M. Anthrakitis. Elle envoie d'autre part en mission dans les pays danubiens, pour y développer la culture et l'éducation, un groupe de Constantinople appelé les Phanariotes, dont les plus célèbres sont A., N. et C. Mavrokordatos. Malgré son éparpillement politique, l'Italie connaît une certaine effervescence. Ceux de ses écrivains qui vont le plus dans le sens des Lumières sont le philosophe G. Vico (*La Science nouvelle*, 1725), véritable père de l'anthropologie culturelle, et l'historien A. Muratori. Les poètes réagissent contre le « mauvais goût » baroque et s'illustrent surtout dans les livrets d'opéra : A. Zeno et P. Métastase.

Les pays allemands

L'activité culturelle y est importante, mais la production littéraire reste d'un niveau faible, jusqu'à l'apparition, vers le milieu du siècle, de G. E. Lessing, Ch. M. Wieland et F. G. Klopstock. Il faut pourtant se rappeler que le plus grand philosophe européen de la période est G. W. Leibniz, que J. Ch. Gottsched prépare la réforme du théâtre, que J. J. Bodmer et J. J. Breitinger proposent la théorie d'une poésie du sentiment qui, née sur le terreau de la tradition piétiste, devait bientôt envahir le champ européen.

La Scandinavie

Le Danemark et la Norvège forment alors un ensemble culturel dont le principal représentant, L. Holberg, est un très grand voyageur et écrivain des Lumières, admirateur de Bayle et de Voltaire. Comme tel, il touche à tous les genres, de la comédie à la vulgarisation scientifique, de la poésie au roman et à l'histoire. En Suède, après la malheureuse aventure guerrière de Charles XII, on assiste à un grand essor des arts et des sciences, avec J. Swedberg et son fils, E. Swedenborg qui, significativement, évoluera de la théorie scientifique vers la vision théosophique ; avec C. von Linné dont le Système de la nature (1735) devient pour longtemps la bible des botanistes ; et avec le poète O. Dalin.

L'Europe slave

La Pologne est encore plongée dans la « nuit saxonne » et le baroque sarmate décadent, dont elle ne sortira qu'au moment du règne de S. A. Poniatowski (1764). La poétesse E. Drużbacka donne des poèmes d'inspiration religieuse dont la beauté n'a guère été découverte qu'au XXe siècle. Et S. Konarski est un véritable homme des Lumières, actif, voyageur, admirateur de Montesquieu, fondateur d'un Collège pour l'éducation moderne des jeunes nobles polonais. Pour la Russie, Pierre le Grand nourrit de grandes ambitions, mais ses réformes n'auront guère d'effet qu'après 1750. Cependant les Lumières européennes inspirent les poètes A. Kantemir et V. Trédiakowski, et surtout les deux grands rivaux A. Soumarokov et M. Lomonossov, qui ont tous deux contribué à donner à la Russie une littérature « classique » en fonction de laquelle la génération suivante pourra déterminer ses propres orientations.

L'un des traits les plus remarquables de ce panorama est la polyvalence, parfois même l'universalité des hommes de lettres.

Leur curiosité, leur réflexion, leur production sont rarement cantonnées à un genre littéraire. Non seulement ils en illustrent plusieurs, mais ils alimentent volontiers leurs écrits de recherches et d'hypothèses sur des problèmes de science (mathématique, physique ou naturelle), de philosophie (en particulier sur la difficile conciliation entre Foi et Lumières, raison et révélation), de philologie et de poétique, d'histoire et de société, d'esthétique générale et d'éducation. Ainsi, chacun à sa manière, Addison, Pope, Fielding, Feijóo, Vico, Leibniz, Holberg, Lomonossov sont, au même titre que Bayle, Fontenelle, Montesquieu et Voltaire, à la fois des écrivains, des penseurs et des savants.

1 – Le long crépuscule du Roi-Soleil
1680-1715

Quel crépuscule ?

Il y a des périodes d'exception. Celle qui va, dans l'histoire de
la France, de 1680 à 1715 en est une. Or, quand on parle d'exception, on a tendance à envisager avant tout quelque chose d'exceptionnel, c'est-à-dire de tout à fait excellent dans son ordre. Mais
l'exception peut aussi être du côté du pire. Rarement dans l'histoire
une génération entière eut à traverser pareil marasme, sous les
dehors encore brillants d'un règne dont les débuts avaient affermi
et rassuré la France, exalté les Français, ébloui l'Europe.

Un roi, que ses laudateurs contemporains ont appelé
« Grand », mais dont les historiens ont considérablement relati-
visé le génie, avait commencé par orchestrer — parce que sa
gloire avait tout à y gagner — le bel élan qui soulevait une
société française lasse des troubles répétitifs et des désordres coû-
teux de la Fronde. Il avait, avec l'assentiment général, imposé un
pouvoir central et fort, s'était entouré de ministres compétents,
avait restauré l'ordre dans la nation, la continuité dans l'Etat,
l'expansion économique, la paix religieuse. Il avait surtout eu
l'habileté d'accompagner cette remise en ordre matérielle d'une
politique culturelle dont il y avait eu, avant lui, peu d'exemples.
Charles Perrault, Dubos et Voltaire n'auront aucune peine à ne
lui trouver, comme équivalentes dans l'histoire, que celle de Périclès, celle d'Auguste et celle des Médicis. La communauté fran-

çaise se voyait ainsi associée tout entière, dans sa vie matérielle comme dans les manifestations de son esprit et de son goût, à une activité de construction, de création, d'invention, de maîtrise et de succès, dont les manufacturiers ne donnaient pas moins de preuves que les peintres, ni les grands poètes que les grands capitaines.

Dans les années 1680, cette euphorie partagée et féconde, dont les célèbres productions de la littérature classique, les retentissantes victoires dans les guerres de Dévolution (1667-1668) et de Hollande (1772-1779), la fabuleuse construction de Versailles et les succès économiques de Colbert ont multiplié les effets éclatants, et qui est enviée par tous les autres pays européens, cesse et s'inverse. L'installation de la cour à Versailles (1682), la mort de Colbert (1683), le mariage du roi avec la dévote Mme de Maintenon (1683), la révocation de l'édit de Nantes et la rédaction du *Code noir* (1685) marquent l'entrée dans une fin de siècle de plus en plus catastrophique. Certes, toutes les fins de siècle le sont, chacune à sa manière. Sans qu'on sache trop s'il s'agit d'une sorte de phénomène cyclique, d'une illusion rétrospective de l'optique historique, ou d'une disposition propre à l'esprit des gens qui ont à passer ce cap séculaire, un souffle de décadence — et de désespérance — passe en général, sur ces années 80-90.

Bien entendu, le premier millésime du siècle nouveau ne change pas tout, subitement et comme par miracle. Ce n'est par exemple qu'en 1815 que surgit le XIXe siècle, sur les ruines du rêve d'un Napoléon héritier de la Révolution française. Le XXe ne commence vraiment qu'en 1918, après l'horrible guerre, liquidatrice — croyait-on — des chauvinismes nationalistes. Ainsi les Lumières durent-elles attendre pour éclore que s'éteigne enfin au firmament louis-quatorzien, en 1715, un soleil qui s'était, depuis plus de trente années, mis à briller de plus en plus noir. Crépuscule, donc, d'un soir interminable, avec un roi vieillissant, peu à peu enfermé dans ses entêtements, et surtout dans sa manie de voir tout plier devant lui : les nations étrangères (guerres, d'une longueur démesurée, abominablement meurtrières et destructrices, militairement et diplomatiquement désastreuses, de la Ligue d'Augsbourg, 1688-1697, et de la Succession d'Espagne, 1701-1714), les conditions budgétaires (sur une économie devenue exsangue, pression fiscale toujours plus lourde et de plus en plus inégalement répartie ; vente anarchique d'offices ; développement de la spéculation chez les fermiers généraux ou traitants), la conscience de ses sujets (contrôle policier des opinions et censure stricte des publications, imposition à tous d'un catholicisme de plus en plus dévot et intolérant, persécution active de tous les insoumis, avec quelques grandes dates sombres de l'histoire de la France : 1685, révocation de l'édit de Nantes ; 1702-1710, massacre des Camisards par les dragons, dans les Cévennes ; 1710, destruction totale de Port-Royal).

Qu'en est-il de la littérature en ces périodes fin de siècle ? Une bonne partie se consacre au constat d'un bilan désolant, sans grand espoir d'y pouvoir changer quelque chose ; une autre encourage le système pourrissant dans sa politique du pire ; une troisième propose l'oubli et la fuite dans le dépaysement et le rêve. Rien de tout cela ne peut alimenter une grande œuvre ; et, de même qu'entre 1588 (les *Essais* de Montaigne) et 1636 (*Le Cid* de Corneille), ou entre 1778 (mort de Voltaire et de Rousseau) et 1820 (élan du premier romantisme derrière Chateaubriand), aucune œuvre majeure ne voit le jour entre 1680 et 1715.

Aussitôt lancée, pourtant, cette proposition demande à être nuancée. On ne consacrerait pas un chapitre entier, dans un livre comme celui-ci, à une période qui serait vide de tout objet littéraire digne de ce nom. C'est en cela que cette période est exceptionnelle, et son crépuscule ambigu, aussi proche, parfois, de celui qui devance le jour que de celui qui précède la nuit. Période fascinante, à nos yeux, parce qu'elle est à la fois celle d'un long et tenace obscurantisme et celle d'une préparation comme fébrile ; à la fois figée dans un conservatisme sinistrement sénile, et traversée d'impulsions d'une rare énergie vers le changement ; bref, période de fermentation, dans tous les sens du terme, avec ses connotations malsaines et putrides et ses connotations germinatives et transformationnelles.

Elargissant son champ à l'ensemble de l'Europe, Paul Hazard a trouvé, pour désigner ce phénomène, une très belle formule : « crise de la conscience européenne ». Tous les termes pèsent : « européenne » ? rien, on l'a dit, de ce qui se passe en France n'est alors séparable du contexte européen, ce qui est déjà, en soi, une radicale remise en question de l'ordre louis-quatorzien ; « conscience » ? c'est en effet au niveau de la conscience que quelque chose alors survient, qui ne pourra plus s'accommoder des systèmes où la force fait la justice, où la foi s'impose à la raison, où l'autorité de celui qui s'en trouve investi va de soi, où le seul problème que chacun est légitimement en droit de se poser est celui du salut de son âme.

Quelque chose qui est d'ordre collectif (*la* conscience), mais qui va promouvoir la reconnaissance du droit des individus à l'opinion libre (*les* consciences). Une sorte de syndicat de la pensée, regroupant toutes les forces vives de ceux qui en sont les travailleurs, et luttant contre les privilèges de ceux qui en ont exercé jusqu'alors, indûment, le contrôle exclusif. « Crise » ? malgré le caractère morbide de la situation dans laquelle se trouvait, pour les raisons qu'on vient de voir, la société française (contrairement, par exemple, à la société hollandaise, en pleine prospérité, ou à la société anglaise, régénérée par la « Glorious Revolution » de 1688), ce mot dit bien qu'il ne s'agit pas là de malaise, de langueur ou de consomption, mais du déclenchement salutaire de la phase décisive d'une maladie qui ne s'était pas vraiment déclarée jusque-là, déclenchement qui permet la mobilisation de toutes les forces disponibles pour la vaincre, la guérir et, mieux encore, la faire servir à une santé désormais plus assurée. Il n'est pas indifférent que l'adjectif tiré de « crise » soit « critique », mot leitmotiv de cette période, et tout entier tourné vers son versant positif, constructif, fertile.

Le grand responsable de cette orientation des esprits vers l'activité critique est le rationalisme cartésien, longtemps interdit dans l'enseignement et considéré comme dangereux pour la religion, puis, aux alentours de 1700, devenu une doctrine quasiment officielle, en particulier chez les jésuites. On peut esquisser en un tableau schématique cette petite histoire de la raison au crépuscule du « siècle de Louis XIV » *(voir ci-contre)*.

Si la littérature n'existait pas, il faudrait l'inventer. C'est sans doute ce qu'a ressenti cette période, pour un certain nombre de raisons qu'il n'est pas inutile de passer en revue :

— l'inventer ou plutôt la réinventer, parce que celle qui existe déjà est écrasante, surtout depuis la grande floraison classique des années 1660-1680, et qu'on ne peut passer sa vie à penser, sentir, écrire, persuadé qu'on ne le fera jamais mieux, ni même aussi bien que ses prédécesseurs : ce sera le ressort principal de la querelle des Anciens et des Modernes, et l'aspect positif de la victoire des Modernes, malgré leurs faiblesses et leurs ambiguïtés ;

— l'inventer pour qu'elle propose l'inventaire pittoresque des objets abstraits de la philosophie, qu'elle leur donne la palpitation du récit, du dialogue, du mythe, du poème, ce qu'avaient fait en leur temps Platon ou Lucrèce, ce que devaient faire

Esquisse d'une petite histoire de la Raison
XVIIᵉ-XVIIIᵉ siècles

1640

● Avant Descartes, on l'utilise secondairement, sans trop se fier à cet instrument manifestement imparfait (on le prouve), et qui se pose volontiers en rival impudent de la révélation divine, seule vérité assurée.
● Avec Descartes, on la munit d'une méthode telle que, dans son champ, elle puisse aller fort loin, et qu'on puisse se fier à elle. La question de sa rivalité avec la foi dans l'établissement de la vérité est mise en réserve.

1680-1720

● Après Descartes, deux directions pouvaient être prises — et l'ont été — à partir de cette dernière équivoque :
   — une direction religieuse et spiritualiste : d'une manière ou d'une autre, il y a coïncidence entre les conquêtes de la raison et la vérité de la création. Malebranche, Leibniz, Fénelon construisent des systèmes métaphysiques et moraux qui témoignent de cette conciliation ;
   — une direction laïque et matérialiste : rien ne permettant vraiment de l'y intégrer, la dimension de la foi et de l'innéité (présence en nous de la vérité par les idées innées, qui nous ont été données par Dieu) doit définitivement libérer le champ de la raison, ainsi réduite — mais avec quelles perspectives ! à ses principes (l'expérience, l'induction), à ses moyens (la méthode, l'expérimentation), à ses finalités (amélioration de la vie terrestre). Locke et le sensualisme poussent dans cette direction, déiste ou athée.

1670

● Spinoza a pu être allégué des deux côtés, selon la lecture qu'on en faisait (« *Deus sive Natura* » peut signifier « Dieu est tout » ou « Dieu n'est rien »).

1780

● Avec Kant, à la fin du siècle, le problème devait être radicalement reposé par la mise en question, non plus seulement des droits, du champ, des moyens et des résultats du travail de la raison, mais de sa nature même, quand on la considère en elle-même, indépendamment de ses applications : la Raison pure.

●

   Tout le mouvement intellectuel des Lumières s'inscrit et ne pouvait s'inscrire qu'entre Descartes et Kant. Il n'aurait pu être ce qu'il fut, l'espace d'un siècle, si le premier avait écrit plus tard ou le second plus tôt. Disons plus raisonnablement que le siècle des Lumières illustre, en l'effectuant dans l'histoire, l'étape capitale que l'esprit humain a accomplie dans la connaissance de lui-même et la maîtrise du monde, entre ces deux philosophes et dans l'intervalle de leurs deux philosophies.

Sartre ou Camus au seuil du nôtre, mais ce que n'ont fait ni Descartes, ni Spinoza, ni Kant ;

— l'inventer pour qu'elle se trouve elle-même au sein de ce qui l'englobe et l'étouffe ; on appelle cela les Belles-Lettres, et cela comporte tout ce qui peut s'écrire sur les matières qui ne sont ni théologiques ni « géométriques » (c'est-à-dire alors scientifiques) : l'histoire, le droit, la morale, la grammaire, l'éloquence aussi bien que la fiction narrative, dramatique ou lyrique. La période des Lumières naissantes voit peu à peu le caractère de ce que nous qualifions maintenant de « littéraire » se dégager et se spécifier, rejetant du côté « scientifique » tout ce qui, dans les anciennes Belles-Lettres, comportait un aspect essentiellement documentaire, entretenait avec le réel un rapport de conformité, et épuisait son effet dans les savoirs et les techniques qu'il exposait ;

— l'inventer pour favoriser la découverte par le plus grand nombre d'une foule d'inventions, que l'actualité propose alors dans toutes sortes de domaines : métaphysique, politique, philologie, histoire, géographie, physique, astronomie, biologie, psychologie... Le terme de « vulgarisation » n'a jamais été aussi approprié, ni aussi dégagé de tout soupçon de facilité simplificatrice : il s'agit bien de prendre acte du fait que les avancées de l'esprit critique sont l'affaire de tous, qu'elles mettent en jeu le destin de chacun, et qu'elles fondent de nouvelles solidarités. Il s'agit aussi de faire en sorte que ses progrès soient rendus irréversibles par une opinion publique toujours plus large et plus consciente des effets bénéfiques de la vérité sur la justice et le bonheur.

A la considérer de ce point de vue, cette période de la littérature française n'apparaît plus comme crépusculaire que si l'on sait que le crépuscule est aussi, juste avant l'aube, quelque chose comme l'invention du jour. Deux grands écrivains « anciens », La Bruyère et Bossuet, témoignent du versant nocturne, deux grands « modernes », Fontenelle et Bayle, du versant diurne de cette longue période où, en tout état de cause, nul ne voyait vraiment très clair.

Un bilan désastreux

En précisant et en augmentant, de 1688 à 1696, son livre *Les Caractères*, La Bruyère en a fait une sorte de laboratoire d'observation, d'où sort le plus complet et le plus accablant des témoignages sur cette époque. Par les matières abordées, bien évidemment (vanité des occupations de la Cour, comme de la Ville, règne général de l'apparence et du mensonge, désordre grandissant des valeurs, perte des anciens repères, victoire sinistre et cynique de l'avoir sur l'être...) ; mais aussi par la forme adoptée (une fragmentation qui mime un monde en miettes, sans plus d'axe à partir duquel le juger, comme il y en avait encore chez Pascal ou La Rochefoucauld). Certes, cet homme intelligent et secret n'avait rien d'un révolutionnaire. Protégé de la maison de Condé, chrétien fidèle et même rigoureux (ses *Dialogues sur le quiétisme* prennent le parti, orthodoxe et répressif, de Bossuet contre Fénelon), bon sujet de son roi, qu'il loue comme il convient, résistant agressivement aux innovations des « Modernes » et se faisant élire à l'Académie contre eux, il ne semblait pas destiné à dresser contre ce système (« ancien », absolutiste, catholique) dont il soutenait les fondements le réquisitoire terrible que constitue son livre. Sans doute, en s'abandonnant à un talent quasi démoniaque, l'écriture a-t-elle dépassé les intentions de la conscience. Il n'en reste pas moins que *Les Caractères* sont « un cri de révolte et de mépris » (A. Adam), « un acte d'accusation contre le régime » (J. Benda). De chapitre en chapitre et d'édition en édition s'accuse en effet un mouvement qui va des caractères aux mœurs, et des mœurs aux institutions. Apparemment centré, comme l'ouvrage du Grec Théophraste qu'il traduit et poursuit, sur la peinture taxinomique des travers individuels, le livre de La Bruyère se met en fait à dessiner la courbe vertigineuse des scandales sociaux et à désigner de plus en plus clairement la seule chose à laquelle tous ses personnages collaborent dans la connivence et la solidarité : la décadence. On peut lire le fragment 128 du chapitre « De l'homme » comme une vibrante dénonciation de la misère dans laquelle vivent les paysans de France ; on peut aussi lui superposer la vision cauchemardesque d'une humanité qui aurait achevé de refaire, à l'envers, le chemin de la civilisation :

> L'on voit certains animaux farouches, des mâles et des femelles, répandus par la campagne, noirs, livides et tout brûlés du soleil, attachés à la terre qu'ils fouillent et qu'ils remuent avec une opiniâtreté invincible ; ils ont

comme une voix articulée, et quand ils se lèvent sur leurs pieds, ils montrent une face humaine, et en effet ils sont des hommes. Ils se retirent la nuit dans des tanières, où ils vivent de pain noir, d'eau et de racines ; ils épargnent aux autres hommes la peine de semer, de labourer et de recueillir pour vivre, et méritent ainsi de ne pas manquer de ce pain qu'ils ont semé.

Se voulant classique et chrétien, La Bruyère croit pouvoir revendiquer et une solide composition pour son ouvrage, et une valeur d'édification pour son message : terminant par deux chapitres religieux (« De la chaire » et « Des esprits forts »), il prétend qu'à cela menaient tous les chapitres précédents, et qu'ils ne visaient qu'à démontrer une vérité éternelle, la vanité des choses d'ici-bas en regard de cela seul qui compte, l'amour de Dieu et le salut de l'âme. Depuis Taine (« lorsque enfin, dans son dernier chapitre, il réunit les preuves de Dieu, il ne fait qu'exposer en un style impérieux et bref les raisonnements de l'Ecole et de Descartes »), la critique a généralement admis que, malgré les déclarations de leur auteur, là n'était sûrement pas le fin mot des *Caractères*. De même l'éloge appuyé du roi qui termine le chapitre « Du souverain ou de la république » rend-il un son très ironique, puisque, dans le contexte où il est placé, il signifie à peu près ceci : pour réussir à faire fonctionner quand même un système sociopolitique aussi ankylosé, bloqué, vicié, éclaté, délabré, aussi visiblement livré à l'imposture, à la manie, à l'arbitraire, à l'absurde, il faut un génie tout particulier, capable de l'impossible ; et puisque Louis réussit à tenir cette gageure que tout un chacun a éprouvée comme intenable dans les chapitres précédents, il est en effet « bien digne du nom de Grand ».

En somme, devant le spectacle que lui offrait son époque, La Bruyère a posé de vraies questions, auxquelles il a cru (ou feint de) pouvoir apporter de fausses réponses (c'est l'homme éternel ; ou : tout cela n'est pas grave parce que seul Dieu compte ; ou : par chance nous avons un roi exceptionnel). Ces questions demeurent, et c'est sans doute le mérite que Bayle reconnaissait aux *Caractères* lorsqu'il les appelait, en 1696, « un livre fort propre à donner de l'esprit aux jeunes gens et à leur raffiner le goût ». Comment l'esprit vient-il aux jeunes gens dans les dernières années du XVIIᵉ siècle, et comment auront-ils le goût d'en user dans le XVIIIᵉ qu'ils auront à bâtir ?

Pour n'être pas aussi concentrée que dans *Les Caractères,* la mise en procès de la monarchie louis-quatorzienne n'en est pas moins virulente chez d'autres écrivains. Après la Révocation, par exemple, chez les protestants contraints à l'exil. Jurieu se déchaîne en pamphlets dont le seul titre est déjà meurtrier : *Soupirs de la France esclave qui aspire après la liberté*. Il fait plus : ses textes appellent à l'insoumission, à la révolte, à la vengeance. Soucieux de relever le moral de ses coreligionnaires abattus, il leur envoie des *Lettres pastorales* dynamisantes, et va jusqu'à prophétiser, en s'appuyant sérieusement sur le texte de l'Apocalypse, l'effondrement de la monarchie française, sous la colère de Dieu, en 1689. Dans un registre moins brutal et moins activiste — ce que Jurieu lui reprochera, l'accusant de lâcheté —, le protestant Bayle n'épargna pourtant pas un système politique capable, pour une simple différence dans la manière d'honorer le même Dieu, de proscrire des dizaines de milliers de ses sujets, poussés à la ruine, à l'exil, au supplice ou à l'abjuration. La violence ainsi exercée sur les consciences lui paraît plus abominable encore que les sévices matériels. Son *Commentaire philosophique sur ces paroles de Jésus-Christ : « Contrains-les d'entrer »* est un des premiers grands textes de ce qu'on défendra tout au long du XVIIIe siècle sous le nom de tolérance.

> [...] l'ignorance de bonne foi disculpe dans les cas les plus criminels, de sorte qu'un hérétique de bonne foi, un infidèle même de bonne foi, ne sera puni de Dieu qu'à cause des mauvaises actions qu'il aura faites croyant qu'elles étaient mauvaises. Pour celles qu'il aura faites en conscience qu'il n'aura pas lui-même aveuglée malicieusement, je ne saurais me persuader qu'elles soient un crime.

En France même, et parmi les catholiques, des voix s'élèvent pour désapprouver ce soudain retour de barbarie dissimulé sous la bannière d'un Dieu d'amour et de paix. Fontenelle n'hésite pas à faire imprimer dans le journal de Bayle, en 1686, une *Relation de l'île de Bornéo* où il tourne en dérision le conflit entre Eenegu (Genève) et Mreo (Rome). Les affaires religieuses, mais aussi les lois civiles, la disproportion des conditions, les calamités des guerres sont l'objet d'une satire que dissimule à peine le masque utopique dans l'*Histoire des Sévarambes*. Avec ce voyage imaginaire, Denis Veiras ouvre une voie qui sera très fréquentée pendant toute la période : comment dire mieux que le monde d'ici est intolérable, qu'en lui substituant allégrement un ailleurs conforme, lui, à la raison et à la justice ? Cet ailleurs est-il situé trop loin dans les utopies, est-il fait à loisir par des esprits irresponsables qui ne tiennent pas compte des incontournables pesanteurs du réel ? Un homme qui avait les pieds sur terre, et qui savait construire des fortifications solides et tout à fait opératoires, le maréchal de Vauban, se mit en devoir, non de rêver à un pays meilleur, mais d'améliorer les conditions de la vie dans le sien. Son cousin Boisguillebert, le premier en date des économistes français, avait étudié, en 1697, *Le Détail de la France, la cause de la diminution de ses biens et la facilité du remède,* dans un livre qui portait ce titre et dont un *Supplément* venait de paraître (1707). Ces causes étaient, pour lui, le recul de la production agricole, la sous-consommation et la spéculation financière (on disait alors : agiotage). Les remèdes : l'encouragement de l'agriculture, la suppression des douanes intérieures et l'égalité fiscale obtenue par un impôt calculé sur tous les revenus, du capital ou du travail, comme on dit aujourd'hui, sans exception ni privilège, comme il y en avait tant alors. Conquis à ces idées, Vauban construisit, aussi cohérent et complet qu'une de ses fortifications, tout un projet pour cet impôt qu'il appela *Dîme royale.* Les explications qu'il crut honnête de fournir au roi pour lui faire reconnaître et approuver la nécessité de ce projet qui, selon lui, devait sauver le royaume étaient, bien sûr, accablantes pour les responsables dudit royaume. Toute l'argumentation du réformateur s'appuyant sur une analyse scrupuleuse de la situation, il brossait l'affligeant tableau des incroyables complexités administratives présidant à la levée des impôts, de la scandaleuse inégalité qui régnait dans leur répartition sur les diverses couches de la population, de la brutalité avec laquelle les fermiers généraux en exigeaient le paiement, de l'atroce misère dans laquelle cette pression fiscale laissait le peuple, de l'absurdité suicidaire qui consistait à sacrifier ainsi la seule partie de la population qui travaille, qui « fait tous les gros et menus ouvrages de la campagne et des villes », qui enrichit le roi et le royaume. C'est ce constat que le roi choisit d'entendre dans ce livre, plutôt que le système très ingénieux et très précis que l'auteur suggérait pour remédier à la situation. Il fit interdire l'ouvrage, comme si casser le thermomètre pouvait faire baisser la température. Vauban en mourut de chagrin et de honte, et le royaume ne s'en porta pas mieux.

Aussi peu suspect que Vauban de contester l'ordre monarchique lui-même, Fénelon n'épargne pas les critiques sévères sur les conséquences actuelles de sa politique, dans une *Lettre à Louis XIV,* écrite entre 1691 et 1694, et qui circula, anonyme : c'est un bréviaire du mécontentement général et une adresse directe au roi, principal responsable devant son peuple et devant Dieu. Il y avait, pour le futur archevêque de Cambrai, une contrepartie positive à ce bilan négatif. Précepteur, depuis 1689, du duc de Bourgogne, fils du Grand Dauphin et héritier de la couronne après la mort de celui-ci en 1711, il se consacra très consciencieusement à sa tâche, persuadé que par l'éducation du Prince passe toute amélioration possible de la vie nationale. Le XVIII⁰ siècle devait suivre très long-temps ce qui put ensuite apparaître comme un leurre dangereux, et qu'on a appelé le « despotisme éclairé ». Pour son royal élève, Fénelon composa des *Fables,* des *Dialogues des morts,* le roman de *Télémaque.* Il fit plus : il entretint autour de lui un projet politique, matérialisé dans les *Tables de Chaulnes* ; il fut l'âme d'une équipe qui entourait le futur souverain et préparait son avènement comme une indispensable alternance dans une monarchie exsangue. Contraire-ment à ce qu'avait fait ou laissé faire Louis XIV, la politique serait devenue morale, les misères et les injustices auraient été combat-tues, la vénalité des charges abolie, l'agriculture restaurée (comme force économique et comme modèle de vie). Structurellement, l'ab-solutisme aurait été tempéré par l'association de certains notables au gouvernement (polysynodie ou gouvernement par plusieurs conseils limitant la toute-puissance des ministres ; autonomie des assemblées provinciales remplaçant le pouvoir centraliste des inten-dants). La mort du duc de Bourgogne, en 1712, ruina soudain ces espérances, que plusieurs bons esprits avaient partagées avec Féne-lon, et dont devait se souvenir, en 1715, le Régent.

Parmi ces bons esprits, le duc de Saint-Simon dont les *Mémoires* (écrits entre 1739 et 1749 et publiés seulement au XIX⁰ siècle, mais portant sur la fin — à partir de 1694 — du règne de Louis XIV) seront le journal impitoyablement précis et cruel d'une longue ago-nie. Il adressa aussi au roi, en 1712, une *Lettre anonyme* qui lui demandait des comptes pour tant de maux dont il était respon-sable. Parmi eux aussi, le comte de Boulainvilliers, qui devait don-ner sa forme la plus aiguë et le plus grand retentissement public à ce courant de la réflexion politique qu'on a appelé la réaction nobi-liaire. Car ce n'est pas un idéal républicain qui anime ces réforma-teurs. L'inégalité sociale et la condition misérable du plus grand nombre les choquent moins dans leur principe que dans leurs excès, entraînés, selon eux, par les abus du pouvoir absolu d'un seul. Le roi s'était appuyé sur la partie la plus élevée du tiers état (la bour-geoisie) pour réduire peu à peu à rien les pouvoirs de la grande aristocratie, dont la Fronde lui avait appris à se défier à jamais. Ils veulent rétablir ces pouvoirs, et retrouver l'ordre perdu des anciennes hiérarchies. Bénéfice moral : faire reculer la morgue insupportable des nouveaux riches et autres parvenus ; bénéfice politique : décentraliser le pouvoir et l'équilibrer. C'est, avec des nuances (plus grande confiance accordée à la noblesse parlementaire qu'à la grande noblesse d'épée), la direction qu'indiquera aussi, plus tard, Montesquieu, avec ses « corps intermédiaires ». La crise des parlements des années 1771-1774 montrera que la question devait rester pendante jusqu'à la Révolution. A ce projet politique Boulainvilliers donne une caution historique. Ses écrits, non publiés de son vivant mais largement répandus en copies manuscrites, font de la conquête franque l'origine de la monarchie française et le fondement de sa légitimité ; ce qui justifie le système féodal de la dépendance du serf (vaincu, paysan, gaulois) par rapport au seigneur (vainqueur, soldat, franc), mais empêche aussi que le roi puisse se considérer autrement que comme le premier parmi ses pairs. Il fallait que l'exercice du pouvoir par Louis XIV ait été vraiment abominable pour faire apparaître comme progressistes et libérales ces conceptions passéistes et si peu en accord avec ce que l'évolution économique et intellectuelle de l'Europe commençait dès lors à réclamer (et à expérimenter, en Hollande ou en Angleterre) : la démocratie. Mais l'histoire se fait volontiers sur de telles contradictions, et il y eut un moment une sorte d'alliance objective, contre le monstre, de ses victimes, des nostalgiques du droit féodal et des défenseurs du droit naturel.

Ces derniers, dans la lignée des grands juristes européens du XVIIᵉ siècle héritiers de l'humanisme, le Hollandais Grotius (*Le Droit de la guerre et de la paix,* 1625) et l'Allemand Pufendorf (*Le Droit de la nature et des gens,* 1672), commencent à élaborer une nouvelle conception de la légitimité du pouvoir monarchique. Ils ne l'attribuent plus à la volonté divine (le fameux « droit divin ») mais à un contrat qu'ont établi les sociétés humaines quand elles se sont constituées, mettant fin à l'état de nature de l'homme primitif. Ce contrat dépose entre les mains d'un roi la souveraineté qui appartient au peuple entier, et lui délègue le pouvoir de maintenir, au mieux, les principes — naturels — de liberté, d'égalité et de sociabilité. Le contrôle du peuple s'exerce régulièrement sur la manière dont le roi respecte et fait respecter ces principes, par le jeu des assemblées représentatives. Les protestants en général, l'Anglais J. Locke en particulier (*Essai sur le gouvernement civil,* 1690) ont fait valoir cette théorie du « pacte » social, qui s'oppose d'un côté à l'idée catholique d'un roi délégué de Dieu sur terre, de l'autre à l'hypothèse de Hobbes pour qui la violence est première, « l'homme est un loup pour l'homme », et un pouvoir central despotique et répressif est la seule garantie de la sauvegarde de la collectivité. Après la cuisante expérience de ce que peuvent donner le droit divin et l'absolutisme quand le roi est vieux, malade, dévot, entouré de fanatiques, sourd à la raison, aveugle à ses propres intérêts, imprégné de sa gloire figée comme d'une drogue abrutissante, certains Français vont se saisir de cette pensée du droit naturel et du pacte. Le protestant J. Barbeyrac la fera mieux connaître par ses traductions et ses commentaires de Pufendorf et de Grotius. Elle nourrira toute la réflexion politique du siècle, jusqu'à Jean-Jacques Rousseau.

Les ennemis de Bossuet

Dans ce paysage de plus en plus sombre, il y avait un homme qui refusait toute lumière. Au milieu de cette effervescence de protestations et de propositions, il ne cessait de tirer sur tout ce qui bougeait. La deuxième partie de la vie de Bossuet (il avait cinquante-trois ans en 1680), homme d'une foi sincère, et non sans générosité, grand érudit et somptueux écrivain, fut pathétique. Pathétique à nos yeux, qui voient une si belle intelligence s'enfermer dans les impasses qu'elle se donne à elle-même, et une si tonique conscience se méprendre sur la vraie nature de la crise où elle est plongée ; mais à ses propres yeux, simplement dévouée à la seule cause qui valût qu'on la défendît : celle, en tout domaine et en toute circonstance, de l'autorité établie. On voit le double danger de cette position : méconnaître tout élan vers le changement, le mouvement, le progrès, et le briser à tout prix, dans un réflexe, au sens propre, réactionnaire ; confondre ces autorités que l'on défend (les Anciens, l'Ecriture et la Tradition, l'Eglise romaine, la Monarchie absolue...) avec la sienne propre, et exercer celle-ci avec toute la rudesse impérieuse et altière de qui ne souffre aucune contradiction. Pendant un quart de siècle, on trouve Bossuet partout où quelque chose se profile qui annonce l'avenir, et on le voit manier l'intimidation, la condamnation, la répression, par tous les moyens dont il dispose : son influence à la cour, son autorité dans l'Eglise, sa ténacité de controversiste, son talent d'écrivain, mais aussi la délation, l'intrigue ou le complot (il a commencé sa carrière comme membre et agent de la Compagnie du Saint-Sacrement, la société secrète grande adversaire du *Tartuffe,* en 1664).

A l'Académie, il milite du côté des Anciens, dont il est une sorte de chef de file occulte. Il tente d'y endiguer la progression des Modernes en faisant élire, par trafic d'influences, le plus grand nombre possible d'hommes à lui. En 1694, un religieux, le P. Caffaro, eut l'idée de suggérer une atténuation de l'hostilité de l'Eglise contre le théâtre, les auteurs modernes, depuis Corneille et Molière, l'ayant considérablement épuré et lui ayant donné une qualité humaine et artistique tout à fait digne d'estime. Bossuet se déchaîne contre le malheureux théatin, dans une *Lettre au père Caffaro,* puis dans ses *Maximes et réflexions sur la comédie.* Il y reconduit, sans la moindre nuance, la condamnation radicale du théâtre, école de mauvaises mœurs, genre par essence impie et pernicieux. Il ne craint pas de rejoindre sur ce point les interdits les plus brutaux qu'avait édictés Calvin à Genève, ou les préventions des jansénistes les plus rigoureux. L'exemple de Molière, loin de l'adoucir, excite son ostracisme : c'est le genre comique même, c'est le rire qui sont diaboliques, et contraires à la volonté divine. On croirait entendre les malédictions du vieux Jorge, le fanatique aveugle incendiaire de la bibliothèque dans *Le Nom de la rose.*

L'homme n'a donc pas, selon Bossuet, le droit de rire. Quel droit a-t-il, d'ailleurs ? Contre l'idée même d'un droit naturel, il s'emporte, persuadé que, marqués par la faute originelle, nous ne sommes nés ni pour le bonheur ni pour la liberté. Dans son *Discours sur l'histoire naturelle,* comme plus tard dans sa *Politique tirée des propres paroles de l'Ecriture sainte,* il répète à l'envi que Dieu seul guide selon sa volonté les destinées de l'humanité, qu'il le fait en vengeur, pour réprimer les instincts pervers des hommes et les contraindre à l'obéissance, et que s'y opposer, c'est montrer un redoublement de perversité digne des pires châtiments. Dans la foulée, sont donc justifiés l'absolutisme, l'inégalité sociale, la guerre, la colonisation, l'esclavage même, comme entrant dans le plan de Dieu (la « Providence »), que l'historien ne craint pas de prétendre connaître ni de figer pour toujours.

Quand il s'agit de l'homme d'Eglise, qui se pense investi d'une mission d'autorité, alors l'intransigeance ne connaît plus de limites. Le zèle du théologien dépasse encore celui de l'apôtre, et l'exigence de l'ordre celle de la charité. Les coups de Bossuet se concentrèrent sur les chrétiens hérétiques ou suspects d'hérésie avec plus de violence encore que sur les incroyants et les libertins. Paradoxe habituel de ces conduites qu'on peut qualifier d'intégristes et qui excluent à qui mieux mieux. Il fit ainsi interdire, par le chancelier Le Tellier, les conférences érudites que tenait l'abbé de Launoy et, par le chancelier Boucherat, un ouvrage de Ellies Dupin, suspects de trop de liberté à l'égard du Dogme et de la Tradition, et de trop de complaisance à l'esprit de la recherche critique. Il tenta — en vain — d'intimider le philosophe oratorien Malebranche, qui lui paraissait adapter avec trop de souplesse la méthode cartésienne au domaine de la foi, mais il ne parvint pas à faire saisir ses *Méditations chrétiennes,* ni son *Traité de la Nature et de la Grâce.* Il eut plus de succès avec deux autres adversaires que son acharnement sembla terrasser, mais qui, devant la postérité, témoignent fortement contre lui : Richard Simon et Fénelon.

Oratorien érudit, Richard Simon avait osé poser, avec prudence, la question de l'authenticité du Pentateuque, l'ensemble des cinq premiers livres de la Bible. Il avait suggéré — ce dont tout le monde convient aujourd'hui — que le seul Moïse n'en était pas l'auteur, mais qu'il s'agissait de la réunion plus tardive de textes d'époques diverses, certes tous inspirés par la tradition hébraïque inaugurée par Moïse. L'hypothèse était si plausible, si sérieusement fondée sur une analyse philologique et historique, si respectueuse, au total, du caractère sacré des textes dont était ainsi mieux éclairée l'apparition dans l'histoire humaine, que les autorités avaient accordé à l'*Histoire critique du Vieux Testament* approbation et privilège. Bossuet ne voulut pas laisser s'ouvrir cette brèche dans le respect aveugle que l'on devait, à ses yeux, à l'Ecriture sainte, parole de Dieu, pure de toute contingence. Il se précipita chez le chancelier Le Tellier, fit saisir et condamner le livre, se déchaîna contre l'impiété et le « libertinage » de son auteur (1678). Celui-ci, exclu de l'Oratoire, se retira en Normandie dont il était originaire, mais il y continua ses travaux, et fit paraître encore des ouvrages de lecture critique, non seulement du texte sacré (*Histoire critique du Nouveau Testament,* 1689), mais de ses traductions (1690) et de ses commentaires (1693). Il s'y montrait plus hardi, de plus en plus proche de Spinoza qui, le premier, avait lancé l'idée de cet examen « profane » du texte sacré, et dévoilait de plus en plus clairement les erreurs ou les impostures flagrantes dont la tradition chrétienne, Pères de l'Eglise compris, s'était rendue coupable : tour polémique que la persécution de Bossuet a provoqué, et qui allait caractériser, pour un siècle, le rapport entre les Lumières et la religion.

Fénelon avait plus de poids qu'un petit oratorien enfermé dans sa bibliothèque, et il avait été, d'abord, un fervent admirateur et un collaborateur dévoué de Bossuet. Son zèle pour la religion catholique s'était manifesté dès sa jeunesse. Prêtre à vingt-quatre ans, il avait trois ans plus tard dirigé les Nouvelles catholiques, une sorte de maison de redressement pour femmes nouvellement converties ou à convertir de force, contrôlée par la Compagnie du Saint-Sacrement. Envoyé en Saintonge, à trente-quatre ans, pour y convertir les protestants, juste après la Révocation, il avait mené à bien cette tâche par la persuasion, mais aussi par des méthodes dont la douceur n'était pas la caractéristique principale. Bien en cour, il avait été désigné comme précepteur du duc de Bourgogne (fils du Dauphin dont Bossuet avait été le précepteur) en 1689. On a vu plus haut combien il prit cette fonction à cœur et comment il tabla sur l'avenir d'un royaume régénéré par la conduite d'un prince vraiment chrétien et dûment éclairé. Sa personnalité était très attachante, son intelligence souple et charmeuse, le style de ses écrits chaleureux et fluide. La fragilité de sa santé lui donnait quelque penchant à la rêverie, voire à la mélancolie : tempérament tout opposé à celui de Bossuet, lequel ne tarda pas à entrer en conflit avec son jeune émule. La spiritualité de ce dernier avait été influencée, dans son propre sens semble-t-il, par la rencontre, en 1688, de Mme Guyon, qui préconisait d'accorder plus de valeur au sentiment intérieur de la présence divine qu'à ses preuves rationnelles ou aux pratiques extérieures de la piété. Il la suivit dans l'exercice d'une religion de l'abandon candide et paisible au « pur amour » de Dieu. On voit le danger d'une telle doctrine pour les êtres faibles : passivité, soumission incontrôlée aux instincts les plus troubles ; mais on voit aussi combien, pour les âmes élevées, cette expérience de la vie mystique l'emporte en authenticité sur le formalisme de la pratique religieuse courante. Une cabale contre Mme de Maintenon, qui protégeait Mme Guyon, se mit à répandre des calomnies sur les mœurs de cette dernière et à jeter la suspicion sur sa doctrine qu'on appela — c'était déjà la taxer d'hérésie — « quiétisme ». Appelé comme expert, Bossuet étudia le dossier, et y découvrit des conceptions de la vie religieuse tout opposées aux siennes : non une vallée de larmes, mais un accord heureux et confiant entre l'âme inondée d'amour, un monde éclairé de la Raison divine, et Dieu lui-même, proche de sa création et de ses créatures. Le péché originel, l'obligation d'expier, le devoir d'obéissance stricte aux autorités hiérarchiques s'effaçaient devant cette relation personnelle de chacun à la plénitude divine. De 1694 à 1695 se tinrent à Issy des conférences, où Bossuet tenta de faire céder Mme Guyon, qu'il faisait seule responsable de ces aberrations, cependant qu'en lui donnant l'archevêché de Cambrai, on éloignait Fénelon de Paris. Bientôt, pourtant, le débat opposa directement les deux prélats : à l'*Instruction sur les états d'oraison* de l'un répondit l'*Explication des maximes des Saints sur la vie intérieure* de l'autre, aussitôt réfutée par le premier. Une campagne odieuse fut menée par Bossuet et ses amis pour discréditer dans les esprits, et surtout dans celui du roi, le quiétisme et Fénelon. Malgré les nombreuses sympathies dont celui-ci jouissait et les conseils d'accommodement de ceux qui devinaient là une méchante affaire, Bossuet parvint à faire condamner Fénelon à Paris (1697), puis à Rome (1699). Dès ce moment-là, sa victoire, écrasante dans les faits (Mme Guyon et le P. La Combe, son associé, emprisonnés, Fénelon disgracié et sali, l'Eglise de France mise au pas), fut radicalement contestée dans beaucoup d'esprits, intimement gagnés aux positions et à la manière de Fénelon. Bien malgré lui, à cause de son acharnement même, Bossuet avait été l'un des promoteurs les plus efficaces de cet esprit nouveau qu'il abhorrait sans chercher à le connaître. Il ne dut pas très bien comprendre pourquoi on ne lui donna pas le chapeau de cardinal qu'il pensait, par ce déploiement de zèle pour l'orthodoxie, avoir bien mérité.

En réalité, ce n'était pas l'orthodoxie qui profitait le plus de ces divisions belliqueuses entre chrétiens, mais l'irréligion. Ces combattants, qui croyaient débattre des meilleures formes de la foi et des œuvres, discréditaient et la foi et les œuvres en en rendant visibles les motivations douteuses, dénoncées réciproquement par les frères ennemis. On vit ainsi le doux Fénelon poursuivre le combat après la mort de Bossuet (1704) jusqu'à tirer vengeance, par des moyens à peine moins désolants que ceux qu'ils avaient employés, des jansénistes et des augustiniens sur lesquels s'était appuyé, contre lui, l'évêque de Meaux. Il ouvrait ainsi la voie aux ambitions du parti jésuite et à la désastreuse bulle *Unigenitus* qui, en condamnant les *Réflexions morales* du P. Quesnel, en 1713, devait relancer pour longtemps une guerre religieuse fratricide.

Il en va de même, bien sûr, dans la question du protestantisme. Ce fut l'adversaire le plus constant que combattit Bossuet, depuis que, jeune archidiacre à Metz entre 1652 et 1659, il avait commencé à mêler habilement la conciliation et l'intrigue pour pousser les protestants à la conversion publique. A partir de la Révocation, qu'il approuva avec éclat, sa modération laissa place à une intransigeance de moins en moins cachée. La discussion ouverte sur les dogmes et les pratiques — qu'on appelait la controverse — montra bientôt son vrai visage : pour Bossuet, toute l'erreur était d'un côté (côté de la « réforme », du changement, du libre examen et donc des « variations ») et toute la vérité de l'autre (côté de la fidélité, de la conformité, de l'uniformité, et donc de l'obéissance). Si bien qu'il suffisait, à ses yeux, de faire l'*Histoire des variations des Eglises protestantes* (1688) pour démontrer la radicale fausseté du protestantisme. Cette triple négation (de l'inscription du phénomène religieux dans l'histoire, de la conception de cette histoire comme progrès, de la participation responsable de l'homme à ce progrès) constitue un socle d' « impérieuse immobilité » que les Lumières allaient bientôt, de toutes parts, ébranler. Les protestants mirent un certain temps à reconnaître, en face d'eux, cette rigidité implacable. En 1691 encore, Leibniz entra en discussion avec Bossuet dans l'espoir d'aboutir à une « réunion des Eglises » contre leur adversaire commun, l'incrédulité. Il y renonça quand il s'aperçut qu'à la fédération interactive à laquelle — en adepte de l'harmonie universelle subsumant positivement les différences dans un ordre supérieur — il pensait, Bossuet ne répondait que par la soumission pure et simple des égarés et leur retour dans le troupeau. L'Histoire a tranché : avec quelques autres, comme Locke, Newton et Fénelon, Leibniz ouvre le XVIIIᵉ siècle, que ses modèles de pensée hanteront et nourriront ; Bossuet, lui, ferme le XVIIᵉ, l'enterre même, si l'on veut bien donner cette signification symbolique aux oraisons funèbres dont il en ponctue les dernières années. Il eut au moins le mérite de rendre claires et la nécessité et la nature du combat qu'il fallait mener, de s'offrir longuement comme le modèle même de ce qu'il ne faudrait plus tolérer. Ceci apparaît bien dans ce texte de Boulainvilliers, où la chaîne qui mène du religieux à l'érudit, à l'idéologique, au moral et au politique est si insupportablement contraignante et laide que l'homme du XVIIIᵉ siècle sait ce qui lui reste à faire : la briser.

> Tout homme non intéressé et d'ailleurs suffisamment éclairé regardera le système politique de l'illustre Bossuet, évêque de Meaux, comme un des plus honteux témoignages de l'indignité de notre siècle et de la corruption des mœurs, contre lequel l'érudition et les lumières de l'esprit ne donnent point de secours que l'artifice ne puisse détourner et employer contre la vérité même ; en effet il n'y a rien de si mauvaise foi que l'abus perpétuel qu'il a fait des textes de la Sainte Ecriture pour former de nouvelles chaînes à la liberté naturelle des hommes et pour augmenter le faste et la dureté des rois.
>
> *Lettres sur les Parlements.*

Les amis de Fontenelle

Autant le caractère de Bossuet était, on l'a vu, tranché et tranchant, autant celui de Fontenelle était souple, accueillant, curieux des choses nouvelles. Si l'un se présentait comme la sentinelle du vieux monde, menaçant quiconque tenterait d'en sortir, l'autre choisit la position d'éclaireur des temps encore à venir. Tous deux ont lu dans Descartes des choses opposées. Ce qu'en a retenu Fontenelle — et il y restera fidèle toute sa longue vie — c'est la méfiance instinctive et méthodique envers toute autorité, surtout si elle a derrière elle une longue tradition, et la vision mécaniste du monde physique, qui l'ouvre tout entier, sans réserves ni limites, à l'investigation scientifique. En un siècle où sévit la fragmentation partisane et où se durcissent les cloisonnements qu'elle produit, il est l'homme de toutes les convivialités ; ce qui rend particulièrement injuste et perfide la fameuse attaque que lui porta La Bruyère dans le portrait de Cydias (*Les Caractères*, « De la société et de la conversation », 75), l'accusant d'égocentrisme béat et le déclarant « fait pour être admiré de la bourgeoisie et de la province ». Certes, il fut longtemps attaché à Rouen, sa ville natale, mais il partagea vite son temps entre cette ville et Paris, où le firent connaître très jeune ses succès poétiques dans *Le Mercure galant* et ses essais théâtraux. Certes, il était bourgeois, mais il noua nombre de relations amicales avec le grand monde, par exemple avec le puissant d'Argenson. Il fréquentait sans exclusive des gens de toutes les opinions, des catholiques comme Ch. Perrault, des protestants comme Henri Justel, des libres penseurs comme Huygens, des athées comme Boindin. Au point qu'il est impossible de savoir quelles étaient ses propres « convictions » en ce domaine. En avait-il seulement ? Et n'a-t-il pas joué un rôle fort important pendant cette période précisément parce qu'il a montré, par son exemple, que les vrais problèmes de l'heure se situaient peut-être ailleurs ?

Position dangereuse, car elle est suspecte de désintérêt, de scepticisme, d'irresponsabilité. Surtout si l'on y ajoute le talent de la conversation mondaine, de la repartie spirituelle, du badinage fin, qui donnent l'impression d'un esprit superficiel, trop brillant pour être profond. Toute une partie de l'œuvre de Fontenelle peut sembler enclose dans ces limites-là : l'idéal bucolique de ses *Poésies pastorales,* qui se borne à chercher la tranquillité et le repos loin des

agitations vaines et des ambitions du monde ; la gratuité inconsé-
quente du jeu galant dans les *Lettres galantes du chevalier d'Her...* ; la
joliesse invertébrée de ses livrets d'opéra. Mais il s'agit là, en fait,
d'un art de vivre et d'une discipline de pensée. Il est bien certain
que s'il n'avait aucun goût pour la polémique et détestait qu'on se
prît au sérieux, c'est qu'il n'entretenait aucune illusion sur les
hommes, sur la solidité de leurs engagements, sur la dimension de
leur intelligence. L'analyse du phénomène religieux, qui est une de
ses marottes depuis ses essais *De l'origine des fables* et *Sur l'histoire* jusqu'à l'*Histoire des oracles,* en passant par sa *Relation de l'île de Bornéo,*
en donne une explication. L'idée religieuse même lui paraît de tout
temps être née du besoin qu'ont ressenti les hommes de dissimuler
leur ignorance, de compenser leur impuissance ou de conjurer leur
peur devant des manifestations, en eux ou autour d'eux, de la puissance naturelle dont le mécanisme leur échappait. Plutôt que de
recourir à la raison, leur réflexe est, en pareil cas, de lâcher la bride
à l'imagination, qui va son train, menée par un goût incoercible du
merveilleux, de l'étrange, de l'inconnaissable. Lâchage, lâcheté.
Malebranche avait proposé cette hypothèse sur la genèse de l'erreur dans la psychologie collective, quand il cherchait à la combattre par une *Recherche de la vérité.* Mais Malebranche avait déjà sa
Vérité toute prête dans le Dieu chrétien, alors que Fontenelle n'est
pas loin de donner à ce dernier le même statut qu'à tous les autres.
C'est en tout cas ce que suggère son *Histoire des oracles* où, en
démontrant de façon piquante et colorée (ce que ne faisait pas son
modèle, une grave et pesante dissertation en latin du Hollandais
Van Dale) que les oracles des païens n'étaient pas rendus par des
démons et n'avaient pas cessé à la venue de Jésus-Christ, mais
qu'ils étaient le produit conjugué de l'imposture des prêtres et de la
crédulité des foules, il procure une application toute prête de ce
mécanisme aux « révélations » du judéo-christianisme.

Cette piètre idée de l'homme ne le conduit pourtant pas au pessimisme ni au mépris. Elle fonctionne pour lui de façon critique,
c'est-à-dire comme un mal reconnu et surmonté dont doit sortir un
bien. Il croit, après Descartes, à la marche en avant de la Raison, à
son progrès en chacun des individus et dans le groupe, à l'intérieur
d'une période donnée et entre les périodes successives de l'histoire
humaine. Outre qu'il explique sa position, prudente mais ferme,
dans la querelle des Anciens et des Modernes, cet optimisme historique rend compte de la conscience que ne cessa d'avoir ce faux
dilettante d'être investi d'une sorte de mission auprès de ses

contemporains. A condition de ne pas s'obstiner, toute erreur se corrige, toute ignorance se comble, en particulier dans l'échange. Renouvelés de Lucien, ses *Dialogues des morts* en font la multiple démonstration. Dans et par le dialogue, les grands disparus du passé (Homère, Esope, Platon, Galilée, Didon, Cortez, Marguerite d'Autriche...) repèrent leurs propres limites, comparent leurs errements, et construisent ensemble une critique positive, utile sans doute à ceux qui vivent encore. Rien donc, chez Fontenelle, de cette certitude suffisante que lui attribue La Bruyère : sa raison n'est pas triomphante et impérialiste, mais tâtonnante, peu à peu consolidée et incessamment remise en cause dans l'expérience de son partage. C'est pourquoi il n'envisage pas d'assurer seul le contrôle de ses avancées, mais avec la « petite troupe choisie », qui a vocation à s'agrandir toujours davantage, composée de ce que nous avons appelé ses « amis ».

Fontenelle était le seul, sans doute, à pouvoir enrôler dans la même « troupe » des gens aussi éloignés, aux intérêts aussi différents que des artistes et des savants, des poètes officiels et des penseurs clandestins, des précieux du grand monde et des journalistes, sans oublier les femmes. Non qu'il ait de toutes pièces voulu et construit cette association : il a simplement, par sa présence, son discours et son action, permis que se reconnaissent des gens qui, sans le savoir encore très bien, poursuivaient le même but, et qu'ils se mettent à affiner ensemble la définition de ce but, avant même de songer à l'atteindre. Dans la « petite troupe choisie », les précieux du *Mercure galant*, qui devaient former l'aile marchande des Modernes : peu de génies, mais des hommes et des femmes décidés à ne pas hériter un monde fait d'avance, à le dégraisser de ses préjugés et à le modeler aux dimensions du bonheur qu'ils en attendaient ; des rêveurs comme l'abbé de Saint-Pierre, dont les projets de réformes ne passaient pour chimériques qu'à cause de l'incompatibilité tragique du système sociopolitique alors régnant avec les maîtres mots de ses propositions : « perfectionnement », « bienfaisance » ; les familiers des cafés et ceux des salons : Fontenelle les fréquenta tous (à l'époque qui nous occupe ici, il s'agit, pour les salons, de ceux de la duchesse du Maine à Sceaux et de Mme de Lambert ; plus tard, ce seront ceux de Mme de Tencin, de Mme Du Deffand et de Mme Geoffrin). Dans les cafés, discussions passionnées, propositions hardies, vagabondages exaltés. Les réunions régulières dans les salons, où l'on se gardait bien de se montrer audacieux dans la pensée ou pédant dans le propos, avaient

Les « mots » de Fontenelle

Ils l'ont rendu célèbre. Ils ont aussi desservi sa gloire, le présentant comme un « bel esprit » mondain et superficiel. Il en a produit plus que l'histoire n'en a gardé la mémoire, mais on lui en a aussi prêté beaucoup, comme à tous les riches de cette sorte. Jamais il n'en a fait le recueil, ni sous forme de « maximes », ni en manière de « méthode », préférant les égrener un à un dans les textes qu'il écrivait ou dans les salons qu'il fréquentait, et dont ils étaient l'agrément. L'esthétique rococo de la pointe, de la surprise, du détour ingénieux y est visible, mais la réflexion la plus sérieuse n'y est pas moins sollicitée. En voici un florilège.

- (« Quelle différence y a-t-il entre une pendule et moi ? » a demandé la duchesse du Maine). La pendule marque les heures, et Votre Altesse Sérénissime les fait oublier.
- De mémoire de rose, on n'a jamais vu mourir de jardinier.
- On met les Anciens bien haut pour abaisser ses contemporains.
- Il faut des forces pour résister au torrent, mais il n'en faut point pour le suivre.
- Chacun a pour prison l'air qu'il respire.
- Les autres mondes vous rendent celui-ci petit, mais ils ne vous gâtent point de beaux yeux ou une belle bouche.
- Le cœur est la source de toutes les erreurs dont nous avons besoin.
- Les plaisirs ne sont pas assez solides pour souffrir qu'on les approfondisse.
- [le bonheur] Quoique tout le monde en parle, peu de gens y pensent.
- Le plus grand secret pour le bonheur, c'est d'être bien avec soi.
- On cesse d'être heureux sitôt que l'on sent l'effort que l'on fait pour l'être.
- Apprenons combien il est dangereux d'être hommes et comptons tous les malheurs dont nous sommes exempts pour autant de périls dont nous sommes échappés.
- Il est toujours temps de penser, mais il ne l'est pas toujours de dire ce qu'on pense.
- Les opinions communes sont la règle des opinions saines, pourvu qu'on les prenne à contresens.
- Tous les hommes se ressemblent si fort qu'il n'y a point de peuple dont les sottises ne nous doivent faire trembler.
- Les hommes veulent bien que les dieux soient aussi fous qu'eux, mais ils ne veulent pas que les bêtes soient aussi sages.
- L'esprit humain est moins capable d'erreur dès qu'il sait et à quel point et en combien de manières il en est capable.
- Si la Raison dominait la terre, il ne s'y passerait rien.
- La Raison elle-même n'approuverait pas que les hommes ne se conduisissent que par elle.
- Si je tenais toutes les vérités dans ma main fermée, je ne daignerais pas l'ouvrir.

l'avantage d'imprégner peu à peu la plus haute société des idées nouvelles, présentées sous un jour décent, élégant, détaché. C'était aussi l'occasion de rencontrer des visiteurs étrangers, qui aidaient au désenclavement de la pensée française officielle. Avec ses bons mots et le rôle, qu'il s'amusait à tenir, du contradicteur systématique, toujours prêt à brandir un paradoxe, comme pour rire, Fontenelle fit beaucoup pour faire avancer, sans effaroucher personne, des idées virtuellement explosives.

Fontenelle fut-il un savant ? Quoiqu'il ait rédigé des ouvrages de mathématiques et de physique, qu'il ait été le chef de file des « géomètres » (manière, alors, de désigner plutôt une philosophie rationaliste et positive qu'une science exacte), on peut en discuter. On a regretté, par exemple, que, par fidélité aux « tourbillons » cartésiens, il ait méconnu l'importance décisive de la théorie newtonienne de la gravitation universelle. En tout cas, il enrôla nombre de vrais savants dans sa « petite troupe choisie » : Bernier le gassendiste et Régis le cartésien, Rohault, Lémery le chimiste, Varignon le géomètre, Tournefort le médecin voyageur, les mathématiciens Auzout et De La Hire, les professeurs Du Hamel (Collège royal) et Duverney (Jardin du roi). Et à la science il rendit deux services éminents : en faire concevoir l'intérêt par le grand public, c'est l'objet de celui de ses ouvrages qui est resté le plus célèbre, les *Entretiens sur la pluralité des mondes* ; et donner à l'activité du savant une dignité et une reconnaissance sociale qu'elle n'avait jamais eues jusque-là, c'est le sens de son action à la tête de l'Académie des sciences. Il était entré, jeune, à l'Académie française (1691), mais il se consacra davantage à l'Académie des sciences qui l'accueillit en 1697 et dont il devint le secrétaire perpétuel en 1699. Il devait le rester jusqu'en 1740. Il exerça cette fonction comme une magistrature, y devint lui-même une sorte d'institution vivante, non exempte, avec le temps, de ridicule, mais il marqua une étape capitale dans l'évolution des rapports que la communauté nationale française entretient avec ses savants. Outre une *Histoire de l'Académie* qu'il tint à jour, il institua l'usage de prononcer à sa mort l'éloge de chaque académicien. Il en prononça lui-même un grand nombre, parmi lesquels ceux de Newton et de Leibniz. Ces discours lui donnaient l'occasion de faire valoir à la fois le mérite d'un homme éminent et dévoué à une tâche d'intérêt collectif, l'inscription de la recherche scientifique dans la culture humaniste, l'exemple d'une réflexion qui avait dû, pour parvenir à l'invention, se dégager des pesanteurs de la tradition et des préjugés, enfin la solidarité de tous ces efforts qui, en attendant de changer la face du monde — on n'y songeait pas encore de manière réaliste —, modifient ensemble l'image que se fait de lui-même l'esprit de l'homme, et soutiennent sa confiance.

Les *Entretiens sur la pluralité des mondes* rendent accessibles à tous les implications de ce qui était alors la science moderne en matière de physique astronomique : dans un cosmos conçu comme une immense machinerie d'opéra, avec câbles, poulies et ressorts, les « mondes » (corps célestes) tournant les uns autour des autres sont présumés peuplés d'êtres vivants différents de nous, avec en particulier un système sensoriel adapté au cadre qu'ils habitent. Fin de l'anthropocentrisme, relativité généralisée, pied-de-nez au providentialisme fixiste de Bossuet, ouverture au rêve de la découverte astronautique. Le tout porté par des conversations galantes et vespérales, à la saison d'été dans un joli parc, avec une jeune marquise à la fois badine et impressionnée. En dépit de ses fadeurs un peu surannées et des erreurs qu'il fait dans ses calculs, ce texte acclimate les spéculations les plus hardies du nouvel esprit scientifique dans le champ de la philosophie critique — à laquelle elles servent d'illustration rêvée —, dans le jardin de la vie mondaine — qui les fait entrer dans la série des plaisirs partagés et des frissons exquis —, et dans le domaine le plus courant des mots, des images et des représentations de la langue. Il les fait recevoir sans peine et conjointement par la pensée, l'affectivité, l'imagination. Il multiplie indéfiniment les amis de Fontenelle.

Car, on l'aura compris, l'intention de ce philosophe sans système est tout entière tournée vers l'avenir. Ses vrais amis seront sa postérité, qu'il aura la faveur de connaître puisqu'il vivra jusqu'à sa centième année. Certes, comme beaucoup d'amitiés, celle-là passera par l'ingratitude : il deviendra peu à peu, aux yeux des philosophes « sensibles » des années 1740-1760, le modèle répulsif d'un rationalisme trop sec, allié à une mondanité trop gourmée. On le verra malignement caricaturé dans *Micromégas*. Mais il reste l'un des grands pionniers de la posture philosophique qui s'imposera dans le siècle, et de beaucoup des formes littéraires par lesquelles elle s'exprimera après lui : la pastorale, jusqu'à Florian et Bernardin de Saint-Pierre, le dialogue philosophique, le roman épistolaire, l'éloge, matrice de l'écriture biographique et autobiographique.

La République de Bayle

Pierre Bayle est l'autre grand pionnier de cette aventure et grand pourvoyeur d'armes pour le combat philosophique. Il était pourtant lui-même bien pacifique : paradoxe comparable à celui d'un Fontenelle sceptique et militant. Ce que celui-ci fit à Paris, celui-là l'entreprit à l'échelle européenne. Il ne l'avait pas vraiment choisi, puisqu'il ne devait qu'à sa qualité de protestant son exil à Rotterdam, sa chaire de philosophie et d'histoire, et une position centrale dans le « Refuge », c'est-à-dire dans la communauté des protestants français dispersés après la Révocation un peu partout dans l'Europe du Nord (Angleterre, Pays-Bas, Provinces-Unies, pays allemands, Suisse...) ; mais cette circonstance donna à son action intellectuelle et morale une ouverture vers le cosmopolitisme, dont on sait que ce sera une dimension extrêmement importante et distinctive du mouvement des Lumières. Aucun autre moment de l'histoire culturelle n'a été à ce point partagé par toute l'Europe, comme en témoigne la série des termes qui désignent, dans toutes les langues, celui du XVIIIᵉ siècle : *Enlightenment, Verlichting, Aufklärung, Illuminismo, Ilustración, Ilustraçaõ, I períodos tôn phôtôn, Oświecenie, Prosveščenie*... Bayle disait lui-même qu'en tant qu'historien il ne se sentait « ni Français, ni Allemand, ni Anglais, ni Espagnol ; je suis habitant du monde ». A Rotterdam, il était au beau milieu de l'effervescence européenne, dans ce carrefour hollandais où la politique, l'économie et le commerce, l'édition, les sciences et l'enseignement avaient pris une belle avance, où coexistaient en paix toutes les confessions religieuses, et où se rencontraient, autour des savants néerlandais (Huygens, Boerhaave), des esprits novateurs venus de toutes parts (comme les Anglais J. Locke ou lord Shaftesbury, le Portugais Ribeiro Sanchez).

Dans un tel cadre, après avoir engagé à l'occasion du passage de la comète de 1680 une campagne déterminée et joyeuse contre la stupide crédulité superstitieuse (*Lettre sur les comètes* et *Pensées diverses sur la comète*), on comprend qu'il ait songé à y associer l'ensemble des esprits éclairés. Fonder alors une revue mensuelle intitulée *Nouvelles de la République des Lettres* (1684), c'était tenter de maintenir un contact permanent entre les membres de cette nouvelle croisade, c'était mobiliser la force — alors encore naissante — du

journalisme pour une cause noble et désintéressée, c'était promouvoir une formule qui avait sans doute été déjà employée (chez les
humanistes du XVIᵉ siècle par exemple), mais dont la connotation
politique surgissait alors comme une provocation, une menace
contre les pouvoirs établis, volontiers despotiques. On voit la différence avec un titre comme *Le Journal des Savants,* par exemple, qui
paraissait à Paris : les hommes de la pensée et de la plume ne se
cantonnent pas dans leur condition, ils se montrent organiquement
regroupés dans la liberté, et pour la liberté. La revue, dont Bayle
était à peu près le seul rédacteur, tentait de recenser tout ce qui
paraissait d'important en Europe, et d'en rendre compte. Pour
cela, Bayle entretenait une correspondance dans tous les pays, se
faisant avertir des nouveautés et envoyer les publications. Parmi ses
informateurs pour les sciences, Denis Papin, l'inventeur de la
machine à vapeur, alors réfugié en Angleterre. Aussitôt interdite en
France, la revue y eut néanmoins un grand succès, ainsi qu'en
Angleterre. Bayle ne put longtemps assurer seul cet énorme travail
dans lequel il excellait, mais qui épuisait sa santé assez fragile. Il y
mit fin un peu moins de trois ans après : il avait lancé là un modèle
et fait ressentir un besoin tel que d'autres prirent le relais : son ami
Basnage de Beauval (*Histoire des ouvrages des savants,* 1687-1709), son
coreligionnaire Jean Le Clerc (*Bibliothèque universelle et historique,*
1686-1693 ; *Bibliothèque choisie,* 1703-1708 ; *Bibliothèque ancienne et
moderne,* 1714-1726). Et l'on n'est pas étonné que les jésuites aient
vite compris l'influence de ce moyen d'action, par l'information,
sur l'opinion, et aient à leur tour créé leur revue, les *Mémoires de
Trévoux,* qui devait paraître pendant presque tout le siècle (1701-
1768-1782).

C'est dans le même esprit de collaboration qu'on peut situer les
autres ouvrages du « philosophe de Rotterdam ». Les admirables
protestations qu'il lança, en 1686 et 1687, contre les violences exercées en France envers les protestants, désormais hors la loi (son
propre frère était mort sous la torture en prison, à Bordeaux), n'ont
rien à voir, on l'a dit plus haut, avec les cris de haine et de rébellion
d'un Jurieu, dangereux illuminé. Ce sont des appels à la raison, à la
modération, à la libre discussion des consciences, à la mise hors jeu
de toutes les voix fanatiques, de quelque camp qu'elles s'élèvent. Il
tenait ce goût de la tolérance de l'influence qu'avait eue sur lui
Tronchin à Genève, de toute une tradition du protestantisme
batave, et aussi de la lignée des libres penseurs français du
XVIIᵉ siècle, Naudé, La Mothe Le Vayer, Gassendi, plus adeptes de

la diversité épicurienne que du rationalisme cartésien unitaire. Il le tenait aussi de son tempérament, de sa jovialité méridionale, teintée de « la petite figure de rhétorique qu'on appelle l'ironie », comme il disait lui-même. Mais surtout cette absence d'agressivité et ce besoin de la faire partager s'accordaient parfaitement à ses positions intellectuelles, tout à fait originales à l'époque. La comparaison, non aveuglée par la prévention, lui montrait assez que l'erreur, l'excès, l'inconséquence, la mauvaise foi, l'autoritarisme sont partout, chez les protestants comme chez les catholiques, comme chez les païens de l'Antiquité ou les Hébreux de la Bible. Il y voyait moins un défaut provisoire de notre Raison qu'un vice plus radical de notre Nature. Assez proche en cela de saint Augustin et de Pascal, il n'y voyait de recours que dans une Grâce dont les procédures devaient sans doute rester mystérieuses, la grandeur divine ne pouvant absolument pas être impliquée dans nos misérables gesticulations. Mais loin de lui inspirer passivité ou désespérance, cette conception le poussait à mettre dans l'effort empirique de la conscience individuelle, aux prises avec la relativité de ses déterminations, toute la confiance qu'il retirait, du même coup, aux vérités établies une fois pour toutes et pour tous, aux traditions respectées pour elles-mêmes, aux dogmes, aux Eglises. On comprend qu'elles l'aient toutes combattu, y compris la sienne : Jurieu, qui organisa la persécution contre lui, l'accusa publiquement d'avoir trahi, non seulement l'orthodoxie calviniste (pour une sorte de déisme, ou de fidéisme, ou pis, de spinozisme), mais aussi la cause orangiste au profit de la France dont, en pleine guerre, il se serait fait l'agent secret. On lui retira sa chaire. Il n'est pas excessif de dire qu'on hâta sa mort, en entretenant contre lui une polémique qui le minait plus que personne. Ainsi mourut, en décembre 1706, celui qui avait été le citoyen bien réel d'une République encore à naître.

Pour l'y aider, il avait eu le temps, heureusement, de réaliser l'œuvre de sa vie, le *Dictionnaire historique et critique*. Avec ce gros ouvrage, achevé en 1697 et qui remporta aussitôt dans toute l'Europe un des plus grands et durables succès de tout le XVIIIe siècle, il faisait, le premier, entrer la philosophie dans un dictionnaire, ce dont devaient se souvenir aussi bien le Voltaire du *Dictionnaire philosophique portatif* que Diderot et d'Alembert avec l'*Encyclopédie*. On voit ci-après l'exemple de ce qu'était un article de ce dictionnaire d'un nouveau genre, dans sa présentation tout en chicanes et dans sa démonstration d'une lumineuse efficacité. Bayle n'était pas le seul, alors, à porter un regard critique sur les grands récits

**Histoire et critique dans le *Dictionnaire* de Bayle
L'exemple d'un article**

- Les entrées du *Dictionnaire historique et critique* sont le plus souvent des noms de personnes, divinités des mythologies anciennes, personnages bibliques, héros de l'Antiquité, penseurs, écrivains, hommes politiques du Moyen Age, du XVIᵉ ou du XVIIᵉ siècle.

- Quelques titres, comme celui-ci, désignent des groupes. Avec « Rigoristes », on a l'exemple d'un article relativement court (beaucoup occupent plusieurs grandes pages in-4°), portant sur une période très proche de l'actualité, mais distribuant, comme les autres, la matière de l'information sur cinq niveaux :

  1 / le corps de l'article, en grands caractères romains, sur toute la largeur de la page ;
  2 / des notes, appelées *(a), (b),* etc., donnant en marge, à droite ou à gauche et en italiques, précisions ou références ;
  3 / des remarques, appelées (A), (B), etc., occupant le bas des pages ou l'espace qui suit la fin de l'article, en petits caractères romains, sur deux colonnes, et fournissant un commentaire, parfois fort circonstancié, sur telle formule du texte principal, rappelée en italiques au début de la remarque ;
  4 / des notes, appelées (1), (2), etc., fournissant le plus souvent les références des opinions alléguées dans ces remarques ;
  5 / des appendices aux remarques, introduits par une main à l'index tendu, et contenant des citations, parfois longues, de ces opinions, extraites des ouvrages référencés en notes marginales.

RIGORISTES. C'est le nom qu'on donne dans le Pays-Bas espagnol aux Jansénistes et aux Pères de l'Oratoire, et en général à ceux qui suivent les Maximes les plus opposées au relâchement de la Morale *(a)*. Si l'on était de l'humeur de Prateolus, on composerait une Secte de ces Casuistes, afin d'insulter l'Eglise romaine sur ses divisions. On les accuse faussement *d'ordonner aux pénitents de manger du foin, et à des filles de prendre des chemises toutes moites (A), ce qui en fait, dit-on, mourir quelques-unes (b).*

(a) La méthode de ces Messieurs est appelée le Rigorisme.

(b) Voyez les Difficultés proposées à M. Steyaert, *Iʳᵉ Partie, p. 31.*

(A) On les accuse d'ordonner... à des filles de prendre des chemises toutes moites.] Je ne crois pas qu'un Casuiste de bon sens, quelque sévère qu'il soit, ordonne jamais une telle pénitence à une fille, encore qu'il fût question de remédier à des tentations d'impudicité fort violentes ; mais il y a des gens à qui la Morale rigide gâte si fort le jugement qu'il n'est pas hors d'apparence qu'on ait quelquefois traité ainsi une jeune créature qui révélait trop d'infirmités au Confessionnal ; et puisque François d'Assise se prescrivit une femme de neige (1), il aurait bien pu prescrire à d'autres une chemise mouillée.

(1) Voyez ci-dessus Remarque (B) de l'Article FRANÇOIS d'Assise.

☞ J'ai lu un Mémorial, imprimé à Delft l'an 1696, et contenant une *Réponse succincte aux trois Accusations de* Jansénisme, *de* Rigorisme *et de* Nouveauté. On y étale les Maximes de Jésus-Christ, et puis l'on parle de cette manière : « (2) Si ceux que l'on traite de Rigoristes ont des maximes plus rigoureuses, une conduite plus dure à la chair, une sévérité qui passe cette sévérité salutaire, ils sont dignes de punition. Mais s'il est vrai au contraire, comme il est certain et évident, qu'ils sont forcés par la mollesse de la plupart des Chrétiens de se contenter de beaucoup moins, et de condescendre à l'infirmité humaine dans l'application de ces règles saintes, c'est une grande injustice et une calomnie punissable de les décrier comme des gens qui ont des maximes cruelles et excessivement sévères. Et il est plus vrai encore que ceux qui combattent en leur personne ce qu'ils appellent Rigorisme ne combattent en effet autre chose que l'Evangile... Il est donc vrai que le Rigorisme n'est qu'un fantôme dont on veut faire peur au monde, pour perdre des gens de bien et de vrais serviteurs de Jésus-Christ. M. Steyaert le reconnaît lui-même dans ses Thèses sur les Rituels, publiées il y a peu d'années. Il y rend ce témoignage, qui ne doit pas être suspect, que *ceux qui tâchent d'observer les règles de l'Eglise dans la conduite des âmes sont ceux que l'on appelle Rigoristes, et qu'il n'en connaît point d'autres...* (3) Il est certain au contraire que le relâchement opposé à ce Rigorisme n'est que trop réel. (4) M. Steyaert le reconnaît dans sa thèse de la *Théologie morale corrigée.* Car après l'avoir prouvé par les paroles du pape Alexandre VII qui ont été rapportées, il ajoute : Que feraient, ou plutôt que ne feraient pas certaines gens, s'ils avaient quelque chose de semblable à alléguer contre le Rigorisme ; au lieu que, pour le prouver, ils n'ont à produire que des contes faits à plaisir, comme du foin et des chemises mouillées imposées à des gens pour pénitence. »

(2) Mémorial *imprimé à Delft,* 1696, *in* 4, *p. II.*

(3) Mémorial, *p. 14.*

(4) *Là même.*

● On saisit bien ici la méthode de Bayle. Sous son objectivité apparente, la description de la méthode dite « rigoriste » touche en fait un point faible de l'Eglise romaine : sa propre division sur la manière de prêcher et de faire respecter la morale. L'attaque est poussée, non par le calviniste, mais sous le masque de Prateolus (surnom latin d'un théologien, Gabriel Dupréau, professeur au Collège de Navarre au XVI⁺ siècle, qui se fit remarquer par la violence du zèle avec lequel il dénonça les doctrines de Luther et de Calvin), et avec la complicité d'une prétérition. L'essentiel, pourtant, n'est pas là : il réside dans l'accusation dont on accable les « rigoristes ». Elle est dite « fausse » d'emblée, étant en effet peu vraisemblable et ressemblant trop à ce qu'une orthodoxie inquisitoriale est capable d'inventer, en pareil cas, pour discréditer et pouvoir persécuter des pratiques qu'elle ne veut pas tolérer. Aussitôt, renvoi est fait à un commentaire, où cette invraisemblance est proposée, mais qui se retourne soudain en le soupçon d'une vraisemblance quand même, eu égard aux sottises qu'est capable d'inspirer à quiconque tout engagement trop vif dans le zèle religieux. L'exemple de François d'Assise n'est pas allégué innocemment, et s'appuie sur un renvoi à un autre article du *Dictionnaire* (où l'on voit que François d'Assise « s'entêta de macérations et de solitude », que, « pour éteindre le feu de l'amour impur, il se jetait dans les glaces et sur la neige »..., toutes conduites que Bayle juge un peu détraquées, comme il émet les plus grands doutes sur la fameuse légende des stigmates : « On prétend que Jésus-Christ lui imprima les marques de ses cinq plaies »...). Puis vient la citation d'un texte qui, répondant lui-même à un autre, inclut des éléments de cet autre texte...

- De tout ce vertigineux carrousel d'opinions, il ressort :

  1 / que les rigoristes ne sont pas coupables de ce dont on les accuse ;
  2 / qu'ils pourraient l'être, tant le zèle religieux est dangereux ;
  3 / que ceux qui les accusent le sont plus qu'eux, tant le relâchement moral est blâmable ;
  4 / que s'ils avaient quelque chose d'aussi blâmable à reprocher aux rigoristes, ils ne s'en priveraient certainement pas ;
  5 / que c'est donc au pis-aller qu'ils se contentent des sottises qui ont provoqué le commentaire ;
  6 / que c'est tant mieux, quand on sait de quelles persécutions les « orthodoxes » sont capables envers ceux qu'ils peuvent taxer d'hérésie ou désigner comme « secte » ;
  7 / que la « femme de neige » très réellement utilisée par le très catholique François d'Assise n'est pas très éloignée — danger de congestion compris — des « chemises toutes moites » prétendument imposées à leurs pénitentes par certains jansénistes et oratoriens du Pays-Bas espagnol.

- Texte à cinq entrées, à cinq voix au moins, et à cinq, six, sept conclusions ou plus encore. Texte qui ne se saisit de toute sorte de parti pris que pour favoriser le parti à prendre, tout bien pesé, conformément à la raison, à l'équité, à la tolérance et à la bonne foi. Texte qui ne convoque tant de témoignages historiques que pour les renvoyer dos à dos, les annuler l'un par l'autre, empêcher que le présent soit prisonnier des erreurs et préventions d'un passé aveuglé par la haine fanatique ou par la superstition crédule. Texte alambic, qui transforme goutte à goutte l'histoire déjà faite, scrupuleusement restituée par fragments à chaque entrée du *Dictionnaire,* en occasion multiple de liberté pour l'histoire à venir.

fondateurs de la tradition judéo-chrétienne et de l'Antiquité gréco-latine, à y repérer des invraisemblances criantes ou des monstruosités inacceptables, à y voir les produits d'une affabulation compulsive de ceux qui racontaient, d'une crédulité naïve de ceux à qui ces récits étaient destinés, d'une imposture cynique de ceux qui en tiraient profit. Mais là où Fontenelle ne faisait qu'une démonstration indirecte sur les oracles païens, là où Richard Simon se contentait de contester la date, l'attribution ou l'interprétation des textes, lui passait au crible d'un jugement de simple bon sens l'histoire même d'Adam, d'Abraham, de David, comme d'Homère ou de César. A l'aide d'une documentation à peu près impeccable, il faisait la revue des faits principaux, des anecdotes accompagnatrices, des commentaires qui avaient été ajoutés au fil des siècles. Telle qu'on peut encore la suivre avec lui aujourd'hui, l'enquête est merveilleusement tonique, tant est réjouissant le spectacle de tant de sottises empilées les unes sur les autres, de tant d'inepties doctement énoncées, de tant d'horreurs pieusement révérées. A la manière de Buster Keaton, Bayle semble le plus souvent rester impassible devant les cocasseries qu'il nous offre. Parfois, pourtant, il sait se départir de cette sereine objectivité, et laisse percer l'irrévérence, la gaillardise, la franche rigolade. Ce livre est décapant, tout en étant fort sérieusement établi sur toutes les sources souhaitables, citées, référencées, situées, comparées. De plus, il ne se limite pas à la lecture critique de la Bible et des Anciens : plus de la moitié des articles portent sur des personnages des XVIe et XVIIe siècles européens, à propos desquels le philosophe voit fonctionner de la même manière la machine à obscurcir les faits, à créer de la fable, à multiplier le mensonge.

Le jour se lève...

Lecteurs amusés mais inquiets d'un La Bruyère au rire jaune, auditeurs de moins en moins impressionnés par les échos d'un Bossuet criant ses ordres et ses interdits, chrétiens ébranlés par les querelles féroces qui déchirent les fils de Dieu, citoyens effrayés de voir leur pays s'enfoncer dans le chaos et la misère, cartésiens séduits par l'accord qu'un Fontenelle leur fait entrevoir entre les plus hautes spéculations de la science et l'équilibre du bonheur quotidien, exilés à qui Saint-Evremond et surtout Bayle ont fait comprendre que le véritable exil est intérieur et que, par l'esprit, les hommes doivent tous ensemble reconquérir leur séjour terrestre, les Français de 1715 ne peuvent attendre la mort de leur roi que comme une délivrance et un signal. Quand elle survient enfin, il n'y a plus guère que deux grands écrivains français vivants et en activité : Lesage et Challe. La grande œuvre romanesque du premier est à venir ; c'est elle qui ponctue l'événement : Gil Blas monte sur sa mule au moment même où Louis XIV descend de son cheval. Le second a déjà produit la sienne, programmatrice d'une possible reconstruction sociale et morale. Aux *Illustres Françaises*

(1713), il joindra bientôt un *Journal* de voyage (1721) qui vient compléter une réserve dans laquelle la philosophie ira puiser sans relâche. Elle y trouvera les éléments d'une vision de l'homme élargie aux civilisations lointaines, d'un relativisme des valeurs et des mœurs, d'une nouvelle pensée de la nature, de la vertu, de l'échange. Dans cette réserve, les témoignages des voyageurs Chardin, Tavernier, La Hontan, et les travaux des orientalistes, Herbelot de Molainville et Antoine Galland.

Ces réserves encore inemployées, la longue attente, la soif de liberté expliquent l'explosion joyeuse de la Régence, et l'expérimentation fébrile à laquelle on se livra alors dans tous les domaines à la fois : politique, moral, social, diplomatique, économique, financier, esthétique. C'est au cœur de ces années folles, où devaient déchanter beaucoup d'espoirs trop naïfs ou trop hâtifs, que Dubos, Marivaux, Montesquieu, Prévost et Voltaire préparent leur élan.

TABLEAU CHRONOLOGIQUE DES PRINCIPAUX OUVRAGES ÉCRITS EN FRANÇAIS ENTRE 1680 ET 1715

1680   Richelet : *Dictionnaire françois*
   Malebranche : *Traité de la Nature et de la Grâce*
   Jurieu : *Politique du clergé de France pour détruire le protestantisme*

1681   Bossuet : *Sur l'unité de l'Eglise* ; *Discours sur l'histoire universelle*
   Mabillon : *De re diplomatica*
   Abbé Fleury : *Mœurs des Israélites*
   Veiras : *Grammaire méthodique*

1682   Bayle : *Lettre sur les comètes* ; *Critique générale de l'Histoire du calvinisme du P. Maimbourg*
   Jurieu : *Derniers Efforts de l'Innocence affligée*
   Abbé Fleury : *Mœurs des Chrétiens*
   Veiras : *Histoire des Sévarambes* (2ᵉ éd., la 1ʳᵉ en 1677-1679)
   Tavernier : *Voyages en Turquie, en Perse et aux Indes* (2ᵉ éd., la 1ʳᵉ en 1678-1679)

1683   Bayle : *Pensées diverses sur la comète*
   Fontenelle : *Nouveaux Dialogues des morts* ; *Jugement de Pluton*
   Bossuet : *Oraison funèbre de Marie-Thérèse d'Autriche*
   Malebranche : *Méditations chrétiennes et métaphysiques*

1684   Abbadie : *Traité de la vérité de la religion chrétienne*
   Bayle : *Nouvelles de la République des Lettres* (→ 1687)
   Malebranche : *Traité de morale*
   Saint-Evremond : *Observations sur le goût et le discernement des Français* ; *Discours sur les historiens français* ; *Réflexions sur la religion*
   Furetière : Extrait du *Dictionnaire* (publ. par Bayle en 1690)

1685   Bossuet : *Oraison funèbre d'Anne de Gonzague de Clèves*
        Mme Guyon : *Moyen court et très facile pour l'oraison...* ; *Torrents spirituels*
        Le Clerc : *Entretiens sur diverses matières de théologie*
        Abbé Fleury : *Traité des études*

1686   Bossuet : *Oraison funèbre de Michel Le Tellier*
        Bayle : *Ce que c'est que la France toute catholique sous le règne de Louis le Grand*
        Fontenelle : *Entretiens sur la pluralité des mondes* ; *Relation de l'île de Bornéo*
        Jurieu : *Préjugés légitimes contre le papisme* ; *Accomplissement des prophéties ou la Délivrance prochaine de l'Eglise*
        Saint-Evremond : *De la retraite*
        Chardin : *Journal du Voyage en Perse et aux Indes orientales*
        Le Clerc : *Bibliothèque universelle et historique* (→ 1693)
        Jurieu : *Lettres pastorales...* (→ 1694)

1687   Bossuet : *Oraison funèbre du prince de Condé*
        Jurieu : *Des droits des deux souverains en matière de religion : la conscience et le prince*
        Bayle : *Commentaire philosophique sur ces paroles de Jésus-Christ : « Contrains-les d'entrer »*
        Fénelon : *De l'éducation des filles*
        Fontenelle : *Histoire des oracles*
        Saint-Evremond : *Conversation du maréchal d'Hocquincourt avec le père Canaye* (texte de 1665)
        Basnage de Beauval : *Histoire des ouvrages des savants* (→ 1709)

1688   Bossuet : *Histoire des variations des Eglises protestantes*
        La Bruyère : *Les Caractères*
        Malebranche : *Entretiens sur la métaphysique et la religion*
        Mme Guyon : *Le Cantique de Salomon interprété selon le sens mystique...*

1689   R. Simon : *Histoire critique du Nouveau Testament*
        Jurieu : *Soupirs de la France esclave qui aspire après la liberté*
        Bossuet : *Avertissements aux protestants* (→ 1691)

1690   R. Simon : *Histoire critique des versions du Nouveau Testament*
        Furetière : *Dictionnaire* (publ. par Bayle)

1691   Jurieu : *Examen d'un libelle...*
        Abbé Fleury : *Histoire ecclésiastique* (1er vol. ; le 20e en 1720)
        Mabillon : *Traité des études monastiques*
        Ellies Dupin : *Bibliothèque des Auteurs ecclésiastiques*
        Bossuet : *Défense de l'Histoire des variations*
        Cotolendi : *Lettre écrite par un Sicilien à un de ses amis*

1693   R. Simon : *Histoire critique des principaux commentaires du Nouveau Testament*
        Père Quesnel : *Le Nouveau Testament en français, avec des Réflexions morales*

1694   Académie française : première édition du *Dictionnaire*
        Bossuet : *Maximes et réflexions sur la comédie*
        Père Le Brun : *Discours de la comédie*
        Fénelon : *Lettre à Louis XIV*

1695   Père Quesnel : *Histoire abrégée de la vie et des ouvrages de M. Arnauld*
        Bossuet : *Méditations sur l'Evangile*

1696   La Bruyère : *Les Caractères* (9ᵉ éd.)
        Père Daniel : *Histoire de France*
        Le Clerc : *Traité de l'incrédulité*
        Père Le Comte : *Nouveaux Mémoires sur l'état présent de la Chine*

1697   Bayle : *Dictionnaire historique et critique*
        Fénelon : *Explication des maximes des Saints sur la vie intérieure*
        Herbelot : *Bibliothèque orientale* (posth.)
        Malebranche : *Traité de l'amour de Dieu*
        Bossuet : *Instruction sur les états d'oraison*
        Boisguillebert : *Le Détail de la France...*

1698   La Bruyère : *Dialogues sur le quiétisme* (posth.)
        Bossuet : *Mémoires sur le livre des « Maximes des Saints »*; *Relation sur le quiétisme*

1699   Bernier : *Voyages du Grand Mogol, de l'Hindoustan* (rééd., 1ʳᵉ éd. en 1671)
        Dufresny : *Amusements sérieux et comiques d'un Siamois*

1700   Fontenelle : *De l'origine des fables* (publ. 1724); *Du bonheur* (publ. 1724)
        Boulainvilliers : *Abrégé de l'histoire ancienne*

1701   Baudot de Juilly : *Dialogues*
        Rémond le Grec : *Agathon, dialogue sur la volupté*
        Mémoires pour l'histoire des sciences et des beaux-arts, dits *Mémoires* (ou *Journal*)
        de *Trévoux* (jusqu'en 1768 et, sous d'autres titres, jusqu'en 1782)

1702   Des jésuites : *Lettres édifiantes et curieuses* (→ 1776)
        Père Quesnel : *Justification de M. Arnauld*
        Père Le Brun : *Histoire critique des pratiques superstitieuses*
        Fontenelle : *Préface sur l'utilité des mathématiques et de la physique*
        Bossuet : *Instructions sur la version du Nouveau Testament*

1703   La Hontan : *Nouveaux Voyages de l'Amérique septentrionale*
        Le Clerc : *Bibliothèque choisie* (→ 1708)

1704   Bayle : *Réponses aux questions d'un provincial*; *Continuation des Pensées diverses...*
        Leibniz : *Nouveaux Essais sur l'entendement humain*
        Bossuet : *Explication de la prophétie d'Isaïe*

1706   Barbeyrac : *Le Droit de la nature et des gens* (trad. et comment. de Pufendorf)

1707   Vauban : *Projet d'une Dîme royale*
        Boisguillebert : *Supplément au Détail de la France*
        Barbeyrac : *Les Devoirs de l'homme et du citoyen* (trad. et comment. de Pufendorf)

1708   Malebranche : *Entretien d'un philosophe chrétien et d'un philosophe chinois sur
        l'existence de Dieu*

1709   Bossuet : *La Politique tirée des propres paroles de l'Ecriture sainte* (posth.)
        Dubos : *Histoire de la ligue de Cambrai*

1710   Bossuet : *Traité du libre arbitre* (posth.)
        Leibniz : *Essais de théodicée...* (en français)
        Challe : *Difficultés sur la religion proposées au P. Malebranche* (ou *Le Militaire philo-
        sophe*, publ. 1767)

1711   Chardin : *Voyages en Perse et autres lieux de l'Orient* (nouv. éd. augmentée)
        Père Quesnel : *Pensées pieuses tirées des Réflexions morales*
        Fénelon : *Tables de Chaulnes*
        J.-F. Bernard : *Réflexions morales, satiriques et comiques sur les mœurs de notre siècle*

1712   Fénelon : *Dialogues des morts*
          Boulainvilliers : *Lettres sur les Parlements*
          Saint-Simon : *Lettre anonyme au Roi*

1713   Fénelon : *Démonstration de l'existence de Dieu*
          Mme Guyon : *Commentaire sur le Nouveau Testament*
          Abbé de Saint-Pierre : *Projet pour rendre la paix perpétuelle en Europe*

1714   Le Clerc : *Bibliothèque ancienne et moderne* (→ 1726)
          Leibniz : *La Monadologie* (en français)
          Boulainvilliers : *Essai de métaphysique dans les principes de Benoît de Spinoza* (publ. 1731)
          Saint-Simon : *Projets de gouvernement*

1715   Dubos : *Réflexions sur les traités de la Barrière*
          Mme Guyon : *Commentaire sur l'Ancien Testament*
          Massillon : *Oraison funèbre de Louis XIV*
          Fontenelle : *Eloge des Académiciens*

1716   Père Le Brun : *Explication littérale historique et dogmatique des prières et des cérémonies de la messe* (→ 1726)
          Bonnet : *Lettre écrite à Musala sur les mœurs et la religion des Français*

1717   Boulainvilliers : *Mémoire pour la noblesse de France contre les ducs et pairs*
          Challe : *Mémoires* (publ. 1931)

1718   Fénelon : *Dialogues sur l'éloquence* (posth.)

1720   Mme Guyon : *La Vie de Mme de La Motte Guyon écrite par elle-même* (posth.)

1721   Père Quesnel : *Lettres spirituelles* (posth.)
          Challe : *Journal d'un voyage fait aux Indes orientales*

1722   Bossuet : *Traité de la Connaissance de Dieu et de soi-même* (posth.)

1724   Barbeyrac : *Le Droit de la guerre et de la paix* (trad. et comment. de Grotius)

1727   Fontenelle : *Eléments de la géométrie de l'infini*
          Boulainvilliers : *Etat de la France...* ; *Histoire de l'ancien gouvernement de France* (posth.)

1730   Boulainvilliers : *Vie de Mahomet* (posth.)

1732   Boulainvilliers : *Essais sur la noblesse de France* (posth.)
          Bossuet : *Traité de la concupiscence* (posth.)

1734   Dubos : *Histoire critique de l'établissement de la monarchie française dans les Gaules*

1743   Fontenelle : *Traité de la liberté*
          Bossuet : *Défense de la tradition et des Saints Pères* (posth.)

N.B. — 1 / A partir de 1715, ce tableau ne tient plus compte que de la production des auteurs dont l'activité était déjà bien engagée à cette date.

2 / Une caractéristique distinctive de la période : on trouve Leibniz parmi les auteurs, car ce philosophe allemand a écrit la plupart de ses ouvrages en français. Les Anglais Locke, Newton, Shaftesbury, Clarke, Collins, Toland ont écrit les leurs en anglais (ou en latin) ; mais l'influence qu'ils ont exercée sur les lettres françaises (leur traduction a été faite très vite) est un élément capital de la vie intellectuelle et littéraire française de ce temps.

3 / Ce tableau propose plus de cent trente titres et fait état de quarante-sept noms d'auteurs. Peu de ces noms sont ceux d' « écrivains » au sens strict. Leurs textes ont souvent moins une fonction esthétique que de polémique, de controverse, de critique philosophique, sociale ou religieuse, de documentation,

d'érudition. Il est vrai qu'il conviendrait d'y ajouter, du point de vue proprement chronologique, un certain nombre de noms qui ont illustré des genres spécifiquement littéraires, et qu'on a choisi de joindre, pour les inscrire dans le mouvement propre à chaque genre, aux tableaux et génériques des chapitres 2, 3 et 4 : ceux de Boileau, Chaulieu, Mme Deshoulières, Dubos, Gacon, La Fare, La Fontaine, Lagrange-Chancel, La Motte, J.-B. Rousseau, Sénecé (poésie), de Campistron, Crébillon, Dancourt, Destouches, Dufresny, Racine, Regnard (théâtre), de Mme d'Aulnoy, Catherine Bernard, les abbés Bignon et Bordelon, Courtils de Sandras, Foigny, Galland, Cl. Gilbert, Hamilton, Le Noble, Lesage, Marana, Préchac, Tyssot de Patot (fiction en prose). Il reste que, si l'on met à part les écrivains de la génération classique encore vivants mais dont l'œuvre appartient pour l'essentiel à la période antérieure, et les écrivains encore jeunes et qui devaient donner toute leur mesure à partir de la Régence, on ne peut compter, comme écrivains majeurs de ces trente-cinq années, que Bossuet, La Bruyère, Fénelon et Challe. On peut leur adjoindre, tant ils sont, chacun à sa manière, représentatifs de cette période si particulière de l'histoire littéraire française, Bayle et Fontenelle. Le *Générique des auteurs* qui suit présente ces six « grands », et vingt autres, de moindre importance, dans l'ordre alphabétique.

GÉNÉRIQUE DES AUTEURS

- ARNAULD Antoine (1612-1694), dit le Grand Arnauld, né à Paris. Le membre le plus célèbre d'une famille entièrement vouée au mouvement janséniste depuis ses débuts, il est aussi le seul qui vécut jusqu'au seuil du XVIIIᵉ siècle. Il restait alors une autorité très respectée. C'est lui qui apaisa, en 1694, la crise ouverte en 1687 et qui fut la phase la plus longue de la querelle des Anciens et des Modernes. C'est lui qui, après une longue période d'apaisement dans la controverse théologique, soutint les premiers efforts du P. Quesnel, son fervent admirateur, qui devait réouvrir les hostilités.
- BAYLE Pierre (1647-1706), né au Carla, près de Foix, dans les Pyrénées. D'une famille protestante, il abjura le calvinisme à vingt-deux ans, pour des raisons inconnues. L'année suivante, il y revint, et se fit précepteur à Genève. De 1675 à 1681, il enseigna la philosophie à l'académie protestante de Sedan. Appelé en Hollande, il s'installa en 1681 à Rotterdam, où il enseigna la philosophie et l'histoire. Soucieux de ne pas faire de la religion un refuge pour les superstitions ni un ferment du fanatisme, il se rendit suspect à tous les partisans. Interdit en France par le parti catholique qui triomphait à la révocation de l'édit de Nantes, il fut attaqué par Jurieu, protestant réfugié comme lui, qui taxait sa tolérance de trahison. Après une polémique éreintante de six années, Bayle fut interdit d'enseignement. Il se consacra alors à la grande œuvre de sa vie, le *Dictionnaire historique et critique,* qui parut en 1697. Ses dernières années furent encore déchirées par la polémique (avec Jurieu, acharné, J. Le Clerc, les arminiens), et ce grand pacifique mourut prématurément, épuisé par ces guerres qu'il n'avait pas allumées et par le surmenage d'une recherche inlassable. Il devait rester tout le siècle la référence majeure de l'idée de tolérance et l'un des grands modèles du « philosophe ».
- BOISGUILLEBERT Pierre Le Pesant, sieur de (1646-1714), né à Rouen. C'est un de nos premiers penseurs à mériter le nom d' « économiste ». Dans son *Détail de la France,* il cherche en effet à comprendre les causes structurelles de la misère du royaume et à déterminer le moyen approprié pour y remédier, à partir de « lois » du fonctionnement économique qu'il tente d'élaborer.
- BOSSUET Jacques Bénigne (1627-1704), né à Dijon. On situe légitimement cet écrivain arrivé à Paris la même année que Molière et qui prononça l'*Oraison funèbre de Henriette d'Angleterre* l'année où Racine donnait *Bérénice,* dans la génération classique. C'est pourtant après 1680 et sa nomination à l'évêché de Meaux qu'il produisit le plus, et principalement pour défendre l'autorité de l'Eglise catholique contre tout ce qui la contestait : rationalisme libre penseur ou malebranchien, historicisme critique du domaine profane ou sacré,

« variations » protestantes, insoumissions jansénistes, déviations quiétistes. Mettant au service de cette inquisition généralisée un talent ravageur appuyé sur une foi inébranlable, il remporta partout des victoires à la Pyrrhus, tant il était de plus en plus inexorablement dépassé par le mouvement des idées. Les milliers de pages dont il tenta de faire un rempart contre cette vague n'intéressent plus aujourd'hui que comme des documents. Mais son œuvre oratoire demeure, et en particulier ses oraisons funèbres, qui ponctuent symboliquement la longue agonie d'un trop long règne.

● BOULAINVILLIERS Henri, comte de (1688-1722) — on dit parfois Boulainviller —, né à Saint-Saire, en Normandie. Elève des Oratoriens, il eut R. Simon comme professeur. Il ne publia pas, mais fit circuler en manuscrits des ouvrages nombreux et, à bien des égards, subversifs. Contre l'autorité royale (car il prône un retour au système féodal où le roi n'est pas au-dessus des autres nobles, ses pairs) ; contre les progrès de la raison (car il était volontiers astrologue) ; contre la doctrine religieuse en général (car il fut l'un des principaux vulgarisateurs de Spinoza en France).

● CHALLE Robert (1659-1721 ?), né à Paris. On ne savait à peu près rien de lui jusqu'à une date récente, et on en sait encore assez peu. Il eut un début de vie difficile, jalonné de mauvaises affaires et d'exils. Moitié soldat moitié pêcheur, il est fait prisonnier au Canada par les Anglais (1687) ; puis il s'engage sur des vaisseaux de guerre qui l'emportent aux Indes, au Siam, à la Martinique (1691), à la bataille de La Hougue (1692). Il ne commence à publier qu'en 1713. Paru anonymement à La Haye, son roman *Les Illustres Françaises* s'assure alors un beau succès, ainsi que, en 1721, son pittoresque *Journal d'un voyage fait aux Indes orientales*. Ses *Mémoires* (sur le règne de Louis XIV, écrits vers 1716) restèrent inédits jusqu'en 1931, et sa correspondance avec le *Journal littéraire de La Haye* (à propos de son roman) jusqu'en 1954. C'est tout récemment qu'on lui a reconnu pour l'auteur d'un texte important, écrit vers 1710, qui circula longtemps clandestinement en manuscrit sous le titre *Le Militaire philosophe*, et que Naigeon et d'Holbach publièrent enfin en 1767. Ce sont les *Difficultés sur la religion proposées au P. Malebranche*, véritable manifeste du déisme anticlérical. Sur le plan idéologique avec cet ouvrage, comme sur le plan de la technique narrative avec *Les Illustres Françaises,* Challe apparaît aujourd'hui comme un des très grands pionniers des Lumières naissantes.

● CHARDIN Jean (1643-1713), né à Paris. Ce fils de joaillier protestant fut tout jeune tenté par l'aventure du voyage et des échanges. A vingt-deux ans, il partit pour faire le commerce des diamants dans les Indes. Après un séjour à Surate, il s'arrêta six années à Ispahan, où il séjourna encore quatre années au cours d'un second voyage (1671-1675). Il s'habillait à la persane, se mêlait à la vie locale, parlait le persan, mais aussi le turc et l'arabe. Peu après son retour, la révocation de l'édit de Nantes le chassa en Angleterre, où le roi le chargea d'honneurs et de missions, en particulier à la Compagnie orientale des Indes. Ses *Voyages,* publiés en 1686 et traduits dans toute l'Europe, sont, avec ceux de Bernier et de Tavernier, l'une des grandes sources de l'orientalisme des Lumières.

● FÉNELON François de Salignac de La Mothe (1651-1715), né à La Mothe-Fénelon en Périgord. Ce jeune prêtre se fit vite remarquer par son zèle et son efficacité dans la conversion des protestants de Saintonge (1685-1686), par sa prédication talentueuse, par ses aptitudes éducatrices. Le roi le fit, en 1689, précepteur de son petit-fils, le duc de Bourgogne. Il réussit merveilleusement dans cette tâche qui nous a valu *Télémaque* et qui peut-être — c'était le vœu et le pronostic de beaucoup — aurait valu un grand roi à la France. Mais le jeune Dauphin mourut avant son grand-père, en 1712. L'influence qu'eut sur Fénelon — naturellement disposé à une religion tout intérieure — Mme Guyon le fit pencher vers le quiétisme, ce dont Bossuet ne manqua pas de l'accuser avec force. Cela brisa sa carrière : le roi l'exila dans l'évêché de Cambrai (1695), le pape condamna son ouvrage *Explication des maximes des Saints* (1699). Cet homme de foi, de paix et d'amour ne s'est pas frotté à la littérature pour elle-même ; ce qui n'empêche pas qu'il trouva les arguments et le ton qu'il fallait pour apaiser la dernière phase de la querelle des Anciens et des

Modernes (*Lettre sur les occupations de l'Académie française,* 1714), et que son *Télémaque* fut le texte le plus lu du XVIIIe siècle, jusqu'à *La Nouvelle Héloïse.*

- FLEURY Claude, abbé (1640 1723), né à Paris. Il faut se garder de le confondre avec André Hercule, cardinal de Fleury (1656-1743), qui fut Premier ministre de Louis XV pendant dix sept ans. Celui-ci fut avocat, prêtre, précepteur (des princes de Conti, du comte de Vermandois, bâtard du roi, des Enfants de France, les ducs de Bourgogne, d'Anjou et de Berry), académicien (1696), confesseur du roi (1716). Il fut surtout un considérable érudit, « l'un de nos derniers humanistes » a-t-on dit de lui, mais aussi une des plus parfaites expressions de l'esprit classique. Il intéresse surtout la période par son *Histoire ecclésiastique,* monumentale somme en 20 volumes qui sera une référence pendant tout le siècle.

- FONTENELLE Bernard Le Bovier de (1657-1757), né à Rouen. Neveu de Corneille, il montre vite un joli talent dans les petits genres poétiques : il donne à vingt ans des poèmes au *Mercure galant* dirigé par Donneau de Visé et par son oncle Thomas Corneille. En même temps, sa *Lettre sur La Princesse de Clèves* manifeste son aptitude à la critique. Il écrit aussi avec facilité livrets d'opéras et petites comédies. L'échec de sa tragédie *Aspar* donne, en 1680, un net coup de frein à une carrière si prometteuse. Il l'oriente alors différemment. Sans renoncer à la poésie galante ni au théâtre, qu'il pratiquera fort longtemps encore, il met en application le rationalisme critique qu'il doit à Descartes, à qui il restera fidèle, en dépit des progrès du newtonianisme, jusqu'à sa mort. Il l'adapte à tous les terrains : social (*Lettres galantes du chevalier d'Her***,* 1683), philosophique (*Nouveaux Dialogues des morts,* 1683), politique (*La République des Ajaoiens,* 1684), scientifique (*Entretiens sur la pluralité des mondes,* 1686), religieux (*Histoire des oracles,* 1687). Puis c'est l'engagement militant dans la cause « moderne »; viennent l'étayer théoriquement des essais qui sont à l'origine de ce que nous appelons maintenant l'histoire littéraire : *De l'origine des fables, Histoire du théâtre français, Réflexions sur la poétique.* Sa troisième carrière commence en 1699, lorsqu'il est élu secrétaire de l'Académie des sciences, poste qu'il occupera plus d'un demi-siècle. Il se partage alors entre les salons (chez Mmes de Lambert, de Tencin, Geoffrin, Du Deffand) où il lui reste plus d'un demi-siècle à briller de bons mots et de spirituelles reparties, et l'Académie où il prononce quantité d'éloges de tous les savants français et étrangers (dont Leibniz et Newton). Est-ce l'équilibre parfait d'un esprit à la fois vif et serein, entreprenant et prudent ? Fontenelle vécut jusqu'à sa centième année, ce qui fait de lui, de ce point de vue aussi, un phénomène : avoir été le contemporain des *Provinciales* et de la *Lettre à d'Alembert sur les spectacles*! avoir eu vingt ans l'année de *Phèdre,* et avoir pu entendre parler du *Fils naturel*!

- GUYON Jeanne Marie Bouvier de La Motte, Mme (1648-1717), née à Montargis. Déçue par une vie malheureuse et devenue veuve à vingt-huit ans, Mme Guyon découvre soudain un bonheur intense et solide dans la pratique mystique d'une spiritualité abandonnée au « pur amour » de Dieu. Elle se met alors à prêcher, en compagnie d'un moine barnabite, le P. Lacombe, ce qu'on appellera bientôt le quiétisme. Il s'agit d'abdiquer tout exercice de la raison et de la volonté personnelles, et de se laisser passivement envahir par la présence divine, qui procure alors une jouissance inégalable. Un moment protégée par Mme de Maintenon, elle rencontre, en 1688, Fénelon qu'elle gagne à sa cause. Persécutée par l'Eglise, condamnée par Rome, emprisonnée plusieurs fois, exilée à Blois à partir de 1702, elle finit sa vie dans la dévotion solitaire. Elle a laissé une considérable masse de textes (39 volumes, publiés après sa mort par un théologien protestant) qui vont de l'effusion lyrique la plus extravagante jusqu'à l'analyse critique la plus fouillée, en passant par la direction spirituelle. Elle occupe une place importante dans l'histoire du sentiment religieux en France et en Europe (sa manière n'est pas sans rapports avec celle de l'Espagnol Molinos, arrêté et emprisonné en 1685). Plus généralement, ses méthodes ont retenu ceux qui s'intéressent aux phénomènes étranges de la conscience (hypnose, états seconds, écriture automatique...).

- HERBELOT de Molainville Barthélemy (1625-1695), né à Paris. Ce savant est le premier grand orientaliste français. Protégé de Fouquet, puis du grand-duc de Toscane, enfin de Colbert, il étudia l'histoire et la civilisation islamiques comme personne ne le faisait alors. Il lisait l'hébreu, l'arabe, le persan et le turc. Professeur de syriaque au Collège royal (Collège de France) à partir de 1692, il animait une équipe de chercheurs, parmi lesquels Antoine Galland, le futur auteur des *Mille et Une Nuits.* C'est celui-ci qui publiera, après la mort de son maître et ami, sa grande *Bibliothèque orientale.* Ce dictionnaire monumental devait aider, pendant tout le XVIIIe siècle, à combattre l'image traditionnelle et caricaturale que l'Europe se faisait jusqu'alors du musulman.

- JURIEU Pierre (1637-1713), né à Mer, près de Blois. Ce fils de pasteurs, pasteur lui-même, formé aux meilleures académies protestantes de l'époque (Saumur, Sedan), fut contraint, comme beaucoup d'autres, à rejoindre ce qu'on appelait le Refuge (la communauté des protestants en exil). C'est à Rotterdam qu'il s'installa, comme Pierre Bayle qu'il avait connu à Sedan. Mais, contrairement à lui, il mena une résistance active et activiste, en particulier par la voie de la polémique écrite. Celle-ci visait les penseurs catholiques, bien sûr (Arnauld, Nicole, Bossuet) et l'Eglise papiste persécutrice, mais aussi la monarchie française, en rupture de pacte avec son peuple, et dont, d'après l'Apocalypse, Jurieu prophétisait l'effondrement pour 1689. Elle visait aussi ses coreligionnaires ; aussi intransigeant sur l'orthodoxie calviniste que Bossuet sur la catholique, il n'avait de cesse qu'il n'eût réduit tout ce qui lui paraissait s'en écarter : l'arminianisme libéral de Le Clerc et Saurin, le laxisme moral de Pajon, le fidéisme tolérantiste de Bayle. La manière violente et brutale de Jurieu s'oppose exemplairement à la manière douce et persuasive de Bayle en ce début d'un siècle qui devait choisir, comme on sait, la seconde.

- LA BRUYÈRE Jean de (1645-1696), né aux alentours de Paris. Le détail de sa vie est fort mal connu. Descendant de bourgeois parisiens ou de petits propriétaires fonciers du Perche (?), il fait son droit à Orléans (1665), acquiert un petit office à Caen (1673), mène une vie retirée et studieuse à Paris. En 1684, la famille de Condé se l'attache, d'abord comme précepteur, puis comme « gentilhomme de M. le Duc » (le duc d'Enghien, son ancien élève désormais marié avec Mlle de Nantes, fille naturelle du roi) et bibliothécaire. Il fait paraître en 1688 chez le libraire Michallet un livre auquel il travaillait depuis fort longtemps : *Les Caractères de Théophraste, avec les Caractères ou les mœurs de ce siècle,* livre emblème du grand débat contemporain entre les Anciens et les Modernes, puisqu'il juxtapose cent pages de traduction du moraliste grec Théophraste et deux cents pages de fragments originaux. Le succès est si grand que les éditions se succèdent de manière accélérée (neuf en huit ans), chacune voyant se réduire proportionnellement et typographiquement la part de l'Ancien, et s'étoffer, s'organiser, s'affirmer celle du Moderne. En dépit de cette assurance, c'est du côté des Anciens qu'on trouve La Bruyère lors de la Querelle, comme il est du côté de Bossuet dans les questions religieuses (*Dialogues sur le quiétisme,* publiés en 1698). Son élection à l'Académie française (1693) fut un des moments forts de la fameuse querelle : alors que l'Académie était déjà gagnée à la cause des Modernes, il y fut imposé par le parti dévot, le roi, les jésuites, et y prononça un discours de réception provocateur, qu'il devait publier, avec une Préface encore plus agressive, dans la huitième édition de ses *Caractères* (1694). L'énigme de cette coexistence d'une position publique farouchement conservatrice — voire conformiste — et d'une œuvre qui accuse avec tant de lucidité le dysfonctionnement d'une société en décomposition ne contribue pas peu à l'intérêt qu'on porte encore aujourd'hui à la lecture des *Caractères.*

- LA HONTAN Louis Armand de Lom d'Arce, baron de (v. 1666-v. 1715), né à Mont-de-Marsan. Ce petit gentilhomme gascon sans fortune s'embarqua en 1683 pour le Canada. Il y participa à des expéditions contre les Iroquois, commanda un fort sur les grands lacs, explora des régions encore inconnues, vers l'ouest. Nommé lieutenant du roi à Terre-Neuve en 1693, il eut des démêlés avec le gouverneur et déserta. C'est pour subsister, au cours d'une errance européenne qui le ballotta d'Angleterre aux Pays-Bas et en Allemagne (il fut en rapport avec Leibniz vers 1710 à Hanovre), qu'il publia à trois reprises des relations de son équipée canadienne : *Nouveaux Voyages de M. le baron de La Hontan dans l'Amé-*

rique septentrionale, Mémoires de l'Amérique septentrionale, ou la Suite des voyages de M. le baron de La Hontan, Supplément aux voyages du baron de La Hontan, avec des Dialogues curieux entre l'auteur et un sauvage de bon sens qui a voyagé. Beaucoup de choses y paraissent fantaisistes. Pourtant, ces ouvrages, sans prétention philosophique ou scientifique déclarée, sont le creuset de tout l'intérêt que le siècle des Lumières portera à l'anthropologie, par le biais de la confrontation géographique et ethnographique : relativité des supériorités européennes, critique de la civilisation, excellence de la loi naturelle, sans révélation ni dogme, mythe du bon sauvage...

● LE BRUN Pierre, père (1661-1729), né à Brignolles. Elève, puis membre de l'Oratoire, il y enseigna la théologie et la philosophie. Remarqué à Grenoble par le cardinal Le Camus, il termina sa vie comme professeur au séminaire Saint-Magloire, à Paris. Ce disciple de Malebranche fut un défenseur de la religion (contre le théâtre, par exemple, aux côtés de Bossuet, en 1694) ; mais il chercha surtout à la rendre digne d'être défendue, en la purgeant de tout ce qui la rendait suspecte aux yeux de la raison : superstition, magie, laxisme...

● LE CLERC Jean (1657-1736), né à Genève. Comme beaucoup de huguenots de ce temps, il fut amené à voyager dans toute l'Europe du Nord. Il enseigna la philosophie, l'hébreu, l'histoire ecclésiastique à Grenoble, à Saumur, à Lyon, en Angleterre, et à Amsterdam enfin, à partir de 1683. Lié à toute l'Europe savante (Locke, Burnet, Fontenelle, Vico...), il renforça ces liens par un énorme travail de dépouillement et de recension : ce sont ses fameuses *Bibliothèques* par lesquelles, pendant une quarantaine d'années (1686-1726), il offrit à ses lecteurs une revue critique des livres et des savoirs nouveaux. Son rationalisme ne s'appliquait pas seulement aux erreurs commises par les religions dans l'histoire, aux impostures des clergés ou aux ridicules de certains dogmes, mais à la nature même de la foi religieuse, ce qui effraya jusqu'à Bayle. J. Le Clerc fut le chef de file de ce courant « arminien » qui comprenait aussi Jacques Bernard et Isaac Jaquelot, qui fut violemment pris à partie par Jurieu, et qui est l'un des jalons du déisme des lumières tel que devait l'illustrer Voltaire.

● MABILLON Jean, dom (1632-1707), né à Saint-Pierremont, dans les Ardennes, dans une famille de paysans. Après un passage au séminaire de Reims, il entre dans la congrégation des bénédictins de Saint-Maur. Il y travaille, sous la direction de dom Luc Achéry, parmi les plus grands érudits de l'Ordre. A l'abbaye de Saint-Germain-des-Prés à partir de 1664, il devient vite le meilleur d'entre eux en matière de lecture, de datation, d'annotation, d'édition des textes les plus anciens. Trois retombées : une pratique (il a procuré d'excellentes éditions des *Œuvres complètes de saint Benoît,* ainsi que des *Acta sanctorum ordinis sancti Benedicti,* des *Vetera analecta,* des *Annales ordinis sancti Benedicti)* ; une théorique : son traité *De re diplomatica* expose les principes de la « diplomatique », science des « diplômes » (c'est-à-dire des anciens textes, paléographie), et reste une référence pour les chartistes ; une philosophique même, puisqu'en défendant, dans son *Traité des études monastiques* de 1691, le droit des religieux à l'étude, il va à sa manière dans le sens des Lumières et désamorce un de leurs principaux arguments contre les moines : leur inutilité.

● MALEBRANCHE Nicolas de (1628-1715), né à Paris. Cet oratorien cartésien, philosophe et savant, a derrière lui son ouvrage principal quand commence la période des Lumières naissantes : c'est *La Recherche de la vérité* de 1674 ; mais il reste, de 1680 à sa mort, au centre de toutes les controverses de l'époque : c'est à Arnauld et Bossuet qu'il oppose son *Traité de la Nature et de la Grâce,* aux jésuites son *Entretien d'un philosophe chrétien et d'un philosophe chinois sur l'existence de Dieu,* à Fénelon son *Traité de l'amour de Dieu.* Il continue aussi ses discussions avec Leibniz, avec Berkeley qu'il reçoit en 1713. En cherchant, avec sincérité et talent, à concilier la foi et la raison, il a sans doute involontairement contribué à l'affaiblissement de l'idée chrétienne de Dieu, au profit du déisme des Lumières.

● PERRAULT Charles (1628-1703), né à Paris. En 1683, à la mort de Colbert, il a déjà derrière lui toute une carrière de grand commis de l'Etat, ayant exercé pendant une vingtaine d'années un contrôle de tutelle sur les travaux de l'Académie, sur la production des œuvres littéraires et artistiques en l'honneur du roi et du règne, sur la construction et l'aménagement des « bâtiments » (en particulier Versailles), sur la répartition des aides royales, bref, le travail d'un actuel ministre de la Culture. Une semi-disgrâce lui redonne, à cinquante-cinq ans, l'énergie du second souffle. Sans se renier (il continue en particulier à produire de grands poèmes religieux, ou chantant les armes du roi), cet ancien responsable de l'appareil louis-quatorzien ouvre, à sa manière, le siècle nouveau en se faisant le chef de file des Modernes (1687-1694), et en donnant dignité et audience littéraires à un genre jusqu'alors oral et privé : le conte de fées (*Histoires ou Contes du temps passé,* 1697). Sur les deux terrains de l'idéologie et de l'imaginaire, il permet de bien se représenter le vrai caractère des Lumières naissantes, venues tout autant, en France, du développement des exigences internes du classicisme que de sollicitations extérieures.

- QUESNEL Pasquier, père (1634-1719), né à Paris. Fils d'un libraire, cet ancien élève des jésuites se fit oratorien en 1657. Soupçonné de jansénisme dès 1681, il refusa en effet de signer le formulaire contre Descartes imposé par l'Eglise en 1684, et rejoignit dans son exil à Bruxelles le grand Arnauld, dont il était le disciple fervent, en attendant de se faire son biographe et son panégyriste. Moins disposé que lui, cependant, à la conciliation, il entra dans une polémique ouverte avec les autorités catholiques et les jésuites, qui finirent par le faire arrêter à Bruxelles en 1703, saisissant ses papiers, et étant de ce fait en mesure d'arrêter nombre de ses amis et correspondants. Cédant à des pressions, l'archevêque de Paris, Noailles, qui avait approuvé ses *Réflexions morales,* les condamna en 1708. Evadé, le P. Quesnel ne se soumit pas, renchérit au contraire sur ses positions (*Pensées pieuses tirées des Réflexions morales,* 1711). Le pape intervint alors et condamna cent une propositions tirées de ce livre, dans la trop fameuse bulle *Unigenitus* (1713), qui devait réactiver la guerre religieuse en France jusqu'au seuil de la Révolution.

- SAINT-EVREMOND Charles de Marguetel de Saint-Denis, seigneur de (1613-1703), né à Saint-Denis-le-Gast, en Normandie (Manche). En 1680, c'est déjà un vieil homme, qui vit depuis plus de quinze ans en exil en Angleterre, pour une lettre contre Mazarin trouvée par la police au moment du procès de Fouquet. Cependant, c'est un témoin et un relais important entre les deux siècles. Après une jeunesse brillante, tant aux armées (avec Condé et le maréchal-duc de Gramont) que dans la philosophie (il fut l'ami de Gassendi, d'Heinsius, puis de Spinoza et de Vossius) et dans le monde (il s'adonna à un libertinage élégant), l'exil lui donna une distance qui convenait parfaitement bien à ce sceptique désinvolte. Elle lui permit d'aborder toutes sortes de sujets sans aucun aveuglement partisan. Ses ouvrages, courts en général, sont adressés à un petit cercle d'amis plutôt qu'à un grand public, et il ne se soucia pas de les publier lui-même. Pour l'absence de toute forme contrainte, on les a comparés aux *Essais* de Montaigne, le « projet » en moins. Lettres, « réflexions », « discours », « pensées », « observations » illustrent, sur des sujets divers, quelques idées annonciatrices des Lumières : l'homme est défini par sa condition plus que par sa nature ; l'héroïsme est une fausse valeur, souvent légendaire ; le prosélytisme est l'école de la violence et de l'aveuglement, comme le chauvinisme national ; le bon goût doit reposer sur la délicatesse, sur le bon sens et sur le naturel ; et surtout, le critère de la qualité d'une chose est la qualité du plaisir qu'elle donne. Par là, l'épicurisme du XVIIᵉ siècle donne la main à la chasse au bonheur du XVIIIᵉ.

- SIMON Richard (1638-1712), né à Dieppe. Cet oratorien érudit, qui lisait l'hébreu, l'arabe et le syriaque, s'intéressait surtout à la Bible et au peuple juif. Il se mit à appliquer, dans l'approche de l'histoire juive et de l'exégèse biblique, des méthodes alors inhabituelles pour un tel objet. Le premier, il lui appliqua le même regard objectif, rationnel, historique et expérimental que celui qu'on avait désormais coutume d'appliquer aux diverses sciences. C'est ainsi que son *Histoire critique du Vieux Testament* avait, en 1678, soulevé une tempête. Bossuet s'était déchaîné, et avait fait condamner l'ouvrage. Son auteur avait été exclu de l'Oratoire, contraint à la retraite. Menant alors une existence austère et studieuse dans un prieuré près de Fécamp, il poursuivit imperturbablement son travail, dont il faisait publier les résultats en Hollande, et qui s'étendit au Nouveau Testament, à ses « versions » (traductions) et à ses commentaires. Ce travail critique, qui nous paraît aujourd'hui aller de soi, fit un momont, contre celui qui osait s'y livrer sur l'Ecriture sainte et les pères de l'Eglise, l'unanimité des protestants, des catholiques et des jansénistes. Mais il ouvrit une voie que Bayle d'abord, puis tout le siècle suivant devaient exploiter.

- TAVERNIER Jean-Baptiste (1605-1689), né à Paris. Fils d'un géographe et libraire français qui s'établit à Copenhague, il eut tout jeune le désir et le rêve du voyage. Il partit à l'aventure dès l'âge de quinze ans, et, pendant quarante années, sillonna l'Orient en faisant un négoce d'étoffes et de pierreries qui lui procura une fortune immense. Les relations de ses *Voyages* parurent entre 1675 et 1680. Elles eurent de nombreuses rééditions et furent, comme celles de Bernier et de Chardin, une mine de renseignements pour la curiosité « orientale » des Lumières. L'esprit « philosophique » pourtant n'y est pas très sensible, l'intérêt du voyageur se limitant souvent à l'aspect bassement matériel des transactions commerciales qu'il pouvait réaliser, et son européocentrisme lui inspirant un recul méprisant devant les coutumes et les institutions des pays traversés.

- VAUBAN Sébastien Le Prestre, seigneur de (1633-1707), né à Saint-Léger-de-Foucheret (Yonne). Ingénieur militaire, il a construit un grand nombre de places fortes (dont plusieurs subsistent encore) et publié des traités techniques sur l'art des fortifications et les mines. Maréchal de France, il a organisé victorieusement les sièges de Tournai, Douai et Lille (1667), de Philippsbourg (1688), de Mons (1691) et de Namur (1692). Il a généralisé l'usage de la grenade et introduit celui de la baïonnette (1703). Louis XIV avait toutes les raisons d'être content de lui. Il le disgracia pourtant, et fit condamner au feu son livre, *Projet d'une dîme royale,* qui lui proposait respectueusement une réforme raisonnable en vue d'une fiscalité moins inégalitaire et moins accablante pour le peuple. Vauban (en) mourut peu après.

- VEIRAS Denis, ou Vairasse d'Alais (?-?), né à Alais (Alès). On sait très peu de choses sur lui, sinon qu'il était protestant, qu'il a vécu en France, en Angleterre et en Hollande, et qu'il a publié en anglais, à Londres en 1675, un récit utopique devenu à Paris, en français, en 1679, l'*Histoire des Sévarambes.* Ce livre, souvent réédité dans les années suivantes et traduit en flamand, en allemand, en italien, est le premier à renouer avec la tradition utopique depuis Thomas More et Bacon (si l'on excepte Cyrano de Bergerac, un peu parallèle à cette tradition). Il est aussi, par ses critiques et ses propositions, l'un des premiers symptômes de la crise dont sortirent les Lumières.

> **Conseils de lecture.** — Antoine Adam, *Histoire de la littérature française au XVIIe siècle,* t. V : *La Fin de l'époque classique,* Paris, Domat-Del Duca, 1956 ; Paul Hazard, *La Crise de la conscience européenne, 1680-1715,* Paris, Boivin, 1935, 3 vol. ; Henri Gouhier, *Fénelon philosophe,* Paris, Vrin, 1977 ; Alain Niderst, *Fontenelle à la recherche de lui-même, 1657-1702,* Paris, Nizet, 1972 ; Marie-Françoise Mortureux, *La Formation et le fonctionnement d'un discours de la vulgarisation scientifique au XVIIIe siècle, à travers l'œuvre de Fontenelle,* Lille, Paris, 1983 ; *Actes du Colloque Fontenelle,* Paris, PUF, 1988 ; Pierre Rétat, *Le Dictionnaire de Bayle et la lutte philosophique au XVIIIe siècle,* Paris, Les Belles Lettres, 1971.

Poésie et poétique

Traiter en même temps de ce que nous appelons aujourd'hui
« la poésie » et de ce que nous nommons « la poétique » pourrait
prêter à confusion : laisser croire, par exemple, que, dans ses
diverses phases, la querelle des Anciens et des Modernes n'a soulevé
que la question des genres-en-vers-non-dramatiques. Son champ
fut en réalité beaucoup plus vaste, comportant aussi des débats sur
la richesse expressive de la langue française comparée aux langues
grecque et latine, sur l'éloquence, sur les sciences, sur les Beaux-
Arts et, plus largement encore, mettant en jeu des conceptions différentes de l'histoire. C'est pourtant bien la poésie qui fut, en définitive, la plus concernée par ces débats, pour trois raisons
principales. La première est que son aire était elle-même plus
ouverte qu'elle ne le devint ensuite, comprenant, outre les grands
genres hérités de l'Antiquité (épopée, ode, épître, satire, élégie) ou
plus récents (cantate, stances), et les formes plus légères (conte,
églogue, idylle, fable, sonnet), voire la poésie fugitive, liée à la circonstance (épigramme, madrigal, impromptu, inscription, portrait,
épitaphe, chanson), des ouvrages d'éloquence (discours en vers),
des ensembles dramatiques (tragédie en vers, comédie en vers, tragédie lyrique, pastorale dramatique, oratorio, vaudeville) et des
sommes didactiques (poèmes religieux, scientifiques, philosophiques). La deuxième tient au fait que les autres genres étaient, pour
diverses raisons, plus libres de leurs mutations et de leur évolution :

le théâtre sous l'influence de l'opéra, de la Foire, de Marivaux, des Anglais et de la lente attraction du drame, le roman grâce à l'absence de règles paralysantes ; la prose d'idées, toujours nouvelle par définition puisqu'elle suit — ou provoque — le mouvement même de l'idéologie. La troisième enfin est la crise que traverse alors la poésie, et dont il est difficile de savoir si elle est la cause ou la conséquence de l'effervescence du débat théorique. La poésie ne se porte-t-elle pas mieux lorsqu'on évite d'en brimer le surgissement par le carcan d'une critique pointilleuse, raisonneuse et directive ? Les genres heureux n'ont pas d'histoire, et tous, les Anciens (c'est-à-dire ici les partisans, les défenseurs des auteurs anciens, grecs et latins ; ceux qui les tiennent à la fois pour les seuls modèles possibles et pour des modèles indépassables), les Modernes (c'est-à-dire ici les adversaires des précédents, ceux qui pensent qu'à des temps nouveaux conviennent des expressions nouvelles, qui peuvent être égales, qui doivent même être supérieures à celles qui les précèdent, en savoir, beauté et dignité), les conciliateurs, en faisant tous de l'esthétique une question, n'en étouffèrent-ils pas l'exercice spontané sous les formules et les arguments ? Avec leur « tout est dit », les Anciens ne désamorçaient-ils pas *a priori* toute tentative d'expression originale du monde nouveau ? Les Modernes, de leur côté, ne remportèrent-ils pas une victoire à la Pyrrhus ? Car cette victoire passe, aux yeux des esprits éclairés, pour celle de la raison : or la raison ne s'accommode-t-elle pas mieux de la prose ? Si la poésie doit être, comme toute autre écriture, une prise en charge du monde comme il va et une arme pour l'amélioration concrète des conditions de la vie et de la pensée, conquise sur les forces anciennes du préjugé, reste-t-il la moindre place pour l'imagination, le lyrisme, le mystère, voire simplement pour l'invention gracieuse et gratuite ou pour la frivolité et le divertissement, si nécessaires comme, contre Pascal, on le proclame alors ?

Pourtant, le retentissement des conflits théoriques semble avoir donné à la pratique sociale de la poésie un élan sans précédent. Jamais peut-être il n'y eut plus de poètes et d'amateurs de poèmes, jamais les vers n'ont tenu dans l'art de vivre collectif une place aussi importante. Pas un événement public — politique, militaire ou artistique —, pas un amour, une amitié, un deuil, pas une fête ou un désastre qui n'aient alors été chantés par des poètes dont l'émulation nourrissait le zèle. Les règles de la versification étaient dûment enseignées dans les collèges jésuites. Le réflexe de composer des vers et le goût de les lire ou de les entendre venaient tout naturellement à ceux qui avaient reçu cette instruction. Avant d'être édités en recueils, les poèmes passaient de main en main, étaient lus dans les salons, dans les cafés, dans les sociétés, grandes ou petites, parisiennes ou provinciales, étaient publiés dans les journaux, suscitaient des réponses, des continuations, des pastiches. Avec sa *Métromanie,* Piron a désigné, sans d'ailleurs le ridiculiser vraiment, un phénomène d'époque. Mais cette médaille a son revers : beaucoup de régents de collège mirent eux-mêmes en application l'art qu'ils enseignaient, rendant ainsi poreuse la frontière entre le poète et le pédant, entre l'inspiration et l'exploitation mécanique de procédés rhétoriques et d'emprunts au vieil arsenal mythologique. Intimement liée au cadre qui la suscitait, la poésie de circonstance courait le risque de s'éteindre avec lui. Ornement de la vie quotidienne, elle encourait le soupçon de n'être qu'ornementale. L'abbé Dubos a clairement signalé cette rançon de son succès :

> Comme la mécanique de notre poésie, si difficile pour ceux qui ne veulent faire que des vers excellents, est facile pour ceux qui se contentent d'en faire de médiocres, il est parmi nous bien plus de mauvais poètes que de mauvais peintres. Toutes les personnes qui ont quelque lueur d'esprit, ou quelque teinture de Lettres, veulent se mêler de faire des vers. [...] De là naissent tant d'ouvrages ennuyeux, qui font prendre en mauvaise part le nom de poète, et qui empêchent que personne veuille s'honorer d'un si beau titre.

C'est donc bien là l'époque d'une improbable poésie, c'est-à-dire à la fois d'une poésie qui n'a pas fait ses preuves, à l'épreuve du temps, et qui, parce qu'elle resta toujours en deçà du désir qu'on en avait, prolongea ce désir et l'orienta vers un avenir sans cesse entrevu, souvent soupçonné, échappant toujours (ce n'est pas pour rien qu'une grande partie de cette production est dite « fugitive »). Si donc ce qu'on appelle la littérature doit avant tout collectionner et répertorier les chefs-d'œuvre, il faut se rendre à l'évidence : il n'y en a pas un seul dans la production poétique de cette période, et pas un poète seulement comparable à Villon, à Ronsard, à Lamartine. Mais si la littérature est la vitalité des Lettres dans une société, le genre poétique bénéficia rarement, dans notre histoire, d'une telle vogue, manifesta rarement un tel besoin collectif, étala rarement une palette aussi variée. C'est pourquoi, après l'examen des phases et des enjeux de la fameuse querelle et de ses prolongements, on pourra chercher les caractéristiques de l'écriture poétique telle qu'elle s'exerça dans les grands genres, puis telle qu'elle s'égaya dans les formes multiples de la poésie légère, telle enfin qu'elle condensa, à sa manière, la confiance que l'homme des Lumières faisait aux mots pour éclairer et transformer les choses.

La querelle des Anciens et des Modernes, phases et enjeux

On peut voir dans cette querelle une articulation spectaculaire du siècle de Louis XIV sur celui de Louis XV et la traiter, à la manière des journalistes d'aujourd'hui, comme un « événement ». On peut n'y voir qu'un épisode de l'éternelle rivalité des générations et en banaliser ainsi l'enjeu. On se tromperait dans les deux cas. Certes, il y eut beaucoup de positions anecdotiques, personnelles, dictées par la circonstance ou l'intérêt des cabales ; certes le conflit prit longuement l'aspect d'une rivalité entre Versailles et Paris, la Cour et la Ville ; certes on retrouve du côté des Anciens, à partir de 1680, à peu près tous les grands écrivains survivants de la période classique, Boileau, Racine, La Fontaine, Bossuet, La Bruyère : malgré la diversité de leur fortune et de leur faveur, ils font partie de l'*establishment* et de leur fidélité aux doctrines officielles dépend le couronnement de leur carrière, par l'élection à l'Académie française (La Fontaine en 1683, Boileau en 1684, La Bruyère en 1693). En face d'eux, des ambitieux à la recherche du succès (Donneau de Visé), des jeunes loups désireux de se faire une place (Fontenelle, La Motte). Le cas de Ch. Perrault est un peu différent : il a cinquante-deux ans en 1680, mais une disgrâce l'écarte alors des responsabilités culturelles qu'il a assumées officiellement depuis vingt ans, et le remet en position conquérante. D'autre part, les débats sur la valeur relative des modèles antiques ou plus récents, sur la supériorité expressive de la langue française sur le grec et le latin, sur l'excellence comparée des auteurs du siècle d'Auguste et du siècle de Louis XIV traversent toute la seconde moitié du XVIIe siècle et se prolongent loin dans le XVIIIe. On peut donc considérer le phénomène sur le long terme et y voir la lente et sûre émergence d'une modernité culturelle, où l'idéologie des Lumières et le goût qui en découle remplacent peu à peu ceux de l'Humanisme et de la Contre-Réforme qui avaient modelé le XVIIe siècle. On en suivra alors le processus à travers les six phases qu'il connut, et qui couvrent à peu près un siècle, de 1653 à 1753. On peut aussi concentrer son attention sur ses deux phases centrales, celles qui eurent le plus grand retentissement public parce qu'elles dramatisèrent, autour de quelques personnalités et de quelques questions brûlantes, le mouvement en cours. C'est à ces deux phases que l'on réduit généralement, dans les histoires littéraires, la querelle des Anciens et des Modernes, considérant les deux premières comme des escarmouches qui n'ébranlèrent pas vraiment l'autorité des Anciens, et les deux dernières comme des combats d'arrière-garde alors qu'était déjà acquise, depuis 1715, la victoire des Modernes.

Première phase : le merveilleux chrétien. Quel cadre ?

A partir de 1653, tragédies sacrées et épopées chrétiennes se multiplient et se donnent comme supérieures, parce que fondées sur la vraie foi, aux œuvres inspirées de la mythologie païenne. Corneille a montré l'exemple avec *Polyeucte*. Il est suivi par le P. Le Moyne, Scudéry, Chapelain, Desmarets de Saint-Sorlin, Le Laboureur. Boileau proteste dans son *Art poétique* (1674).

Deuxième phase : les inscriptions. Quelle langue ?

En 1676, on propose de remplacer par des inscriptions en langue française les formules latines qui ornent les monuments publics. Les résistances sont nombreuses et vives. L'helléniste F. Charpentier tranche en faveur du français, au grand scandale de beaucoup (*L'Excellence de la langue française*, 1683).

Troisième phase : le siècle de Louis le Grand. Quels modèles ?

En 1687, la lecture à l'Académie par Ch. Perrault de son poème *Le Siècle de Louis le Grand* provoque la fureur des « classiques ». Il y soutient en effet la thèse d'une supériorité esthétique des écrivains du temps sur les auteurs antiques. Il y a là trois grandes habiletés : ce sont ceux mêmes qui mettent les Anciens au-dessus de tout qui se voient mis au-dessus d'eux ; le procédé qui consiste à établir son jugement à partir du présent, en faisant table rase de tout l'héritage qui l'encombrait, est tout simplement celui auquel Descartes a donné, en philosophie, une crédibilité de plus en plus admise ; enfin cette éminente dignité donnée à son règne, ainsi assimilé à ceux de Périclès ou d'Auguste, ne peut que flatter le roi, et le public dans son ensemble ne peut aussi qu'apprécier de voir se rapprocher de lui les critères d'un goût depuis longtemps confisqué par les « doctes », qui condamnaient ou tenaient dans le mépris les formes artistiques dans lesquelles il trouvait son plus grand plaisir : le conte, la poésie sentimentale, l'opéra, le roman.

Bien qu'un grand nombre de gens participent à ce débat, qui met en ébullition toute la société cultivée pendant six à sept ans, il prend vite l'aspect d'un affrontement personnel entre deux champions, Boileau et Perrault. Ce dernier, curieusement, a huit ans de plus que son adversaire, mais il montre dans le combat une pugnacité et une allégresse toutes juvéniles. C'est avec une gravité plus compassée et grinçante que Boileau orchestre l'éloquente défense des Anciens menée par Longepierre, Dacier, La Bruyère. La Fontaine, que sa fidélité aux Anciens n'a jamais gêné, tant il a su construire, dans leur imitation rusée, l'espace de sa liberté, se joint à eux (*Epître à Huet*, 1687). Du côté de Perrault se rangent Fontenelle (*Digression sur les Anciens et les Modernes*, 1687) et, dans leur grande majorité, les femmes, contre lesquelles, pour cette raison, Boileau écrit sa *Satire X* (1694). Après avoir lancé le débat, Perrault entreprend un long ouvrage en forme de dialogues (*Parallèles des Anciens et des Modernes*, 1688-1697), où il accumule les exemples qui illustrent sa thèse : le Louvre est plus beau que le Colisée, Le Brun plus original que Raphaël, Pascal plus profond que Platon, et Boileau même supérieur à Horace et à Juvénal. Il y soutient aussi avec une vigueur entraînante l'idée d'un perfectionnement continu des connaissances et des créations des hommes, tant scientifiques qu'artistiques et dans le même élan. Boileau conteste radicalement cette opinion, en théorie dans ses *Réflexions sur Longin* (1694), et en pratique, en écrivant son *Ode sur la prise de Namur* (1693) dans un pur style pindarique.

Lassés enfin d'un combat fratricide et dont l'issue — qui penchait nettement du côté des Modernes — ne pouvait être officialisée dans le cadre d'un règne finissant de plus en plus crispé sur le maintien de ses valeurs et de ses hiérarchies, les adversaires acceptent, en 1694, l'arbitrage d'Antoine Arnauld et se réconcilient sans avoir éteint leur litige. Il s'allumera de nouveau quelque vingt ans après, non sans que, dans l'intervalle, l'esprit « moderne » ait encore progressé dans l'opinion publique et dans l'écriture des auteurs.

Quatrième phase : traduire Homère. Quel poète ?

Parce qu'elle s'élève à propos de la traduction d'Homère et, derrière la transcription des vers de *L'Iliade,* met en jeu la translation des droits du poète ancien au poète moderne, cette phase concerne plus spécifiquement le genre poétique. Il n'y gagne pas grand-chose en apparence : qu'Homère ait ou non existé, les traductions rivales qu'en donnent Mme Dacier (scrupuleuse, savante, ennuyeuse, en prose) et La Motte (abrégée, simplifiée, aplatie, en vers) ne sont ni l'une ni l'autre satisfaisantes. On ne voit pas très bien comment elles pourraient servir de modèle aux poètes à venir. Mais c'est la question même du modèle qui est posée. Ni pour la connaissance du monde et de l'homme — que la science moderne est en train de renouveler radicalement — ni pour les procédés de l'écriture — que le goût moderne souhaite adaptés aux besoins d'expression nouveaux — il n'est besoin de modèles éloignés. C'est précisément à ce goût moderne que s'attaque Mme Dacier dans ses très polémiques *Causes de la corruption du goût* (1714), à quoi répondent la *Lettre sur l'Iliade* de l'abbé de Pons (1714) et la *Dissertation critique sur l'Iliade d'Homère* de l'abbé Terrasson (1715). De cette querelle « homérique », Montesquieu et Marivaux — qui l'un et l'autre se passeront en effet de tout modèle — devaient tirer la leçon la plus claire en en faisant l'objet d'une moquerie satirique (*Lettres persanes,* 1721, lettre CXXXVII) ou d'une parodie burlesque (*L'Iliade travestie,* 1717). Mais, dès 1714, on ressentait la stérilité et le ridicule de la forme qu'avait prise le combat. Seul un arbitre jouissant de l'estime générale et peu suspect d'intérêt personnel pouvait y mettre un terme.

Comme le Grand Arnauld en 1694, c'est peu avant de mourir que Fénelon joua ce rôle. L'un et l'autre étaient d'illustres victimes de conflits religieux, au cours desquels ils avaient prétendu rénover la foi et les œuvres du chrétien par un retour à des textes et à des pratiques depuis longtemps oubliés ou dévoyés : modernes par le refus de la conception contemporaine de la religion, voire de la monarchie ; anciens par leur geste instinctif de retour aux sources. Comme si la cause des Anciens était à la fois condamnée par l'histoire et soutenue par les âmes les plus nobles. Comme si ces âmes avaient vocation de témoigner, par leur qualité, de l'efficacité humaniste du système hérité et en même temps de la finalité essentiellement pacifique de leur combat. Comme si elles avaient compris la nécessité d'allier une culture éprouvée à la nature impétueuse des nouveaux conquérants. Comme si elles avaient puisé dans leur sagesse « ancienne » la faculté d'entendre, sans en approuver les formes, l'appel de la modernité. L'un et l'autre employèrent donc leurs dernières forces à l'apaisement des esprits et à une plus fine approche des problèmes débattus, au-delà des amours propres et des slogans. Dans sa *Lettre à l'Académie* (1714), Fénelon admire la simplicité des Anciens, la voit à l'œuvre dans l'imitation de « la belle nature » et situe son humanisme dans un cadre primitiviste, largement rêvé ; mais il ménage les Modernes, reconnaît le formalisme artificiel de la versification française et lui préfère la prose poétique. Il suffira à ces derniers de lire la suavité non violente de l'auteur du *Télémaque* comme un amour des hommes vivants et un désir de les voir habiter un monde plus heureux et plus juste, de comprendre la Salente qu'il représentait dans son *Télémaque* moins comme une reconstitution du lointain âge d'or que comme une projection de la Cité à construire, pour faire de lui un précurseur des « philosophes ». Il le fut en effet, même s'il n'en eut pas l'intention délibérée. Son œuvre est un bon exemple pour illustrer les théories de la réception qui fleurissent aujourd'hui ; car c'est bien la lecture qu'en fit le siècle des Lumières qui développa les germes qu'elle contenait, dans le sens d'une religion moins soucieuse de dogme que d'amour et de bienfaisance, d'une tolérance réciproque dans tous les domaines, et surtout d'une intériorisation sensible et subjective des critères du Vrai, du Bien et du Beau.

Cinquième phase : la question de la rime. Quelle poésie ?

En 1730, dans son *Discours sur la tragédie,* La Motte relance une attaque, déjà menée dans la phase précédente, contre la forme poétique en général et la rime en particulier. C'est en effet une conséquence logique de tout un pan de l'argumentation des Modernes. Ils se divisent pourtant là-dessus : si, derrière La Motte, Trublet, Terrasson, Desfontaines, Longue et Prévost critiquent l'artifice du discours poétique, La Chaussée, Bouhier, Fontenelle et Voltaire le défendent avec force.

Sixième phase : bilans et synthèses. Quel résultat ?

Autour de 1750, les éléments successifs du débat sont présentés comme des phénomènes désormais historiques. Leur exposé est dépassionné, mais le fait qu'on éprouve encore le besoin de le faire prouve que la problématique n'est pas encore dépassée et que les enjeux n'ont pas encore été atteints. On a définitivement admis le présupposé du progrès qui doit caractériser le mouvement de l'histoire des hommes ; mais on n'a pas été sans apercevoir les dangers que fait courir à toute culture une rupture irréfléchie avec ses racines. La leçon modérée qu'on en tire montre bien le désir d'occuper désormais les Lettres à autre chose qu'à la définition incessante de leur propre essence, mais elle joue, sur le plan esthétique, un rôle conservatoire et retardateur. Dans ce rôle, intelligent mais peu enthousiasmant, on voit tour à tour l'abbé Gouget (*Bibliothèque française ou Histoire de la littérature française,* 1741), L. Racine (*Réflexions sur la poésie,* 1747), Boindin (*Réflexions critiques sur les règles de la versification,* 1753), l'abbé Batteux (*Cours de Belles-Lettres ou Principes de littérature,* 1749-1763) et Marmontel (articles de littérature dans l'*Encyclopédie,* à partir de 1750). Le résultat immédiatement visible de ces cent années de querelle est l'émergence du mot et de l'idée de « littérature ». Ce qui est de grande conséquence pour tout le siècle : liaison étroite de la pensée rationnelle et de la création artistique, maintien prolongé — et paradoxal — du modèle classique louis-quatorzien sous les formes de l'académismc et du néo-classicisme, mais aussi dignité nouvelle de l'écrivain par rapport à l'érudit, et prise plus directe des œuvres sur l'opinion publique. Pourtant, la puissance de ce qui, au fond, s'est joué essentiellement, sur le plan littéraire, pendant cet interminable procès, la substitution du droit de la création à celui de l'autorité, n'explosera, en France, qu'avec les premiers romantiques.

Les vrais enjeux

On a compris, dans ce survol d'une quasi-guerre de cent ans, qu'ils n'étaient pas exclusivement littéraires, même si c'est sur ce champ qu'ils manifestèrent explicitement leur importance et concentrèrent l'attention générale, au point de provoquer son autonomisation progressive dans le domaine beaucoup plus étendu des

« belles lettres ». Il faut, pour comprendre l'énergie des passions qu'ils déchaînèrent et la mobilisation des forces qu'ils mirent en présence, considérer leur dimension religieuse, politique, sociologique, mondaine et philosophique.

Sur le plan religieux, il est clair que la distance prise avec les textes de l'Antiquité gréco-latine, même si elle vise à exalter le merveilleux chrétien, menace aussi l'autorité de ces autres sources antiques que sont l'Ecriture et la Tradition. L'écrasement impitoyable, par Bossuet, des tentatives que fit Richard Simon pour en donner une lecture moderne n'a pas été compris dans les phases de la querelle, mais lui est profondément lié. Cet oratorien érudit appuyait sur ses connaissances linguistiques, archéologiques, historiques et géographiques une nouvelle exégèse de la Bible et des Pères, qu'il appelait une « histoire critique » (*du Vieux Testament,* 1678 ; *du Nouveau Testament,* 1689 ; *des versions du Nouveau Testament,* 1690 ; *des principaux commentaires du Nouveau Testament,* 1693). C'est aussi pour maintenir cette autorité que l'Université et les Jésuites défendirent longuement la supériorité du latin pour tout ce qui n'était pas la communication courante : discours religieux et érudit, mais aussi juridique, officiel et même poétique (on publie encore des poésies latines de Santeul, Huet, Ménage).

Sur le plan politique, la querelle rend sensible la longue hésitation de la monarchie entre le respect des valeurs traditionnelles (aristocratiques, militaires, rurales) qui l'ont fondée et l'Etat moderne que l'exemple de l'Angleterre et de la Hollande la pousse à promouvoir. La politique de Colbert (lutte contre les privilèges protectionnistes, développement des manufactures et du commerce) est résolument tournée vers la transformation des structures anciennes. Le ralentissement de ce mouvement, dans les trente dernières années du règne de Louis XIV, coïncide avec les phases les plus actives de la querelle et l'impatience la plus visible des Modernes. La reprise et l'accélération de ce mouvement, à partir de 1715 sous l'impulsion du Régent, coïncide à son tour, comme naturellement, avec la victoire des Modernes. On peut continuer le parallèle en supposant cette victoire aussi fragile, incomplète et ambiguë que les audaces politico-économiques de la Régence, que ni le règne de Louis XV ni celui de Louis XIV ne surent ou ne purent prolonger.

La dimension sociologique se déduit de la précédente. Avec bien sûr des exceptions — car les sciences humaines tirent leur crédibilité et leur intérêt du fait qu'elles ne sont pas « exactes » —, les forces sociales qu'on trouve derrière les Anciens sont celles qui avaient à souffrir ou à craindre de cette évolution : la haute aristocratie, la grande magistrature, la bourgeoise foncière ou d'offices (c'est aussi le milieu où s'est développé le jansénisme). En face, celles dont elle pouvait séduire la disponibilité (la noblesse moyenne ou petite) ou favoriser la promotion : la bourgeoisie d'affaires et la partie la plus élevée du peuple.

La traduction « mondaine » de cette répartition sociale permet de voir s'affronter les « maisons » des Grands (Condé, Conti, Lamoignon), les cercles jansénistes et parlementaires, partisans des Anciens, et les salons parisiens qui perpétuent, en dépit de Boileau et de Molière, une tradition précieuse — c'est-à-dire alors à la recherche de modes d'expression nouveaux et non conformistes — et galante —, c'est-à-dire prônant le plaisir et l'aisance que procure plus largement que jamais une civilisation raffinée. Tout le demi-siècle sera marqué par ces modèles de société imprégnés du goût moderne que Voltaire exaltera dans son poème *Le Mondain* (1736). Ses adeptes se rencontreront dans des journaux (*Le Mercure galant,* créé en 1672 par Donneau de Visé, devenu *Le Mercure de France* en 1723, et qui devait durer jusqu'en 1965!), et dans les fameux salons, devenus inséparables de l'image qu'on se fait des Lumières, quoiqu'ils ne puissent se ramener à un modèle unique. Les plus célèbres, où tout à la fois se construit, s'exerce, se partage et se ressource l'esprit « moderne », qui deviendra « philosophique » puis « encyclopédiste », sont :

— la cour de Sceaux (1699-1753) où la duchesse du Maine veut opposer à la raideur compassée de Versailles une atmosphère de gaieté et de divertissement léger ;
— le salon de Mme de Lambert (1710-1733) où, sous le nom de « lambertinage », se cultive et s'exalte la nouvelle préciosité ;
— le club de l'Entresol (1720-1731), un club à l'anglaise, que ses audaces en matière de pensée politique feront fermer par le cardinal Fleury ;
— le salon de Mme de Tencin (1726-1749) qui mêle l'intrigue politique aux discussions philosophiques les plus hardies.

Le relais sera pris, vers le milieu du siècle, par Mme Du Deffand (1740-1780) et Mme Geoffrin (1749-1777), puis Mlle de Lespinasse (1764-1776). Tous les écrivains de l'époque sont ainsi régulièrement et agréablement mêlés aux gens du monde, aux financiers, aux ministres, aux étrangers de passage. La circulation

des idées se fait aussi d'un salon à l'autre : si l'abbé de Saint-
Pierre est surtout attaché au club de l'Entresol, et les poètes amis
Chaulieu et La Fare à la cour de Sceaux, on verra le président
Hénault passer du club de l'Entresol, qu'il accueillait chez lui, au
salon de Mme Du Deffand ; La Motte de la cour de Sceaux chez
Mme de Lambert ; Montesquieu du club de l'Entresol chez
Mme de Lambert, et de là, comme Marivaux et Fontenelle, chez
Mme Du Deffand. Enfin un autre relais de ces échanges où se
commentent les nouvelles, se communiquent les projets, s'essaient
— sous le voile plus ou moins clair de la plaisanterie et du jeu —
les idées audacieuses, critiques et réformatrices, est constitué par
les cafés, dont la vogue se répand alors : le Procope, le Gradot, le
Laurent, le café de la Régence ne sont que les plus connus ; mais
il y a vers 1725 près de quatre cents cafés à Paris, et cinq fois plus
à la veille de la Révolution.

Une esthétique nouvelle : l'abbé Dubos

Sur le plan philosophique, au sens actuel du mot, c'est-à-dire
celui d'une réflexion spéculative sur les concepts et les valeurs, c'est
un troisième conciliateur, lui aussi d'obédience plutôt « ancienne »
a priori, l'abbé Dubos, qui explicita clairement les enjeux esthétiques de la querelle et leur donna une forme critique opératoire. Ni
la critique littéraire ni la critique d'art n'étaient encore devenues
des genres à part entière ; les contemporains ne s'avisèrent donc pas
vraiment de l'importance de ses *Réflexions critiques sur la poésie et sur
la peinture* (1719) qui, justement, les faisaient évoluer vers ce statut.
Cette œuvre eut pourtant une grande influence sur toute l'idéologie
esthétique et constitue à nos yeux, aujourd'hui, un jalon majeur de
son histoire.
Lecteur de Locke et passionné d'opéra, Dubos introduit dans la
définition du beau en art deux caractéristiques modernes : du côté
du sujet qui en juge, le sensualisme ; du côté de l'objet qui en est le
support, une certaine configuration, héritée de la tradition baroque
et de la lassitude du classique, que l'on a appelée le rococo. Des
deux côtés, c'est l'universalisme de la raison classique qui est
contesté. L'expérience sensible individuelle — celle de l'artiste qui
crée et celle de l'amateur d'art qui reçoit, consomme et juge

l'œuvre — prime sur toute généralité rationnelle. Dubos ôte à la raison sa juridiction sur la détermination du beau, et la confie à un « sixième sens »... qui n'est pas confondu avec la pure sensibilité, mais la met en jeu et lui est en partie redevable. Ainsi les idées, comme les impressions, dépendant du milieu dans lequel elles se constituent pour chacun de nous, et les conditions de ce milieu se modifiant considérablement avec le temps et dans l'espace, le Beau est-il essentiellement relatif à ce que Montesquieu appellera bientôt les « climats » ; et si ses diverses actualisations peuvent être comparées entre elles, elles ne sauraient être rapportées à un modèle unique, universel et souverain. Triple conséquence : un allègre affranchissement des règles, non plus en soi contraignantes mais mises à la disposition de l'artiste qui en joue comme il veut en fonction de son projet, comme de l'amateur qui s'en sert comme il l'entend pour organiser au mieux son approche de l'œuvre ; une évaluation « historique », qui permet à la fois d'apprécier les beautés de beaucoup d'anciens eu égard aux circonstances dans lesquelles ils ont produit leurs œuvres, et de suggérer aux modernes de produire les leurs, sans mauvaise conscience ni sentiment d'infériorité, en fonction des conditions de la vie moderne ; enfin une position optimiste d'attente curieuse de toutes les surprises : on peut imaginer voir soudain surgir un type de beauté dont on n'avait jamais eu l'idée auparavant. Le mouvement historique trouve là, sur le plan esthétique, un dynamisme nouveau que le sage abbé, secrétaire perpétuel de l'Académie française de 1722 à 1742, se garda de faire valoir comme tel dans un monde qui restait très conservateur, mais dont devait s'emparer, comme argument et aliment de sa lutte, la génération suivante, celle de Diderot.

Faut-il s'étonner si le livre de l'abbé Dubos, si riche, si neuf, si intelligemment tourné vers le passé (la querelle, dont il tire les meilleures leçons possibles) et vers l'avenir (la théorie des « grands siècles » que reprendra Voltaire dans son *Siècle de Louis XIV*, de même qu'il réalisera l'idée, lancée par Dubos, d'un grand poème épique sur la Ligue ; les fondements de la critique d'art ; la priorité du « sentiment », voire du « cœur » cher à Vauvenargues), est réputé mal écrit, composé sans rigueur, mou dans le détail de son expression ? Il ne fait en cela que s'appliquer à soi-même ses propres principes, en se conformant sans raideur au « climat » du moment. L'époque Régence voit en effet, dans tous les arts, triompher le rococo. Cette manière, dont le champ, avec la France, fut surtout l'Europe du Sud (Bavière, Autriche, Italie), refuse avant tout de subordonner le détail à l'ensemble, non pas pour privilégier l'ornemental, le foisonnant, l'asymétrique — ce qu'on lui a souvent reproché en l'accusant d'une sorte de frivolité brouillonne — mais pour multiplier et diversifier les moyens par lesquels, en art, on arrive à la fin. C'est cette esthétique que met en œuvre Montesquieu dans un ouvrage contemporain de celui de Dubos, les *Lettres persanes,* sans que personne, cette fois, songe à le lui reprocher. C'est peut-être qu'il en est des critiques, par rapport aux écrivains, comme de Moïse : ils n'entrent pas eux-mêmes dans la Terre promise, dont la conquête, pourtant, leur est en grande partie due.

Les grands genres : une cause momentanément perdue

Qu'on ait été partisan des Anciens, et qu'on ait pensé que la poésie n'avait de place que dans les genres illustrés par les grands auteurs grecs et latins qu'il s'agissait d'imiter le plus fidèlement possible, ou qu'on ait été du côté des Modernes et qu'on ait prétendu rivaliser avec ces grands modèles, on était de toute façon confronté à Homère, Pindare, Virgile, Horace, Lucrèce, Lucain, Juvénal, c'est-à-dire à l'épopée, à l'ode, au grand poème philosophique, à la satire, à l'épître. Pas plus qu'à celle de la tragédie, l'époque ne peut adhérer à la vigueur essentielle du genre épique. Elle en conserve pourtant le désir, qui se manifeste dans quelques essais secondaires (ceux du baron de Walef, de Limojon de Saint-Didier) et surtout dans l'immense succès fait à Voltaire pour son poème *La Ligue ou Henri le Grand* (1723) devenu *La Henriade* (1728). On a peine à penser, en lisant aujourd'hui cette longue suite d'alexandrins ronflants, que c'est à eux d'abord que Voltaire dut en son temps sa réputation de grand poète, de poète national, et son élection à l'Académie. Le protestant Coligny, amiral de France, comprend le soir de la Saint-Barthélemy, que son heure est venue :

> Le héros malheureux, sans armes, sans défense,
> Voyant qu'il faut périr, et périr sans vengeance,
> Voulut mourir du moins, comme il avait vécu,
> Avec toute sa gloire et toute sa vertu.
> Déjà des assassins la nombreuse cohorte

Du salon qui l'enferme allait briser la porte ;
Il leur ouvre lui-même et se montre à leurs yeux
Avec cet œil serein, ce front majestueux,
Tel que, dans les combats, maître de son courage,
Tranquille, il arrêtait ou pressait le carnage.

(Chant II.)

Et, après cette plate exaltation du « bon », le poète, selon la loi du genre, se croit obligé d'entonner l'hymne de détestation de la « méchante », Catherine de Médicis :

Du plus grand des Français tel fut le triste sort.
On l'insulte, on l'outrage encore après sa mort.
Son corps, percé de coups, privé de sépulture,
Des oiseaux dévorants fut l'indigne pâture ;
Et l'on porta sa tête aux pieds de Médicis,
Conquête digne d'elle et digne de son fils.
Médicis la reçut avec indifférence,
Sans paraître jouir du fruit de sa vengeance,
Sans remords, sans plaisir, maîtresse de ses sens,
Et comme accoutumée à de pareils présents.

Les idées que défend cette épopée (laïcité, tolérance, paix sociale) valent beaucoup mieux que l'émotion, assez convenue, procurée par ses vers.

Une occasion se présenta pourtant, en 1745, d'actualiser l'enthousiasme épique : la victoire remportée à Fontenoy par une armée française, commandée par le maréchal de Saxe, mais emmenée ce jour-là au succès par le roi lui-même et son fils le Dauphin. Ils s'y mirent tous, Roy, l'abbé Portes, Fréron, Bergeronneau, étudiant à Reims, Piron... et Voltaire lui-même, dont le poème sur *La Bataille de Fontenoy* fut salué comme un grand moment de la vie nationale, tant l'attente du public pour ce genre de fanfare héroïque était grande, et depuis longtemps frustrée. Tout au plus peut-on remarquer, pour excuser Voltaire d'avoir cédé à cette pression de l'audimat, lui qui, treize ans plus tard, devait taxer la guerre de « boucherie héroïque », qu'il profita des louanges prodiguées au roi guerrier pour suggérer que le vrai héros moderne n'est pas forcément celui-là, et qu'un roi qui donne la paix montre une valeur supérieure encore.

Dans la tonalité de cette poésie officielle, qu'on dirait aujourd'hui presque de propagande, et dont le caractère guindé n'empêche pas qu'elle impressionne le public, triomphe l'ode, genre lyrique et non plus épique, parce qu'elle prend en charge un discours du poète — et non plus un récit — et parce qu'elle ne le dispose pas en alexandrins régulièrement suivis, mais en strophes de vers de divers mètres. L'ode

Une épopée égarée dans les Lumières : *La Henriade*

● PROGRESSION

1714 :	Première idée du poème chez Caumartin, ami de Voltaire, au château de Saint-Ange.
1717 :	Composition des premiers chants à la Bastille.
1721 :	Une version en neuf chants de *La Ligue ou Henri le Grand* est terminée.
1723 :	Publication clandestine de cette version : succès et scandale.
1724 :	Voltaire retravaille son texte, qu'il appelle désormais *La Henriade.*
1725 :	Nouvelle version en dix chants (avec environ mille vers de plus que la précédente).
1728 :	Edition luxueuse de cette version à Londres, par souscription patronnée par le roi George Ier et sa cour.
1730 :	Première édition française, avouée mais non autorisée, de *La Henriade.* Voltaire en surveillera seize autres jusqu'à sa mort. Il y en aura plus de soixante pendant le XVIIIe siècle.

● INTÉRÊT

Historique :	Récit d'un grand moment de l'histoire de France, avant et après le siège de Paris de 1589.
Philosophique :	Panorama critique du fanatisme, tant individuel que collectif.
Politique :	Défense de la monarchie, à travers le portrait mémorable du « bon » monarque par excellence, Henri IV.
Religieux :	Accent spécialement mis sur les crimes du cléricalisme catholique.
Poétique :	Forte influence de l'esprit « moderne » : logique, concision, abstraction, didactisme.

● LIMITES

Manque d'ampleur dans la narration.
Raideur d'un héroïsme sans surprise ni folie.
Froideur des allégories (le Fanatisme, l'Envie, la Discorde).
Pesanteur des « leçons ».
Monotonie d'un alexandrin trop rigide.
Le tout, malgré de notables améliorations dans la deuxième version.

● DIMENSION

Au total, c'est bien, selon l'ambition de son auteur et les louanges de ses admirateurs, *L'Enéide* française, d'abord parce qu'il n'y a pas d'autre épopée qui puisse lui disputer ce titre, ensuite parce qu'elle marque bien, en effet, quelque chose comme l'avènement, en France, d'une *civilisation,* conquise sur des siècles de barbarie obscure. En ce sens, il s'agit donc aussi d'un des textes fondateurs du programme d'action des Lumières.

avait particulièrement fleuri dans les dernières années du règne de Louis XIV, par les soins de Ch. Perrault et de Boileau, d'accord au moins là-dessus. Elle fit le succès de Jean-Baptiste Rousseau, qui la tira surtout dans le sens religieux, cherchant dans le modèle énonciatif des Psaumes ou des Prophètes la majesté d'une parole oraculaire. Celle-ci ne manque pas de souffle, parfois, mais semble ne pas savoir vraiment où le diriger. Elle s'oppose le plus souvent au mouvement philosophique du siècle, sous prétexte de fustiger l'orgueil de l'homme et de lui rappeler la précarité de sa condition :

> Qu'aux accents de ma voix la terre se réveille !
> Rois, soyez attentifs ; peuples, ouvrez l'oreille !
> Que l'univers se taise, et m'écoute parler !
> Mes chants vont seconder les efforts de ma lyre :
> L'Esprit saint me pénètre, il m'échauffe, et m'inspire
> Les grandes vérités que je vais révéler.
>
> L'homme en sa propre force a mis sa confiance ;
> Ivre de ses grandeurs et de son opulence,
> L'éclat de sa fortune enfle sa vanité.
> [...]
>
> (Ode *Sur l'aveuglement des hommes du siècle,* début.)

C'est cet exemple que devait suivre Lefranc de Pompignan, son disciple. Il fit une belle ode sur sa disparition, en 1741 (« La France a perdu son Orphée... ») et mit sa parfaite connaissance de la Bible (il comprenait l'hébreu) au service d'une lutte éloquente et systématique, sous la forme du lyrisme sacré, contre les abus de l'esprit philosophique. En fait, c'est le principe même de la philosophie (le désir de savoir, l'esprit critique, le souci de répandre la connaissance) qu'attaque ce quasi-prélat réactionnaire, et c'est bien le bras séculier qu'il appelle pour réprimer, par des châtiments exemplaires, ceux qu'il désigne comme des « méchants » en révolte contre Dieu. On comprend que Voltaire ait fait de lui une de ses principales cibles et, par la simple force de ses quolibets, lancés de loin mais redoutables (parlant des poèmes de Pompignan : « Sacrés ils sont, car personne n'y touche »), l'ait pratiquement chassé de Paris juste après son élection à l'Académie française !

Dans la veine religieuse, Louis Racine est plus estimable. Chrétien fervent, il ne brandit pas sa foi comme une arme offensive, mais il explore les conditions d'une difficile conciliation entre foi et raison. Il témoigne plutôt d'une crise de la conscience religieuse devant les nouvelles données de la philosophie. Voltaire le respectait, qui préférait son Dieu suprême architecte de l'univers au Dieu fulminant et vengeur de l'Ancien Testament :

> Oui, c'est un Dieu caché que le Dieu qu'il faut croire,
> Mais, tout caché qu'il est, pour révéler sa gloire,
> Quels témoins éclatants devant moi rassemblés !
> Répondez, cieux et mers ; et vous, terre, parlez !
> Quel bras peut vous suspendre, innombrables étoiles ?
> Nuit brillante, dis-nous qui t'a donné tes voiles ?
> O cieux, que de grandeur et quelle majesté !
> J'y reconnais un maître à qui rien n'a coûté,
> [...]
>
> (*La Religion*, chant I.)

On aura remarqué, dans ce poème qui commence comme une tragédie du grand Racine, le père du poète, que le ciel et la terre sont invités à parler, pour dire la gloire de leur Créateur, alors que Rousseau leur enjoignait de se taire, afin d'entendre la voix accusatrice du poète inspiré : cette alternance des deux styles de la réponse religieuse aux progrès de la philosophie marquera tout le siècle.

Avec *La Religion* (1742) et déjà avec l'autre œuvre importante de Louis Racine, *La Grâce* (1720), on est en présence d'un genre fort peu défini, celui du poème didactique, dont l'inspiration, à l'exemple du *De rerum natura* de Lucrèce, oscille entre la description scrupuleuse de phénomènes instructifs, l'engagement questionneur dans une cause philosophique ou religieuse, et l'élargissement épique. De ce type étaient les poèmes de Ch. Perrault, *Saint Paulin* ou *Le Triomphe de sainte Geneviève*. Durand avec *La Chute de l'homme*, Bernis avec *La Religion vengée*, mais surtout Voltaire alimentent cette veine, à laquelle ce dernier seul parvient parfois à redonner un souffle digne des *Discours* de Ronsard : par exemple dans ses *Discours en vers sur l'homme* de 1738-1739 (six « discours » et un septième en 1745). A la fin du sixième, le poète dessine sa propre silhouette, fragile et obstinée, de guetteur de l'humanité aux confins du monde connu :

> Pour moi, loin des cités, sur les bords du Permesse,
> Je suivais la nature et cherchais la sagesse ;
> Et des bords de la sphère où s'emporta Milton,
> Et de ceux de l'abîme où pénétra Newton,
> Je les voyais franchir leur carrière infinie ;
> Amant de tous les arts et de tout grand génie,
> Implacable ennemi du calomniateur,
> Du fanatique absurde et du vil délateur ;
> Ami sans artifice, auteur sans jalousie ;
> Adorateur d'un Dieu, mais sans hypocrisie ;

Dans un corps languissant, de cent maux attaqué,
Gardant un esprit libre, à l'étude appliqué ;
Et sachant qu'ici-bas la félicité pure
Ne fut jamais permise à l'humaine nature.

Il faut faire à la satire une place parmi les grands genres, bien qu'elle lui soit souvent contestée. Elle repose sur une tradition prestigieuse (Horace, Perse, Juvénal, Martial), mais ses fins et ses moyens peuvent souvent être considérés comme manquant de grandeur et de noblesse. Après une longue période où son usage s'était avili dans le bourbier des querelles religieuses (pamphlets protestants ou catholiques pendant les guerres de Religion) ou politiques (les Mazarinades), seuls D'Aubigné (avec ses *Tragiques* publiés en 1616) et Boileau, l'un au début du XVIIᵉ siècle avec la fougue toute baroque d'une foi militante, l'autre à la fin, avec la mesure tempérée d'un moraliste classique, lui ont donné en français sa vraie dimension poétique. Les engagements du débat philosophique recréent, au début du XVIIIᵉ siècle, les conditions de son débordement vers le sarcasme, la calomnie, l'injure. Les dernières satires de Boileau (X, « contre les femmes » et les Modernes, XII, « sur l'équivoque » et contre les Jésuites) et la publication, après sa mort (1711), de ses *Œuvres* en 1716 ne suffisent pas à empêcher ces débordements, qui ôtent à la satire tout autre intérêt que celui d'un document sur les querelles d'époque. Ainsi, malgré leurs ambitions, ni Gacon, le « poète sans fard », ni Lagrange-Chancel, le nouveau Démosthène (avec ses *Philippiques* contre le Régent) n'ont atteint le niveau de la grande poésie.

L'exemple de Boileau, relais d'Horace, a aussi fait appeler « Epîtres » un certain nombre de poèmes moraux, didactiques ou satiriques, fictivement adressés par le poète à un ami. Les épîtres de Voltaire — il en écrira jusqu'à sa mort — méritent quelque attention.

La poésie légère : un succès incontesté

Le débat poétique portait, on l'a vu, sur les grands genres, et l'on ne peut pas dire qu'il ait amélioré leur qualité ou enrayé leur déclin. Les petits genres au contraire, remplissant loin de toute théorie et de tout académisme une fonction pratique de communication et de cohésion sociales, sont florissants, au point que leurs subdivisions se ramifient à l'infini. On ne soucie peu, du reste, de ces distinctions, l'intention d'écriture étant moins dirigée vers la construction d'une œuvre que vers l'éclosion heureuse, en situation, du poème approprié. La mise en recueils de ces œuvrettes ne se produisit souvent que tardivement, à la fin de la vie des poètes ou même après leur mort. Ce n'est donc que pour mémoire, et en hommage au goût de la gratuité qui rendait libre et drôle la poésie légère que l'on peut énumérer et décrire les diverses formes qu'elle a feint de respecter, au temps des Lumières naissantes.

Dans la veine pastorale, l'idylle, la bergerie, l'églogue confondent à l'envi leur nostalgie d'un monde immuable et protégé, d'une harmonie paisible entre les hommes et la nature champêtre, d'un retour aux premiers âges de l'humanité, à l'innocence supposée des rapports sociaux et amoureux. Certes, le rêve s'alimente de toute une tradition dont les contenus idéologiques ne sont pas indifférents : la Bible, Virgile, Théocrite, Anacréon, puis, au XVIIᵉ siècle, Racan et d'Urfé, et enfin, au seuil des Lumières, Mme Deshoulières et Fénelon ; certes, la peinture contemporaine de Watteau suffit à montrer que le bonheur de ces « embarquements » ne va pas de soi et peut s'accompagner de quelque inquiétude ; certes, les meilleurs esprits se rendent bien compte que ce goût pastoral témoigne en profondeur d'une interrogation collective : sociologique, sur la place du modèle rural dans le nouvel ordre économique qui se met en place ; philosophique, sur le sens réel du progrès « des sciences et des arts », et son éventuel dévoiement. Les physiocrates et J.-J. Rousseau expliciteront ces graves questions après 1750 ; mais dans le premier demi-siècle, on ne s'en avise guère. Sans approfondir l'insaisissable mélancolie du dépaysement pastoral, on en fait le cadre convenu d'une quête ininterrompue du bonheur, volontiers réduit aux satisfactions sensuelles. Le sage président Hénault, connu comme historien, a composé nombre de poèmes où sont évoqués ces bonheurs furtifs et répétés :

> Tu chercherais en vain le détour le plus sombre ;
> Il n'est point dans nos bois de route, il n'est point d'ombre
> Où l'amour n'ait reçu nos vœux et nos serments.

Malgré son caractère codé et son artifice (le modèle pastoral était en particulier pratiqué par Fontenelle et par les familiers de la cour de Sceaux, qui n'avaient vraiment que peu de rapports avec la vie des champs !), cette veine maintient vivant, à l'époque des « géomètres », un certain sentiment de la nature que, sous l'influence anglaise, on verra resurgir dans la deuxième partie du siècle, dans les grands poèmes descriptifs et dans la rêverie. Et déjà des poètes comme Vergier ou Sénecé laissent présager ce mouvement.

Le conte en vers connaît un succès considérable. Grécourt en écrit plus de cent, Vergier une trentaine, Hamilton donne *Les Quatre Facardins*, *Le Bélier* et *Fleur d'Epine*. Piron, Voisenon, Caylus illustrent aussi le genre, de même que Voltaire, qui en écrira de plus en plus (trois avant 1750, douze après !). L'inspiration, dans la tradition lafontainienne, en est le plus souvent érotique, avec une prédilection pour l'équivoque, le sacrilège frôlé, la complicité joviale, l'allusion coquine. Et défile un gai cortège de joyeux lurons, de maris bernés, de moines paillards et de nonnettes effarouchées. Apollinaire était très amateur de ces poèmes, en particulier pour la richesse du lexique et des images désignant, avec une multiple ingéniosité, le sexe. Comme dans l'amour même, le plaisir poétique consiste, là, dans la variété et la combinaison toujours renouvelée des postures et des propos. Deux œuvres qui firent alors beaucoup parler d'elles se rattachent au conte en vers du temps, quoiqu'elles soient sensiblement plus longues et qu'elles tiennent aussi de l'épopée parodique : le *Ververt* de Gresset et *La Pucelle* de Voltaire.

Dans les sept cent quatorze décasyllabes de son poème, Gresset narre une histoire de perroquet qui met en abyme le bavardage même du conteur, la dérive toujours possible de son langage, le désir inavoué que ses auditeurs ont de cette dérive. Elevé chez les sœurs visitandines de Nevers, le perroquet Ververt récite pieusement des prières et des cantiques. Curieuses de ses performances langagières, les visitandines de Nantes demandent à leurs sœurs de le leur envoyer quelque temps. Quand il arrive, après avoir navigué sur la Loire, il a tellement entendu de jurons et de grossièretés dans la bouche des bateliers qu'il fait entendre aux nonnes de Nantes un tout autre répertoire qu'à celles de Nevers :

> Il entonna tous les terribles mots
> Qu'il avait su rapporter des bateaux,
> Jurant, sacrant d'une voix dissolue,
> Faisant passer tout l'enfer en revue ;
> Les B..., les F... voltigeaient sur son bec :
> Les jeunes sœurs crurent qu'il parlait grec.

(Chant 4, vers 49-54.)

« Du grec, ma sœur ! », disait-on chez Molière ; et chez La Fontaine : « Diversité, c'est ma devise. » Les émules du fabuliste sont nombreux (Grécourt, Richer, Pesselier, Desforges-Maillard), et l'un d'eux, La Motte, retraite à sa manière, non plus comme principe éthique et esthétique, mais dans une optique délibérément sociale, le thème de la diversité.

LES AMIS TROP D'ACCORD

Ils étaient quatre amis, qu'assortit la fortune ;
　　Gens de goût et d'esprit divers.
L'un était pour la blonde, et l'autre pour la brune ;
Un autre aimait la prose et celui-là les vers.
L'un prenait-il l'endroit ? l'autre prenait l'envers.
　　　Comme toujours quelque dispute
　　　Assaisonnait leur entretien,
　　　Un jour on s'échauffa si bien
　　Que l'entretien devint presque une lutte.
Les poumons l'emportaient ; raison n'y faisait rien.
　　« Messieurs, dit l'un d'eux, quand on s'aime,
Qu'il serait doux d'avoir même goût, mêmes yeux !
　　Si nous sentions, si nous pensions de même,
Nous nous aimons beaucoup, nous nous aimerions mieux. »
Chacun étourdiment fut d'avis du problème,
Et l'on se proposa d'aller prier les dieux
　　　De faire en eux ce changement extrême.
　　　Ils vont au temple d'Apollon
　　　Présenter leur humble requête ;
　　　Et le dieu sur-le-champ, dit-on,
　　　Des quatre ne fit qu'une tête,
　　　C'est-à-dire qu'il leur donna
Sentiments tout pareils et pareilles pensées.
　　　L'un comme l'autre raisonna.
« Bon, dirent-ils, voilà les disputes chassées. »
Oui, mais aussi voilà tout charme évanoui ;
　　　Plus d'entretien qui les amuse
　　Si quelqu'un parle, ils répondent tous : « Oui. »
C'est désormais entre eux le seul mot dont on use.
L'ennui vint : l'amitié s'en sentit altérer.
Pour être trop d'accord nos gens se désunissent.
Ils cherchèrent enfin, n'y pouvant plus durer,
　　　Des amis qui les contredissent.
C'est un grand agrément que la diversité :
　　　Nous sommes bien comme nous sommes.
　　　Donnez le même esprit aux hommes,
Vous ôtez tout le sel de la société.
L'ennui naquit un jour de l'uniformité.

On répète à l'envi ce dernier vers en ignorant, comme chante Trénet, « le nom d'l'auteur », pis, en le prêtant, comme de coutume, à un riche, en l'occurrence à Boileau. Nombre de vers, de formules, de refrains nous viennent de cette époque, qui les faisait éclore par centaines : par exemple, le fameux « Saute, marquis ! » (refrain d'une tirade du *Joueur* de Regnard), les chansons *J'ai du bon tabac...* (de G. de Lattaignant) et *La boulangère a des écus...* (de Gallet), ou cette autre maxime, qu'on serait aussi tenté d'attribuer à Boileau : « La critique est aisée, et l'art est difficile » (de Destouches).

C'est l'époque de la chanson (Dufresny, Panard), du madrigal, ce court poème à une dame (et que tous liront par-dessus son épaule) pour lui faire entendre son amour, mais dont la forme est destinée avant tout à surprendre par son ingéniosité. Voltaire ne craint pas, par exemple, de se livrer à un jeu de Qui perd gagne, avec ce « Portrait manqué » :

> On ne peut faire ton portrait.
> Folâtre et sérieuse, agaçante et sévère,
> Prudente avec l'air indiscret,
> Vertueuse, coquette, à toi-même contraire :
> La ressemblance échappe en rendant chaque trait.
> Si l'on te peint constante, on t'aperçoit légère :
> Ce n'est jamais toi qu'on a fait.
> Fidèle au sentiment avec tes goûts volages,
> Tous les cœurs à ton char s'enchaînent tour à tour.
> Tu plais aux libertins, tu captives les sages,
> Tu domptes les plus fiers courages,
> Tu fais l'office de l'Amour.
> On croit voir cet enfant en te voyant paraître,
> Sa jeunesse, ses traits, son art,
> Ses plaisirs, ses erreurs, sa malice peut-être :
> Serais-tu ce dieu par hasard ?

Moins galante et plus caustique, mais tout aussi subtile est l'épigramme. Les contemporains, ravis, comptent ici les points de deux grands champions rivaux, Voltaire et Piron. On cite souvent les épigrammes meurtrières du premier, contre Fréron ou Lefranc de Pompignan ; moins souvent celle-ci du second, contre Palissot :

> Cet homme avait nom Pali.
> On dit d'abord Pali fade,
> Puis Pali fou, Pali plat,
> Pali froid et Pali fat.

> Pour couronner la tirade,
> En fin de Turlupinade
> On rencontra le vrai mot :
> On le nomma Pali sot.

ENVOI

> M'abaissant jusqu'à toi, je joue avec le mot,
> Réfléchis si tu peux, mais n'écris pas, lis, sot !

L'épitaphe la plus célèbre (et la plus courte) de Piron par lui-même (il en écrivit des dizaines !) révèle l'une des forces majeures de cette poésie, en apparence si frivole. En renonçant à camper la noble stature du poète inspiré, à se prendre au sérieux, à viser, comme on dit, l'immortalité, on se met en disposition de puissance pour précipiter dans la dérision, par exemple, la morgue des Immortels :

> Ci-gît Piron, qui ne fut rien,
> Pas même Académicien.

On peut interpréter de plusieurs façons cette « facilité » de la poésie légère et le goût général qui la portait : une éthique néo-épicurienne de la jouissance de l'instant (dont l'impromptu est le fruit le plus suave) ; une idée rajeunie et assouplie de la communication sociale, où le recours à la rime correspond, selon le vœu exprimé plus tard par Verlaine — grand amateur au demeurant d' « épigrammes » et de « fêtes galantes » — à un rejet délibéré de tout ce « qui pèse ou qui pose » ; une manière militante de convoquer à chaque instant, mais sans emphase importune, l'opinion publique ; et aussi, indéniablement, à une époque où l'on s'intéresse tant aux origines et au fonctionnement du langage, un laboratoire langagier, un entraînement à la virtuosité, une recherche de la difficulté vaincue qui transforment tout un chacun, dans le moment fugitif du poème, en un artisan du verbe, un manipulateur de la parole collective. Les genres acrobatiques sont ainsi très prisés (calligrammes, énigmes, charades, bouts-rimés...), ceux qui exhibent et exercent, par le moyen d'un défi lancé au langage, la capacité de la langue à cacher ce qu'elle montre et à montrer ce qu'elle cache. Voici un aspect de Lefranc de Pompignan qui rachète un peu l'autre, évoqué plus haut :

AU CHÂTEAU D'IF

Nous fûmes donc au Château d'If.
C'est un lieu peu récréatif,
Défendu par le fer oisif
De plus d'un soldat maladif,
Qui de guerrier jadis actif
Est devenu garde passif.
Sur ce roc taillé dans le vif
Par bon ordre on retient captif
Dans l'enceinte d'un mur massif,
Esprit libertin, cœur rétif
Au salutaire correctif
D'un parent peu persuasif.
Le pauvre prisonnier pensif,
A la triste lueur du suif,
Jouit pour seul soporatif
Du murmure non lénitif
Dont l'élément rébarbatif
Frappe son organe attentif.
Or pour être mémoratif
De ce domicile afflictif,
Je jurai d'un ton expressif
De vous le peindre en rime en if.
Ce fait, du Roc désolatif
Nous sortîmes d'un pas hâtif
Et rentrâmes dans notre esquif
En répétant d'un ton plaintif :
Dieu nous garde du Château d'If!

Le cas de Paul Desforges-Maillard est tout à fait caractéristique de la vie poétique de la période. D'abord parce que le nom de ce poète n'est pas passé, comme tel, à la postérité, pas plus au fond que celui des innombrables poètes, ses contemporains, le Panthéon de la poésie française marquant une interruption étrange entre La Fontaine (mort en 1695) et André Chénier (mort en 1794). Ensuite à cause du comique fait divers dont il fut le héros : lassé de n'être pas reconnu pour l'artiste qu'il croyait et voulait être, ce Breton envoya au *Mercure* des poèmes signés « Mlle Malcrais de La Vigne ». Le journal les publia, et ils obtinrent un beau succès, en particulier auprès de Voltaire qui répondit en vers aux politesses de la prétendue poétesse, en louant fort son talent (1729). La mystification dura trois ans et, en 1732, Desforges-Maillard se présenta à Paris comme le véritable auteur des poèmes de Mlle Malcrais de La Vigne. « La barbe du poète y piqua si fort qu'on ne la lui pardonna point. Il faut dire aussi la vérité : certaine espérance frustrée met de bien mauvaise humeur », écrivit Piron dans la Préface de sa *Métromanie* (1738). Dans cette pièce il utilisait plaisamment l'anecdote, au grand dam de Voltaire qui, pour une fois, faisait rire à ses dépens... mais qui s'en vengea bien, en retournant le sens du rire et en accablant de sarcasmes un poète qui

> Passa pour femme, et ce fut son seul art :
> Dès qu'il fut homme, il perdit son mérite.

Desforges-Maillard n'était dépourvu ni d'ambition ni de qualités. Il illustra à peu près tous les genres poétiques à l'exception de l'épopée. Un court conte en vers peut donner une idée de la façon dont se prolonge alors la grande tradition « gauloise » de Des Périers et de La Fontaine :

LES FRANCHES REPUES

> Un marié, devant son épousée,
> Fut visité de maint et maint tendron ;
> En le baisant, chacun lui faisait don
> D'une fouace*. « Eh, quoi ! dit la rusée,
> Sur mon palier ? — Ce sont tendre rosée,
> Répond l'époux, des adieux sans façon. »
> La femme dit : « Bien était de raison
> Que je le susse, et j'aurais tout de suite
> De leur devoir mes amants avertis,
> Qui tous m'auraient, en me faisant visite,
> Porté du vin ; si que, bien assortis,
> Aurions de quoi boire et manger gratis. »

> * pâtisserie.

Le poète breton est aussi un bon représentant de cette pratique qui caractérise la poésie des Lumières naissantes et qui consiste à subsumer toutes les veines de l'inspiration poétique dans celle, omniprésente, de l'esprit. Admirateur de la manière élevée de Jean-Baptiste Rousseau, qu'il imite volontiers très sérieusement par ailleurs, il ne craignit pas de l'utiliser sur le ton parodique, réécrivant à sa manière, teintée de l'humour d'un poète qui connaît la précarité de sa renommée, les nobles stances de celui-ci commençant par :

> Que l'homme est bien, pendant sa vie,
> Un parfait miroir de douleurs...

ce qui donne :

> Qu'un livre est bien, pendant sa vie,
> Un parfait miroir de douleurs !
> En naissant, sous la presse il crie
> Et semble prévoir ses malheurs.
>
> Un essaim de fâcheux censeurs
> D'abord qu'il commence à paraître
> En dégoûte les acheteurs
> Qui le blâment sans le connaître.
>
> A la fin, pour comble de maux,
> Un droguiste*, qui s'en rend maître,
> En habille poivre et pruneaux...
> C'était bien la peine de naître !...

> * épicier.

Au-delà de son cas personnel, c'est de toute la poésie légère que Desforges-Maillard dit ici le charme fragile et la destinée irrémédiablement éphémère. Comme Du Bellay faisait de ses « ennuis », les déplorant il les chante, et les chantant sans doute les enchante. Il faut imaginer Desforges-Maillard heureux.

L'un des critères du bonheur, « idée neuve en Europe » en ce temps-là, mot-thème de toute la morale et drapeau de la philosophie, c'est d'être partagé. La poésie légère, on l'a dit, a ce mérite de n'exister que pour être immédiatement offerte, comme une fleur qu'on cueille en passant. Elle sait être féroce, mais pour la bonne cause et sans acharnement : au reste, la déconfiture des sots ou des méchants est, pour tous les autres, un spectacle réjouissant ! Lorsqu'elle n'est pas satirique, elle respire une convivialité que, sans doute, elle inspirait et nourrissait, dans le grain des jours. Dans ce court conte en vers, Desforges-Maillard réussit à faire circuler l'esprit d'une manière qui, malgré l'ancienneté du thème, le situe sans doute possible dans la période qui nous occupe :

> Pressé de faire un voyage,
> Je m'étais risqué sur l'eau ;
> Une Cloris de village,
> A qui je donnais passage,
> Etait au fond du bateau,
> Jeune, et de gentil corsage,
> Blanche et délicate peau,
> Et n'ayant brin l'air sauvage.

> — Je crois, Nymphe aux doux appas,
> Dis je en riant, qu'à votre âge
> Fillette n'en mourrait pas.
> — Monsieur, reprit-elle, hélas!
> Cachant en soi sa malice,
> Quand d'un semblable trépas
> Meurt chez nous fille novice,
> Loi, qu'on ne peut relâcher,
> Prétend qu'on l'ensevelisse
> Sur la pointe du clocher.

Jovialité gourmande et sans agressivité aucune de la proposition du héros-narrateur ; astuce piquante de l'esquive réussie par la jeune fille ; générosité du poème qui finit par donner, avec la symbolique érotique du clocher, ce qu'il a paru refuser : le poète, son personnage et son lecteur sont associés dans une complicité légère, franche et tonique, entre eux, et avec les exquises équivoques que permet la disposition poétique d'une langue délicate. Bonheur naïf, sans doute, indéniablement innocent, et lié à une sensualité toute verbale : mais la jouissance sensuelle des mots, est-ce autre chose que la poésie ?

L'éloquence poétique au service des Lumières

Une autre conception de la poésie a périodiquement été opposée à celle-là : celle, idéaliste, d'un déchiffrement inspiré des mystères de l'univers. Le poète n'est plus alors un ouvrier de la langue ni un explorateur de ses curiosités, mais, maître des mots, il les charge de dire la relation de l'homme avec le cosmos et l'unité du monde, de faire retentir les voix du silence des au-delà de la vie. Il n'y a probablement pas à choisir entre ces deux conceptions ; les plus grands, Ronsard, Hugo, Baudelaire, Char, les ont conjuguées pour faire chanter la correspondance, mystérieuse mais certaine, qu'il y a entre les choses, les perceptions que l'homme a de ces choses, les mots qui disent ces perceptions, et l'émotion qui traverse l'ensemble. Le XVIIIᵉ siècle poétique n'a pas trouvé, pour sa part, la formule de cet accord, donnant tour à tour à ses vers, dans les genres hérités, ou trop ou trop peu d'éloquence.

Entre le divertissement badin de la vie quotidienne et ce

« quelque chose d'énorme, de barbare et de sauvage » que demandera Diderot, la poésie des Lumières naissantes a pourtant réussi à
suggérer, parfois, la mesure exacte, soit — rarement — en vers, soit
— plus significativement — en prose. Elle en a tenu la gageure
lorsqu'elle a rencontré, décantés de leurs contingences, les vrais
enjeux du combat philosophique. Au-delà des aménagements
opportuns d'un nouvel art de vivre comme des engagements dogmatiques et querelleurs, le poète a alors senti, comme une aventure
personnelle, et a réussi à nous faire sentir le frémissement de ce qui
était en train de se passer dans l'histoire des hommes, et le frisson
de celui qui avait été en quelque sorte chargé de le transcrire, pour
que la collectivité puisse prendre possession de son propre destin.
On ne sera pas étonné que, pour les vers, ce poète soit Voltaire.

ODE SUR LA MORT DE MLLE LECOUVREUR,
CÉLÈBRE ACTRICE (1730)

Que vois-je! Quel objet! Quoi! ces lèvres charmantes,
Quoi! ces yeux d'où partaient ces flammes éloquentes,
Eprouvent du trépas les livides horreurs!
Muses, Grâces, Amours, dont elle fut l'image,
O mes dieux et les siens, secourez votre ouvrage!
Que vois-je? c'en est fait, je t'embrasse et tu meurs!
Tu meurs; on sait déjà cette affreuse nouvelle;
Tous les cœurs sont émus de ma douleur mortelle,
J'entends de tous côtés les beaux-arts éperdus
S'écrier en pleurant : « Melpomène n'est plus! »
    Que direz-vous, race future,
Lorsque vous apprendrez la flétrissante injure
Qu'à ces arts désolés font des hommes cruels?
    Ils privent de la sépulture
Celle qui dans la Grèce aurait eu des autels.
Quand elle était au monde, ils soupiraient pour elle;
Je les ai vus soumis, autour d'elle empressés :
Sitôt qu'elle n'est plus, elle est donc criminelle!
Elle a charmé le monde, et vous l'en punissez!
Non, ces bords désormais ne seront plus profanes;
Ils contiennent ta cendre; et ce triste tombeau,
Honoré par nos chants, consacré par tes mânes,
    Est pour nous un temple nouveau!
Voilà mon Saint-Denis; oui, c'est là que j'adore
Tes talents, ton esprit, tes grâces, tes appas :
Je les aimai vivants, je les encense encore
    Malgré les horreurs du trépas,
    Malgré l'erreur et les ingrats,
Que seuls de ce tombeau l'opprobre déshonore.

Ah ! verrai-je toujours ma faible nation,
Incertaine en ses vœux, flétrir ce qu'elle admire,
Nos mœurs avec nos lois toujours se contredire,
Et le Français volage endormi sous l'empire
     De la superstition ?
     Quoi ! n'est-ce donc qu'en Angleterre
     Que les mortels osent penser ?
O rivale d'Athène, ô Londre ! heureuse terre !
Ainsi que les tyrans vous avez su chasser
Les préjuges honteux qui vous livraient la guerre.
C'est là qu'on sait tout dire et tout récompenser ;
Nul art n'est méprisé, tout succès a sa gloire.
Le vainqueur de Tallard, le fils de la victoire,
Le sublime Dryden et le sage Addison,
Et la charmante Ophils, et l'immortel Newton
     Ont part au temple de mémoire :
Et Lecouvreur à Londre aurait eu des tombeaux
Parmi les beaux-esprits, les rois et les héros.
Quiconque a des talents à Londre est un grand homme
     L'abondance et la liberté
Ont, après deux mille ans, chez vous ressuscité
     L'esprit de la Grèce et de Rome.
Des lauriers d'Apollon dans nos stériles champs
La feuille négligée est-elle donc flétrie ?
Dieux ! pourquoi mon pays n'est-il plus la patrie
     Et de la gloire et des talents ?

Ce poème illustre plusieurs de nos chapitres. Dans celui-ci, il est un exemple de cette poésie rhétorique et conventionnelle, encombrée de poncifs et de procédés bien vieillis depuis Malherbe (exclamations, apostrophes, arsenal mythologique, métaphores éculées, épithètes de nature) qui caractérise l'époque et que Voltaire exerce somme toute moins lourdement que la plupart des poètes contemporains. En rapport avec le chapitre suivant, il témoigne de la ferveur du temps pour le théâtre et les grands comédiens, et d'une protestation contre la condamnation désuète que l'Eglise porte sur eux. Plus profondément — et c'est l'objet du chapitre 5 —, il nous montre un Voltaire utilisant toute occasion que lui offre l'actualité pour engager un débat d'idées : ici, c'est l'apologie de l'Angleterre, pays de la pensée libre ; c'est la question du « grand homme », qu'il faut reconnaître et honorer dans les sciences et les arts comme (ou plus que) dans l'activité politique ou militaire ; c'est le souci « patriotique » de voir la France s'ouvrir enfin aux valeurs modernes de l'Europe du Nord et se démarquer de l'obscurantisme catholique de l'Europe du Sud, laquelle, malgré la géographie, s'est tant éloignée « de la Grèce et de Rome ». Malgré sa relative raideur rhétorique, le poème réussit à nous faire entendre l'homme-Voltaire entier — objet du chapitre 6. L'homme de cœur, car Voltaire avait entretenu avec la comédienne une liaison qui recharge sa « douleur mortelle » d'une tendre sincérité dont on l'a trop souvent dit incapable ; l'homme de lettres, car on reconnaît dans ces vers de circonstance les éléments du chantier de l'écrivain qui, retravaillés, prendront leur place dans les *Lettres philosophiques* quatre ans plus tard (la comparaison France-Angleterre, le nom de Newton, et jusqu'à celui de « la charmante Ophils » : la « Mlle Oldfield » de la 23ᵉ lettre) ; l'homme de combat, qui se saisit ici d'une de ces « causes » où, à travers la défense ou la réhabilitation d'individus victimes, entre autres, de préjugés aveugles et cruels, il trouve le moyen de discréditer ces préjugés mêmes sans pour autant perdre de vue l'aspect personnel et humain du cas dont il s'est emparé. On voit ici poindre et s'essayer le talent polémique particulier — qui n'est pas sans rapport avec nos actuelles défenses des « droits de l'homme » — de celui qui élèvera exemplairement la voix pour Sirven, Jean Calas, le chevalier de La Barre, Lally-Tollendal et bien d'autres. Ainsi, le poème rend encore sensible le nouveau pouvoir de l'écrivain : c'est en accord avec l'opinion publique qu'il élève sa protestation (« Tous les cœurs sont émus de ma douleur mortelle »), lui donnant du même coup une voix capable d'interpeller la « race future », et élevant à celle que les pouvoirs officiels ont vouée à l'exécration un « tombeau » que le talent et la ferveur transforment en un « temple nouveau », rival de tous les autres temples.

Seul Voltaire était alors capable de doter les vers d'une telle expressivité. Elle est moins rare dans la prose qui, depuis Fénelon, se fait volontiers poétique lorsqu'elle frôle les enjeux qu'on décrivait plus haut. Après *Le Temple de Gnide* (1725), qui n'est encore qu'un essai assez décoratif, Montesquieu nous offre le meilleur exemple de cette prose poétique des Lumières, qui devait s'épanouir dans la deuxième moitié du siècle. Il s'agit d'un poème en prose de cinq strophes, une *Invocation aux Muses,* qu'il écrivit pour le début du second volume de *L'Esprit des lois* (début du livre XX). Rompant avec le ton analytique du reste de son ouvrage, il donne une clé pour sa lecture, suggérant de la faire non dans l'effort pénible et pesant de l'érudition et de la démonstration, mais dans l'allégresse que donnent la transparence et la fluidité de l'évidence rationnelle. A une époque où la poésie cherche son lieu spécifique, et a peine à le trouver dans les sublimités de l'ode comme dans la légèreté des épigrammes, nul doute que l'auteur de *L'Esprit des lois* lui en assigne ici un, digne de ce qui se proposait alors aux hommes de plus neuf et de plus enthousiasmant : la conquête de leur propre monde, l'intelligence de son fonctionnement, la maîtrise de son évolution, et la jouissance d'un langage capable d'en faire sentir l'admirable cohérence.

> Vierges du mont Piérie, entendez-vous le nom que je vous donne? Inspirez-moi. Je cours une longue carrière; je suis accablé de tristesse et d'ennui. Mettez dans mon esprit ce charme et cette douceur que je sentais autrefois et qui fuit loin de moi. Vous n'êtes jamais si divines que quand vous menez à la sagesse et à la vérité par le plaisir.
>
> Mais, si vous ne voulez point adoucir la rigueur de mes travaux, cachez le travail même; faites qu'on soit instruit, et que je n'enseigne pas; que je réfléchisse, et que je paraisse sentir; et lorsque j'annoncerai des choses nouvelles, faites qu'on croie que je ne savais rien, et que vous m'avez tout dit.
>
> Quand les eaux de votre fontaine sortent du rocher que vous aimez, elles ne montent point dans les airs pour retomber; elles coulent dans la prairie; elles font vos délices, parce qu'elles font les délices des bergers.
>
> Muses charmantes, si vous portez sur moi un seul de vos regards, tout le monde lira mon ouvrage; et ce qui ne saurait être un amusement sera un plaisir.
>
> Divines Muses, je sens que vous m'inspirez, non pas ce qu'on chante à Tempé sur les chalumeaux, ou ce qu'on répète à Délos sur la lyre; vous voulez que je parle à la raison; elle est le plus parfait, le plus noble et le plus exquis de nos sens.

Pouvait-on mieux affirmer, pour saisir dans le même mouvement les lois de l'esprit qui cherchait à comprendre l'esprit des lois régissant le monde politique et la description de ces lois mêmes, la collaboration du chalumeau, de la lyre et de la parole raisonnée, la convergence aisée de la sagesse, de la vérité et du plaisir, la solidarité active, en ce creux central du siècle, des bergers, des philosophes et des poètes?

**TABLEAU CHRONOLOGIQUE DES PRINCIPALES ŒUVRES DE POÉSIE
OU DE POÉTIQUE
ÉCRITES EN FRANÇAIS ENTRE 1680 ET 1750**

	GRANDS GENRES	POÉSIE LÉGÈRE	THÉORIE POÉTIQUE
1683			Charpentier : *L'Excellence de la langue française*
1684			La Fontaine : *Discours à Mme de La Sablière* Fénelon : *Dialogues sur l'éloquence* Saint-Evremond : *Sur les poèmes des Anciens*
1685		*Ouvrages de prose et de poésie des sieurs de Maucroix et de La Fontaine*	
1686	Perrault : *Saint Paulin, poème*	Longepierre : *Idylles*	
1687			La Fontaine : *Epître à Huet* Père Bouhours : *Manière de bien penser dans les ouvrages de l'esprit* Perrault : *Le Siècle de Louis le Grand* Fontenelle : *Digression sur les Anciens et les Modernes*
1688	Perrault : *A Mgr le Dauphin sur la prise de Philippsbourg*	Mme Deshoulières : *Poésies* Fontenelle : *Poésies pastorales*	Perrault : *Parallèles des Anciens et des Modernes* Longepierre : *Discours sur les Anciens*
1691	Perrault : *Au Roi sur la prise de Mons*		
1693	Boileau : *Ode sur la prise de Namur*		Boileau : *Discours sur l'Ode*
1694	Boileau : *Satire X* (Contre les femmes) Perrault : *Le Triomphe de sainte Geneviève* La Fontaine : *Fables*, Livre XII		Boileau : *Réflexions sur Longin* La Bruyère : *Préface* au *Discours de réception à l'Académie française*
1695	Sénecé : *Satires*	Sénecé : *Nouvelles*	Boileau : *Lettre à Maucroix*
1696	Boileau : *Epître IX* Gacon : *Le Poète sans fard*		
1697	Perrault : *Adam ou la Création de l'homme*		
1698	Boileau : *Epîtres X, XI* (A mon jardinier), *XII* (Sur l'amour de Dieu)		

**TABLEAU CHRONOLOGIQUE DES PRINCIPALES ŒUVRES DE POÉSIE
OU DE POÉTIQUE
ÉCRITES EN FRANÇAIS ENTRE 1680 ET 1750** *(suite)*

	GRANDS GENRES	POÉSIE LÉGÈRE	THÉORIE POÉTIQUE
1701	Perrault : *Au roi Philippe V allant en Espagne, ode*		Boileau : *Lettre à Perrault*
1702	J.-B. Rousseau : *Odes sacrées*		
1703	J.-B. Rousseau : *Cantates*		Frain du Tremblay : *Traité des langues...*
1705	Boileau : *Satire XII* (Sur l'équivoque)		Père Buffier : *Pratique de la mémoire artificielle pour apprendre la chronologie et l'Histoire universelle*
1707	La Motte : *Odes*, avec un *Discours sur la poésie*		Abbé Genest : *Dissertations sur la poésie pastorale* Grimarest : *Traité du récitatif*
1708		Chaulieu : *Ode contre l'esprit*	
1709	Huet : *Poésies* La Motte : *Odes*		
1710	Voltaire : *Imitation de l'Ode du R.P. Lejay sur sainte Geneviève*		
1711	Mme Dacier : *L'Iliade d'Homère* (trad.)		
1712	J.-B. Rousseau : *Œuvres diverses* Gacon : *L'Anti-Rousseau* Gacon : *Les Odes d'Anacréon et de Sapho* (trad.)	Abbé Genest : *Les Divertissements de Sceaux*	
1713	La Motte : *L'Iliade en vers français* Voltaire : *Ode sur les malheurs du temps*		Frain du Tremblay : *Discours sur l'origine de la poésie* Chaulieu : *Contre la corruption du style*
1714	Voltaire : *Le Bourbier ou le Parnasse* (sat. contre La Motte)		Mme Dacier : *Des causes de la corruption du goût* Abbé de Pons : *Lettre sur l'Iliade* Fénelon : *Lettre à l'Académie*
1715	Gacon : *Homère vengé* (contre La Motte) Voltaire : *Le Vrai Dieu, ode*	Père Du Cerceau : *Recueil de poésies diverses*	Abbé d'Aubignac : *Conjectures académiques ou Dissertation sur l'Iliade* (posth.) La Motte : *Réflexions sur la critique* Père Buffier : *Géographie universelle en vers artificiels* Abbé Terrasson : *Dissertation critique sur l'Iliade d'Homère*

**TABLEAU CHRONOLOGIQUE DES PRINCIPALES ŒUVRES DE POÉSIE
OU DE POÉTIQUE
ÉCRITES EN FRANÇAIS ENTRE 1680 ET 1750** *(suite)*

	GRANDS GENRES	POÉSIE LÉGÈRE	THÉORIE POÉTIQUE
1716	Boileau : *Œuvres* (posth.) Voltaire : *Epîtres*		Abbé Genest : *Principes de philosophie...* Limojon de Saint-Didier : *Le Voyage du Parnasse*
1717		Sénecé : *Epigrammes et poésies mêlées*	
1718			Père Gamaches : *Les Agréments du langage réduits à leurs principes*
1719	Gacon : *Le Journal satirique intercepté* (contre Voltaire)	La Motte : *Fables nouvelles*	Abbé Dubos : *Réflexions critiques sur la poésie et la peinture* Marivaux : *Pensées sur la clarté du discours et sur le sublime*
1720	L. Racine : *La Grâce* Lagrange-Chancel : *Les Philippiques* (→ 1723)	La Martinière : *Nouveau Recueil des épigrammatistes français* (anth.)	
1722	Voltaire : *Epître à Uranie*		
1723	Voltaire : *La Ligue ou Henri le Grand*		
1724		Chaulieu et La Fare : *Poésies*	Vaillant : *Les Eglogues de Virgile*, avec un *Discours sur la poésie pastorale* Fontenelle : *De l'origine des fables* Fontenelle : *Réflexions sur la poétique*
1725	Walef : *Les Géants* Limojon de Saint-Didier : *Clovis, poème*	Abbé Genest : *Suite des divertissements de Sceaux*	
1727		Roy : *Œuvres diverses, avec des réflexions sur l'églogue...*	AbbéDesfontaines : *Dictionnaire néologique* Titon du Tillet : *Description du Parnasse français* Voltaire : *Essay upon the Epic Poetry*
1728	Voltaire : *La Henriade*		
1729	Durand : *La Chute de l'homme*		
1730	Voltaire : *Ode sur la mort de Mlle Lecouvreur*		Dumarsais : *Des tropes, ou des différents sens dans lesquels on peut prendre un même mot dans une même langue*

TABLEAU CHRONOLOGIQUE DES PRINCIPALES ŒUVRES DE POÉSIE
OU DE POÉTIQUE
ÉCRITES EN FRANÇAIS ENTRE 1680 ET 1750 *(suite)*

	GRANDS GENRES	POÉSIE LÉGÈRE	THÉORIE POÉTIQUE
1730			Pére Du Cerceau : *Réflexions sur la poésie française* Du Resnel : *Essai sur la critique* (trad. de Pope) La Martinière : *Recueil de divers traités sur l'Eloquence et sur la Poésie* La Motte : *Discours sur la tragédie*
1731	J.-B. Rousseau : *Œuvres diverses*	Vergier : *Œuvres diverses*	Walef : *Réflexions nouvelles sur l'Iliade d'Homère*
1732	Voltaire : *Ode sur le fanatisme*		Silvain : *Traité du Sublime* (à M. Despréaux) Abbé de La Roche : *Œuvres mêlées*
1733			Voltaire : *Le Temple du Goût*
1734		Gresset : *Ververt*	Rémond de Saint-Mard : *Réflexions sur la poésie en général* Abbé Massieu : *Histoire de la poésie française* (posth.)
1735		Bernis : *Epître sur la paresse* Desforges-Maillard : *Poésies de Mlle Malcrais de La Vigne* « Cosmopolite » (Grécourt) : *Recueil de pièces choisies de divers poètes*	
1736	L. Racine : *Ode sur la paix* Voltaire : *Epître sur la calomnie* Voltaire : *La Crépinade* (sat. contre J.-B. Rousseau) Voltaire : *Le Mondain*		
1737	J. Bouhier : *Sur la guerre civile* (trad. de Pétrone) L. Racine : *Ode sur l'harmonie*		Du Resnel : *Principes de la morale et du goût* (trad. en vers de l'*Essai sur l'homme* de Pope) Longue : *Raisonnements hasardés sur la poésie française* Abbé de La Vilate : *Essais historiques et philosophiques sur le goût*
1738	Voltaire : *Le Préservatif* (sat. contre Desfontaines) Voltaire : *Epître sur la philosophie de Newton*	Abbé Desfontaines : *La Boucle de cheveux enlevée* (trad. de Pope) Abbé Nadal : *Œuvres mêlées*	Abbé de Pons : *Œuvres*
1739	Voltaire : *Discours en vers sur l'homme*		Cahusac : *Epître sur les dangers de la poésie*

TABLEAU CHRONOLOGIQUE DES PRINCIPALES ŒUVRES DE POÉSIE OU DE POÉTIQUE
ÉCRITES EN FRANÇAIS ENTRE 1680 ET 1750 *(suite)*

	GRANDS GENRES	POÉSIE LÉGÈRE	THÉORIE POÉTIQUE
1740	Bernis : *La Religion vengée* (publ. 1795)	Gentil-Bernard : *L'Art d'aimer* (publ. 1775)	Granet : *Réflexions sur les ouvrages de littérature*
1741			Père André : *Essai sur le Beau...* Abbé Gouget : *Bibliothèque française ou Histoire de la littérature française*
1742	L. Racine : *La Religion*		Père Du Cerceau : *Défense de la poésie française* (posth.)
1743	Abbé Desfontaines : *Les Œuvres de Virgile* (trad.) J.-B. Rousseau : *Œuvres*		Bernis : *Discours sur la poésie*
1744	Voltaire : *Sur les événements de l'année 1744* (discours en vers)	Richer : *Fables*	
1745	Voltaire : *La Bataille de Fontenoy* (et de nombreux poèmes sur le même sujet, en particulier dans *Le Mercure*)	La Morinière : *Bibliothèque poétique* (anth.) Pompignan : *Voyage de Languedoc et de Provence*	Abbé Desfontaines : *Jugements sur quelques ouvrages nouveaux*
1746		Grécourt : *Œuvres*	Fréron : *Lettres de Mme la Comtesse de *** sur quelques écrits modernes* Abbé Batteux : *Les Beaux-Arts réduits à un même principe*
1747			L. Racine : *Réflexions sur la poésie*
1748	Mme Du Boccage : *Le Paradis terrestre* (imit. de Milton)	Gresset : *Œuvres* Pesselier : *Fables nouvelles*	
1749			Voltaire : *Connaissances des beautés et des défauts de la poésie et de l'éloquence dans la langue française* Marivaux : *Le Miroir* (publ. 1755) Abbé Batteux : *Cours de Belles Lettres... ou Principes de littérature*
1750	L. Racine : *Le Paradis perdu* (trad. en prose de Milton)	Lattaignant : *Pièces dérobées à un ami* (éd. Meusnier de Querlon) Grécourt : *Œuvres diverses*	Rémond de Saint-Mard : *Œuvres*
1752		Vergier : *Œuvres*	
1753	Pompignan : *Œuvres diverses*		Boindin : *Réflexions critiques sur les règles de la versification* Buffon : *Discours sur le style*

**TABLEAU CHRONOLOGIQUE DES PRINCIPALES ŒUVRES DE POÉSIE
OU DE POÉTIQUE
ÉCRITES EN FRANÇAIS ENTRE 1680 ET 1750** *(suite et fin)*

	GRANDS GENRES	POÉSIE LÉGÈRE	THÉORIE POÉTIQUE
1754	La Motte : *Œuvres* (10 vol.)		
1755	Voltaire : *Épître en arrivant dans sa terre près du lac de Genève* Voltaire : *La Pucelle*	La Fare (posth.) : *Poésies*	
1756	Mme Du Boccage : *La Colombiade...* Pompignan : *Poésies sacrées* Voltaire : *Poème sur le désastre de Lisbonne* Voltaire : *Poème sur la religion naturelle*	Lattaignant : *Poésies* (publ. par l'abbé de La Porte)	
1758		Piron : *Œuvres*	
1759	Voltaire : *Ode sur la mort de Mme la margrave de Bayreuth* Voltaire : *Précis de l'Ecclésiaste* Voltaire : *Précis du Cantique des Cantiques*	Desforges-Maillard : *Œuvres en vers et en prose*	
1760	Voltaire : les *Qui,* les *Quoi,* les *Ah ! Ah !* (sat. contre Pompignan)		
1764		Voltaire : *Les Contes de Guillaume Vadé* (dont des contes en vers) Grécourt : *Œuvres complètes*	
1765		Abbé de La Porte : *Le Porte-feuille d'un homme de goût* (anth.)	
1772	Voltaire : *Les Systèmes, Les Cabales* (sat.) Voltaire : *Épître à Horace*		
1773	Voltaire : *La Tactique* (sat. contre la guerre) Voltaire : *Stances à Mlle Lullin*		

N.B. — 1 – Ce tableau ne dépasse 1750 que pour les poètes ayant écrit la plus grande partie de leur œuvre avant cette date.
2 – Il fait état de soixante-treize noms d'auteurs. Plusieurs y sont pour mémoire. Sept sont présentés dans d'autres chapitres : ce sont Fénelon, Fontenelle, Gresset, Perrault, Piron, Pompignan et Terrasson. La manière dont Marivaux, Montesquieu et Voltaire sont intervenus dans les problèmes de poétique sera signalée respectivement dans les chapitres 3, 5 et 6. Il reste trente-trois auteurs qui intéressent essentiellement ce chapitre : le générique suivant les présente, dans l'ordre alphabétique.

GÉNÉRIQUE DES AUTEURS

- ANDRÉ Yves Marie, père (1675-1764), né à Châteaulin. Ce jésuite, longtemps professeur à Caen, fut un cartésien convaincu, en dépit des orientations de la Compagnie. Outre de nombreux essais de mathématiques, de physique, de géographie et de philosophie, il a écrit un *Essai sur le Beau, où l'on examine en quoi consiste précisément le beau dans le physique, dans le moral, dans les ouvrages d'esprit et dans la musique,* qui resta longtemps un ouvrage de référence.
- AUBIGNAC François Hédelin, abbé d' (1604-1676), né à Paris. Ce grand critique théâtral de la période classique eut encore une influence sur les débats du début de notre période : en 1715 furent publiées ses *Conjectures académiques ou Dissertation sur l'Iliade,* où il montrait la médiocrité, quant aux règles, de la poésie homérique et allait jusqu'à mettre en doute l'existence d'Homère.
- BATTEUX Charles, abbé (1713-1780), né à Allend'huy (Champagne). Professeur de collège, puis au Collège royal (Collège de France), auteur d'une *Morale d'Epicure tirée de ses propres écrits* (1750), il est surtout connu pour sa conception d'une esthétique rationaliste, développée dans *Les Beaux-Arts réduits à un même principe.* Ce principe est celui de l'imitation de la nature, qui devait alimenter la réflexion de Diderot et de Lessing.
- BERNIS François Joachim de Pierres, cardinal de (1715-1794), né à Saint-Marcel (Vivarais). Abbé de cour, lié aux philosophes, ami de Voltaire qui l'appelait familièrement « Babet », favori de Mme de Pompadour qui le fit diplomate et cardinal, il vaut mieux que sa réputation d'intrigant et de rimeur mondain. Il donna, non sans grâce, dans la poésie légère *(Epître sur la paresse),* mais aussi dans la grande poésie descriptive *(Les Quatre Parties du jour, Les Quatre Saisons)* et didactique *(La Religion vengée),* et composa un intéressant ouvrage de théorie poétique *(Discours sur la poésie).* A une époque où c'était encore une spécialité anglaise, il fit du contact authentique avec la nature le principe de l'inspiration poétique. Il a laissé des *Mémoires,* écrits après 1757.
- BOILEAU Nicolas, dit Boileau-Despréaux (1636-1711), né à Paris. Bien qu'il appartienne évidemment à l'époque précédente, Boileau est intensément présent au début de celle-ci tant par son engagement, contre les Modernes, dans la fameuse querelle que par la publication de ses derniers ouvrages poétiques : odes officielles, dernières *Satires* et dernières *Epîtres, Œuvres* posthumes publiées par son ami Brossette. Sa conception théorique et pratique de la poésie devait rester, malgré l'apparente victoire des Modernes, un modèle, qu'on peut considérer comme stérilisant. Malgré quelques échappées, c'est en application de ses principes que la poésie du premier XVIIIᵉ siècle demeure le plus souvent prisonnière de l'analyse, du didactisme, de la clarté à tout prix, de la soumission à un sens univoque et à un goût exclusif.
- BOUHIER Jean (1673-1746), né à Dijon. Ce président au Parlement de Dijon fut un érudit et un humaniste très renommé, qui entretint une correspondance avec beaucoup de lettrés contemporains. Outre ses ouvrages de jurisprudence, de philologie et d'histoire, il a donné une traduction en vers du poème de Pétrone *Sur la guerre civile* (de César et de Pompée).
- BOUHOURS Dominique, père (1628-1702), né à Paris. Ce jésuite érudit, lié à tous les grands écrivains de la période classique dès 1666, a écrit des ouvrages de controverse et de biographie religieuses, mais surtout des réflexions sur le langage et sur la langue française *(Entretiens d'Ariste et d'Eugène,* 1671 ; *Remarques nouvelles sur la langue française,* 1675 et 1692) qui ont fait de lui l'arbitre quasi incontesté de la correction et du bon goût. Sa *Manière de bien penser dans les ouvrages de l'esprit* est un ouvrage de critique littéraire en dialogue, où il exalte l'idéal classique de naturel et de mesure.
- BUFFIER Claude, père (1661-1773), né en Pologne. Ce grand professeur jésuite, que Voltaire loue pour son ouverture d'esprit, fut en effet l'un des introducteurs en France de la pensée de Locke en matière de connaissance *(Traité des premières vérités et de la source de nos jugements,* 1717). Soucieux de pédagogie (ses *Cours* — grammaire, éloquence, métaphy-

sique, logique, sciences — ont été publiés en 1732), il a eu en particulier l'idée d'utiliser la versification comme moyen mnémotechnique, pour l'histoire et la géographie.

- CHAULIEU Guillaume Amfrye, abbé de (1639-1720), né à Fontenay (Normandie). Protégé du duc de Vendôme, il fut surtout l'homme des « cours galantes » qui frondaient l'ascétisme officiel imposé par Mme de Maintenon (chez les Condé, les Conti, la duchesse du Maine). On l'appelait « l'Anacréon du Temple », lieu libertin qu'il animait avec son ami La Fare. Ce libertinage d'époque était sans autre portée pour lui que l'exaltation des plaisirs naturels. Sa poésie est légère et sensible, « facile » jusque dans la forme, un peu négligée.

- DACIER Anne Lefèvre, Mme (1651-1722), née à Saumur. Epouse et collaboratrice d'un humaniste érudit, traducteur d'auteurs grecs et latins, André Dacier, elle acquit la célébrité par sa traduction d'Homère, qui déclencha la quatrième phase de la querelle des Anciens et des Modernes en 1714. Elle s'y battit avec plus de détermination que de bonheur. Son principal argument pour défendre Homère, contre L'Iliade modernisée de La Motte *(Des causes de la corruption du goût)* est de montrer que le poète grec écrivait selon les principes sains de Boileau !

- DESFONTAINES Pierre François Guyot, abbé (1685-1745), né à Rouen. Ce fut un homme difficile. Jésuite en rupture de ban, tiré par Voltaire d'une sombre affaire de sodomie, puis brouillé avec lui et soutenant contre lui une guerre de pamphlets perdue d'avance (au *Préservatif* de Voltaire, il répond par *La Voltairomanie* en 1738, puis par *Le Médiateur* en 1739), homme d'humeur, il se fit beaucoup d'ennemis. Il ne faudrait pourtant pas le prendre pour un réactionnaire borné, vindicatif pour le plaisir. Son œuvre présente une unité et manifeste une conscience lucide du mouvement de la littérature. S'il attaque les Modernes *(Paradoxes littéraires,* 1723 ; *Dictionnaire néologique,* 1726), c'est pour éviter l'invasion trop soudaine et trop nombreuse de termes (bienfaisance, scélératesse, frivolité...) et de tours nouveaux que les Marivaux, La Motte, Fontenelle lancent à l'envi. De même, se référant aux normes classiques, il s'oppose au mélange des genres (prose poétique, comédie larmoyante) et à la fusion des registres. Certes, il a tort de sembler méconnaître ce qui fait justement le propre de la conquête philosophique : renverser les barrières entre les diverses activités de l'esprit humain, et questionner toute sorte de hiérarchie instituée ; mais le combat qu'il mène permet d'éviter les excès et les dérives que le zèle des néophytes ne manque jamais de produire en pareil cas. Il mène ce combat avec constance et méthode dans des journaux : le *Journal des Savants,* qu'il dirige entre 1724 et 1727, *Le Nouvelliste du Parnasse* (1731-1732), les *Observations sur les écrits modernes* (1735-1743), les *Jugements sur quelques ouvrages nouveaux* (1744-1745). Il a aussi traduit de célèbres ouvrages anglais du temps : *Les Voyages de Gulliver* de Swift, en 1727, *La Boucle de cheveux enlevée* de Pope, en 1738, le *Joseph Andrews* de Fielding, en 1743, ainsi que les œuvres de Virgile (1743).

- DESFORGES-MAILLARD Paul (1699-1772), né au Croisic. On sait peu de choses de ce poète, sinon qu'il était breton, qu'il ne manqua pas de talent, dans la poésie descriptive surtout, et qu'il amusa le monde littéraire en tirant à Voltaire et à d'autres, qui n'avaient eu jusqu'alors pour lui que mépris, des félicitations pour le talent poétique d'une Mlle Malcrais de La Vigne... qui n'était que son pseudonyme. Piron a utilisé l'anecdote dans sa *Métromanie.*

- DESHOULIÈRES Antoinette du Ligier de La Garde, Mme (1634-1694), née à Paris. Elle appartient à l'époque antérieure, mais ses *Poésies,* publiées en 1688, eurent un retentissement certain sur le XVIIIᵉ siècle, en particulier comme référence de la veine pastorale et comme modèle d'une aspiration non mystique à la transformation d'un monde perverti.

- DUBOS Jean-Baptiste, abbé (1670-1742), né à Beauvais. D'abord diplomate, il se fit historien et soutint des thèses paradoxales, intelligentes et de conséquence, sinon toujours bien établies : en particulier sur la prise de pouvoir pacifique et non conquérante des Francs *(Histoire critique de l'établissement de la monarchie française dans les Gaules,* 1734). Son *Histoire de la ligue de Cambrai* (1709) fut considérée comme un modèle par Voltaire historien.

Mais l'importance de cet écrivain, comme témoin et comme inspirateur, est due à ses *Réflexions critiques sur la poésie et la peinture*, où le sentiment, dans ce qu'il a d'individuel, prime sur toute généralité rationnelle, où les règles sont données à l'artiste comme occasion d'exercer son art avec souplesse et habileté, où la perception du beau est vue comme toujours relative aux conditions physiques et morales dans lesquelles elle s'exerce : esthétique et critique délibérément sensualistes, qui dépassent les données mêmes de la querelle des Anciens et des Modernes en cherchant les caractéristiques du beau dans son évidence éprouvée plus que dans les définitions *a priori* de son essence. Elles permettent de trouver beau Homère, et tout aussi bien La Motte, la question n'étant plus de leur manière respective, mais de la qualité de leur réception. Elles eurent une très grande influence sur tout le siècle.

- DU CERCEAU Jean Antoine, père (1670-1730), né à Paris. Ce jésuite est un bon exemple de ces régents de collège qui se mêlèrent alors beaucoup de théorie littéraire, de doctrine pédagogique, et, dans le même mouvement, de critique et de production poétiques. Devenu précepteur du prince de Conti, il fut tué par son élève d'un coup de fusil accidentel. Il a écrit des ouvrages d'histoire, des comédies, surtout des poésies, dans les petits genres, et d'intéressantes *Réflexions sur la poésie française*.

- DUMARSAIS César Chesneau (1676-1756), né à Marseille. Après de bonnes études à l'Oratoire, il vécut pauvrement du préceptorat et fut protégé par le comte de Lauraguais. Il s'acquit une grande réputation de grammairien dès 1722, avec son *Exposition d'une méthode raisonnée pour apprendre la langue latine* : le procédé de la traduction interlinéaire n'y est que le signe visible d'une féconde intuition de la grammaire comparée. Son traité *Des tropes*, en 1730, est un moment important de l'évolution de la grammaire générale. Sa description des faits de langue est fortement appuyée sur la logique, comme celle des grammairiens de Port-Royal, mais il propose d'expliquer tous les détours de l'expression moins par le besoin (pauvreté de la langue « naturelle ») que par le désir (d'une imagination inventive qui entend se donner les moyens de communiquer ses découvertes). Très acquis aux idées philosophiques (il est l'auteur du fameux article « Philosophe » de l'*Encyclopédie*, longtemps attribué à Diderot), il fut le grand grammairien de l'*Encyclopédie* à laquelle il donna une centaine d'articles. A sa mort, l'ouvrage n'en était qu'à la lettre F, et Dumarsais fut relayé par Douchet, Beauzée, Cahusac, de Brosses.

- FRÉRON Elie Catherine (1719-1776), né à Quimper. Dans la ligne de Desfontaines et avec plus d'opiniâtreté encore que lui, cet ancien élève et professeur chez les jésuites se fit le champion de la lutte anti-philosophique, non seulement contre les idées nouvelles, mais contre les modes de leur expression et de leur diffusion. Après avoir participé aux *Observations sur les écrits modernes* et aux *Jugements sur quelques ouvrages nouveaux*, il créa, en 1746, son propre journal, curieusement intitulé, comme un roman du temps, *Lettres de Mme la comtesse de *** sur quelques écrits modernes*. Ce journal devint, en 1749, *Lettres sur quelques écrits de ce temps,* et enfin, en 1754, la fameuse *Année littéraire,* pour plus de vingt années.

- GACON François (1667-1725), né à Lyon. Il quitta l'Oratoire pour devenir « le poète sans fard », c'est-à-dire un satiriste en vers abondant et aigu. Il attaqua ainsi tour à tour, sur leur manière d'écrire, Boileau et Bossuet, puis J.-B. Rousseau, La Motte et même Voltaire. Bien qu'il ait invoqué Juvénal, ses œuvres n'ont plus à nos yeux qu'un intérêt anecdotique. Il fut l'ami de Catherine Bernard et de Regnard, et finit sa vie dans la retraite (religieuse) et dans l'oubli.

- GENEST Charles Claude, abbé (1639-1719), né à Paris. Pauvre et sans instruction, il fut d'abord un aventurier (voyage aux Indes, naufrage, prison à Londres...). Puis il se fit à Paris une grande culture et des protecteurs (le duc de Nevers, Bossuet, la duchesse du Maine). Versificateur facile, il produisit à la demande aussi bien des poésies légères (les *Divertissements* de la cour de Sceaux) que des tragédies (sans amour, à la suggestion de Bossuet), et un long poème didactique qui développe un cartésianisme strict et déjà dépassé : les *Prin-*

cipes de philosophie ou Preuves naturelles de l'existence de Dieu et de l'immortalité de l'âme.

● GENTIL-BERNARD Pierre-Joseph Bernard, dit le (1710-1775), né à Grenoble. Cet amateur gracieux de l'amour et des mots qui le disent sut s'attirer des protections prestigieuses (Voltaire, qui lui donna son surnom, et Mme de Pompadour). Il eut la chance de fournir à Rameau le livret de *Castor et Pollux,* dont celui-ci fit un triomphe. Outre des odes et des épîtres, il est surtout connu pour son *Art d'aimer,* qui circula dans les salons à partir de 1740, et ne fut publié qu'en 1775.

● GOUGET Claude-Pierre, abbé (1697-1767), né à Paris. Oratorien, janséniste et chanoine, il fut un grand érudit qui composa, par compilation, de nombreux et gros ouvrages sur les vies de saints et d'écrivains ecclésiastiques. Sa *Bibliothèque française* est un document très précieux pour ce qui, à ce moment-là, commence à s'appeler l' « histoire littéraire ».

● GRANET François (1692-1741), né à Brignoles. Ce journaliste, spécialisé dans la critique littéraire au *Nouvelliste du Parnasse* et aux *Observations sur les écrits modernes* de Desfontaines, est surtout l'auteur d'un immense ouvrage en douze volumes : *Réflexions sur les ouvrages de littérature.*

● GRÉCOURT Jean-Baptiste Joseph Willart, abbé de (1684-1743), né à Tours, dans une famille d'origine écossaise. Ce chanoine, bon prédicateur, qui s'opposa à la bulle *Unigenitus* (*Philotanus,* 1720), vécut prudemment à l'écart du tourbillon mondain, sinon d'une société choisie et joyeuse (chez le duc d'Aiguillon à Veretz, en Touraine). Pour elle, il composa un grand nombre d'épigrammes, fables, contes et chansons dont le thème, libertin, ne varie guère, mais dont il renouvelle les formes par une gaieté inventive et une virtuosité que devait admirer Apollinaire. C'est peut-être par prudence mais aussi dans un esprit de convivialité bien conforme à la tradition libertine qu'il publia, en 1735, sous le nom de « Cosmopolite », un recueil où ses propres poèmes voisinent avec d'autres, sans que l'attribution de chacun d'eux soit précisée.

● HUET Pierre Daniel (1630-1721), né à Caen. Erudit, évêque d'Avranches puis abbé de Fontenay, il a été mêlé à la vie littéraire et philosophique de la grande époque classique. A côté d'ouvrages historiques et religieux, il reste célèbre par un fameux *Essai sur l'origine des romans* (1670), où il défend ce genre, en accord avec Mme de Lafayette. C'est à lui que fut adressée par La Fontaine une importante *Epître* où le fabuliste, semblant pencher du côté des Anciens, donne en fait tous les éléments d'un art poétique dépassant les termes de la querelle. Enfin, il est aussi l'auteur de *Poésies,* publiées en 1709.

● LA FARE Charles Auguste, marquis de (1644-1712), né à Valgorge (Vivarais). D'abord courtisan et soldat, il se voua ensuite, avec son ami Chaulieu, à la vie libertine et à la poésie badine, dans les petits genres. Son épicurisme militant s'exprime pourtant aussi dans des odes, où le lyrisme se fait plus profond et d'orientation nettement philosophique. Il a aussi donné des traductions de poètes latins, et un livret d'opéra, *Penthée.* Parus en 1716, ses *Mémoires,* lucides et incisifs, sur le règne de Louis XIV ont pu être comparés à ceux de Saint-Simon.

● LA FONTAINE Jean de (1621-1695), né à Château-Thierry. Appartenant bien sûr à la période antérieure, il mérite de figurer dans celle-ci, d'une part parce que ses positions idéologiques et critiques le préparent (*Epître à Huet, Discours à Mme de La Sablière),* d'autre part parce que ses *Contes* (publiés jusqu'en 1685) et ses *Fables* (livre XII : 1694) restent pour tout le XVIIIe siècle une référence obligée et un modèle inépuisable.

● LAGRANGE-CHANCEL François Joseph de (1677-1758), né à Antoniac (Dordogne). Il écrit d'abord des tragédies dans l'ombre de Racine. Exilé après une querelle avec le duc de La Force, il compose de violentes satires en vers contre le Régent et le Conseil de régence, *Les Philippiques.* Ni Voltaire ni plus tard Hugo n'apprécieront cette œuvre outrancière, dont le succès de scandale fut, à l'époque, considérable. De retour en France après 1723, le nouveau Démosthène ne parvint pas à y obtenir le moindre succès par ses tragédies, opéras et cantates.

- LA MOTTE Antoine Houdar de (1672-1731), né à Paris. C'est un personnage considérable pour l'époque qui nous occupe, mais dont peu de morceaux méritent d'être encore lus aujourd'hui. Ses succès au théâtre furent fracassants, tant dans la pastorale *(Issé)* et dans toutes les formes de l'opéra (il fut le librettiste de Campra, Destouches, Marais) que dans la tragédie *(Inès de Castro)* ; mais si cette œuvre est encore en vers, il publia, en 1730, une tragédie en prose, *Œdipe,* avec une préface où il contestait l'aptitude du vers alexandrin à l'expression tragique moderne. C'est qu'en effet La Motte s'est fait très tôt le champion des Modernes et le chef de file des « Néologues » ou « nouveaux Précieux », aux côtés de Fontenelle, son ami, de Marivaux et d'autres dont il dirigea le combat avec constance, audace et habileté, en particulier dans sa dernière phase (1714-1716). Comme poète, il publia des *Odes* qui, quoique de versification pesante, lui assurèrent une renommée flatteuse chez la duchesse du Maine et dans le salon de Mme de Lambert, dont il devint l'un des hôtes les plus marquants. Ses *Fables* ne sont pas sans intérêt, mais il est bien certain que son principal mérite est d'avoir lancé, au cours de la querelle, des idées originales et programmatrices : la valeur poétique de la prose, le nécessaire assouplissement des règles et des barrières entre les genres, l'évolution progressive de la langue. Un autre de ses mérites, non négligeable pour le progrès des Lettres, est d'avoir, par sa pugnacité, obligé pour ainsi dire les partisans des Anciens à expliciter leurs motifs et à faire eux-mêmes la claire démonstration de leur fragilité.
- LONGEPIERRE Bernard de Requeleyne, baron de (1659-1721), né à Dijon. Ce protégé de Bossuet et de Racine fut précepteur du comte de Toulouse, puis du duc de Chartres, enfin secrétaire du Régent. Partisan des Anciens, lors de la querelle, il s'opposa en particulier à Fontenelle sur la pastorale. Bon helléniste, il traduisit en vers français les poésies d'Anacréon et de Sapho, les idylles de Bion, de Moschus et de Théocrite, et donna lui-même des *Idylles* (1686, 1690) de qualité médiocre, ainsi que ses tragédies. Ce mélange d'érudition et de médiocrité fit de lui une tête de Turc idéale pour les Modernes.
- RACINE Louis (1692-1763), né à Paris. C'est le septième et dernier enfant du grand tragique. Cartésien et janséniste convaincu, tourmenté par le désir d'expier les succès profanes de son père et par un zèle prosélytique, il est le principal continuateur, avec J.-B. Rousseau, de la grande poésie sacrée au XVIIIe siècle. Il a aussi laissé des *Réflexions sur la poésie,* d'intéressants *Mémoires sur la vie et les ouvrages de Jean Racine* (1747) et une riche traduction en prose du *Paradis perdu* de Milton, où il défend, contre Voltaire, les sombres beautés du poète anglais.
- ROUSSEAU Jean-Baptiste (1671-1741), né à Paris. Fils d'un cordonnier, il fit d'excellentes études et eut une réussite étonnante, non pas au théâtre où il s'essaya d'abord (*Le Café,* comédie, 1694 ; *Vénus et Adonis,* opéra, 1697), mais dans les grands genres poétiques, l'ode sacrée, la cantate. Son talent pour l'épigramme, qu'admirait Boileau, lui valut des déboires durables : la carrière brillante que ses succès lui ouvraient en France fut arrêtée net en 1710 par l' « affaire des couplets ». Condamné à l'exil pour des vers infamants, qu'il n'avait peut-être pas écrits, contre les poètes fréquentant le café Laurent (La Motte, Saurin, Crébillon), il voyagea un peu partout en Europe, refusa sa grâce en 1716, puis en 1721, et se fixa à Bruxelles en 1722. Sa réputation était alors européenne. On le faisait l'égal des plus grands, le Pindare français, et il devait jouir de ce statut jusqu'à l'époque romantique. Méprisé depuis lors, comme trop attaché aux conventions des Anciens, il fait aujourd'hui l'objet d'une réévaluation relative. La virtuosité et la richesse de son lyrisme peuvent corriger l'impression de désuétude que donne son recours trop systématique à l'allégorie et à la mythologie.
- VERGIER Jacques (1657-1720), né à Lyon. Cet administrateur de la marine est un bon exemple de ces nombreux poètes du temps (Antoine de Sénecé, 1643-1737, Augustin Nadal, 1659-1741, Pierre Roy, 1683-1764, François Moncrif, 1687-1770, Charles Panard, 1694-1695, Gabriel de Lattaignant, 1697-1779) qui n'ont excellé que dans les petits genres et le théâtre léger. Son œuvre s'étoile en chansons, madrigaux, épithalames, fables, épi-

grammes, épîtres, sonnets, odes, contes, parodies... Et, symbole tragique de la cruauté bien réelle d'un monde apparemment voué à la frivolité, il mourut assassiné à Paris, en revenant de souper chez un de ses amis.

● WALEF Blaise Henri de Corte, baron de (1652-1734), né à Liège. Voyageur et diplomate quelque peu clandestin, au service de l'Angleterre et de la Hollande, mêlé à la conspiration de Cellamare (1718, contre le Régent), ce Liégeois a écrit des milliers de vers français, et en particulier dans le genre épique, dont il rend l'essoufflement manifeste, malgré de beaux accents sur le mode de la révolte contre l'oppression religieuse.

> **Conseils de lecture.** — Jacques Chouillet, *L'Esthétique des Lumières,* Paris, PUF, 1974 ; Annie Becq, *Genèse de l'esthétique française moderne,* Pise, Pacini, 1983 ; Sylvain Menant, *La Chute d'Icare. La Crise de la poésie française (1700-1750),* Genève, Paris, Droz, 1981 ; Arnolds Pizzorusso, *Teorie letterarie in Francia,* Pise, 1968 ; Werner Krauss et Hans Kortum, *Antike und Moderne in des Literaturdiskussion des 18. Jahrhunderts,* Berlin, Akademie Verlag, 1966.

3 – Explosion du goût dramatique

Théâtre et société : un lieu, une temporalité, une action

Les rapports entre la société française et son théâtre, entre 1680 et 1750, composent une histoire passionnée, elle-même « dramatique », à laquelle ne manquent ni le frisson de l'angoisse, ni la libération du rire, ni la grâce de l'enchantement et du rêve. Dans tous les registres, du sérieux au bouffon, en passant par le plaisant et l'ironique, il y a entre eux une sorte de fascination réciproque qui fait de chacun le miroir de l'autre, au point qu'on ne puisse plus repérer l'objet premier de la vision. Il est aisé de retrouver les traces de la faveur dans laquelle la société française (« la Ville » beaucoup plus désormais que « la Cour » : Paris supplante peu à peu Versailles) à cette époque tint son théâtre : de l'accroissement régulier du nombre des spectateurs à l'orchestration des grandes créations par les écrivains et les critiques, de l'intérêt grandissant de tous pour le personnage de l'acteur à la réflexion philosophique sur la figure achevée de la civilisation que constitue le rassemblement de ses membres autour d'une scène où elle s'exhibe, tout la manifeste et la célèbre. Il est peut-être moins évident, mais tout aussi vrai, que le théâtre n'a d'yeux que pour la société qui l'entoure. C'est par elle, pour elle et en elle qu'il construit ses mirages, même et peut-être surtout dans la dimension satirique. On peut donc analyser leurs rapports selon les trois catégories fondamentales de l'art dramatique : le lieu, le temps, et l'action.

1 / Un lieu : Paris. Car la province, visitée par des troupes itiné-
rantes, ne verra se monter des théâtres fixes qu'après 1750 : Lyon
en 1754, Bordeaux en 1780, Besançon en 1784. Paris donc, et
d'abord, plus précisément, dans la rue Mazarine, l'hôtel Guénégaud
où s'est installée la Comédie-Française, née en 1680 de la fusion de la
troupe de Molière avec celle de l'hôtel de Bourgogne. L'hôtel de
Bourgogne, ainsi libéré, accueille les comédiens italiens, qu'on
appelle volontiers simplement « les Italiens ». Les uns, appuyés sur
une vénérable tradition, excellent dans le genre tragique, qu'ils
jouent avec toute la pompe et l'emphase qu'on lui croit alors consub-
stantielles. Malgré la simplicité racinienne, sur laquelle on met
aujourd'hui l'accent, les choses n'ont cessé de s'aggraver dans ce sens
depuis l'époque du premier Corneille. Ils donnent aussi des comédies, dont le choix est très sérieusement discuté entre les comédiens
après lecture ; les critères en sont assez rigidement normatifs : régula-
rité, correction, bienséance, prudence vis-à-vis des pouvoirs. Les
autres, dans la tradition de la *commedia dell'arte* que Scaramouche a
réussi à faire coexister, entre 1660 et 1673, avec le grand Molière, font
la part beaucoup plus grande à la fantaisie de l'improvisation et de la
gestuelle, des décors, des costumes et du jeu. Parmi les « types » qu'incarnent ses comédiens, à la fois fixes — parce qu'on les reconnaît au
premier coup d'œil à leur allure et à leur costume — et merveilleusement mobiles — parce que, source supplémentaire de comique, ils se
prêtent à toutes sortes de rôles et entrent dans les situations les plus
variées —, les plus célèbres, outre Scaramouche, sont Pierrot, Pantalon, Colombine et Arlequin, que Watteau a immortalisés sur ses
toiles. La rivalité de ces deux troupes va être, pendant plusieurs
décennies, un des éléments les plus dynamiques de la vie théâtrale. Et
l'un des traits les plus géniaux de Marivaux, par exemple, est d'avoir
su, par l'alternance, donner toute leur résonance à l'une et à l'autre
manières, et en enrichir sa propre création.

Pourtant, entre « les Français » et « les Italiens », ce n'est pas le
tête-à-tête. Le public, composé encore à cette époque des plus
hautes classes de la société, peut aussi se rendre dans l'ancienne
salle de Molière, au Palais-Royal, et faire le choix de l'Opéra. On
sait que toute l'Europe est alors sous le charme de ce genre assez
récent, qu'illustrent les plus grands noms de compositeurs et de
librettistes. Avec son Académie royale de musique et de danse (sous
la direction de Lulli jusqu'en 1687) Paris ne le cède en rien, dans le
triomphe étincelant de cette mode, aux grandes villes italiennes, à
Londres ou à Vienne.

On peut aussi, mais on se mêlera alors à un public plus populaire, fréquenter les théâtres dits de « la Foire » parce qu'ils se tiennent, depuis Henri IV, aux foires Saint-Germain-des-Prés (en février-mars) et Saint-Laurent (de juillet à septembre). Le « Boulevard », lui, ne commencera qu'en 1759, avec Nicolet (voir p. 415).

L'épanouissement du théâtre lyrique en Europe au début du XVIIIe siècle

CHAMP : La musique étant, plus que la littérature, sans frontières, c'est toute l'Europe qui échange alors ses productions en ce domaine et fait circuler ses auteurs, ses troupes, ses chanteurs et ses danseurs. A des titres divers, *Dido and Aeneas, L'Europe galante, Olympiade, The Beggar's Opera, La Serva padrona, Les Indes galantes, Le Devin du village* sont des événements dont le retentissement dans l'histoire littéraire n'est pas moins important que celui des *Lettres persanes* ou de *Manon Lescaut.* D'abord parce que ces œuvres lyriques exploitent et enrichissent le même fonds que les œuvres littéraires ; ensuite parce qu'elles alimentent, comme elles, une intense réflexion sur le Beau, tant au plan des définitions philosophiques qu'à celui des techniques de l'art (les grands noms en ce domaine sont, toujours à l'échelle européenne, ceux de R. de Piles, J.-P. de Crouzaz, l'abbé Dubos, J. Richardson, Bodmer, Hutcheson, l'abbé Batteux, Baumgarten, Hogarth, et des pères André et Castel) ; enfin parce que leur large succès caractérise le goût et les orientations idéologiques de ce temps : moins l'abandon au dépaysement frivole, à l'évasion imaginaire, à l'irresponsabilité légère, à la fantaisie pastorale, que la vision postulée d'une société humaine qui soit, malgré ses discordances, un lieu possible de beauté, de bonheur et d'harmonie.

FORMES : Elles sont très variées, produit d'un héritage multiple et divers, qui fait coexister les dimensions sacrée et profane, comique et héroïque, imaginaire et réaliste, comme aucun autre genre : opéra, opéra-ballet, tragédie lyrique, pastorale héroïque, intermède, comédie-ballet, mélodrame, oratorio, opéra-comique, *opera buffa,* opéra-ballade, drame musical...

LIBRETTISTES : Les principaux sont Quinault, Campistron, Fontenelle, Voltaire, Houdar de La Motte, J.-B. Rousseau, Dryden, Addison, Gay, Fielding, Metastasio... sans compter les « anciens » dont les textes sont adaptés : Guarini, Shakespeare, Cervantès, Molière.

COMPOSITEURS : Rarement une période historique a rassemblé autant de noms prestigieux en ce domaine. On retiendra surtout :
- Jean-Baptiste Lulli : *Proserpine* (Quinault, 1680), *Amadis de Gaule* (Quinault, 1684).
- Marc-Antoine Charpentier : *Clovis* (1686), *Celse martyr* (1687), *Médée* (1693).
- Alessandro Scarlatti : *Psyché* (1683), *Arminius* (1703), *La Principessa fedele* (1710), *Télémaque* (1718).
- Henry Purcell : *Dido and Aeneas* (le premier opéra anglais, 1689), *King Arthur* (Dryden, 1691).
- André Campra : *L'Europe galante* (qui fixe les règles de l'opéra-ballet, Houdar de La Motte, 1697), *Le Carnaval de Venise* (Regnard, 1699), *Iphigénie en Tauride* (1704), *Les Fêtes vénitiennes* (1710), *Achille et Déidamie* (1735).

- André Cardinal-Destouches : *Issé* (1697), *Callirrhoé* (1712).
- Marin Marais : *Alcyone* (Houdar de La Motte, 1706), *Sémélé* (Houdar de La Motte, 1709).
- Georg Friedrich Haendel : *Néron* (1705), *Agrippine* (1710), *Il Pastor fido* (Guarini, 1712), *Rodelinda* (1726), *Arminius* (1737), *Messiah* (*Le Messie*, 1741).
- Nicola Porpora : *Bérénice* (1710), *Pharamond* (1719), *Ariane* (1733).
- Antonio Vivaldi : *Ottone in Villa* (1713), *Orlando finto pazzo* (1714), *Olympiade* (Metastasio, 1734).
- Johann Christoph Pepush : *La Mort de Didon* (1724), *The Beggar's Opera* (Gay, 1728).
- Giovanni Batista Pergolesi : *Salustia* (1731), *La Serva padrona* (Naples, 1733, Paris, sous le titre *La Servante maîtresse,* 1746 et 1752, année où elle déclenche la querelle des Bouffons).
- Thomas Arne : *Opera of Opera* (Fielding, 1733), *Rosamond* (Addison, 1733), *Alfred* (1740, avec le fameux air « Rule Brittania »).
- Jean-Philippe Rameau : *Samson* (Voltaire, 1732), *Hippolyte et Aricie* (1733), *Castor et Pollux* (Gentil-Bernard 1734), *Les Indes galantes* (1735), *La Princesse de Navarre* (Voltaire, 1745), *Le Temple de la Gloire* (Voltaire, 1745).
- Niccolo Jommelli : *L'Errore amorosa* (1737), *Didone abbandonata* (Metastasio, 1746), *Achille à Scyros* (Metastasio, 1749).
- Christoph Willibald von Gluck : *Artaxerxès* (Metastasio, 1741), *Alexandre aux Indes* (1745), *La Clémence de Titus* (1752).
- Jean-Jacques Rousseau : *Les Muses galantes* (1745), *Le Devin du village* (1752).

2 / Une temporalité : cette période de l'histoire du théâtre est, bien sûr, ponctuée par les saisons qui, année après année, amènent leur lot de tentatives, de succès, d'échecs et de reprises. On en verra le détail dans le tableau chronologique des principales pièces représentées. Mais elle est aussi marquée par un certain nombre de réglementations avec lesquelles les auteurs, les comédiens et le public composent, et qui, le plus souvent, loin de couper les ailes à l'invention et au plaisir dramatiques, les exaltent et précipitent leur évolution. En 1684 les Italiens sont autorisés à jouer en français, ce que leur interdisait jusqu'alors le privilège des Comédiens-Français. Ils ne profiteront guère à plein de cette permission qu'à partir de 1718. Privilégiés ou non, les Comédiens-Français sont chassés en 1687 de l'hôtel Guénégaud et doivent s'installer, moins confortablement, dans une salle de la rue des Fossés-Saint-Germain (actuellement rue de l'Ancienne-Comédie) ; ce n'est qu'à la fin du siècle (1791) qu'après un passage aux Tuileries puis à l'Odéon, ils prendront possession du Théâtre-Français que nous connaissons encore, près du Palais-Royal. En 1691 est composé le recueil de Gherardi, un fameux Arlequin de la troupe des Italiens : il nous permet de connaître le répertoire de cette troupe, qui n'hésite pas, souvent, à parodier ses grands concurrents. En 1694 Bossuet, dans sa *Lettre au père Caffaro*, puis dans ses *Maximes et réflexions sur la comédie,* lance contre le théâtre une condamnation morale et religieuse que reprennent et orchestrent les prédicateurs. L'Eglise continuera longtemps de soupçonner le théâtre d'immoralité, d'en déconseiller — en vain — la fréquentation aux fidèles, et d'excommunier systématiquement les comédiens. Molière n'est plus là pour contrebalancer, dans le cœur d'un roi vieillissant et saisi par la dévotion, l'influence de Bossuet ; toute la fin du règne est marquée par cette suspicion : sur ce terrain comme sur les autres (persécution des protestants, mise au pas des jansénistes, des quiétistes...), le pouvoir

---

Mademoiselle Lecouvreur

[Voltaire fait reprendre, en 1730 au Théâtre-Français, son *Œdipe* de 1718.]

Il avait pour jouer Jocaste une actrice admirable, son amie, Mlle Lecouvreur. Rare personne, admirée, adorée, et, bien plus, estimée. Dans Monime et Junie, Pauline ou Cornélie, c'était plus qu'une actrice : c'était l'héroïne elle-même. Un spectateur disait en sortant : « J'ai vu une reine entre des comédiens. » Elle eut un vrai génie, libre du chant monotone qu'enseignait Racine à la Champmeslé, libre de l'emphase ampoulée qui plaisait à Voltaire. La première sur la scène elle parla de cœur, d'élan vrai et d'accent tragique. Quand elle débuta ici (à vingt-sept ans), tous furent ravis, troublés. Des jeunes gens devinrent fous d'amour.

[L'actrice joue Jocaste le 15 mars. Elle meurt le 20. Les autorités politiques laissent les autorités religieuses lui refuser la sépulture.]

Les amis, en présence de la pauvre dépouille, sont fort embarrassés. Mais il faut bien prendre un parti. Un parent loue deux portefaix, et cette reine de l'art, la noble Cornélie — disons mieux, la femme adorée, désintéressée, généreuse, tendre, de si grand cœur ! —, on la roule, on en fait un paquet qu'emportera un fiacre, la malpropre voiture qui, dans ce mois de mars, cahote les amours passagères, l'ivresse et les retours de bal.

Les chiens, les protestants étaient enterrés aux chantiers. Dans un quartier désert alors, au coin des rues de Bourgogne et Grenelle, un chantier se trouvait. Il était fermé à cette heure. Mais comment revenir et où aller ? L'unique expédient fut d'écarter la borne du coin et de mettre dessous le corps. Sale et infâme sépulture, que rien ne signalait, qui, jusqu'à la Révolution, resta là, recevant l'ignorant affront du passant. [...]

Le coup fut très sensible, et la douleur universelle.

Beaucoup, rentrant en eux, virent ce que jusque-là ils ne remarquaient pas, que, comme elle, ils étaient de certaine paroisse, de cette libre église, qui n'était pas bâtie.

Quelques vers de Voltaire qui coururent manuscrits, faible cri de douleur, appel à la pitié, n'osaient dire la piqûre amère, l'indignation secrète et d'autant plus profonde. Chacun sentit que dans la mort, cet affranchissement naturel — là même on était serf encore.

Michelet, *Histoire de France au XVIIIᵉ siècle*, « Louis XV », chap. V.

politique relaie le pouvoir religieux et assure la répression. Les Italiens sont interdits et expulsés en 1697 (ils reviendront avec le Régent, en 1716, sous la direction éclairée de Luigi Riccoboni) ; une censure est instituée en 1701, devient plus rigoureuse en 1706, la Foire est sévèrement contrôlée à partir de 1707, et interdite en 1719 (mais reviendra triomphalement en 1722) ; pendant cette période troublée, elle a su s'assurer le concours d'auteurs de talent comme d'Orneval, Fuzelier et Lesage. En 1730, un moment fort de cette dramaturgie grandeur nature de la vie dramatique française : la mort prématurée d'Adrienne Lecouvreur, que son grand talent de tragédienne avait hissée au rang de ce que nous appelons aujourd'hui une « vedette » (avant Mlle Clairon et Lekain, Mlle Dumesnil et Talma), frappe les sensibilités. La condamnation de l'Eglise, qui lui refuse la sépulture chrétienne et fait jeter son corps à la voirie, déclenche l'indignation et les protestations, entre autres de Voltaire (voir *supra*, p. 85-87). Michelet lui consacrera un passage enflammé de son *Histoire de France au XVIIIe siècle*.

3 / Une action : véritable phénomène socioculturel qui ne cesse de s'affirmer au cours du siècle, le théâtre construit sa propre histoire, devant un public complice, comme une action dramatique aux multiples rebondissements. C'est elle, en fin de compte, qui constitue, dans l'aventure de notre littérature, l'événement le plus important, à une époque où les très grandes œuvres font défaut (à l'exception, bien sûr, de Marivaux). Au Théâtre-Français, malgré le conservatisme de l'institution et de la majorité du public, on assiste à des modifications qui vont peu à peu moderniser et, toutes proportions gardées, « démocratiser » la représentation : recul progressif des conventions du costume et de la décoration, passage du décor simultané au décor successif, de plus en plus spécifique de l'action représentée, abandon de la diction recherchée au profit d'un plus grand naturel, du jeu guindé au profit d'une expressivité plus spontanée, disparition des spectateurs de la scène. C'est ainsi que le théâtre « officiel » accompagne et éprouve les variations du goût collectif. En opérant ces changements dans la représentation tragique, il rend sensible et favorise, en quelque sorte, la transformation interne du genre vers le drame. De même, prenant acte de la désaffection du public pour le comique vigoureux, celui de l'analyse des caractères, de l'observation et de la satire des mœurs, il cesse temporairement, en 1746, de représenter Molière au profit des tableaux plus mièvres et plus « touchants » de la comédie sentimentale, volontiers larmoyante. Ce dernier genre, frôlé par Destouches et illustré par Nivelle de La Chaussée, prépare aussi le drame, dans lequel il se fondra. On voit qu'en proposant, autour de son *Fils naturel* en 1757, la théorie et la pratique de ce nouvel objet théâtral, Diderot ne fera pas véritablement preuve d'invention, mais d'une sensibilité aiguë aux grands mouvements qui animent une société dans ses profondeurs bien avant de venir agiter sa surface. En somme, le mouvement général est celui d'une réduction de la distance dramatique, sur tous les plans : entre les sujets et l'actualité, entre les genres qui font pleurer et ceux qui font rire, entre les acteurs et les spectateurs, entre l'illusion théâtrale et les pièges du monde réel, entre la poésie et la réflexion, on pourrait même dire, dans le cas de Voltaire, entre le jeu et l'action. Chacun sait qu'une telle réduction, qu'elle soit idéologique ou sentimentale, menace à terme le théâtre de perdre ce qui fait sa spécificité : la coexistence miraculeuse de l'illusion qu'il crée (on s'y croit, on y est) et de la dénégation qu'il ménage (ce n'est pas vrai, on n'y est pas). Sans Marivaux, il est juste de dire que le théâtre de cette période aurait gravement couru ce risque de se transformer en tribune (la tragédie « philosophique » prêche éloquemment la guerre aux préjugés) ou en boudoir (la comédie larmoyante défoule dans des pleurs un peu faciles une émotion superficielle, momentanée et inféconde). Il faut aussi préciser que la plupart des réformes qu'on a évoquées ci-dessus ne firent sentir leurs effets qu'après 1750, mais elles avaient été préparées par des comédiens (comme Adrienne Lecouvreur), par des auteurs (Voltaire surveilla toujours de très près la réalisation de ses pièces, et l'orienta dans le sens qu'on vient de définir), et par la concurrence.

Les Italiens et la Foire, en effet, ne cessent d'innover, souvent sous la pression des circonstances, mais dans la pente de leur génie particulier et pour la plus grande joie de leur public. Leurs rapports avec les autorités ressemblent un peu à ceux de Guignol avec le Gendarme. Expulsés d'un côté, ils réapparaissent de l'autre. Lorsque les Italiens sont interdits, en 1697, on voit Scaramouche, Pierrot et Arlequin bondir sur les tréteaux de la Foire. Lorsque celle-ci, au nom du privilège, voire du monopole que revendiquaient les Comédiens-Français, voit se multiplier, en s'aggravant, les interdictions, elle use de tels subterfuges pour les déjouer tout en paraissant les respecter qu'ils constituent à eux seuls la plus désopilante et subtile des comédies. Pas de pièces entières ? on tire un effet inattendu, harmonieux ou cocasse, de la juxtaposition de scènes détachées. Pas de dialogue ? on utilise le mime, et toutes les ressources comiques de la parole empêchée ou de la situation quasi onirique d'un seul personnage parlant dans un monde de muets. Pas de paroles du tout ? On recourt aux banderoles et écriteaux où le public peut lire le texte correspondant à ce qui est représenté, jolie anticipation des techniques du cinéma muet. « Aujourd'hui, ce qui ne vaut pas la peine d'être dit, on le chante », s'écriera Figaro au début du *Barbier de Séville* : l'interdiction de parler vise à ne pas concurrencer le Théâtre-Français ? on va rivaliser avec cet autre protégé du pouvoir qu'est l'Opéra, et chanter. Et voilà que cet expédient obtient un tel succès qu'il est à l'origine de l'Opéra-Comique. Ce nouveau genre ne cesse de progresser à partir des années 1720 et, avec Favart et Monnet, se taille une part importante du marché dramatique à partir des années 1740. Et la troupe de l'Opéra-Comique, issue de la Foire, fusionne avec celle des Italiens en 1762.

Impasses de la tragédie

A une époque où la dévotion officielle de la cour vide l'adhésion religieuse de toute sincérité chez la plupart, et où recule, devant les progrès du rationalisme critique, le sens du sacré, ce genre ne se maintient qu'à cause du prestige que lui ont donné Corneille et Racine, mais il subit des modifications profondes auxquelles il ne survivra pas. Cinq faits principaux marquent son histoire pendant notre période.

1 / Le glissement de la terreur à l'horreur. A l'émotion sacrée que donnait le spectacle des grands malheurs voulus par les dieux succède, vidée de toute grandeur exemplaire et comme détachée de toute finalité dans le mythe ou dans l'histoire, l'abomination primitive de crimes contre nature : un fils est massacré par son père parce qu'il est amoureux et aimé de la jeune femme que ce père vient d'épouser *(Andronic)* ; un frère, tenté par l'inceste avec sa sœur, est regardé comme un monstre et se précipite dans une mort atroce *(Tiridate)* ; un autre frère, en gage de réconciliation solennelle, fait boire à son frère le sang de son propre fils qu'il vient d'assassiner *(Atrée et Thyeste)*. Certes ces atrocités ne sont pas véritablement montrées par Campistron ou par Crébillon : les têtes coupées, les coupes pleines de sang, les étreintes incestueuses, les suicides frénétiques restent drapés dans les suggestions de l'alexandrin noble et de la mise en scène convenable ; mais elles n'en sont pas moins détaillées avec une complaisance morbide qui, comme plus tard dans le mélodrame, attire plus l'attention du public sur l'image qu'elles composent que sur le sens qu'elles délivrent. Le spectateur d'*Iphigénie* frémissait plus profondément devant les hésitations d'Agamemnon ou la douceur de l'héroïne que devant le couteau du sacrifice. Celui d'*Atrée et Thyeste,* médusé devant une main tendant une coupe remplie de sang humain, en vient à oublier la signification symbolique et la valeur mythique de la légende des Atrides. Toutes proportions gardées, la tragédie a subi une évolution comparable à celle qui sépare, dans la narration américaine du XXe siècle, *Les Raisins de la colère* de *Dallas* : on a perdu de vue les (grandes) causes, et l'on s'ébahit aux (gros) effets.

2 / La réflexion théorique, intense alors comme peut-être jamais, qui oriente le genre vers le pathétique. Fénelon, dans sa *Lettre à l'Académie* (1714), Dubos, dans ses *Réflexions critiques* (1719), La Motte, dans ses *Discours* (1721-1722), Fontenelle, dans ses *Réflexions sur la poétique* (publiées en 1742), lient l'émotion tragique à la sensibilité et comptent sur elle pour inspirer, sur la scène, « l'amour des vertus et l'horreur des crimes ». C'est transférer l'instance de la réception tragique de la collectivité à l'individu, ce qui est déjà dénaturer considérablement le genre, mais c'est aussi le livrer à toutes les ambiguïtés du « pathos » : l'alexandrin lui-même, manié parfois, pourtant, par des versificateurs de qualité, n'y survivra pas, ou plutôt, ce qui est pire, deviendra « niais ».

3 / La première représentation publique d'Athalie, en 1716, qui tire Racine dans le sens de la nouvelle sensibilité, et tente ainsi d'effacer la distance parcourue depuis *Andromaque* et *Phèdre.*

4 / Le triomphe de Voltaire avec sa première pièce, *Œdipe* (1718) qui, en déculpabilisant le héros tragique (Œdipe se représente toute l'énormité de ce qu'il a fait, mais ne s'en reconnaît pas responsable et en accuse la barbarie divine), ouvre la voie à la tragédie philosophique, que l'auteur d'*Œdipe* ne va cesser d'illustrer jusqu'à ses derniers jours. Les dates des tragédies de Voltaire scandent le siècle, et il n'en est guère qui, d'une manière ou d'une autre, ne soit un événement : 1730, *Brutus* ; 1732, *Zaïre* ; 1734, *Adélaïde du Guesclin* ; 1735,

La Mort de César ; 1736, *Alzire ou les Américains* ; 1741, *Le Fanatisme ou Mahomet prophète* (qu'on appelle plus couramment *Mahomet*) ; 1743, *Mérope* ; 1748, *Sémiramis* ; 1750, *Oreste* ; 1752, *Rome sauvée* ; 1760, *Tancrède* ; 1768, *Les Guèbres* ; 1778, *Irène...* En face du héros ne s'élève plus un Destin aveugle et cruel, une malédiction incompréhensible et inexorable, mais une série d'obstacles nés du malentendu, de l'ignorance ou du fanatisme : il peut entreprendre de les combattre, espérer les surmonter, et surtout il se voit chargé de la mission d'en faire prendre conscience à tous. C'est pour cela qu'il est élu, et non plus pour souffrir. Sa logique n'est plus de se crever les yeux, mais au contraire de les ouvrir et de nous les faire ouvrir. Les dieux ont beau figurer encore dans le décor — verbal et visuel — néo-classique, c'est désormais l'affaire des hommes entre eux. Pour rendre plus sensible cette actualisation militante du cadre tragique, Voltaire ne limite plus le choix de ses sujets à l'histoire et au mythe de l'Antiquité, mais les situe volontiers au Moyen Age ou à l'époque moderne, et dans toutes les contrées du monde (Orient, Amérique...). Par ces innovations, sans renoncer lui-même au modèle tragique traditionnel, le successeur de Racine fait en réalité le lit du drame, qu'au milieu du siècle théoriseront Lessing et Diderot (voir p. 420).

5 / La méconnaissance de Shakespeare, salué, mais de loin, par Voltaire, et qui n'exercera son influence sur le théâtre français qu'à la fin du siècle (voir p. 421-422).

Les héritiers de Molière

Comment rivaliser avec Molière au théâtre ? Comment intéresser et amuser un public formé à son école ? A cette difficulté, les auteurs comiques de la fin du règne de Louis XIV ont répondu de diverses façons.

1 / D'abord en ne s'attaquant qu'exceptionnellement à la grande comédie de caractère, puisque l'auteur de *L'Avare* et du *Misanthrope* semble avoir épuisé la veine. Les exceptions sont *Le Joueur* et *Le Distrait* de Regnard, certaines comédies de Destouches, et, plus tard, *Le Méchant* de Gresset.

2 / Ensuite en redonnant carrière à un comique immédiat et toujours effi-cace, que Molière n'avait certes pas négligé, mais qu'il avait mis à distance et utilisé au second degré (dans *Les Fourberies de Scapin,* par exemple) : celui de la farce, dont l'invention est inépuisable, qu'elle se renouvelle dans l'improvisation et la pantomime des comédiens italiens ou dans la fantaisie libre et volontiers parodique des théâ-tres de la Foire, ou encore dans la pratique délibérément populaire de la parade.

3 / Parallèlement, en remplaçant la comédie en vers et en cinq actes par la comédie en prose, souvent plus courte.

4 / De façon générale, en privilégiant la comédie de mœurs qui, par défi-nition, renouvelle son intérêt d'actualité saison après saison. C'est sur ce terrain que triomphe la « dancourade » (mot formé sur le nom de Dancourt, acteur et auteur très habile et très prisé), qui exploite avec un esprit et un sens du mot dignes de ceux qui se sont ensuite appelés les chansonniers, les conduites caractéristiques de l'époque : prétention des bourgeois parvenus et enrichis à la noblesse et aux bonnes manières, fureur du jeu (illustrée aussi par Regnard), vertige de la spéculation financière. La grande pièce sur ce dernier sujet reste le *Turcaret* de Lesage. Avec *Crispin rival de son maître,* cet auteur propose pour la première fois (il n'était qu'es-quissé dans *Les Précieuses ridicules*) le modèle du valet-maître, promis à un bel avenir à travers Marivaux et jusqu'à Beaumarchais, puis à Victor Hugo.

5 / Enfin en explorant la veine utopique, à laquelle le théâtre semble se prêter si bien, quoiqu'il ne l'utilise que rarement. On sait que grandit alors le goût des voyages, et plus encore celui de lire les récits des voyageurs. Le succès du *Télémaque* de Fénelon, l'intérêt porté aux relations orientales de Bernier, Tavernier, Chardin, aux témoignages des missionnaires jésuites, à ceux des explorateurs du continent américain et des îles lointaines manifestent et nourrissent ce goût, dont témoigne aussi, pour sa part, le genre romanesque, en particulier avec l'abbé Prévost et autour de l'événement littéraire que fut, pour toute l'Europe, le *Robinson Crusoé* (1719) de Daniel Defoe. D'autre part, des penseurs comme Bayle et Locke, bientôt relayés par Voltaire et Montesquieu, ont montré qu'on pouvait appliquer à la chose politique et sociale une réflexion critique, cons-truire des modèles nouveaux, envisager des changements étonnants, lâcher la bride à l'imagination. Le théâtre est un lieu idéal pour donner vie quelques instants à ces chimères, transformer la magie de son lieu scénique en mirage d'un lieu utopique, et mener, le temps d'une représentation, l'expérience d'une vie sociale dont seraient radicalement modifiées les règles et les valeurs. On ne s'étonnera pas de voir cette veine coïncider avec ce qu'il y a alors au théâtre de plus inventif : le personnage d'Arlequin, le théâtre de la Foire, et Marivaux.

Malgré sa belle vitalité, cette production comique ne pouvait guère se renouveler en profondeur. La gaieté spirituelle et joviale de Regnard lui donna un temps quelque lustre, et Marivaux lui imprima une marque géniale mais inimitable et, pour l'essentiel, mal comprise alors. Plutôt que de résumer la carrière de chacun des auteurs (on en trouvera les grandes lignes dans le « générique des auteurs » qui suit le tableau chronologique des principales pièces représentées), ou de faire défiler le cortège successif de leurs inventions, on prendra une idée féconde de leur communauté d'inspiration et de la diversité de leurs moyens en traversant leur production suivant deux axes. Le premier sera le thème de l'argent, un des opérateurs et des révélateurs sociaux les plus importants de cette époque dominée par les « partisans » ou « traitants » de la Ferme générale des impôts, les mirages et les réalités de la Compagnie des Indes, et surtout, en son centre, par la grande et folle aventure boursière de la Régence. Le deuxième nous fera suivre les avatars d'Arlequin, personnage-roi de l'époque, dont il demeure le meilleur symbole.

L'argent dans la comédie de la première partie du XVIIIe siècle

On peut distinguer quatre moments — qui ne sont évidemment pas strictement successifs dans la chronologie — dans l'exploitation par la comédie de ce qui, plus qu'un thème parmi d'autres, est à cette époque un véritable phénomène social : le désir d'argent, et les conduites que déterminent son acquisition, son usage, les droits et les pouvoirs qu'il confère. Le premier se situe au plan privé de la famille et, autour des questions de dot et d'héritage, reste proche de la tradition comique la plus ancienne. Le deuxième met en scène de véritables escrocs et, derrière leurs agissements singuliers, révèle une vérité impitoyable : l'escroquerie est devenue générale, officiellement encouragée ; l'argent permet tout, donne tout, et en particulier la considération sociale, d'autant plus paradoxale que les moyens employés pour faire sa fortune ont été aussi crapuleux que possible. Le troisième élargit encore le champ de cette folie collective et la met, pour ainsi dire, à la portée de chacun par toutes les formes du jeu (pharaon, lansquenet, loterie, spéculation) qui, en un jour, fait et défait des fortunes colossales. Le quatrième enfin, une fois passées les fièvres de l'époque Régence, montre plus profondément les ravages que produisent au quotidien, dans un monde de nantis, l'égoïsme, le mépris, l'ennui et la volonté de puissance.

Dès la première scène du *Légataire universel* (Regnard, Théâtre-Français, 1708) nous est offert le tableau édifiant de tous les personnages intéressés à la mort de Géronte : son neveu Eraste, le valet de celui-ci, Crispin, et Lisette qu'il veut épouser, Mme Argante qui ne donnera sa fille Isabelle à Eraste que s'il est riche. Crispin fait clairement le point s'adressant à Lisette.

> Mais, raillerie à part, nous avons grand besoin
> Qu'à faire un testament Géronte prenne soin.
> Si mon maître, *primo,* n'est nommé légataire,
> Le reste de ses jours il fera maigre chère.
> *Secundo,* quoiqu'il soit diablement amoureux,
> Madame Argante, avant de couronner ses feux
> Et de le marier à sa fille Isabelle,
> Veut qu'un bon testament, bien sûr et bien fidèle,
> Fasse ledit neveu légataire de tout.
> Mais ce qui doit le plus être de notre goût,
> C'est qu'Eraste nous fait trois cents livres de rente,
> Si nous réussissons au gré de son attente :
> Ce don de notre hymen formera les liens.
> Ainsi tant de raisons sont autant de moyens
> Que j'emploie à prouver qu'il est très nécessaire
> Que le susdit neveu soit nommé légataire ;
> Et je conclus enfin qu'il faut conjointement
> Agir pour arriver au susdit testament.

Mais Géronte, vieil avare, tient lui aussi à son argent. Toute la pièce accumule les obstacles qui retardent le testament qu'on attend de lui. Il se met en tête d'épouser lui-même Isabelle, puis y renonce mais veut léguer une grosse somme à deux de ses neveux de province, qu'il ne connaît pas. Crispin alors se multiplie, joue lui-même le neveu et la nièce qu'il rend odieux, va jusqu'à jouer

Géronte devant les notaires et, en faisant son maître légataire universel, n'oublie pas d'attribuer à Lisette et à lui-même une part
importante de l'héritage. Eraste trouve cette part exorbitante, mais
son propre intérêt le réduit au silence. Quand Géronte, qu'on
croyait mourant, revient à l'acte V, il ne peut qu'accepter ce testament qu'on lui dit avoir été dicté par lui-même pendant sa
« léthargie ». Cet appétit d'argent est donc la motivation unique
de tous, et détermine seul toute l'action ; mais il reste dans le cadre
de la comédie familiale. Il y a une sorte de logique et beaucoup de
bonne humeur dans cette captation de l'héritage d'un vieil avare
sans enfants, dont rien ne dit d'ailleurs que la fortune n'ait pas été
fort honnêtement acquise. L'égoïsme du vieillard est traqué dans
ses retranchements, le neveu est en partie pris à son propre jeu par
un valet qui lui assure pourtant l'essentiel et travaille à son propre
établissement, tout à fait honorable. Nul n'est perdant.

Il n'en va plus du tout de même avec *La Famille extravagante*
(Legrand, Théâtre-Français, 1709). Malgré son titre (ou au
contraire en rapport avec l'adjectif qu'il comporte ?), cette comédie
nous fait sortir du cadre familial et fait évoluer un léger ballet des
amours sur un sol financier assez peu clair et lourd de manigances :

PIÉTREMINE

Bonjour, monsieur Bazoche.

BAZOCHE

Serviteur.

PIÉTREMINE

Laisse-nous, Lisette.

LISETTE

J'entends bien. *Elle écoute derrière*
Ecoutons quel sera pourtant leur entretien.

PIÉTREMINE

Eh bien, tout est-il prêt ? avez-vous mis les clauses
Comme je souhaitais ?

BAZOCHE

J'ai bien mis d'autres choses :
Au contrat que j'ai fait, vous ne reconnaissez
Que le quart des grands bien d'Elise.

PIÉTREMINE

C'est assez ;
Et ce contrat est-il à l'autre tout semblable ?

BAZOCHE

On ne peut distinguer le faux du véritable ;
Le notaire tantôt n'y reconnaîtra rien.

PIÉTREMINE

Vous êtes assuré de l'escamoter bien ?

BAZOCHE

Si j'en suis assuré ? laissez, laissez-moi faire :
J'ai bien fait d'autres tours étant clerc de notaire.

PIÉTREMINE

Vous aurez cent louis, comme je vous l'ai dit ;
Les voilà bien comptés.

BAZOCHE

Monsieur, cela suffit.

PIÉTREMINE

Adieu.

BAZOCHE, *allant après lui.*

Mais cependant, si pour plus d'assurance,
Et pour m'encourager, vous les donniez d'avance ;
Des scrupules souvent se prennent.

PIÉTREMINE

Les voilà ;
Et rejetez bien loin tous ces scrupules-là.

BAZOCHE, *mettant la bourse dans sa poche.*

Ils sont passés.

(Sc. VI)

Ce Bazoche, manifeste esquisse du Bazile de Beaumarchais, se vend
sans « scrupules » au plus offrant, trahit Piétremine au profit de
Cléon qui lui a donné davantage, conserve cependant les deux
sommes, l'une au nom de son droit à l'honorabilité, l'autre au
moyen de son aptitude au chantage :

LISETTE

Vous avez cru signer le contrat comme époux,
Et vous l'avez signé comme tuteur

PIÉTREMINE

J'enrage ;
Et comment ai-je donc fait un si bel ouvrage ?

LISETTE

Moyennant mille écus Bazoche vous trahit ;
Demandez-lui plutôt.

PIÉTREMINE, *à Bazoche.*

Est-il vrai ce qu'on dit ?

BAZOCHE

Très vrai, monsieur ; j'avais besoin de cette somme
Pour cesser d'être clerc et me faire honnête homme.
Dans le monde il faut vivre avec un peu d'honneur ;
Et, pour faire une fin, je me fais procureur.

PIÉTREMINE

Basoche me trahit ! lui qui toute sa vie... [...]
Et mes cent louis d'or...

BAZOCHE

Ils me sont dus de reste.

PIÉTREMINE

Comment ?

BAZOCHE

Je parlerai, si quelqu'un me conteste.

A Piétremine.

Vous savez, entre nous, d'où vient tout votre bien ;
Et si je dis un mot...

PIÉTREMINE, *bas, à Bazoche.*

Suffit, ne dites rien ;
Quitte à quitte. [...]

(Sc. XXVIII)

On devine donc que le plus voleur des deux n'est pas celui qu'on
pense, et que le rôle du valet fripon a changé de dimension : il ne
s'agit plus pour lui d'aider son maître dans l'heureuse conclusion de
ses amours, en prenant au passage sa petite part d'avantages, mais de
devenir lui-même un maître par les mêmes moyens — détournement,
faux en écriture, escroquerie — que les maîtres qui l'entourent.

C'est ce qui fait l'argument principal de *Turcaret* (Lesage,
Théâtre-Français, 1709). Cette comédie a beau être un chef-
d'œuvre d'invention dans l'intrigue et d'allégresse dans le dialogue,
elle n'en brosse pas moins un sinistre tableau de la malversation

financière généralisée et destructrice de toute valeur : le goût, l'amour, la confiance, la fidélité. Selon ses propres termes quand il s'amuse, à la fin de l'acte I, de ce « plaisant ricochet de fourberies », Frontin vole, en feignant de le servir, son maître le chevalier, qui « plume » la baronne en feignant de l'aimer, laquelle « mange », en profitant de sa grossièreté naïve, le richissime traitant Turcaret, dont une scène avec son chargé d'affaires, le bien-nommé M. Rafle, montre clairement qui — et par quels moyens — il « pille », sur une grande échelle, tous les jours :

M. RAFLE : Peut-on parler ici librement ?

M. TURCARET : Oui, vous le pouvez ; je suis le maître. Parlez.

M. RAFLE, *regardant dans un bordereau* : Premièrement, cet enfant de famille à qui nous prêtâmes l'année passée trois mille livres, et à qui je fis faire un billet de neuf par votre ordre, se voyant sur le point d'être inquiété pour le paiement, a déclaré la chose à son oncle le président, qui, de concert avec toute la famille, travaille actuellement à vous perdre.

M. TURCARET : Peine perdue que ce travail-là. Laissons-les venir ; je ne prends pas facilement l'épouvante.

M. RAFLE, *après avoir regardé dans son bordereau* : Ce caissier que vous avez cautionné, et qui vient de faire banqueroute de deux cent mille écus...

M. TURCARET : C'est par mon ordre qu'il... Je sais où il est.

M. RAFLE : Mais les procédures se font contre vous. L'affaire est sérieuse et pressante.

M. TURCARET : On l'accommodera. J'ai pris mes mesures ; cela sera réglé demain.

M. RAFLE : J'ai peur que ce ne soit trop tard.

M. TURCARET : Vous êtes trop timide. Avez-vous passé chez ce jeune homme de la rue Quincampoix, à qui j'ai fait avoir une caisse ?

M. RAFLE : Oui, monsieur. Il veut bien vous prêter vingt mille francs des premiers deniers qu'il touchera, à condition qu'il fera valoir à son profit ce qui pourra lui rester à la Compagnie, et que vous prendrez son parti si l'on vient à s'apercevoir de la manœuvre.

M. TURCARET : Cela est dans les règles, il n'y a rien de plus juste : voilà un garçon raisonnable. Vous lui direz, monsieur Rafle, que je le protégerai dans toutes ses affaires. Y a-t-il encore quelque chose ?

M. RAFLE, *après avoir encore regardé dans le bordereau* : Ce grand homme sec, qui vous donna, il y a deux mois, deux mille francs pour une direction que vous lui avez fait avoir à Valognes.

M. TURCARET : Eh bien ?

M. RAFLE : Il lui est arrivé un malheur.

M. TURCARET : Quoi ?

M. RAFLE : On a surpris sa bonne foi ; on lui a volé quinze mille francs. Dans le fond, il est trop bon.

M. TURCARET : Trop bon, trop bon ! Eh ! pourquoi diable s'est-il donc mis dans les affaires ? Trop bon, trop bon !

M. RAFLE : Il m'a écrit une lettre fort touchante, par laquelle il vous prie d'avoir pitié de lui

M. TURCARET : Papier perdu ! lettre inutile !

M. RAFLE : Et de faire en sorte qu'il ne soit point révoqué.

M. TURCARET : Je ferai plutôt en sorte qu'il le soit ; l'emploi me reviendra, je le donnerai à un autre pour le même prix.

M. RAFLE : C'est ce que j'ai pensé comme vous.

M. TURCARET : J'agirais contre mes intérêts ! Je mériterais d'être cassé à la tête de la Compagnie.

M. RAFLE : Je ne suis pas plus sensible que vous aux plaintes des sots... Je lui ai déjà fait réponse, et lui ai mandé tout net qu'il ne devait point compter sur vous.

M. TURCARET : Non, parbleu !

M. RAFLE, *regardant dans son bordereau* : Voulez-vous prendre, au denier quatorze, cinq mille francs qu'un honnête serrurier de ma connaissance a amassés par son travail et par ses épargnes ?

M. TURCARET : Oui, oui, cela est bon : je lui ferai ce plaisir-là. Allez me le chercher ; je serai au logis dans un quart d'heure. Qu'il apporte l'espèce. Allez, allez.

(III, VII)

Les moyens par lesquels Lesage maintient ce tissu d'horreurs dans un registre drôle en augmentent encore, à la réflexion, la valeur de dénonciation accablante. Ce comique de mots, par exemple, en dit long sur la décomposition des valeurs morales les plus fondamentales :

LE MARQUIS : Il vous pillera, il vous écorchera, je vous en avertis. C'est l'usurier le plus vif ! il vend son argent au poids de l'or.

M. TURCARET, *bas* : J'aurais mieux fait de m'en aller.

LA BARONNE : Vous vous méprenez, monsieur le marquis ; M. Turcaret passe dans le monde pour homme de bien et d'honneur.

LE MARQUIS : Aussi l'est-il, madame, aussi l'est-il. Il aime le bien des hommes et l'honneur des femmes. Il a cette réputation-là.

(III, IV)

Et l'opportunisme des valets s'exprime, deux tiers de siècle avant Figaro, avec toute la dignité de la maxime :

LISETTE : [...] la bonne dupe que M. Turcaret ! [...]

LA BARONNE : Sais-tu bien que je commence à le plaindre ?

LISETTE : Mort de ma vie ! point de pitié indiscrète. Ne plaignons point un homme qui ne plaint personne.

LA BARONNE : Je sens naître malgré moi des scrupules.

LISETTE : Il faut les étouffer.

LA BARONNE : J'ai peine à les vaincre.

LISETTE : Il n'est pas encore temps d'en avoir, et il vaut mieux sentir quelque jour des remords pour avoir ruiné un homme d'affaires, que le regret d'en avoir manqué l'occasion.

(IV, VIII)

Puisque l'imbécile a pu faire une fortune énorme en peu de temps, l'homme intelligent a plus de droit encore à cette chance. Ce sera la logique de Figaro. Mais, du coup, ce qui faisait son mérite ne peut qu'être gâté par son succès. Frontin, d'ailleurs, à la fin de la pièce, ne se donne pas d'autre programme que de succéder à Turcaret :

Voilà le règne de M. Turcaret fini ; le mien va commencer.

(V, XIV, derniers mots de la pièce)

C'est la roue de la fortune qui tourne, et porte alternativement les uns et les autres au sommet. La vie sociale est représentée comme une permanente loterie dont il faut à tout prix décrocher le bon numéro. L'amour même devient l'instrument de cette course à la chance. Toute la grâce du *Chevalier à la mode* (Dancourt, Théâtre-Français, 1687), si reçu, si fêté, si charmant, ne vise au fond qu'à s'assurer l'argent de Mme Patin, tout en se réservant la possibilité, en multipliant les maîtresses, d'en épouser une encore plus riche. C'est fort ingénument qu'il l'avoue :

Mettez-vous à ma place, de grâce, et voyez si j'ai tort. J'ai de la qualité, de l'ambition, et peu de bien. Une veuve des plus aimables, et qui m'aime tendrement, me tend les bras. Irai-je faire le héros de roman, et refuserai-je quarante mille livres de rente qu'elle me jette à la tête ?

(V, VI)

Et, son coup raté, il s'apprête joyeusement à en tenter un autre :

Il n'y a que les mille pistoles de Mme Patin que je regrette en tout ceci. Allons retrouver la baronne, et continuons de la ménager jusqu'à ce qu'il me vienne une meilleure fortune.

(V, VII, derniers mots de la pièce)

Ce type de coureur de dot n'est certes pas nouveau au théâtre. Ce qui l'est, c'est qu'il soit précisément, « à la mode », incarnant au fond le désir de chacun (« Mettez-vous à ma place »...) et obtenant de tous une sorte d'admiration pour oser le mettre en œuvre. Son dernier mot n'est pas celui d'un homme poussé au repentir, ou mis hors d'état de nuire. Plutôt du genre : « Je ferai mieux la prochaine fois », si ce n'est : « Tâchez de faire mieux que moi ! »

Vingt ans plus tard, Dancourt nous fait pénétrer dans les coulisses mêmes du grand jeu de la fortune, avec ses *Agioteurs* (Théâtre-Français, 1710). La liste des personnages est à elle seule tout un programme : un procureur s'appelle Durillon, un Gascon fripon Dargentac, une cliente malheureuse Mme de Malprofit, un agioteur Cangrène, et un plaideur — normand, bien sûr ! — Chicanenville. L'action se résume à peu près à un défilé de « clients » dans le bureau de l'agioteur Trapolin. Il n'y est question que de consignation, d'escompte, de reconnaissance, d'hypothèque. Trapolin mène le bal, multiplie les trucages qui lui permettent d'exploiter à son profit les besoins d'argent d'un intendant véreux, d'une baronne joueuse, d'un fils de famille trop surveillé, etc. Ses partenaires — associés, collègues, commis — sont éventuellement les premières victimes de son habileté, dont aucun détail technique ne nous est épargné, par exemple pour l'achat et la vente des effets boursiers :

> ZACHARIE : Comment va le courant aujourd'hui ?
> TRAPOLIN : Je ne sais, je n'ai point vu le Thermomètre [...] Mais il ira comme nous voudrons : quand on est trois ou quatre forts bureaux de bonne intelligence...
> ZACHARIE : Quel fonds avons-nous ? cela nous réglera.
> TRAPOLIN : Quantité de papier et fort peu d'argent ; et pour ne pas manquer quelque bonne affaire, il faut incessamment faire de l'espèce. [...]
> ZACHARIE [...] puisque le papier nous gagne et que l'espèce est rare, il est bon de baisser aujourd'hui le papier de 8 % : quand nous nous serons défaits du nôtre, on le remettra sur le même pied, ou on le rehaussera, s'il est possible...
>
> (I, VIII)

Ou encore sur la manière de « travailler » avec un autre escroc sans que le public en sache rien :

> TRAPOLIN : Passez dans mon cabinet, M. Dubois.
> DUBOIS : Oui, monsieur.
> TRAPOLIN : Voilà la clef d'une armoire ferrée, que vous trouverez à gauche en entrant.
> DUBOIS : Fort bien, monsieur, je vous apporterai...
> TRAPOLIN : Vous ne m'apporterez rien : il n'y a dans cette armoire-là qu'une bonne porte de chêne dans le fond, où vous aurez soin de frapper un peu ferme.
> DUBOIS : J'entends, monsieur.
> TRAPOLIN : Un petit homme noir et sec viendra vous l'ouvrir.
> DUBOIS : Je suis au fait.

TRAPOLIN : Vous lui donnerez ces papiers-là ; il y en a pour vingt-deux mille livres ; on ira les lui demander de ma part, il les prêtera obligeamment au porteur d'une lettre que j'ai donnée, et se fera faire un billet de vingt-cinq, en espèces sonnantes, dans trois mois ; il me remettra le billet quand l'affaire sera consommée. Retiendrez-vous bien tout cela, monsieur Dubois ?

(II, III)

« C'est beaucoup ! » s'exclame Durillon, présent à la scène. Cela représente en effet un taux de plus de 50 % ! Réponse de Trapolin :

Cela vaut cela ou cela ne vaut rien. [...] Il faut s'accommoder aux circonstances et connaître à qui on a affaire : savez-vous bien que ce sont des gens qui, sans ce secours-là, feraient dès demain banqueroute, et qu'ils sont bien heureux que j'aie assez de charité pour leur faire plaisir dans l'occasion ?
DURILLON : Vous les empêchez de faire banqueroute demain, ils la feront dans quinze jours peut-être, et vous y serez pour votre compte ; je ne m'étonne pas que vous preniez si gros : cela est un peu risqué.
TRAPOLIN : Il faut bien faire quelque chose pour ses amis...

(II, IV)

Dira-t-on que la morale est sauve parce que l'agioteur se fait finalement avoir par plus malin que lui, Dargentac, qui réussit à s'esquiver avant d'avoir compté la somme due qu'il rapportait ? Parce que, dans l'intention de tromper Chicanenville, le commis Dubois lui remet une bourse qu'il croyait contenir mille livres de moins, et qui contient en réalité deux mille livres de plus que la somme convenue ? Parce que la servante Claudine, ayant cru comprendre qu'un tel homme avait le pouvoir de changer miraculeusement le papier en argent, en exhibe un qui le confond auprès de ses principaux bailleurs de fonds ? Trapolin tombe en effet, sans recours, mais le système qu'il illustre n'en continuera pas moins de briller sans lui, avec d'autres.

Il est vrai que l'exemple vient de haut. L'Etat tire de gros bénéfices de « la Tontine » (c'est le titre d'une pièce de Lesage, écrite en 1708 et non représentée), sorte de loterie nationale. Ainsi, ce n'est pas seulement la société parisienne qui est touchée par cette frénésie du gain par le jeu, mais la province et la campagne. Dans *La Coquette de village ou le Lot supposé* (Dufresny, Théâtre-Français, 1715), on assiste aux ravages que cause la fausse nouvelle d'un gros lot gagné par le paysan Lucas. Non seulement le nouveau riche exprime crûment une joie cynique :

> Tout l'mond'sra pu gueux qu'moi, ça m'va bain divertir ;
> Pendant que j'srai dans l'grain, j'verrai crier famine :
> Queu plaisir ! [...] On m'va v'nir proposer
> D'bel' charges, d'bel' maisons, d'bel' fam' pour épouser,
> D'affaire à bain gagner : j'ach'trai tout c'qu'est à vendre.

(III, III)

Mais sa fille Lisette aussi perd la tête :

> Ah ! que j'aurai d'amants ! qu'on me respectera !
> Quel plaisir ! je verrai des fortunes brillantes ;
> Quel train je vais avoir ! des laquais, des suivantes !

(III, V)

La vraie liste des gagnants ramènera tout le monde à la raison ; mais à travers une épreuve « pour rire », à la manière de Marivaux, on aura pu constater avec quelle facilité et rapidité la perspective de l'argent corrompt les mœurs les plus innocentes, et quel programme d'investissement productif est prêt à germer dans la tête des plus humbles :

LUCAS

> D'leux terre à not'argent, tiens, v'la la différence :
> Leux terre et leux châtiaux, ça n'fait qu'un p'tit ploton,
> Ça n'grandira jamais, non pu qu'un avorton ;
> Mais mon argent bouté dans la grande aventure,
> Ça renflera d'abord, et pi comme une enflure
> Ça va gagner.

LISETTE

Gagner.

LUCAS

Gagner... Ça gagnera.

(III, V)

Cela prendra du temps, mais, en effet, c'est bien ainsi que « Ça ira »...

De manière moins ostentatoire après la Régence, l'argent continue pourtant à jouer un rôle moteur dans la comédie. Dans *L'Ecole des bourgeois* (Allainval, Théâtre-Français, 1728), il est sur le point de permettre une alliance de la classe bourgeoise et de la caste aristocratique ; mais cette alliance est manquée à cause de la sotte vanité de l'une et de l'irresponsabilité cynique de l'autre. La servante Marton est la seule à y voir clair, qui renvoie dos à dos la prétention à la distinction d'une usurière et la morgue cruelle d'un petit-maître. Benjamine, fille de la riche Mme Abraham, est tout heureuse de l'entendre décrire le dépit de ses cousines la voyant épouser le marquis de Moncade. Elle ne s'aperçoit pas que leurs propos jaloux, tels que les imagine Marton, disent tout simplement la vérité, et sur elle et sur lui :

> Et je les entends se dire les unes aux autres : en vérité, ce n'est que pour ces gens-là que le bonheur est fait ; cette petite fille crève d'ambition. Epouser un homme de cour ! Qu'a-t-elle donc de si aimable ? Voyez ! — Bon, bon, dira une autre, il est bien question d'être aimable. Pensez-vous que ce soit à sa beauté, à ses charmes que ce grand seigneur se rend ? Vous êtes bien dupes. Vous croyez qu'il l'aime ? Fi donc ! C'est son argent qu'il épouse. Laissez faire la noce, et vous verrez comme il la méprisera, et j'en serai ravie.

(II, IX)

On trouve encore des traces d'une référence à l'argent comme étalon de toute valeur dans *La Métromanie* (Piron, Théâtre-Français, 1738), où le goût de la poésie semble vouer celui qui le cultive au ridicule et à la pauvreté. L'oncle et tuteur de Damis, M. Baliveau, semble tout disposé à lui pardonner de faire des vers, dès l'instant que M. Francaleu lui donne sa fille, avec cent mille écus :

> Vous êtes un ami bien rare et bien parfait !
> Un procédé si noble est-il imaginable ?
> Ne me trouvez donc pas, au fond, si condamnable.
> Nous perçons l'avenir ainsi que nous pouvons,
> Et sur le train des mœurs du siècle où nous vivons.
> Quand à faire des vers un jeune esprit s'adonne,
> Même en l'applaudissant je vois qu'on l'abandonne.
> Damis de ce côté se porte avec chaleur,
> Et je ne lui pouvais pardonner son malheur ;
> Mais dès que d'un tel choix votre bonté l'honore...

(V, IV)

Il n'est pas jusqu'au *Méchant* (Gresset, Théâtre-Français, 1747) où l'on ne puisse voir, sous la charge d'un « caractère », celle des mœurs d'une société où l'ennui d'une vie trop facile provoque des conduites de divertissement gratuit, guidé par le seul plaisir de s'amuser à dominer les autres et à leur nuire. Disciple du « méchant » Cléon, le jeune Valère en énonce les principes, combattus par Ariste qui, pour ne pas désespérer, invoque l'exemple du théâtre :

VALÈRE

[...] avec trop de bonté
Je crains de me piquer de singularité.
Sans condamner l'avis de Cléon ni le vôtre,
J'ai l'esprit de mon siècle, et je suis comme un autre.
Tout le monde est méchant, et je serais partout
Ou dupe, ou ridicule, avec un autre goût.

ARISTE

Tout le monde est méchant ? Oui, ces cœurs haïssables,
Ce peuple d'hommes faux, de femmes, d'agréables,
Sans principes, sans mœurs, esprits bas et jaloux,
Qui se rendent justice en se méprisant tous.
En vain ce peuple affreux, sans frein et sans scrupule,
De la bonté du cœur veut faire un ridicule.
Pour chasser ce nuage et voir avec clarté
Que l'homme n'est point fait pour la méchanceté,
Consultez, écoutez pour juges, pour oracles,
Les hommes rassemblés ; voyez à nos spectacles :
Quand on peint quelque trait de candeur, de bonté
Où brille en tout son jour la tendre humanité,
Tous les cœurs sont remplis d'une volonté pure,
Et c'est là qu'on entend le cri de la nature.

VALÈRE

Vous me persuadez.

(IV, v)

Ainsi donc, après avoir pendant un demi-siècle dépeint sous toutes leurs faces les effets et les méfaits de l'argent, le théâtre s'offre à lui-même comme ressource contre eux, et comme preuve qu'ils ne sont pas insurmontables. Avec la comédie larmoyante, puis le drame bourgeois, on verra en effet les réalités financières reconquérir leur dignité, par une association difficile mais heureuse avec les bons sentiments, la morale sociale, la vertu. Il est vrai que le comique y perdra beaucoup !

Les avatars d'Arlequin

Le nom italien de ce personnage de la *commedia dell'arte,* Arlecchino, a peut-être été formé, au XVIe siècle, sur celui d'un diable du Moyen Age, Hellequin (de l'allemand *Hell König,* le roi de l'enfer).

Le type qu'il y incarne est extraordinairement mobile : ni jeune ni vieux, ni très sot ni trop fin, d'origine rustique mais mêlé, comme valet, aux affaires des bourgeois, il a représenté très vite cette protéiformité et cette faculté d'adaptation que symbolise son costume bigarré. Il partage avec les autres personnages de la *commedia dell'arte* une expressivité gestuelle spectaculaire, mais il la porte à un tel degré qu'à cela se réduit parfois la caractéristique de son rôle. Dans les intrigues où le jettent les diverses situations théâtrales, il manifeste et exalte les droits du corps, du désir, de l'instinct, en face des savants calculs d'intérêt ou des raffinements sentimentaux. Publié en 1691 puis complété en 1700, le recueil de Gherardi — qui fut à Paris l'Arlequin des Italiens à la fin du XVIIᵉ siècle — propose un certain nombre de canevas de pièces où son rôle n'est que suggéré, ouvert qu'il était à l'improvisation la plus libre. Nous le prenons au début du XVIIIᵉ siècle, au moment où son type traditionnel s'articule sur celui de l'expérimentateur philosophique débarqué dans une île.

Dans *Arlequin roi de Sérendib* (Lesage, Foire, 1713), la philosophie ne va pas encore très loin. La pièce est surtout un divertissement très caractéristique de la Foire : tout le dialogue y est en forme de vaudeville, série de petits couplets chantés sur des airs connus. Qui plus est, au lieu d'être chantés, ces couplets étaient, en 1713, notés sur des écriteaux et simplement mimés par les acteurs, mais le plus souvent repris en chœur par le public. Naufragé à Sérendib (Ceylan, Sumatra, ou Madagascar ?), Arlequin y subit la coutume qui veut qu'on fasse roi un étranger et qu'on le sacrifie au bout d'un mois à la divinité locale :

> Tous les mois sur le trône
> L'on place un étranger ;
> Mais, ciel ! on le couronne,
> Pourquoi ? pour l'égorger !
> Au temple d'une idole,
> Qu'on nomme Késaïa,
> Il faut que je l'immole
> A ce dieu-là.
> [C'est la grande prêtresse qui parle]

(Sc. II)

Il profite d'abord, avec la gaieté jouisseuse qui le caractérise, des avantages de la situation, non sans égratigner au passage la récente comédie de *L'Irrésolu* (Destouches, Théâtre-Français, 1713), qui n'avait pas eu un franc succès :

Oui. Vite une maîtresse !
Ma foi je suis enclin,
Ami, je le confesse,
Au sexe féminin.
    Allons gai,
        D'un air gai, etc.
        [...]
Ah ! Qu'il est doux d'être aujourd'hui
Un homme d'importance !
Mère, époux rampent devant lui ;
    Et s'il veut voir Hortense,
        Il n'a qu'à tinter,
        Il n'a qu'à compter :
    Et la mignonne avance.
            [...]
    Quand l'une m'agace,
    Quand j'en suis blessé,
    A l'autre je passe
    Comme un insensé.
    Le choix m'embarrasse :
Je suis un irrésolu.
Lanturlu, lanturlu, lanturelu.

(Sc. IV-VI)

Puis, quand le terme est échu, il s'abandonne à la douleur ; et ce n'est qu'en rappelant son origine :

Vous demandez le nom de ma patrie,
Je vais parler avec sincérité.
C'est à Bergame, hélas ! en Italie,
Qu'une tripière en ses flancs m'a porté.

MEZZETIN *(ému de cette réponse)*

Quel transport de mon cœur s'empare !
Pour vous il se trouble, il s'égare.
Puis-je méconnaître ces traits ?
C'est Arlequin que j'envisage !
J'en crois mes mouvements secrets,
Et mes yeux encor davantage.

ARLEQUIN

C'est lui (plaignez ses malheurs),
C'est lui que le sort ballotte.
Reconnaissez-le à ses pleurs,
Encor plus à sa culotte.

(Sc. VIII)

qu'il amène l'heureux dénouement, puisque la grande prêtresse chargée d'exécuter le sacrifice n'est autre que Mezzetin — personnage aussi de la *commedia dell'arte* — déguisé, qui le sauve et s'enfuit avec lui.

Ainsi l'enfermement dans l'île a paradoxalement joué un triple rôle d'élargissement : il a jeté le villageois dans le monde immense où règnent des mœurs étranges et des idoles redoutables ; il a confronté le caractère codé du type au destin changeant des hommes, alternativement rois et victimes, dominants et opprimés ; enfin il a ouvert la scène populaire de la Foire à la tradition théâtrale la plus « officielle ».

Autre espace investi par Arlequin : le Moyen Age et ses sortilèges. Dans *Les Eaux de Merlin* (Lesage ou Fuzelier, Foire, 1715), on retrouve Arlequin et Mezzetin. Le premier veut se pendre, par désespoir d'amour ; l'autre, qui a surmonté par la haine un tel désespoir, l'en dissuade. Leur débat ayant, comme il se doit, provoqué leur soif, ils vont boire, faute de vin, l'eau de deux fontaines :

ARLEQUIN

Outre les soins qui me tourmentent,
La soif me réduit aux abois.
Ces deux fontaines dans ces bois
   A propos se présentent.

MEZZETIN

Je suis aussi fort altéré,
   Avec toi j'en boirai *(bis)*
Mais j'aimerais mieux, Arlequin,
   Que ce fût de bon vin. *(bis)*

Ces deux fontaines sont l'ouvrage de l'enchanteur Merlin : l'une, qui s'appelle la Fontaine de la Haine, *a le pouvoir d'éteindre la flamme de l'amant qui en boit et de changer son amour en aversion; l'autre, appelée la* Fontaine de l'Amour, *allume cette passion dans les cœurs indifférents et l'augmente dans ceux qui aiment déjà. Arlequin va boire à la Fontaine de la Haine, et Mezzetin à celle de l'Amour.*

MEZZETIN, *après avoir bu*

Quel changement de mon âme s'empare !
De mon ardeur, ciel ! je sens le retour.

ARLEQUIN

Ah ! dans mon cœur, par un effet bizarre,
La haine prend la place de l'amour !

MEZZETIN

Oui, mon amour pour ma tigresse
Reprend tout à coup sa fureur.

ARLEQUIN

Moi, je ne songe à ma diablesse
Présentement qu'avec horreur.

MEZZETIN

Marinette,
Marinette,
J'aime, malgré ta rigueur,
Toujours ta beauté parfaite,
Marinette,
Marinette.

ARLEQUIN

Colombine,
Colombine,
Tu te ris de ma langueur,
Moi de ta chienne de mine,
Colombine,
Colombine.

MEZZETIN, *à Arlequin*

Doit-on imputer à ces eaux,
Ami, ces prodiges nouveaux ?

ARLEQUIN

O reguingué, ô lon-lan-la,
Non, jamais le jus de la treille
N'a produit plus grande merveille.

MEZZETIN

Buvons-en encore une fois...

On voit sortir d'une des fontaines l'enchanteur Merlin. (Prologue)

L'éducation sentimentale est encore, on le voit, un peu fruste. Avec *L'Ecole des amants* (Lesage et Fuzelier, Foire, 1716), on voit Arlequin faire un progrès considérable dans la science de l'amour et l'épreuve des intermittences du cœur. Conjugaison des deux exemples précédents, la situation le soumet au pouvoir d'un enchanteur (Friston) qui l'a déposé dans une île avec son maître Léandre et les femmes qu'ils aiment, respectivement Olivette et Isabelle. Sans plus besoin d'eau magique, il compte sur cette seule proximité et sur la facilité de leurs amours pour les leur rendre moins désirables, et finalement insipides. Il n'a pas tort. Et, en en prenant conscience, Arlequin réoriente l'intérêt du théâtre de la pure situation d'intrigue vers l'analyse intérieure :

LÉANDRE : Hé, de quoi, mon ami, voudrais-tu te plaindre?
ARLEQUIN : De quoi? Voir toujours Olivette et la voir sans que personne y trouve à redire! J'aimerais autant être son mari.

LÉANDRE

Rien dans cette retraite aimable
D'ailleurs n'empoisonne ton sort :
Vins exquis et chère admirable.

ARLEQUIN

Oh! sans cela je serais mort!

LÉANDRE

Tous les plaisirs ici pour nous s'assemblent :
Où voit-on des concerts plus beaux?

ARLEQUIN

Oui; mais, monsieur, nos jeux toujours ressemblent
A certains opéras nouveaux.

Il n'y a personne. Vous composez les loges, Isabelle et vous; Olivette fait l'amphithéâtre; moi, le parterre : la brillante assemblée!
LÉANDRE : Que veux-tu? Nous sommes soumis au pouvoir d'un enchanteur.

ARLEQUIN

Au diable l'enchanteur maussade,
Lui, son île, et tous ses lutins.
Il met ici par accolade
Les amants comme des lapins.
Dans cette paisible retraite,
On baille, on s'ennuie, on s'endort.

LÉANDRE : Je ne le sais que trop.
ARLEQUIN : On n'a point de plaisir à posséder tranquillement un cœur : vivent les difficultés! Quelle joie d'avoir à forcer les palissades d'une maman rébarbative, à gagner le chemin couvert d'une suivante inté-ressée, ou à prendre la demi-lune d'un mari jaloux!
LÉANDRE : Cela n'est que trop vrai.
ARLEQUIN : Je regrette le temps où la tante d'Olivette me faisait enrager par sa vigilance.
LÉANDRE : Je voudrais que le tuteur d'Isabelle traversât encore mes des-seins amoureux. Il faut que je l'avoue, Arlequin, mon bonheur que rien ne trouble commence à me fatiguer.

ARLEQUIN : Il n'y a plus moyen d'y tenir, monsieur.
LÉANDRE : J'aperçois Isabelle et Olivette dans cette allée. Evitons-les.
ARLEQUIN : Oui. Procurons-nous ce plaisir-là.

LÉANDRE

Quel chagrin d'aimer sans contrainte !
De pouvoir former des vœux sans crainte !

ARLEQUIN

Non, sans les rigueurs et les alarmes,
Les plaisirs d'amour n'ont point de charmes.

(Sc. II)

On aura remarqué que c'est bien Arlequin qui a l'initiative de cette découverte, et donc aussi de l'action qu'elle entraîne.

Le Naufrage du Port-à-l'Anglais (Autreau, Italiens, 1718) fait accomplir spectaculairement à Arlequin le passage de l'isotopie italienne à la française. Pour des raisons commerciales (il faut reconquérir le public français) et techniques (les comédiens italiens ne pratiquent pas tous bien la langue française), l'auteur a mêlé les deux langues dans sa pièce, qui représente d'ailleurs le voyage et l'installation en France d'une famille italienne. Ainsi on voit un Arlequin d'abord fidèle à la tradition de son type, par exemple dans cette scène avec Pantalon, qui veut le guérir d'une blessure avec du vin :

Ici les acteurs disent à l'impromptu ce qu'ils jugent à propos, et font des lazzi à leur fantaisie. Pendant que Pantalon, le dos tourné, est occupé à visiter le mal d'Arlequin, celui-ci boit le vin que l'on a apporté. Pantalon le cherche inutilement pour le remède, et gronde le garçon, qui en rapporte d'autre à l'instant accompagné de Violette éplorée. Pantalon se baisse derechef pour défaire la jarretière d'Arlequin ; mais, ayant le visage tourné vers lui, le prétendu blessé lui donne des coups de pied dans le dos pour l'obliger à se tourner plus favorablement, pour le dessein qu'il a de boire le vin que l'on a rapporté. Il y réussit. Pantalon se tourne et se plaint à Violette des coups de pied qu'il a reçus. Et pendant leur contestation Arlequin vide encore le demi-setier. Pantalon, se trouvant encore trompé comme la première fois, fait sentir au parterre qu'il s'aperçoit de la fourberie ; cependant, il querelle le garçon encore plus fort. Mais, le tirant à quartier, lui commande de remplir d'eau le demi-setier. Arlequin, à qui l'on donne beau, retourne pour la troisième fois au pot et, se trouvant attrapé, donne de ses deux pieds dans le dos de Pantalon, de dépit lui jette l'eau au visage, et se relève subitement en se moquant de lui, et disant : « Je suis guéri. »

PANTALON : Tu es bientôt guéri, mon enfant ; comment cela s'est-il fait si vite ?
ARLEQUIN : J'ai pris le remède en dedans.

(I, v)

Puis (III, II) on le voit pour ainsi dire partagé entre la fidélité à son type et à son cadre (suivre Violette qu'il aime) et l'appel de son destin (se fixer en France au service d'un aubergiste). Enfin tout s'arrange : il restera en France, bien nourri, bien payé, avec Violette, et semble décidé à y prendre immédiatement l'un des emplois qu'il y aura, la critique systématique de la façon dont le maître exerce sur ses subordonnés une autorité brutale et insupportable, et la volonté — temporaire pourtant — de s'en affranchir et d'en affranchir d'autres :

> LELIO : Mes enfants, est-ce que la cervelle vous a tourné? Ne reconnaissez-vous plus le seigneur Lelio votre maître?
> VIOLETTE : Arlequin?
> ARLEQUIN : Violette?
> VIOLETTE : Te souviens-tu du seigneur Lelio?
> ARLEQUIN : Qui était notre maître à Rome?
> VIOLETTE : Oui.
> ARLEQUIN : Qui ne laissait aucune liberté à ses filles ni à toi-même?
> VIOLETTE : Oui.
> ARLEQUIN : Qui était si jaloux, si brutal, si ridicule?
> VIOLETTE : A peu près.
> ARLEQUIN : Qui nous a amenés de Rome ici, où nous nous trouvons si bien?
> VIOLETTE : Lui-même.
> ARLEQUIN : Oui, monsieur, je m'en souviens; mais il n'est plus notre maître.
> LELIO : Comment? Je ne suis plus ton maître!
> ARLEQUIN : Non, monsieur; demandez, demandez à Violette.
> LELIO : Que veut-il dire, Violette?
> VIOLETTE : Non, monsieur. Il est à présent garçon du cabaret de M. Pantalon.
>
> (III, V)

Tout est en place pour que Marivaux, se saisissant du personnage d'Arlequin, le fasse bénéficier, pour commencer, du « polissage » nécessaire à la délicatesse des rôles dont il le chargera ensuite. Dans *Arlequin poli par l'amour* (Italiens, 1720), l'amour qu'il inspire à une fée lui permet de changer, sous l'effet d'une magie qui n'aura bientôt plus besoin de fée, sa balourdise en finesse, non au bénéfice de la fée pourtant, dont il déjoue le pouvoir tyrannique, mais de Silvia. Et c'est avec cette dernière qu'Arlequin inaugure dans le théâtre de Marivaux cette forme si caractéristique du jeu dans le jeu, dans laquelle sincérité et mensonge, acceptation et refus, affirmation et doute engagent un combat vertigineux et

déterminent une épreuve qui, en même temps que celle des sentiments, est celle même du théâtre :

> SILVIA : [...] faisons un marché, de peur d'accident. Toutes les fois que
> vous me demanderez si j'ai beaucoup d'amitié pour vous, je vous
> répondrai que je n'en ai guère, et cela ne sera pourtant pas vrai ; et
> quand vous voudrez me baiser la main, je ne le voudrai pas, et pour-
> tant j'en aurai envie.
>
> ARLEQUIN, *riant* : Eh ! eh ! cela sera drôle ! je le veux bien ; mais, avant ce
> marché-là, laissez-moi baiser votre main à mon aise ; cela ne sera pas
> du jeu.
>
> SILVIA : Baisez, cela est juste.
>
> ARLEQUIN *lui baise et rebaise la main ; et après, faisant réflexion au plaisir qu'il
> vient d'avoir, il dit :* Oh ! mais, mon amie, peut-être que le marché nous
> fâchera tous deux.
>
> SILVIA : Eh ! quand cela nous fâchera tout de bon, ne sommes-nous pas les
> maîtres ?
>
> ARLEQUIN : Il est vrai, mon amie. Cela est donc arrêté ?
>
> SILVIA : Oui.
>
> ARLEQUIN : Cela sera tout divertissant : voyons pour voir. *(Arlequin ici
> badine, et l'interroge pour rire.)* M'aimez-vous beaucoup ?
>
> SILVIA : Pas beaucoup.
>
> ARLEQUIN, *sérieusement* : Ce n'est que pour rire au moins ; autrement...
>
> SILVIA, *riant* : Eh ! sans doute.
>
> ARLEQUIN, *poursuivant toujours la badinerie, et riant* : Ah ! ah ! ah ! *(et puis pour
> badiner encore)* donnez-moi votre main, ma mignonne.
>
> SILVIA : Je ne le veux pas.
>
> ARLEQUIN, *souriant* : Je sais pourtant que vous le voudriez bien.
>
> SILVIA : Plus que vous ; mais je ne veux pas le dire.
>
> ARLEQUIN, *souriant encore ici ; et puis changeant de façon et tristement* : Je veux
> la baiser, ou je serai fâché.
>
> SILVIA : Vous badinez, mon amant.
>
> ARLEQUIN, *toujours tristement* : Non.
>
> SILVIA : Quoi ! c'est tout de bon ?
>
> ARLEQUIN : Tout de bon.
>
> SILVIA, *en lui tendant la main* : Tenez donc.
>
> [...]
>
> ARLEQUIN, *après avoir baisé la main de Silvia* : Dame ! je badinais.
>
> SILVIA : Je vois bien que vous m'avez attrapée ; mais j'en profite aussi.

(Sc. I-XII)

Il est impossible ici de déployer l'extraordinaire éventail des
rôles que Marivaux confia à Arlequin (joué par l'excellent Tho-
massin), dans treize des dix-neuf pièces qu'il donna aux Italiens.
Mais il n'eut pas l'exclusivité de son emploi, comme le prouvent
deux autres pièces, par lesquelles se terminera ce panorama. L'une

est *Arlequin sauvage* (Delisle de La Drevetière, Italiens, 1721), épanouissement de la dimension philosophique du personnage. Là il n'est plus, comme à Sérendib, voyageur de ce monde naufragé dans un autre, mais voyageur d'un autre monde (l'Amérique) échoué dans le nôtre. Ce « sauvage » débarqué à Marseille a des affinités avec les Persans auxquels Montesquieu fait, la même année, découvrir Paris. Pourtant ce qu'il oppose à notre civilisation ce n'est pas une autre civilisation, qui la relativise, mais l'état naturel, qui la condamne :

> Je suis d'un grand bois où il ne croît que des ignorants comme moi, qui ne savent pas un mot des lois, mais qui sont bons naturellement. Ah ! ah ! nous n'avons pas besoin de leçons, nous autres, pour connaître nos devoirs ; nous sommes si innocents que la raison seule nous suffit (I, IV).

Les expériences successives que l'intrigue lui fait faire de l'art, du commerce, de la police, de la justice, l'amènent à porter un jugement radical :

> Je pense que vous êtes des fous qui croyez être sages, des ignorants qui croyez être habiles, des pauvres qui croyez être riches, et des esclaves qui croyez être libres.
>
> LELIO : Et pourquoi le penses-tu ?
>
> ARLEQUIN : Parce que c'est la vérité. Vous êtes fous, car vous cherchez avec beaucoup de soins une infinité de choses inutiles ; vous êtes pauvres, parce que vous bornez vos biens dans l'argent ou d'autres diableries, au lieu de jouir simplement de la nature comme nous, qui ne voulons rien avoir afin de jouir plus librement de tout ; vous êtes esclaves de toutes vos possessions, que vous préférez à votre liberté et à vos frères, que vous feriez pendre s'ils vous avaient pris la plus petite partie de ce qui vous est inutile. Enfin vous êtes des ignorants, parce que vous faites consister votre sagesse à savoir les lois, tandis que vous ne connaissez pas la raison qui vous apprendrait à vous passer de lois comme nous (II, III).

Et quand, impressionné par le jugement droit dont il fait preuve, on le fait pour finir arbitre d'une affaire d'amour, il conjugue l'expérience qu'on l'a vu acquérir en ce domaine, le bon sens naturel et la condamnation de toute autorité arbitraire :

> FLAMINIA : Ecoute, Arlequin : j'aime un amant depuis longtemps, mon père m'avait promis de me le donner ; il était riche lorsque je commençai à l'aimer, aujourd'hui il est pauvre ; dois-je l'épouser quoiqu'il n'ait point de bien ?
>
> ARLEQUIN : Si tu n'aimais que son bien, tu ne dois pas l'épouser, parce qu'il n'a plus ce que tu aimais ; mais si tu n'aimes que lui, tu dois l'épouser, parce qu'il a encore tout ce que tu aimes.

FLAMINIA : Oui ; mais mon père, qui voulait me le donner quand il était
riche, ne le veut plus aujourd'hui qu'il est pauvre.
ARLEQUIN : C'est que ton père n'aimait que son bien.
FLAMINIA : Et il veut m'en donner un autre qui est riche, que je ne puis
aimer parce que j'aime toujours le premier.
ARLEQUIN : Et cela te fâche ?
FLAMINIA : Sans doute.
ARLEQUIN : Ecoute : fais perdre à celui-ci son bien, et ton père ne te le
voudra plus donner.
FLAMINIA : Cela n'est pas possible. Que dois-je donc faire ? Obéirai-je à
mon père en prenant celui que je n'aime point, ou lui désobéirai-je en
prenant celui que j'aime ?
ARLEQUIN : Te maries-tu pour ton père ou pour toi ?
FLAMINIA : Je me marie pour moi seule, apparemment.
ARLEQUIN : Eh bien, prends celui que tu aimes, et laisse dire ce vieux fou.

(III, v)

Enfin, dans *Arlequin-Deucalion* (Piron, Foire, 1722), Arlequin se
voit offrir l'occasion d'exercer son habileté avec un brio étourdis-
sant. L'interdiction du dialogue est exploitée de manière astu-
cieuse par Piron, qui ne donne en effet la parole qu'à cet unique
rescapé du Déluge échoué sur le Parnasse, au moyen de mille
ruses : Arlequin entend une voix, c'est celle d'un perroquet ; il
empêche la muse Thalie de parler en lui mettant la main sur la
bouche ; il rapporte les propos que lui ont tenus les autres muses ;
Apollon ne fait que jouer sur sa lyre des airs dont les paroles sont
connues de tous ; Pyrrha, l'épouse qu'on croyait morte et qui
réapparaît, a été rendue muette par la peur ; enfin Polichinelle
fait entendre des paroles..., mais ce n'est qu'une marionnette.
Renouant ainsi, dans un monologue échevelé de trois actes, avec
sa traditionnelle virtuosité verbale et gestuelle (on pense parfois à
Victor Hugo et au Don César de *Ruy Blas*), Arlequin enfourche
Pégase et, selon les caprices du cheval ailé, se livre à des improvi-
sations passant par tous les registres possibles de la poésie... et surtout de la parodie. C'est tout le théâtre du temps qu'il semble
ainsi dominer et tenir entre ses jambes de cavalier hardi, du
Timon le Misanthrope de Delisle de La Drevetière au *Romulus* de La
Motte, au *Rhadamiste et Zénobie* de Crébillon, à l'*Annibal* de Marivaux. La tragédie est particulièrement visée, qu'il désigne, à cause
du goût immodéré dont elle fait preuve pour l'excès de type
épique, comme le genre « épidramatique » :

ARLEQUIN *rentre, monté sur Pégase, qui a des oreilles d'âne et des ailes de dindon.
Il est caparaçonné d'affiches des pièces nouvelles jouées cette année. Romulus est sur*

le poitrail, et La Mort d'Annibal *au cul; le cavalier, dans son style polisson, plaisante sur cette* Mort *au cul. Puis, reprenant son style de théâtre :*

> Enfin, le voilà donc, ce cheval admirable,
> Si fameux, si vanté dans l'histoire et la fable!

Le temps lui a bien raccourci les ailes, mais lui a diablement allongé les oreilles, en récompense. Pendant que nous sommes dessus, caracolons un peu et faisons le manège. *(Il pique des deux. La mazette rue.)* Ma femme, gare! gare! mets-toi de côté : tu vas voir beau jeu, encore que la corde soit rompue. Choisissons : sur quel ton le prendrai-je? Faisons du tragique. Cela est beau, long et facile. Allons, gai! Un impromptu de deux mille vers.

Il pique, repique; Pégase fait des haut-le-corps, des voltes, etc. Arlequin se tient aux crins et s'écrie :

> Oui, tous ces conquérants rassemblés sur ce bord,
> Soldats sous Alexandre, et rois après sa mort...

Là, il culbute sur le dos, se relève pesamment, la main sur le bas de l'échine, qu'il se frotte douloureusement, répétant : « Après sa mort... après sa mort... »
Me voilà tout éclopé. Jarnibleu, c'est bien dommage! J'allais beau train! Regagnons l'étrier.

Il se rapproche de Pégase, qui continue ses courbettes ; il le flatte et fait si bien qu'il se remet en selle.
Où en étais-je? Là, là, là, bellement, mon ami! Allons, bride en main! Pian piano! pian piano! Un peu d'épidramatique. Cela repose les poumons. Partons.

Il rentre avec enthousiasme, et prononce avec emphase :

> Je chante Romulus... Pégase, attends, demeure!
> Je chante Romulus qui, pendant vingt-quatre heures,
> Vit tramer contre lui quatre ou cinq attentats,
> Et sut les esquiver par quatre ou cinq combats...

Oh! ma foi, voilà trop de besogne pour le moment ; remettons cela à une autre fois [...]

(II, IV)

Cependant ces traits de la guerre des comédiens, brillants mais d'intérêt limité, ne font pas perdre de vue à Arlequin la mission de pionnier philosophique dont on l'a vu déjà plusieurs fois chargé : son discours final aux enfants nés des pierres qu'avec Pyrrha il a jetées sur le sol (un laboureur, un artisan, un homme d'épée, un robin et ce qui semble être un ecclésiastique) vise à organiser le monde à venir sur des bases plus saines que le monde ancien.

Ainsi de la farce grotesque à la philosophie, de la féerie à la parodie, de l'utopie à l'éducation sentimentale, de la critique sociale à la gratuité joyeuse du jeu, Arlequin s'est fait, dans les premières décennies du XVIIIᵉ siècle, le grand amuseur d'une société

dont il incarne les inquiétudes, les espoirs, les rêves. S'il fallait étoffer cette grande parade d'Arlequin, on y ajouterait, entre autres,
l'*Arlequin Phaéton* de Palaprat (Italiens, 1692), l'*Arlequin baron alle
mand* de Fuzelier (Foire, 1712) et, de Delisle de La Drevetière, l'*Arlequin au banquet des sages* (Italiens, 1723) et l'*Arlequin Grand-Mogol*
(Italiens, 1734). S'il fallait la prolonger, on songerait à Goldoni,
qui renaturalise italien le personnage enrichi par son détour en
France, mais aussi à la présence — dont on a compris qu'elle est
bien méritée — d'Arlequin, aux côtés de Figaro, dans la Révolution française : Saint-Just, *Arlequin Diogène* (1789), Barré, *Arlequin
afficheur* (Vaudeville, 1792).

Le cas Marivaux

L'œuvre de Marivaux est de celles qui résistent. Ironique, décon-
certante en même temps qu'attachante, elle soulève plus de questions
qu'elle ne suggère de réponses. Telle une grande coquette, elle ne
laisse pas, sans se livrer jamais vraiment, de solliciter l'attention.
Voici les principaux problèmes que pose son approche critique.

1 / L'extrême discrétion de Pierre Carlet de Chamblain de Marivaux
(1688-1763) sur sa vie personnelle, sur laquelle on a fort peu de
documents et de témoignages intimes. Il faut se contenter du personnage en représentation. Avec lui, la critique biographique, lorsqu'elle tente d'expliquer par sa vie privée (son mariage en 1717, sa
rencontre avec Silvia en 1722, son veuvage en 1723...) l'inspiration
de son théâtre, est souvent dans l'embarras, ce qui n'est pas nécessairement nuisible à la lecture de l'œuvre. Dans l'*Eloge* qu'il lui
consacra en 1785, d'Alembert nous apprend qu'il n'était pas féru
des Grecs et des Latins, et que sa formation classique était soit très
limitée, soit délibérément délaissée. Il suggère même qu'il fut peut-
être le premier de nos grands écrivains dans ce cas :

> Marivaux ne reconnaissait en aucun genre, en aucune nation, en aucun
> siècle, ni maître, ni modèle, ni héros, et disait quelquefois en plaisantant :
> « Je ne sers ni Baal ni le Dieu d'Israël. »

2 / Le théâtre comique, par lequel il s'est surtout rendu célèbre, ne constitue qu'une partie de son œuvre, composée aussi d'une tragédie

(*Annibal*, 1720), de parodies burlesques (*L'Iliade travestie* et *Le Télémaque travesti*, 1717), de romans (*Les Effets surprenants de la sympathie*,
1712, *Pharsamon*, 1713, *La Voiture embourbée*, 1714, *La Vie de Marianne*,
1731-1741, *Le Paysan parvenu*, 1734-1735) et d'une très abondante
production journalistique, dans *Le Nouveau Mercure*, dans *Le Spectateur
français* (1721-1724) dont il fut l'unique rédacteur, comme de *L'Indigent philosophe* (1727) et du *Cabinet du philosophe* (1734) : ce sont essentiellement des réflexions morales et de critique sociale, qui le situent
entre La Bruyère et Diderot, Lanson dit même, dans une perspective
moins hexagonale, entre Addison et Richardson. Or l'image qu'on se
fait de l'univers de Marivaux à partir de ses comédies les plus connues
est très différente de celle que donnent ces œuvres immenses. Faut-il
appuyer celles-là sur celles-ci et y chercher la mise en œuvre appliquée d'un système général de pensée ? Ou au contraire considérer
celles-ci comme un énorme fatras, un chantier encombré, d'où se
seraient détachés, par on ne sait quelle grâce miraculeuse, de courts
et fulgurants chefs-d'œuvre dramatiques ?

> Les ouvrages de Marivaux sont en si grand nombre, les nuances qui les
> distinguent sont si délicates [...] qu'il paraît difficile de faire connaître en
> lui l'homme et l'auteur sans avoir recours à une analyse subtile et détail-
> lée, qui semble exiger plus de développements, de détails, et par consé-
> quent de paroles, que le portrait énergique et rapide d'un grand homme
> ou d'un grand écrivain.

> (D'Alembert, lequel avait pu brosser sans difficulté
> un tel portrait de Boileau et de Bossuet !)

3 / Ses contemporains se sont eux-mêmes partagés dans la réception de
son œuvre. Fêté, adulé parfois au théâtre, surtout pendant la
période 1720-1727, reçu et écouté dans les salons les plus en vogue du
Paris intellectuel et mondain, ceux de Mme de Lambert, de Mme de
Tencin, puis de Mme Du Deffand et, à partir de 1750, de Mme Geoffrin, ami de Fontenelle, de Crébillon, de La Motte, élu à l'Académie
contre Voltaire en 1742, consulté cette même année par J.-J. Rousseau pour sa comédie *Narcisse*, il fut aussi en butte à la critique, à la
controverse, à la moquerie même, en particulier du côté de la
« famille » philosophique avec laquelle il entretint une mésentente
profonde et durable. On connaît les « mots » de Voltaire sur son style
« métaphysique » et sur la complication « arachnéenne » de ses analyses du cœur humain. Pendant tout le siècle, et encore au XIXe, il restera le type de l'écrivain précieux, alambiqué, coupeur de cheveux en
quatre, sans grand intérêt parce que sans grande dimension. « Dans

Marivaux, l'impatience de faire preuve de finesse et de sagacité perçait visiblement. » (Marmontel) ; «Jamais on n'a retourné des pensées communes de tant de manières plus affectées les unes que les autres » (La Harpe) ; Crébillon fils le comparait à une taupe. Il y a, pourtant, cette mise en garde de Sainte-Beuve : « C'est un théoricien et un philosophe beaucoup plus perçant qu'on ne croit, sous sa mine coquette. »

4 / Comment se fait-il que ce partisan déclaré des Modernes, fort irrespectueux des tabous hérités, se soit posé ensuite comme l'ennemi juré des Philosophes (une trace de cette opposition se trouve dans le rôle peu reluisant qu'il donne à son « philosophe » dans *L'Ile de la raison*), qui semblaient pourtant poursuivre le même combat ? S'agit-il d'une position de type réactionnaire, au sens où il y aurait eu chez lui réaction contre un choix initial pour le parti du mouvement et du progrès ? On ne voit pas très bien ce qui l'y aurait conduit : il est pauvre (le seul argent qu'il aura jamais, par son mariage en 1717, lui sera enlevé par la déroute de Law en 1720) ; il est tout à fait conscient des injustices du monde social et les dénonce sans trêve (surtout dans ses journaux, qui l'ont fait appeler « le Théophraste moderne ») ; il mène une vie très simple, presque retirée, pratiquant volontiers la bienfaisance envers toutes sortes de misères matérielles et morales ; il n'est pas confit en dévotion, résiste — mais en vain — à la vocation religieuse de sa fille en 1745, vocation sans doute due à sa propre « union libre » avec Mlle de Saint-Jean... mais il s'en prend volontiers aux « esprits forts » et, nouveau Pascal, écrit contre eux des pages puissantes. Il semble qu'il se soit un peu méfié du scientisme encyclopédiste et d'une conquête de la liberté qui faisait trop bon marché des résistances intérieures.

5 / Il est plus délicat pour lui que pour tout autre écrivain de déterminer avec précision le champ de signification dans lequel inscrire le déchiffrement de ses œuvres. Ainsi, par exemple, si on les place dans la perspective de la Révolution, qui devait éclater vingt-six ans après sa mort, faudra-t-il les inscrire :

— dans le champ idéologique : présence fonctionnelle de l'idée révolutionnaire dans le système général de sa représentation du monde ?
— dans le champ thématique : présence relative de thèmes qui se rattachent généralement à la Révolution (affrontement de groupes sociaux rivaux, renversement des situations acquises,

remobilisation de valeurs mythiques, anciennes ou périmées : violence, liberté, égalité des droits...) ?

— dans le champ historique : témoignage, à un moment de l'histoire et de l'histoire des idées et des mentalités, d'un désir, d'un espoir, d'une crainte, bref d'une conscience plus ou moins diffuse de la possibilité de l'événement ?

— dans le champ poétique ? C'est à coup sûr, s'agissant d'une œuvre littéraire, le meilleur, mais il n'exclut pas les autres. Et même, les incluant, il laisse pendante la question de leur importance relative, de leur ordre, de leur articulation.

6 / On a déjà évoqué l'alternance selon laquelle Marivaux a donné ses pièces aux Italiens ou aux Français. On peut y trouver des raisons conjoncturelles, mais il est plus probable qu'un projet proprement artistique a surdéterminé ce double jeu, qui n'allait pas de soi. Selon le même type d'entrecroisement, et sans qu'on puisse définir des périodes précises pour chacune d'elles, il installe ses actions dramatiques dans des isotopies diverses : tantôt dans le féerique et le romanesque (*Arlequin poli par l'amour*, 1720, *La Double Inconstance*, 1723, *Le Prince travesti*, 1724), tantôt dans l'allégorie utopique (*L'Ile des esclaves*, 1725, *L'Ile de la raison*, 1727, *La Nouvelle Colonie*, 1729), tantôt dans le vraisemblable réaliste (*La Surprise de l'amour*, 1722, *Les Serments indiscrets*, 1732), voire dans un second degré réflexif du théâtre, de type pirandellien avant la lettre (*La Dispute*, 1744, *Les Acteurs de bonne foi*, 1757). D'Alembert écrit :

> On l'accuse avec raison de n'avoir fait qu'une comédie en vingt façons différentes, et on a dit assez plaisamment que si les comédiens ne jouaient que les ouvrages de Marivaux, ils auraient l'air de ne point changer de pièce. Mais on doit au moins convenir que cette ressemblance est, dans sa monotonie, aussi variée qu'elle le puisse être, et qu'il faut une abondance et une subtilité peu communes pour avoir si souvent tourné, avec une espèce de succès, dans une route si étroite et si tortueuse. Il se savait gré d'avoir le premier frappé à cette porte, jusqu'alors inconnue au théâtre.

Nous serions plutôt tentés aujourd'hui de nous demander s'il existe une isotopie de ces quatre isotopies, et de chercher l'unité moins dans le sujet des pièces que dans la posture continûment expérimentale de leur écriture.

7 / Cette expérience semble se situer essentiellement sur le terrain sentimental : naissance, surprises, stratagèmes et triomphes de l'amour, comme l'indiquent la plupart des titres de pièces. Or, parmi ces

comédies d'intrigue familiale et amoureuse, il en est qui ressortis-
sent visiblement au théâtre — au sens large — politique. Il s'agit
de justice sociale, d'égale répartition des droits et des devoirs, des
conditions de la vie harmonieuse d'un groupe aux prises avec la
question du pouvoir, plus que d'un individu désireux de voir clair
dans son propre cœur et de trouver le chemin de son bonheur personnel. Ceci pourrait nous ramener sur un terrain moins suspect de
subjectivité, bien réel et concret, mais il n'en est rien car, à travers
les noms grecs, les naufrages et les îles, ces pièces mettent en œuvre
une écriture fort à la mode alors mais de tradition très ancienne :
celle de l'utopie. Et comme l'utopie a toujours, depuis Platon,
représenté l'un des lieux d'exercice favoris de la philosophie, on
retrouve le point de départ, et l'on est amené à se demander quel
système de pensée, quelle échelle de valeurs, quelles leçons on doit
chercher, ou on peut espérer trouver dans ces comédies politiques.
Et comme dans celles-ci les questions posées, les essais tentés, les
solutions trouvées le sont toujours par le moyen et dans le jeu des
échanges amoureux, on est en droit de postuler, dans les comédies
sentimentales mêmes, une dimension qui excède l'analyse fouillée
du cœur humain, avec ses intermittences, et qui ne s'arrête pas à
l'observation réaliste des mœurs, entre autres du fonctionnement de
ce que Michel Deguy a appelé « la machine matrimoniale ».

Une rapide analyse d'un passage de la scène VI de *L'Ile des
esclaves* permettra d'approcher l'idée de cette dimension.

> CLÉANTHIS : Tenez, tenez, promenons-nous plutôt de cette manière-là, et
> tout en conversant, vous ferez adroitement tomber l'entretien sur le
> penchant que mes yeux vous ont inspiré pour moi. Car encore une fois
> nous sommes d'honnêtes gens à cette heure, il faut songer à cela ; il
> n'est plus question de familiarité domestique. Allons, procédons
> noblement, n'épargnez ni compliments ni révérences.
>
> ARLEQUIN : Et vous, n'épargnez point les mines. Courage : quand ce ne
> serait que pour nous moquer de nos patrons. Garderons-nous nos
> gens ?
>
> CLÉANTHIS : Sans difficulté : pouvons-nous être sans eux ? c'est notre suite,
> qu'ils s'éloignent seulement.
>
> ARLEQUIN, *à Iphicrate* : Qu'on se retire à dix pas.
>
> *Iphicrate et Euphrosine s'éloignent en faisant des gestes d'étonnement et de dou-
> leur. Cléanthis regarde aller Iphicrate, et Arlequin, Euphrosine.*
>
> ARLEQUIN, *se promenant sur le théâtre avec Cléanthis* : Remarquez-vous,
> Madame, la clarté du jour ?
>
> CLÉANTHIS : Il fait le plus beau temps du monde ; on appelle cela un jour
> tendre.

ARLEQUIN : Un jour tendre? Je ressemble donc au jour, Madame.

CLÉANTHIS : Comment! vous lui ressemblez?

ARLEQUIN : Eh palsambleu! le moyen de n'être pas tendre, quand on se trouve tête à tête avec vos grâces? *(A ce mot il saute de joie.)* Oh! oh! oh! oh!

CLÉANTHIS : Qu'avez-vous donc? vous défigurez notre conversation.

ARLEQUIN : Oh! ce n'est rien : c'est que je m'applaudis.

CLÉANTHIS : Rayez ces applaudissements, ils nous dérangent. *(Continuant)* Je savais bien que mes grâces entreraient pour quelque chose ici. Monsieur, vous êtes galant; vous vous promenez avec moi, vous me dites des douceurs; mais finissons, en voilà assez, je vous dispense des compliments.

ARLEQUIN : Et moi, je vous remercie de vos dispenses.

CLÉANTHIS : Vous m'allez dire que vous m'aimez, je le vois bien; dites, Monsieur, dites; heureusement on n'en croira rien. Vous êtes aimable, mais coquet, et vous ne persuaderez pas.

ARLEQUIN, *l'arrêtant par le bras, et se mettant à genoux* : Faut-il m'agenouiller, Madame, pour vous convaincre de mes flammes, et de la sincérité de mes feux?

CLÉANTHIS : Mais ceci devient sérieux. Laissez-moi, je ne veux point d'affaires; levez-vous. Quelle vivacité! Faut-il vous dire qu'on vous aime? Ne peut-on en être quitte à moins? Cela est étrange.

ARLEQUIN, *riant à genoux* : Ah! ah! ah! que cela va bien! nous sommes aussi bouffons que nos patrons, mais nous sommes plus sages.

CLÉANTHIS : Oh! vous riez, vous gâtez tout.

ARLEQUIN : Ah! ah! par ma foi, vous êtes bien aimable et moi aussi. Savez-vous ce que je pense?

CLÉANTHIS : Quoi?

ARLEQUIN : Premièrement, vous ne m'aimez pas, sinon par coquetterie, comme le grand monde.

CLÉANTHIS : Pas encore, mais il ne s'en fallait plus que d'un mot, quand vous m'avez interrompue. Et vous, m'aimez-vous?

ARLEQUIN : J'y allais aussi, quand il m'est venu une pensée. Comment trouvez-vous mon Arlequin?

CLÉANTHIS : Fort à mon gré. Mais que dites-vous de ma suivante?

ARLEQUIN : Qu'elle est friponne!

CLÉANTHIS : J'entrevois votre pensée.

ARLEQUIN : Voilà ce que c'est : tombez amoureuse d'Arlequin, et moi de votre suivante. Nous sommes assez forts pour soutenir cela.

CLÉANTHIS : Cette imagination me rit assez. Ils ne sauraient mieux faire que de nous aimer, dans le fond.

On voit ici interférer et s'entrecroiser jusqu'au vertige plusieurs niveaux de l'action :

— C'est une scène de séduction amoureuse, à laquelle ne manquent ni les aveux, appuyés sur l'occasion d'un mot ou sur l'ostentation d'un geste, ni les refus, que justifient la pudeur et la défiance, ni les coquetteries, qui relancent les déclarations en feignant de vouloir les arrêter.

— Mais la situation du morceau dans l'action de la pièce a présenté l'échange comme un jeu, un moyen de passer le temps en s'amusant, et rien, ni avant ni après, ne donne lieu de penser à une véritable attirance amoureuse entre les deux valets.

— Pourtant, on peut s'amuser de toutes sortes de façons, et celle qui a été choisie n'est pas innocente : elle consiste pour eux à feindre une conversation galante, mais à la manière du « grand monde », et ainsi à parodier leurs maîtres, devenus dans l'île leurs esclaves.

— De plus — et c'est un élément de la « cure » prescrite par Trivelin au nom du gouvernement de l'île — cette parodie doit avoir lieu en la présence des anciens maîtres, qui se trouvent ainsi en position de spectateurs *et* de leur caricature *et* du plaisir qu'y prennent leurs anciens esclaves. On a donc une scène de « théâtre dans le théâtre », qui fait surgir toutes sortes de questions à la fois : quelle relation y a-t-il entre le langage et le sentiment qu'il exprime ? entre l'indifférence et l'amour ? entre l'engagement de l'être et le jeu du personnage ? entre les manières masculine et féminine de « faire l'amour » ? entre des maîtres et des valets sur ce terrain ? entre des maîtres et des valets sur les autres ? Liaison souple, et à chaque instant réversible, plaisir de naviguer entre deux pôles sans avoir à s'installer fermement sur l'un d'eux, suggestion de leur relativité réciproque, c'est-à-dire de leur solidarité à la fois nécessaire et jouissive, imposée et choisie : il y a bien de quoi rire et applaudir, puisqu'on est au théâtre et que ce sont deux manières possibles, pour les gens de l'univers réel, d'intervenir par une manifestation sonore dans l'univers fictif où ce bruit retentit et provoque des réactions par la perturbation qu'il apporte...

— Mais ce ne sont ni les spectateurs du premier degré — ceux de la salle — ni les spectateurs du deuxième degré — les maîtres — qui, par ce bruitage parasite, empêchent l'action d'aller à son terme, facétieusement indiqué comme tout proche : c'est Arlequin, dérangeant le jeu *de l'intérieur* et lui donnant ainsi une tout autre fonction que ludique. De sa « joie » naît une « pensée », sans doute destinée à lui procurer une joie plus grande encore en accroissant la difficulté et, partant, le mérite de la vaincre. La gratuité des mots et la facilité avec laquelle ils font exister de toutes pièces ce qui n'est pas suggèrent d'en compliquer encore le jeu par l'échange des partenaires. Cette idée enclenche une dynamique qui va amener la résolution de l'action principale. En prétendant se faire aimer d'Euphrosine, Arlequin se propose un objectif impossible, mais un autre résultat sera atteint par ce détour. En passant du couple Arlequin-Cléanthis au couple Arlequin-Euphrosine, le lien d'amour entre les êtres finira par se vérifier dans le couple Arlequin-Iphicrate, au prix d'un glissement de sens du verbe « aimer » du plan du désir à celui de l'attachement (« Eh ! qui est-ce qui te dit que je ne t'aime plus ? », dira Arlequin, en « pleurant », à son maître à la scène IX). Il n'est pas étonnant qu'Arlequin soit le siège et l'opérateur de cette double transformation, dont peut rendre compte le schéma suivant :

Valet-Valet	Arlequin-Cléanthis	amour-désir		selon la *norme* théâtrale qui rend virtuelle l'union conjugale des valets
Valet-Maître	Arlequin-Euphrosine	amour-désir		découlant de la *règle* de l'île qui impose ce genre d'épreuve
Valet-Maître	Arlequin-Iphicrate	amour-attachement		allant vers la *leçon* d'une réconciliation des classes sur des bases assainies.

Toutes les cordes de l'instrument dont dispose le dramaturge vibrent à la fois dans ce glissement progressif du plaisir théâtral, du jeu au sérieux pour chaque personnage, d'un personnage à l'autre, du sens d'un mot à un sens voisin, du lien galant au lien social... Extraordinaire innocence de cette perversion de proche en proche, qui fait chacun acteur de bonne foi, témoin de composition, spectateur de lui-même. Quoique ses dénouements ne bouleversent jamais, après les avoir fait trembler, les valeurs et les hiérarchies du monde qu'il représente, le théâtre chez Marivaux est, de toutes les constructions où s'essaie la fiction, celle qui se rapproche le plus d'un schéma révolutionnaire.

— *Par la dramatisation du temps,* qui n'est pas le présent duratif ou itératif de la poésie ou des réflexions, ni le passé du récit, mais un présent d'urgence, où chaque événement peut tout bouleverser à chaque instant, et un proche avenir mesuré, qui enferme la signification de chaque geste ou mot dans le cadre d'une action dont on sait qu'elle aboutira à une situation radicalement différente de la situation de départ, et irréversible.

— *Par le caractère expérimental des situations* que le dramaturge fait varier à l'infini des possibles, ouvrant incessamment, à partir de données relativement fixes, des perspectives nouvelles et insoupçonnées.

Cette faculté de transformation a été longtemps méconnue, et le marquis d'Argens écrivait en 1743 : « Il y a dans ses pièces, d'ailleurs très jolies, un défaut : c'est qu'elles pourraient être presque toutes intitulées *La Surprise de l'amour.* » D'Alembert faisait cependant remarquer que, s'il y a toujours surprise, elle n'en surprend pas moins toujours.

— *Par le conflit qu'il met en jeu entre l'individuel et le social :* l'étude fouillée des mouvements du cœur, à l'épreuve de ces situations dont la variation sollicite sans cesse l'invention, ne met pas seulement en lumière les ruses et les mensonges provisoires du désir — lequel prend ainsi peu à peu conscience de lui-même —, mais aussi la vérité — d'ordinaire occultée par les conventions mondaines — des relations sociales, toujours soumises, en fin de compte, aux injonctions de la peur, à la tentation du pouvoir, au mirage de l'argent. Le théâtre de Marivaux est le contraire d'un théâtre de la bienséance : il provoque, et cela peut plaire ou choquer, quelquefois même choquer et plaire.

— *Par le caractère essentiellement hasardeux et imprévisible de sa réception* par un public qui, plus que dans tout autre genre littéraire, participe à la création de l'œuvre. On connaît les exemples fameux de « révolution esthétique » (à l'occasion du *Cid,* du *Barbier de Séville,* d'*Hernani,* de *Parade*...). Ainsi, en 1732, la comédie *Le Triomphe de l'amour* est tombée à plat le soir de la première, mais « après cela elle a eu [...] un autre sort : ce n'a plus été la même pièce, tant elle a fait de plaisir aux nouveaux spectateurs qui sont venus la voir ; ils étaient dans la dernière surprise de ce qui lui était arrivé d'abord. Je n'ose rapporter les éloges qu'ils en faisaient, et je n'exagère rien. » (Avertissement de l'auteur.) Dans son action ainsi que dans sa représentation, le théâtre est un lieu où il se passe toujours quelque chose de nouveau, où tout est à chaque instant susceptible de se renverser, où l'écriture se livre, sans garantie ni protection, à tous les risques. Marivaux s'accommode à merveille de ce jeu toujours recommencé, de cette « surprise » devant laquelle il sait rester, comme les « acteurs » de sa dernière pièce, « de bonne foi ». Entendons bien sûr qu'il ne cesse de jouer et de nous obliger, de gré ou de force, à entrer dans le jeu.

— *Par le langage enfin* qui, étant celui de la « conversation », reste toujours au plus proche de l'invention vivante, de l'immédiateté et de la diversité. Ainsi l'homme qu'on a accusé d'avoir employé jusqu'à la satiété un « style » particulier, auquel on reprochait à la fois — et de façon contradictoire — sa recherche et son relâchement (syntaxe, néologismes, emprunts à la langue populaire) est un de ceux, avec Montesquieu, qui ont le plus fait pour libérer la langue française des carcans dont elle semble être si friande qu'elle les réinvente incessamment, tout au long de son histoire. Pour lui, selon J. Scherer, « parler engendre nécessairement quelque chose dans l'ordre du fait, ne serait-ce que la conscience collective de la réalité exprimée ».

C'est bien en cela, comme la critique moderne l'a établi, que consiste le « marivaudage », où l'on voit aujourd'hui, plus qu'un raffinement léger, joli et un peu vain, un renforcement des tensions et des contradictions de l'échange verbal. Sur la scène de Marivaux :

— *Rien de plus sophistiqué et rien de plus réaliste que cet échange :* on lui a reproché l'un ou l'autre, sans toujours bien comprendre que ce qui indispose, c'est qu'il soit à la fois l'un et l'autre.

— *Rien de plus spontané* (on parle d'abord, on discute, raffine, corrige, commente ensuite ; et chacun parle son langage) *et rien de plus ambitieux* : chacun comprend tous les autres, nobles, bourgeois, valets, paysans, malgré la forte caractérisation des idiomes. Marivaux avait foi dans l'universalité du langage, et surtout de la langue française, et dans leur pouvoir de communication générale.

— *Rien de plus propre à la communication,* donc, et en même temps, *rien de plus suspect.* Tous les pièges du langage, toutes ses possibilités de mensonge, de simulation, de dissimulation, de polysémie, de dévoilement involontaire sont manifestés, explorés, mis en jeu, et finalement déjoués... ou rejoués, comme dans cette sublime réplique de Blaise, dans *Les Acteurs de bonne foi* : « Ils font semblant de faire semblant » ! Cela va jusqu'à cette limite — elle aussi reconnue, assumée, conquise par l'art sur la nature, comme les silences de Mozart — qu'est le silence qui suit nécessairement le dialogue dramatique. Grande est l'œuvre d'art qui porte ainsi en elle-même la présence, la désignation et l'explication de sa propre clôture, qui donne sens non seulement à ce qu'elle inclut, mais à ce qui l'enserre.

— *Rien de plus contraignant* (voir tous les passages où le personnage, qui voudrait se taire, est obligé de parler et s'en plaint) *et rien de plus libérateur,* non seulement au sens freudien ou lacanien du terme, quand la parole ramène à la clarté du jour les discours enfouis de l'inconscient (il y a un bon exemple de cette « cure » dans *L'Ile de la raison*), mais aussi en ce sens que déclarera fièrement Figaro : le droit à la parole, la liberté d'expression, la possibilité donnée par la nature (faconde, talent, gaieté), la culture (éducation, expérience), la loi (non répressive) d'exercer ce droit sont la meilleure arme pour conquérir toutes les autres libertés : « Ce n'est pas le tout que d'aimer, il faut avoir la liberté de se le dire » (Phocion, dans *Le Triomphe de l'amour*).

Marivaux, on l'a dit, est présent dans à peu près tous les chapitres de cette première partie sur les Lumières naissantes. Il était pourtant bien légitime de se pencher tout particulièrement sur son « cas » dans le chapitre sur le théâtre, qui s'achève ici avec lui. Il reste en effet le plus brillant artisan de ce genre, à une des époques les plus brillantes de son histoire.

TABLEAU CHRONOLOGIQUE DES PRINCIPALES PIÈCES REPRÉSENTÉES A PARIS ENTRE 1680 ET 1750

Les pièces sont réparties en trois colonnes. La première concerne les tragédies, la deuxième les comédies, la troisième les cas particuliers (pièces non représentées en public, ou dont le genre n'est pas clairement défini). L'indication qui suit le nom de l'auteur désigne le théâtre où la pièce fut créée. TF : Théâtre-Français, I : Comédie-Italienne, F : Foire.

	TRAGÉDIES	COMÉDIES	CAS PARTICULIERS
1680	Fontenelle (TF) : *Aspar*		
1685	Campistron (TF) : *Andronic*		
1687		Dancourt (TF) : *Le Chevalier à la mode*	
1689			Racine (à Saint-Cyr) : *Esther*
1690	Catherine Bernard (TF) : *Brutus*	Dancourt (TF) : *L'Eté des coquettes* Regnard (I) : *Arlequin homme à bonne fortune*	
1691	Campistron (TF) : *Tiridate*	Dancourt (TF) : *La Parisienne*	Racine (à Saint-Cyr) : *Athalie*
1692		Dancourt (TF) : *Les Bourgeoises à la mode* Dufresny (TF) : *Le Négligent*	Regnard et Dufresny (I) : *Les Chinois* (farce)
1694	Lagrange-Chancel (TF) : *Adherbal*	Regnard (TF) : *Attendez-moi sous l'orme* Regnard (TF) : *La Sérénade*	
1695	Boyer (TF) : *Judith*		
1696		Regnard (TF) : *Le Joueur* Regnard (TF) : *Le Bal*	
1697		Dancourt (TF) : *La Loterie* Regnard (TF) : *Le Distrait*	
1700		Regnard (TF) : *Le Retour imprévu* Regnard (TF) : *Démocrite* Dufresny (TF) : *L'Esprit de contradiction*	
1704		Regnard (TF) : *Les Folies amoureuses*	
1705	Crébillon (TF) : *Idoménée*		
1707	Crébillon (TF) : *Atrée et Thyeste*	Lesage (TF) : *Crispin rival de son maître*	

**TABLEAU CHRONOLOGIQUE DES PRINCIPALES PIÈCES
REPRÉSENTÉES A PARIS ENTRE 1680 ET 1750** *(suite)*

	TRAGÉDIES	COMÉDIES	CAS PARTICULIERS
1708	Crébillon (TF) : *Electre*	Regnard (TF) : *Le Légataire universel*	
1709		Lesage (TF) : *Turcaret* Legrand (TF) : *La Famille extravagante*	
1710		Dancourt (TF) : *Les Agioteurs*	
1711	Crébillon (TF) : *Rhadamiste et Zénobie*		
1712		Destouches (TF) : *L'Ingrat*	
1713	Lagrange-Chancel (TF) : *Ino et Mélicerte*	Destouches (TF) : *L'Irrésolu* Lesage (I) : *Arlequin roi de Sérendib* Lesage (I) : *Arlequin invisible*	
1714	Crébillon (TF) : *Xerxès*	Lesage (F) : *Arlequin-Mahomet*	
1715		Dufresny (TF) : *La Coquette de village* Destouches (TF) : *Le Médisant*	Lesage (F) : *Les Eaux de Merlin* (le 1er opéra-comique)
1716	Lagrange-Chancel (TF) : *Sophonisbe*	Destouches (TF) : *Le Curieux impertinent* Lesage (F) : *Arlequin-Hulla*	Racine (TF) : *Athalie* (1re représentation publique)
1717	Crébillon (TF) : *Sémiramis*		
1718	Voltaire (TF) : *Œdipe*		Autreau (I) : *Le Naufrage du Port-à-l'Anglais* (en italien et en français)
1719		Dufresny (TF) : *La Réconciliation normande*	
1720	Marivaux (TF) : *Annibal*	Marivaux (I) : *Arlequin poli par l'amour*	
1721		Delisle de La Drevetière (I) : *Arlequin sauvage*	
1722	La Motte (TF) : *Romulus* La Motte (TF) : *Les Macchabées*	Delisle de La Drevetière (I) : *Timon le Misanthrope* Piron (F) : *Arlequin-Deucalion* Marivaux (I) : *La Surprise de l'amour*	
1723	La Motte (TF) : *Iñès de Castro*	Marivaux (I) : *La Double Inconstance*	
1724		Marivaux : *Le Prince travesti* (I) Marivaux : *La Fausse suivante* (I) Marivaux : *Le Dénouement imprévu* (TF)	

TABLEAU CHRONOLOGIQUE DES PRINCIPALES PIÈCES REPRÉSENTÉES A PARIS ENTRE 1680 ET 1750 *(suite)*

	TRAGÉDIES	COMÉDIES	CAS PARTICULIERS
1725		Voltaire (TF) : *L'Indiscret* Marivaux (I) : *L'Ile des esclaves* Marivaux (I) : *L'Héritier de village* Allainval (I) : *L'Embarras des richesses*	
1726	Crébillon (TF) : *Pyrrhus*		
1727		Destouches (TF) : *Le Philosophe marié* Marivaux (TF) : *L'Ile de la raison* Marivaux (TF) : *La Seconde Surprise de l'amour* Boissy (TF) : *Le Français à Londres*	
1728		Marivaux (I) : *Le Triomphe de Plutus* Allainval (TF) : *L'Ecole des bourgeois*	
1729			Marivaux (I) : *La Nouvelle Colonie* (perdue, récrite en 1750)
1730	Voltaire (TF) : *Brutus*	Marivaux (I) : *Le Jeu de l'amour et du hasard*	La Motte : *Œdipe* (trag. en prose)
1731		Marivaux (TF) : *La Réunion des Amours*	
1732	Voltaire (TF) : *Eriphyle* Voltaire (TF) : *Zaïre*	Voltaire (TF) : *Les Originaux* Destouches (TF) : *Le Glorieux* Marivaux (I) : *Le Triomphe de l'amour* Marivaux (I) : *L'Ecole des mères* Marivaux (TF) : *Les Serments indiscrets*	
1733	Piron (TF) : *Gustave Wasa*	Marivaux (I) : *L'Heureux Stratagème* La Chaussée (TF) : *La Fausse Antipathie*	
1734	Lefranc de Pompignan (TF) : *Enée et Didon* Voltaire (TF) : *Adélaïde du Guesclin*	Marivaux (I) : *La Méprise* Marivaux (TF) : *Le Petit-Maître corrigé* Fagan (TF) : *La Pupille* Delisle de La Drevetière (I) : *Arlequin Grand-Mogol*	
1735	Voltaire (TF) : *La Mort de César* Richer (TF) : *Sabinus et Eponine*	La Noue (TF) : *Le Retour de Mars* La Chaussée (TF) : *Le Préjugé à la mode*	

TABLEAU CHRONOLOGIQUE DES PRINCIPALES PIÈCES
REPRÉSENTÉES A PARIS ENTRE 1680 ET 1750 *(suite)*

	TRAGÉDIES	COMÉDIES	CAS PARTICULIERS
1735		Lefranc de Pompignan (I) : *Les Adieux de Mars* Marivaux (I) : *La Mère confidente*	
1736	Voltaire (TF) : *Alzire ou les Américains*	Voltaire (TF) : *L'Enfant prodigue* Marivaux (TF) : *Le Legs*	
1737		Marivaux (I) : *Les Fausses Confidences*	
1738		Piron (TF) : *La Métromanie* Marivaux (I) : *La Joie imprévue*	
1739	La Noue (TF) : *Mahomet second*	La Chaussée (TF) : *L'Ecole des amis* Marivaux (I) : *Les Sincères*	
1740	Gresset (TF) : *Edouard III*	Marivaux (I) : *L'Epreuve* Boissy (TF) : *Les Dehors trompeurs*	
1741	Voltaire (TF) : *Mahomet*	La Chaussée (TF) : *Mélanide* Destouches (TF) : *L'Amour usé*	Landois (TF) : *Silvie* (tragédie en un acte et en prose)
1742		La Chaussée (TF) : *Amour pour amour*	
1743	Voltaire (TF) : *Mérope*		
1744	Piron (TF) : *Fernand Cortez*	La Chaussée (TF) : *L'Ecole des mères* Marivaux (TF) : *La Dispute*	
1745			Gresset (TF) : *Sidney* (« drame » ?)
1746		La Chaussée (TF) : *La Fête interrompue* Marivaux (TF) : *Le Préjugé vaincu*	
1747		Gresset (TF) : *Le Méchant* La Chaussée (I) : *L'Amour castillan* La Chaussée (TF) : *La Gouvernante*	
1748	Voltaire (TF) : *Sémiramis* Crébillon (TF) : *Catilina* Marmontel (TF) : *Denys le Tyran*		
1749		Voltaire (TF) : *Nanine ou le Préjugé vaincu*	Voltaire : *La femme qui a raison* (pour la société du roi Stanislas à Lunéville)
1750	Voltaire (TF) : *Oreste* Marmontel (TF) : *Cléopâtre*	Destouches (TF) : *La Force du naturel*	Mme de Graffigny (TF) : *Cénie* (« pièce dramatique »)
1751		La Chaussée (TF) : *L'Homme de fortune*	
1752	Voltaire (TF) : *Rome sauvée*	J.-J. Rousseau (TF) : *Narcisse*	
1753		Destouches (TF) : *Le Dissipateur*	
1754		La Chaussée (I) : *Les Tyrinthiens*	La Chaussée (TF) : *La Princesse de Sidon* (tragi-comédie)

TABLEAU CHRONOLOGIQUE DES PRINCIPALES PIÈCES
REPRÉSENTÉES A PARIS ENTRE 1680 ET 1750 *(suite et fin)*

	TRAGÉDIES	COMÉDIES	CAS PARTICULIERS
1755	Voltaire (TF) : *L'Orphelin de la Chine*		Marivaux : *La Femme fidèle* (chez le comte de Clermont)
1756		La Noue (TF) : *La Coquette corrigée*	Gueullette : Théâtre des boulevards (parades)
1757			Marivaux : *Félicie* (non représ.) Marivaux : *L'Amante frivole* (perdue) Marivaux : *Les Acteurs de bonne foi* (non représ.)
1760	Voltaire (TF) : *Tancrède*	Voltaire (TF) : *L'Ecossaise*	
1762		Voltaire (TF) : *Le Droit du seigneur*	
1768			Voltaire : *Les Guèbres* (non représ.)
1778	Voltaire (TF) : *Irène*		

N.B. — 1 / A partir de 1750, le tableau ne tient plus compte que de la production des auteurs déjà en activité dans la première moitié du siècle.

2 / Le tableau ci-dessus a retenu trente-deux noms d'auteurs. Pour huit d'entre eux, leur carrière est décrite dans d'autres chapitres de ce livre : ce sont Catherine Bernard, Fontenelle, Mme de Graffigny, Gueullette, La Motte, Lagrange-Chancel, Lesage et Marmontel. Marivaux fait l'objet d'un développement dans ce chapitre 3, et Voltaire fait l'objet du chapitre 6. Le cas de Racine est très intéressant : encore présent au cœur de cette période postclassique (et il le sera aussi par la publication par son fils Louis, en 1747, des *Mémoires [...] sur [...] Jean Racine*), comme une statue du Commandeur, il semble passer le flambeau au théâtre de l'âge nouveau, puisque la première représentation publique de sa dernière pièce, *Athalie*, est contemporaine des tout premiers opéras-comiques et précède de peu la première tragédie de Voltaire. Pour les dix-neuf autres auteurs dramatiques, une rapide information peut être utile. On la trouvera dans le *Générique des auteurs* qui suit, par ordre alphabétique.

GÉNÉRIQUE DES AUTEURS

- ALLAINVAL Léonor Jean Christine Soulas d' (1695?-1753), né à Chartres. Son existence est peu connue, ainsi que son œuvre dramatique, d'ailleurs mince mais comportant une comédie très intéressante et en avance sur son temps. *L'Ecole des bourgeois* (1728) connaîtra un succès durable, de la veille de la Révolution au commencement du XXᵉ siècle. C'est que l'aristocratie qui se mésallie pour l'argent et le bourgeois qui, par l'argent, veut accéder à la noblesse n'y sont pas ridicules, comme d'ordinaire, au nom de leurs valeurs respectives, non respectées, mais aux yeux du peuple, qui comprend parfaitement que leur rivalité apparente et spectaculaire cache en fait une complicité de nantis, et ne change rien à l'ordre de choses qui le tient, lui, dans l'oppression.
- AUTREAU Jacques (1657-1745). Ce peintre portraitiste, auteur de chansons, fut très mêlé au milieu artistique parisien de la Régence. Son *Naufrage du Port-à-l'Anglais* (1718), en réussissant la gageure de faire parler les acteurs moitié en italien et moitié en français, transforma la contrainte en plaisir, et sauva la troupe des Italiens nouvellement réinstallée à Paris.
- BOISSY Louis de (1694-1758), né à Vic. Ce fut un journaliste réputé. L'inspiration de ses nombreuses comédies est très variée.

- BOYER Claude (1618-1698). C'est un auteur du siècle précédent, qui fut le rival malheureux des Corneille et de Quinault. Il sacrifia surtout aux pièces à grand spectacle avec machines et musique. Sa dernière tragédie, *Judith* (1695), remporta un grand succès de larmes, surtout auprès du public féminin.
- CAMPISTRON Jean Gualbert de (1656-1723), né à Toulouse. Administrateur militaire, il a donné à la scène parisienne quatorze pièces, dont neuf tragédies, entre 1683 et 1693. Il a pu passer à ce moment-là pour le successeur de Racine, mais si le fameux vers de Victor Hugo (« Sur le Racine mort le Campistron pullule ») est exagérément dépréciateur, il est vrai que le ressort tragique, chez lui, est faible. Il ne repose le plus souvent que sur l'isolement pitoyable des héros, noblement impuissants devant des situations moins « fatales » que liées à la simple condition humaine.
- CRÉBILLON Prosper Jolyot de (1674-1762), né à Dijon. D'abord juriste, il devint, à partir de 1705, une figure haute en couleurs de la vie littéraire, pour trois raisons principales, outre son tempérament assez peu souple : la violence extrême et quasi mélodramatique de ses tragédies (Boileau l'appelait un « Racine ivre », et on lui attribue à lui-même ce défi : « Corneille a pris la terre, Racine le ciel, il me reste l'enfer ») ; sa fonction de censeur de police, qui lui donna (1735) la haute main sur toute la production théâtrale et provoqua une polémique et une rivalité spectaculaires avec Voltaire ; enfin son fils, le conteur et romancier, dont il disait lui-même que c'était son « plus mauvais ouvrage ».
- DANCOURT Florent Carton, sieur d'Ancourt, dit (1661-1725), né à Fontainebleau. Il consacra toute son existence au théâtre, épousant une fille de La Thorillière, un des comédiens de Molière, faisant avec elle en province, puis à la Comédie-Française (1685), une carrière d'acteur, et dirigeant ses deux filles dans la même carrière. Les nombreuses comédies, courtes et enlevées, qu'il composa, le plus souvent en prose, pour servir de complément aux spectacles sérieux du Théâtre-Français eurent un très grand succès à cause du mélange plaisant de cynisme et de candeur avec lesquels elles peignent sur le vif les travers sociaux les plus inquiétants, et de la vivacité brillante avec laquelle elles conjurent cette inquiétude par des effets comiques faciles mais efficaces. C'est cette manière que les contemporains, qui en raffolèrent, ont appelée la « dancourade ».
- DELISLE DE LA DREVETIÈRE Louis-François (1682-1756), né en Dauphiné. Il fut un des principaux fournisseurs du Théâtre-Italien après son retour à Paris, en 1716. Il est en particulier l'artisan principal de la transformation de l'Arlequin de la *commedia dell'arte* en un personnage « philosophique », digne des Persans de Montesquieu ou du Huron de Voltaire : venu d'ailleurs (Amérique, Indes...), ce personnage assure, par l'étonnement naïf de son regard sur la société française, une critique indirecte mais profonde de ses mœurs, trop éloignée de la simplicité et de l'égalité naturelles.
- DESTOUCHES Philippe Néricault, dit (1680-1754), né à Tours. Il fut militaire et diplomate, protégé du Régent puis de la duchesse du Maine. Partagé entre la verve comique et la tentation moralisatrice, il reprit le flambeau de la comédie de caractère, délaissée depuis Molière et Regnard, avec un succès inégal, mais incontestable et mérité pour *Le Philosophe marié* (1727) et *Le Glorieux* (1732). La peinture d'un monde du faux-fuyant et du mensonge est fidèle et parfois drôle, mais l'analyse manque de profondeur, aussi bien du point de vue psychologique que social : les abîmes du cœur humain et les blocages de la société trouvent un peu facilement leur solution dans la bonne volonté d'une « nature » ramenée sur le bon chemin qui est le sien. Tout en faisant pressentir les thèses de J.-J. Rousseau, ce théâtre « édifiant » manifeste l'évolution du genre comique vers la comédie larmoyante de Nivelle de La Chaussée.
- DUFRESNY Charles Rivière (1657-1724), né à Paris. Il mena une vie de bohème et poursuivit des activités diverses dans un certain désordre, mais avec beaucoup d'esprit et un certain génie novateur. Ses *Amusements comiques et sérieux* (1699) sont un des modèles connus des *Lettres persanes*. Directeur du *Mercure galant* (1710-1713), il y inventa le courrier des lecteurs. A contre-courant de son époque, il aimait le jardin anglais et appréciait Rabelais.

Collaborateur de Regnard, puis brouillé avec lui (à propos du *Joueur* dont il l'accusa de lui avoir « emprunté » l'idée), il écrivit des comédies agréables mais superficielles, où le désordre de la situation initiale ne pose guère d'autre problème que celui de la manière — plaisante — dont il sera conjuré.

- FAGAN Barthélemy Christophe (1702-1755). Fils d'un secrétaire du roi ruiné par la banqueroute de Law, il fut protégé du chevalier d'Orléans et fournit des pièces à tous les théâtres, y compris de joyeuses parades ; mais il resta lui-même à l'écart, ombrageux et mélancolique.

- GRESSET Jean-Baptiste Louis (1709-1777), né à Amiens. Professeur au collège Louis-le-Grand, poète satirique (auteur en particulier du fameux *Ververt,* long poème parodique proche du conte en vers, 1734) et traducteur de Virgile, protégé du duc de Chaulnes, il ne donna guère que trois pièces au théâtre, mais elles font de lui un carrefour important dans l'histoire des formes dramatiques. Ces trois pièces sont en effet une tragédie — le théâtre du passé —, un drame (*Sidney,* 1745) — le théâtre de l'avenir —, et une comédie, très intéressante parce qu'elle est, en effet, en 1747, la comédie du temps présent : *Le Méchant.* Entre Tartuffe et Valmont, le héros « méchant », Cléon, semble être, sans prédestination caractérielle ni ambition personnelle, un pur produit de la mondanité dans laquelle il est plongé. Il s'y adapte si bien que le succès de ses coups célèbre la méchanceté même du monde où il les porte. La particularité de Gresset est qu'il ne met dans cette dénonciation ni indignation moralisante, ni complaisance cynique. Il poussera pourtant la dénonciation jusqu'à celle même du théâtre, et se retirera vertueusement dans sa province.

- LA CHAUSSÉE Pierre Claude Nivelle de (1692-1754), né à Paris. Ce fils d'un fermier général, d'humeur plutôt joyeuse et insouciante, bon vivant, entra assez tard, à quarante et un ans, dans la carrière dramatique. Il y choisit une manière propre à lui assurer le succès. Celui-ci vint en effet, et le poussa à persévérer dans la veine « larmoyante » qui comblait si bien les goûts du temps. L'artifice est partout (mais qui s'en plaindrait, s'agissant de théâtre ?) : dans ce calcul d'auteur, dans un univers dramatique dont le peuple est totalement absent, dans les obstacles qui retardent à souhait l'heureux dénouement, dans ce dénouement lui-même, qui prétend effacer les difficultés qui l'ont précédé. Partout, sauf dans les larmes — de chagrin ou de joie, il semble que cela importe peu — que les comédiens, en feignant de les verser, font verser réellement au public.

- LANDOIS Paul. On ignore tout de cet auteur, sauf qu'il donna, en 1741, une « tragédie en prose » ne comportant qu'un seul acte, et tirée d'une nouvelle de Robert Challe, c'est-à-dire dont le sujet était contemporain et le contenu réaliste : condition moyenne des héros, détails de la vie quotidienne, et même triviaux (une vieille robe de chambre, un morceau de pain et une cruche d'eau sur la table d'une cellule...). Tout cela valut à *Silvie* un échec retentissant... et à Landois la gloire d'être cité par Diderot comme l'un des créateurs du « genre sérieux », c'est-à-dire du drame.

- LA NOUE Jean-Baptiste Sauvé de (1701-1761), né à Meaux. Il fut comédien en province, puis à la Comédie-Française, pour laquelle il écrivit plusieurs comédies et une tragédie. *Mahomet second* dut son succès, en 1739, à l'exacerbation de la couleur locale, en l'occurrence la cruauté des Turcs. Elle redonnait un peu de vraisemblance à la violence qui avait, depuis Crébillon, envahi la scène tragique.

- LEGRAND Marc-Antoine (1673-1728). Auteur d'un célèbre récit d'anticipation (*Les Aventures du voyageur aérien,* 1724), qui le situe entre Cyrano et Rétif, cet acteur de la Comédie-Française lui fournit nombre de comédies au goût du jour, pour lesquelles il ne dédaignait pas de s'inspirer des Italiens ou des Forains, quitte à leur fournir en échange d'astucieuses parodies du répertoire des Comédiens-Français (par exemple une *Agnès de Chaillot,* sur l'*Inès de Castro* de Houdar de La Motte). Il restait, en 1960, le sixième dans la liste des auteurs du XVIIIe siècle les plus joués à la Comédie-Française, juste après, dans l'ordre décroissant, Beaumarchais, Voltaire, Marivaux, Dancourt et Regnard.

● PIRON Alexis (1689-1773), né à Dijon. Plus attiré par les vers érotiques *(Ode à Priape)* ou satiriques que par le droit, il obtint, à trente-trois ans, son premier succès à la Foire avec *Arlequin-Deucalion* qui, en faisant monologuer Arlequin, seul au monde après le Déluge, déjouait les interdits de la Comédie-Française. Il donna encore une vingtaine de pièces à la Foire, puis s'essaya aux plus grands genres, avec un succès inégal. Seules réussirent sa tragédie « suédoise » *Gustave Wasa* (1733) et une comédie assez énigmatique, *La Métromanie* (1738) : satire contre Voltaire qui s'était laissé prendre au « talent » d'une fausse poétesse, mais aussi aveu autobiographique d'une sorte de tourment obsessionnel qui fait de lui, à sa manière, un « poète maudit », et encore, peut-être, dérision d'une époque où la poésie n'est plus qu'une forme morte, tout juste bonne à figer le discours dramatique et à armer la flèche de l'épigramme. Satiriste agressif, il attaqua, en épigrammes justement, à peu près tout ce qu'il put dans la République des Lettres, de Voltaire au dernier des griffonneurs. Ce manque de discernement ainsi que son libertinage lui attirèrent beaucoup d'ennuis, qui renouvelaient sa verve. Elle s'amollit pourtant, et ce « métromane » finit par de la poésie sacrée.

● POMPIGNAN Jean-Jacques Lefranc marquis de (1709-1784), né à Montauban. Il occupa dans sa ville natale une charge de magistrat, s'intéressa à l'archéologie, traduisit de l'hébreu et mit en vers français les *Psaumes* de David, traduisit aussi les tragédies d'Eschyle et *Les Géorgiques* de Virgile, et s'interrogea en philanthrope sur la misère du peuple. Cet érudit estimable commit l'immense erreur de déplaire à Voltaire. Ce fut à l'occasion d'une tragédie, *Enée et Didon* (1734) dont le sujet porta ombrage à l'auteur de *Zaïre*. Celui-ci devait s'en souvenir jusqu'en 1760 où, à l'occasion de sa réception à l'Académie française, Pompignan fut victime d'une campagne déchaînée qui ruina sa réputation et le poussa à la retraite.

● REGNARD Jean-François (1655-1709), né à Paris. Il fut d'abord un grand voyageur : en Italie et au Maghreb, où il fut un temps prisonnier des barbaresques, puis en Scandinavie et en Laponie. Il en tira un récit romancé, *La Provençale,* et des *Voyages* (publiés en 1731). Il mena, à partir de 1682, une vie d'aisance et de loisir, gentilhomme campagnard au château de Grillon, bon vivant et se consacrant, entre les soupers et les fêtes, à l'écriture dramatique. Il fournit des pièces aux Italiens, à l'Opéra (*Le Carnaval de Venise,* musique de Campra, 1699), et enfin au Théâtre-Français. Après des premières productions, courtes et en prose, il osa s'attaquer à la comédie de caractère en 5 actes et en vers avec *Le Joueur* et *Le Distrait*. Puis il revint à une inspiration plus légère, excellant dans l'invention et la fantaisie de l'intrigue, mêlant le trait d'esprit le plus fin au calembour le plus massif, et la franche gaieté à la virtuosité verbale, avec une sorte de gratuité charmante. Il s'opposait en cela à la comédie de mœurs contemporaine qui, sans s'y appesantir certes, ouvrait le rire sur la réflexion et l'analyse.

> **Conseils de lecture.** — Jacques Truchet, *La Tragédie classique en France,* Paris, PUF, 1989 ; Pierre Larthomas, *Le Théâtre en France au XVIIIᵉ siècle,* Paris, PUF, 1989 ; Henri Lagrave, *Le Théâtre et le public à Paris de 1715 à 1750,* Paris, Klincksieck, 1972 ; Michèle Venard, *La Foire entre en scène,* Paris, Librairie théâtrale, 1985 ; Frédéric Deloffre, *Une préciosité nouvelle : Marivaux et le marivaudage,* Paris, A. Colin, 1971 ; Henri Coulet et Michel Gilot, *Marivaux, un humanisme expérimental,* Paris, Larousse, 1973 ; Michel Deguy, *La Machine matrimoniale,* Paris, Gallimard, 1981.

4 – Inventivité de la fiction en prose

Les trois directions du romanesque

Dans le vocabulaire critique comme dans l'usage courant, le mot « romanesque » désigne le plus souvent aujourd'hui tout ce qui ressortit à la fiction en prose. Parfois cependant il s'applique plus précisément à une situation ou à un comportement tellement étonnants et hors du commun que, dans un texte ou dans le monde, on ne peut les croire véritables, et qu'on les réfère à la fantaisie débridée d'un romancier. Celle-ci peut amuser un instant, mais son intérêt est limité, et il ne paraîtrait guère sérieux, il pourrait même être dangereux, si l'on veut garder les pieds sur terre, de s'y attarder. On qualifie de la même façon de « poétique » ou de « dramatique » certains objets qui ne sont pas inclus dans un poème ou dans une pièce de théâtre, mais on le fait alors sans la même connotation péjorative. Pendant le XVIIᵉ siècle, l'écriture de la fiction en prose ne faisait pas partie des grands genres : elle n'avait à peu près pas de grands modèles antiques et n'était pas codifiée. Elle ne laissait pas cependant de produire des œuvres dont le succès grandissant poussait à prendre parti sur les deux sens du mot « romanesque ». A partir de 1680, et malgré les efforts qu'ont tentés quelques-uns (autour de Segrais et de Mme de Lafayette par exemple) pour défendre et illustrer la part qu'il peut prendre à la connaissance du monde et de soi-même, le romanesque a toujours mauvaise presse et bon public. On continue à soupçonner sa mauvaise qualité, tant esthétique (à cause de son éloignement du « vrai » et du « naturel ») qu'éthique (à cause des dangers qu'il fait courir à la vertu et de sa complaisance pour le vice et le désordre) ; mais en même temps, le nombre et la qualité des auteurs qui s'y consacrent ne cessent de croître, ainsi que la faveur qu'ils rencontrent auprès des lecteurs. Comme ces deux caractéristiques vont s'accentuant, leur contradiction va pousser les écrivains dans trois directions :

— *l'aménagement du roman baroque,* pour y réduire la part du « mauvais » romanesque (idéalisme éthéré, longueur et longueurs, multiplication des péripéties et utilisation proliférante des « tiroirs », invraisemblance, bavardage...), tout en continuant de flatter l'intérêt des lecteurs pour des histoires qui les entraînent loin de la banalité quotidienne ;
— *le parti pris réaliste,* qui cherche l'adhésion du lecteur non plus dans le plaisir de l'évasion et de la revanche imaginaire, mais dans celui de reconnaître, au sein du monde « comme il va », des personnages aux prises avec des problèmes qu'il a lui-même rencontrés et leur trouvant des solutions auxquelles il n'avait pas toujours songé. Le charme de l'invention demeure, mais elle est en prise visible sur l'univers réel, tant géographique, politique et social que psychologique, moral et langagier, dont elle permet d'offrir à la fois la description, l'analyse et la satire ;
— *le choix délibéré du merveilleux,* avoué comme tel, et satisfaisant un besoin permanent de rêve et de dépaysement, ce goût pour les contes que La Fontaine revendiquait déjà, et la nécessité d'un contrepoint irrationnel à la philosophie du temps, volontiers raisonneuse, positive et sceptique.

Sous ces trois rubriques on peut classer les productions de cette période, en n'oubliant pas l'arbitraire de tout classement, et par exemple :

— que, même s'il emprunte nettement une de ces directions, chaque écrivain le fait à sa manière, en dernier ressort irréductible ;
— que certains écrivains sont capables, dans des œuvres différentes, voire dans la même, de suivre ces directions tour à tour et de brouiller les pistes ;
— que ces trois rubriques n'ont pas le même statut historique : la première est à l'évidence une queue de comète et, comme la

tragédie au théâtre, doit aller s'exténuant ; la deuxième est au contraire l'aurore d'un jour qui éclairera longuement le genre romanesque, au XIXe siècle ; quant à la troisième, tout immortelle qu'elle est dans l'histoire universelle du récit, elle caractérise notre période, dont elle est restée — comme Arlequin — un emblème.

Les aborder tour à tour correspondra donc à rattacher l'écriture de la fiction en prose des Lumières naissantes à son passé récent, massif et contesté, à son avenir prolifique et prestigieux, enfin à son présent, si spécifiquement suspendu entre l'adhésion et la distance, l'émotion et l'ironie, la naïveté et la malice, le goût qu'on a pour l'expérience et la fascination qu'exerce la mise en récit de ce qu'on n'expérimentera jamais autrement que par la lecture. On peut noter encore qu'elles ont toutes trois un caractère au moins en commun qui les désigne, au-delà de leurs différences, comme contemporaines : les œuvres ne s'y présentent pas comme des « romans », mais comme des « histoires », des « lettres », des « voyages », des « aventures », des « mémoires », des « contes », etc. Elles cherchent toutes ainsi à cacher le geste de l'invention derrière la caution d'une réalité préalable : la vie du personnage, les événements historiques qui en sont le cadre, ou la source de l'histoire narrée (traduction, confidence, manuscrit retrouvé, tradition populaire, française ou exotique...).

Enfin il est remarquable que ce roman de la vie romanesque en France pendant cette période trouve son aboutissement, son nœud et l'occasion de sa transformation décisive chez un auteur anglais. *Pamela ou la Vertu récompensée* (1740) et *Clarisse Harlowe* (1748), romans de Richardson traduits, imités, parodiés, loués ou décriés pendant les années 1750-1760, serviront de pierre de touche à presque toute la production romanesque de la deuxième partie du siècle. Ce genre d'interaction des diverses littératures nationales n'est pas rare, et l'influence de Swift, Defoe, Fielding est sensible aussi dans le roman français, mais rarement un auteur étranger avait, autant que Richardson, servi de conscience réflexive à tout un pan de la littérature française, qui mesura à son aune toute l'échelle des rapports qu'elle pouvait établir entre la réalité sociale, l'aspiration au bonheur, les exigences de la vertu et les pouvoirs de la sensibilité.

Aménagements de l'héritage baroque

Les attaques contre les interminables romans baroques du XVIIᵉ siècle (ceux d'H. d'Urfé, de La Calprenède et de Mlle de Scudéry) ont pris toutes les formes : théorique (Boileau, *Satire IX*, *Art poétique* III), parodique (Scarron, Furetière), réformatrice. Cette dernière a été illustrée par Segrais et Mme de Lafayette, puis par Mme de Villedieu, qui ont lancé la mode de la « nouvelle historique » : plus de péripéties en avalanche, une intrigue amoureuse serrée et tendue vers sa résolution ; plus de décor hybride oscillant entre le mythologique et le pastoral, un cadre historique précis peuplé de noms et de faits incontestables ; plus de dissertations sur l'amour, une analyse ferme et dense de la passion et de ses effets. C'est cette direction que suivent, avec un opportunisme qui n'évite pas toujours les rechutes dans l'invraisemblance et la complication, bon nombre de romanciers comme Eustache Le Noble, Préchac, La Vieuville, et surtout des femmes (dont on trouvera les noms dans la première colonne du Tableau chronologique des œuvres..., p. 194 sq.). Elles excellent en particulier dans les « histoires secrètes », où la « petite histoire » est beaucoup plus sollicitée que la grande, et qui prétendent rendre compte des événements officiels par les intrigues amoureuses des grands, reconstituées de manière souvent fort fantaisiste.

Parmi ces romancières, deux noms émergent, celui de Catherine Bernard (qu'on a déjà rencontré à propos du théâtre) et celui de Mme de Tencin. Ce n'est sans doute pas tout à fait par hasard qu'elles ont, à soixante ans de distance, choisi le même titre pour illustrer « les malheurs de l'amour ». Elles étaient de conditions fort différentes : l'une était une provinciale (Rouen) pauvre, sérieuse, effacée, à qui son labeur littéraire finit par procurer protections, prix et pensions ; l'autre était une fille de petite noblesse (Grenoble), intrigante, libertine, qui tint à Paris un salon prestigieux et se faufila dans les allées du pouvoir. Pourtant quelque chose les rapproche : non seulement leur familiarité avec Fontenelle, qui aida la première à écrire et à percer et fut un des piliers du salon de la seconde, mais aussi une orientation féministe qui les rend étrangement proches des lecteurs d'aujourd'hui. Plus doloriste chez l'une, quasi insurrectionnelle chez l'autre, la revendication s'élève dans les deux cas contre un ordre des valeurs morales, familiales et sociales qui brime tous les faibles, et spécialement la femme, broie sa sensibilité, mène son amour à l'échec et la réduit au silence de la retraite, du couvent ou de la prison... sauf quand elle ose, pour le dénoncer, se faire romancière. C'est une telle détermination qui transparaît dans la concision et la rigueur assez froidement désespérées du *Comte d'Amboise,* comme dans la révolte et la subversion autopunitives des *Mémoires du comte de Comminge.* L'effet de ces romans est d'autant plus fort qu'à côté des obstacles externes s'y rencontrent aussi des obstacles internes, qui semblent condamner toute passion à l'échec et à la souffrance à proportion des qualités de cœur de ceux qui s'y livrent. Avec ces deux auteurs s'assure la liaison entre deux grandes époques de l'intervention marquante des femmes dans l'art de vivre, d'aimer et d'écrire : celle des « précieuses » du début du XVIIᵉ siècle et celle des « âmes sensibles » de la fin du XVIIIᵉ. Ce dernier courant, qui se cristallisera autour du modèle richardsonien et culminera dans *La Nouvelle Héloïse,* est déjà en mouvement à la fin de notre période : contemporains des *Malheurs de l'amour* de Mme de Tencin, le premier roman de Baculard d'Arnaud et surtout les *Lettres d'une Péruvienne* de Mme de Graffigny montrent dans quel sens nouveau va être orientée l'analyse des déboires de la sensibilité. A une philosophie optimiste sur la possibilité d'accorder les mouvements du cœur et les obligations du monde, répondait au début du siècle un roman plutôt pessimiste, qui dénonçait cette harmonie comme illusion ; à une philosophie qui doute de plus en plus de la possibilité de cet accord répond, à partir de 1750, un roman qui reconstruit le mythe de l'équilibre retrouvé. On voit qu'en cette occasion comme dans beaucoup d'autres, si le roman est un miroir, c'est principalement en ce qu'il renvoie une image inversée. Procédure d'appel.

Inscrire le *Télémaque* de Fénelon dans cette rubrique du prolongement baroque peut paraître singulier. Il en a pourtant bien des caractéristiques : le cadre antique, les amples discours, les rebondissements perpétuels, les morceaux ornementaux. Il y a, dans cette longue histoire du voyage de Télémaque sous la conduite de Mentor (Athéna déguisée), sur les traces de son père Ulysse, des éléments qui ont beaucoup vieilli ; mais il y en a d'autres qui s'accordent très précisément aux goûts des Lumières naissantes, qui les devancent même et les informent : la réflexion politique, objet d'une enquête expérimentale et comparée (que favorise le voyage à travers tous les peuples de la Méditerranée) ; l'hésitation entre la nécessité d'un développement « scientifique » de l'agriculture (qui annonce les thèses des physiocrates de la fin du siècle) et la nostalgie d'une vie pastorale, fidèle aux origines patriarcales de l'humanité ; la tournure pédagogique, car le précepteur Fénelon s'y adresse indirectement à son royal élève le duc de Bourgogne, et, par la voix de Mentor, ne perd aucune occasion d'expliquer le fonctionnement des sociétés rencontrées et de suggérer l'évaluation relative de leurs mœurs et des possibilités de réformes ; la sérénité métaphysique, qui place toute l'activité des hommes sous le regard d'une divinité bienveillante et dans la lumière platonicienne du Bien idéal ; la poésie enfin d'un univers somptueux, puissant et doux comme la mer qui assure la liaison de ses sites les plus divers et figure leur vocation commune à l'infini. Ces traits permettent de comprendre le durable succès de cette œuvre, la plus lue de tout le siècle, et les imitations qui en furent faites, soit par la piété admirative (Ramsay, *Les Voyages de Cyrus* ; l'abbé Terrasson, *Sethos* ; Cl. Lambert, *Le Nouveau Télémaque*), soit par l'insolence moqueuse (Marivaux, *Le Télémaque travesti*).

Parodier un style, c'est reconnaître son importance et lui supposer assez d'audience pour que soit perçue et appréciée l'imitation plaisante qu'on en donne. C'est pourquoi doivent figurer dans cette rubrique, à côté du *Télémaque travesti*, les autres impertinents essais du jeune Marivaux. On ne sait trop, d'ailleurs, si l'abondance et le fatras des aventures héroïques et galantes de son premier roman, *Les Effets surprenants de la sympathie*, sont dus à une maladresse de débutant, à une réelle adhésion à la manière de La Calprenède, ou déjà à une intention parodique, mal dégagée. Ce qui est sûr, c'est que le titre seul est une trouvaille, qui semble ouvrir le programme de toute l'œuvre à venir ; ce que confirme l'Avis au lecteur, véritable manifeste théorique pour un roman libéré des conventions, qui cherche ses lois dans les mouvements aventureux du cœur humain plutôt que dans des modèles préétablis et contrôlés par ce que les tenants du « vraisemblable » appellent « nature » ou « raison ». A côté des nouvelles « folies romanesques » (sous-titre de *Pharsamon*), c'est visiblement la formule de ce réalisme sentimental qui s'essaie dans le détour burlesque. Elle s'affirmera dans les deux grands romans de la maturité.

Deux autres écrivains manifestent cette articulation du romanesque ancien sur la fiction réaliste. Hamilton fait revivre, dans les *Mémoires du comte de Gramont*, où il mêle aux souvenirs qu'il prétend lui avoir été dictés par son beau-frère ses propres commentaires élégamment ironiques, l'Angleterre galante du règne de Charles II ; mais par leur liberté d'esprit et leur impertinence joyeuse, son héros et les seigneurs qui l'entourent ainsi que sa narration, habile à jouer avec les personnages comme avec la langue, sont tout entiers tournés vers le siècle nouveau. Avec les *Mémoires de M. d'Artagnan,* Courtils de Sandras réussit unc des plus belles impostures littéraires de tous les temps, avec l'aide, il est vrai, d'Alexandre Dumas. Celui-ci, se fondant sur l'authenticité de ces mémoires, en tira, au XIXe siècle, l'essentiel du texte de ses *Trois Mousquetaires,* chef-d'œuvre du roman « historique »! Il s'agit en fait de pures inventions, habilement tissées entre quelques repères vraiment historiques. Elles flattent plus le goût du grand public pour les anecdotes croustillantes et la pseudo-intimité des grands de ce monde qu'elles n'enrichissent la connaissance du monde même. Mais, à une époque où paraissent beaucoup de mémoires réels (Bussy-Rabutin, 1696 ; cardinal de Retz, 1717 ; Mme de Motteville, 1723), l'invention des pseudo-mémoires procure aux romanciers une forme idéale pour l'évolution du genre : récit à la première personne, intérêt de l'aventure privée et du regard subjectif, dédoublement du point de vue entre l'instant vécu et le moment de l'écriture, charme de la confidence, en attendant la confession...

Comment on commence un roman « espagnol » en 1715

Trois instances narratives

Par le biais de ces pseudo-mémoires, un procédé se répand à ce moment-là, qui fait la transition entre le roman impersonnel de la période classique (où un narrateur, dont on ne sait rien, raconte l'histoire de personnages désignés par « il » ou « elle ») et le roman épistolaire qui triomphe dans la deuxième moitié du XVIIIe siècle (où les personnages se désignent tour à tour par « je », par « tu » et par « il » ou « elle ») : c'est le roman à la première personne, où le personnage raconte lui-même tout au long sa propre histoire. La voix narrative est alors triple : le personnage-héros l'assume dans le détail des événements qu'il narre, se reportant au moment où il les a vécus ; le personnage-narrateur les organise et les juge au moment, postérieur, où il les écrit ; et, bien sûr, comme le personnage est fictif, c'est l'auteur qui, en dernière instance, dispose et contrôle l'ensemble.

Le début de *Gil Blas* met en place, avec une sensible allégresse et en appelant visiblement son lecteur à entrer dans le jeu, cette double équivoque. Voici le début de l'histoire proprement dite. Gil Blas, convoquant ses souvenirs d'enfance et les propos que, comme tout enfant, il a entendus sur cette période de sa vie, y résume ses premières années, y égratigne au passage des parents surtout soucieux de se débarrasser de lui, l'oncle chanoine, ignorant et bon vivant, le docteur pédagogue et disputeur, et y lance la série de ses aventures avec la proposition que lui fait son oncle de partir à dos de mule pour l'Université de Salamanque. Toute sa destinée est là en germe : le déracinement, l'art de profiter, sans illusion mais sans raideur, de toutes les occasions d'un apprentissage de la vie, l'humour avec lequel ces leçons sont à la fois assumées et distanciées, et surtout le voyage, qui fera du héros, sur la route espagnole, un perpétuel découvreur, prêt à toutes les bonnes surprises comme à toutes les déconvenues de la rencontre.

LIVRE PREMIER

CHAPITRE PREMIER

De la naissance de Gil Blas et de son éducation

Blas de Santillane, mon père, après avoir longtemps porté les armes pour le service de la monarchie espagnole, se retira dans la ville où il avait pris naissance. Il y épousa une petite bourgeoise qui n'était plus dans sa première jeunesse, et je vins au monde dix mois après leur mariage. Ils allèrent ensuite demeurer à Oviedo, où ils furent obligés de se mettre en condition ; ma mère devint femme de chambre, et mon père écuyer. Comme ils n'avaient pour tout bien que leurs gages, j'aurais couru risque d'être assez mal élevé, si je n'eusse pas eu dans la ville un oncle chanoine. Il se nommait Gil Perez. Il était frère aîné de ma mère et mon parrain. Représentez-vous un petit homme haut de trois pieds et demi, extraordinairement gros, avec une tête enfoncée entre les deux épaules : voilà mon oncle. Au reste, c'était un ecclésiastique, qui ne songeait qu'à bien vivre, c'est-à-dire qu'à faire bonne chère ; et sa prébende, qui n'était pas mauvaise, lui en fournissait les moyens.

Il me prit chez lui dès mon enfance, et se chargea de mon éducation. Je lui parus si éveillé qu'il résolut de cultiver mon esprit. Il m'acheta un alphabet, et entreprit de m'apprendre lui-même à lire ; ce qui ne lui fut pas moins utile qu'à moi ; car, en me faisant connaître mes lettres, il se remit à la lecture, qu'il avait toujours fort négligée, et, à force de s'y appliquer, il parvint à lire couramment son bréviaire, ce qu'il n'avait jamais fait auparavant. Il aurait encore bien voulu m'enseigner la langue latine ; c'eût été autant d'argent épargné pour lui ; mais, hélas ! le pauvre Gil Perez ! il n'en avait de sa vie su les premiers principes ; c'était peut-être (car je n'avance pas cela comme un fait certain) le chanoine du chapitre le plus ignorant : aussi j'ai ouï dire qu'il n'avait pas obtenu son bénéfice par son érudition ; il le devait uniquement à la reconnaissance de quelques bonnes religieuses dont il avait été le discret commissionnaire, et qui avaient eu le crédit de lui faire donner l'ordre de prêtrise sans examen.

Il fut donc obligé de me mettre sous la férule d'un maître : il m'envoya chez le docteur Godinez, qui passait pour le plus habile pédant d'Oviedo. Je profitai si bien des instructions qu'on me donna, qu'au bout de cinq ou six années, j'entendis un peu les auteurs grecs et assez bien les poètes latins. Je m'appliquai aussi à la logique, qui m'apprit à raisonner beaucoup. J'aimais tant la dispute, que j'arrêtais les passants, connus ou inconnus, pour leur proposer des arguments. Je m'adressais quelquefois à des figures hibernoises qui ne demandaient pas mieux, et il fallait alors nous voir disputer ! Quels gestes ! quelles grimaces ! quelles contorsions ! Nos yeux étaient pleins de fureur, et nos bouches écumantes ; on nous devait plutôt prendre pour des possédés que pour des philosophes.

Je m'acquis toutefois par là, dans la ville, la réputation de savant. Mon oncle en fut ravi, parce qu'il fit réflexion que je cesserais bientôt de lui être à charge. Or ça, Gil Blas, me dit-il un jour, le temps de ton enfance est passé. Tu as déjà dix-sept ans, et te voilà devenu habile garçon : il faut songer à te pousser. Je suis d'avis de t'envoyer à l'Université de Salamanque : avec l'esprit que je te vois, tu ne manqueras pas de trouver un bon poste. Je te donnerai quelques ducats pour faire ton voyage, avec ma mule qui vaut bien dix à douze pistoles ; tu la vendras à Salamanque, et tu en emploieras l'argent à t'entretenir jusqu'à ce que tu sois placé.

Il ne pouvait rien me proposer qui me fût plus agréable, car je mourais d'envie de voir le pays. Cependant j'eus assez de force sur moi pour cacher ma joie ; et lorsqu'il fallut partir, ne paraissant sensible qu'à la douleur de quitter un oncle à qui j'avais tant d'obligations, j'attendris le bonhomme, qui me donna plus d'argent qu'il ne m'en aurait donné s'il eût pu lire au fond de mon âme. Avant mon départ, j'allai embrasser mon père et ma mère, qui ne m'épargnèrent pas les remontrances. Ils m'exhortèrent à prier Dieu pour mon oncle, à vivre en honnête homme, à ne me point engager dans de mauvaises affaires, et, sur toutes choses, à ne pas prendre le bien d'autrui. Après qu'ils m'eurent très longtemps harangué, ils me firent présent de leur bénédiction, qui était le seul bien que j'attendais d'eux. Aussitôt je montai sur ma mule, et sortis de la ville.

Ce texte est précédé d'une adresse de Gil Blas au lecteur. En position, cette fois, de narrateur, il lui propose un « conte » susceptible de servir de grille de lecture pour son récit entier, et attire son attention sur le « fruit » que, s'il l'aborde dans de bonnes conditions, il peut être en mesure d'en retirer.

Avant que d'entendre l'histoire de ma vie, écoute, ami lecteur, un conte que je vais te faire.

Deux écoliers allaient ensemble de Peñafiel à Salamanque. Se sentant las et altérés, ils s'arrêtèrent au bord d'une fontaine qu'ils rencontrèrent sur leur chemin. Là, tandis qu'ils se délassaient après s'être désaltérés, ils aperçurent, par hasard, auprès d'eux, sur une pierre à fleur de terre, quelques mots déjà un peu effacés par le temps et par les pieds des troupeaux qu'on venait abreuver à cette fontaine. Ils jetèrent de l'eau sur la pierre pour la laver, et ils lurent ces paroles castillanes : « *Aqui està encerrada el alma del licenciado Pedro Garcias :* Ici est enfermée l'âme du licencié Pierre Garcias. »

Le plus jeune des écoliers, qui était vif et étourdi, n'eut pas achevé de lire l'inscription, qu'il dit en riant de toute sa force : Rien n'est plus plaisant ! Ici est enfermée l'âme... Une âme enfermée !... Je voudrais savoir quel original a pu faire une si ridicule épitaphe. En achevant ces mots, il se leva pour s'en aller. Son compagnon, plus judicieux, dit en lui-même : Il y a là-dessous quelque mystère ; je veux demeurer ici pour l'éclaircir. Celui-ci laissa donc partir l'autre, et, sans perdre de temps, se mit à creuser avec son couteau tout autour de la pierre. Il fit si bien qu'il l'enleva. Il trouva dessous une bourse de cuir qu'il ouvrit. Il y avait dedans cent ducats, avec une carte sur laquelle étaient écrites ces paroles en latin : « Sois mon héritier, toi qui as eu assez d'esprit pour démêler le sens de l'inscription, et fais un meilleur usage que moi de mon argent. » L'écolier, ravi de cette découverte, remit la pierre comme elle était auparavant, et reprit le chemin de Salamanque avec l'âme du licencié.

Qui que tu sois, ami lecteur, tu vas ressembler à l'un ou à l'autre de ces deux écoliers. Si tu lis mes aventures sans prendre garde aux inscriptions morales qu'elles renferment, tu ne tireras aucun fruit de cet ouvrage ; mais, si tu le lis avec attention, tu y trouveras, suivant le précepte d'Horace, l'utile mêlé avec l'agréable.

Et l'ensemble est encore précédé d'une déclaration de l'auteur. Jetant bas le masque au moment même où il le revêt, Lesage, en se défendant d'avoir fait des portraits directs, et surtout pris dans la société française, invite bien sûr son lecteur à les transposer de l'Espagne à la France, et, ruse suprême, à comprendre une fidélité intermittente aux « mœurs espagnoles » comme le souci moral d' « adoucir » leurs excès pour les « conformer » aux bien séances en vigueur dans l'art français : aveu ironique du véritable terrain où il situe son œuvre.

Comme il y a des personnes qui ne sauraient lire sans faire des applications des caractères vicieux ou ridicules qu'elles trouvent dans les ouvrages, je déclare à ces lecteurs malins qu'ils auraient tort d'appliquer les portraits qui sont dans le présent livre. J'en fais un aveu public : je ne me suis proposé que de représenter la vie des hommes telle qu'elle est ; à Dieu ne plaise que j'aie eu dessein de désigner quelqu'un en particulier ! Qu'aucun lecteur ne prenne donc pour lui ce qui peut convenir à d'autres aussi bien qu'à lui ; autrement, comme dit Phèdre, il se fera connaître mal à propos : *Stulte nudabit animi conscientiam.*

On voit en Castille, comme en France, des médecins dont la méthode est de faire un peu trop saigner leurs malades. On voit partout les mêmes vices et les mêmes originaux. J'avoue que je n'ai pas toujours exactement suivi les mœurs espagnoles ; et ceux qui savent de quel désordre vivent les comédiennes de Madrid pourraient me reprocher de n'avoir pas fait une peinture assez forte de leurs dérèglements ; mais j'ai cru devoir les adoucir, pour les conformer à nos manières.

Ainsi le lecteur de *Gil Blas* se voit-il proposer une réception stéréophonique du roman : il pourra, tour à tour ou en même temps, coïncider avec la bonne foi naïve du jeune homme-héros, avec la sagesse empirique de l'homme mûr-narrateur, et avec les intentions satiriques d'un auteur d'autant plus crédible qu'il n'attaque jamais de front et délègue sa lucidité souriante à quelqu'un qui n'a aucun moyen ni aucune raison de l'exercer autrement que pour ménager ses intérêts au jour le jour. La fraîcheur de l'intérêt romanesque est entière, et la portée de la satire n'en est pas moins puissante. C'est l'un des secrets de la « manière » de Lesage et du charme qu'elle produit.

Le sens du théâtre

Grand dramaturge, on l'a vu, Lesage a donné au Théâtre-Français deux comédies à succès et a fourni au théâtre de la Foire une cinquantaine de pièces. Son écriture romanesque porte la trace de ses qualités dramatiques, multipliant les scènes, les gags, les dialogues animés, les rencontres pittoresques. On peut en juger dès le chapitre 2 de *Gil Blas* par la fameuse scène de l'omelette et de la truite.

Lorsque l'omelette qu'on me faisait fut en état de m'être servie, je m'assis tout seul à une table. Je n'avais pas encore mangé le premier morceau, que l'hôte entra, suivi de l'homme qui l'avait arrêté dans la rue. Ce cavalier portait une longue rapière, et pouvait bien avoir trente ans. Il s'approcha de moi d'un air empressé : Seigneur écolier, me dit-il, je viens d'apprendre que vous êtes le seigneur Gil Blas de Santillane, l'ornement d'Oviedo et le flambeau de la philosophie. Est-il bien possible que vous soyez ce savantissime, ce bel esprit dont la réputation est si grande en ce pays-ci ? Vous ne savez pas, continua-t-il en s'adressant à l'hôte et à l'hôtesse, vous ne savez pas ce que vous possédez ; vous avez un trésor dans votre maison : vous voyez dans ce jeune gentilhomme la huitième merveille du monde. Puis, se tournant de mon côté, et me jetant les bras au cou : Excusez mes transports, ajouta-t-il ; je ne suis point maître de la joie que votre présence me cause.

Je ne pus lui répondre sur-le-champ, parce qu'il me tenait si serré que je n'avais pas la respiration libre, et ce ne fut qu'après que j'eus la tête dégagée de l'embrassade, que je lui dis : Seigneur cavalier, je ne croyais pas mon nom connu à Peñaflor. Comment connu ! reprit-il sur le même ton ; nous tenons registre de tous les grands personnages qui sont à vingt lieues à la ronde. Vous passez ici pour un prodige ; et je ne doute pas que l'Espagne ne se trouve un jour aussi vaine de vous avoir produit, que la Grèce d'avoir vu naître ses sages. Ces paroles furent suivies d'une nouvelle accolade, qu'il me fallut encore essuyer, au hasard d'avoir le sort d'Antée. Pour peu que j'eusse eu d'expérience, je n'aurais pas été la dupe de ses démonstrations ni de ses hyperboles ; j'aurais bien connu, à ses flatteries outrées, que c'était un de ces parasites que l'on trouve dans toutes les villes, et qui, dès qu'un étranger arrive, s'introduisent auprès de lui pour remplir leur ventre à ses dépens ; mais ma jeunesse et ma vanité m'en firent juger tout autrement. Mon admirateur me parut un fort honnête homme, et je l'invitai à souper avec moi. Ah ! très volontiers, s'écria-t-il ; je sais trop bon gré à mon étoile de m'avoir fait rencontrer l'illustre Gil Blas de Santillane, pour ne pas jouir de ma bonne fortune le plus longtemps que je pourrai. Je n'ai pas grand appétit, poursuivit-il ; je vais me mettre à table pour vous tenir compagnie seulement, et je mangerai quelques morceaux par complaisance.

En parlant ainsi, mon panégyriste s'assit vis-à-vis de moi. On lui apporta un couvert. Il se jeta d'abord sur l'omelette avec tant d'avidité, qu'il semblait n'avoir mangé de trois jours. A l'air complaisant dont il s'y prenait, je vis bien qu'elle serait bientôt expédiée. J'en ordonnai une seconde, qui fut faite si promptement qu'on nous la servit comme nous achevions, ou plutôt comme il achevait de manger la première. Il y procédait pourtant d'une vitesse toujours égale, et trouvait moyen, sans perdre un coup de dent, de me donner louanges sur louanges ; ce qui me rendait fort content de ma petite personne. Il buvait aussi fort souvent ; tantôt c'était à ma santé, et tantôt à celle de mon père et de ma mère, dont il ne pouvait assez vanter le bonheur d'avoir un fils tel que moi. En même temps, il versait du vin dans un verre, et m'excitait à lui faire raison. Je ne répondais point mal aux santés qu'il me portait ; ce qui, avec ses flatteries, me mit insensiblement de si belle humeur que, voyant notre seconde omelette à moitié mangée, je demandai à l'hôte s'il n'avait pas de poisson à nous donner. Le seigneur Corcuelo, qui, selon toutes les apparences, s'entendait avec le parasite, me répondit : J'ai une truite excellente ; mais elle coûtera cher à ceux qui la mangeront : c'est un morceau trop friand pour vous. Qu'appelez-vous trop friand ? dit alors mon flatteur d'un ton de voix élevé ; vous n'y pensez pas, mon ami : apprenez que vous n'avez rien de trop bon pour le seigneur Gil Blas de Santillane, qui mérite d'être traité comme un prince.

Je fus bien aise qu'il eût relevé les dernières paroles de l'hôte, et il ne fit en cela que me prévenir. Je m'en sentais offensé, et je dis fièrement à Corcuelo : Apportez-nous votre truite, et ne vous embarrassez pas du reste. L'hôte, qui ne demandait pas mieux, se mit à l'apprêter, et ne tarda guère à nous la servir. A la vue de ce nouveau plat, je vis briller une grande joie dans les yeux du parasite, qui fit paraître une nouvelle complaisance, c'est-à-dire qu'il donna sur le poisson comme il avait donné sur les œufs. Il fut pourtant obligé de se rendre, de peur d'accident, car il en avait jusqu'à la gorge. Enfin, après avoir bu et mangé tout son soûl, il voulut finir la comédie. Seigneur Gil Blas, me dit-il en se levant de table, je suis trop content de la bonne chère que vous m'avez faite pour vous quitter sans vous donner un avis important dont vous me paraissez avoir besoin. Soyez désormais en garde contre les louanges. Défiez-vous des gens que vous ne connaîtrez point. Vous en pourrez rencontrer d'autres qui voudront, comme moi, se divertir de votre crédulité, et peut-être pousser les choses encore plus loin ; n'en soyez point la dupe, et ne vous croyez point sur leur parole la huitième merveille du monde. En achevant ces mots, il me rit au nez, et s'en alla.

Un picaresque nouveau

L'itinéraire de Gil Blas sur sa mule est d'abord marqué par un certain nombre d'aventures que l'on pourrait dire matricielles parce qu'elles profilent en raccourci ou contiennent en germe toutes celles qui suivront. Leur simplicité n'a d'égale que la naïveté du héros, laquelle s'amenuise bien évidemment à mesure qu'il en est la victime. C'est le guet-apens du soldat sur la route, c'est la vente de la mule et le souper à l'hôtellerie de Peñaflor, où sa bonne foi est aisément exploitée par les maquignons et les flatteurs. C'est l'enrôlement forcé dans une bande de brigands où, d'abord leur prisonnier, Gil Blas devient leur complice et se mêle à leurs activités. L'imitation des grands romans picaresques espagnols *(Lazarillo de Tormes, Guzman d'Alfarache, Buscón)* est visible, mais contrairement au picaro traditionnel, mauvais garçon voué au mal et servant d'antimodèle moral, objet de scandale et presque d'effroi, Gil Blas montre une sorte d'innocence qui le rend plutôt sympathique. A preuve sa réaction à l'hôtellerie où, après s'être laissé abuser par l'acheteur de mule et par le pique-assiette, il ne s'en prend qu'à lui-même de ces mésaventures et éprouve la déconvenue de l'homme de bien dupé plus que la haine, la rancune vengeresse ou l'émulation dans le mal.

Je ne pouvais me consoler de m'être laissé tromper si grossièrement, ou, pour mieux dire, de sentir mon orgueil humilié. Eh quoi ! dis-je, le traître s'est donc joué de moi ! Il n'a tantôt abordé mon hôte que pour lui tirer les vers du nez, ou plutôt, ils étaient d'intelligence tous deux. Ah ! pauvre Gil Blas, meurs de honte d'avoir donné à ces fripons un juste sujet de te tourner en ridicule. Ils vont composer de tout ceci une belle histoire qui pourra bien aller jusqu'à Oviedo, et qui t'y fera beaucoup d'honneur. Tes parents se repentiront sans doute d'avoir tant harangué un sot : loin de m'exhorter à ne tromper personne, ils devaient me recommander de ne pas me laisser duper. Agité de ces pensées mortifiantes, enflammé de dépit, je m'enfermai dans ma chambre et me mis au lit ; mais je ne pus dormir, et je n'avais pas encore fermé l'œil, lorsque le muletier me vint avertir qu'il n'attendait plus que moi pour partir. Je me levai aussitôt ; et pendant que je m'habillais, Corcuelo arriva avec un mémoire de la dépense, dans lequel la truite n'était pas oubliée ; et, non seulement il m'en fallut passer par où il voulut, mais j'eus encore le chagrin, en lui livrant mon argent, de m'apercevoir que le bourreau se ressouvenait de mon aventure. Après avoir bien payé un souper dont j'avais fait si désagréablement la digestion, je me rendis chez le muletier avec ma valise, en donnant à tous les diables le parasite, l'hôte et l'hôtellerie.

La narration télescopique

Dès le chapitre 5 s'inaugure un procédé qui permet au roman de s'étoffer, à la satire de multiplier les points de vue, et à un auteur qui, comme Lesage vit de sa plume, d'accroître le nombre des feuillets imprimés. Il consiste à faire raconter leur propre histoire, présentée comme un roman en miniature ou en puissance, par des personnages épisodiques de l'histoire principale. Lesage n'invente pas cette technique de l'emboîtement des récits. On la trouvait, sous des formes diverses, dans le *Décaméron* de Boccace, dans l'*Heptaméron* de Marguerite de Navarre, et jusque dans *La Princesse de Clèves,* ou encore, à l'époque même de Lesage, dans *Les Illustres Françaises* (1713) de Robert Challe. Sous l'influence de ce dernier et de Lesage, le procédé prend au XVIIIe siècle une vigueur nouvelle, comme en témoignent les *Mémoires et aventures d'un homme de qualité* de Prévost (où l'histoire entière de *Manon Lescaut* n'est qu'un épisode de récit rapporté), les « malheurs de la vieille » dans *Candide,* et le texte entier de *Jacques le Fataliste* où Diderot fait de la digression l'argument même de son roman. Le chef des brigands qui ont capturé Gil Blas veut égayer la veillée de ses hommes par ce moyen.

Un grand plat de rôt, servi peu de temps après les ragoûts, vint achever de rassasier les voleurs, qui, buvant à proportion qu'ils mangeaient, furent bientôt de belle humeur et firent un beau bruit. Les voilà qui parlent tous à la fois : l'un commence une histoire, l'autre rapporte un bon mot ; un autre crie, un autre chante ; ils ne s'entendent point. Enfin Rolando, fatigué d'une scène où il mettait inutilement beaucoup du sien, le prit sur un ton si haut, qu'il imposa silence à la compagnie. Messieurs, leur dit-il d'un ton de maître, écoutez ce que j'ai à vous proposer ; au lieu de nous étourdir les uns les autres en parlant tous ensemble, ne ferions-nous pas mieux de nous entretenir en personnes raisonnables ? Il me vient une pensée : depuis que nous sommes associés, nous n'avons pas eu la curiosité de nous demander quelles sont nos familles, et par quel enchaînement d'aventures nous avons embrassé notre profession. Cela me paraît toutefois digne d'être su. Faisons-nous cette confidence pour nous divertir. Le lieutenant et les autres, comme s'ils avaient eu quelque chose de beau à raconter, acceptèrent avec de grandes démonstrations de joie la proposition du capitaine, qui parla le premier dans ces termes :

Messieurs, vous saurez que je suis fils unique d'un riche bourgeois de Madrid. Le jour de ma naissance fut célébré dans la famille par des réjouissances infinies. Mon père, qui était déjà vieux, sentit une joie extrême de se voir un héritier, et ma mère entreprit de me nourrir de son propre lait. Mon aïeul maternel vivait encore en ce temps-là : c'était un bon vieillard qui ne se mêlait plus de rien que de dire son rosaire et de raconter ses exploits guerriers ; car il avait longtemps porté les armes, et souvent il se vantait d'avoir vu le feu. Je devins insensiblement l'idole de ces trois personnes ; j'étais sans cesse dans leurs bras. De peur que l'étude ne me fatiguât dans mes premières années, on me les laissa passer dans les amusements les plus puérils. Il ne faut pas, disait mon père, que les enfants s'appliquent sérieusement, que le temps n'ait un peu mûri leur esprit. En attendant cette maturité, je n'apprenais ni à lire ni à écrire ; mais je ne perdais pas pour cela mon temps : mon père m'enseignait mille sortes de jeux. Je connaissais parfaitement les cartes, je savais jouer aux dés, et mon grand-père m'apprenait des romances sur les expéditions militaires où il s'était trouvé. Il me chantait tous les jours les mêmes couplets ; et, lorsque, après avoir répété pendant trois mois dix ou douze vers, je venais à les réciter sans faute, mes parents admiraient ma mémoire. Ils ne paraissaient pas moins contents de mon esprit, quand, profitant de la liberté que j'avais de tout dire, j'interrompais leur entretien pour parler à tort et à travers. Ah ! qu'il est joli ! s'écriait mon père, en me regardant avec des yeux charmés. Ma mère m'accablait aussitôt de caresses, et mon grand-père en pleurait de joie. Je faisais aussi devant eux impunément les actions les plus indécentes ; ils me pardonnaient tout : ils m'adoraient. Cependant, j'entrais dans ma douzième année, et je n'avais point encore eu de maître. On m'en donna un ; mais il reçut en même temps des ordres précis de m'enseigner sans en venir aux voies de fait ; on lui permit seulement de me menacer quelquefois pour m'inspirer un peu de crainte. Cette permission ne fut pas fort salutaire ; car, ou je me moquais des menaces de mon précepteur, ou bien, les larmes aux yeux, j'allais m'en plaindre à ma mère ou a mon aïeul, et je leur faisais accroire qu'il m'avait fort maltraité. Le pauvre diable avait beau venir me démentir, il n'en était pas pour cela plus avancé ; il passait pour un brutal, et l'on me croyait toujours plutôt que lui. Il arriva même un jour que je m'égratignai moi-même, puis je me mis à crier comme si l'on m'eût écorché : ma mère accourut et chassa le maître sur-le-champ, quoiqu'il protestât et prît le ciel à témoin qu'il ne m'avait pas touché.

Je me défis ainsi de tous mes précepteurs, jusqu'à ce qu'il vînt s'en présenter un tel qu'il me le fallait. C'était un bachelier d'Alcala. L'excellent maître pour un enfant de famille ! Il aimait les femmes, le jeu et le cabaret : je ne pouvais être en meilleures mains. Il s'attacha d'abord à gagner mon esprit par la douceur : il réussit, et, par là, se fit aimer de mes parents, qui m'abandonnèrent à sa conduite. Ils n'eurent pas sujet de s'en repentir ; il me perfectionna de bonne heure dans la science du monde. A force de me mener avec lui dans tous les lieux qu'il aimait, il m'en inspira si bien le goût, qu'au latin près je devins un garçon universel. Dès qu'il vit que je n'avais plus besoin de ses préceptes, il alla les offrir ailleurs.

Si dans mon enfance j'avais vécu au logis fort librement, ce fut bien autre chose quand je commençai à devenir maître de mes actions. Ce fut dans ma famille que je fis l'essai de mon impertinence. Je me moquais à tout moment de mon père et de ma mère. Ils ne faisaient que rire de mes saillies ; et plus elles étaient vives, plus ils les trouvaient agréables. Cependant, je faisais toutes sortes de débauches avec des jeunes gens de mon humeur ; et comme nos parents ne nous donnaient point assez d'argent pour continuer une vie si délicieuse, chacun dérobait chez lui ce qu'il pouvait prendre ; et, cela ne suffisant point encore, nous commençâmes à voler la nuit ; ce qui n'était pas un petit supplément. Malheureusement, le corrégidor apprit de nos nouvelles. Il voulut nous faire arrêter ; mais on nous avertit de son mauvais dessein. Nous eûmes recours à la fuite, et nous nous mîmes à exploiter sur les grands chemins. Depuis ce temps-là, messieurs, Dieu m'a fait la grâce de vieillir dans ma profession, malgré les périls qui y sont attachés.

Le capitaine cessa de parler en cet endroit, et le lieutenant, comme de raison, prit la parole après lui [...]

Un peu plus loin, Gil Blas rencontre un barbier muni d'une guitare, qui préfigure Figaro, et qui ne manque pas de raconter aussi sa propre histoire, laquelle compose un des chapitres les plus longs du livre.

Sur cette lancée, le roman continue à perte de vue. Lesage en publie les parties de dix en dix ans (1715, 1724, 1735). Après les premières expériences de la jeunesse, le héros se fait une place enviable dans la haute société espagnole, au service de l'archevêque de Grenade puis du ministre-duc de Lerme. Après une disgrâce et un emprisonnement, il se retire enfin dans une retraite sage et heureuse, au milieu des joies de la famille et de l'amitié.

Frères et sœurs de Gil Blas

Ce début de *Gil Blas* peut être considéré comme le creuset de toute la production réaliste du premier demi-siècle. Avant 1715, Fontenelle avait déjà proposé, avec les *Lettres du chevalier d'Her****, une chronique galante, très finement exacte, de son temps. Une série de textes aussi (ceux de Marana, Cotolendi, Dufresny, Bonnet) avait utilisé la fiction du regard étranger porté sur la société française, qui devait trouver sa forme la plus brillante et la plus profonde avec les *Lettres persanes*. R. Challe avait fait de ses *Illustres Françaises* un tableau, réfracté dans sept nouvelles, de la vie matérielle, sociale, sentimentale des jeunes gens de son temps, pris dans la petite noblesse, présentés avec les particularités de leur corps et de leur tempérament, dans un cadre concret et des occupations courantes. Celles-ci étaient avant tout liées à l'amour et, sur ce terrain, décrivaient une recherche de la liberté et du bonheur, mais aussi de la vérité. L'entrecroisement des personnages, tour à tour héros, auditeurs et narrateurs des différentes histoires, permettait une variation des points de vue qui donnait du réel visé (le « commerce de la vie », la contrainte sociale, l'opinion publique, la psychologie et la morale « modernes ») une image complexe, dynamique, ouverte. Enfin Lesage lui-même avait, dans son *Diable boiteux*, essayé la double formule d'une transposition « espagnole » des mœurs françaises et d'une accumulation de scènes « vues » dans tous les milieux, sans les masques habituels de l'hypocrisie sociale, grâce au pouvoir qu'il donnait à son « diable », Asmodée, de soulever les toits et de surprendre ainsi les secrets dissimulés dans l'intimité de la vie privée ou dans les conciliabules des coteries. Mais, en 1715, avec le déblocage général de la vie française qui marque la fin du long règne de Louis XIV, il n'est plus besoin de magie pour mener cet examen : les conduites commandées par le goût du pouvoir, le besoin de jouissance ou le désir d'argent, les questions posées par la « philosophie » sur leur fondement, leur droit, leur finalité, les propositions visant à leur réforme dans le sens de la plus grande liberté individuelle et de la moins grande injustice des conditions s'étalent au grand jour. Et c'est au grand jour que Gil Blas fait son apprentissage d'un monde à la fois encombré de préjugés tenaces et de pièges toujours menaçants, et ouvert à la conquête d'un homme courageux, habile, gourmand, arriviste sans cynisme, capable de surmonter les échecs et de conserver, dans le succès, sa générosité joviale et la fraîcheur de son jugement. C'est le fils aîné d'une famille où l'on comptera bientôt nés coup sur coup, en l'espace de cinq ans, Marianne, des Grieux, Jacob et Meilcour.

Marivaux, Prévost, Crébillon fils sont en effet les plus grands romanciers de la période, et leurs œuvres respectives ont bénéficié, de nos jours, d'une réévaluation méritée. Bien des traits les séparent :

— *le champ que balaient leurs fictions :* grand monde parisien de l'aristocratie et de la bourgeoisie d'affaires chez Marivaux, qui n'hésite pas à y mêler le petit monde parisien, celui des rues et des boutiques ; aventuriers voyageurs chez Prévost ; libertins de salon uniquement occupés de conquête et de séduction amoureuses chez Crébillon ;
— *leur tonalité :* malicieusement analytique chez Marivaux, d'un lyrisme sombre et volontiers tragique chez Prévost, légèrement cynique chez Crébillon ;
— *la disposition intérieure de leur narrateur-héros* en face de la destinée qu'il retrace : lucidement indulgente chez Marivaux, tourmentée et révoltée chez Prévost, froidement rusée chez Crébillon.

Mais ils ont en commun :

— *la forme des pseudo-mémoires,* qui implique de façon identique leurs protagonistes dans le récit de leur propre histoire ;
— *la structure d'apprentissage,* qui organise les épisodes successifs, leur confère une fonction expérimentale et une valeur heuristique, et mène à travers eux les héros jusqu'à ce point de conscience et de réflexion où, justement, la mise en récit devient possible ;
— *le sens de la qualité,* qui leur fait choisir des héros hors du commun, non par la seule naissance, mais par la finesse de l'esprit et la délicatesse du cœur ;
— *le goût de la lucidité et l'exercice de la perspicacité,* qui s'exercent dans le jugement que porte le héros-narrateur non seulement sur son comportement dans l'aventure passée, mais aussi sur la manière dont le monde extérieur a favorisé ou combattu les élans de son être intime ;
— *la logique qui les mène* de la volonté d'une affirmation individuelle et des besoins d'une sensibilité exigeante à la nécessité de déchiffrer les lois du fonctionnement de l'univers auquel elles sont confron-

tées : mystère de l'autre, bizarrerie de la destinée — hasard, providence ou occasion —, arcanes du monde social ;
— *enfin, sur ce dernier plan, la peinture impitoyable d'une société* du mensonge et des faux-semblants, où l'intégration se paie d'un certain nombre de compromissions, où le succès est toujours suivi de quelque désenchantement, où la souffrance des âmes sensibles est si grande, parfois, que le héros renonce à lutter davantage, et le romancier à achever son roman.

Suivons donc nos quatre héros sur le chemin de leurs aventures, dont les itinéraires, divers en apparence dans leur détail, sont au total significativement convergents.

« La Vie de Marianne »

Un homme qui n'est « point auteur » ayant trouvé, dans une maison de campagne qu'il venait d'acheter près de Rennes, un manuscrit écrit « il y a quarante ans », « d'une écriture de femme », où celle-ci, devenue comtesse, faisait l'histoire de sa vie à une de ses amies, le juge digne d'être imprimé. La comtesse, qui est alors aux alentours de la cinquantaine, raconte l'histoire d'une femme qui est elle-même et qui s'appelle Marianne. Son récit porte sur toute la période de sa jeunesse, depuis l'âge de deux ans jusque, probablement, aux alentours de la trentaine ; ce n'est que vers ses trente-cinq ans qu'elle apprendra enfin — mais dans une suite apocryphe — le secret de sa naissance (elle est fille d'un duc). La narratrice se propose explicitement de répondre à la prière d'une amie qui lui a demandé ce récit, et ne cache pas le plaisir qu'elle prend à le mener à son rythme, sans se préoccuper de « style », sans s'interdire digressions ni réflexions.

Tous les occupants d'un carrosse attaqué par des bandits sont tués, sauf une petite fille de deux ans. Recueillie et élevée par un brave curé, Marianne est menée par sa sœur à Paris et placée chez une lingère, Mme Dutour, qui l'encourage bientôt à ne pas repousser les hommages et les cadeaux d'un vieux dévot qui s'intéresse à elle, M. de Climal. Au moment où elle ne peut plus douter des intentions précises du vieillard, elle est victime d'un accident causé par un jeune homme, Valville, lequel lui fait une forte impression. Or Valville est le neveu de Climal. Ce dernier devenant de plus en plus pressant et voulant installer Marianne comme femme entretenue, elle se réfugie dans un couvent. Là, la mère de Valville, Mme de Miran, émue par la douleur de son fils qui recherche en vain Marianne dont il est fou amoureux, rend visite à la jeune fille, apprécie ses qualités personnelles, en particulier son honnêteté et son désintéressement, et, malgré la mésalliance, songe à lui faire épouser son fils. Mille obstacles s'élèvent pourtant entre les jeunes gens : enlèvement de Marianne manigancé par la famille de Valville, infidélité de celui-ci, apparition d'un autre prétendant, qui fait hésiter Marianne. Pendant qu'elle hésite, Tervire, une religieuse du couvent où elle s'est retirée, lui raconte sa propre histoire : un amour malheureux qui l'a conduite à prendre le voile. Ce récit dans le récit occupe les trois dernières parties (c'est-à-dire plus du quart de l'ensemble !) du roman écrit par Marivaux. Au sujet de Marianne, ce dernier laisse son lecteur dans le doute : va-t-elle reconquérir Valville ? épouser son nouveau prétendant ? se faire religieuse ? Cette suspension a été diversement interprétée par les critiques : essoufflement, lassitude, incapacité du romancier ? ou effet suprême de son art ? Car elle accrédite la thèse du récit authentique : les événements d'une vie n'ont pas de « dénouement » comme ceux d'un roman. En tout cas, elle fut si mal acceptée du public qu'il y eut un certain nombre de suites apocryphes, dont une de Mme Riccoboni (1761).

« Histoire du chevalier des Grieux et de Manon Lescaut »

Un « homme de qualité », qui a déjà fait le récit de toute sa vie, ayant rencontré, à Pacy-sur-Eure, un jeune gentilhomme engagé dans une aventure étrange, lui ayant donné l'argent dont il avait alors besoin, et le retrouvant deux ans plus tard à Calais, « en fort mauvais équipage », pour remercier son bienfaiteur et répondre à l'intérêt qu'il manifeste, le jeune homme raconte l'histoire d'un jeune homme qui est lui-même et qui s'appelle le chevalier des Grieux. Son récit porte sur les quatre années qui le précèdent (c'est-à-dire de la dix-septième à la vingt et unième année du chevalier), occupées par une aventure amoureuse unique et bouleversante. Le narrateur se propose explicitement de répondre à la générosité de son bienfaiteur en lui apprenant « non seulement [s]es malheurs et [s]es peines, mais encore [s]es désordres et [s]es plus honteuses faiblesses », de façon à mériter, en même temps que sa condamnation, sa pitié.

Promis à l'ordre de Malte, le jeune homme rencontre à Amiens une jeune fille pour laquelle il se sent immédiatement transporté d'amour. Il l'enlève, s'installe avec elle à Paris, y mène une vie insouciante et joyeuse, jusqu'à ce que leurs ressources s'épuisent. Repris alors par son père, il apprend qu'elle a accepté de vivre entretenue par un riche financier, M. de B... Il entre au séminaire avec son ami Tiberge et y achève de brillantes études. Elle vient l'y rechercher et, en dépit de tout, il lui pardonne et la suit. Leur vie de plaisir reprend. Pour faire face aux frais qu'elle entraîne, il se compromet avec Lescaut, frère peu recommandable de Manon, et entre dans une compagnie de tricheurs professionnels. Un vol dont ils sont victimes réduisant à nouveau leurs ressources, elle le quitte à nouveau pour profiter — et le faire profiter — des dons d'un vieux libertin, M. de G... M... Celui-ci pourtant, s'apercevant qu'il est dupé, fait enfermer Manon à l'Hôpital et le chevalier à Saint-Lazare. Il s'évade, fait évader Manon, reprend avec elle, à Chaillot, une vie de dissipation insouciante, bientôt interrompue par une nouvelle infidélité de Manon au profit du jeune G... M..., le fils de son précédent protecteur. La vengeance de des Grieux tourne si mal que les deux amants sont emprisonnés et que Manon est condamnée à la déportation en Amérique. Des Grieux tente en vain d'attaquer le convoi qui la mène au Havre, puis il s'embarque avec elle pour le Nouveau Monde. Là, ils croient pouvoir commencer une nouvelle vie, mais des Grieux est entraîné dans un malheureux duel avec le neveu du gouverneur, qui a des vues sur Manon, le blesse, croit l'avoir tué. Les amants s'enfuient dans le désert américain où Manon, épuisée, meurt dans les bras de des Grieux avec toutes les marques de l'amour le plus tendre. Après une longue maladie, le chevalier retrouve son ami Tiberge venu à sa recherche, et rentre avec lui en France, pour y rejoindre sa famille.

« Le Paysan parvenu »

Un homme encore jeune, dont on saura plus tard qu'il s'appelle M. de La Vallée, s'étant retiré à la campagne et y exerçant son « esprit de réflexion » sur « les événements de [s]a vie passée » entreprend d'écrire de son mieux (« chacun a sa façon de s'exprimer, qui vient de sa façon de sentir ») ses mémoires. Cet homme donc raconte l'histoire d'un homme qui est lui-même et qui s'appelle Jacob. Son récit porte sur les quelques mois qui lui suffirent pour assurer sa réussite sociale, à partir de l'âge de dix-huit ans (la suite apocryphe avance, probablement à tort, la durée de quatre ans). Le narrateur se propose explicitement de montrer par son exemple qu'il ne faut pas avoir honte ni peur d'une naissance basse, et que la confiance en soi est la seule clé de la réussite. Il déclare aussi vouloir instruire et s'amuser, car cette découverte a été pour lui l'occasion d'un jeu allègre et charmant.

Fils cadet d'un paysan champenois, Jacob vient à Paris livrer du vin au seigneur de son père. Il choisit d'y rester pour faire sa fortune. Fort prisé des femmes, ce dont il s'aperçoit très vite et qu'il utilise de bonne grâce, il entre au service d'une coquette, séduit une chambrière, est introduit dans la société de deux bourgeoises très riches, les sœurs Habert. Bien que dévotes, elles succombent toutes deux à son charme, et il épouse la plus jeune. Introduit par ce mariage dans la bonne société, il y mène, sans les chercher, des intrigues qui lui font bientôt acquérir une belle fortune, qu'un hasard heureux et un beau geste de générosité de sa part achèvent d'assurer : il sauve la vie du comte d'Orsan, neveu du premier ministre, en intervenant dans la bataille qui l'opposait à trois coupe-jarret. Ce n'est que dans la suite apocryphe qu'on le verra nommé contrôleur général des fermes de sa province natale et s'y retirant pour se consacrer au bien public. Marivaux, lui, l'abandonne, à la fin de la Cinquième Partie, sur le « théâtre », c'est-à-dire accompagnant son nouvel ami le comte d'Orsan sur la scène même de la Comédie, où l'on joue *Mithridate,* et dans une position artistement ambiguë : admis parmi les plus grands, et visiblement l'objet de leur moquerie.

« Les Egarements du cœur et de l'esprit »

Un jeune romancier fait précéder son livre d'une préface agressive, sur la bonne et les mauvaises manières d'écrire un roman, dédie ce livre à son père, qui est célèbre, et, du coup, signe « Crébillon ». Dans la préface, où il précise quel est le « dessein » qu'il s'est donné, il ne craint pas de nommer son livre « mémoires » en ajoutant : « soit qu'on doive les regarder comme un ouvrage purement d'imagination, ou que les aventures qu'ils contiennent soient réelles ». Un jeune homme donc raconte l'histoire d'un jeune homme qui est lui-même et qui s'appelle Meilcour. Son récit porte sur les quelques semaines de la première aventure sentimentale qu'il vécut, à dix-sept ans, et qu'il considère comme son initiation. Le narrateur se propose explicitement de décrire le détail de l'éducation sentimentale qu'il reçut, à une époque où les mœurs étaient « prodigieusement » différentes de celles du moment où il écrit, si bien qu'on ne sait s'il faut imputer sa maladresse à son inexpérience ou à la dépravation du monde dans lequel il vivait.

Un jeune noble d'excellente famille, riche et oisif mais sans morgue, est uniquement occupé de « l'idée du plaisir », sans rien savoir sur les moyens. Il se fait de la vertu féminine une si haute idée qu'il s'attache d'abord à une amie de sa mère, la croyant inaccessible. Manipulé sans s'en apercevoir par cette femme d'expérience, il en vient avec elle à des aveux et à des tentatives qu'elle espère, provoque et repousse. Le jeu se prolongerait au gré de Mme de Lursay si une autre femme, ouvertement coquette celle-là, Mme de Senanges, ne s'offrait si explicitement au jeune homme qu'elle provoque chez lui de la répulsion, et chez Mme de Lursay de la jalousie. Autre complication : la rencontre d'une toute jeune fille, Hortense de Théville, pour laquelle Meilcour éprouve une passion violente et exclusive, quoique absolument sans témoignages de réciprocité. Au milieu de ces embarras, il trouve un guide dans la personne de Versac, un homme mûr et expérimenté, libertin déclaré et volontiers théoricien, qui met à mal ses illusions sur la vertu des femmes et la rigueur de l'opinion publique. Ce personnage, d'un cynisme souriant, le scandalise et le fascine à la fois. Si Versac n'obtient pas de lui qu'il cède à « l'occasion » de Mme de Senanges, décidément trop facile, sans doute est-ce sous l'influence de ses conseils qu'il se décide à ce qui l'aurait fait rougir quelques semaines auparavant : il obtient les faveurs de Mme de Lursay au moment où il ne l'aime plus, et se dispose à prolonger cette liaison tout en pensant plus que jamais, dans le remords et l'espoir, à Hortense. Là s'arrête le roman de Crébillon fils, qui prétend dans sa Préface avoir eu le projet de le prolonger jusqu'à un dénouement heureux et édifiant : il aurait montré son héros « rendu à lui-même » et devant « toutes ses vertus à une femme estimable ». On peut préférer l'inachèvement.

Quatre initiations au « monde vrai » (l'expression est de Marivaux qui a écrit en 1734, dans *Le Cabinet du philosophe,* un texte intitulé « Voyage au Monde vrai »), ou plutôt quatre fois la double initiation du lecteur, à ce monde vrai, rendu encore plus visible à ses yeux par l'organisation de ces histoires, et à l'exercice de la conscience qu'on en peut et qu'on en doit prendre pour y vivre, y épanouir ses aptitudes, désamorcer ses pièges et s'y intégrer, si possible, en toute connaissance de cause.

On n'a pas manqué pourtant de mettre en doute le « réalisme » de ces œuvres : le hasard de certaines rencontres fait un peu trop bien les choses, certains aspects de la vie sociale, touchant en particulier les classes populaires, ne sont pas montrés comme ils le seront, par exemple, dans le roman naturaliste du XIXe siècle, et les réalités charnelles de l'amour ne sont le plus souvent évoquées qu'avec toutes les discrétions de l'ellipse et de la périphrase. Un passage de chacun de ces romans permettra cependant d'apprécier, dans divers domaines, la précision d'une peinture qui fit d'ailleurs scandale à l'époque. Elle a valeur de document pour l'historien des faits linguistiques et économiques, des comportements sentimentaux et sociaux, mais surtout elle témoigne d'un mouvement irréversible dans l'histoire du roman.

1 / Un cocher de fiacre ayant ramené Marianne dans la boutique de Mme Dutour, celle-ci lui donne douze sols pour sa course.

> Ce qu'il me faut ! cela ! dit le cocher, qui lui rendit sa monnaie avec un dédain brutal ; oh ! que nenni ; cela ne se mesure pas à l'aune. Mais que veut-il dire avec son aune, cet homme ? répliqua gravement Mme Dutour : vous devez être content ; on sait peut-être bien ce que c'est qu'un carrosse, ce n'est pas d'aujourd'hui qu'on en paie.
>
> Eh ! quand ce serait de demain, dit le cocher, qu'est-ce que cela avance ! Donnez-moi mon affaire, et ne crions pas tant. Voyez de quoi elle se mêle ! Est-ce vous que j'ai menée ? Est-ce qu'on vous demande quelque chose ? Quel diable de femme avec ses douze sols ! Elle marchande cela comme une botte d'herbes.
>
> Mme Dutour [...] se sentit offensée de l'apostrophe ignoble du cocher (je vous raconte cela pour vous divertir), la botte d'herbes sonna mal à ses oreilles. Comment ce jargon-là pouvait-il venir à la bouche de quelqu'un qui la voyait ? Y avait-il rien dans son air qui fît penser à pareille chose ? En vérité, mon ami, il faut avouer que vous êtes bien impertinent, et il me convient bien d'écouter vos sottises ! dit-elle. [...] Qu'est-ce que cela signifie ? Si j'appelle un voisin, on vous apprendra à parler aux bourgeois plus honnêtement que vous ne faites.
>
> Hé bien ! qu'est-ce que me vient conter cette chiffonnière ? répliqua l'autre en vrai fiacre. Gare ! prenez garde à elle ; elle a son fichu des dimanches. Ne semble-t-il pas qu'il faille tant de cérémonies pour parler à madame ? On parle bien à Perrette. Eh ! palsambleu ! payez-moi. Quand vous seriez encore quatre fois plus bourgeoise que vous n'êtes, qu'est-ce que cela me fait ? Faut-il pas que mes chevaux vivent ? Avec quoi dîneriez-vous, vous qui parlez, si on ne vous payait pas votre toile ? Auriez-vous la face si large ? Fi ! que cela est vilain d'être crasseuse !

Le mauvais exemple débauche. Mme Dutour, qui s'était maintenue jusque-là dans les bornes d'une assez digne fierté, ne put résister à cette dernière brutalité du cocher : elle laissa là le rôle de femme respectable qu'elle jouait, et qui ne lui rapportait rien, se mit à sa commodité, en revint à la manière de quereller qui était à son usage, c'est-à-dire aux discours d'une commère de comptoir subalterne ; elle ne s'y épargna pas.

[...] Attends ! attends ! ivrogne, avec ton fichu des dimanches : tu vas voir la Perrette qu'il te faut ; je vais te la montrer, moi, s'écria-t-elle en courant se saisir de son aune qui était à côté du comptoir.

Et quand elle fut armée : Allons, sors d'ici, s'écria-t-elle, ou je te mesure avec cela, ni plus ni moins qu'une pièce de toile, puisque toile il y a. Jernibleu ! ne me frappez pas, lui dit le cocher en lui retenant le bras ; ne soyez pas si osée ! je me donne au diable, ne badinons point ! Voyez-vous ! je suis un gaillard qui n'aime pas les coups, ou la peste m'étouffe ! Je ne vous demande que mon dû, entendez-vous ? il n'y a point de mal à ça.

Le bruit qu'ils faisaient attirait du monde ; on s'arrêtait devant la boutique [...]

(La Vie de Marianne, Deuxième Partie, *fin.)*

2 / Après l'avoir trahi, Manon est allée rechercher des Grieux au séminaire. Il a fui avec elle, et ils reprennent leur vie de plaisirs.

Mon bonheur me parut d'abord établi d'une manière inébranlable. Manon était la douceur et la complaisance mêmes. Elle avait pour moi des attentions si délicates que je me crus trop parfaitement dédommagé de toutes mes peines. Comme nous avions acquis tous deux un peu d'expérience, nous raisonnâmes sur la solidité de notre fortune. Soixante mille francs, qui faisaient le fond de nos richesses, n'étaient pas une somme qui pût s'étendre autant que le cours d'une longue vie. Nous n'étions pas disposés d'ailleurs à resserrer trop notre dépense. La première vertu de Manon, non plus que la mienne, n'était pas l'économie. Voici le plan que je me proposai : Soixante mille francs, lui dis-je, peuvent nous soutenir pendant dix ans. Deux mille écus nous suffiront chaque année, si nous continuons de vivre à Chaillot. Nous y mènerons une vie honnête, mais simple. Notre unique dépense sera pour l'entretien d'un carrosse, et pour les spectacles. Nous nous réglerons. Vous aimez l'Opéra : nous irons deux fois la semaine. Pour le jeu, nous nous bornerons tellement que nos pertes ne passeront jamais deux pistoles. Il est impossible que, dans l'espace de dix ans, il n'arrive point de changement dans ma famille ; mon père est âgé, il peut mourir. Je me trouverai du bien, et nous serons alors au-dessus de toutes nos autres craintes.

(*Histoire du chevalier des Grieux et de Manon Lescaut,* Première Partie.)

3 / Jacob, qui a pris le nom de La Vallée et vient d'épouser une riche bourgeoise, Mlle Habert, se voit faire des avances par deux femmes du monde. Il ne dit non ni à l'une ni à l'autre, se promet

pour les jours suivants, rentre chez lui et passe une joyeuse soirée avec son épouse et quelques amis, Mme de La Vallée a manifesté quelque hâte.

> Enfin on se leva, on s'embrassa, tout notre monde partit, on desservit, et nous restâmes seuls, Mme de La Vallée et moi.
>
> Alors, sans autre compliment, sous prétexte d'un peu de fatigue, ma pieuse épouse se mit au lit et me dit : Couchons-nous, mon fils, il est tard ; ce qui voulait dire : Couche-toi, parce que je t'aime. Je l'entendis bien de même, et me couchai de bon cœur, parce que je l'aimais aussi ; car elle était encore aimable et d'une figure appétissante [...]. Outre cela, j'avais l'âme remplie de tant d'images tendres, on avait agacé mon cœur de tant de manières, on m'avait tant fait l'amour ce jour-là qu'on m'avait mis en humeur d'être amoureux à mon tour ; à quoi se joignait la commodité d'avoir avec moi une personne qui ne demandait pas mieux que de m'écouter, telle qu'était Mme de La Vallée, ce qui est encore un motif qui engage.
>
> Je voulus en me déshabillant lui rendre compte de ma journée ; je lui parlai des bons desseins que Mme de Ferval avait pour moi, de l'arrivée de Mme de Fécour chez elle [...] : je prenais mal mon temps, quelque intérêt que Mme de La Vallée prît à ce qui me regardait, rien de tout ce que je lui dis ne mérita son attention ; je ne pus jamais tirer que des monosyllabes : Oui-da, fort bien, tant mieux et puis : Viens, viens, nous parlerons de cela ici.
>
> Je vins donc, et adieu les récits, j'oubliai de les reprendre, et ma chère femme ne m'en fit pas ressouvenir.
>
> Que d'honnêtes et ferventes tendresses ne me dit-elle pas ! On a déjà vu le caractère de ses mouvements, et tout ce que j'ajouterai, c'est que jamais femme dévote n'usa avec tant de passion du privilège de marquer son chaste amour ; je vis le moment qu'elle s'écrierait : Quel plaisir de frustrer les droits du diable, et de pouvoir sans péché être aussi aise que les pécheurs !
>
> Enfin nous nous endormîmes tous deux [...]

> (*Le Paysan parvenu*, Quatrième Partie.)

4 / Versac, homme à bonnes fortunes plein d'expérience, tente de convaincre le jeune Meilcour de céder, malgré ses autres engagements, aux avances d'une femme galante, Mme de Senanges, et lui explique pourquoi.

> « C'est une femme charmante que Mme de Senanges ! On n'a jamais avec elle ni sottes réflexions ni lenteurs affectées à craindre. En un instant, son esprit a tout aperçu, son cœur a tout senti.
>
> — Ce ne serait pas, repris-je, ce qui me la ferait aimer davantage. Un peu d'indécision, quand il s'agit du choix d'un amant, sied, je crois, mieux à une femme que cette précipitation dont vous savez si bon gré à Mme de Senanges.

— Autrefois, dit-il, on pensait comme vous, mais les temps sont changés. [...] Revenons à Mme de Senanges. Après les espérances que vous lui avez données et les soins que vous lui avez rendus, votre indifférence m'étonne.

— Moi, m'écriai-je, je lui ai donné des espérances ?

— Mais sans doute, répondit-il froidement : quand un homme de votre âge va chez une femme comme Mme de Senanges, paraît en public avec elle, et laisse établir un commerce de lettres, il faut bien qu'il ait ses raisons. Communément on ne fait point ces choses-là sans idée. Elle doit croire que vous l'adorez.

— Ce qu'elle croit m'importe peu, repris-je ; je saurai la détromper.

— Cela ne sera pas honnête, repartit-il, et vous la mettez en droit de se plaindre de vos procédés.

— Il me semble, répondis-je, que je suis plus en droit de me plaindre des siens. A propos de quoi peut-elle croire que je lui dois mon cœur ?

— Votre cœur ! dit-il, jargon de roman. Sur quoi supposez-vous qu'elle vous le demande ? Elle est incapable d'une prétention si ridicule.

— Que demande-t-elle donc ? répondis-je.

— Une sorte de commerce intime, reprit-il, une amitié vive qui ressemble à l'amour par les plaisirs, sans en avoir les sottes délicatesses. C'est, en un mot, du goût qu'elle a pour vous, et ce n'est que du goût que vous lui devez. »

(*Les Egarements du cœur et de l'esprit,* Troisième Partie.)

Une scène de rue prise sur le vif, image et son, l'économie budgétaire détaillée d'une grande passion, les plaisirs ordinaires d'une nuit conjugale avec une épouse ardente, l'art de profiter sans scrupules du goût qu'on inspire à une femme qui n'en demande pas plus, autant d'expériences dont le roman antérieur ne croyait pas digne de lui de faire état, mais dont Marianne, des Grieux, Jacob et Meilcour ne dédaignent pas de tirer profit. La manière dont ils les vivent leur ôte toute banalité, leur confère même une sorte de noblesse, puisque c'est de ces mille détails que se construit une vie et de leur succession, bien négociée, que s'élaborent son unité et sa signification.

Il était bien naturel que le plaisir du roman changeât de nature, dans un monde que transformaient en profondeur la pensée cartésienne (attribuant à chacun la faculté de juger individuellement tout ce qui lui était proposé comme vrai), la philosophie sensualiste (subordonnant la connaissance des choses à l'expérience sensible que chacun était à même d'en faire) et la déstabilisation sociale (ouvrant à chacun des chances nouvelles dans le chemin des dignités, de la fortune et du bonheur). On comprend ainsi le virage réaliste que prit le genre, et dont témoignent en particulier les quatre parcours de vie qui viennent d'être analysés. L'aventure n'était plus réservée à des héros de profession ou de condition : elle était à la portée de tout être qui avait le désir et le courage de s'y engager. C'était la vie même, toute vie, qui devenait une aventure, pour peu qu'on ait conscience de la vivre comme telle, c'est-à-dire de telle façon qu'elle méritât d'être mise en récit.

Trois problèmes se posaient cependant :

— Pourquoi ériger en modèle, par sa mise en récit justement, telle expérience particulière, puisque l'aventure était devenue le fait et le droit de tous ? Comment justifier ce nouveau privilège accordé à quelques-uns, qui n'avaient fait que vérifier, pour leur part, les possibilités virtuellement offertes à n'importe qui ?

— Comment s'assurer que la règle morale adoptée par ces pionniers des nouveaux espaces ouverts à la connaissance, à la conquête et à la maîtrise du monde correspondait à la morale elle-même, qu'on considérait toujours comme universelle et dictée par un ordre qui, pour n'être plus exclusivement théologique, n'en restait pas moins transcendant ?

— N'était-il pas frustrant de limiter aux contingences de l'existence vécue l'exploration des possibles, que le rêve seul multiplie et diversifie à l'infini ?

Où l'on voit que, tout en répondant admirablement aux besoins des Lumières naissantes qui l'inventèrent, la narration à la première personne ne laissait pas d'en interroger à son tour les présupposés. C'est peut-être le travail de cette interrogation qui se manifeste dans l'éventail des formes dans lesquelles, selon les œuvres, s'exprime le *je* :

— mémoires adressés à personne en particulier ;
— mémoires adressés à quelqu'un ;
— lettres adressées, sans réponses (monodie épistolaire) ;
— lettres échangées entre deux correspondants ;
— lettres échangées entre plusieurs correspondants (polyphonie épistolaire).

Sans qu'on puisse en déterminer les étapes selon une distribution chronologique précise, le mouvement du siècle semble aller du plaisir, tout neuf, de se dire au besoin de se dire à quelqu'un, puis à la nécessité de connaître la réception de l'autre, enfin à tous les jeux, innocents ou cruels, que permet l'entrecroisement des discours multiples.

Les enchantements du conte

Dès le début de notre période, tout un pan de la production narrative s'ingénie à répondre aux trois questions énoncées ci-dessus, qui n'étaient évidemment pas formulées alors dans les termes qu'on vient de lire. En dé-réalisant son héros, en modelant sa morale aux conditions imprévisibles de mondes régis par d'autres lois que le nôtre, en donnant apparence concrète aux constructions de l'imaginaire, le conte est en mesure d'entraîner chacun, non seulement aux quatre coins du monde réel et de la conscience, mais aussi dans le décor à la fois étrange et familier des désirs informulés et des hantises inconscientes : aventure psychique, onirique, fantasmatique, qui prend en charge la projection collective des expériences individuelles et en désigne, plus exactement peut-être que les témoignages réalistes, la direction historique.

On peut bien sûr trouver des étiquettes pour classer cette production, tant les effets de mode déterminent des séries.

Le merveilleux, avec les contes de fées dont Charles Perrault a construit dès 1697 le modèle indépassable, fixant dans une écriture classique à la fois savante et naïve les éléments épars d'une tradition populaire orale de plusieurs siècles. Ni Mme d'Aulnoy, ni Mme de Murat, ni Préchac, ni Hamilton n'égaleront la grâce ambiguë, la concision charmante et cruelle du *Petit Chaperon rouge,* du *Chat botté* ou du *Petit Poucet,* mais le genre, qui fit fureur à la fin du XVIIe siècle, connut un succès durable, appuyé aussi, on l'a vu, sur les œuvres dramatiques et lyriques, jusque vers 1745 où se constitua une « Bibliothèque des génies et des fées ». L'intérêt du phénomène est double : d'une part, la duplicité même du genre, qui accorde créance au jeu et joue la crédulité, qui organise rationnellement des faits sur lesquels la raison n'a pas de prise, qui tire ses effets tour à tour de l'immédiateté et du surcodage. Le cas de Perrault est bien révélateur, qui a pu laisser planer le doute sur la rédaction de ses contes (faite par un adulte ? par un enfant ?) et sur leur réception (écrits pour des enfants ? pour des adultes ?). Cette duplicité convient tout particulièrement à une période qui va en effet conjoindre la plus grande innocence dans la découverte à la plus grande perversion dans l'interprétation et les applications, innocence et perversion s'appliquant aux champs les plus divers, du scientifique au sentimental, du politique à l'esthétique, et voyant leur confrontation occuper peu à peu le devant de la scène littéraire, à travers Richardson et Fielding, jusqu'à Rousseau, Laclos et Sade. D'autre part, la notion de « folklore » n'existant pas encore, le conte merveilleux reste merveilleusement libre de ses mouvements, non finalisés par l'effort archéologique (qui sera celui, par exemple, des frères Grimm en Allemagne au début du XIXᵉ siècle) ou par l'élaboration théorique (qui fera du conte populaire un objet de laboratoire à partir de V. Propp et de sa *Morphologie du conte,* 1928, trad. franç., Paris, Le Seuil, 1970).

Les Contes de Perrault

● Leur nombre : bien qu'il en ait écrit davantage, la tradition les a réduits à onze : trois en vers : *Griselidis* (1691), *Les Souhaits ridicules* (1693), *Peau d'Ane* (1694), et huit en prose.

● Leur titre : *Histoires ou Contes du temps passé* est le titre du recueil publié en 1697, mais ils sont aussi connus sous le titre de *Contes de ma mère l'Oye.*

● Les contes en prose :
La Belle au bois dormant ;
Le Petit Chaperon rouge ;
Barbe-Bleue ;
Le Maître chat ou le Chat botté ;
Les Fées ;
Cendrillon ou la Petite Pantoufle de vair ;
Riquet à la houppe ;
Le Petit Poucet.

● Leurs sources :
— la tradition orale populaire des campagnes françaises ;
— les conteurs du Moyen Age ;
— la tradition littéraire italienne (Boccace) ;
— la vision du monde de Perrault.

● Leurs traits caractéristiques :
— fantasmes de luxe, de toute-puissance et de beauté ;
— réalisme dans la peinture de la vie bourgeoise et rurale ;
— langue à la fois naïve, imagée, archaïque, et d'une clarté et distinction toutes classiques ;
— vraisemblance de la psychologie, dans les situations les plus irréelles ;
— danger permanent d'un monde injuste, cruel, inquiétant, dévorateur ;
— leçons de vertu, de courage, de persévérance et de générosité ;
— mélange de crédulité et d'humour.

Le fantastique, encore timide avec l'abbé Bordelon dont les diableries ne provoquent guère d'angoisse. La vraie naissance de ce genre est traditionnellement attachée au livre de Cazotte, *Le Diable amoureux* (1772). A cette série on peut cependant relier plusieurs voyages utopiques, dans la tradition de Cyrano de Bergerac et de Denis Veiras : les livres de Foigny, Gilbert, Tyssot de Patot et Legrand (voir le Tableau, p. 194 sq.) conjuguent plusieurs des goûts les plus caractéristiques des Lumières naissantes (celui du récit de voyage, celui de l'expérimentation scientifique, celui des modèles sociopolitiques nouveaux) avec la mise en œuvre de moyens qui ne sont pas à la portée de l'homme normal et requièrent donc des forces et des connaissances encore inexplicables. De même que le merveilleux, l'utopie ne se prend pas encore au sérieux, comme elle le fera au cours du XIXᵉ siècle ; ce qui ne l'empêche pas de jouer un rôle considérable dans le travail transformateur de l'imaginaire. On a récemment remis au jour un curieux conte, publié en 1747 par un Bibiena dont on sait peu de choses : *La Poupée* anticipe étrangement sur le fantastique tel qu'il devait se développer au siècle suivant, puisque son héroïne est une poupée qui grandit comme une personne vivante. Texte isolé en son genre, et fort inattendu dans la bibliothèque des lecteurs de l'*Encyclopédie* ! (voir p. 402).

L'exotique, parfois américain, à une époque où la vieille Europe cherche dans les terres du Nouveau Monde des traces de ses origines perdues (le « bon sauvage »), des indices des crimes dont elle est capable (colonisation brutale, esclavage), des ouvertures pour son expansion économique (la Compagnie des Indes, le Mississippi), et des modèles, utopiques ou non, de transformation sociale (Eldorado, Pennsylvanie, Paraguay), mais le plus souvent oriental. Dans cette série sont allégrement confondus le Moyen-Orient, l'Inde et l'Extrême-Orient, qui présentent tous trois en commun deux intérêts principaux : ils offrent des modèles religieux qu'on peut comparer et opposer au modèle chrétien, et un climat de sensualité raffinée au sein duquel on peut faire évoluer toutes sortes de figures voluptueuses et évoquer des scènes piquantes ou lascives. La traduction par A. Galland des *Mille et Une Nuits* en 1704 propose une forme étonnamment féconde, puisque son principe est de faire équivaloir le désir de vie (la sultane Schéhérazade mourra si elle ne trouve, chaque nuit, la suite d'un interminable récit à faire au roi que la trahison de sa femme a rendu misogyne), le désir érotique (renouvelé par chacune de ces histoires) et le désir même du récit (qui fait de l'invention littéraire plus qu'un moyen, un objet de jouissance). Sur ce modèle prolifèrent les œuvres (de Pétis de La Croix, Bignon, Gueullette, Mouhy, Cazotte : voir le Tableau, p. 194 sq.), jusqu'au *Sultan Misapouf* de Voisenon et aux *Bijoux indiscrets* de Diderot.

Cette classification est commode pour rendre compte, de façon synoptique, d'une activité littéraire étonnamment fertile pendant notre période ; mais elle n'est guère pertinente à cette période, car elle est anachronique. Elle repose sur des critères formels qui n'ont été déterminés que beaucoup plus tard, et dont les auteurs du XVIIIᵉ siècle ne se souciaient guère. Le type d'intervention du surnaturel, de l'étrange ou de l'inexplicable, l'hésitation, l'adhésion ou la dérision qu'ils produisent ne sont pas en réalité très importants, non plus que l'authenticité du cadre où est censée se dérouler l'action des contes, voire leur narration. Le point commun, l'élément distinctif des textes que nous classons dans la troisième catégorie des œuvres de fiction en prose (le conte en vers, on l'a vu, est encore pratiqué, mais en voie de marginalisation) est la fantaisie. En elle consiste le pacte de plaisir que les auteurs passent avec leur public, qu'ils choisissent de l'infléchir secondairement dans le sens de la parodie, de l'émotion, de la réflexion, de la satire, de la grivoiserie, de l'édification ou tout simplement d'un scepticisme vigilant.

Plus que par les œuvres qui viennent d'être évoquées et qui, à l'exception des *Contes* de Perrault, ne méritent que le second rayon de la littérature, la présente rubrique vaut surtout par deux directions que prit alors le conte pour donner naissance à des textes de tout premier plan et, de plus, parfaitement caractéristiques de la période : la veine libertine et le champ philosophique. Le paradoxe n'est qu'apparent. Certes, on pourrait penser que, chacun à sa manière, le libertin et le philosophe, tels du moins qu'on les conçoit alors, s'attachent à des objets bien réels, à des réalités bien sensibles, à des objectifs bien accessibles. Mais qui ne voit que, dans le contexte idéologique du règne de Louis XV, ils ne peuvent inscrire l'idéal qu'ils poursuivent que sur le mode imaginaire du « il était une fois », éventuellement modulé en « il sera un jour » ? Au cœur des *Lettres persanes*, Montesquieu rend admirablement lisibles et ce caractère optatif des deux quêtes et leur étonnante solidarité. Les deux lettres centrales de ce roman épistolaire sont consacrées, selon un schéma dialectique préfaustien, l'une à l'objet le plus parfait de la jouissance (« tout ce que la Perse a de plus ravissant »), l'autre à l'objet le plus parfait de la connaissance (« le gouvernement le plus conforme à la raison »).

Le grand eunuque noir à Usbek, à Paris

Hier des Arméniens menèrent au sérail une jeune esclave de Circassie, qu'ils voulaient vendre. Je la fis entrer dans les appartements secrets, je la déshabillai, je l'examinai avec les regards d'un juge, et plus je l'examinai, plus je lui trouvai de grâces. Une pudeur virginale semblait vouloir les dérober à ma vue ; je vis tout ce qu'il lui en coûtait pour obéir : elle rougissait de se voir nue, même devant moi, qui, exempt des passions qui peuvent alarmer la pudeur, suis inanimé sous l'empire de ce sexe, et qui, ministre de la modestie, dans les actions les plus libres ne porte que de chastes regards et ne puis inspirer que l'innocence.

Dès que je l'eus jugée digne de toi, je baissai les yeux ; je lui jetai un manteau d'écarlate ; je lui mis au doigt un anneau d'or ; je me prosternai à ses pieds ; je l'adorai comme la reine de ton cœur ; je payai les Arméniens ; je la dérobai à tous les yeux. Heureux Usbek ! tu possèdes plus de beautés que n'en enferment tous les palais d'Orient. Quel plaisir pour toi de trouver à ton retour tout ce que la Perse a de plus ravissant, et de voir dans ton sérail renaître les grâces, à mesure que le temps et la possession travaillent à les détruire !

LETTRE LXXX

Usbek à Rhédi, à Venise

Depuis que je suis en Europe, mon cher Rhédi, j'ai vu bien des gouvernements : ce n'est pas comme en Asie, où les règles de la politique se trouvent partout les mêmes.

J'ai souvent recherché quel était le gouvernement le plus conforme à la raison. Il m'a semblé que le plus parfait est celui qui va à son but à moins de frais ; de sorte que celui qui conduit les hommes de la manière qui convient le plus à leur penchant et à leur inclination est le plus parfait.

Si, dans un gouvernement doux, le peuple est aussi soumis que dans un gouvernement sévère, le premier est préférable, puisqu'il est plus conforme à la raison, et que la sévérité est un motif étranger. [...]

Le premier de ces objets que le détour fantaisiste du conte cherche à cerner et à atteindre est illustré par Duclos qui, sous les apparences du roman réaliste, passe en revue, dans l'*Histoire de Mme de Luz* et dans *Les Confessions du comte de ****, toutes sortes de perversions savantes et de savoureux compromis de la morale avec le sexe. Vers le milieu du siècle, cette inspiration se fera de plus en plus cynique et son expression prendra une forme nettement pornographique (*Le Portier des Chartreux, Thérèse philosophe, Margot la ravaudeuse :* voir le Tableau, p. 194 sq.). Mais l'évolution de cette veine licencieuse est surtout sen-

sible dans l'œuvre de Crébillon fils, qui écarte peu à peu le déguisement du conte oriental et féerique *(Tanzaï et Néadarné ou l'Ecumoire, Le
Sopha)* pour situer dans l'époque et la société contemporaines ses
habiles stratégies de la conquête amoureuse et sa physique mécaniste
du désir et de la jouissance. Chef-d'œuvre de l'esthétique dite
« rococo », la prose de Crébillon fils ne multiplie et ne complexifie les
détours langagiers par lesquels elle joue et déjoue sans cesse le discours amoureux qu'afin d'en montrer (pour le célébrer ? le dénoncer ? le dépasser ?) l'artifice infini et d'en faire la double épreuve et
d'une postulation énergique de lucidité et de sa radicale impossibilité. Diderot manifesterait quelque retard sur cette évolution quand,
en 1748, il recourt encore au cadre oriental et à la magie pour faire
parler directement les « bijoux » féminins, si les aveux ainsi surpris ne
mêlaient intimement les évocations sensuelles les plus scabreuses aux
allusions satiriques les plus sérieuses sur les questions de société, de
droit, d'économie et de philosophie.

Car c'est bien la « philosophie » qui, en définitive, va hériter de
la tradition du conte, profiter de sa vogue, et faire fructifier cet
héritage en l'investissant dans des scénarios moins intemporels que
ceux de la tradition populaire (vieilles peurs de la dévoration, de
l'inceste, de l'infanticide, vieilles attentes d'une métamorphose soudaine de la misère en faste et de la solitude en amour) ou de la
lignée libertine (voyeurisme, transgression, profanation) ; des scénarios qui s'emparent de questions d'actualité (incidence du savoir
sur le bonheur, utilité du mal, nocivité des systèmes, acceptation
tolérante de l'autre) et qui, en les dépaysant ostensiblement, mettent chacun des lecteurs à même d'en éprouver l'urgence et d'évaluer les réponses qui leur sont ludiquement apportées. Ce sera
l'œuvre de Voltaire, non pas naturelle et spontanée, mais longuement mûrie à travers l'expérience attentive de cinquante années.
Quand il invente, en 1747, le conte philosophique, Voltaire a déjà
en effet derrière lui toute une vie d'action, de réflexion, de lecture
et d'écriture. On verra dans le chapitre qui lui est consacré plus
loin, comme bilan de la période des Lumières naissantes, que ce
genre tout neuf qu'il crée — et que nul après lui, ou peu s'en faut,
n'illustrera plus — est en réalité une géniale synthèse qui reprend
et reconditionne, après les avoir fait tous passer au filtre de l'ironie
et en les entraînant dans un « tempo » tout à fait particulier, les
éléments du roman baroque, ceux du récit réaliste et ceux des
diverses formes — merveilleuse, fantastique, exotique, libertine —
du conte, que nous avons rencontrés tout au long de ce chapitre.

Un débat de société

Les références et extraits du tableau qui suit rendent évidents, à travers les multiples controverses dont il fut l'objet, l'intérêt suscité par le genre et le succès qu'il remportait auprès des lecteurs. Le caractère paradoxal de ce succès, vu tout ce qu'on peut reprocher au roman par rapport à la vérité de l'histoire, aux règles de l'esthétique, aux impératifs de la morale, au critère de l'utilité, a même été présenté par Georges May comme constitutif du genre, à ce moment-là : c'est ce qu'il a appelé « le dilemme du roman ». Cette polémique ne se limita pas à l'échange d'arguments, dont le tableau ci-dessous donne les exemples les plus marquants. Elle provoqua, en 1737, une proscription quasi officielle des romans, ou plus exactement une attitude très dissuasive de la censure vis-à-vis de ce genre, sous la responsabilité du garde des Sceaux, le très janséniste et gallican D'Aguesseau et du très réactionnaire comte d'Argenson, alors chargé de la Chancellerie de la Librairie.

Le tableau déborde un peu l'année 1750. La vraie « coupure » du siècle en effet, pour le genre romanesque, se situe au début de la décennie 1760, lorsque Diderot avec son *Eloge de Richardson* et Rousseau avec *La Nouvelle Héloïse* vont à la fois relancer et déplacer le débat.

OPINIONS ET JUGEMENTS DU TEMPS SUR LE GENRE ROMANESQUE

1694   Boileau, *Lettre à Ch. Perrault*
(Absence de modèle antique, morale vicieuse et lecture dangereuse.)

1715   Lesage, *Gil Blas,* Avis au lecteur
(cité *supra*, p. 164)

1721   Montesquieu, *Lettres persanes,* lettre CXXXVII
(« Vous voyez ici les romans, dont les auteurs sont des espèces de poètes et qui outrent également le langage de l'esprit et celui du cœur : ils passent leur vie à chercher la nature et la manquent toujours, et leurs héros y sont aussi étrangers que les dragons ailés et les hippocentaures. »)

1726   Lesage, *Le Diable boiteux,* Préface
(« Je me contente de leur offrir en petit un tableau des mœurs du siècle. »)

1728   Desmolets, *Mémoires de littérature*
(« Un récit qui ne contient rien que de vrai est une Histoire ; un tissu de fictions est une Fable ; le mélange de la fable et de l'histoire fait le Roman. »)

1728   Voltaire, *Essai sur la poésie épique*
(« Si quelques romans nouveaux paraissent encore, et s'ils font pour un temps l'amusement de la jeunesse frivole, les vrais gens de lettres les méprisent. »)

1731   Bruzen de La Martinière, *Introduction générale à l'étude des sciences et des belles-lettres*
(« On s'y gâte le goût, on y prend de fausses idées sur la vertu, on y rencontre des images obscènes, on s'apprivoise insensiblement avec elles ; et on se laisse amollir par le langage séduisant des passions, surtout quand l'auteur a su leur prêter les couleurs les plus gracieuses. » L'ouvrage est, au demeurant, plutôt favorable au genre.)

1731   Prévost, *Manon Lescaut,* Avis au lecteur
(« Les personnes de bon sens ne regarderont point un ouvrage de cette nature comme un ouvrage inutile. Outre le plaisir d'une lecture agréable, on y trouvera peu d'événements qui ne puissent servir à l'instruction des mœurs ; et c'est rendre, à mon avis, un service considérable au public que de l'instruire en l'amusant. [...] Chaque fait qu'on y rapporte est un degré de lumière, une instruction qui supplée à l'expérience ; chaque aventure est un modèle d'après lequel on peut se former. [...] L'ouvrage entier est un traité de morale, réduit agréablement en exercice. »)

1734   Lenglet-Dufresnoy, *De l'usage des romans*
(sous-titre : « Où l'on fait voir leur utilité et leurs différents caractères »)

1734   Marivaux, *Le Paysan parvenu,* Quatrième partie (critique de Crébillon fils)
(« Je crois que dans une très grande jeunesse on peut avoir du plaisir à le lire ; tout est bon à cet âge où l'on ne demande qu'à rire [...]. Il est vrai [...] que nous sommes naturellement libertins, ou, pour mieux dire, corrompus ; mais en fait d'ouvrages d'esprit, il ne faut pas prendre cela à la lettre, ni nous traiter d'emblée sur ce pied-là. Un lecteur veut être ménagé. [...] Ce lecteur aime pourtant les licences, mais non les licences extrêmes, excessives ; celles-là ne sont supportables que dans la réalité qui en adoucit l'effronterie [...], mais non pas dans un livre, où elles deviennent plates, sales et rebutantes, à cause du peu de convenance qu'elles ont avec l'état tranquille d'un lecteur. »)

1735   Lenglet-Dufresnoy, *L'Histoire justifiée contre les Romans*

1735   Père Bougeant, *Voyage merveilleux du prince Fan-Férédin dans la Romancie*
(Satire enjouée tant de la « Haute » que de la « Basse-Romancie ».)

1736   Crébillon fils, *Les Egarements du cœur et de l'esprit,* Préface
(« Le Roman, si méprisé des personnes sensées, et souvent avec justice, serait peut-être celui de tous les genres qu'on pourrait rendre le plus utile s'il était bien manié, si, au lieu de le remplir de situations ténébreuses et forcées, de Héros dont le caractère et les aventures sont toujours hors du vraisemblable, on le rendait, comme la Comédie, le tableau de la vie humaine, et qu'on y censurât les vices et les ridicules. »)

1735-1743   Abbé Desfontaines, *Observations sur les écrits modernes*
(« Un roman bien fait et bien écrit [...] est vraiment un ouvrage digne d'un homme de lettres, comme un poème épique, une tragédie, une comédie, un opéra. » Mais : « Le plus grand défaut des romans ordinaires, de ceux qu'on a la bonté de lire, est de paraître trop romans ; jusque-là que leurs auteurs font souvent la sottise s'en avertir leurs lecteurs à la tête de l'ouvrage. Quelle illusion prétendent-ils faire, après cela ? Cependant l'illusion est essentielle à un livre de fiction. C'est un grand art de savoir éviter l'apparence de l'art. »)

1736   Père Porée, *De libris qui vulgo dicuntur romanses oratio*
(Danger d'exalter la passion par une peinture trop complaisante. Violente dénonciation, qui en appelle à la répression.)

1738   Boyer d'Argens, *Lettres juives*
(« Autrefois [...] les génies habitués à des imaginations outrées ne goûtaient pas le vraisemblable. Depuis quelque temps, on a changé cette façon de penser : le bon goût est revenu. »)

1739   Abbé Granet, *Réflexions sur les ouvrages de littérature*
(« Le goût misérable des romans [...] paraissait un peu ralenti ces dernières années par le zèle du chef de la magistrature, qui les a proscrits avec raison ; mais les Français aiment trop la bagatelle [...] pour pouvoir se passer longtemps des romans, de livres puérils et frivoles. On veut des romans, de quelque genre que ce soit. Goût méprisable et fatal [...]. »)

1739   Boyer d'Argens, *Lectures amusantes, ou les Délassements de l'esprit avec discours sur les nouvelles*
(Le romancier « ne se servira [du réel] que pour produire quelque chose de plus intéressant qu'un vrai tout uni, dans lequel il est rare de trouver rassemblées toutes les circonstances qui doivent concourir pour rendre une histoire aussi agréable et aussi intéressante que l'est une aventure, où l'auteur est le maître d'ajouter des particularités qui touchent et qui passionnent le lecteur, ou d'en retrancher celles qui produiraient un effet contraire ».)

1743   Aubert de La Chesnaye des Bois, *Lettres amusantes et critiques sur les romans*
(« Les romans, quand ils sont bien faits et conformes aux règles que le bon sens a dû prescrire, loin d'être l'école du libertinage, font voir la vertu couronnée et le vice puni. [Ils sont des] précepteurs muets, qui enseignent la manière de se comporter dans le monde. »)

1745   Baculard d'Arnaud, « Discours sur le roman » (Préface de *Theresa, histoire italienne*)
(Adhésion enthousiaste au genre, à son illustration par Prévost, Crébillon, Duclos, Marivaux, au « tableau naturel de la société » qu'il offre à « tous les esprits ».)

1747   Vauvenargues, *Introduction à la connaissance de l'esprit humain*
(« On ne relit point un roman. »)

1748   Mme de Lambert, *Avis d'une mère à sa fille*
(« La lecture des romans est plus dangereuse [que celle de la poésie] : je ne voudrais pas que l'on en fît un grand usage ; ils mettent du faux dans l'esprit. Le roman, n'étant jamais pris sur le vrai, allume l'imagination, affaiblit la pudeur, met le désordre dans le cœur [...]. »)

1749   Abbé de La Porte, *Observations sur la littérature moderne*
         (Les romans sont « le goût dominant de la nation », et l'on assiste à un
         « débordement affreux de contes, de mémoires, d'aventures romanes-
         ques ».)

1754   Montesquieu, « Quelques réflexions sur les *Lettres persanes* »
         (« Ces sortes de romans réussissent ordinairement, parce que l'on rend
         compte à soi-même de sa situation actuelle ; ce qui fait plus sentir les
         passions que tous les récits qu'on en pourrait faire. [...] Dans la forme de
         lettres, où les acteurs ne sont pas choisis, et où les sujets qu'on traite
         ne sont dépendants d'aucun dessein déjà formé, l'auteur s'est donné
         l'avantage de pouvoir joindre de la philosophie, de la politique et de la
         morale à un roman, et de lier le tout par une chaîne secrète et, en
         quelque façon, inconnue. »)

1755   Abbé Jacquin, *Entretiens sur les romans*
         (Attaque en règle, et sur tous les plans.)

1755   Mouhy, « Préface ou Essais pour servir de réponse à un ouvrage intitulé
         Entretiens sur les romans, par M. l'abbé J », *Le Financier*
         (« Le roman [...] rassemble tous les charmes de l'histoire et l'utilité de la
         morale ; il unit l'exemple au précepte, l'expérience au raisonnement. Il
         présente à chaque page la morale sous les traits séduisants de l'action,
         et il fait même aimer la vertu à ceux qui s'en écartent le plus. »)

Véritable phénomène de société que cette grande conversation publique sur les droits et les devoirs, les prestiges et les limites de ceux qui entraînent leurs contemporains sur les diverses voies de la fiction. On a vu au chapitre précédent que la société tout entière se reconnaissait et s'éprouvait dans son théâtre, et qu'elle suivait son évolution comme révélatrice de celle de son propre destin. On peut aller dans le même sens à propos du roman. Bien que la réception en soit moins collective, c'est tout un réseau de complicité qui s'établit entre les auteurs, les éditeurs et les lecteurs de fiction. Tel auteur annonce qu'il donnera une suite à son roman en fonction du succès qu'auront obtenues ses premières parties (Crébillon fils, pour *Les Egarements* : malgré un beau succès, il ne la donna jamais). Tel autre fait attendre les parties successives à la manière d'un immense feuilleton : leur publication s'étend sur plusieurs années (Prévost), parfois jusqu'à dix ans (Marivaux, *La Vie de Marianne*). Les éditeurs multiplient les rééditions, dont beaucoup de pirates, avec des groupements nouveaux. Des suites apocryphes sont données aux plus grands succès (il y eut trois « suite et fin » de *La Vie de Marianne*, auxquelles Marivaux n'eut pas de part). On joue sur les titres, en laissant souvent le public — amusé — seul juge du procédé : emprunt indélicat ou délicate allusion, exploitation « facile » d'une formule bien lancée ou geste d'allégeance envers un maître qu'on admire. Le « Tableau chronologique » (p. 194 sq.) permet de retrouver, par exemple, six ouvrages regroupant des contes sous le titre que Galland avait rendu célèbre, « les Mille et Un... ». Le retentissement de la somme dans laquelle l'abbé Prévost inscrivit *Manon Lescaut*, les *Mémoires et aventures d'un homme de qualité qui s'est retiré du monde*, est attesté par les titres qui lui font cortège : *Mémoires et aventures d'une dame de qualité qui s'est retirée du monde* de Cl. Lambert, *Mémoires d'une fille de qualité qui ne s'est point retirée du monde* de Mouhy, *Mémoires et aventures d'un bourgeois qui s'est avancé dans le monde* de Kerguette... Comme si la veine réaliste, en particulier, était assez prisée des lecteurs pour qu'on leur offre successivement toutes sortes de variations autour d'un même schéma. Aux yeux de l'historien, ces schémas constituent la trame idéologique caractéristique de cette période, et font ressortir ses lignes de force : liberté, bonheur, passion, morale individuelle de la promotion et conscience du devoir envers la collectivité. C'est ce réseau étrangement solidaire que, au-delà des différences dans la qualité des écritures, tente de restituer le « Générique des auteurs » (p. 199 sq.)

L'époque des Lumières naissantes s'est passionnée pour des questions de poétique et divertie en vers ; elle s'est reconnue et enchantée au théâtre ; avec l'écriture de la fiction narrative, elle a multiplié l'expérience imaginaire de ses forces et de ses faiblesses. Ce qu'elle a pourtant demandé de plus original et de plus dynamique à l'écriture, au-delà et au travers de tous ces divertissements dont s'est nourri et égayé son art de vivre et de jouir, c'est une véritable instruction. Ce n'est pas à tort que le répètent tous les défenseurs du genre romanesque. Assoiffés de connaissance, les Français de ce demi-siècle cherchent à prolonger dans et par l'imaginaire une expérimentation critique du réel que toutes sortes de choses, à commencer par la rigidité et l'inertie de l'ordre politique, social, moral et religieux, limitent ou répriment. Car de toutes parts alors les idées, les hypothèses, les inventions intellectuelles, les prospections de l'esprit vont beaucoup plus vite que les mœurs et les lois. Or la littérature est présente aussi sur ce terrain-là, qu'elle conquiert peu à peu sur les « belles lettres », comme on le verra au chapitre suivant.

TABLEAU CHRONOLOGIQUE DES PRINCIPALES ŒUVRES DE FICTION EN PROSE
PUBLIÉES EN FRANÇAIS ENTRE 1680 ET 1750

	AMÉNAGEMENT DU ROMAN BAROQUE	PARTI PRIS RÉALISTE	CHOIX DÉLIBÉRÉ DU MERVEILLEUX
1682			Veiras : *Histoire des Sévarambes* (2ᵉ éd.)
1683		Fontenelle : *Lettres galantes du chevalier d'Her****	
1684		Marana : *L'Espion du Grand Seigneur*	Fontenelle : *La République des Ajaoiens* (publ. 1768)
1687	C. Bernard : *Les Malheurs de l'amour*		
1688	Préchac : *La Princesse esclave*		
1689	C. Bernard : *Le Comte d'Amboise*		
1690	Mme d'Aulnoy : *Histoire d'Hypolite, comte de Douglas*	⟶	... avec le premier conte de fées littéraire français : *L'Ile de la Félicité*
1691	Anne Bellinzani : *Histoire des amours de Cléante et Bélise*	Cotolendi : *Lettre écrite par un Sicilien à un de ses amis*	
1692			G. de Foigny : *Les Aventures de Jacques Sadeur*
1693	E. Le Noble : *Ildegerte, reine de Navarre* E. Le Noble : *Zulima ou l'Amour pur*		
1695	Mlle Caumont de La Force : *Histoire secrète de Henri IV, roi de Castille* Mlle de La Roche-Guilhen : *Les Amours de Néron*		
1696	Mlle Caumont de La Force : *Histoire de Marguerite de Valois, reine de Navarre* C. Bernard : *Iñes de Cordoue*		
1697	E. Le Noble : *Milord Courtenay ou Histoire secrète des premières amours d'Elisabeth d'Angleterre*		Ch. Perrault : *Histoires ou Contes du temps passé*
1698			Mme de Murat : *Nouveaux Contes de fées* Mme d'Aulnoy : *Les Fées à la mode* Mme d'Aulnoy : *Les Illustres Fées* Préchac : *Contes moins contes que les autres*
1699	Fénelon : *Les Aventures de Télémaque* (publ. 1717) I. Claude : *Le Comte de Soissons*	Dufresny : *Amusements sérieux et comiques*	

TABLEAU CHRONOLOGIQUE DES PRINCIPALES ŒUVRES DE FICTION EN PROSE PUBLIÉES EN FRANÇAIS ENTRE 1680 ET 1750 *(suite)*

	AMÉNAGEMENT DU ROMAN BAROQUE	PARTI PRIS RÉALISTE	CHOIX DÉLIBÉRÉ DU MERVEILLEUX
1700	E. Le Noble : *Histoire des amours de Grégoire VII...* Courtils de Sandras : *Mémoires de M. d'Artagnan*		Gilbert : *Histoire de Calejava*
1703	Mme d'Aulnoy : *Le Comte de Warwick* Mlle de La Roche-Guilhen : *Histoire des Favorites*		
1704	Mlle Caumont de La Force : *Anecdotes galantes ou Histoire secrète de Catherine de Bourbon*		A. Galland : *Les Mille et Une Nuits*
1707		Lesage : *Le Diable boiteux*	
1710			Tyssot de Patot : *Voyages et aventures de Jacques Massé* Abbé Bordelon : *L'Histoire des imaginations extravagantes de M. Oufle*
1711			Abbé Bordelon : *Gomgan ou l'Homme prodigieux transporté dans l'air, sur la terre et sous les eaux*
1712	Marivaux : *Les Effets surprenants de la sympathie* C. Bédacier-Durand : *Les Belles Grecques* Marivaux : *Pharsamon* (publ. 1737)		Pétis de La Croix : *Les Mille et Un Jours*
1713	Hamilton : *Mémoires de la vie du comte de Gramont*	Challe : *Les Illustres Françaises*	
1714	Marivaux : *La Voiture embourbée* C. Bédacier-Durand : *Henry duc des Vandales*		Abbé Bignon : *Les Aventures d'Abdalla*
1715		Lesage : *Histoire de Gil Blas de Santillane*	Gueullette : *Les Mille et Un Quarts d'heure, contes tartares*
1716		Bonnet : *Lettre écrite à Musala...*	
1720			Tyssot de Patot : *La Vie, les aventures et le voyage au Groenland du R.P. Mésange*
1721		Montesquieu : *Lettres persanes*	
1722	La Vieuville : *La Comtesse de Vergy*		

TABLEAU CHRONOLOGIQUE DES PRINCIPALES ŒUVRES DE FICTION EN PROSE
PUBLIÉES EN FRANÇAIS ENTRE 1680 ET 1750 *(suite)*

	AMÉNAGEMENT DU ROMAN BAROQUE	PARTI PRIS RÉALISTE	CHOIX DÉLIBÉRÉ DU MERVEILLEUX
1723	La Vieuville : *Edèle de Ponthieu*		Gueullette : *Les Aventures merveilleuses du mandarin Fum-Hoam, contes chinois*
1724	Gueullette éd. : *Le Petit Jehan de Saintré*		Legrand : *Les Aventures du voyageur aérien*
1725			Montesquieu : *Le Temple de Gnide*
1727	Ramsay : *Voyages de Cyrus*		
1728		Prévost : *Mémoires et aventures d'un homme de qualité qui s'est retiré du monde*	Hamilton : *Les Contes du Bélier* Hamilton : *Les Contes de Fleur d'épine*
1729			Melon : *Mahmoud le Gasnevide, histoire orientale*
1731	Abbé Terrasson : *Sethos*	Marivaux : *La Vie de Marianne* (→ 1742) Prévost : *Le Philosophe anglais ou Histoire de M. Cleveland...* (→ 1739) Prévost : *Manon Lescaut*	Montesquieu : *Histoire véritable* (publ. 1892) Crébillon fils : *Le Sylphe*
1732		Lesage : *Les Aventures de M. Robert, chevalier...* Lesage : *Histoire de Guzman d'Alfarache* Crébillon fils : *Lettres de la mar-quise de M*** au comte de R****	Gueullette : *Les Mille et Une Soirées, contes mogols*
1733			Gueullette : *Les Mille et Une Heures, contes péruviens*
1734		Marivaux : *Le Paysan parvenu*	Crébillon fils : *L'Ecumoire*
1735	Mme de Tencin : *Mémoires du comte de Comminge*	Prévost : *Le Doyen de Killerine* D'Argens : *Mémoires de M. le marquis d'Argens* Mouhy : *La Paysanne parvenue*	Père Bougeant : *Voyage merveilleux du Prince Fan-Férédin dans la Romancie*
1736	Marivaux : *Le Télémaque travesti*	Lesage : *Le Bachelier de Salamanque* Crébillon fils : *Les Egarements du cœur et de l'esprit* D'Argens : *Le Solitaire philosophe*	Mouhy : *La Mouche ou les Aventures de M. Bigand*
1737	La Vieuville : *Histoire de Lidéric, premier comte de Flandre*	Caylus : *Histoire de Guillaume, cocher*	
1739	Mme de Gomez : *Cent Nouvelles Nouvelles* Mme de Tencin : *Le Siège de Calais*	Cl. Lambert : *Mémoires et aventures d'une dame de qualité qui s'est retirée du monde*	Voltaire : *Le Voyage du baron de Gangan* (perdu)

**TABLEAU CHRONOLOGIQUE DES PRINCIPALES ŒUVRES DE FICTION EN PROSE
PUBLIÉES EN FRANÇAIS ENTRE 1680 ET 1750** *(suite)*

	AMÉNAGEMENT DU ROMAN BAROQUE	PARTI PRIS RÉALISTE	CHOIX DÉLIBÉRÉ DU MERVEILLEUX
1740		Prévost : *Histoire d'une Grecque moderne* Duclos : *Histoire de Mme de Luz...*	Crébillon fils : *Le Sopha* Mouhy : *Les Mille et Une Faveurs*
1741	La Vieuville : *Gaston de Foix* Cl. Lambert : *Le Nouveau Télémaque*	Prévost : *Mémoires pour servir à l'histoire de Malte ou Histoire de la jeunesse du Commandeur de...* Lesage : *Histoire d'Estevanille Gonzalez...* Duclos : *Les Confessions du comte de ****	Cazotte : *Contes à dormir debout*
1742	Prévost : *Histoire de Guillaume le Conquérant*	Caylus : *Les Soirées du bois de Boulogne*	Cazotte : *Les Mille et Une Fadaises* Montesquieu : *Arsace et Isménie*
1743			Caylus : *Contes orientaux*
1744		Prévost : *Voyages du capitaine R. Lade*	Duclos : *Acajou et Zirphile*
1745		Baculard d'Arnaud : *Les Epoux malheureux* G. de La Touche : *Dom Bougre, portier des Chartreux* Godard d'Aucourt : *Thémidore*	
1746		Prévost : *Mémoires d'un honnête homme*	La Morlière : *Angola, histoire indienne* Crébillon fils : *Les Amours de Zaokimisul* Chevrier : *Bibi, conte traduit du chinois par un Français* Voisenon : *Le Sultan Misapouf et la princesse Grisemine*
1747	Mme de Tencin : *Les Malheurs de l'amour*	Mme de Graffigny : *Lettres d'une Péruvienne* Mouhy : *Mémoires d'une fille de qualité qui ne s'est point retirée du monde*	Voltaire : *Memnon* (1ʳᵉ version de *Zadig*) Diderot : *L'Oiseau blanc* Bibiena : *La Poupée*
1748		D'Argens : *Thérèse philosophe*	Diderot : *Les Bijoux indiscrets* Voltaire : *Zadig* Voltaire : *Le monde comme il va*
1749		Toussaint : *L'Anti-Thérèse ou Juliette philosophe*	Voltaire : *Memnon ou la Sagesse humaine*
1750		Kerguette : *Mémoires et aventures d'un bourgeois qui s'est avancé dans le monde*	

TABLEAU CHRONOLOGIQUE DES PRINCIPALES ŒUVRES DE FICTION EN PROSE PUBLIÉES EN FRANÇAIS ENTRE 1680 ET 1750 (suite et fin)

	AMÉNAGEMENT DU ROMAN BAROQUE	PARTI PRIS RÉALISTE	CHOIX DÉLIBÉRÉ DU MERVEILLEUX
1750		Fougeret de Monbron : *Margot la ravaudeuse*	
1751		Toussaint : *Histoire des passions, ou Aventures du chevalier Shroop*	Voltaire : *Micromégas* Voisenon : *Histoire de la Félicité*
1754		Crébillon fils : *Les Heureux Orphelins*	Crébillon fils : *Ah ! quel conte*
1755		Crébillon fils : *La Nuit et le moment*	
1756			Voltaire : *Histoire des voyages de Scarmentado*
1759			Voltaire : *Candide*
1763		Crébillon fils : *Le Hasard du coin du feu*	
1767			Voltaire : *L'Ingénu*
1768		Crébillon fils : *Lettres de la duchesse de *** au duc de ****	Voltaire : *L'Homme aux quarante écus* Voltaire : *La Princesse de Babylone*
1769			Voltaire : *Les Lettres d'Amabed*
1772			Voltaire : *Le Taureau blanc* Cazotte : *Le Diable amoureux*
1775			Voltaire : *Histoire de Jenny* Voltaire : *Les Oreilles du comte de Chesterfield*

N.B. — 1 / A partir de 1750, le tableau ne tient plus compte que de la production des auteurs dont l'activité était déjà bien engagée dans la première moitié du siècle.

2 / Ce tableau propose un peu plus de cent trente titres, soit le dixième à peu près de la production totale, en langue française, d'œuvres apparentées au roman (une quinzaine par an avant 1717, une dizaine par an entre 1717 et 1727, plus de vingt par an entre 1727 et 1739, malgré un net coup de frein en 1737, et une trentaine par an à partir de 1740).

3 / Le centre névralgique de ce tableau est, à bien des égards, tenu par les *Lettres persanes* (1721). Vu l'ambiguïté constitutive de cette œuvre, roman et texte d'idées, elle sera étudiée au chapitre 5, dans l'ensemble intitulé « La carrière de Montesquieu ».

4 / Ce tableau chronologique a retenu soixante et un noms d'auteurs. Dix n'y sont que pour mémoire. Quatorze se sont illustrés ailleurs, et leur carrière est décrite dans d'autres chapitres de ce livre : ce sont d'Argens, Challe, Diderot, Dufresny, Fénelon, Fontenelle, Legrand, Marivaux, Melon, Montesquieu, Perrault, Toussaint, Veiras et Voltaire. Il en reste trente-sept, pour lesquels une rapide information peut être utile, en complément de ce qui en est dit dans le corps du chapitre. On la trouvera dans le « Générique des auteurs » qui suit.

GÉNÉRIQUE DES AUTEURS

- AULNOY Marie Catherine Le Jumel de Barneville, baronne d' (1650-1705), née à Barneville. Poursuivie à dix-neuf ans pour s'être débarrassée par une machination de son mari quadragénaire, elle voyagea longtemps en Flandre, en Angleterre et en Espagne. Revenue à Paris en 1685, elle y tint un salon littéraire et se fit connaître surtout par les souvenirs de son séjour en Espagne (*Mémoires de la cour d'Espagne,* 1691 ; *Relation du voyage d'Espagne,* 1691 ; *Nouvelles espagnoles,* 1693) et par ses contes de fées.
- BACULARD D'ARNAUD François Marie Thomas de (1718-1805), né à Paris. Il s'illustra surtout dans la deuxième partie du siècle, où il obtint un succès considérable comme romancier du « sentimentalisme sombre » ; mais il s'était fait connaître dès avant 1750 avec *Les Epoux malheureux,* roman-plaidoyer pour La Bédoyère et sa jeune femme en butte aux tracasseries de leurs parents tyranniques. C'est un des premiers jalons du roman « sensible » des décennies suivantes. Il fut un temps protégé de Voltaire qui le recommanda, avec plusieurs autres, à Frédéric II. Mais son séjour auprès du roi de Prusse, en 1750, tourna mal, et il en revint avec une hostilité marquée et bavarde contre les idées philosophiques.
- BERNARD Catherine (1662-1712), née à Rouen. On la disait apparentée à Fontenelle (et, comme lui, aux Corneille), dont elle fut de toute façon la protégée. Elle écrivit dans tous les genres : du théâtre, on l'a vu ; des vers (elle remporta deux fois le prix de poésie de l'Académie française), et tout un cycle de romans intitulé *Les Malheurs de l'amour.* Un de ces romans présente le récit de « Riquet à la houppe », antérieur à sa publication dans le recueil de Perrault.
- BIGNON Jean-Paul, abbé (1662-1743), né à Paris. D'une famille de magistrats, membre de l'Oratoire et de nombreuses académies, bibliothécaire du roi, directeur du *Journal des Savants* entre 1702 et 1714, il joua un rôle important dans l'administration de la Librairie (c'est le nom qu'on donne alors à l'Edition). Dans la mouvance du succès des *Mille et Une Nuits,* il publia en 1714 des *Aventures d'Abdalla fils d'Hanif.*
- BORDELON Laurent, abbé (1663-1730), né à Bourges. Théologien et polygraphe, il est surtout connu comme initiateur lointain du conte fantastique en France.
- BOUGEANT Guillaume Hyacinthe, père (1690-1743), né à Quimper. Professeur dans les collèges jésuites, collaborateur des *Mémoires de Trévoux,* il écrivit des œuvres dramatiques et historiques. Il reste célèbre pour un ouvrage curieux, *Amusements philosophiques sur le langage des bêtes* (1739), où il défend la thèse de l'intelligence des animaux chère à La Fontaine, et pour son *Voyage merveilleux du prince Fan-Férédin dans la Romancie* (1735), où il tourne en dérision tous les héros de roman de l'époque.
- CAYLUS Anne Claude Philippe de Tubières de Grimoard de Pestel de Levis, comte de (1692-1765), né à Paris. Ancien officier, il s'adonna tour à tour à deux passions : celle de la littérature légère (contes de fées, histoires libertines, comédies poissardes et petits vers), puis celle de la redécouverte de l'antique. Il fut le premier grand collectionneur d'objets anciens, et son *Recueil d'antiquités égyptiennes, étrusques, grecques et romaines* (1752-1767) inspira la mode de l'antique, sous toutes ses formes, dans la deuxième partie du siècle.
- CAZOTTE Jacques (1719-1792), né à Dijon. Condisciple chez les jésuites du célèbre Jean-François Rameau (le « neveu »), il commença, dans une perspective antiphilosophique, par des contes pseudo-orientaux dans les années 1740. Administrateur maritime à la Martinique de 1747 à 1759, il revint alors à Paris, où il devait créer le conte fantastique (*Le Diable amoureux,* 1772), connaître l'aventure illuministe aux côtés de Saint-Martin, et être guillotiné.
- COURTILS DE SANDRAS Gatien de (1644-1712), né à Montargis. Ecrivain prolifique et scandaleux, que n'aimaient ni Bayle ni Voltaire, à cause de sa vulgarité, il mena une vie très aventureuse en Hollande et en France où il fut deux fois embastillé. Tous ses écrits (libelles, journaux, faux mémoires) suivent la recette qui fit le succès des *Mémoires de M. d'Arta-*

gnan en 1700 : présenter comme des faits authentiques les dessous cachés, et autant que possible sordides ou graveleux, de l'histoire officielle, politique et militaire. Celle-ci n'en sort pas grandie, et l'écrivain non plus, encore que ce trucage intéressé et racoleur prépare, entre autres, l'émergence de cette forme des faux mémoires, si féconde pendant tout un demi-siècle pour produire de vrais romans.

- CRÉBILLON, Claude Prosper Jolyot de, dit CRÉBILLON FILS (1707-1777), né à Paris. Fils du célèbre dramaturge, avec lequel il s'entendit peut-être moins mal qu'on l'a dit, il mena d'abord joyeuse vie dans la société mondaine, voire dans les sociétés demi-mondaines : le Caveau, par exemple, qu'il fonda en 1729 avec Collé et Piron. Pourtant ce jeune libertin prend ses responsabilités : un roman épistolaire, les *Lettres de la marquise de M*** au comte de R****, décrit gravement et sans ménagements les ravages de la passion ; le masque oriental de *L'Écumoire* dissimule si mal les attaques contre la bulle *Unigenitus* et le cardinal Dubois que l'auteur est mis quelque temps en prison à Vincennes. Il y retournera peu après à cause de la licence des évocations érotiques du *Sopha*. Mais la manière propre de Crébillon est ailleurs. Elle se manifeste surtout dans les œuvres où, quittant la fiction orientale, il peint directement la pratique amoureuse des gens du monde parisien de son temps, avec une précision dans l'analyse et une richesse dans la variation qui ne permettent pas de déceler s'il s'agit de complaisance ou de dénonciation. Les ruses infinies du discours amoureux sont les éléments d'une auto-accusation de Meilcour, dans *Les Egarements du cœur et de l'esprit,* mais aussi ceux de son apprentissage réussi. Il en est ainsi des deux dialogues publiés plus tard mais écrits avant 1750, *La Nuit et le moment, Le Hasard du coin du feu,* où le lecteur est lui-même amené à entrer dans le jeu de cette ruse, puisque le texte n'existe que comme préparation suspensive et retardement délicieux du plaisir charnel des amants. Crébillon s'opposa volontiers à ses confrères en littérature, pastichant *La Vie de Marianne* de Marivaux dans *L'Écumoire* (ce qui lui valut une vive réponse dans *Le Paysan parvenu*), et plus tard attaquant Diderot dans *Ah ! quel conte* (mais celui-ci avait commencé en faisant reconnaître Crébillon dans son personnage des *Bijoux indiscrets*, « Girgiro l'entortillé »!). La fin de sa vie fut plus tranquille, à partir de son mariage avec Henriette Stafford-Howard (1748). Il exerça, après son père, la charge de censeur royal à partir de 1759, et mourut dans le dénuement et l'oubli.

- DUCLOS Charles Pinot (1704-1772), né à Dinan. Il mena lui aussi joyeuse vie parmi la jeunesse dorée de Paris, fréquentant les cafés, la Comédie, les salles d'armes, les jolies femmes, mais se gardant toujours de tout éclat. Devenu académicien en 1739, il prit son rôle très au sérieux, composa des dissertations érudites et une *Histoire de Louis XI.* Mais sa véritable vocation était la littérature de fiction, et il y fit une entrée remarquée, entre 1740 et 1744, avec *L'Histoire de Mme de Luz,* puis *Les Confessions du comte de **** et un conte oriental, *Acajou et Zirphile.* Ces ouvrages sont hautement caractéristiques de l'ambiguïté charmante (qu'on peut aussi trouver lâche, ou irritante) de ce milieu du siècle. Pas plus que, un peu plus tard, entre Voltaire et Rousseau, Duclos ne se décide à choisir entre le conformisme dévot et l'audace philosophique, et sa description des mœurs libertines est à la fois suggestive et feutrée. Dans le même sens vont ses ouvrages de moraliste, les *Considérations sur les mœurs* et les *Mémoires sur les mœurs de ce siècle* (1751). Cette prudence avertie lui permit de finir en beauté sa carrière, historiographe de France (1750), secrétaire perpétuel de l'Académie française (1755), et anobli.

- FOIGNY Gabriel de (1630-1692), né à Foigny (Champagne). Cet écrivain appartient à l'époque antérieure, mais son principal ouvrage, *Les Aventures de Jacques Sadeur,* écrit dès 1676, fut surtout connu à partir de 1692, à travers l'analyse qu'en donna P. Bayle. A ce titre, il fut un des phares « utopiques » des Lumières naissantes.

- FOUGERET DE MONBRON Louis Charles (1706-1760), né à Péronne. Enrichi par la spéculation à l'époque de Law, il mena à travers l'Europe une vie d'aventurier, traversée de relations douteuses, d'emprisonnements et d'expulsions. Son ouvrage le plus connu, *Le Cosmopolite ou le Citoyen du monde* (1750), est une autobiographie où il rend compte de cette expérience, symbolique de toute une époque. C'est finalement la bohème parisienne qu'il rejoignit et qu'il peignit dans son roman, *Margot la ravaudeuse*. Révolté, sarcastique et provocateur, il reste un des plus féroces polémistes de ce siècle qui n'en manqua pas, « tigre à deux pieds » selon Diderot, qui en tira quelques traits de son personnage du Neveu, homme au « cœur velu » selon lui-même. Il faut citer dans ce registre *La Henriade travestie en vers burlesques* (1745), le *Préservatif contre l'anglomanie* (1757) et *La Capitale des Gaules ou la Nouvelle Babylone* (1759).

- GALLAND Antoine (1646-1715), né à Rollot (Picardie). Initié très jeune à l'hébreu, puis au turc, à l'arabe et au persan, chargé d'une mission « philosophique » à Constantinople (aux côtés de l'ambassadeur Guilleragues, l'auteur des *Lettres portugaises,* 1669), puis dans tout l'Orient et en Egypte, il travailla à son retour avec les plus savants spécialistes de l'orientalisme, à une époque où cette discipline était en pleine effervescence (Herbelot de Molainville, Thévenot, Th. Bignon). Il augmenta lui-même cette effervescence et contribua très fortement à sa vulgarisation en livrant au public, à partir de 1704, une traduction de contes sous le titre *Les Mille et Une Nuits,* qui fut un prodigieux succès de librairie et inspira une foule d'imitations et d'adaptations. Sa traduction, qui utilise un manuscrit oriental du XIVe siècle et les récits d'un moine syrien qu'il a rencontré, Hanna, n'est ni complète ni toujours fidèle, mais elle confère un véritable statut littéraire à une tradition éparse de contes populaires orientaux, et c'est à partir d'elle que les Arabes eux-mêmes ont ensuite reconstitué cet important témoignage de leur culture, où se rencontrent des types désormais universels : Sindbad le marin, Ali-Baba, Aladin.
- GERVAISE DE LA TOUCHE Jacques Charles (1715-1782), né à Amiens. On sait peu de choses de cet avocat parisien, sinon qu'il utilisa le premier la fameuse forme des mémoires supposés pour attribuer à « Dom Bougre, portier des Chartreux » un récit délibérément pornographique.
- GILBERT Claude (1652-1720), né à Dijon. On ne connaît de lui qu'une œuvre, le roman utopique, ou plutôt uchronique, *Histoire de Calejava ou de l'Isle des hommes raisonnables,* qui reconstitue en dialogues un tableau mythique des origines de la société humaine : morale naturelle, religion déiste, poursuite légitime et communautaire du bonheur.
- GODARD D'AUCOURT Claude (1716-1795), né à Langres. Auteur d'œuvres poétiques et dramatiques sans grande originalité, il se fit connaître surtout par un roman, *Thémidore,* qu'admirera beaucoup Maupassant. Roman tout en finesse en effet, dont la situation piquante (une fille légère enfermée malgré elle dans un couvent où va la rechercher son amant) n'est tirée ni dans le sens de la dénonciation pathétique, comme dans *La Religieuse* de Diderot, ni dans celui de l'exploitation licencieuse directe.
- GOMEZ Madeleine Angélique Poisson, Mme de (1684-1770), née à Paris. Fille de comédien, épouse d'un Espagnol sans fortune, elle écrivit, pour vivre, des tragédies — piètres imitations des grands classiques — et des romans, dont les *Cent Nouvelles Nouvelles* (titre emprunté à un célèbre recueil du XVe siècle). Cet ouvrage est un bon exemple de la survie d'une inspiration baroque mâtinée d'une recherche de réalisme. Celui-ci tourne essentiellement autour de situations familiales pathétiquement bouleversées, du motif de la naissance mystérieuse et de poncifs exotiques.
- GRAFFIGNY Françoise d'Happoncourt, Mme de (1695-1758), née à Nancy. Petite-nièce du dessinateur Jacques Callot, mariée à un homme brutal bientôt emprisonné, accusée par Voltaire, qui l'avait reçue à Cirey, d'avoir volé et divulgué un manuscrit de *La Pucelle* (1738), elle fréquenta le monde parisien et y brilla, nouant des relations avec Marivaux, Prévost, Crébillon fils, Rousseau, La Chaussée, Turgot, Helvétius. Elle n'écrivit que dans les dernières années de sa vie, mais avec un considérable succès. Le triomphe de son roman épistolaire, *Lettres d'une Péruvienne,* est dû au fait que s'y conjuguent harmonieusement la tradition spirituelle des *Lettres persanes* et la vogue du pathétique sentimental lancée par la *Pamela* de Richardson (1741) et entretenue alors au théâtre par la comédie larmoyante. Elle écrivit elle-même une « pièce dramatique » dans cette tonalité en 1750 :

Cénie. Mais les *Lettres d'une Péruvienne* sont aussi un grand roman féministe, où l'héroïne, Zilia, trouve dans la séparation de son amant et dans la déréliction la double occasion d'une violente attaque de l'organisation sociale (Turgot, dit-on, s'en inspira, et Rousseau n'est pas loin) et d'une affirmation d'indépendance qui ne manque pas de grandeur.

- GUEULLETTE Thomas Simon (1683-1766), né à Paris. Ecrivain abondant, cet avocat composa plus de soixante-dix petites pièces pour les théâtres de société (il contribua à la vogue de cette pratique qui dura tout le siècle, dès 1711), de la Foire et des Italiens. Il s'occupa aussi de rééditer des textes anciens, ceux de Rabelais, les *Essais* de Montaigne, *La Farce de maître Pathelin* et *Le Petit Jehan de Saintré* d'Antoine de La Sale (XVe siècle). Cette dernière édition contribua à la vogue du « néo-gothique » dans la deuxième moitié du XVIIIe siècle. Mais c'est dans le genre du conte pseudo-exotique qu'il se montra le plus fécond. Il y obtint un succès qui dura pendant tout le siècle et dépassa les frontières de la France. Il est un de ceux qui ont exploité le plus systématiquement, et non sans verve, le modèle des « Mille et Une », l'appliquant tour à tour à des contes « chinois », « tartares », « mogols », « péruviens ».

- HAMILTON Antoine, comte de (1646-1720), Ecossais né en Irlande, il écrivit en français, quoiqu'il vécût tour à tour en France (où il se réfugia en 1660 puis en 1688, servit dans l'armée et fut blessé au passage du Rhin), en Angleterre et en Irlande (au service de Jacques II). Le talent d'écriture le consola d'une existence ballottée au rythme des déboires de la monarchie catholique des Stuarts. Poète et épistolier brillant, il témoigne, dans des pièces de circonstance, d'une vie aristocratique où la frivolité légère masque d'humour et éteint dans le jeu la vide un peu inquiet de son oisiveté. Plusieurs de ses écrits ont probablement disparu. Il reste des contes, où le merveilleux oriental se joint au féerique, et surtout les fameux *Mémoires de la vie du comte de Gramont,* un des textes pionniers de l'écriture romanesque de tout le siècle.

- KERGUETTE Jean Digard de (1717-1780), né à Paris. Mathématicien et bon ingénieur hydrographe, il n'est connu en littérature que par un roman, *Mémoires et aventures d'un bourgeois qui s'est avancé dans le monde,* dont le héros, Courci, personnifie, sans la distance ironique et critique qu'y mettait le Jacob de Marivaux, la bonne conscience d'une réussite bourgeoise béatement satisfaite d'elle-même.

- LAMBERT Claude François, abbé (1705-1765), né à Dole. Ce jésuite fut surtout un compilateur érudit (*Recueil d'observations curieuses sur les mœurs [...] des différents peuples de l'Asie, de l'Afrique et de l'Amérique,* 4 vol., 1749 ; *Histoire générale de tous les peuples du monde,* 15 vol., 1750). Il intéresse l'histoire du roman par une imitation laborieuse du *Télémaque* de Fénelon, et par quelques œuvres dont la moins médiocre est un bon témoignage du goût dominant, entre 1730 et 1740, et permet, par différence, d'évaluer le talent de Prévost, de Marivaux, voire de Mouhy : *Mémoires et aventures d'une dame qui s'est retirée du monde.*

- La VIEUVILLE D'ORVILLE Adrien de, comte de Vignacourt (?-1774). On ne connaît ce commandeur de Malte, grand prieur de Champagne, que par les « nouvelles historiques » dont il exploita la veine entre 1720 et 1740.

- LE NOBLE Eustache (1643-1711), né à Troyes. Sa vie fut celle d'un aventurier, émaillée de dettes, de faux, d'incarcérations et de fuites. Il vendit sa plume, qu'il avait élégante et efficace, au roi pour des ouvrages de politique européenne (il s'agit surtout d'y justifier les droits de Louis XIV à la conquête et d'y glorifier sa puissance ; malheureusement, on y trouve aussi une célébration enthousiaste de la révocation de l'édit de Nantes). Il la vendit aussi aux libraires, et leur fournit toutes sortes d'écrits, des traductions de David, Horace, Perse, des fables et des contes, des *Promenades,* reportages animés et plaisants sur la vie de province, un ouvrage didactique sur la philosophie et l'astrologie, *Uranie ou les Tableaux des philosophes* (1694-1697). Il illustra surtout un genre dont on sait la vogue et l'importance au tournant du siècle, celui de la « nouvelle historique », volontiers orientée vers l' « histoire secrète ».

- LESAGE Alain René (1668-1747), né à Sarzeau (Morbihan). Fils de notaire et avocat lui-même, il manqua pourtant toujours d'argent pour faire vivre sa famille et en trouva en écrivant inlassablement. Il y eut certes avant lui d'autres plumitifs, mais il est sans doute le premier de nos grands écrivains à avoir, mécénat mis à part, vécu de sa plume. De là une abondance qui aurait nui à bien d'autres, mais qu'il géra avec brio : une foule de pièces de théâtre, dont deux obtinrent un grand succès au Théâtre-Français, *Crispin rival de son maître* et *Turcaret* ; mais ce dernier succès était de scandale, la pièce fut retirée, et Lesage, brouillé avec les Comédiens-Français fournit pendant vingt ans des comédies à la Foire. On lui doit un important recueil de ce répertoire, qu'il publia avec d'Orneval : *Le Théâtre de la Foire ou l'Opéra-Comique* (1721-1737). En dépit de son intérêt pour le théâtre, c'est malgré lui que deux de ses fils se firent comédiens. L'un d'eux, Montmesnil, sera chaleureusement loué par Diderot dans le *Paradoxe sur le comédien,* mais sa mort accidentelle, en 1743, détermina la retraite de l'écrivain à Boulogne-sur-Mer, où il vécut de pénibles dernières années chez un autre de ses fils, chanoine. Le romancier occupe dans notre histoire littéraire une position paradoxale : malgré bien des éléments défavorables (longueur « alimentaire », recours à des œuvres préexistantes), il est considéré comme le père du roman réaliste. Son réalisme est en effet d'une richesse inépuisable, restituant des faits, des gestes, des scènes pris sur le vif de la vie quotidienne, mais aussi rendant sensible tout un climat idéologique propre à cette époque de transition. Le mérite et l'humour de cette intelligence dans la fidélité sont d'autant plus grands que les sujets de ses romans sont empruntés à des aires culturelles antérieures et éloignées : la Grèce dans les *Lettres galantes d'Aristénète* (1695), l'Orient dans *Les Mille et Un Jours* (recueil publié sous le nom de Pétis de La Croix, mais auquel il participa), et surtout l'Espagne (où il n'est jamais allé, mais qu'il connaît par son protecteur, l'abbé de Lyonne, fils de l'ambassadeur de France à Madrid, et dont il pratique couramment la langue et la littérature). Prouesse en effet, et finesse à la fois que de faire reconnaître la France des premières années du XVIIIe siècle et repérer les lignes de force de ses mutations sociales et idéologiques, à travers la suite du *Don Quichotte* (*Aventures de l'admirable Don Quichotte de la Manche,* 1704), une nouvelle de 1631 signée Velez de Guevara *(El Diablo cojuelo : Le Diable boiteux),* des romans picaresques d'Alemán *(Histoire de Guzman d'Alfarache)* ou d'autres *(Histoire d'Estevanille Gonzalez, Le Bachelier de Salamanque).* La meilleure preuve de la liberté et de l'invention avec lesquelles Lesage traita ces canevas empruntés est bien sûr son chef-d'œuvre, *Gil Blas de Santillane,* qu'il n'emprunta cette fois à personne, ce qui n'empêcha pas les Espagnols de le revendiquer comme leur et de l'adapter à leur tour.
- MARANA J.-P. (1642-1693), né à Gênes. Ecrivain italien réfugié en France après la conspiration du comte della Torre dans laquelle il s'était compromis, il publia en français, à partir de 1684, une sorte de revue, *L'Espion du Grand Seigneur,* dans laquelle il faisait décrire par un Turc sa découverte de la société française : un des modèles avérés des *Lettres persanes.*
- MOUHY Charles de Fieux, chevalier de (1701-1784), né à Metz. Tâcheron des Lettres, non sans habileté pourtant, il se mit au service de Voltaire comme informateur, solliciteur judiciaire et chef de claque, et écrivit dans divers journaux. Il composa aussi un nombre considérable de romans. Peu scrupuleux, il exploitait sans vergogne les succès des meilleurs auteurs en choisissant des titres qui démarquaient les leurs : Marivaux, avec *La Paysanne parvenue,* Prévost, avec les *Mémoires d'une fille de qualité qui ne s'est point retirée du monde,* Galland, avec *Les Mille et Une Faveurs.* Il n'en reste pas moins un des plus féconds représentants de la veine réaliste du temps.
- MURAT Julie de Castelnau, comtesse de (1670-1716), née à Brest. Exilée à Loches par Mme de Maintenon, elle écrivit dans sa retraite plusieurs romans, des *Mémoires de ma vie* (1697) et, en pleine vogue de ce genre, des *Nouveaux Contes de fées.*
- PÉTIS DE LA CROIX François (1653-1713), né à Paris. Fils d'un orientaliste et orientaliste lui-même, il fut chargé par Colbert de missions en Turquie et en Perse, et voyagea ensuite dans le Maghreb. Il en rapporta des manuscrits. Ami de Galland, il suivit son exemple en

fournissant à Lesage, qui les arrangea en recueil, des traductions de contes persans, *Les Mille et Un Jours*.

- PRÉCHAC Jean de (1647-1720), né à Buzy (Navarre). Militaire, voyageur, protégé de Monsieur, duc d'Orléans, à partir de 1676, il fut ensuite conseiller au Parlement de Navarre. Sa fécondité littéraire est devenue proverbiale, causée à la fois par le besoin d'argent, le désir d'obtenir de hautes protections et la « démangeaison d'écrire ». Il se conforma sans raideur ni génie particulier aux modes successives, donnant tour à tour dans la « nouvelle historique », l' « histoire secrète », le récit de vie réaliste, le conte de fées. Bon représentant des diverses directions de la fiction en prose de son temps, il n'en a suivi aucune avec assez d'application pour mériter d'être encore lu aujourd'hui.

- PRÉVOST Antoine François Prévost d'Exiles, dit l'abbé (1697-1763), né à Hesdin (Artois). Si jamais un écrivain fut prédisposé à l'écriture réaliste, c'est certainement lui, tant sa propre vie ressemble à un roman, fertile en rebondissements, voyages, liaisons et ruptures, goût de l'aventure échevelée et recherche du lieu introuvable d'une félicité qui accorderait les droits de la nature, les voies de la providence et les obligations de la société. Il s'engage dans l'armée, qu'il déserte, chez les Jésuites, qu'il abandonne, chez les Bénédictins, qu'il fuit en sautant le mur de Saint-Germain-des-Prés (1728). Il séjourne à Londres, où il se fait anglican, doit fuir parce qu'il a séduit la fille de son protecteur, mène en Hollande une vie à la fois laborieuse et dissipée, en est bientôt chassé à cause de ses démêlés avec les libraires et de ses dettes, s'attache à une aventurière, Lenki, est poursuivi en Angleterre pour faux, en France pour apostasie. Sa situation se stabilise un peu en 1734 (retour à Paris, fréquentation des salons à la mode, règlement du contentieux avec les Bénédictins, amélioration financière), se complique à nouveau (difficultés avec Voltaire, poursuites pour dettes et pour publication scandaleuse, fuites, fin orageuse de la liaison avec Lenki), et s'apaise enfin en 1742. Dès lors, il se consacre à son labeur d'écrivain, fait un grand nombre de traductions (de Cicéron, Middleton, Richardson, Hume, Sheridan), et mène à bien une immense somme de compilations et de traductions de l'anglais : l'*Histoire générale des Voyages* (15 vol., 1744-1759). Un tel résumé biographique pourrait mener, sur les caractéristiques de l'écrivain, à trois erreurs. D'abord celle de séparer l'aventure de l'écriture : c'est dans les années les plus agitées de sa vie qu'il composa ses grands romans, et en particulier l'*Histoire du chevalier des Grieux et de Manon Lescaut* (1731). Ensuite, celle de réduire son génie à ce roman célèbre : il s'agit indéniablement de son chef-d'œuvre et d'un texte emblème de l'époque, construit avec la rigueur d'une tragédie, composé avec le charme d'un opéra, tirant le parti le plus fort de la narration à la première personne, et posant sur la destinée des hommes des questions qui n'ont pas vieilli ; mais l'univers romanesque d'où émerge ce bijou présente une variété et une unité que la critique moderne a reconnues et qu'elle a figurées par l'image du labyrinthe : les *Mémoires et aventures d'un homme de qualité* (1728-1731), long récit de la vie du marquis de Renoncour auquel est rattaché — tout récit dans le récit — l'histoire de Manon), l'*Histoire de M. Cleveland, fils naturel de Cromwell écrite par lui-même, ou le Philosophe anglais* (1731-1739), le plus grand succès du siècle entre *Télémaque* et *La Nouvelle Héloïse*), *Le Doyen de Killerine* (1735-1740), l'*Histoire d'une Grecque moderne* (1740), les *Mémoires pour servir à l'histoire de Malte ou la Jeunesse du Commandeur* (1741) promènent dans tous les pays du monde et dans les situations familiales et sentimentales les plus diverses des héros inquiets, sensibles, complexes, avides de comprendre et de dominer leur destin, douloureusement fascinés de s'en voir incapables, tourmentés et révoltés parce qu'ils s'en croient dignes. Enfin la troisième erreur serait celle qui comprendrait son réalisme comme celui d'un journaliste. Journaliste il le fut, avec une feuille périodique dont il assura la rédaction et la publication en Angleterre de 1733 à 1740, le *Pour et Contre* ; et ses romans constituent un document précieux, souvent très scrupuleusement exact, sur les lieux traversés, sur les conditions et les mœurs du temps, sur les relations entre les groupes de la société et entre les pays du monde. Mais sa vision nous donne à appréhender un tout autre réel, fait de projections fantasmatiques, d'enchevêtrements de la conscience et de la mémoire, d'affrontements absurdes mais vrais entre l'irrépressible élan de l'amour et l'incompréhensible hostilité du Ciel.

- RAMSAY André Michel, chevalier de (1686-1743), né à Ayr (Ecosse). Cet Ecossais se fixa en France en 1709, se convertit au catholicisme et devint le disciple de Fénelon, dont il rédigea la biographie en 1723, dont il développa les principes politiques dans un *Essai sur le gouvernement civil* (1721), et dont il imita le *Télémaque* dans les *Voyages de Cyrus* (1727). Plus qu'une imitation — littérairement très inférieure à son modèle —, cet ouvrage est un infléchissement marqué de la pensée fénelonienne vers la philosophie des Lumières, déiste, progressiste et humanitaire. Ramsay continua dans ce sens en se faisant le propagandiste de la franc-maçonnerie en France, et en laissant à sa mort un ouvrage rédigé en anglais : *Philosophical Principles of Natural and Revealed Religion unfolded in a Geometrical Order* (1748).

- TENCIN Claudine Alexandrine Guérin de (1682-1749), née à Grenoble. Elle échappe au couvent où on l'avait mise à seize ans, ne craint pas, pour favoriser la carrière de son frère — dont elle fera un cardinal et un ministre — de devenir la maîtresse du Régent, puis de Dubois, abandonne en 1717 un enfant naturel qu'elle avait eu d'un de ses nombreux amants, le chevalier Destouches (cet enfant deviendra d'Alembert), est embastillée quelque temps pour le suicide suspect d'un ami, en 1726. Elle change alors de vie, ouvre un salon réputé, qui remplace celui de Mme de Lambert, y reçoit Fontenelle, La Motte, Montesquieu, Duclos, Marivaux, et se consacre à la littérature. Elle fait élire Marivaux à l'Académie française et donne son aide financière au lancement de *L'Esprit des lois*. Ses trois romans *(Mémoires du comte de Comminges, Le Siège de Calais, Les Malheurs de l'amour),* tout en poursuivant la lignée féministe issue de la veine baroque et en cédant parfois aux excès du pathétique, sont considérés par la critique récente comme des œuvres très modernes, par la finesse de l'analyse et par la force de la révolte qu'elles manifestent.

- TERRASSON Jean, abbé (1670-1750), né à Lyon. Grand érudit, membre de l'Académie des sciences (1707), de l'Académie française (1732), professeur au Collège royal (Collège de France, 1721), il prit parti pour les Modernes *(Dissertation critique sur l'Iliade d'Homère,* 1715). C'est dans cet esprit qu'il écrivit en 1731 son roman imité du *Télémaque, Séthos*. Son héros, un prince égyptien initié aux mystères d'Isis, se dégage des superstitions de la foi pour accéder à des « principes constants et éclairés » reposant sur la seule raison. L'intérêt romanesque de l'aventure est malheureusement écrasé sous de pesantes dissertations.

- TYSSOT DE PATOT Simon (1655-1738), né à Londres. Ce Genevois né en Angleterre et établi en Hollande, comme professeur de mathématiques, était sans doute prédisposé à s'intéresser aux voyages. Il en conçut deux, imaginaires, dans la tradition de l'*Histoire des Sévarambes* (1677) de Denis Veiras : les *Voyages et aventures de Jacques Massé* et *La Vie, les aventures et le voyage au Groenland du R.P. Mésange*. Au milieu des habituels modèles d'organisation rationnelle, géométrique, normalisée de la vie sociale, surgissent de violentes attaques contre toute religion, dénoncée comme supercherie. C'est d'ailleurs pour spinozisme, après ses *Lettres choisies* de 1727, que l'auteur sera chassé de sa chaire de Deventer.

- VOISENON Claude Henri de Fuzée, abbé de (1708-1775), né à Voisenon, près de Melun. Disgracié par la nature, mais homme d'esprit, il eut une brillante réussite mondaine, s'attachant tour à tour à la protection de Mme Doublet, de Voltaire, de Mme de Pompadour et de Choiseul. Après avoir mis fin à sa carrière ecclésiastique (1742), il hanta les salons, les sociétés « badines », le Caveau, collabora avec Favart à l'Opéra-Comique tout en courtisant sa femme. Il a écrit de nombreuses pièces de théâtre dans tous les registres, de l'oratorio à la parodie et à la comédie poissarde, et, plus tard, des *Essais historiques*. Mais son ouvrage le plus célèbre est un conte féerique, oriental et libertin, *Le Sultan Misapouf*.

Conseils de lecture. — Gorges May, *Le Dilemme du roman au XVIIIe siècle,* Paris, PUF, 1963 ; Jean Rousset, *Narcisse romancier. Essai sur la 1re personne dans le roman,* Paris, J. Corti, 1973 ; Vivien Mylne, *The XVIIIth Century French Novel. Techniques of Illusion,* Manchester University Press, 1965 ; Françoise Barguillet, *Le Roman au XVIIIe siècle,* Paris, PUF, 1981 ; René Godenne, *Histoire de la nouvelle française aux XVIIe et XVIIIe siècles,* Genève, Droz, 1970 ; René Démoris, *Le Roman à la 1re personne, 1600-1728,* Paris, A. Colin, 1975 ; Henri Coulet, *Marivaux romancier. Essai sur l'esprit et le cœur dans les romans de Marivaux,* Paris, A. Colin, 1974 ; Jean Sgard, *Prévost romancier,* Paris, J. Corti, 1968 ; Id., *L'Abbé Prévost. Labyrinthes de la mémoire,* Paris, PUF, 1986 ; Michèle Weil, *Robert Challe romancier,* Genève, Paris, Droz, 1991 ; Coll., *Roman et Lumières,* Paris, Editions Sociales, 1970.

5 – La littérature d'idées au premier plan

La Régence ou les idées gaies

Quand Massillon eut prononcé l'oraison funèbre de Louis XIV, on ne mit pas longtemps, en France, à choisir la gaieté. De même qu'on cassa le testament du vieux roi (Louis XIV y limitait les pouvoirs du Régent, son neveu Philippe d'Orléans, pendant la minorité de son arrière-petit-fils, Louis XV, au profit de son fils bâtard, le duc du Maine), qu'on créa la polysynodie (gouvernement par plusieurs conseils, remplaçant les tout-puissants ministres) et qu'on renversa les alliances (d'Autriche-Espagne vers Angleterre-Hollande), on s'avisa que les idées aussi pouvaient être gaies, quand elles n'étaient plus réduites au constat d'un désastre politique ou à la perpétuelle considération de la mort dans laquelle avait voulu les tenir un Bossuet. A l'exemple du Régent lui-même, qui ramène la cour de Versailles à Paris, inaugure les bals masqués de l'Opéra, fait revenir les Comédiens-Italiens, éteint toute répression religieuse, fait « rendre gorge » aux financiers spéculateurs, redonne au Parlement son « droit de Remontrances » aboli depuis la Fronde, la société française non seulement prend le droit de respirer, mais le revendique et fait du plaisir et de la liberté des principes fondamentaux de la vie. En même temps qu'un art de vivre, c'est une nouvelle représentation de l'homme que la Régence met en œuvre et expérimente dans une atmosphère de fête. La fête elle-même devait durer peu de temps (dès 1718, la polysynodie est à peu près abandonnée ; dès 1716, le financier écossais Law lance son

« système » bancaire qui s'effondrera en 1720, après avoir permis l'enrichissement de quelques-uns et causé la ruine de beaucoup ; en 1723, la mort de Dubois puis celle du Régent ouvrent la voie, entre autres, au retour du parti religieux...), mais l'atmosphère est durablement installée. Elle marquera tout le siècle, et principalement sa première moitié, jusqu'à ce qu'on a appelé « l'ère Pompadour », entre 1745 et 1757. Elle se caractérise par un curieux mélange de frivolité et de sérieux, d'inconscience légère et de grave lucidité, de Lancret et Boucher d'un côté, de Chardin et Greuze de l'autre, tous héritiers de Watteau, l'indécidable.

La grande règle est celle du plaisir, désormais considéré comme légitime, parce qu'il répond à un besoin naturel de l'homme, qu'il contribue à son épanouissement physique, intellectuel et moral, et qu'il assure aussi sa sociabilité. Mais il y a mille façons de le concevoir, de le prendre et de le partager. Toute la littérature du XVIIIᵉ siècle pourrait être reclassée, indépendamment des dates, des genres et des courants idéologiques, selon la manière dont les textes font valoir le plaisir, qui est leur préoccupation commune : licence débridée qui va jusqu'à l'orgie, des « roués » du Régent jusqu'à Sade ; raffinements élégants du confort et du luxe ; hédonisme épicurien dans la ligne de La Fontaine ; excitation du libre jeu de la raison et de la liberté qu'elle donne, en face des vieilles lunes ; émerveillement de la découverte scientifique et de la vérification d'un « ordre » admirable de la nature ; douce émotion de la vertu et des satisfactions qu'elle procure ; simplicité heureuse de la vie rustique ; et surtout exaltation rare d'éprouver ces choses en même temps, et d'engager tous les jeux que permet cette confusion charmante et troublante du sensuel, du sensible, du sensé et du sentimental. Dans la compulsion vraiment générale du rejet de tous les absolus (religieux, monarchique, esthétique...), on s'adonne à un relativisme délibéré, mais non pas aveugle : les contingences varient, mais on peut connaître et exploiter leurs variations. Ce sera à la fois le postulat opératoire des « climats » dans la pensée politique de Montesquieu et l'un des aiguillons les plus piquants du roman libertin, la quête et la saisie de l' « occasion ». Et les libertins n'auront aucune peine à faire incursion dans la théorie politique, de même que les philosophes à la Montesquieu se livreront, dans le même mouvement qui produit leurs traités, à l'écriture libertine. De ce point de vue, les *Lettres persanes* sont vraiment le texte de cette période, puisqu'elles mêlent les deux dimensions, indissociablement.

On peut considérer ce phénomène sous trois angles. Le troisième nous retiendra davantage, s'agissant de littérature ; les deux autres, historique et philosophique, méritent un rapide repérage. Historiquement, la Régence représente une réaction bien compréhensible après trois décennies lugubres, comme le Directoire en sera une après la terrible décennie révolutionnaire. Mais il est bien connu qu'une réaction est solidaire de ce à quoi elle s'oppose, que ce qui s'ensuit est toujours la résultante de leur conflit. Et c'est pourquoi la période 1680-1715 a fait ici l'objet d'un chapitre, alors qu'elle est parfois traitée comme un prolongement abâtardi du XVIIe siècle classique. On évoquait dans l'Introduction les trois naissances des Lumières : après la naissance nocturne, sans doute nécessaire à la qualité de leur éclat, celle-ci est la naissance aurorale, ou, pour en appeler au genre qui faisait fureur en ce temps-là, l'arrivée, auprès du berceau, de la bonne fée. Philosophiquement, la tendance est d'accorder toute sa confiance à cette bonne fée, et de professer qu'à travers des obstacles surmontables et des maux provisoires dus aux sortilèges de ses méchantes sœurs, elle saurait assurer à son protégé le bonheur promis. L'école anglaise, et en particulier Shaftesbury — que traduira Diderot —, et Locke, et Newton lui-même, et le poète qui devait donner à leurs idées la forme la plus désirable, Alexander Pope, s'accordent à concevoir le monde physique, moral et social comme un ordre qui n'a besoin que de sa propre logique fonctionnelle pour se maintenir, à la satisfaction de tous ses éléments constituants. Gravitation universelle, contrat politique, convergence du mérite vertueux, du succès et du bonheur, c'est, généralisée, la doctrine de l'optimisme, pour laquelle le mal ne peut être que le résultat d'un dysfonctionnement secondaire, temporaire et remédiable. Certaines formulations de cette doctrine vont si loin qu'elles font apercevoir son excès :

> All Discord, Harmony not understood ;
> All partial Evil, universal Good ;
> And, spite of Pride, in erring Reason's spite,
> One truth is clear, WHATEVER IS, IS RIGHT

> (La discorde est une harmonie que tu ne comprends pas ;
> Le mal particulier est un bien général ;
> Et, en dépit de l'orgueil, en dépit d'une raison qui s'égare,
> Une vérité est évidente : QUE TOUT CE QUI EST, EST BIEN)

écrit Pope dans son *Essai sur l'homme* (1733), où il rejoint et illustre le système de l'harmonie universelle dans lequel Leibniz voyait, lui aussi, les petits malheurs locaux composer, au total, « le meilleur des mondes possibles ». Si Voltaire a pris la peine de tant s'acharner, en particulier dans *Candide*, sur cette théorie, reprise sans grande finesse par Wolf, le disciple de Leibniz, ce n'est pas parce qu'elle était ridicule et visiblement illusoire : c'est justement parce qu'il l'avait longtemps faite sienne, comme la plupart de ses contemporains. Ce monde-là était fait pour l'homme, que ne marquait plus aucune chute, n'entraînant plus déchéance, malédiction, péché, ne nécessitant plus aucune autre grâce que celle de l'habiter et de le trouver adapté à la mesure de son désir ; ou tout au moins adaptable, au prix d'un effort de la raison individuelle et de la persuasion réciproque tout à fait à sa portée.

Il faut donc imaginer les hommes de la Régence heureux, parce qu'ils sont dans la fête, qu'ils en jouissent, et d'autant plus qu'ils la comparent à ce qui a précédé, qu'ils savent en jouir, et qu'ils pensent en en jouissant accomplir leur nature et leur devoir d'hommes, participer à l'ordre même du monde et au dessein de son créateur, quel qu'il soit. Mais l'évidence de cet ordre et de ce dessein ne crève pas tous les yeux ; elle se heurte souvent à une réalité têtue que continuent de hanter toutes sortes de désordres, dans les faits, dans les têtes, dans les comportements, dans les institutions, dans les rapports amoureux, économiques ou sociaux, dans les goûts. Les sujets les plus lucides et les plus équilibrés sont alors pris dans une sorte de schizophrénie qui les fait à la fois conscients de ce désordre et certains de cet ordre, mais, pour la première fois peut-être dans l'histoire des hommes, les situant l'un et l'autre dans le cadre de l'*ici-maintenant,* sans plus attribuer leur concurrence au Diable ni au Bon Dieu, ni rejeter dans quelque au-delà la résolution du conflit. Cela porte un nom un peu ridicule, et qui n'a pas peu nui à l'état d'esprit dont il est l'expression, un nom qu'on a d'abord surtout appliqué aux produits des arts plastiques, peinture, sculpture, orfèvrerie, décoration, mais qu'on a ensuite, à juste titre, cru pouvoir étendre aux œuvres littéraires : le rococo.

La première difficulté qui se présente quand on veut définir ce style, qui a régné sur la France et dans une partie importante de l'Europe pendant un demi-siècle, c'est que, contrairement au classicisme par exemple, il s'oppose intrinsèquement à toute définition. Sa définition est, justement, de l'éviter, de la déjouer. Quand on aura référé son nom à la « rocaille » (lignes contournées comme celles de concrétions minérales, sinuosités de plantes ornementales ou de coquillages) que ses premiers adeptes ont choisie comme modèle pour la décoration des intérieurs (mobilier, bronzes, lambris, dessinés par Meissonnier, Oppenordt, Pineau, Berain), on n'aura guère identifié que la figure extérieure de cette forme-sens. Une deuxième difficulté est de distinguer ce style, que caractérise en tout cas son opposition au classicisme, d'un autre qui se trouve avoir la même caractéristique, le baroque (du portugais *barroco*, perle irrégulière). La consonance des deux mots, la coexistence des deux manières dans l'art sacré et la décoration curiale ou urbaine, la connotation péjorative des deux termes désignant un style « bizarre » et mal contrôlé par un artiste trop peu maître de lui, ont souvent provoqué la confusion. Mais si les apparences se rapprochent parfois, les significations sont opposées : le baroque se livre à la profusion, à l'exubérance, à l'irrégularité comme à la vérité même du monde d'ici-bas ; le rococo ne passe par le mouvement, la dissymétrie, le foisonnement que pour permettre d'y retrouver, sous l'apparent désordre, un ordre caché, non moins sûr, au fond des détours qui le font attendre, deviner, désirer, que l'ordre classique, qui s'impose d'emblée. Idéologiquement aussi, baroque et rococo sont le plus éloignés qu'il est possible. Le premier, produit, support et complice de la Contre-Réforme catholique, écrase l'homme sous les multiples preuves de sa condition déchirée et ne lui montre de salut que dans les pompes institutionnelles d'une Eglise hiérarchisée, triomphante, superbe ; le second, auxiliaire souriant des Lumières naissantes, en appelle à l'astuce de chaque esprit pour qu'il reconstitue de lui-même, à travers les vertiges délicieux d'un désordre pour rire, l'accord fondamental qui relie toute chose de ce monde aux autres, et toutes ensemble à la conscience qui les perçoit. L'un se plaît à une exhibition ostensible et impressionnante du surnaturel, l'autre réduit les diversités mystérieuses du monde sensible à l'unité intelligible d'une nature rassurante.

Dans le jeu d'un tel contrôle, sans cesse perdu et retrouvé (quand elle le perd, elle ressemble au baroque, quand elle le retrouve, au classique ; mais elle ne se stabilise jamais dans l'une ou l'autre situation et ne ressemble ainsi à rien d'autre qu'elle-même), la manière rococo allie sans peine la géométrie à la finesse, la raison à l'intuition du cœur, l'étrangeté des effets, dont s'enchante et s'effarouche l'esprit, à l'unicité des causes, dont il a besoin et qui le séduit. A l'œuvre dans les textes (ceux de Fontenelle, de Montesquieu, de Marivaux, de Prévost, de Crébillon fils, de Voltaire, la plupart aussi des textes d'idées dont il sera fait état plus loin), emblématisé par la fameuse « chaîne secrète et, en quelque façon, inconnue » des *Lettres persanes*, le style rococo leur conférera force et faiblesse : force pour mettre à distance toute intimidation des grandiloquences, tant classique que baroque ; faiblesse de ce postulat d'ordre et d'unité, que l'expérience ne cesse, dans tous les domaines, de remettre en cause. Bossuet est conjuré par l'une, mais l'autre ouvre la brèche dans laquelle se précipitera J.-J. Rousseau. Entre ces deux moments forts de la morosité, la Régence (toujours étendue jusque vers 1750) fut bien la période des idées gaies, des idées égayées dans des textes dont la composition était à la fois démentie et postulée, l'aisance à la fois jouée et vraie, l'ironie à la fois inquiète et souveraine.

Pour modèle : histoires, utopies et systèmes

Plusieurs déterminations expliquent la recherche de modèles à laquelle on se livre alors si volontiers. Bayle a montré quel travail critique permettait le recours à des figures historiques et la confrontation des discours tenus sur elles. La querelle des Anciens et des Modernes a mis les choses au point : le modèle peut n'être pas paralysant s'il n'est pris que pour ce qu'il est et s'il suscite plus l'émulation que la crainte respectueuse. L'empirisme et le sensualisme relancés par Locke ont suggéré l'efficacité pratique du modèle : c'est un objet d'expérimentation permettant de pratiquer, en laboratoire pour ainsi dire, toutes sortes d'essais qu'on n'aurait pu faire en grandeur nature. Nos idées venant de notre expérience sensible, ces modèles peuvent, mieux que toutes les théories, renouveler la connaissance que nous avons du monde et nous aider à en combiner les éléments dispersés.

L'histoire a toujours été une grande pourvoyeuse de modèles, mais on aura compris qu'il s'agit désormais moins de Plutarque que de Tacite. Ce qu'on y cherche est de moins en moins l'admiration devant des conduites rares ou des moments forts, et de plus en plus la mise au jour des mécanismes rendant compte de l'enchaînement des faits, actions des grands hommes comprises. Certes, l'ancienne manière d'écrire une histoire « providentielle » se prolonge, par exemple chez les Bénédictins (Prévost sera appelé à participer, en 1728, à leur immense et édifiante *Gallia christiana*). Comme elle vise plus à prouver qu'à trouver, qu'elle est plus rhétorique qu'heuristique, la vérité stricte des faits lui importe peu. C'est l'époque de la fameuse boutade de l'abbé de Vertot, auteur d'une *Histoire des révolutions arrivées dans le gouvernement de la République romaine* (1719), qui venait d'achever d'écrire le récit d'un grand siège militaire et à qui on apportait des documents renouvelant de façon importante les informations sur cet épisode : « Trop tard, dit-il, mon siège est fait. » Plus généralement pourtant, c'est au contraire le scrupule qui habite alors l'historien, comme il apparaît dans le titre choisi par Lévesque de Pouilly en 1722, et qui fit scandale : *Dissertation sur l'incertitude de l'histoire des quatre premiers siècles de Rome.* L'excellente *Histoire d'Angleterre* (1724) de Rapin-Thoyras sert de référence au Voltaire des *Lettres philosophiques,* le *Nouvel Abrégé chronologique de l'Histoire de France* (1744) du président Hénault à celui du *Siècle de Louis XIV.* De son *Histoire de Louis XI* (1747), Duclos fait plus une réflexion politique qu'un récit d'événements. Il s'agit de comprendre et d'apprécier l'habileté avec laquelle un roi a su, sans ébranler l'Etat et par sa seule autorité, accomplir une véritable révolution institutionnelle : exemple bien utile, qui sait, pour Louis XV ? De même quand l'abbé Dubos oppose aux thèses de Boulainvilliers (voir *supra,* chap. 1) son *Histoire critique de l'établissement de la monarchie française dans les Gaules* (1734), il prétend, en rétablissant la vérité des faits (ce sont les Gallo-Romains qui ont accueilli et assimilé les Francs, non ceux-ci qui les ont conquis) justifier les prérogatives du roi, héritier légitime des empereurs, sur les nobles arrogants. Ainsi, les réalités du passé ne répondent pas seulement à la curiosité : elles fournissent l'occasion de manipuler imaginairement celles du présent et de les faire bouger, ce qu'elles ne font guère sous le ministère du placide et prudent Fleury. Voltaire sera le grand héritier de cette évolution de l'historiographie.

D'autres modèles sont offerts à l'expérimentation mentale par la philosophie. Dans son *Traité des premières vérités* (1724), le P. Buffier ne croit pas impossible à un chrétien d'adopter les théories de Locke sur le développement de l'esprit à partir des sens. L'abbé Pluche s'appuie aussi sur ses connaissances scientifiques pour composer son long *Spectacle de la nature* (1732-1750), l'un des plus grands succès du siècle. L'ouvrage venait en effet à son heure, répondant aux préoccupations contemporaines : vulgarisation des découvertes scientifiques (ici surtout physiques, astronomiques, zoologiques et botaniques), confiance en une nature équilibrée, bienveillante, tout entière au service de l'homme, conciliation heureuse de cette nature, de mieux en mieux connue, avec la foi traditionnelle, mais justification de l'attachement de l'homme à un séjour terrestre si manifestement fait pour lui. Pourtant, la naïveté de ses émerveillements est telle (Dieu a créé les marées pour permettre l'accès com-

mode des bateaux dans les ports) que son succès ne s'explique pas
sans un entrainement général à l'utopie. Cette « nature » dont on
s'enchante, on n'ignore pas qu'on la rêve un peu, mais on veut
croire que, ce faisant, on est plus fidèle à sa vérité dynamique que
ceux qui la représentent mauvaise, déchue, honteuse. Une sorte
d'union sacrée s'est faite autour d'elle, regroupant les savants, les
amateurs, les croyants, les philosophes, les mondains. Tout avance
ainsi du même pas, le savoir, la liberté et le bonheur, la volonté
divine et le progrès matériel. On ne veut pas entendre les fausses
notes qui déparent, ici et là, l'harmonie de l'idylle. Seul J.-J. Rousseau saura l'interrompre vraiment, et dénoncer le caractère utopique de cette alliance entre la nature et la civilisation : on sait
quelle nouvelle utopie l'y aidera. Le cas de l'abbé Pluche ne doit
cependant pas dissimuler une autre forme d'utopie, qui propose,
elle, de la nature une représentation proprement matérialiste. Elle
est minoritaire encore, et ne se laisse apercevoir que dans quelques
œuvres (de Boureau-Deslandes, de La Mettrie, du jeune Diderot).
Elle ne se développera vraiment qu'à partir de 1750, en même
temps que l'utopie rousseauiste avec laquelle elle entrera en conflit.

Parmi les innombrables « systèmes » à l'aide desquels les
hommes de sciences, empruntant à la littérature ses prestiges, ont
alors nourri l'imagination gourmande des hommes, il faut accorder
une place éminente à ceux de Maupertuis, de Réaumur, de
d'Alembert, à cause de leur pertinence scientifique qui annonce
celle que manifesteront bientôt un Buffon ou un Diderot. Mais on
ne peut négliger des constructions qui, pour être beaucoup plus
fantaisistes, n'en ont pas moins rempli une fonction de modèle et
permis à la réflexion d'avancer, comme on peut raisonner juste sur
une figure fausse. Deux de ces constructions sont restées célèbres
par l'étrange succès qu'elles ont eu et les réactions en chaîne
qu'elles ont déclenchées : le « clavecin oculaire » du P. Castel
(*Optique des couleurs...,* 1740) postulait une organisation des couleurs
comparable à celle des sons et se livrait à toutes sortes de permuta-
tions entre les deux ensembles. Sous son aspect ludique, il donnait
beaucoup à penser sur les mécanismes de la perception. Le *Telliamed* (1748) du consul de Maillet brodait mille variations fascinantes
sur le thème de la mer, autrefois omniprésente sur le globe, forma-
trice de tous ses reliefs actuels, berceau de toute vie, non seulement
aux origines mais continûment et sous nos yeux encore : des voyageurs, soutient sérieusement le consul, ont pu voir, dans les brouil-
lards glacés des mers septentrionales, des hommes-poissons sortir de

l'eau pour devenir des hommes terrestres. La poésie de ces textes est intense, qui dit la vérité du monde (origine marine de la vie sur terre) et celle du savoir humain (ouverture de l'esprit par le voyage et l'observation) à travers la fiction la plus débridée. On peut, pour achever de mettre ces œuvres en plein accord avec la période qui les a produites et qu'elles aident à définir, les qualifier de libertines : comme l'autre, le libertinage scientifique comporte ses « égarements » et, comme pour l'autre, ils ne manquent pas d'être très formateurs du cœur et de l'esprit.

Cependant, tout libertinage comportant son symptôme boulimique, la curiosité fait alors feu de tout bois. A côté des élucubrations qu'on vient d'évoquer, elle donne valeur d'événements aux très sérieux *Nouveau Cours de chimie* (1723) de Sénac, *Entretiens d'Ariste et d'Eudoxe ou Physique nouvelle en dialogue* (1729) du P. Regnault, *Leçons de physique expérimentale* (1743) de l'abbé Nollet, *Théorie de la figure de la terre* (1743) de Clairault, comme au *Traité d'insectologie* (1745) de Bonnet et, dans le domaine tout neuf encore de la science économique, à l'*Essai politique sur le commerce* (1734) de Melon, au *Mémoire sur les blés* (1744) ou aux *Œconomiques* (1745) de Dupin de Chenonceaux. Lire le monde, le récrire sans cesse pour dessiner sa transformation, théoriser à l'envi cette pratique volontariste, c'est alors le vent qui soulève toutes les branches du savoir et de ses moyens : le droit (Burlamaqui, *Principes du droit naturel*, 1747) comme la musique (Rameau, *Traité d'harmonie*, 1721 ; J.-J. Rousseau, *Dissertation sur la musique moderne*, 1743), la peinture (Saint-Yenne, *Réflexions sur quelques causes de l'état présent de la peinture en France*, 1746 ; Caylus, *Vie d'Antoine Watteau*, 1748) comme la pédagogie (Rollin, *Traité des études*, 1726), la politique (Frédéric II, *Anti-Machiavel*, 1740) comme la dramaturgie antique (le P. Brumoy, *Théâtre des Grecs*, 1730) et le vocabulaire moderne (Prévost, *Manuel lexique...*, 1750). Il faut bien se représenter cette effervescence et son extraordinaire souplesse transdisciplinaire, non pas chez tous, mais dans une frange de plus en plus nombreuse et active de la population éclairée et progressiste, pour comprendre, entre autres, la forme particulière du génie de Diderot.

Utopies encore, du moins l'a-t-on prétendu à cause du degré maximum d' « égarement » dont ils témoignaient, les écrits de deux originaux de génie auxquels le recul du temps nous fait accorder aujourd'hui beaucoup plus d'importance qu'ils n'en eurent alors. L'un parce qu'il resta inconnu pendant sa vie et que ses textes ne circulèrent longtemps que sous le manteau : c'est le curé Jean Meslier ; l'autre parce que, quoique en pleine lumière (académicien, membre du club de l'Entresol, ami du Régent, de Mme de Lambert, puis de Mme Dupin), il passa pour un doux rêveur et ne fut guère pris au sérieux : c'est l'abbé de Saint-Pierre. Les rapprocher ici permet de manifester et d'opposer les deux voies possibles d'accomplissement des transformations que les esprits alors conçoivent, calculent, désirent, théorisent, mais que bloque systématiquement l'immobilisme structurel de l'ordre monarchique : la réforme et la révolution. Pour la réforme, l'abbé de Saint-Pierre n'est pas en peine de propositions : il en fait de toutes sortes et en répand les projets. Ceux-ci respirent à la fois l'amour désintéressé du bien public et la confiance en l'effort que peut accomplir la raison humaine dans l'aménagement de la vie collective. Il crée le mot « bienfaisance » pour désigner aussi bien l'intention qui l'anime que le principe de ses réformes (par exemple la réduction à huit du nombre des congrégations religieuses, quatre de femmes et quatre d'hommes, qui se consacreraient exclusivement à des tâches d'assistance et d'encadrement social), et leur but : le bonheur de tous et de chacun. Qu'il propose de créer une instance assurant la « paix perpétuelle » entre les nations de l'Europe, de supprimer le célibat des prêtres, de repenser l'éducation du Dauphin, ou de placer les malades du ventre sur des « trémoussoirs », fauteuils à ressorts capables de débloquer leurs obstructions intestinales, une même certitude l'habite : des réformes de ce genre pourraient tout changer si on les appliquait avec tout le sérieux et la minutie avec lesquels il les détaille. Le moyen choisi pour les faire connaître est aussi, à sa manière, un acte de foi dans la nouvelle puissance de l'opinion publique et d'espérance en l'intelligence de ses choix. Les projets de l'abbé couraient ainsi de main en main, suscitant la curiosité, l'intérêt, le sourire. A titre d'exemple, ce début d'un *Mémoire pour perfectionner la police sur les chemins* (1715) :

PREMIÈRE PARTIE

Importance de la réparation des chemins

Première considération
Chemins de France plus sujets à réparation

La mer fait la moitié des frontières de la France, les vents du sud passent par-dessus la Méditerranée, les vents d'ouest passent par-dessus l'océan ; ainsi il est nécessaire qu'ils apportent avec eux des nuages pleins d'eau, et comme ces vents d'entre le sud et l'ouest règnent en France plus de dix mois de l'année, il est impossible qu'ils n'y rendent en même temps le climat pluvieux et le terroir abondant ; mais la pluie, qui cause l'abondance, gâte les chemins qui sont cependant les canaux du commerce par où doit couler cette abondance ; aussi c'est dans les provinces les plus abondantes et les plus peuplées, telle qu'est la Normandie, qu'il faut plus d'attention à réparer les chemins.

Seconde considération
Vue générale sur l'importance des chemins

Deux choses sont très importantes au commerce : la commodité et la sûreté des chemins [...].

Or, dans sa hâte un peu brouillonne de tout améliorer, voilà que l'aménageur du territoire oublie un peu plus loin que les chemins de France sont désormais en bon état ; il propose une autre réforme, un peu contradictoire avec la précédente, mais en soi rationnelle elle aussi :

Un bourgeois de Paris a une terre auprès de Cherbourg qui ne lui vaut que 2 000 livres de rente, année commune, tous frais faits, parce qu'il en est éloigné de près de quatre-vingts lieues. Un bourgeois de Cherbourg en a une auprès de Paris qui, par la même raison de l'éloignement, ne lui vaut non plus que 2 000 livres. Ils font échange, chacun fait dans sa nouvelle terre des augmentations : l'un dessèche un marécage, l'autre rétablit un moulin ; l'un plante une vigne, l'autre plante des pommiers ; l'un met en pré ce qui était en labour, l'autre met en labour ce qui était en bois, chacun d'eux s'épargne des voyages, chacun d'eux tire de sa terre des denrées pour la consommation de sa maison, chacun fait des réparations à temps, vend et achète à temps ; s'il ne trouve point de fermiers, il est à portée d'en faire valoir une partie par ses mains ; enfin chacun trouve que ces augmentations vont à plus d'un tiers.

Le pouvoir établi n'avait pas grand-chose à craindre de cet enthousiasme réformateur. Une fois, cependant, il poussa l'abbé un peu loin. En 1718, son *Discours sur la polysynodie,* pour justifier cette forme de gouvernement, attaquait si violemment la précédente, celle du règne de Louis XIV, que des sanctions furent prises ; l'abbé fut exclu de l'Académie française. Il n'en continua pas moins à accumuler ses projets, dont certains furent réunis en *Ouvrages de politique* (1733-1740).

D'une tout autre nature était la bombe contenue dans le *Testament* trouvé, à sa mort (1729), dans les papiers du curé Jean Meslier. Ce n'est pas seulement aux abus du système que s'en prend celui-ci mais à son principe. Il ne veut pas l'améliorer mais le démolir de fond en comble. Avant Marx, il décrit en des termes étonnamment violents l'oppression exercée par les classes dominantes sur un peuple à genoux, et appelle celui-ci à se lever. Plus qu'une analyse pourtant, son texte est le témoignage vibrant de quelqu'un qui a vécu la vie de ces paysans qu'il défend, ainsi que le réquisitoire accablant d'un prêtre qui dénonce, de l'intérieur, l'imposture religieuse. Voltaire devait se saisir d'un des manuscrits clandestins du *Testament,* et en publier des extraits en 1762. Mais s'il avait gardé, avec la critique anticléricale, la dénonciation des mensonges du dogme et des miracles, il avait soigneusement omis tout ce qui, dans ce texte fondateur, associe solidairement un athéisme sans nuances, un matérialisme et un déterminisme sans timidité, un appel au soulèvement social sans scrupule, puisque Meslier propose d'étrangler le dernier roi avec les boyaux du dernier prêtre! Parmi les Lumières naissantes et dans le surgissement peu dangereux des étincelles rococo, se distinguent déjà de bien inquiétantes lueurs. Mais on est alors trop occupé d'autre chose pour pouvoir s'aviser vraiment de la gravité du mal social. Par exemple de fonder la sociologie.

Naissance littéraire d'une sociologie critique

Du point de vue de la représentation, de l'analyse et de la critique de la société, tout le parcours du demi-siècle se laisse saisir dans le passage entre *Les Caractères* (1694) de La Bruyère, les *Lettres persanes* (1721) de Montesquieu et l'*Essai sur les mœurs* (1756) de Voltaire.

La première de ces œuvres, encore gouvernée par l'esthétique classique, propose une analyse fragmentée en mille silhouettes, attitudes, gestes caractéristiques, qui révèlent un dysfonctionnement dont La Bruyère constate les effets sans en rechercher systématiquement les causes. Il feint même de considérer cette enquête comme inutile, en terminant son chapitre « Du souverain ou de la république » par un vibrant éloge du roi Louis XIV, qui fait tenir, à lui seul, un ordre intenable, et en couronnant son ouvrage par un chapitre sur la religion, qui paraît devoir rendre secondaires les questions temporelles (voir *supra*, p. 21-22).

La deuxième est une représentation amusée et critique aussi d'un certain nombre de faits, de gestes et de mots, dans l'ordre aventureux de la découverte progressive que les deux voyageurs persans font de la société française, mais avec un souci constant de la recherche des principes qui les expliquent et les relient, et dans un cadre romanesque qui inscrit la réflexion philosophique au cœur de l'aventure vivante de l'homme (voir *infra*, p. 237-238).

La troisième est un réquisitoire impitoyable contre les folies et les crimes des hommes de tous les pays et de toutes les époques, dont la cause principale est reconnue, dénoncée et combattue : c'est le fanatisme et l'intolérance des religions instituées, et plus généralement de toute pensée dogmatique et impérialiste.

En somme, à partir du constat d'un désordre, l'esprit des Lumières cherche et expérimente les instruments philosophiques capables d'en rendre compte et, les ayant méthodiquement élaborés à partir du rationalisme cartésien, de l'historicisme critique de Bayle, de l'empirisme de Locke et de la scientificité newtonienne, les tourne à l'action transformatrice des mentalités et des pratiques, à la lutte déclarée contre les préjugés anciens, et à la conquête d'un nouvel idéal d'humanité.

Ce qui est remarquable, du point de vue littéraire, c'est l'invention des formes susceptibles de dire et de faire avancer ce progrès. A l'ordre taxinomique et thématique de La Bruyère succède le roman épistolaire de Montesquieu, encore fragmenté mais proposant le schéma d'une réflexion qui s'étoffe et s'approfondit. Le récit historique voltairien prend le relais, appuyé sur une considérable documentation érudite et tendant à la « somme » dont, avec Buffon et l'*Encyclopédie*, la deuxième partie du siècle sera si friande. La question des genres s'en trouve entièrement renouvelée. L'écriture du moraliste, celle du romancier, de l'historien, du satiriste se mêlent et s'épaulent l'une l'autre, moins soucieuses de suivre des modèles ou de respecter des règles que de produire sur leurs lecteurs un effet d'éveil, une prise de conscience, une volonté de changement. « Plaire et toucher » reste la règle, comme à l'époque classique, mais on n'y met plus tout à fait les mêmes choses : l'agrément se fonde plus volontiers sur l'ironie et le non-conformisme, sur les caractères de nouveauté et d'utilité que présentent les œuvres, cependant que l'émotion oscille entre l'attendrissement éprouvé envers les victimes du désordre social et l'indignation contre ceux qui en sont les responsables, conscients ou inconscients. Le conte voltairien est le produit le plus achevé et le plus redoutablement efficace de cette écriture, qui en appelle à la sensibilité pour transformer en actes les certitudes de la raison, et pour que prennent effet, dans les réalités de la vie, les conquêtes de la pensée.

Évolution d'un thème descriptif et analytique de la réalité sociale : le peuple (de Paris)

• Le peuple, chez La Bruyère, n'était qu'une entité vague désignant soit (le plus souvent au pluriel) l'ensemble des sujets dans leurs rapports avec le monarque, soit l'instance de l'opinion commune, que Pascal opposait déjà aux « habiles », soit encore l'objet, indistinct et muet, d'une oppression et d'un mépris, mais aussi le sujet patient d'un regard qui, par sa seule existence, jugeait les excès des grands, des parvenus ou des « esprits forts » et jouissait parfois du « plaisir de la tragédie ». Ce regard semblait ainsi plus ou moins se confondre avec celui de l'observateur moraliste, qui tenait à conserver cette position libre, non impliquée dans la fragmentation sociale du « monde » ni dans le jeu infernal des modes. Contre-modèle en creux, latent, éventuellement mais sourdement menaçant.

Nommer un roi PÈRE DU PEUPLE est moins faire son éloge que l'appeler par son nom, ou faire sa définition (Du souverain ou de la république, 27).

C'est un extrême bonheur pour les peuples quand le prince admet dans sa confiance et choisit pour le ministère ceux mêmes qu'ils auraient voulu lui donner, s'ils en avaient été les maîtres (Du souverain ou de la république, 23).

A la cour, à la ville, mêmes passions, mêmes faiblesses, mêmes petitesses, mêmes travers d'esprit, mêmes brouilleries dans les familles et entre les proches, mêmes envies, mêmes antipathies. [...] Ces hommes si grands ou par leur naissance, ou par leur faveur, ou par leurs dignités, ces têtes si fortes et si habiles, ces femmes si polies et si spirituelles, tous méprisent le peuple, et ils sont peuple.

Qui dit le peuple dit plus d'une chose : c'est une vaste expression, et l'on s'étonnerait de voir ce qu'elle embrasse, et jusques où elle s'étend. Il y a le peuple qui est opposé aux grands : c'est la populace et la multitude ; il y a le peuple qui est opposé aux sages, aux habiles et aux vertueux : ce sont les grands comme les petits (Des grands, 53).

Il y a des hommes qui attendent à être dévots et religieux que tout le monde se déclare impie et libertin : ce sera alors le parti du vulgaire, ils sauront s'en dégager. La singularité leur plaît dans une matière si sérieuse et si profonde ; [...] Il ne faut pas d'ailleurs que, dans une certaine condition, avec une certaine étendue d'esprit et de certaines vues, l'on songe à croire comme les savants et le peuple (Des esprits forts, 5).

La prévention du peuple en faveur des grands est si aveugle, et l'entêtement pour leur geste, leur visage, leur ton de voix et leurs manières si général que, s'ils s'avisaient d'être bons, cela irait à l'idolâtrie (Des grands, 1).

Il y a peu de règles générales et de mesures certaines pour bien gouverner; l'on suit le temps et les conjonctures, et cela roule sur la prudence et sur les vues de ceux qui règnent : aussi le chef-d'œuvre de l'esprit, c'est le parfait gouvernement; et ce ne serait peut-être pas une chose possible, si les peuples, par l'habitude où ils sont de la dépendance et de la soumission, ne faisaient la moitié de l'ouvrage (Du souverain ou de la république, 32).

L'on se porte aux extrémités opposées à l'égard de certains personnages. La satire après leur mort court parmi le peuple, pendant que les voûtes des temples retentissent de leurs éloges. Ils ne méritent quelquefois ni libelles ni discours funèbres; quelquefois aussi ils sont dignes de tous les deux (Des grands, 55).

Un ennemi est mort qui était à la tête d'une armée formidable, destinée à passer le Rhin; il savait la guerre, et son expérience pouvait être secondée par la fortune : quels feux de joie a-t-on vus? quelle fête publique? Il y a des hommes au contraire naturellement odieux, et dont l'aversion devient populaire : ce n'est point précisément par les progrès qu'ils font, ni par la crainte de ceux qu'ils peuvent faire, que la voix du peuple éclate à leur mort, et que tout tressaille, jusqu'aux enfants, dès que l'on murmure dans les places que la terre enfin en est délivrée (Des jugements, 117).

Le peuple a souvent le plaisir de la tragédie : il voit périr sur le théâtre du monde les personnages les plus odieux, qui ont fait le plus de mal dans diverses scènes, et qu'il a le plus haïs (Des biens de fortune, 31).

Si le compare ensemble les deux conditions des hommes les plus opposées, je veux dire les grands avec le peuple, ce dernier me paraît content du nécessaire, et les autres sont inquiets et pauvres avec le superflu. Un homme du peuple ne saurait faire aucun mal; un grand ne veut faire aucun bien, et est capable de grands maux. L'un ne se forme et ne s'exerce que dans les choses qui sont utiles; l'autre y joint les pernicieuses. Là se montrent ingénument la grossièreté et la franchise; ici se cache une sève maligne et corrompue sous l'écorce de la politesse. Le peuple n'a guère d'esprit, et les grands n'ont point d'âme : celui-là a un bon fond, et n'a point de dehors; ceux-ci n'ont que des dehors et qu'une simple superficie. Faut-il opter? Je ne balance pas : je veux être peuple (Des grands, 25).

Quand le peuple est en mouvement, on ne comprend pas par où le calme peut y rentrer; et quand il est paisible, on ne voit pas par où le calme peut en sortir (Du souverain ou de la république, 6).

• Avec Dufresny, dans les *Amusements sérieux et comiques* (1699), la description morale taxinomique laisse la place à la relation d'un voyage pittoresque et souvent badin dans un Paris dont le peuple, pourtant, est encore à peu près absent. Au chapitre 3, il est compris dans l'incessant mouvement de la ville, mais il n'est pas repris en tant que tel dans le détail des chapitres suivants : le Palais (de Justice), l'Opéra, les Promenades (surtout des dames de condition), le Mariage, l'Université, la Faculté (de médecine), le Jeu, le Cercle bourgeois. C'est dans ce dernier chapitre (l'avant-dernier du livre) qu'on trouve cependant une espèce d'apologue sous forme de fait divers observé, qu'on pourrait intituler : « le valet et l'homme doré ». Dufresny a imaginé de faire voyager un Siamois avec lui dans Paris.

> Je suppose donc que mon Siamois tombe des nues, et qu'il se trouve dans le milieu de cette Cité vaste et tumultueuse, où le repos et le silence ont peine à régner pendant la nuit même ; d'abord le chaos bruyant de la rue Saint-Honoré l'étourdit et l'épouvante, la tête lui tourne.
>
> Il voit une infinité de machines différentes que des hommes font mouvoir ; les uns sont dessus, les autres dedans, les autres derrière : ceux-ci portent, ceux-là sont portés ; l'un tire, l'autre pousse ; l'un frappe, l'autre crie ; celui-ci s'enfuit, l'autre court après. Je demande à mon Siamois ce qu'il pense de ce spectacle : — J'admire, je tremble, me répond-il ; j'admire que dans un espace si étroit tant de machines et tant d'animaux dont les mouvements sont opposés ou différents soient ainsi agités sans se confondre ; se démêler d'un tel embarras, c'est un chef-d'œuvre de l'adresse des Français. Mais leur témérité me fait trembler, quand je vois qu'à travers tant de roues, de bêtes brutes et d'étourdis, ils courent sur des pierres glissantes et inégales, où le moindre faux pas les met en péril de mort.
>
> En voyant votre Paris, continue ce Voyageur abstrait, je m'imagine voir un grand animal : les rues sont autant de veines où le peuple circule ; quelle vivacité que celle de la circulation de Paris ! — Vous voyez, lui dis-je, cette circulation qui se fait dans le cœur de Paris, il s'en fait une encore plus pétillante dans le sang des Parisiens ; ils sont toujours agités et toujours actifs ; leurs actions se succèdent avec tant de rapidité qu'ils comment mille choses avant que d'en finir une, et en finissent mille autres avant que de les avoir commencées.
>
> Ils sont également incapables et d'attention et de patience : rien n'est plus prompt que l'effet de l'ouïe et de la vue, et cependant ils ne se donnent le temps ni d'entendre ni de voir.
>
> Les Parisiens n'ont de véritable attention que sur le plaisir et sur la commodité : ils y raffinent tous les jours ; quel raffinement de commodité n'a-t-on point inventé depuis peu ? Les logements, les meubles, les voitures, la société, tout y est commode, jusques à l'amour.
>
> Mais commençons à entrer dans le détail de Paris, vous y verrez plus distinctement que dans le général la singularité de cette Ville, de ses habitants, et de leurs mœurs.
>
> (Amusement troisième : Paris.)

[...] on entend du bruit dans l'antichambre : c'est un pauvre valet qui voit entrer un homme tout doré. — Hé bonjour, lui dit le valet, bonjour, mon ancien Camarade. — Tu en as menti, réplique l'autre avec un soufflet. Sottise des deux parts : le valet ne pense pas à ce qu'il est, ni l'autre à ce qu'il a été ; la pauvreté ôte le jugement, et les richesses font perdre la mémoire.

Cet homme qui s'offense de la familiarité d'un valet familiarise avec un Duc et Pair : quelle distance de lui au Duc! mais entre lui et le valet, je ne vois que le temps et l'argent.

Vous vous étonnez qu'il se méconnaisse depuis peu : il était, dites-vous, si modeste dans les premiers temps de sa fortune ; d'accord, il eût été le premier à vous dépeindre l'état naturel de sa misère passée et les miracles de sa prospérité subite. Tout cela frappait encore les yeux du monde, et il se faisait un mérite d'en parler, pour fermer la bouche à ceux qui en parlaient avant lui ; ont-ils commencé à se taire, il s'est tu. A mesure que les autres oublient la bassesse de notre origine, nous l'oublions aussi ; mais par malheur les autres s'en ressouviennent de temps en temps ; et quand nous avons une fois commencé à nous oublier, c'est pour toujours.

Ce grand Seigneur fut toujours élevé en grand Seigneur : son âme est aussi noble que son sang, je l'estime sans l'admirer ; mais celui qui par ses vertus s'élève au-dessus de son sang et de son éducation, je l'estime et je l'admire.

Toi donc de qui les vertus égalent la fortune, pourquoi cacherais-tu un défaut de naissance qui relève l'éclat de ton mérite ? Et toi qui n'as d'autre mérite que d'avoir fait fortune, fais-nous voir toute la bassesse du passé, nous n'en sentirons que mieux le mérite de ton élévation.

Ceux qui sont tombés du haut de la fortune regardent toujours l'élévation où ils ont été ; mais ceux qui se sont une fois élevés ne peuvent plus regarder en bas. Cependant, il serait salutaire à ceux-ci de bien envisager leur première bassesse, pour tâcher de n'y plus retomber ; et ce serait un bien pour les autres de perdre de vue une élévation qui leur fait mieux sentir la grandeur de leur chute.

Voilà, dit-on, un homme qui fait si fort le grand Seigneur qu'il semble qu'il n'ait jamais été autre chose. Hé! c'est souvent parce qu'il le fait trop qu'on s'aperçoit qu'il ne l'a pas toujours été.

Pendant que j'ai fait mes réflexions, mon Siamois a fait aussi les siennes : il s'étonne moins de l'homme doré qui se méconnaît que de l'assemblée qui semble le méconnaître aussi. On lui fait un accueil de Prince ; ce ne sont pas des civilités, ce sont des adorations. — Hé, n'êtes-vous pas contents, s'écrie notre Siamois, n'êtes-vous pas contents d'idolâtrer les richesses qui vous sont utiles ? Faut-il encore idolâtrer un riche qui ne vous sera jamais d'aucun secours ?

J'avoue, continue-t-il, que je ne puis revenir de mon étonnement : je vois entrer dans votre Cercle un autre homme de bonne physionomie, on ne fait nulle attention à son arrivée. Il s'est assis, il a parlé, et parlé même de très bon sens ; cependant, personne ne l'a écouté, et j'ai pris garde qu'insensiblement chacun défilait d'un autre côté, en sorte qu'il est resté seul à son bout. Pourquoi le fuit-on ainsi, ai-je dit en moi-même, a-t-il la peste ?

Dans l'instant j'ai remarqué que tous ces déserteurs se rangeaient auprès de l'homme doré qu'on fête tant ; j'ai compris par là que la contagion de celui-ci, c'est la pauvreté.

O Dieux ! s'écrie le Siamois, entrant tout à coup dans un enthousiasme semblable à celui où vous l'avez vu dans sa lettre, O Dieux ! transportez-moi vite hors d'un pays où l'on ferme l'oreille aux sentences du pauvre, pour écouter les sottises du riche ! [...]

(Amusement onzième : le Cercle bourgeois.)

• Marivaux, pour sa part, consacre la première de ses *Lettres sur les habitants de Paris,* qu'il donna au *Mercure* en 1717 et 1718, au petit peuple de la capitale, avant d'entreprendre, dans les suivantes, la description du « bourgeois », des « dames de qualité » et des « beaux esprits ». Le peuple est encore vu comme un objet de curiosité que les honnêtes gens considèrent et tiennent à distance ; pourtant, il lui est reconnu un « caractère » particulier, fruste mais attachant, et même une forme de « génie », et un profond pouvoir révélateur.

Il est difficile de définir la population de Paris, je vais pourtant tâcher de vous en donner quelque idée.

Imaginez-vous un monstre remué par un certain instinct, et composé de toutes les bonnes et mauvaises qualités ensemble ; prenez la fureur et l'emportement, la folie, l'ingratitude, l'insolence, la trahison et la lâcheté ; ajustez tout cela, si vous le pouvez, avec la compassion tendre, la fidélité, la bonté, l'empressement obligeant, la reconnaissance et la bonne foi, la prudence même ; en un mot, formez votre monstre de toutes ces contrariétés ; voilà le peuple, voilà son génie.

Pour en achever le portrait, il faut lui supposer encore une nécessité machinale de passer en un instant du bon mouvement au mauvais : détaillons à présent ce caractère.

Le peuple est une portion d'hommes qu'une égalité de bassesse dans la condition réunit : ils se querellent, ils se battent, se tendent la main, se rendent service et se desservent tout à la fois : un moment voit renaître et mourir leur amitié ; ils se raccommodent et se brouillent sans s'entendre. Le peuple a des fougues de soumission et de respect pour le grand seigneur, et des saillies de mépris et d'insolence contre lui : un denier donné par-dessus son salaire vous en attire un dévouement sans réserve ; ce denier retranché vous en attire mille outrages. Quand il est bon, vous en auriez son sang ; quand il est mauvais, il vous ôterait tout le vôtre : sa malice lui fournit des moyens de nuire, que l'homme d'esprit n'imaginerait jamais. Tel est le pathétique de ses discours, qu'il laisse, parmi les plus honnêtes gens et les meilleurs esprits, une opinion de bien ou de mal, pour ou contre vous, qui ne manque pas de vous servir ou de vous nuire.

Le peuple, à Paris, a tous les vices qu'il se reproche dans ses querelles. [...]

Je n'aurais jamais fait, si je ne voulais rien omettre dans le portrait du génie du peuple, inconstant par nature, vertueux ou vicieux par accident ; c'est un vrai caméléon qui reçoit toutes les impressions des objets qui l'environnent.

Là-dessus, vous vous imaginez que le peuple est méchant ; vous avez raison ; mais il n'a point une méchanceté de réflexion ; c'est une méchanceté de hasard, qui lui vient de ce qu'il voit ou de ce qu'il entend, il devient méchant, comme il devient bon, sans le plus souvent être ni l'un ni l'autre.

Il exprimera, par exemple, des cris de malédiction contre les gens d'affaires ; non pas qu'il ait conclu qu'ils le méritent, mais la voix publique les annonce haïssables : voilà le peuple irrité contre eux.

On allait un jour faire mourir deux voleurs de grands chemins ; je vis une foule de peuple qui les suivait ; je lui remarquai deux mouvements qui n'appartiennent, je pense, qu'à la populace de Paris.

Ce peuple courait à ce triste spectacle avec une avidité curieuse, qui se joignait à un sentiment de compassion pour ces malheureux ; je vis une femme qui, la larme à l'œil, courait tout autant qu'elle pouvait, pour ne rien perdre d'une exécution dont la pensée lui mouillait les yeux de pleurs.

Que pensez-vous de ces deux mouvements ? pour moi je ne les appellerai ni dureté ni pitié. Je regarde en cette occasion l'âme du peuple comme une espèce de machine incapable de sentir et de penser par elle-même, et comme esclave de tous les objets qui la frappent.

Par ce système, je vois, clair comme le jour, la raison de ces deux mouvements contraires : on va faire mourir deux hommes ; l'appareil de leur mort est fort triste : voilà la machine frappée d'un mouvement assortissant : voilà le peuple qui pleure ou qui se contriste.

L'exécution de ces hommes a quelque chose de singulier ; voilà la machine devenue curieuse.

Je gagerais que le peuple pourrait, en même temps, plaindre un homme destiné à la mort, avoir du plaisir en le voyant mourir, et lui donner mille malédictions. [...]

Je connais un de mes amis, homme d'esprit et de bon sens, qui me disait un jour, en parlant du génie du peuple : le moyen le plus sûr de connaître ses défauts et ses vices serait de familiariser quelque temps avec lui, et de lui chercher querelle après. On a trouvé l'invention de se voir le visage par les miroirs : une querelle avec le peuple serait la meilleure invention du monde pour se voir l'esprit et le corps ensemble. Une aimable fille, entendant parler ainsi mon ami, nous dit, en badinant : Tous mes amants me disent belle ; ma glace et mon amour-propre m'en disent autant ; mais, pour en avoir le cœur net, quelque jour en carnaval j'userai de l'invention dont vous parlez.

• Avec Montesquieu, il ne s'agit plus de définir, mais de peindre l'impression ressentie par deux voyageurs persans jetés soudain au cœur de la population parisienne. Au cadre du voyage, emprunté à Dufresny, et à la finesse de l'observation, digne de Marivaux, l'auteur des *Lettres persanes* ajoute l'esprit et les réactions du groupe en tant que tel. Appuyé sur l'apparente évidence du bien-fondé de ses croyances et de l'excellence de ses usages, garantie par le prestige d'un roi « magicien », le peuple, dans sa spécificité nationale et culturelle, commence à prendre une dimension politique.

LETTRE XXIV

Rica à Ibben, à Smyrne

Nous sommes à Paris depuis un mois, et nous avons toujours été dans un mouvement continuel. Il faut bien des affaires avant qu'on soit logé, qu'on ait trouvé les gens à qui on est adressé, et qu'on se soit pourvu des choses nécessaires, qui manquent toutes à la fois.

Paris est aussi grand qu'Ispahan. Les maisons y sont si hautes qu'on jugerait qu'elles ne sont habitées que par des astrologues. Tu juges bien qu'une ville bâtie en l'air, qui a six ou sept maisons les unes sur les autres, est extrêmement peuplée, et que, quand tout le monde est descendu dans la rue, il s'y fait un bel embarras.

Tu ne le croirais pas peut-être : depuis un mois que je suis ici, je n'y ai encore vu marcher personne. Il n'y a point de gens au monde qui tirent mieux parti de leur machine que les Français : ils courent ; ils volent. Les voitures lentes d'Asie, le pas réglé de nos chameaux, les feraient tomber en syncope. Pour moi, qui ne suis point fait à ce train, et qui vais souvent à pied sans changer d'allure, j'enrage quelquefois comme un chrétien : car encore passe qu'on m'éclabousse depuis les pieds jusqu'à la tête ; mais je ne puis pardonner les coups de coude que je reçois régulièrement et périodiquement. Un homme qui vient après moi, et qui me passe, me fait faire un demi-tour, et un autre, qui me croise de l'autre côté, me remet soudain où le premier m'avait pris : et je n'ai pas fait cent pas, que je suis plus brisé que si j'avais fait dix lieues.

Ne crois pas que je puisse, quant à présent, te parler à fond des mœurs et des coutumes européennes : je n'en ai moi-même qu'une légère idée, et je n'ai eu à peine que le temps de m'étonner.

Le roi de France est le plus puissant prince de l'Europe. Il n'a point de mines d'or comme le roi d'Espagne, son voisin ; mais il a plus de richesses que lui, parce qu'il les tire de la vanité de ses sujets, plus inépuisable que les mines. On lui a vu entreprendre ou soutenir de grandes guerres, n'ayant d'autres fonds que des titres d'honneur à vendre, et, par un prodige de l'orgueil humain, ses troupes se trouvaient payées, ses places, munies, et ses flottes, équipées.

D'ailleurs ce roi est un grand magicien : il exerce son empire sur l'esprit même de ses sujets ; il les fait penser comme il veut. S'il n'a qu'un million d'écus dans son trésor, et qu'il en ait besoin de deux, il n'a qu'à leur persuader qu'un écu en vaut deux, et ils le croient. S'il a une guerre difficile à soutenir, et qu'il n'ait point d'argent, il n'a qu'à leur mettre dans la tête qu'un morceau de papier est de l'argent, et ils en sont aussitôt convaincus. Il va même jusqu'à leur faire croire qu'il les guérit de toutes sortes de maux en les touchant, tant est grande la force et la puissance qu'il a sur les esprits. [...]

LETTRE XXX

Rica au même, à Smyrne

Les habitants de Paris sont d'une curiosité qui va jusqu'à l'extravagance. Lorsque j'arrivai, je fus regardé comme si j'avais été envoyé du Ciel : vieillards, hommes, femmes, enfants, tous voulaient me voir. Si je sortais, tout le monde se mettait aux fenêtres ; si j'étais aux Tuileries, je voyais aussitôt un cercle se former autour de moi : les femmes mêmes faisaient un arc-en-ciel, nuancé de mille couleurs, qui m'entourait ; si j'étais aux spectacles, je trouvais d'abord cent lorgnettes dressées contre ma figure : enfin jamais homme n'a tant été vu que moi. Je souriais quelquefois d'entendre des gens qui n'étaient presque jamais sortis de leur chambre, qui disaient entre eux : « Il faut avouer qu'il a l'air bien persan. » Chose admirable! je trouvais de mes portraits partout ; je me voyais multiplié dans toutes les boutiques, sur toutes les cheminées : tant on craignait de ne m'avoir pas assez vu.

Tant d'honneurs ne laissent pas d'être à charge : je ne me croyais pas un homme si curieux et si rare ; et, quoique j'aie très bonne opinion de moi, je ne me serais jamais imaginé que je dusse troubler le repos d'une grande ville où je n'étais point connu. Cela me fit résoudre à quitter l'habit persan et à en endosser un à l'européenne, pour voir s'il resterait encore dans ma physionomie quelque chose d'admirable. Cet essai me fit connaître ce que je valais réellement : libre de tous les ornements étrangers, je me vis apprécié au plus juste. J'eus sujet de me plaindre de mon tailleur, qui m'avait fait perdre en un instant l'attention et l'estime publique : car j'entrai tout à coup dans un néant affreux. Je demeurais quelquefois une heure dans une compagnie sans qu'on m'eût regardé, et qu'on m'eût mis en occasion d'ouvrir la bouche. Mais, si quelqu'un, par hasard, apprenait à la compagnie que j'étais Persan, j'entendais aussitôt autour de moi un bourdonnement : « Ah! ah! Monsieur est Persan? c'est une chose bien extraordinaire! Comment peut-on être Persan? »

De Paris, le 6 de la lune de Chalval, 1712.

● Ne faut-il pas, une fois encore, laisser le dernier mot à Voltaire ? A travers tant de sottises et de crimes qui jalonnent l'histoire des peuples, l'auteur de l'*Essai sur les mœurs* a cru déceler un certain progrès historique. Le travail des Lumières naissantes aurait-il significativement tiré l'histoire humaine du côté de la raison et de la justice ? Or, voilà qu'en ce milieu du siècle Paris est devenue la « Babylone moderne ». Loin d'y trouver le lieu d'une réflexion sereine sur le meilleur gouvernement, Candide et Martin, retour d'Eldorado, n'y rencontrent que laideur, escroquerie, mesquinerie, fade galanterie, mondanité creuse et superficielle. Et la bonne humeur ne rachète pas cette méchanceté des Parisiens, elle l'aggrave :

> Est-ce qu'on rit toujours à Paris ? dit Candide. — Oui, dit l'abbé, mais c'est en enrageant : car on s'y plaint de tout avec de grands éclats de rire ; même on y fait en riant les actions les plus détestables.
>
> *Candide,* chap. XXII.

Tout est en place pour que Jean-Jacques vienne jeter, comme des pavés dans la mare, deux de ses principaux paradoxes, complémentaires : c'est la civilisation qui est intrinsèquement perverse et qui pervertit tout ; le peuple est la couche de la société où se sont le moins délitées les valeurs de l'humanité. On voit que La Bruyère est vraiment très loin ! Encore que *Les Caractères* ne soient pas sans porter, en creux, la menace d'une telle lecture : la littérature, ou l'art de remplir les creux.

Idées de soi, idées de l'autre

Rien peut-être n'est plus caractéristique de ce premier demi-siècle que la confrontation de ces deux ensembles, constitutifs d'une anthropologie naissante. L'effort que fait l'homme occidental pour mieux se connaître a, depuis Socrate, une longue tradition. Les moralistes classiques, essentiellement attentifs au bon réglage des rapports entre ce que chacun pense, croit, veut, doit et fait, lui ont donné une discipline exigeante, tant il leur semblait que ces rapports n'étaient pas simples *a priori* et que la nature humaine avait besoin qu'on la corrige. Entre leurs mains, l'individu était appelé à un idéal « romain » : maîtrise de soi, domination des passions, affirmation de conquête sur toute barbarie. Ce beau programme, qu'on l'ait réalisé avec la simple sagesse d'un Montaigne ou d'un Charron, dans la belle jactance cornélienne, ou avec l'aide de la grâce, comme chez Nicole ou Pascal, venait d'être entaché, avec La Rochefoucauld, d'un soupçon radical : seul l'amour-propre aux mille masques l'animait. Les Lumières naissantes en prennent acte sans état d'âme, car on convient désormais que l'amour-propre est un bon guide, que l'homme a le droit et même le devoir de s'aimer lui-même, de suivre son instinct que la nature inspire, et de chercher le plaisir, signe le plus sûr d'une relation saine avec le milieu. Dans son *Traité du vrai mérite de l'homme* (1734), Le Maître de Claville situe ainsi la méthode et l'objectif de la nouvelle morale :

> Otez de la raison cette affreuse austérité que lui prêtent ceux qui ne la connaissent pas, [...] ôtez de la passion son opposition au christianisme, [...] assujettissez-la à des principes et ne vous en laissez pas tyranniser, vous n'en deviendrez que plus heureux.

Et Lévesque de Pouilly renchérit dans sa *Théorie des sentiments agréables* (1736) : c'est dans une vision malebranchienne (les appels du plaisir sont des « causes occasionnelles » par lesquelles la volonté de Dieu se manifeste en nous) et newtonienne (la loi des « sentiments agréables » organise l'harmonie du monde moral comme la loi universelle de l'attraction celle du monde physique) que s'inscrit son optimisme moral. Certes, dans le même temps, d'autres, tout aussi optimistes, se passent plus volontiers de la caution religieuse, et songent à un fonctionnement plus naturaliste et déterministe. Mais l'équivoque spinoziste *Deus sive Natura* est bien commode pour que tous demeurent d'accord sur l'essentiel : l'homme n'est pas un exilé dans ce monde, et sa bonne façon d'y être est d'en jouir.

Une telle libération par rapport aux interdits de naguère ne pouvait, en modifiant l'idée qu'on se faisait de la condition humaine, que bouleverser l'ensemble de la réglementation morale, et en particulier celle qui situait relativement l'un à l'autre, dans un rapport de dépendance, les deux sexes. Dans l'histoire du progrès, lent mais décisif, d'une émancipation féminine au XVIIIe siècle, entre le Fénelon de *De l'éducation des filles* (1687) et la Sophie que J.-J. Rousseau donne pour compagne à son *Emile* (1762), et jusqu'à Olympe de Gouges, Mme de Lambert et Emilie Du Châtelet jouent un rôle important. Dans ses *Réflexions nouvelles sur les femmes* (1727), la première réagissait contre les principes qu'on inculque généralement aux filles et qu'elles acceptent elles-mêmes trop facilement : devoir de soumission à

l'homme, vocation à la maternité, abandon à une « passivité naturelle ». De telles protestations reflétaient bien ce qui se disait dans son
salon, expression éthique et esthétique d'une « nouvelle préciosité »
dont il était le foyer et qui nourrissait, en particulier, le théâtre de
Marivaux. Elles lui parurent à elle-même si hasardées, pourtant,
qu'elle acheta toute l'édition, par crainte du scandale. Emilie Du
Châtelet ne craignit pas, elle, de passer pour une femme libre (beaucoup l'étaient en fait, mais autre chose est de l'assumer en droit,
comme elle le fit dans sa relation avec Voltaire) et pour une femme
savante. A ses études sur les systèmes de Leibniz et de Newton, à ses
Institutions de physique (1740) et à sa *Dissertation sur la nature et la propaga-*
tion du feu (1744), elle ajouta, en 1747, un *Discours sur le bonheur,* où elle
partage les vues de Mme de Puisieux (qui fut, vers 1745, la maîtresse
de Diderot). Une sorte de consensus s'est établi entre tous ceux qui se
mêlent de théorie morale, pour prôner la liberté d'un hédonisme
équilibré par la sociabilité, pour rejeter les injonctions de type religieux, et pour réhabiliter les passions. Ainsi Maupertuis :

> Ne craignons point de comparer les plaisirs des sens avec les plaisirs les
> plus intellectuels ; ne nous faisons pas l'illusion de croire qu'il y ait des
> plaisirs d'une nature moins noble les uns que les autres : les plaisirs les plus
> nobles sont ceux qui sont les plus grands.

Duclos, qui affectionne le mot « citoyen », voudrait que les
hommes s'aperçoivent « que leur gloire et leur intérêt ne se trouvent que dans la pratique de leurs devoirs [sociaux] ». Beaucoup
d'autres, comme le marquis d'Argens, orchestrent ces orientations
nouvelles de la morale qui, pour s'inscrire dans un horizon d'attente très réceptif, n'en sont pas moins censurées par les pouvoirs
civils et ecclésiastiques : en 1748, l'ouvrage de Toussaint, *Les*
Mœurs, qui n'était pas, de loin, le plus audacieux, est condamné à
être brûlé et l'auteur doit s'exiler pour échapper aux poursuites.

Dans cet ouvrage se manifeste clairement le paradoxe qui
caractérise cette image de l'homme construite par les Lumières
naissantes : avec le recul du temps, nous y voyons aujourd'hui l'affirmation et la consolidation de l'individu bourgeois, produit spécifique de toute une évolution économique et idéologique des sociétés
européennes depuis le XIIIe siècle. Le modèle de référence de Toussaint, précurseur en cela de Diderot, est « le père de famille vertueux » ; or, il écrit dans son Avertissement :

> Je veux qu'un Mahométan puisse me lire aussi bien qu'un Chrétien :
> j'écris pour les quatre parties du monde.

En effet, cette « loi naturelle » à laquelle on se réfère doit bien entendu avoir un caractère universel. La constitution d'une image de *l'autre* se fera donc dans cette contradiction : c'est en tant qu'il est idéalement le même que ses différences intéressent. En réalité, ces différences vont surtout servir à faire passer pour « nature », pour type achevé et parfait de l'humanité ce qui n'est que la réalisation contingente d'une civilisation limitée dans l'histoire et dans la géographie. Peu à peu, bien sûr, les contacts établis avec les hommes qui ne sont pas membres de cette civilisation amèneront les philosophes à la découverte d'une altérité véritable, capable de relativiser le modèle et de lui susciter des rivaux ; mais le premier demi-siècle ne se sert guère de *l'autre* que comme auxiliaire lui permettant de construire sa propre image et de l'imposer comme absolu, contre les anciens absolus religieux.

Ainsi, l'observation du « bon sauvage » prouve qu'on a raison de vouloir, contre les religions, se fier à l'instinct naturel. Ainsi les coutumes païennes entraînent-elles le christianisme dans le soupçon de leur vanité, à moins que toute l'habileté des Jésuites ne leur permette de les faire au contraire servir à l'apologie de la vraie foi. Les *Lettres édifiantes et curieuses* de leurs missionnaires, qu'ils publient régulièrement à partir de 1702, et les ouvrages voisins de Silhouette ou du P. Du Halde visent à retrouver, dans les « cérémonies » religieuses de l'Extrême-Orient en particulier, une ébauche imparfaite mais reconnaissable des rites chrétiens, ce qui démontre l'action d'une révélation divine, moins claire que celle qui fut donnée à Abraham, à Moïse, aux disciples de Jésus-Christ, mais émanant du même Dieu et prouvant son existence et sa domination universelle. Un tel tour de force démonstrative était trop subtil aux yeux de l'Eglise romaine, qui condamna cette trop libérale occasion de tolérance.

La tolérance n'est d'ailleurs pas le souci majeur des missionnaires qui ont publié leurs expériences, les PP. Labat, Lafitau, de Charlevoix, mais leur curiosité ethnographique rejoint celle des philosophes et l'alimente en documents. Au-delà même de ces témoignages individuels, de grandes sommes se constituent alors, pour répondre à une boulimie d'informations et de comparaisons : les recueils publiés à Amsterdam par J.-F. Bernard (de *Voyages du Nord*, 1715-1736 ; de *Cérémonies et coutumes religieuses de tous les peuples du monde*, 1723-1743), le *Grand Dictionnaire géographique, historique et critique* en dix volumes de La Martinière (1726), le *Recueil d'observations curieuses [sur les] différents peuples de l'Asie, de l'Afrique et de l'Amé-*

rique (1749) de l'abbé Lambert, et surtout la monumentale *Histoire générale des voyages* à laquelle l'abbé Prévost consacra plus de quinze années de sa vie (1744-1761). En tant que journaliste, Prévost, comme du reste Marivaux, on l'a vu, avait pu déjà jouer de la confrontation des usages et des comportements et en nourrir ses articles du *Pour et Contre*. Les périodiques, dont le nombre ne cesse de s'étendre au fil du siècle, partagent en effet leurs colonnes entre la critique des productions livresques et la réflexion sur les mœurs.

Principaux périodiques intéressant la littérature française pendant la période des Lumières naissantes

- *La Gazette,* Paris, 1631 →, hebdomadaire. Devenue *Gazette de France* en 1762, bihebdomadaire. Devenue *Gazette nationale de France* en 1792 (Théophraste Renaudot [...], abbé Arnaud, Suard, abbé Aubert).
- *Le Journal des Savants,* Paris, 1665-1792, puis 1797, puis 1816 à nos jours, hebdomadaire, puis mensuel (1724) [abbé Bignon, Bourzeis, Desmaizeaux, Gallois, Du Resnel, abbé Terrasson].
- *Le Mercure galant,* Paris, 1672, devenu *Le Nouveau Mercure galant* (1714), puis *Le Nouveau Mercure* (1717), puis *Le Mercure* (1721), enfin *Le Mercure de France* (1724-1791), mensuel (Donneau de Visé, Th. Corneille, Dufresny, Fontenelle, Desforges-Maillard, Duclos, abbé Raynal, Marmontel, Suard, La Harpe, La Place, Rivarol).
- *Nouvelles de la République des Lettres,* Amsterdam, 1684-1687, puis → 1718, mensuel, puis bimestriel (1716) [P. Bayle, J. Le Clerc, Leeuwenhoeck, D. Papin, Desmaizeaux].
- *Bibliothèque universelle et historique,* Amsterdam, 1686-1693, 2 à 3 fois par an (J. Le Clerc, J. Locke, Graevius, Cuper).
- *Lettres pastorales,* Rotterdam, 1686-1694, bimensuel (P. Jurieu).
- *Histoire des ouvrages des savants,* Rotterdam, 1687-1709, mensuel puis trimestriel (1689) [Basnage de Beauval].
- *Mémoires pour l'histoire des Sciences et des Beaux-Arts,* dit *Mémoires* (ou *Journal) de Trévoux,* Trévoux (Paris), 1701-1767, bimensuel, puis mensuel (1701) [pères jésuites Tournemine, Lallemant, Buffier, Catrou, Espineul, Bougeant, Castel, Hardouin, Berthier].
- *Lettres édifiantes et curieuses,* Paris, 1702-1776, annuel, puis bisannuel (pères jésuites Le Gobien, Du Halde, Patouillet).
- *Bibliothèque choisie,* Amsterdam, 1703-1713, 2 à 3 fois par an (J. Le Clerc).
- *Journal littéraire,* La Haye, 1713-1722 et 1729-1737, bimestriel, puis environ 2 fois par an ('s Gravesande, Saint-Hyacinthe, Joncourt, La Martinière).
- *Bibliothèque ancienne et moderne,* Amsterdam, puis La Haye, 1714-1727, trimestriel (J. Le Clerc).
- *Le Spectateur français,* Paris, 1721-1724, hebdomadaire, irrégulier (Marivaux).
- *L'Indigent philosophe ou l'Homme sans souci,* Paris, 1727, quelques numéros (Marivaux).
- *Bibliothèque raisonnée des ouvrages des savants de l'Europe,* Amsterdam, 1728-1753, trimestriel (La Chapelle, Barbeyrac, Desmaizeaux, Haller).
- *Les Nouvelles ecclésiastiques,* Paris, 1728-1803, hebdomadaire, irrégulier (jansénistes : Guidi, Guénin de Saint-Marc, Fontaine de La Roche).

- *Le Nouvelliste du Parnasse*, Paris, 1730-1732, devenu *Observations sur les écrits modernes*, Paris, 1735-1743, hebdomadaire (abbé Desfontaines, Granet, Fréron).
- *Le Pour et Contre*, Paris, 1733-1740, hebdomadaire, puis irrégulier (abbé Prévost).
- *Le Cabinet du philosophe*, Paris, 1734, quelques numéros (Marivaux).
- *Lettres juives*, La Haye, 1735-1737, puis *Lettres cabalistiques*, 1737-1738, bihebdomadaire (d'Argens).
- *Réflexions sur les ouvrages de littérature*, Paris, 1736-1740, hebdomadaire (Granet).
- *Mémoires secrets de la République des Lettres*, Amsterdam, puis La Haye, 1737-1748, mensuel, puis irrégulier (d'Argens).
- *Le Philanthrope*, La Haye, 1738-1739 (Bertrand).
- *Nouvelle Bibliothèque ou Histoire littéraire*, La Haye, 1738-1744, mensuel, puis trimestriel (d'Argens, Barbeyrac, La Chapelle).
- *Lettres chinoises*, La Haye, 1739-1740, bihebdomadaire (d'Argens).
- *L'Observateur littéraire*, Paris, 1746, 8 numéros seulement (Bauvin, Marmontel).
- *Observations sur la littérature moderne*, La Haye et Londres, 1749-1752, bimensuel (abbé de La Porte).
- *Lettres de Mme la comtesse de *** sur quelques écrits modernes*, Paris, 1746-1749, puis *Lettres sur quelques écrits de ce temps*, 1750-1754, puis *L'Année littéraire*, 1754-1776, tous les dix jours (Fréron, Palissot, Baculard d'Arnaud).
- *Journal étranger*, Paris, 1754-1762, mensuel (Prévost, Fréron, Grimm, Meusnier de Querlon, Toussaint, Suard).
- *Le Journal encyclopédique*, Liège, puis Bouillon, 1756-1793, bimensuel (Pierre Rousseau, d'Alembert, Naigeon, Marmontel, Formey, Chamfort).
- *Correspondance littéraire secrète* (Paris ?), 1775-1793, hebdomadaire (Mettra).
- *Mémoires secrets pour servir à l'histoire de la République des Lettres en France*, Londres, 1777-1789, volumes annuels (Bachaumont, Pidansat de Mairobert, Moufle d'Angerville).
- *Journal de Paris*, Paris, 1777-1840, le premier quotidien français (Condorcet, Garat, Ginguené, La Place, Palissot, Suard, A. Chénier, Roucher, Roederer).

N.B. — Ces titres sont donnés dans l'ordre chronologique de leur première parution. Dans le *Dictionnaire des journaux 1600-1789* (éd. J. Sgard, Paris, Universitas, 1991, 2 vol.), il y a, pour la période 1680-1789, 1 160 périodiques de langue française. Les 33 titres ci-dessus ne sont donc qu'un échantillon représentatif de cette activité alors en pleine expansion.

Il est une catégorie de textes de voyage dont le succès, contemporain de celui que recevaient les textes les plus exotiques dont on vient de parler, éclaire la solidarité de ces images de soi et de l'autre sur lesquelles se fonde un nouvel humanisme. Ce sont les œuvres où l'autre est tout proche, tellement proche que la différence est visiblement l'annonce et la promesse d'une identité. Dans cette Europe où le rythme et le degré des Lumières ne sont pas uniformes, on se plaît à repérer, dans le frère italien, allemand ou anglais, des traits qui permettent de préciser, par écart, retard ou anticipation, ceux mêmes des Français. Après son *Nouveau Voyage aux îles de l'Amérique* (1722), le P. Labat donne un *Voyage en Espagne et en Italie* (1730), et La Mottraye des *Voyages en diverses provinces de la Prusse, de la Russie,* de la Pologne (1732) après ses *Voyages en Europe, Asie et Afrique* (1727). Les *Lettres familières écrites d'Italie à quelques amis* du président de Brosses remportent un tel succès auprès du plus large public qu'il continue d'en produire, bien après son retour à Dijon. L'Anglais occupe une place de choix — ainsi qu'à bien d'autres moments de l'histoire de France ! — comme objet de la stupéfaction-fascination, des *Lettres sur les Anglais et les Français* (1725) de Muralt aux *Lettres d'un Français concernant le gouvernement, la politique et les mœurs des Anglais et des Français* (1745) de l'abbé Leblanc, en passant, bien sûr, par les *Lettres philosophiques* (1734) de Voltaire. Il y a d'ailleurs là une constante : c'est sur le fond de cette abondante littérature de voyage et de l'accoutumance que les lecteurs en ont prise qu'il faut lire la plupart des grandes œuvres littéraires de la période, de *Télémaque* à *L'Ile des esclaves*, à *Cleveland*, à *Candide*... Et, d'abord, l'œuvre entière de Montesquieu.

La carrière de Montesquieu

A bien des égards, Montesquieu peut apparaître comme le type même du « philosophe » de ce premier demi-siècle. A un intérêt précoce et persévérant pour la spéculation appliquée aux problèmes bien concrets du bonheur des hommes et des équilibres de leur vie en groupe, il allia en effet une pratique sociale qui le mit en contact expérimental avec à peu près toutes les réalités possibles : la culture classique, le nouvel élan « moderne », l'exercice du droit, les objets de l'histoire naturelle, l'exploitation de terres et de vignes, la gestion d'un patrimoine, la dissipation mondaine, le succès parisien, le « grand tour » européen, le monde des livres, le divertissement d'une écriture libertine, la maturation longue et épuisante d'un immense projet intellectuel. Sur tout ce qui pouvait occuper un homme de ce temps il exerça une curiosité tenace (« Tout m'intéresse, tout m'étonne », fera-t-il dire à Usbek), si bien qu'il aborda à lui seul dans sa vie tous les objets qu'on a vu retenir chacun de ses contemporains, au fil des chapitres précédents et au début de celui-ci. Cela n'alla certes pas sans contradictions : malgré la sérénité dont il est resté une sorte d'emblème, malgré la jouissance d'un bonheur qui semble lui avoir été donné avec une évidence tranquille, et dont témoignent ses *Pensées,* il n'ignore pas que ces merveilleuses acquisitions dont il voit tout le monde autour de lui s'emparer, s'orner, se targuer, la nature, la raison, la liberté, ne sont que des principes ; que le savoir n'est lui-même qu'une virtualité et que ses constructions sont toujours relatives. Le plus grand Montesquieu est peut-être le moraliste — quoiqu'il n'ait écrit aucun ouvrage suivi de morale — parce que tout chez lui a dépendu de cette exigence avec laquelle il a habité ces principes, incarné cette virtualité, maintenu les équilibres par l'exercice d'une volonté lucide et vigilante. En cela aussi il accomplit dans sa vraie et totale dimension le projet des Lumières naissantes : mettre l'homme au centre du monde, c'était lui reconnaître des droits nouveaux, mais aussi lui découvrir de nouveaux devoirs. Morale moins austère et grave (« la gravité est le bouclier des sots ») qu'enjouée et stimulante, car c'est elle qui va mettre en branle une enquête passionnée sur tout, sur les rapports de chaque chose avec les autres, pour l'intelligence du monde humain. La philosophie, pour Montesquieu, c'est ce qui « a des rapports avec tout ».

Le tableau qui suit permet de restituer le parcours de cette enquête.

PARCOURS DE MONTESQUIEU

1689 : Naissance au château de La Brède

1700 : Chez les Oratoriens de Juilly

1708 : Avocat au Parlement de Bordeaux

1709 : Premiers séjours à Paris

1714 : Conseiller au Parlement de Bordeaux

1715 : *Mémoire sur les dettes de l'Etat* (adressé au Régent)

1716 : Election à l'académie de Bordeaux. *Dissertation sur la politique des Romains dans la religion*
Président à mortier au Parlement de Bordeaux

1717 : Réception à l'académie de Bordeaux. *Essai sur la différence des génies*

1718 : *Sur les causes de l'écho. Sur le gui, sur la mousse des chênes, etc. Sur les glandes rénales*

1719 : *Projet d'une histoire physique de la terre ancienne et moderne* (dans *Le Nouveau Mercure*). *Essai d'observations d'histoire naturelle*

1720 : *Sur les causes de la pesanteur. Sur la cause de la transparence des corps.* Commence à noter ses *Pensées* et à recueillir son *Spicilège*

1721 : *Lettres persanes*

1722 : A Paris, hôtel de Soubise. Club de l'Entresol

1723 : *Lettre de Xénocrate à Phérès* (portrait du Régent). *Dissertation sur le mouvement*

1724 : *Le Temple de Gnide* (petit roman licencieux ou poème en prose « traduit du grec »)
Dialogue de Sylla et d'Eucrate (publ. 1745)

1725 : *Traité des Devoirs* (lu à Bordeaux). *De la considération et de la réputation. Sur les motifs qui doivent nous encourager dans les sciences*

1726 : Vend sa charge de Président à mortier. Séjourne beaucoup à Paris

1728 : Election à l'Académie française. Départ pour un « grand tour » d'Europe : Vienne, Hongrie, Venise, Milan, Turin, Gênes, Florence, Rome, Naples, Bologne, Munich, Francfort, Hanovre, Amsterdam, Londres

1731 : Initiation à la franc-maçonnerie londonienne. Retour à La Brède
Description de deux fontaines de Hongrie. Sur les mines d'Allemagne

1732 : *Sobriété des habitants de Rome*

1734 : *Considérations sur les causes de la grandeur des Romains et de leur décadence.* Relations avec Mme de Tencin. *Sur la formation et le progrès des idées*

1742 : *Arsace et Isménie* (histoire orientale, publ. 1783)

1747 : Election à l'Académie royale de Prusse. Visite à Stanislas, à Lunéville

1748 : *De l'esprit des lois* (On dit couramment : *L'Esprit des lois*)

1750 : *Défense de l'Esprit des lois*

1751 : Les « *Lettres persanes* » *convaincues d'impiété,* du janséniste Gaultier
Suite de la Défense de l'Esprit des lois, du protestant La Beaumelle

1753 : *Essai sur le goût,* revu pour en faire l'article « Goût » de l'*Encyclopédie* (t. VII, 1757). *Mémoire sur la Constitution*

1754 : Réédition, avec Supplément, des *Lettres persanes. Lysimaque* (fragment historique, dans *Le Mercure*)

1755 : Mort, le 10 février. Diderot, seul philosophe à son enterrement à Saint-Sulpice

1757 : Nouvelle édition de *L'Esprit des lois* revue par l'auteur

1758 : Edition de ses *Œuvres,* en 3 volumes, par son fils, M. de Secondat, et l'avocat Richer

1892 : *Histoire véritable* (conte philosophique oriental, ouvrage de jeunesse, repris en 1731) : première publication dans des *Mélanges inédits*

Dessiner la perspective ordonnée de cette œuvre multiple n'est pas facile pour trois raisons principales, dont l'énoncé même, pourtant, suggère une perspective possible, dans un autre ordre où la rationalité joue moins le rôle de repère fixe et d'instrument sûr que de leurre indispensable et toujours insaisissable : une raison idéologique (la poursuite d'une lisibilité complète du politique est toujours à la fois interrompue et relancée par le refus de tout système totalisant), une raison éthique (l'analyste ne fait jamais abstraction de lui-même et croit de sa dignité d'homme de réintroduire le jugement subjectif dans l'examen objectif des faits), et une raison esthétique (grand artiste rococo, Montesquieu professe que « pour bien écrire, il faut sauter les idées intermédiaires »). Le postulat de base est simple : « Ce n'est pas la fortune qui domine le monde. » Il renvoie dos à dos ceux qui sont toujours prêts à donner à cette fortune le nom de Providence (Bossuet par exemple) et ceux qui, la référant au pur hasard, renoncent à toute possibilité de la connaître, de la prévoir ou d'agir sur elle (les pyrrhoniens convaincus, ou simplement tactiques comme Pascal). Non la fortune, donc, mais un enchaînement de causes et d'effets, un système de gravitation qu'on devrait pouvoir calculer. Les trois grands ouvrages de Montesquieu sont autant de jalons de ce calcul, ou plutôt d'expériences visant à en affiner la méthode.

Expérience, d'abord, d'un départ. Riche et puissant seigneur d'Ispahan, Usbek décide de voyager en Europe « pour aller chercher la sagesse », accompagné de son jeune ami Rica. Leur voyage les mène de Perse en Turquie, puis à Livourne et enfin à Paris, où ils découvrent une société inconnue et déroutante. Elle exerce à la fois leur verve satirique (surtout celle du jeune Rica) et leur réflexion philosophique (surtout celle d'Usbek, qui s'est mis en tête de rechercher « quel était le gouvernement le plus conforme à la raison »). L'échange épistolaire entre eux et avec leurs amis restés en Orient leur permet de confronter toutes sortes d'expériences historiques, géographiques, religieuses, sociales, politiques, et les pousse à la recherche des principes susceptibles de rendre compte de cette prodigieuse diversité. Cependant l'absence du maître a troublé la marche habituelle de son sérail, sur laquelle il ne s'était jamais posé de questions. Ce trouble amène ses femmes et ses eunuques à décrire dans le détail les principes, de plus en plus bafoués, du fonctionnement du sérail. Trop pris par ce à quoi il assiste en France, où la Régence vient de bouleverser l'ancien système politique, Usbek ne répond pas aux appels pressants qui lui sont adressés pour son retour, jusqu'au moment où, par la volonté d'une femme, sa favorite Roxane, tout explose et se termine dans un bain de sang. La structure du livre rend plausible l'hypothèse selon laquelle cette révolution finale constituerait la dernière et la plus importante des leçons qu'Usbek était allé chercher au loin, qu'il n'avait pas su voir dans sa propre maison, et qui n'a pu lui être administrée que parce que, justement, il en était parti. Mais la même structure invite aussi à mettre en relation cette catastrophe orientale et l'effondrement de l'expérience occidentale (échec du « libéralisme » politique et économique de la Régence).

L'inégalable génie des *Lettres persanes* tient à une équivoque qu'aucune lecture critique ne peut lever, parce qu'elle est fondatrice de l'écriture même du livre et se retrouve à tous les niveaux de sa facture : entre le sérieux (la recherche d'un « esprit » des lois a déjà commencé et nombre de lettres sont de véritables dossiers pour cette recherche) et le plaisant (la verve satirique et parodique est insolente à souhait et comble les rieurs de tout poil) ; entre le roman (« une espèce de roman », dit ironiquement l'Avertissement de 1754) et le traité (onze lettres par exemple, de la 112ᵉ à la 122ᵉ, ne sont que le découpage d'une véritable étude sur la « dépopulation », c'est-à-dire le recul de la démographie sur le globe) ; entre la description réaliste (qui fait de ce texte un précieux document pour les historiens de la période) et le recours au mythe (à trois reprises : les fameux Troglodytes de la 11ᵉ à la 14ᵉ lettre, l'histoire d'Aphéridon et d'Astarté à la 67ᵉ lettre, et le conte d'Anaïs à la 141ᵉ lettre) ; entre la lucidité naïve (d'un regard non prévenu sur les mœurs françaises) et le naïf aveuglement (hérité d'une culture orientale non distanciée) ; entre Usbek et Rica, le vieil homme et l'homme nouveau, les deux poches de la même besace ? L'instrument principal de cette réussite est sans doute la forme épistolaire, qui rend actives toutes ces équivoques, et bien d'autres. Par le succès et l'exemple de son livre, Montesquieu a beaucoup contribué à la fortune, dans tout le siècle, de cette forme qui exalte, plus que tel message ou sa nature ou sa vérité ou sa beauté, la fonction d'échange interactif de la littérature : une relecture des « Tableaux chronologiques » des chapitres du présent ouvrage permettra de mesurer la remarquable extension de la forme-lettre dans tous les genres et au cœur vibrant du mouvement philosophique.

La deuxième expérience est celle d'un retour. Retour aux sources de la civilisation de l'Europe chrétienne : Rome. Après l'aventure d'un voyage ouvert à toutes les surprises, c'est maintenant le regard surplombant sur le champ entier d'une histoire close sur elle-même, celle de la croissance, de la grandeur et de la décadence des Romains. Beaucoup moins originale que la précédente, cette initiative valut aux *Considérations...* de Montesquieu beaucoup moins de faveur qu'aux *Lettres persanes*. Un grand nombre d'histoires de la Rome antique avaient fleuri, fleurissaient et devaient fleurir encore, et cela sentait son exercice d'école. L'histoire romaine de Montesquieu, pourtant, se différencie radicalement de toutes les autres. La méthode qui s'y cherche vise à faire dépendre les vicissitudes de la Cité, non plus d'un cycle fatal menant toute chose vivante successivement à l'accroissement, à la maturité, à la déperdition et à la mort, ni d'une action décisive des grandes personnalités historiques (Scipion, Caton pour la grandeur, César et ses successeurs pour la décadence), mais de la logique interne d'un jeu de causes complexes, matérielles et morales, dont le dispositif d'ensemble, composant les variations de chacun de ses éléments, finit par entraîner la Cité dans un sens ou dans l'autre. Tenant encore du roman (l'examen d'une seule civilisation aligne ses expériences successives comme une histoire à rebondissements, et, comme le Fénelon de *Télémaque* avec les sages Grecs, Montesquieu suit avec un intérêt passionné les aventures de ses « chers Romains »), les *Considérations* annoncent déjà, malgré leur spécification historique, la généralisation de l'enquête et son inscription dans toute l'amplitude de l'espace philosophique.

La troisième expérience, en effet, mobilisa plus de moyens et d'énergie que les deux autres réunies, trop même sans doute pour un seul homme, qui s'y épuisa. Elle aboutit à une somme magistrale (prise en charge de toutes les institutions et habitudes sociales de l'Antiquité, du Moyen Age, de l'Europe moderne, du Proche-, du Moyen- et de l'Extrême-Orient, des Amériques, de l'Afrique : une documentation énorme et si disparate !) qui, comme toujours chez Montesquieu, ne se présente pas comme telle, ni dans la facture (chapitres inégaux et émiettés, ruptures du propos, fragments), ni dans les conclusions (suspendues, relatives, voire contradictoires). De même qu'on simplifie couramment son titre (*De l'esprit des lois ou Du rapport que les lois doivent avoir avec la constitution de chaque gouvernement, les mœurs, le climat, la religion, le commerce, etc.*), il est nécessaire, pour présenter *L'Esprit des lois,* d'en simplifier le contenu sans en trahir la démarche. L'objet est de découvrir la règle — positive, valable en tous temps et en tous lieux, déterminée par des facteurs contrôlables et mesurables — selon laquelle se constituent, fonctionnent et évoluent les institutions que fabriquent les hommes pour organiser leur vie collective.

L'idée même de soumettre cet ordre de faits à une juridiction scientifique était hardie et nouvelle. Les appels à la « loi naturelle » prenaient volontiers celle-ci comme un absolu et rejetaient dans une relativité à peu près indifférenciée toutes les lois positives. Pour Montesquieu, c'est cette relativité même qu'il convient de différencier, pour que l'étude de ses variations puisse donner quelque prise sur elle, puisque aussi bien elle est la seule que rencontrent les hommes dans leur existence empirique. Relatives si l'on veut, mes lois me sont chères car c'est d'elles que dépendent ma vie et mon bonheur. Et puisqu'elles sont relatives, regardons quelles sont ces relations et comment elles agissent. Le programme épistémologique, on le voit, ne craint pas d'être à la fois historique, géographique, psychologique, sociologique, juridique, économique, politique, philosophique, moral et esthétique, bref, de postuler pour tout ce qu'on n'appelle pas encore les sciences humaines la même cohérence que celle démontrée par Newton dans le monde physique. Sans aboutir à une formulation unique et claire de cette « loi des lois », Montesquieu a fourni à ceux qui, comme lui et après lui, croient utile de la chercher nombre de concepts opératoires qui sont autant de figures poétiques. Parmi eux, la célèbre définition des divers gouvernements possibles selon la nature du pouvoir exercé, le principe de leur bon fonctionnement dans le comportement des gouvernés et la cause de leur corruption :

NATURE		PRINCIPE DE FONCTIONNEMENT	CAUSE DE CORRUPTION
Démocratique Aristocratique }	Républicain	Vertu	Inégalité ou « égalité extrême »
Monarchique		Honneur	Vanité du monarque Lâcheté des Grands
Despotique		Crainte	« Se corrompt sans cesse parce qu'il est corrompu par sa nature »

Comme il faut de la vertu dans une république et dans la monarchie de l'honneur, il faut de la crainte dans un gouvernement despotique : pour la vertu, elle n'est point nécessaire, et l'honneur y serait dangereux. Le pouvoir immense du prince y passe tout entier à ceux à qui il le confie. Des gens capables de s'estimer seraient en état d'y faire une révolution. Il faut donc que la crainte y abatte tous les courages et y éteigne jusqu'au moindre sentiment d'ambition (III, 9).

« Il faut » ? C'est le ton de la description fonctionnelle. Il est bien certain que Montesquieu accorde plus de valeur à la vertu ou à l'honneur qu'à la crainte. Mais la meilleure façon de lutter contre le despotisme, comme ailleurs contre le colonialisme et surtout l'esclavage (XV, 5), n'est-ce pas d'en connaître les conditions et les mécanismes ? Au reste, si ses préférences avouées vont à la monarchie, également éloignée des deux excès que sont la violence du peuple et celle du tyran, mais aussi intermédiaire entre le regret nostalgique d'un passé républicain révolu et le danger toujours menaçant de la dérive absolutiste, il ne la fige pas en un modèle abstrait et immuable : il y en eut et il y en a plusieurs réalisations, dont la française — qu'il vaut mieux s'abstenir de juger —, dont l'anglaise — que rien n'empêche d'admirer. La séparation des pouvoirs — législatif, exécutif, judiciaire — lui semble en effet avoir atteint, dans la monarchie anglaise issue de la Glorious Revolution, son degré maximum d'efficacité dans la sauvegarde des équilibres, toujours menacés.

Autre concept opératoire, celui des « climats » : par ce terme on doit entendre l'ensemble des déterminations géographiques (nature et étendue du sol, température et météorologie, productions pour la subsistance). Selon que le pays est plus grand ou plus petit, plus chaud ou plus froid, plus apte à la navigation, à l'agriculture ou à la chasse, il recourra plutôt à telle ou telle forme de gouvernement. Le despotisme, par exemple, convient davantage aux contrées chaudes, à cause du relâchement de la volonté et du goût de la mollesse voluptueuse que provoque la chaleur. Les petits territoires s'accommodent mieux de la République, où tous se connaissent, que les grands, etc. En ajoutant à ces déterminations des climats celles des traditions, des mœurs, de la démographie, des ressources, du commerce et même de la religion — qu'il ne craint pas de traiter comme un facteur parmi d'autres —, Montesquieu construit un modèle extrêmement complexe qu'il appelle l' « esprit général » d'une nation. Celui-ci influence le choix du gouvernement, est à son tour modifié par la manière dont ce gouvernement agit, et une modification significative de l'équilibre des forces qui le constituent ne peut manquer d'entraîner la chute du régime établi et son remplacement par un autre. Si on ne cantonne pas cet « esprit général » dans son rôle politique, c'est à peu près ce qu'on désignerait aujourd'hui par le terme de « culture », à condition de le situer au point de départ des énergies créatrices d'une collectivité et non au point d'arrivée de ses célébrations officielles : précisément la situation qu'occupent *L'Esprit des lois* et son auteur dans notre horizon culturel, si on les enlève aux théoriciens pour les rendre à la littérature.

Contrairement à ce qu'en ont dit certains, hostiles ou trop enthousiastes, *L'Esprit des lois* n'est pas une bible. C'est, équipé de mille appareillages et dispositifs textuels performants, un laboratoire de la chose politique, où l'on peut fabriquer à loisir une monarchie bien tempérée par les pouvoirs intermédiaires des notables (c'était, semble-t-il, le choix de Montesquieu), un idéal républicain (la Révolution l'a élu parmi ses textes fondateurs), un libéralisme conséquent (ils ne le sont pas tous). Ni finaliste ni mécaniste, son déterminisme est de ceux — Diderot saura s'en souvenir — qui laissent la part belle à la liberté et à l'invention des hommes. Il est bien digne de ce modèle d'homme de laboratoire, de texte et de générosité qu'on appelait alors « le philosophe ».

Philosophe

● *Enjeu d'un mot*

Le premier demi-siècle voit ce mot passer d'une connotation nettement péjorative (*Dictionnaire de l'Académie,* 1694 : « [...] un homme qui, par libertinage d'esprit, se met au-dessus des devoirs et des obligations ordinaires de la vie civile chrétienne [...] un homme qui ne se refuse rien, qui ne se contraint sur rien, et qui mène une vie de Philosophe », et voir Marivaux, *L'Île de la raison,* I, 8 et III, 4)... à une connotation très admirative et à un statut de modèle.

● *Historique d'un texte*

1730 : Probable rédaction d'un texte, « Le Philosophe », par Dumarsais.
1743 : « Le Philosophe » est l'un des textes anonymes réunis dans les *Nouvelles Libertés de penser,* avec d'autres (de Fontenelle, de Fréret, de Mirabaud).
1765 : L'article « Philosophe » de l'*Encyclopédie,* longtemps attribué, à tort, à Diderot, est une adaptation édulcorée du texte de Dumarsais.
1773 : Voltaire intègre une nouvelle refonte de ce texte à ses propres *Lois de Minos,* en supprimant surtout tout ce qui incline à l'athéisme.

● *Contours d'un modèle*

A le restituer selon Dumarsais, avant les atténuations dont il fut l'objet, ce modèle campe, comme « philosophe », un être :
— non misanthrope : il ne sacrifie jamais les hommes aux principes ;
— non libertin : il ne recherche pas la licence pour elle-même ;
— non stoïcien : il n'est pas détaché des biens de ce monde ;
— raisonnable et observateur à la fois : il puise à ces deux sources de la connaissance ;
— prudent : il sait suspendre son jugement le temps qu'il faut ;
— honnête homme : il veut plaire et cultive les vertus de sociabilité ;
— désireux de se rendre utile à ses semblables ;
— farouchement opposé à l'imposture cléricale ;
— professant un athéisme conscient et délibéré.

Le tournant 1750

Le milieu du siècle est le moment, plus symbolique que réel, d'un grand basculement. Ce n'est pas en effet sur le syntagme de son déroulement historique, mais comme paradigmatiquement et de l'intérieur que le siècle des Lumières est partagé. D'un côté, le rationalisme critique met à distance les pulsions de peur, de crédulité, de soumission ; de l'autre, la sensibilité se met à l'écoute de la puissance instinctive refoulée. L'un est tourné, agressivement, vers Louis XIV, l'autre, sans le savoir, vers le romantisme. En fait, l'unité du siècle existe d'autant plus qu'elle est, à chaque instant, menacée par le basculement... que les manuels situent commodément vers 1750. Cette unité, c'est la lutte philosophique contre les préjugés, les privilèges, les intolérances, mais c'est aussi la lutte de ces deux tendances entre elles, la grande dramaturgie de leur permanent affrontement. Il ne faut surtout pas ici de manichéisme : l'erreur peut venir d'une assimilation hâtive de « Lumières » et de « Raison ». Comme si, depuis Fontenelle et Fénelon, le cœur n'avait pas participé aux conquêtes de l'esprit et n'y avait pas trouvé son compte. En réalité, à considérer les traces que la littérature a gardées de cette campagne, le clignotement des Lumières, dont certains rejettent la responsabilité sur le premier, n'est souvent qu'un clin d'œil du second.

En général, dans tout le siècle, on est assez d'accord pour faire reculer l'obscurité en combattant l'obscurantisme, et pour opposer aux ténèbres d'un long Moyen Age chrétien, barbare et déchiré — qu'on ne voit guère se terminer, et encore provisoirement, qu'avec Henri IV —, l'éclat triomphant des Lumières. Mais ce qu'on désigne par là n'est pas exactement de même nature, est même parfois passablement opposé, selon les domaines sur lesquels on porte le flambeau, les circonstances qui l'ont fait allumer, les personnes qui le tiennent. Ces variations sont normales, surtout pour une époque qui se méfie instinctivement et méthodiquement du dogme et redoute, quel qu'il soit, le système ; mais elles ne vont pas sans quelques malentendus. L'historien des idées verra dans ces équivoques une fragilité idéologique, et il en suivra les effets dans une évolution de l'idéal des Lumières, de moins en moins optimiste, de plus en plus démenti par les faits, peu à peu ébranlé dans ses présupposés et déçu dans ses espoirs ; il en tirera en partie l'explication des violences de la fin du siècle et de la réaction du siècle suivant, en son début, dans le sens de l'irrationnel, du mystère et de l'indicible. L'historien de la littérature, lui, sera plus sensible au miroitement que permettent, à chaque moment et dans chaque texte, les jeux de l'ombre et de la lumière, les étreintes dialectiques de la raison et du cœur, les évidences contradictoires des bonheurs de l'humanisme et des malheurs de l'humanité. Pourquoi ne pas tenter de saisir ce miroitement dans les années centrales du siècle, en guise d'échantillon ?

Il se trouve que ces années sont, dans le domaine politique, celles de la dernière chance, avant Turgot, pour la monarchie. Avec l'impôt du vingtième, Machault d'Arnouville pense venir à bout enfin des abus dans les privilèges fiscaux. La nouvelle favorite, Mme de Pompadour, est une femme d'un esprit étendu et ouvert ; favorable aux philosophes et à leurs idées, elle protège dès le début le projet de l'*Encyclopédie*. Mais l'embellie sera de courte durée : le roi cède aux privilégiés, renonce au vingtième et renvoie Machault. Quant à l'*Encyclopédie,* on verra dans la deuxième partie de ce manuel à quelles résistances elle dut faire face et combien les Lumières durent alors se faire énergiquement militantes. Le marquis d'Argenson, ancien du club de l'Entresol, qui avait été aux affaires entre 1744 et 1747 et y avait tenté, en vain, des réformes à ses yeux indispensables, voit bien toute l'ampleur du problème ; il décrit dans ses *Considérations* et ses *Mémoires,* publiés plus tard, la profondeur de la déchristianisation et de la désaffection du peuple pour le régime, et prophétise une révolution sociale radicale, avec instauration d'un athéisme d'Etat. L'entrée dans la carrière — qui se fait autour de 1750 — de Diderot, Condillac, d'Holbach, Marmontel et J.-J. Rousseau correspond au moment où cette carrière devient une lice. Après la ponctuation forte qu'a posée *L'Esprit des lois* dans le siècle, les trois écrivains qui marquent de leur sceau ce suspens de 1750, quoique bien différents, ont en commun d'occuper, au cœur du siècle, une situation marginale, décalée : Saint-Simon ne semble préoccupé que des affaires de la cour de France un demi-siècle auparavant ; Vauvenargues était fait pour traverser les crises qu'affronta Chamfort, et son œuvre est une sorte de revanche anticipée de la vie qu'il n'a pas vécue au-delà de trente-deux ans ; La Mettrie pourrait passer pour un ludion divertissant s'il n'avait, le premier et dans des textes de provocation incontournable, mis le doigt sur le point le plus sensible des Lumières, esprit et cœur réunis : leur rapport avec l'âme.

Superbement isolé dans son château de La Ferté-Vidame, Saint-Simon, le duc et pair mal aimé de Louis XIV, sous-employé par son ami le Régent, retiré de la vie publique depuis 1723, ne s'est en rien mêlé aux divers mouvements caractéristiques des Lumières, et semble ignorer jusqu'à ce nom. Il ne se soucie que d'une chose : reconstituer, par une écriture patiente, passionnée, puissante, ce qu'il croit être l'histoire essentielle de son temps, c'est-à-dire les activités et les intrigues de la cour entre l'année 1694 (celle de ses dix-neuf ans, celle de la naissance de Voltaire, qu'il ignore superbement) et l'année 1723. Des notes prises depuis sa jeunesse par ce « voyeux » impénitent, des additions inscrites en marge du *Journal* de Dangeau à partir de 1729, d'abondantes lectures et recherches d'archives, un grand projet totalisant enfin aboutissent, en 1749, à cette œuvre gigantesque, touffue, inclassable et sublime : les *Mémoires*. Des milliers de pages — qui emplissent aujourd'hui huit volumes de la collection de la Pléiade ! — où se succèdent chroniques, anecdotes, portraits, listes de charges, querelles de dignités, tables généalogiques, cheminements de sombres intrigues, récits de brillantes ascensions et de chutes fracassantes, discours nécrologiques... Pas plus que de faire savoir qu'il les écrivait, le grand seigneur ne se soucie de les publier : ils ne devaient paraître qu'au XIXe siècle. C'est que, comme pour Proust, qui l'admirait plus qu'aucun autre, il ne s'agit pas pour lui de faire œuvre simplement plaisante ou utile. Contrairement à la tendance générale des Lumières naissantes, il ne prône aucune réforme pour infléchir dans un meilleur sens le cours de l'histoire : celui-ci a déjà été à ses yeux catastrophiquement et définitivement dévoyé par la faute de Louis XIV. Tout le tableau du règne a beau être soumis aux effets déformants de cette démonstration impitoyable, obsessive, rétrograde (le modèle dont il n'aurait pas fallu s'écarter était la tradition féodale, jusqu'à Louis XIII), haineuse (prolifèrent les portraits-charges, qui vont des ridicules aux véritables « démons »), sélective (les affaires de préséance et les ambitions individuelles semblent être les seules causes déterminantes de l'histoire), ce texte inspiré, libre de toute espèce de contrainte, d'une poésie intense et vigoureuse, témoigne à sa façon — celle d'un chef-d'œuvre littéraire plus que d'un travail d'historien ou d'une réflexion de philosophe, celle d'un monstre baroque plus que d'une œuvre classique, celle d'une fantastique revanche symbolique plus que d'une sollicitude réformatrice, celle d'un pessimisme radical mais tonique, à l'époque des compromis euphorisants — de la profondeur de la crise ouverte dans une monarchie condamnée à terme.

Beaucoup de choses rapprochent Vauvenargues de Saint-Simon : l'attachement aux valeurs nobles, la carrière militaire interrompue, le choix de l'écriture comme compensation de l'action empêchée, la concentration de ce projet dans un seul livre. Mais si la mise au point de ces livres est à peu près contemporaine, leur aspect est aussi différent que possible, et ils sont tournés vers les deux versants opposés de la ligne de crête 1750 : dans leur splendeur orchestrale, les *Mémoires* dévident l'interminable thrène de la fin inexorable d'un monde ; l'*Introduction à la connaissance de l'esprit humain, suivie de Réflexions et de Maximes,* malgré sa facture composite, redonne aux formes désuètes de l'écriture fragmentée des moralistes un souffle et une énergie capables de reconstruire un monde, à la force du cœur. Tout en s'inscrivant dans le discours moraliste ambiant qu'on a décrit plus haut, Vauvenargues s'en distingue par ce qu'on pourrait appeler l'élévation de son projet. S'il fait confiance à la nature, s'il veut réhabiliter les passions, s'il aime la liberté, c'est moins pour en jouir ou pour aménager la vie sociale de manière simplement harmonieuse, que pour aller jusqu'au bout de lui-même et se mettre en état de faire de grandes choses. Morale d'exigence sans dogme ni contrainte, de passion sans fanatisme, de grandeur sans mépris, elle table bien sur l'homme, mais c'est pour postuler et cultiver son génie. Ce terme peut résumer à lui seul l'impulsion que Vauvenargues donna à l'idéal humain des Lumières naissantes. On peut rapprocher sur bien des points Fontenelle de Diderot, Duclos de Chamfort, Crébillon fils de Laclos, Mme Du Châtelet de Mme Roland : ce qui les sépare, de part et d'autre de 1750, c'est le « génie » de Vauvenargues, qu'on l'applique aux domaines de la rationalité critique, du sentiment, de l'intervention active, de l'invention poétique. Plus de compromission avec les petitesses des systèmes et des hommes qu'il a bien fallu combattre, depuis Bossuet, pour laïciser la morale. Le devoir de l'homme est désormais de lutter, non plus contre l'usurpation, mais surtout contre l'usure, de recharger sans cesse de leur énergie première l'amour de la vertu, le goût de la beauté, le sens des mots, le bonheur de l'action. Qui aurait cru que, un siècle après *Rodogune,* quelqu'un oserait revendiquer la « gloire » comme idéal pour tous les hommes, concurremment à la sagesse et à la modération, « conseils de la vieillesse », « soleil de l'hiver » ? Voltaire l'a senti, lui, le seul écrivain qui chevauche pleinement les deux parties du siècle, et qui eut à vivre cette mutation à laquelle l'initia, juste avant de disparaître prématurément, son ami Vauvenargues.

Vade-mecum moral pour l'homme de 1750

- Se reconnaître et se situer dans le catalogue taxinomique des catégories mentales et esthétiques (l'amitié, la grandeur d'âme, l'imagination, le bon sens, l'esprit étendu, l'esprit profond, le goût, la finesse, les passions...) et des caractères (dont celui de Clazomène, héros de « la vertu malheureuse », où l'on s'accorde à voir un autoportrait de Vauvenargues) que propose d'abord l'*Introduction à la connaissance de l'esprit humain*.

- Hiérarchiser les modèles, non selon les réputations acquises, mais selon ce qu'on en peut tirer soi-même, dans la visée de son propre projet : La Fontaine, Fénelon, pour leur simplicité « naïve », Voltaire (« une littérature universelle »), plutôt que Corneille (trop emphatique) ou Molière (trop badin et trivial).

- Méditer ces maximes (parmi près de mille répertoriées) :
  - « Nul n'est faible par choix. »
  - « La raison nous trompe plus souvent que la nature. »
  - « Le bon instinct n'a pas besoin de la raison, mais il la donne. »
  - « La raison et la liberté sont incompatibles avec la faiblesse. »
  - « Est-il contre la raison ou la justice de s'aimer soi-même ? Et pourquoi voulons-nous que l'amour-propre soit toujours un vice ? »
  - « Il faut [...] avoir de l'âme pour avoir du goût. »
  - « Les grandes pensées viennent du cœur. »
  - « Il faut peut-être autant de feu que de justesse pour faire un véritable philosophe. »
  - « Le sentiment de nos forces les augmente. »
  - « Qui condamne l'activité condamne la fécondité. »

- Et surtout en finir une bonne fois pour toutes avec ce qui a toujours fait la puissance facile et perverse des religions :
  - « Pour exécuter de grandes choses, il faut vivre comme si on ne devait jamais mourir. »

  ... et puis mourir, à trente-deux ans, au seuil des Lumières militantes, ou bien alors *vivre*, et militer.

La perspective historique qui est la nôtre et les formidables enjeux dont la littérature se chargea alors dans le champ des évolutions qui firent l'histoire ne doivent pas fausser l'évaluation proprement littéraire : Saint-Simon est un immense écrivain, qui a pu donner toute la mesure de son génie ; Vauvenargues est un auteur ébauché, qui n'a pu donner de son talent qu'un premier crayon, noble mais imparfait ; quant à La Mettrie, il n'est qu'un littérateur de troisième ordre, comme l'époque en fournissait tant. Pourtant, ce provocateur truculent, à la verve désinvolte, occupe, au milieu du siècle, une position stratégique lui aussi. Homme de son temps, il aime à la fois la science et la bonne chère. Là n'est pas son audace, mais d'avoir songé à réduire à un seul et même principe ces deux activités, ces deux manières d'être au monde, ces deux modes de relation avec lui. Dans la ligne de Lucrèce, mais sans le masque poétique, dans celles, conjuguées, de Gassendi et de Locke, mais sans la prudence philosophique, il affirme et se fait fort de démontrer que la pensée est entièrement matérielle, qu'il n'y a de différence que de degré entre la plante, l'animal et l'homme. Précurseur de l'idée transformiste, il montre l'inépuisable nature tâtonnant longuement avant de réussir à former, à partir de multiples « semences » (représentation à mi-chemin entre les « atomes » d'Epicure et les « molécules organiques » de Buffon) une machine viable, stable, dotée de tous les organes nécessaires parmi lesquels, s'agissant de l'homme, « le viscère de la pensée ». Cette munificence prolifique de la nature éternelle lui semble à l'évidence prouver l'inexistence de Dieu et même de toute pensée préalable finalisant les processus d'organisation : une raison et une volonté, quelles qu'elles soient, ne s'obligeraient pas à de si longs détours ! Mais si beaux ! La Mettrie n'est pas moins admiratif que l'abbé Pluche, qui termine son *Spectacle de la nature* au moment où lui-même lance son *Histoire naturelle de l'âme* et son *Homme-machine*. L'abandon de tout dualisme n'en rend que plus réjouissants l'alliance intime de l'homme avec son milieu naturel et le remplacement à court terme des complications vaines où l'humanité s'est épuisée depuis des siècles (métaphysique, géométrie, poésie, morale) par une simple et bonne médecine, fonctionnelle et efficace.

> Quoi que chante [Descartes] sur la distinction des deux substances, il est visible que ce n'est qu'un tour d'adresse, une ruse de style, pour faire avaler aux théologiens un poison caché à l'ombre d'une analogie qui frappe tout le monde, et qu'eux seuls ne voient pas. Car c'est elle, c'est cette forte analogie qui force tous les savants et les vrais juges d'avouer que ces êtres fiers et vains, plus distingués par leur orgueil que par le nom d'hommes, quelque envie qu'ils aient de s'élever, ne sont au fond que des animaux et des machines perpendiculairement rampantes. Elles ont toutes ce merveilleux instinct, dont l'éducation fait de l'esprit, et qui a toujours son siège dans le cerveau, et, à son défaut comme lorsqu'il manque ou est ossifié, dans la moelle allongée, et jamais dans le cervelet ; car je l'ai vu considérablement blessé ; d'autres l'ont trouvé squirreux, sans que l'âme cessât de faire ses fonctions.
>
> Etre machine, sentir, penser, savoir distinguer le bien du mal, comme le bleu du jaune, en un mot être né avec de l'intelligence et un instinct sûr de morale, et n'être qu'un animal, sont donc des choses qui ne sont pas plus contradictoires qu'être un singe ou un perroquet et savoir se donner

du plaisir. Car, puisque l'occasion se présente de le dire, qui eût jamais deviné *a priori* qu'une goutte de la liqueur qui se lance dans l'accouplement fît ressentir des plaisirs divins, et qu'il en naîtrait une petite créature qui pourrait un jour, posées certaines lois, jouir des mêmes délices ! Je crois la pensée si peu incompatible avec la matière organisée qu'elle semble en être une propriété, telle que l'électricité, la faculté motrice, l'impénétrabilité, l'étendue, etc.

(L'Homme-machine.)

L'âme existe, mais elle ne fait qu'un avec la matérialité délicieuse et périssable du corps. Ni Dieu ni maître n'ont plus alors de place. C'est, avec celle du curé Meslier, la pensée la plus radicalement subversive du premier demi-siècle. Maupertuis, Buffon la rencontreront souvent ; Helvétius, d'Holbach, Sade la poursuivront ; Diderot en sera nourri et tenté. Rebuté pourtant par le caractère automatique de cette vision du monisme et par le cynisme de certaines de ses conséquences morales, il tentera de lui conférer une dignité que n'avait pas La Mettrie, aventurier de la pensée, soudard éhonté de la philosophie, découvreur inavouable du continent matérialiste. Il ne devait pas éviter, pourtant, la honteuse assimilation. Poussé par sa hantise d'un tel continent, Barbey d'Aurevilly n'hésitera pas à lui attribuer la mort calamiteuse du protégé de Frédéric II : « Diderot est mort comme un chien, de trop-plein, après avoir dîné. »

TABLEAU CHRONOLOGIQUE DES PRINCIPAUX OUVRAGES D'IDÉES ÉCRITS EN FRANÇAIS ENTRE 1715 ET 1750

1715   J.-F. Bernard *et al.* : *Recueil de Voyages du Nord* (→ 1736)
        De Crousaz : *Traité du Beau*

1716   Montesquieu : *Dissertation sur la politique des Romains dans la religion*

1717   Montesquieu : *Essai sur la différence des génies*
        Marivaux : *Lettres sur les habitants de Paris* (→ 1718)

1718   Montesquieu : *Sur les causes de l'écho ; Sur le gui, sur la mousse des chênes, etc. ; Sur les glandes rénales*
        Abbé de Saint-Pierre : *Discours sur la polysynodie*
        Abbé de Vayrac : *Etat présent de l'Espagne*
        Tournefort : *Relation d'un voyage au Levant*

1719   Montesquieu : *Projet d'une histoire physique de la terre ancienne et moderne ; Essai d'observations d'histoire naturelle*
        Marivaux : *Lettres contenant une aventure* (→ 1720)
        Abbé de Vertot : *Histoire des révolutions arrivées dans le gouvernement de la République romaine*

1720   Montesquieu : *Sur les causes de la pesanteur ; Sur la cause de la transparence des corps*
        Lévesque de Burigny : *Iraité de l'autorité du pape*

1721   Montesquieu : *Lettres persanes*
        Marivaux : *Le Spectateur français* (→ 1724)

1722   Lévesque de Pouilly : *Dissertation sur l'incertitude de l'histoire des quatre premiers siècles de Rome*
        Rameau : *Traité d'harmonie*
        Père Labat : *Nouveau Voyage aux îles de l'Amérique [...]*
        Réaumur : *L'Art de convertir le fer forgé en acier, et l'Art d'adoucir le fer fondu*

1723   Montesquieu : *Lettre de Xénocrate à Phérès ; Dissertation sur le mouvement*
        J.-F. Bernard et al. : *Recueil des cérémonies et coutumes religieuses de tous les peuples du monde* (→ 1743)
        Sénac : *Nouveau Cours de chimie suivant les principes de Newton et de Stahl*

1724   Montesquieu : *Dialogue de Sylla et d'Eucrate* (publ. 1745)
        Lévesque de Burigny : *Histoire de la philosophie païenne ou Sentiments des philosophes [...]*
        Père Lafitau : *Mœurs des sauvages américains comparées aux mœurs des premiers temps*
        Rapin-Thoyras : *Histoire d'Angleterre*
        Père Buffier : *Traité des premières vérités et de la source de nos jugements*

1725   Montesquieu : *Traité des devoirs ; De la considération et de la réputation ; Sur les motifs qui doivent nous encourager dans les sciences*
        Muralt : *Lettres sur les Anglais et les Français*

1726   Montesquieu : *Essai sur le goût* (publ. 1757, dans l'*Encyclopédie*)
        Abbé de Saint-Pierre : *Observations pour rendre les sermons plus utiles*
        La Martinière : *Grand Dictionnaire géographique, historique et critique* (→ 1739)
        Mme de Lambert : *Lettres d'une Dame à son fils sur la vraie gloire*
        Rollin : *Traité des études* (→ 1728)

1727   Marivaux : *L'Indigent philosophe ou l'Homme sans souci*
        Voltaire : *Essay upon the Civil Wars of France and also upon the Epick Poetry* (éd. fr. 1733)
        Mme de Lambert : *Réflexions nouvelles sur les femmes*
        La Mottraye : *Voyages en Europe, Asie et Afrique*

1728   Mme de Lambert : *Avis d'une mère à sa fille*

1729   Père Regnault : *Entretiens d'Ariste et d'Eudoxe, ou Physique nouvelle en dialogue*
        Silhouette : *Idée générale du gouvernement et de la morale des Chinois [...]*
        Meslier : *Testament* (publ. 1864)

1730   Père Labat : *Voyage en Espagne et en Italie*
        Père Brumoy : *Théâtre des Grecs*

1731   Montesquieu : *Description de deux fontaines de Hongrie ; Sur les mines d'Allemagne*
        Voltaire : *Histoire de Charles XII*
        Père de Charlevoix : *Histoire de l'Ile espagnole ou de Saint-Domingue*

1732   Père Buffier : *Cours de sciences*
        La Mottraye : *Voyages en diverses provinces de la Prusse, de la Russie, de la Pologne ; Remarques historiques et critiques sur l' « Histoire de Charles XII » de M. de Voltaire*
        Montesquieu : *Sobriété des habitants de Rome*

Ch. Coypel : *Discours sur la peinture*
Maupertuis : *Discours sur les différentes figures des astres*
Abbé Pluche : *Le Spectacle de la Nature [...]* (→ 1750)

1733   Abbé de Saint-Pierre : *Ouvrages de politique* (→ 1740)
Mme de Lambert : *Traité de l'amitié ; Traité de la vieillesse*
Père de Tournemine : *Panégyrique de Saint Louis*
Père Lafitau : *Histoire des découvertes et des conquêtes des Portugais dans le Nouveau Monde*
Prévost : *Le Pour et Contre* (→ 1740)

1734   Montesquieu : *Considérations sur les causes de la grandeur des Romains et de leur décadence ; Sur la formation et le progrès des idées*
Marivaux : *Le Cabinet du philosophe*
Voltaire : *Lettres philosophiques*
Le Maître de Claville : *Traité du vrai mérite de l'homme [...]*
Melon : *Essai politique sur le commerce*
Dubos : *Histoire critique de l'établissement de la monarchie française dans les Gaules*
Réaumur : *Mémoires pour servir à l'histoire des insectes* (→ 1742)
Père Regnault : *Origine ancienne de la physique moderne*

1735   Voltaire : *Traité de métaphysique* (publ. dans l'éd. de Kehl, 1785-1789)
Père Du Halde : *Description géographique, historique, politique de l'Empire de la Chine et de la Tartarie chinoise*
De Maillet : *Description de l'Egypte*
Abbé Trublet : *Essais de littérature et de morale* (→ 1768)
D'Argens : *Lettres juives* (→ 1737)

1736   Quesnay : *Essai sur l'économie animale*
Saint-Hyacinthe : *Recueil de pièces choisies*

1737   Voltaire : *Conseils à un journaliste*
D'Argens : *Lettres cabalistiques* (→ 1738) ; *La Philosophie du bon sens. Mémoires secrets de la République des Lettres* (→ 1748)
Boureau-Deslandes : *Histoire critique de la philosophie*
Carré de Montgeron : *La Vérité des miracles opérés par l'intercession de M. de Pâris [...]* (→ 1741)

1738   Voltaire : *Eléments de la philosophie de Newton ; Essai sur la nature du feu et sa propagation*
D'Argens : *Nouvelle Bibliothèque ou Histoire littéraire...* (→ 1744)

1739   D'Argens : *Lettres chinoises* (→ 1740) ; *Le Solitaire philosophe*
Abbé Pluche : *Histoire du ciel, considéré selon les idées des poètes, des philosophes et de Moïse*

1740   Mme Du Châtelet : *Institutions de physique*
Frédéric II : *Anti-Machiavel* (en français, revu par Voltaire)
De Brosses : *Lettres familières écrites d'Italie à quelques amis* (→ 1755, publ. 1799)
Père Castel : *Optique des couleurs fondée sur les simples observations et tournée surtout à la pratique de la peinture [...]*

1741   Voltaire : *Doutes sur la mesure des forces motrices*

1742   Père Regnault : *Logique en forme d'entretiens*

1743   De Maillet : *Idée du gouvernement ancien et moderne de l'Egypte* (posth.)
        Nollet : *Leçons de physique expérimentale*
        D'Alembert : *Traité de dynamique*
        Clairault : *Théorie de la figure de la terre*
        J.-J. Rousseau : *Dissertation sur la musique moderne*
        (Collectif et anonyme) : *Nouvelles Libertés de penser* (du groupe Fréret-Mirabaud-
            Dumarsais)

1744   Marivaux : *Réflexions sur les progrès de l'esprit humain*
        Mme Du Châtelet : *Dissertation sur la nature et la propagation du feu*
        D'Alembert : *Traité de l'équilibre et du mouvement des fluides*
        Prévost : *Histoire générale des voyages* (→ 1761)
        Père de Charlevoix : *Histoire et description générale de la Nouvelle France [...]*
        Hénault : *Nouvel Abrégé chronologique de l'Histoire de France [...]*
        Dupin de Chenonceaux : *Mémoire sur les blés*

1745   Maupertuis : *Vénus physique*
        Dupin de Chenonceaux : *Les Œconomiques*
        La Mettrie : *Histoire naturelle de l'âme*
        Morelly : *Essai sur le cœur humain, ou Principes naturels de l'éducation*
        Ch. Bonnet : *Traité d'insectologie*
        Abbé Leblanc : *Lettres d'un Français concernant le gouvernement, la politique et les
            mœurs des Anglais et des Français*
        Dézallier d'Argenville : *Abrégé de la vie des peintres*
        Buffon : *De la formation des planètes*
        Diderot : *Essai sur le mérite et la vertu* (d'après Shaftesbury)

1746   Voltaire : *Dissertation sur les changements arrivés à notre globe*
        D'Alembert : *Réflexions sur la cause générale des vents*
        La Mettrie : *Le Médecin de Machiavel*
        Diderot : *Pensées philosophiques*
        Saint-Simon : *Parallèle des trois premiers rois Bourbons*
        Saint-Yenne : *Réflexions sur quelques causes de l'état présent de la peinture en
            France*
        Vauvenargues : *Introduction à la connaissance de l'esprit humain [...]*
        Condillac : *Essais sur l'origine des connaissances humaines*

1747   Mme Du Châtelet : *Discours sur le bonheur*
        Lévesque de Pouilly : *Théorie des sentiments agréables où, après avoir indiqué les
            règles que la nature suit [...]*
        D'Alembert : *Recherches sur les cordes vibrantes*
        Diderot : *La Promenade du sceptique*
        La Mettrie : *La Faculté vengée ; L'Homme-machine*
        Maupertuis : *Essai de philosophie morale*
        Duclos : *Histoire de Louis XI*
        Burlamaqui : *Principes du droit naturel*

1748   Montesquieu : *De l'esprit des lois*
        La Mettrie : *L'Homme-plante*
        Diderot : *Mémoires sur différents sujets de mathématiques*
        De Maillet : *Telliamed, ou Entretiens d'un philosophe indien avec un missionnaire
            français [...]* (posth.)
        Maupertuis : *Réflexions philosophiques sur l'origine des langues et la signification des
            mots*
        Voltaire : *Panégyrique de Louis XV*

Caylus : *Vie d'Antoine Watteau*
Falconet : *La Psycanthropie, ou Nouvelle Théorie de l'homme*
Toussaint : *Les Mœurs*

1749   Voltaire : *Des embellissements de Paris*
        D'Alembert : *Recherches sur la précession des équinoxes*
        Diderot : *Lettre sur les aveugles à l'usage de ceux qui voient*
        Condillac : *Traité des systèmes*
        Abbé Lambert : *Recueil d'observations curieuses [sur les] différents peuples de l'Asie, de l'Afrique et de l'Amérique*
        Réaumur : *Art de faire éclore et d'élever en toute saison des oiseaux domestiques*
        Buffon : *Théorie de la terre*; *Histoire naturelle,* 1er volume (→ 1789)
        Saint-Simon : *Mémoires* (fin de la rédaction ; publ. 1829-1830)

1750   Montesquieu : *Défense de l'Esprit des lois*
        Voltaire : *La Voix du sage et du peuple*; *Dialogues philosophiques*
        Diderot : *Prospectus* de l'*Encyclopédie*
        La Mettrie : *L'Anti-Sénèque, ou le Souverain Bien*; *Le Système d'Epicure*
        Maupertuis : *Essai de cosmologie*
        Abbé Lambert : *Histoire générale de tous les peuples du monde*
        De Brosses : *Lettre sur l'état actuel de la ville d'Herculanum et sur les causes de son ensevelissement*
        Duclos : *Considérations sur les mœurs de ce siècle*
        Duhamel de Monceau : *Traité de la culture des terres*
        Prévost : *Manuel lexique, ou Dictionnaire portatif des mots français dont la signification n'est pas familière à tout le monde*
        J.-J. Rousseau : *Discours sur les sciences et les arts*

1751   Voltaire : *Le Siècle de Louis XIV*; *Œuvres* (la 1re éd. franç., Paris, M. Lambert, 11 vol.)
        Diderot : *Lettre sur les sourds et muets [...]*
        La Mettrie : *L'Art de jouir*; *Vénus métaphysique, essai sur l'origine de l'âme humaine*
        D'Alembert : *Discours préliminaire de l'Encyclopédie* (avec le 1er volume)
        Mirabaud : *Le Monde, son origine et son antiquité*
        Abbé Pluche : *Mécanique des langues et art de les enseigner*

1752   Voltaire : *Micromégas*; *Réponse d'un académicien de Berlin à un académicien de Paris*; *Défense de Milord Bolingbroke*; *Diatribe du docteur Akakia*
        Maupertuis : *Lettre sur les progrès des sciences*

1753   Montesquieu : *Mémoire sur la Constitution*

1754   Montesquieu : *Lysimaque*
        Voltaire : *Les Annales de l'Empire*
        Maupertuis : *Essai sur la formation des corps organisés*

1756   Voltaire : *Essai sur l'histoire générale et sur les mœurs et l'esprit des nations*

1758   Montesquieu : *Œuvres* (première édition globale, posth.)

1759   Voltaire : *Le Sermon des cinquante*

1760   Voltaire : *Mémoires pour servir à la vie de M. de Voltaire, écrits par lui-même* (publ. 1784) ; *Dialogues chrétiens*; *Histoire de l'empire de Russie sous Pierre le Grand* (→ 1763)
        De Brosses : *Dissertation sur le culte des dieux fétiches*

1762   Voltaire : *Extraits des sentiments de Jean Meslier*

1763   Voltaire : *Catéchisme de l'honnête homme*; *Traité sur la tolérance*

1764   Voltaire · *Discours aux Welches*; *Dictionnaire philosophique portatif* (rééd. augm. 1765, 1767, 1769); *Le Sentiment des citoyens*
       D'Argenson : *Considérations sur le gouvernement ancien et présent de la France* (posth.)

1765   Voltaire : *La Philosophie de l'histoire*

1766   Voltaire : *Questions sur les miracles*; *Le Philosophe ignorant*; *Lettre au docteur Pansophe*; *Commentaire sur le livre « Des délits et des peines »* (de Beccaria)
       Lévesque de Burigny : *Examen critique des apologistes de la religion chrétienne*

1767   Voltaire : *Questions de Zapata*; *Examen important de Milord Bolingbroke*; *Le Dîner du comte de Boulainvilliers*

1768   Voltaire : *L'ABC, ou Dialogues entre A, B, C*; *Précis du siècle de Louis XV*

1769   Voltaire : *Le Cri des nations*

1770   Voltaire : *Dieu, Réponse au « Système de la nature »*; *Questions sur l'Encyclopédie* (→ 1772)

1773   Voltaire : *Les Lois de Minos*

1775   Voltaire : *Diatribe à l'auteur des « Ephémérides »*; *Le Cri du sang innocent*

1776   Voltaire : *Lettres chinoises, indiennes et tartares*; *La Bible enfin expliquée*; *Lettre à l'Académie française*

1777   Voltaire : *Un chrétien contre six juifs*; *Prix de la justice et de l'humanité*; *Commentaires sur « L'Esprit des lois »*; *Dialogues d'Evhémère*

N.B. — 1/ Ce tableau ne dépasse guère 1750 que pour Voltaire, et pour quelques écrivains qui ont produit la plus grande partie de leur œuvre avant cette date.
2 / Il fait état de deux cent vingt-six titres, correspondant à soixante-seize noms d'auteurs. Dix-huit n'y sont que pour mémoire. Huit figurent déjà au générique d'un des chapitres précédents (père Buffier, abbé Dubos, Dumarsais, chap. 2; Marivaux, chap. 3; Caylus, Duclos, abbé Lambert, Prévost, chap. 4) et, bien sûr, Voltaire est réservé pour le chapitre suivant. Quatre, ayant tout juste commencé leur carrière avant 1750, seront présentés dans la deuxième partie de ce livre (Condillac, Diderot, Quesnay et J.-J. Rousseau). Pour les quarante-cinq autres, on trouvera au « Générique » qui suit, dans l'ordre alphabétique, les informations indispensables.

GÉNÉRIQUE DES AUTEURS

● ALEMBERT Jean Le Rond d' (1717-1783), né à Paris. Fils naturel de Mme de Tencin et du chevalier Destouches, abandonné à sa naissance sur les marches d'une église parisienne (Saint-Jean-le-Rond), il devint très jeune un grand mathématicien. Dès avant 1750, ses publications dans ce domaine font date : *Traité de dynamique* (1743), *Traité de l'équilibre et du mouvement des fluides* (1744), *Réflexions sur la cause générale des vents* (1746), *Recherches sur les cordes vibrantes* (1747), *Recherches sur la précession des équinoxes* (1749). Il fut membre de l'Académie des sciences à vingt-trois ans et de l'Académie française à trente-sept. En 1751, il rédigea le fameux *Discours préliminaire* pour l'*Encyclopédie* dont il devait assurer la direction avec Diderot jusqu'en 1758. C'est le grand héritier de Fontenelle, tant pour son action à l'Académie des sciences que pour l'union qu'il sut réaliser et théoriser entre les sciences et les lettres.

- ARGENS Jean-Baptiste de Boyer, marquis d' (1704-1771), né à Aix-en-Provence. D'abord militaire, il s'occupa vite de belles-lettres, fut un admirateur inconditionnel de Voltaire, et se fit commis voyageur des Lumières, en Hollande, à Stuttgart, puis auprès de Frédéric II, qui le fit directeur de la classe des Belles-Lettres de son Académie de Berlin. Il y resta vingt-cinq ans, puis, disgracié, revint en France, dans son Midi natal. Son style n'est pas très maîtrisé, mais ses abondants écrits (souvent périodiques : *Lettres juives*, 1735-1737 ; *Lettres cabalistiques*, 1737-1738 ; *Lettres chinoises*, 1739-1740 ; *La Philosophie du bon sens*, 1737 ; *Le Solitaire philosophe*, 1739 ; *Mémoires secrets de la République des Lettres*, 1737-1748) sont riches de renseignements sur la vie intellectuelle du temps, à l'échelle européenne, et touchant aux objets les plus divers : politique, religion, histoire, morale, esthétique... Ils obtinrent un succès important et contribuèrent à la diffusion la plus large des grands thèmes des Lumières, grossièrement mais vigoureusement traités. Il a aussi laissé un des plus célèbres romans pornographiques de la période, *Thérèse philosophe* (1748), sadien avant la lettre.
- ARGENSON René Louis de Voyer de Paulmy, marquis d' (1694-1757), né à Paris. Fils du célèbre lieutenant de police de la fin du règne de Louis XIV qui avait été garde des Sceaux pendant la Régence, il fut lui-même secrétaire d'Etat aux Affaires étrangères entre 1744 et 1747. Condisciple de Voltaire au Collège Louis-le-Grand, il lui resta fidèle toute sa vie, et lui procura le retour en grâce des années 1744-1747. Il a abordé en philosophe les questions politiques, dès l'époque du club de l'Entresol dont il était un des membres : sans justifier outre mesure le pouvoir absolu d'un seul, il s'est lucidement opposé à toutes les confiscations auxquelles la faiblesse de la monarchie prêtait alors le flanc, celle des aristocrates (thèses de Boulainvilliers), celle des Parlements, celle des intendants. C'est l'objet des *Considérations sur le gouvernement ancien et présent de la France* qui, en manuscrit, ont été l'une des sources du *Contrat social* de J.-J. Rousseau, mais qui ne furent publiées qu'après la mort du marquis (1764 et 1784), ainsi que neuf volumes de *Journal et Mémoires* (1859-1867).
- BONNET Charles (1720-1793), né à Genève. Issu d'une riche famille genevoise, il commença par de belles recherches d'histoire naturelle sur les insectes et découvrit la parthénogenèse du puceron (*Traité d'insectologie*, 1745). C'est lui qui rendit à Montesquieu cet hommage célèbre : « Newton a découvert les lois du monde matériel, vous avez découvert les lois du monde intellectuel. » Mais, dans la deuxième partie du siècle, il devait s'élever à des considérations philosophiques et religieuses plutôt réactionnaires, en tout cas de plus en plus opposées à celles des Lumières : la préformation des germes, l'existence autonome de l'âme, la nécessité de la Révélation...
- BOUREAU-DESLANDES André François (1690-1757), né à Pondichéry. Elevé à l'Oratoire, commissaire à la Marine (Rochefort, Brest), puis retiré à Paris, il fit très tôt profession d'athéisme (*Réflexions sur les grands hommes qui sont morts en plaisantant*, 1714). Celui-ci s'affirma dans son *Histoire critique de la philosophie* (1737) et dans *Pygmalion* (1741), ouvrages aussitôt interdits et condamnés.
- BROSSES Charles, président de (1709-1777), né à Dijon. Ami fidèle de Buffon, mais brouillé avec Voltaire pour un différend d'affaires, ce haut magistrat fut le type du voyageur éclairé dans l'Europe des Lumières. De son voyage en Italie (1739-1740), des notes qu'il en a rapportées et des souvenirs qu'il en a gardés, il a composé des *Lettres familières écrites d'Italie à quelques amis* (publ. 1799) où se manifeste une curiosité vivante et précise pour tous les aspects de la vie et de la civilisation, mœurs quotidiennes, gastronomie, architecture, archéologie, bibliothèques, paysages... Stendhal devait apprécier ce regard à la fois averti, souriant et familier sur une Italie si classiquement baroque.
- BUFFON Georges Louis Leclerc, comte de (1707-1788), né à Montbard. Fils d'un conseiller au Parlement de Dijon, mais de souche paysanne, il fit d'excellentes études de droit, de médecine et de botanique, et s'initia aux mathématiques, à l'optique et à la mécanique. Son activité appartient pour l'essentiel à la deuxième partie du siècle, mais c'est juste avant 1750 que, étant depuis quinze ans membre de l'Académie des sciences et depuis dix

ans intendant du Jardin du roi (l'actuel Jardin des Plantes de Paris ; il devait rester un demi-siècle à ce poste), il lança, pour inaugurer sa monumentale *Histoire naturelle* (36 volumes, 1749-1789), une *Théorie de la terre* qui fit grand bruit Elle donnait pour la première fois à la formation géologique du globe une durée infiniment plus longue et tourmentée que tout ce qu'on avait jusqu'alors imaginé. Dans sa description de la nature, Buffon se distingue fortement, d'un côté de l'abbé Pluche et de ses naïvetés apologétiques, de l'autre de Linné et de ses classifications systématiques et simplificatrices (voir p. 304-306).

● CASTEL Louis Bertrand, père (1688-1757), né à Montpellier. Ce jésuite érudit voulait réconcilier tout le monde : les cartésiens avec les newtoniens, la mathématique avec le grand public, les perceptions visuelles avec les auditives. Son fameux « clavecin oculaire », proposé dès 1725 dans *Le Mercure* et exposé en 1740 dans l'*Optique des couleurs fondée sur les simples observations et tournée surtout à la pratique de la peinture, de la teinture et des autres arts coloristes,* peut avoir l'air d'un gadget : il défraya longtemps la chronique et fut une référence constante pour la réflexion des Lumières sur le sensualisme, la perception, l'esthétique.

● CHARLEVOIX Pierre François-Xavier, père de (1682-1761), né à Saint-Quentin. Ce missionnaire jésuite fit de longs séjours en Amérique du Nord (1705-1709 et 1717-1722) d'où il rapporta les éléments d'une *Histoire de l'Île espagnole ou de Saint-Domingue* (1731) et d'une *Histoire et description générale de la Nouvelle France, avec le Journal historique d'un voyage fait par ordre du roi dans l'Amérique septentrionale* (1744). Il fut ensuite rédacteur des *Mémoires de Trévoux.*

● DU CHÂTELET Emilie Le Tonnelier de Breteuil, marquise (1706-1749), née à Paris. Femme d'un esprit vif et d'un cœur passionné, elle fut l'amie de Voltaire, qu'elle recueillit dans son château de Cirey (en Champagne, près de la Lorraine) après l'affaire des *Lettres philosophiques.* Sans trop se soucier d'un mari lieutenant général de l'armée du roi et peu encombrant, elle y vécut avec l'auteur du *Mondain* une quinzaine d'années d'amour, d'étude et de fêtes. Férue de science et de philosophie, elle approfondit avec lui les systèmes de Newton et de Leibniz, l'exégèse de la Bible, des questions d'histoire. De ces travaux, appuyés sur d'innombrables lectures et sur des expériences de laboratoire, devaient sortir plusieurs ouvrages élaborés en commun. Voltaire y acquit une vraie dimension de philosophe. Il y connut aussi le seul grand amour de sa vie. Pourtant, d'une liaison parallèle avec le poète Saint-Lambert, la « belle Emilie » eut un enfant, et elle mourut peu après ses couches.

● DU HALDE Jean-Baptiste, père (1674-1743), né à Paris. Ce jésuite assura la publication des *Lettres édifiantes et curieuses écrites des Missions étrangères* entre 1702 et 1743. Il tira des divers témoignages de ses confrères en mission les éléments d'une énorme *Description géographique, historique, politique de l'Empire de la Chine et de la Tartarie chinoise* (1735), ouvrage de référence et de controverse pour toute la pensée orientale des Lumières.

● DUPIN Claude de Chenonceaux (1684-1769), né à Châteauroux. D'abord militaire, il fut ensuite fermier général (1728) et se fit protecteur des lettres et des arts. Chez lui Jean-Jacques Rousseau fut secrétaire (1746), fit représenter son *Devin du village,* et se vit confier, pour les publier, les manuscrits de l'abbé de Saint-Pierre, grand ami de Mme Dupin, mort en 1743. Cette publication ne se fit pas. Claude Dupin produisit lui-même des ouvrages d'économie, dont les *Œconomiques* en 1745. Il se laissa aller, en 1749, à une vigoureuse attaque de *L'Esprit des lois,* inspirée par les jésuites.

● FRERET Nicolas (1688-1749), né à Paris. Ce grand érudit, en particulier dans l'étude de l'Antiquité, des origines de la France, de l'écriture et de la chronologie chinoises, fut membre de l'Académie des Inscriptions et Belles-Lettres dès 1715. Il y était le centre d'un groupe de libres penseurs, relais entre les libertins érudits du XVIIe siècle et la « coterie holbachique » des années 1760-1770. C'est en effet l'athéisme, le matérialisme, la dénonciation la plus violente et la plus radicale de l'oppression religieuse et politique qu'entretiennent, à coup de publications anonymes ou de manuscrits clandestins, les membres solidaires de ce groupe : Falconet, Boindin, Mirabaud, Dumarsais. De là émane, longuement distribuée en manuscrit et communément attribuée à Fréret, la fameuse *Lettre de Thrasybule à Leucippe,*

et encore, publiées en 1743, les *Nouvelles Libertés de penser* qui contiennent « Le sentiment des philosophes sur la nature de l'âme » attribué à Mirabaud, et le texte de Dumarsais qui devait servir de modèle à l'article « Philosophe » de l'*Encyclopédie*.

● HÉNAULT Charles Jean François, président (1685-1770), né à Paris. Fils d'un fermier général,
président au Parlement de Paris dès 1710 (à vingt-cinq ans), reçu à l'Académie française
dès 1723 (à trente-huit ans), surintendant de la Maison de la reine de 1726 à 1768, jouissant
d'une estime générale, c'est un parfait nanti, mondain, aimable et de bonne compagnie. Il est
favorable à la philosophie, mais il reste prudent et conformiste dans une haute société à
laquelle il tient. Ses ouvrages de plume (poésie légère, tragédies, mémoires) n'auraient guère
immortalisé son nom s'il n'avait donné, avec le *Nouvel Abrégé chronologique de l'Histoire de
France jusqu'à la mort de Louis XIV* (1744), un travail historique d'une grande qualité, le plus
moderne sans doute avant celui de Voltaire, qui lui rendit hommage. Deux autres choses
font de lui un personnage important de cette période. Dans son hôtel de la place Vendôme, il
avait accueilli, à partir de 1720, le club de l'Entresol, où les meilleurs esprits du temps (l'abbé
Alary, d'Argenson, l'abbé de Saint-Pierre, Montesquieu, Ramsay, Bolingbroke) s'entretenaient
de questions politiques ; mais la trop grande liberté de ces discussions et la trop grande admiration pour l'Angleterre firent interdire le club en 1731. Le président Hénault entretint, d'autre
part, une longue et célèbre liaison avec Mme Du Deffand.

● LABAT Jean-Baptiste, père (1663-1738), né à Paris. Dominicain, missionnaire aux Antilles
de 1693 à 1705, il a activement participé à la colonisation comme on l'entendait alors,
juste après la promulgation du *Code noir* (1685) : esclavage, destruction de toute autonomie culturelle, évangélisation forcée, exploitation, brimades, droit de vie ou de mort.
En 1715, il se retira au couvent des Missions étrangères de Paris et y travailla à la mise au
point des notes qu'il avait prises et de plusieurs relations de voyages qu'on lui avait
confiées. Ainsi parurent les six volumes du *Nouveau Voyage aux îles de l'Amérique, contenant l'histoire naturelle de ces pays, l'origine, les noms, la religion, et le gouvernement des
habitants, anciens et modernes, les guerres et les événements singuliers qui y sont arrivés
pendant le séjour que l'auteur y a fait* (1722). La bonne conscience du bon père fait qu'il
relate sans les édulcorer les exactions auxquelles il a participé pour la bonne cause, ce qui
fait de son ouvrage un très précieux document. Il fut lu au XVIIIᵉ siècle, et Montesquieu
y trouva le motif de l'indignation qu'il fait paraître dans son *Esprit des lois*. Le père Labat
publia aussi un *Voyage en Espagne et en Italie* en huit volumes (1730).

● LAFITAU Joseph François, père (1681-1746), né à Bordeaux. Missionnaire au Canada, ce
jésuite y conçut l'idée d'un ouvrage mi-documentaire mi-dogmatique : les *Mœurs des sauvages américains comparées aux mœurs des premiers temps* (1724) tentent de démontrer,
sur l'exemple des Iroquois, que les sauvages, comme autrefois les premiers hommes, ont
en eux un principe inné de religion qui commande toutes leurs coutumes. Le P. Lafitau a
aussi donné une *Histoire des découvertes et des conquêtes des Portugais dans le Nouveau
Monde,* en 1733.

● LA MARTINIÈRE Antoine augustin Bruzen de (1682-1746), né à Dieppe. Neveu de Richard
Simon, ce grand compilateur a collaboré au *Recueil des cérémonies et coutumes religieuses de tous les peuples du monde* (1723-1743) publié à Amsterdam par J.-F. Bernard.
Entre 1726 et 1739, il a fait paraître un *Grand Dictionnaire géographique, historique et critique* qui devait faire autorité, pour le détail des connaissances géographiques, pendant
près d'un siècle.

● LAMBERT Anne Thérèse de Marguenat de Courcelles, marquise de (1647-1733), née à Paris.
Après quarante ans d'une existence heureuse et tranquille avec un mari officier, gouverneur de Luxembourg, et deux enfants, elle devint veuve (1686) et commença une seconde
vie. Dans son hôtel de la rue de Richelieu, elle ouvrit un salon où elle reçut, jusqu'à sa
mort, les gens de Lettres (le mardi) et les personnes de qualité (le mercredi), en les faisant
parfois se rencontrer. Là brillèrent Fontenelle et La Motte, Sacy, le P. Buffier, Montesquieu,
Marivaux. Elle avait soin d'y faire régner le bon ton, la délicatesse, voire une certaine pré-

riosité retrouvée, qu'on a appelée le « lambertinage ». Principal bastion des Modernes, ce salon contrôla pendant vingt ans les élections à l'Académie. Le goût de la marquise pour les beaux sentiments lui inspira des œuvres morales : *Lettre d'une Dame à son fils sur la vraie gloire* (1726), *Avis d'une mère à sa fille* (1728), *Réflexions nouvelles sur les femmes* (1727), *Traité de l'amitié* et *Traité de la vieillesse* (1733).

- LA METTRIE Julien Offray de (1709-1751), né à Saint-Malo. Très jeune médecin, il se fit, à Leyde, le disciple du Hollandais Boerhaave, dont il traduisit les ouvrages (1735-1741). Après son *Histoire naturelle de l'âme* (1745), au titre provocateur et au contenu nettement matérialiste, il dut fuir en Hollande à cause d'un pamphlet qu'en plus il avait écrit contre les plus grands médecins de Paris. Pris à partie par les protestants hollandais, pourtant tolérants, après *L'Homme-machine* (1747), il dut encore s'enfuir et trouva refuge à Berlin, chez Frédéric II. Il y fit partie de l'entourage philosophique du roi jusqu'à sa mort, prématurée et accidentelle, pour ne pas dire ridicule (indigestion) en 1751.

- LA MOTTRAYE Aubry de (1674-1743), né à Paris. Voyageur par force, comme tant d'autres protestants français obligés à l'exil et parfois à l'errance, il donna deux relations de ces pérégrinations : les *Voyages en Europe, Asie et Afrique* en 1727, et les *Voyages en diverses provinces de la Prusse, de la Russie, de la Pologne* en 1732. Ses *Remarques historiques et critiques sur l' « Histoire de Charles XII » de M. de Voltaire*, en 1732, contribuèrent à l'évolution de la conception de l'historiographie chez le futur auteur de l'*Essai sur les mœurs*.

- LEBLANC Jean Bernard, abbé (1707-1781), né à Dijon. Il accompagna le frère de Mme de Pompadour dans son voyage en Italie, et devint historiographe des Bâtiments de France, sous la protection de la marquise. Dans la ligne de Voltaire, il a publié en 1745 des *Lettres d'un Français concernant le gouvernement, la politique et les mœurs des Anglais et des Français*. Avant Diderot, il a fait des comptes rendus des Salons du Louvre, expositions officielles des œuvres produites par les Académies de peinture et de sculpture instituées par Colbert, et qui se tenaient tous les deux ans depuis 1737. Il a aussi traduit les *Discours politiques* du philosophe anglais Hume (1754).

- LE MAÎTRE DE CLAVILLE Charles François Nicolas (1670-1740), né à Rouen. Un ouvrage de morale qui eut un grand retentissement et de nombreuses rééditions fit la gloire de cet officier de finances de Rouen. Le *Traité du vrai mérite de l'homme considéré dans tous les âges et dans toutes les conditions, avec des principes propres à former les jeunes gens à la vertu* arrivait à point, en 1734, pour proposer une synthèse harmonieuse entre passion et raison, plaisir et vertu, liberté et religion, dans l'affaire la plus importante de la vie, la recherche du bonheur.

- LÉVESQUE DE BURIGNY Jean (1692-1785), né à Reims. Cet érudit qui connaissait l'hébreu travailla avec l'équipe de *L'Europe savante,* périodique de Hollande dont il fut même un temps l'éditeur. Après un *Traité de l'autorité du pape* (1720) où celle-ci est attaquée dans une perspective gallicane, il publia une *Histoire de la philosophie païenne, ou Sentiments des philosophes et des peuples païens les plus célèbres sur l'âme et sur les devoirs de l'homme* (1724). Il écrivit aussi des biographies de Grotius (1752), d'Erasme (1757), de Bossuet (1761), ainsi que l'*Examen critique des apologistes de la religion chrétienne* (1766), souvent attribué à Fréret. Il fut, sur la fin de sa longue vie, le secrétaire de Mme Geoffrin. Diderot le rencontra et l'apprécia.

- LÉVESQUE DE POUILLY Louis Jean (1691-1750), né à Reims. Frère aîné du précédent, il fit d'excellentes études de philosophie, d'histoire et de physique, et entra, à trente ans, à l'Académie des inscriptions. Lié à Fréret, ami et inspirateur du philosophe anglais Bolingbroke, marqué par la pensée newtonienne, il milita pour l'application de la raison critique à tous les objets. C'est le sens de sa *Dissertation sur l'incertitude de l'histoire des quatre premiers siècles de Rome* qui fit du bruit à l'Académie des inscriptions en 1722. L'ouvrage qui lui a valu le plus grand succès a été publié dans un *Recueil de pièces choisies* par Saint-Hyacinthe en 1736, et a paru seul en 1747, sous un de ces titres prolixes comme ils l'étaient volontiers à l'époque : *Théorie des sentiments agréables où, après avoir indiqué les règles* que la nature suit dans la distribution du plaisir, on établit les principes de la théologie naturelle et ceux de la philosophie morale. C'est la conciliation d'une légitime recherche du plaisir avec la volonté du Créateur et l'harmonie de la Création. Revenu à Reims, sa ville natale, il s'y consacra avec le plus grand plaisir au bonheur de ses concitoyens.

- MAILLET Benoît de (1656-1738), né à Saint-Mihiel. Ce diplomate fut consul de France en Egypte, puis à Livourne. Il amassa un nombre considérable de matériaux, de documentation ou d'observation, qui lui permirent de donner, en 1735, une *Description de l'Egypte*. Après sa mort, l'abbé Le Mascrier tira de ses manuscrits une *Idée du gouvernement ancien et moderne de l'Egypte* (1743), et un livre qui devait faire fureur, auquel il donna comme titre l'anagramme palindrome de « de Maillet » : *Telliamed, ou Entretiens d'un philosophe indien avec un missionnaire français sur la diminution de la mer, la formation de la terre, l'origine de l'ordre...* (1748). Dédié à Cyrano de Bergerac, ce livre étonnant est un composé d'imaginations débridées (les hommes marins, vivant dans l'eau) et d'intuitions géniales (l'origine marine de la vie, la transformation des espèces).

- MAIRAN Jean-Jacques Dortous de (1678-1771), né à Béziers. C'est avant tout un multiple académicien, et le symbole vivant de l'importance des institutions académiques dans la période des Lumières naissantes. Lauréat de l'académie de Bordeaux, membre puis secrétaire perpétuel de l'Académie des sciences après Fontenelle (1740), élu à l'Académie française (1743), membre des académies de Londres, Edimbourg, Saint-Pétersbourg, Upsal, Bologne, fondateur de l'académie de Béziers, sa ville natale (1723), il n'a pas laissé d'autres œuvres qu'un grand nombre de mémoires et de dissertations (de physique, d'astronomie, de géométrie, d'histoire) composés pour ces académies.

- MAUPERTUIS Pierre Louis Moreau de (1698-1759), né à Saint-Malo. D'abord mousquetaire, ce jeune Breton doué fut orienté vers les sciences par Fréret. Il devint vite un brillant mathématicien et fut admis à l'Académie des sciences à l'âge de vingt-cinq ans. C'est lui qui expliqua à Voltaire le système de Newton qu'il avait été le premier Français à adopter (*Discours sur les différentes figures des astres,* 1732). La grande aventure de sa vie fut un voyage scientifique en Laponie (1736-1737), à la tête d'une expédition chargée de mesurer le méridien terrestre près du cercle polaire. Il découvrit ainsi l'aplatissement des pôles... et ramena deux Lapones. Sa renommée était grande. En 1745, Frédéric II lui donna la présidence de son Académie royale de Berlin. Là, sa dispute avec le leibnizien Koenig à propos du principe de moindre action (« le chemin que tient la lumière est celui pour lequel la quantité d'action est moindre ») se compliqua d'une brouille avec Voltaire, qui ridiculisa Maupertuis dans plusieurs pamphlets (dont la *Diatribe du docteur Akakia*) et dans *Micromégas*. Voltaire fut bientôt chassé par Frédéric II, mais peu après, malade, Maupertuis rentrait lui-même en France (1756). Il mourut à Bâle, chez son ami le mathématicien J. Bernoulli.

  Maupertuis n'était pas enfermé dans les mathématiques et la physique. Véritable homme des Lumières, il appliqua son attention et ses méthodes à toutes sortes de domaines : l'épistémologie (*Essai de cosmologie,* 1750), la génétique (*Vénus physique,* 1745 ; *Essai sur la formation des corps organisés,* 1754), les théories de la connaissance et du langage (*Réflexions philosophiques sur l'origine des langues et la signification des mots,* 1748 ; *Lettre sur les progrès des sciences,* 1752), la morale (*Essai de philosophie morale,* 1747). Son mauvais caractère et les facéties de Voltaire l'ont beaucoup desservi, mais ne doivent pas empêcher qu'on lui rende justice : il reste l'une des plus grandes figures de la pensée française et de son rayonnement à l'époque des Lumières.

- MELON Jean-François (?-1738), né à Tulle. Avocat au Parlement de Bordeaux, il a fondé, avec quelques autres, l'académie de Bordeaux où devait s'illustrer Montesquieu. Associé aux plus hautes responsabilités de l'Etat par Dubois, puis par Law et par le Régent lui-même, entre 1715 et 1725, il en tira des enseignements d'économie politique qu'il développa dans son *Essai politique sur le commerce* (1734), apologie du mercantilisme contrôlé par un Etat fort, rationnel, impartial, apte à réprimer abus et privilèges. Melon a aussi écrit un curieux roman rempli d'allusions satiriques, *Mahmoud le Gasnevide, histoire orientale* (1729).

● MESLIER Jean (1664-1729), né à Mazerny (Ardennes). Fils d'un petit marchand il a passé sa vie, après son ordination en 1688, dans sa modeste cure d'Etrepigny, tout près de son village natal, sans attirer l'attention de personne, sinon en s'opposant au seigneur du lieu (1716) qui maltraitait les paysans. Il fut l'objet d'une verte semonce et de représailles de la part de son archevêque, solidaire du seigneur et méprisant pour le bas clergé, vite soupçonné d'insoumission janséniste. Tout en accomplissant avec dévouement son ministère, il nourrit à l'égard de l'ordre chrétien de la société une haine secrète. A sa mort, il laissait un *Testament* manuscrit de 349 feuillets, patiemment élaboré pendant treize années. En termes étonnamment violents, il s'y déclare athée depuis sa jeunesse, « communiste » (il invente le mot), et dénonce le complot oppresseur des prêtres et des rois. Texte rare : sa portée révolutionnaire, inouïe dans cette première partie du siècle, annonce Marx sur bien des points, n'était qu'il ne s'agit que de défendre un prolétariat rural. C'est, d'autre part, le témoignage d'un vrai prolétaire, animé par une « conscience de classe » plus que par les grandes idées de la philosophie émancipatrice. Le style du *Testament,* âpre et rude, porte trace de cette énergie du refus qu'aucune prudence culturelle n'atténue. Roland Desné a appelé le curé Meslier « le Bossuet du pauvre ». Recopié, le texte de son manuscrit circula clandestinement, jusqu'à ce que Voltaire en tire, en 1762, un « extrait » considérablement assagi. Le texte original n'a été publié qu'en 1864.

● MIRABAUD Jean-Baptiste de (1675-1760), né à Paris. Cet homme eut deux existences parallèles. L'une, officielle, passe par l'état de militaire, par l'Oratoire et le préceptorat (des filles de la duchesse d'Orléans), par l'Académie française (il en fut le secrétaire perpétuel entre 1742 et 1755), et par le travail de traduction de l'italien (*La Jérusalem délivrée* du Tasse, en 1724, *Roland furieux* de l'Arioste, en 1741). L'autre, clandestine, le voit affilié au groupe de Fréret, entretenir la dissidence d'œuvres non signées, comme les « Sentiments des philosophes sur la nature de l'âme » (publiés dans les *Nouvelles libertés de penser,* en 1743), l'*Examen critique du Nouveau Testament,* ou *Le Monde, son origine et son antiquité* (1751).

C'est sous le nom de Mirabaud (qui n'a rien à voir avec celui de Mirabeau, père — l'économiste auteur de *L'Ami des hommes* en 1756 — et fils — le célèbre orateur de la Révolution), que d'Holbach fit paraître son *Système de la nature* en 1770. Voilà donc un nom à histoires : anonyme, homonyme, pseudonyme...

● MONTESQUIEU Charles Louis de Secondat, baron de La Brède et de (1689-1755), né à La Brède (Gironde). Ce jeune homme doué fit des études et eut un début de carrière conforme aux traditions du milieu dont il était issu, la noblesse terrienne et parlementaire : élève au collège oratorien de Juilly, étudiant en droit à Bordeaux, conseiller au Parlement de Bordeaux à la mort de son père (1714), marié (1715) et père de trois enfants, président à mortier au Parlement de Bordeaux à la mort de son oncle paternel (1716). Trois choses détonnent pourtant dans cet impeccable parcours : l'épouse, Jeanne de Lartigue, est calviniste ; les *Lettres persanes,* en 1721, n'ont apparemment rien à voir avec les sages et savants travaux auxquels il se livre, depuis 1716, à l'académie de Bordeaux, davantage avec les milieux mondains, brillants et volontiers libertins de Paris, auxquels il aime de plus en plus à se mêler (club de l'Entresol, salon de Mme de Lambert, entourage de Mme de Prie) ; il abandonne sa charge à Bordeaux et, à peine élu à l'Académie française (1728), il part pour un long voyage de trois ans dans toute l'Europe (Autriche, Hongrie, Venise, Italie, pays allemands, Pays-Bas, Angleterre). Partout reçu selon son rang et sa notoriété, curieux de tous les aspects de la vie et de l'activité des hommes, sous tous les « climats », des mœurs à l'économie et des arts à la politique, il revient à La Brède en 1731, riche d'observations, de comparaisons, de notes et de projets d'écriture. Ses *Considérations sur les causes de la grandeur des Romains et de leur décadence* paraissent en 1734, premier crayon du grand ouvrage qu'il a en tête et auquel il se consacre désormais entièrement.

Il y travaille pendant treize années, soit à Paris, où il poursuit aussi sa carrière mondaine (salon de Mme de Tencin, loges maçonniques...), soit à La Brède, où il s'occupe aussi de ses vignes et des embellissements de son château. Après un labeur considérable, après avoir été fait membre de l'Académie royale de Prusse et avoir fait une visite à Lunéville au roi Stanislas (1747), il achève enfin son livre, et l'intitule *De l'esprit des lois*. Cette somme magistrale déconcerte par l'audace de propositions qui appliquent à l'analyse des phénomènes sociopolitiques une méthode scientifique, sans pourtant aboutir à un système clair. Les conservateurs devinent le danger virtuel d'un tel livre, et le font mettre à l'Index. Montesquieu use ses dernières forces à le défendre, refuse les compromissions, et meurt, presque aveugle, au début de 1755. Diderot est le seul de ce qui est, désormais, l'*establishment* philosophique à suivre son convoi funèbre...

- MONTGERON Louis Basile Carré de (1685-1764). Né l'année de la Révocation, il passa toute sa vie sous le signe des querelles religieuses. Converti au jansénisme, de libertin qu'il était, au moment des exaltations collectives et des miracles du cimetière Saint-Médard, il a tenu à témoigner sur cette mystérieuse affaire, dont il défend avec ferveur l'authenticité. Son gros ouvrage, *La Vérité des miracles opérés par l'intercession de M. de Pâris et autres appelants, démontrée contre M. l'Archevêque de Sens* (1737-1748) lui valut, après l'exil, la Bastille.

- MURALT Louis Béat de (1665-1749), né à Berne. Cet écrivain suisse a publié diverses œuvres, dont la plus célèbre, citée par Voltaire dans ses *Lettres philosophiques,* est intitulée *Lettres sur les Anglais et les Français* (1725). Il a campé un modèle de « gentilhomme suisse » sage et impartial, dont devait se souvenir J.-J. Rousseau. Curieusement, cet esprit libre évolua ensuite vers le mysticisme piétiste (*De l'instinct divin recommandé aux hommes,* 1728 ; *Lettres fanatiques,* 1739). Il finit ses jours près de Neuchâtel, dans une propriété où résida ensuite sa petite-fille par alliance, Belle de Charrière.

- PLUCHE Noël Antoine, abbé (1688-1761), né à Rennes. Ce prêtre, professeur dans les collèges de Reims et de Laon, dut quitter son poste pour insoumission à la bulle *Unigenitus*. Versé dans les sciences, il entreprit de faire servir ses connaissances à l'apologétique et de chanter la grandeur de Dieu prouvée par les merveilles de sa Création. Les neuf volumes de son *Spectacle de la nature, ou Entretiens sur les particularités de l'histoire naturelle qui ont paru les plus propres à rendre les jeunes gens curieux et à leur former l'esprit* parurent de 1732 à 1750. Ils eurent un succès retentissant en France (cinquante-sept éditions au XVIIIᵉ siècle !) et dans toute l'Europe, où ils furent aussitôt traduits dans toutes les langues. Dans le même esprit d'une conciliation généreuse, quoique un peu naïve, entre une foi confiante en un Dieu dispensateur de biens, le bonheur d'être sur la terre, les émerveillements entrecroisés de la connaissance et de la contemplation, l'abbé Pluche a aussi donné, en 1739, une *Histoire du ciel, considéré selon les idées des poètes, des philosophes et de Moïse*. En 1751, il participa à sa manière à une autre enquête fondamentale des Lumières, avec *Mécanique des langues et Art de les enseigner*.

- RÉAUMUR René Antoine Ferchault de (1683-1757), né à Saint-Julien-du-Terroux, près de La Rochelle. Ce fut un des plus grands savants du siècle, très vite reconnu comme tel à Paris, où il entra à l'Académie des sciences en 1708 et où il devint l'ami de Fontenelle et de Montesquieu. Très tôt, il correspondit avec toute l'Europe savante. Sa curiosité et sa compétence étaient très larges, allant de la physique (structure des métaux) à la zoologie (observation des insectes). Surtout, il partageait avec les philosophes — avec lesquels il se brouilla pourtant — le souci de l'application pratique et utile à tous. C'est ainsi qu'on lui doit en partie l'invention du thermomètre à alcool, celle de la fabrication de l'acier à partir du fer et du papier à partir du bois, celle de l'élevage organisé des « oiseaux domestiques ». Le travail qu'il accomplit pour l'Académie des sciences, consistant à donner, à l'aide de gravures, une description technique détaillée des différents arts et métiers, fut un modèle pour l'*Encyclopédie,* qu'on ne manqua pas d'accuser, d'ailleurs, d'avoir plagié Réaumur.

- REGNAULT Noël, père. (1683-1762), né à Arras. C'est l'un des nombreux jésuites férus de sciences de cette période des Lumières naissantes. Ses *Entretiens d'Ariste et d'Eudoxe* exposent, avec une clarté et une élégance dignes de Fontenelle, la « physique nouvelle » qu'est encore, pour le grand public, en 1729, le système cartésien. Bon représentant du courant réactionnaire de la science d'alors (tous s'intéressent à la science, mais certains ne veulent pas qu'elle change les conditions de la vie et de la pensée), il veut ignorer le newtonianisme et défend encore en 1734 l'*Origine ancienne de la physique moderne*. On lui doit encore une *Logique en forme d'entretiens* (1742).

- ROLLIN Charles (1661-1741), né à Paris. Ce fils de coutelier fut professeur au Collège royal (Collège de France), principal du collège de Beauvais, et recteur de l'Université (1694 et 1720). Il dut quitter l'enseignement à cause de ses sympathies jansénistes. Il composa un très célèbre *Traité des études* (titre exact : *Traité de la manière d'enseigner et d'étudier les belles-lettres par rapport à l'esprit et au cœur*). Ces quatre volumes de 1726-1728, qui sont le premier ouvrage de ce genre écrit en français, qui font une part éminente, dans les disciplines, au français et à l'histoire, et qui préconisent une manière douce, plus persuasive qu'injonctive, sont restés longtemps la bible des pratiques pédagogiques dans les collèges et à l'université, la référence obligée de tous les traités d'éducation, l'*Emile* de J.-J. Rousseau compris, et, contre toute attente, l'un des modèles de l'école républicaine.

- SAINT-HYACINTHE Hyacinthe Cordonnier, dit (1664-1746), né à Orléans. Destinée pittoresque que celle de ce fils putatif de Bossuet (avec Mlle de Mauléon), qui courut l'aventure en Hollande et en Angleterre. Il y fut, dit-on, soldat, moine, marchand, tenancier de tripot... Il reste célèbre par la publication qu'il donna, en 1736, d'un *Recueil de pièces choisies* qui contient plusieurs textes représentatifs des théories morales du temps (dont la *Théorie des sentiments agréables* de Lévesque de Pouilly). On a longtemps attribué à Saint-Hyacinthe, entre autres, le fameux manuscrit clandestin *Le Militaire philosophe* qu'on sait maintenant de façon certaine être de Robert Challe.

- SAINT-PIERRE Charles Irénée Castel, abbé de (1658-1743), né à Saint-Pierre-Eglise, près de Cherbourg. Sa jeunesse fait de lui un exemple frappant des privilégiés du système : la fortune de sa famille, de vieille noblesse normande, lui permet de faire de bonnes études chez les jésuites de Caen et d'acheter la charge de premier aumônier de Madame la duchesse d'Orléans, deuxième épouse de Monsieur et mère du futur Régent ; la protection de Mme de Lambert le fait entrer à l'Académie française alors qu'il n'a encore rien publié (1695) ; il obtient le bénéfice de l'abbaye de Tiron sans avoir à y résider jamais (1702), et il participe aux négociations pour la paix d'Utrecht (1713-1714) comme secrétaire de celui qui allait devenir le cardinal de Polignac. Il ne s'en satisfait pourtant pas et est un de ceux qui accueillent la libération de 1715 avec le plus grand espoir de changement. Son *Discours sur la polysynodie* (1718) attaque si violemment la politique des derniers temps de Louis XIV qu'on le chasse de l'Académie française. Dès lors, il ne cesse d'élaborer des projets de réformes de toutes sortes, de la politique internationale (*Projet pour rendre la paix perpétuelle en Europe*, 1717) à la réparation des routes, au mariage des prêtres, au travail du dimanche, à un nouveau calcul de la taille, à la rationalisation de l' « ortografe ».

  L'homme qui faisait partie de l'entourage du Régent, qui anima le club de l'Entresol avec l'abbé Alary chez le président Hénault, qui fut ensuite l'ami de Mme Dupin, n'était pas un doux rêveur idéaliste comme certains de ses contemporains ont affecté de le traiter (même Leibniz, Voltaire, Rousseau, qui respectaient les intentions généreuses de l'inventeur du mot « bienfaisance »). Les réformes qu'il propose sont très minutieusement étudiées dans le détail de leur mise en œuvre et de leurs conséquences, et la plus spectaculaire, celle de la « paix perpétuelle », n'est qu'une géniale anticipation de ce que fut la Société des Nations ou de ce qu'est de nos jours l'ONU.

- SAINT-SIMON Louis de Rouvroy, duc de (1675-1755), né à Paris. De très ancienne noblesse, qui a accédé à la duché-pairie sous Louis XIII, tenu sur les fonts baptismaux par le roi Louis XIV et la reine, cousin des Montmorency, des Condé, des Mortemart, ami d'enfance du duc de Chartres, le futur Régent, celui qui s'appelle le vidame de Chartres jusqu'à la mort de son père (1693) se prépare une splendide carrière : dans les armes (mousquetaire ;

siège de Namur, bataille de Neerwinden), les études (histoire, langue allemande), la spiritualité (amitié avec l'abbé de Rancé et Malebranche), la politique. Son mariage avec la fille du
maréchal de Lorges (1695) le fait petit-neveu de Turenne et cousin du roi d'Angleterre,
Guillaume III. Il sera, en outre, parfaitement uni et heureux — exemple rare, alors, dans ce
genre de familles —, jusqu'à la mort de Marie-Gabrielle (1743).

Ce grand aristocrate courtisan entra pourtant en conflit avec le vieux roi dès les premières années du XVIII⁰ siècle. En 1702, il quitta l'armée à cause d'une promotion qu'il
contestait. Sa susceptibilité raisonnée aux questions de hiérarchie et de préséances le fit
s'opposer de plus en plus à la politique de Louis XIV, trop hostile, à son gré, aux grands du
royaume, au bénéfice d'autres (bourgeois roturiers, bâtards du roi...), favoris sans en avoir
aucun droit. Il regrettait aussi, comme beaucoup, les conséquences générales d'une politique désastreuse, et faisait partie du groupe qui préparait le futur règne (le duc d'Orléans,
Boulainvilliers, l'abbé de Saint-Pierre, Fénelon, les ducs de Beauviller et de Chevreuse). La
mort du duc de Bourgogne, en 1712, mit brutalement fin à ces espoirs. Saint-Simon aida
cependant le Régent à faire casser le testament de Louis XIV et à organiser la polysynodie ;
mais, dépassé par l'orientation bourgeoise et libérale de la Régence, il prit du recul, assura
une ambassade en Espagne (1721-1722), puis assista, impuissant, à la mort du Régent, à
l'ascension du duc de Noailles, son pire ennemi, et à celle de Fleury.

Il n'avait cessé d'écrire depuis la lecture qu'il avait faite, à dix-neuf ans, des *Mémoires*
de Bassompierre. Le grand déclenchement qui devait produire ses propres *Mémoires* n'eut
cependant lieu qu'en 1729, à la lecture du *Journal* (1684-1720) du marquis de Dangeau. Il
se mit à le surcharger d'annotations, de commentaires, d'additions, tout en accumulant,
de son côté, toutes sortes de matériaux (listes des charges sous Louis XIV, généalogie des
grandes familles...). En 1739, il conçut le projet de son ouvrage, qu'il se mit à rédiger dans
le plus grand secret pendant onze années. Le résultat, près de trois mille grandes pages
d'une écriture serrée, forme une œuvre puissante, soulevée par un élan démonstratif
vigoureux et rancunier (Louis XIV a fait dévier la monarchie et l'a condamnée à court
terme), écrite dans un style somptueux, que Stendhal, Chateaubriand, Hugo, Michelet,
Proust mettront au-dessus de tout. Les *Mémoires,* qui ne portent que sur les années 1691-
1723, période d'activité politique personnelle du duc et pair, ne devaient paraître
qu'en 1829-1830, en 21 volumes.

- SILHOUETTE Etienne de (1709-1767), né à Limoges. C'est surtout comme voyageur et traducteur que ce fils d'un receveur des impôts intéresse le mouvement intellectuel des
  Lumières naissantes. Après un livre inspiré des missionnaires jésuites, *Idée générale du gouvernement et de la morale des Chinois [...]* (1729) et un récit de ses voyages européens,
  Voyage de France, d'Espagne, de Portugal et d'Italie en 1729 (publ. 1770), il procura une traduction française de l'*Essay on Man* de Pope (1737), qui devait exercer une grande
  influence sur les mentalités françaises. Son nom est resté célèbre pour une autre raison :
  la banalisation du mot par lequel on désigna les caricatures qu'il avait inspirées, étant
  contrôleur général (en 1759). Quelques maigres traits représentaient le piteux état dans
  lequel ses mesures fiscales avaient réduit les contribuables : ils n'étaient plus que des
  « silhouettes ».
- TOURNEMINE René Joseph, père de (1661-1739), né à Rennes. Ce jésuite fut un des professeurs de Voltaire au collège de Clermont (Louis-le-Grand) et resta en rapports amicaux
  avec lui, comme avec beaucoup de philosophes et de savants. Grand érudit lui-même, il
  dirigea la rédaction des *Mémoires de Trévoux* de 1701 à 1718. Il a écrit des tragédies
  sacrées, des morceaux d'érudition, et un *Panégyrique de Saint Louis* (1733).
- TOUSSAINT François Vincent (1715-1772), né à Paris. Fils de cordonnier, il se fit avocat, puis
  littérateur. Traducteur de l'anglais, il collabora avec Diderot et Eidous pour le *Dictionnaire
  universel de médecine* adapté de James (1746) et donna des versions françaises de plusieurs romans d'Eliza Haywood (*Histoire des passions, ou Aventures du chevalier Shroop,*
  1751) et de Smollett. Il donna aussi des articles de jurisprudence à l'*Encyclopédie.* Son prin-

cipal ouvrage, *Les Mœurs,* fit du bruit en 1748 : ce livre prenait acte de la laïcisation de la morale des Lumières, fondée sur la loi naturelle, le déisme, le bonheur individuel et la vertu sociale, et il l'érigeait en modèle de la philosophie bourgeoise, modérée, sentimentale et altruiste (celle que Diderot allait bientôt illustrer dans le drame bourgeois). Il fut condamné au feu, et son auteur poursuivi. Après avoir été journaliste à Bruxelles, Toussaint trouva refuge auprès de Frédéric II et mourut à Berlin. *Les Mœurs* eurent trente-deux éditions dans la deuxième moitié du XVIIIe siècle.

- TRUBLET Nicolas Charles Joseph, abbé (1697-1770), né à Saint-Malo. Séminariste chez les jésuites de Rennes, où il fut l'élève de l'abbé Desfontaines, il se déclara soudain grand admirateur de La Motte, de Fénelon, de Fontenelle, et se joignit à la troupe des Modernes. Ses *Essais de littérature et de morale* (1735-1768) lui valurent d'entrer au *Journal des Savants.* Il se fit l'éditeur de Maupertuis en 1734 (pour l'*Essai sur la formation des corps organisés*), et de Vauvenargues en 1747. Peu à peu dépassé, cependant, par le mouvement des Lumières, il critiqua le livre d'Helvétius *De l'esprit* (1758), se brouilla avec les philosophes, se fit élire contre eux à l'Académie française (1761), et ne doit plus sa notoriété qu'au fait d'avoir été une des bêtes noires de Voltaire (*Le Pauvre Diable,* 1760 : c'est lui !).

- VAUVENARGUES Luc de Clapiers, marquis de (1715-1747), né à Aix-en-Provence. La noblesse est petite, la santé fragile, l'enfance difficile, sous l'autorité d'un père rude. La carrière militaire, qui répond aux ambitions fantasmatiques, n'est pas la meilleure solution : campagne d'Italie en 1734, guerre de Bohême et retraite de Prague en 1741. Il a les jambes gelées. Il doit quitter l'armée en 1743, ne parvient pas à entrer dans la diplomatie, est atteint de la petite vérole qui le défigure et ruine définitivement sa santé. On s'attend au désespoir ou à la résignation. Ce ne sera ni l'un ni l'autre.

En 1745, il s'installe à Paris où l'accueille Voltaire, avec qui il a correspondu et à qui il liera une amitié forte en même temps qu'une admiration réciproque. Vauvenargues a en effet une personnalité noble et attachante, dans laquelle les coups de la destinée n'ont pas affaibli, ont au contraire exercé les élans vers une morale de la générosité et de l'énergie. C'est façon de retrouver certaines attitudes préclassiques (Corneille) dans un mouvement post-Lumières naissantes : le rejet de la métaphysique, la connaissance de la nature et la confiance en l'homme (raison-passion-action) ne sont plus considérés comme des valeurs acquises ou des buts désormais atteints, mais comme les moyens de mener à bien la vocation héroïque que comporte toute vie humaine, et qu'entend en chacun, plus sûrement encore que la raison, le cœur.

Réunissant les notes éparses qu'il a prises pendant sa carrière militaire, il conçoit un projet littéraire bien congruent à son époque, et qui la dépasse en même temps : refaire, en plus scientifique, *Les Caractères* de La Bruyère, et recharger les *Maximes* d'une tonicité que leur a ôtée le pessimisme de La Rochefoucauld ; dire la vertu, le courage, la noblesse, sans les condamner à n'être que des masques ou des mots. L'*Introduction à la connaissance de l'esprit humain, suivie de Réflexions et de Maximes* paraît en 1746. Une nouvelle édition s'en prépare en 1747 lorsque, épuisé, malade, Vauvenargues meurt, à trente-deux ans.

Conseils de lecture. — John S. Spink, *La Libre Pensée française de Gassendi à Voltaire,* Paris, Editions Sociales, 1966 ; Antoine Adam, *Le Mouvement philosophique dans la première moitié du XVIIIe siècle,* Paris, SEDES, 1967 ; Paul Vernière, *Spinoza et la pensée française avant la Révolution,* Paris, PUF, 1982 ; Jean Ehrard, *L'Idée de nature dans la première moitié du XVIIIe siècle* (1963), Paris, A. Michel, 1994 ; Ira O. Wade, *The Clandestine Organization and Diffusion of Philosophic Ideas in France from 1700 to 1750,* Princeton U. Press, 1938, rééd. New York, 1967 ; Claude Reichler, *L'Age libertin,* Paris, Ed. de Minuit, 1987 ; Jean Starobinski, *Montesquieu par lui-même,* Paris, Le Seuil, 1953 ; Corrado Rosso, *Montesquieu moraliste,* Paris, Ducros-Nizet, 1971 ; Jean Ehrard, *Politique de Montesquieu,* Paris, A. Colin, 1965 ; Yves Coirault, *L'Optique de Saint-Simon,* Paris, A. Colin, 1965.

6 – L'homme de son siècle : Voltaire
1694-1718

Des différences importantes marquent les phases successives de cette longue période des Lumières naissantes : entre les désolations physiques et morales de la fin du trop long règne, les exultations libératoires et brillantes, mais excessives et imprudentes de la Régence, les engourdissements apparents de l'époque Fleury, les audaces délibérées et quasi consensuelles de l'ère Pompadour. Elle a pourtant une unité profonde, celle d'un mouvement qui, pour emprunter tour à tour tel passage, n'en poursuit pas moins sa progression régulière et son étalement irréversible, comme une eau dont le niveau monte et qui recouvre peu à peu, pour la rendre féconde, toute la surface d'un pays.

On a pu repérer les traces de cette unité, de cette fidélité à une orientation derrière les diversités d'une histoire anecdotique, et celles des différents genres dans lesquels la littérature inaugurait son aventure moderne. On a, dans les chapitres précédents, deviné le dessin de cette polarisation des moyens de la pensée et de l'art sur des objectifs de plus en plus précis et sur des formes qui, à elles seules, font reconnaître ce mouvement dans ce qu'il eut de spécifique et de déterminé. Mais tout cela est spéculatif, reconstruit, de l'ordre de l'impression générale et de la reconstitution historique. Un autre type de témoignage vient confirmer le tracé de cette courbe, l'éclairer de la manière la plus vive, lui donner une âme, un corps, un élan : c'est la trajectoire d'une passion, d'une vie, d'un talent, d'une carrière, c'est Voltaire.

La naissance de François Marie Arouet est problématique. Il l'a voulu ainsi, jouant sur les dates (novembre ou février 1694), brouillant à l'envi les pistes de manière à permettre l'hypothèse d'un adultère de sa mère. Anecdotiquement, cela ferait de lui le fils, non du grave notaire Arouet, mais du sieur de Rochebrune, mousquetaire et chansonnier. Plus symboliquement, il y a dans ce refus de ce qui est pour chacun la chose la plus déterminée et la plus déterminante qui soit, sa naissance, un geste d'irréductible liberté, et comme un programme de vie. Jamais — en dépit d'une mémoire et d'une culture solides, voire gourmandes — cet homme ne continue, ne respecte, ne prolonge, ne maintient : il commence, il ouvre, il naît. En accord avec la grande aventure historique des Lumières naissantes, il n'en finit pas de naître, de renaître, de rebondir, au point de modifier profondément la signification même de la naissance : non plus accès ponctuel à l'être mais manière d'être, non plus un droit mais un devoir, non plus un rang hérité dans un monde constitué mais une place à se faire dans un monde que cet effort transforme. Cette disposition détermina son existence (toute d'exils, de fuites, de refondations, depuis l'altercation fameuse avec le chevalier de Rohan-Chabot), son nom (celui qu'il se donna en 1718, VOLTAIRE, sans prendre la peine de l'expliquer : ARO U/V ET LE J/I eune par anagramme, ou, par interversion, AIR-VAULT, terre proche du berceau poitevin de la famille, le petit VOL-on-TAIRE, surnom de l'enfant turbulent, voire O ALTE VIR, ô grand homme !, ou encore l'astucieux ROI-VALET ?...), son œuvre. C'est dans les différents aspects de cette dernière que nous pouvons aujourd'hui retrouver et partager cette rare faculté.

Naître à la poésie

« Un poète, c'est de Voltaire, et puis qui encore ? de Voltaire ; et le troisième ? de Voltaire ; et le quatrième ? de Voltaire », fait dire Diderot au Neveu de Rameau. C'est bien en effet comme poète que cet écrivain, polygraphe pourtant, fut célébré en son temps. Surtout si l'on inclut dans la production poétique la « poésie dramatique », où il passa pour le digne successeur de Racine. Nous avons aujourd'hui quelque peine à imaginer cette gloire car ses vers, dramatiques ou non, sont ce qui, dans son œuvre, a le plus vieilli. Il n'est pas impossible qu'il s'agisse d'une illusion d'optique ou d'acoustique, et qu'il faille songer à relire cette poésie, trop longtemps victime d'un préjugé « romantique ». Quoi qu'il en soit, c'est par les vers qu'il se fit connaître et qu'il s'imposa, et il ne cessa d'en écrire jusqu'à ses derniers jours. Des odes d'abord, le grand genre lyrique, dans la tradition de Pindare et d'Horace, illustrée en français par Ronsard et Malherbe, et que pratiquent, pour célébrer les grands événements et chanter les grands hommes, les Boileau, Perrault, La Motte, J.-B. Rousseau... au moment où un jeune homme de seize ans vient leur disputer la palme. Académiques, certes — bien qu'il n'obtienne pas le prix de l'Académie pour son *Vœu de Louis XIII*, ce qui lui inspire de s'essayer dans la satire —, ces poèmes ne manquent pas cependant de faire retentir d'une manière nouvelle les problèmes de l'actualité, comme ces terribles « malheurs du temps » de 1713.

A la satire, Voltaire semble donc avoir été contraint par les circonstances : La Motte a outrageusement favorisé son protégé, le vieux poète Du Jarry, lequel a reçu le prix de l'Académie à la place du jeune homme ; celui-ci ridiculise le poète vainqueur en le « corrigeant » (dans la *Lettre à M. D****) et traîne La Motte et ses amis (les Modernes) dans le « bourbier » d'un poème burlesque. Il a trouvé là un ton qui lui convient si bien qu'il l'exerce aussitôt dans les milieux mondains qu'il fréquente et où il devient le champion de l'épigramme. Morceaux brillants, légers, féroces, conçus en un instant, jetés en pâture aux beaux esprits, pillés, désavoués avec un sourire qui, peut-être, désavoue le désaveu. Qu'ils s'attaquent au Régent du royaume, et les choses se gâtent : premier exil, premier séjour à la Bastille... qu'importe ! on y broche d'autres vers. On s'y essaye à l'épître, par exemple, pour persuader le Régent de sa bonne foi :

> Devant toi je ne veux d'appui que l'innocence ;
> J'implore ta justice et non point ta clémence.
> Lis seulement ces vers et juge de leur prix ;
> Vois ce que l'on m'impute, et vois ce que j'écris.

« Lis seulement ces vers... » Tout Voltaire est déjà dans cette invite modeste, enjôleur et diabolique.

A trente ans, voilà donc qu'il a fait le tour des genres poétiques et qu'il les maîtrise mieux que personne. Même *La Ligue*, qui sera *La Henriade* en 1728, l'emporte de beaucoup sur les productions épiques contemporaines (voir *supra*, p. 72). L'instrument est à sa disposition, en bon état de marche : il saura s'en saisir dans toutes les émotions et les luttes à venir. Certains de ses poèmes allumeront de

Dates de Voltaire, 1694-1726

	VIE	ŒUVRES
1694	Naissance à Paris (novembre ou février ?) d'un 3e enfant du notaire François Arouet : François Marie, baptisé à Saint-André-des-Arts	
1701	Il n'a que sept ans quand meurt sa mère	
1704	Début de brillantes études chez les jésuites du collège Louis-le-Grand	
1706	Son parrain, l'abbé de Châteauneuf, introduit le tout jeune homme (12 ans) dans la société libertine du Temple	*Amulius et Numitor,* tragédie (il n'en reste que des fragments)
1710	Premier prix de discours et de poésie latine, il est présenté à J.-B. Rousseau, le grand poète de l'époque	*Imitation de l'Ode du R.P. Lejay sur sainte Geneviève,* poème
1711	Après sa philosophie, il est inscrit à l'Ecole de droit...	
1712	... mais se consacre de plus en plus à la poésie et aux fréquentations mondaines	*Le Vœu de Louis XIII,* ode
1713	Séjour à La Haye, comme secrétaire du frère de son parrain, diplomate. Episode romanesque avec Olympe (« Pimpette ») Du Noyer, une jolie protestante qu'il veut convertir et enlever. Son père, furieux, parle de le déshériter et de l'envoyer à Saint-Domingue	*Ode sur les malheurs du temps*
1714	Il noue avec Thiériot une amitié durable	*Lettre à M. D***,* pamphlet *Le Bourbier ou le Parnasse,* satire
1715	L'influence du Temple et de la cour de Sceaux (chez la duchesse du Maine) le fait briller de tous les feux du nouvel esprit « Régence » : couplets libertins, contes lestes, épigrammes...	*Le Vrai Dieu,* ode
1716	... mais des vers attaquant le Régent et qu'on lui attribue le font exiler six mois à Sully-sur-Loire	*Epître au Régent* (pour son retour en grâce)
1717	De nouveaux vers contre le Régent le mènent à la Bastille pour onze mois. Il y a l'idée d'un grand poème épique sur Henri IV	
1718	Il choisit le nom de Voltaire	*Œdipe,* tragédie
1719	Le succès retentissant d'*Œdipe* lui vaut une parodie chez les Comédiens-Italiens, et amène Voltaire à en publier le texte, avec une étude historique et dramaturgique	*Lettres critiques* (sur le sujet d'*Œdipe*)

VIE	ŒUVRES
1722 Mort de son père ; Voltaire reçoit une pension du Régent. Sur la route de Hollande, il rencontre, à Bruxelles, J.-B. Rousseau avec qui il se brouille. Il séjourne chez Milord Bolingbroke, chef tory exilé en France	*Epître à Uranie* (première version)
1723 Interdiction de publier *La Ligue,* que son auteur voulait dédier au roi, lequel vient d'atteindre sa majorité et va régner, après la mort du Régent (2 décembre)	*La Ligue ou Henri le Grand* (première version de *La Henriade*)
1725 Epanouissement de son succès mondain : reçu de château en château par toute la haute société, il est protégé par Mme de Prie, maîtresse du Premier ministre, le duc de Bourbon, et se voit chargé de participer à l'organisation des festivités du mariage de Louis XV	*Hérode et Mariamne,* tragédie (reprise d'une *Artémire* et d'une *Mariamne* qui avaient échoué en 1720 et 1723) *L'Indiscret,* comédie
1726 Une querelle avec le chevalier de Rohan-Chabot met brutalement fin à cette irrésistible ascension	

véritables guerres philosophiques, comme *Le Mondain* en 1736, ou le *Poème sur le désastre de Lisbonne* en 1756. Et ce seront, en tout, 21 odes (dont celle, en 1730, « sur la mort de Mlle Lecouvreur », voir *supra,* p. 85-87), 38 stances, jusqu'à celles « à Mlle Lullin », de 1773, aux accents mussetiens :

> Si vous voulez que j'aime encore,
> Rendez-moi l'âge des amours...,

des poèmes héroïques (celui, par exemple, célébrant la bataille de Fontenoy en 1745, le meilleur d'une ample série), des poèmes philosophiques (dont les sept beaux *Discours en vers sur l'homme* terminés en 1745), 123 épîtres (« à Uranie », sa profession de foi religieuse, plusieurs fois reprise à partir de 1722 ; « en arrivant dans sa terre près du lac de Genève » en 1755 ; « à Horace » en 1772), 15 contes en vers, force satires (*Le Préservatif* en 1738 contre Desfontaines, *La Crépinade* en 1736 contre J.-B. Rousseau, les *Quand,* les *Qui,* les *Quoi,* les *Ah ! Ah !* en 1760 contre Lefranc de Pompignan), des centaines d'impromptus, des milliers d'épigrammes... Et même, côte à côte, des paraphrases de la Bible (*Précis de l'Ecclésiaste, du Cantique des Cantiques,* 1756) et l'inavouable *Pucelle,* cette parodie d'épopée, fantaisie héroï-comique en 21 chants de gais décasyllabes, gaillarde narration entrecroisée des malheurs subis par le roi de France Charles VII et des dangers courus par le pucelage de Jeanne d'Arc, dont la divulgation fit à la fois tant plaisir et tant peur à Voltaire pendant trente ans !

Quant à la poésie dramatique, c'est bien, après le glorieux XVIIᵉ siècle, l'ambition capitale. Voltaire a composé près de trente tragédies (voir *supra,* p. 109-110). En s'entêtant à moderniser une forme incapable de cette mutation, en y maintenant le vers, contre les propositions de La Motte au début du siècle et de Diderot en son milieu, en y animant le discours de tableaux saisissants et de mouvements pathétiques, en actualisant les enjeux du frisson tragique, plus lié à l'inquiétude philosophique qu'à la terreur religieuse, en y employant les plus habiles comédiens dont il avait fait ses amis (Adrienne Lecouvreur, Mlle Clairon, Lekain), Voltaire n'a pas sauvé la tragédie, mais il a bien servi le théâtre et maintenu sur la scène française, à une époque qui ne s'en souciait plus guère et qui, pourtant, lui en sut gré, la grande liturgie rituelle du langage poétique offert en spectacle à la collectivité. Pour ce qui est de ses comédies, une bonne vingtaine (dont *L'Indiscret,* 1725, *Les Originaux,* 1732, *L'Enfant prodigue,* 1736, *Nanine ou le Préjugé vaincu,* 1749, *L'Ecossaise,* 1760), beaucoup mériteraient qu'on songe à les reprendre, comme l'a prouvé le succès récent, dans les célébrations du tricentenaire, de *La femme qui a raison* (1758).

Naître à la philosophie

L'affaire du chevalier de Rohan-Chabot fit de Voltaire un philosophe, de deux façons : en lui montrant que d'autres forces étaient à l'œuvre dans le monde social que celles de l'esprit et du talent, et qu'un génie roturier y restait inférieur à un imbécile titré ; en précipitant et en prolongeant le voyage en Angleterre que, de toute façon, il projetait.

L'Angleterre était déjà, depuis Locke et Newton, le pays de la « philosophie », mais elle le devint d'une manière beaucoup plus significative encore dans tous les esprits à travers l'expérience que Voltaire en fit. Expérience du relativisme d'abord, qui leste de scepticisme et d'empirisme les envols trop facilement chimériques

Dates de Voltaire, 1726-1734

	VIE	ŒUVRES
1726	Bâtonné par les laquais du chevalier de Rohan-Chabot pour avoir répondu avec insolence à une méprisante provocation de celui-ci, Voltaire, qui cherche le duel, est enfermé à la Bastille, et n'en sort que pour l'exil en Angleterre	
1727	Il est présenté au roi George Ier et assiste aux funérailles nationales de Newton	*Essay upon the Civil Wars of France, and also upon the Epick Poetry of the European Nations from Homer down to Milton*
1728	Une somptueuse édition illustrée de *La Henriade,* dédiée à la reine d'Angleterre, est vendue par souscription dans la haute société anglaise. Voltaire rentre en France à la fin de l'année	*La Henriade* (version définitive de *La Ligue* de 1723)
1729	Par une habile spéculation, à la limite de la légalité, il jette les bases d'une fortune qui, bien placée, deviendra très considérable et lui assurera une complète indépendance	
1730	Le corps de l'actrice Adrienne Lecouvreur, amie et peut-être maîtresse de Voltaire, morte subitement à 38 ans, est jeté à la voirie	*Ode sur la mort de Mlle Lecouvreur* *Brutus,* tragédie (imprimé avec un *Discours sur la tragédie,* dédié à Bolingbroke)
1731	Malgré l'interdiction officielle, Voltaire fait imprimer clandestinement à Rouen son premier ouvrage historique	*Histoire de Charles XII*
1732	Maupertuis achève de le convertir aux idées de Newton	*Eriphyle,* tragédie *Zaïre,* tragédie (succès triomphal)
1733	Début de sa liaison avec Mme Du Châtelet. Il travaille à des livrets d'opéra : *Samson, Tanis et Zélide*	*Le Temple du goût* (critique littéraire en prose et en vers mêlés) *Letters concerning the English Nation* (édition anglaise, en anglais, des futures *Lettres philosophiques*)
1734	Une lettre de cachet est lancée contre l'auteur des *Lettres philosophiques,* condamnées et brûlées par le Parlement. Il se réfugie à Cirey, propriété en Champagne de Mme Du Châtelet. Il s'y installe pour une dizaine d'années	*Adélaïde Du Guesclin,* tragédie *Lettres philosophiques,* à Londres (24 lettres) et à Paris (avec une 25e lettre, « Sur les *Pensées* de M. Pascal »)

de la pensée. Jouant le jeu de bonne humeur, le bel esprit exilé se fait découvreur curieux du monde anglais, apprend la langue et se rend capable de rédiger en cette langue plusieurs ouvrages, dont l'essentiel de ce qui deviendra les *Lettres philosophiques.* Introduit dans la haute société anglaise par son ami Bolingbroke, il fréquente les tories et les whigs, rend visite à Congreve, rencontre Pope, Swift, Thomson, Young, le philosophe Clarke. Au théâtre, il reçoit le choc de Shakespeare, et la désapprobation qu'il croit devoir faire de son désordre et de sa « barbarie » est nuancée d'une profonde admiration : son *Brutus* de 1730 en sera très influencé. Dans tous les domaines, les manières de faire anglaises permettent de se retourner de façon critique sur les françaises, sans pour cela idéaliser le modèle : les sectes religieuses anglaises ont beau être tolérantes, elles n'en sont pas moins des sectes et, plein de sympathie pour leur simplicité directe, Voltaire n'en est pas moins sensible aux ridicules des Quakers, par exemple.

Autre fondation philosophique solide, la mise en relation : dans la ligne de Newton, Voltaire voit graviter les ensembles politique, religieux, culturel, économique et social en un système autorégulé, dont les mouvements peuvent être calculés, voire infléchis. Le plan des *Lettres philosophiques* s'explique ainsi, qui composera en un tel système les activités anglaises en matière de religion (lettres 1 à 7), d'organisation politique et sociale (lettres 8 à 11), de réflexion philosophique et scientifique (lettres 12 à 17), de production littéraire (lettres 18 à 24), et placera en leur milieu celle à laquelle le beau nom polyvalent de « commerce » convient si bien : circulation, partage, prospérité, liberté, tolérance, autant de bienfaits qu'on peut attendre du commerce des denrées comme de celui des idées, et, au total, de ce commerce des hommes qu'on appelle civilisation.

Cette philosophie enfin est faite d'un refus. Celui de toute métaphysique qui dérobe à la raison l'objet ultime de sa quête ; qui, tout inconnu qu'il est, l'érige en rival du bonheur terrestre et paralyse *a priori* tout élan vers le progrès. Locke est ici le grand antidote de Pascal : au premier est consacrée la plus longue (avec celle « sur le système de l'Attraction » de Newton) et la plus audacieuse des 24 lettres philosophiques ; le second est longuement et méthodiquement réfuté dans la 25e. Prônant un « héroïsme de la pensée courte » (selon une forte formule de J. Goldzink), Voltaire oppose à des siècles d'élucubrations vaines et obscurantistes, faussement sublimes et très réellement criminelles, l'exercice libre d'une pensée qui ne se fonde que sur l'expérience pour se tourner vers l'utilité. Et son ironie a déjà découvert qu'il est infiniment plus délicat, en ce domaine, de faire simple que compliqué, que si quelque chose est profond, dans le miroir que réciproquement se tendent l'homme et le monde, c'est sa surface miroitante.

Naître à la science

Il faut une belle dose d'humilité, quand on a atteint la notoriété — dangereuse, certes, mais grisante aussi — dont Voltaire jouit à quarante ans, pour se refaire apprenti. D'humilité ou de curiosité, ou encore d'amour, car avec Emilie Du Châtelet, qui affiche, en dépit du qu'en dira-t-on, plus de liberté dans ses mœurs et d'ambition intellectuelle qu'il convient alors à une femme, c'est la grande passion de sa vie qu'il va vivre pendant quinze ans. La rencontre est fulgurante entre leurs appétits, tant sensuels qu'intellectuels et moraux, et l'émulation les attise encore. Le goût de vivre, de profiter du monde, de partager les plaisirs, d'accroître ensemble leurs connaissances leur inspire d'aménager le vieux château de Cirey, d'y installer bibliothèques et laboratoires, et de se délasser de longues heures d'étude en organisant fêtes et spectacles. L'activité théâtrale de Voltaire se fait plus grande que jamais, *Le Mondain, La Pucelle* prouvent qu'il est toujours le poète aisé et facétieux de ses débuts, mais, pour l'essentiel, il passe son temps à se faire savant en toutes sortes de disciplines qu'il n'avait jusque-là abordé qu'en amateur. Après s'être débarrassé de la métaphysique en brochant un *Traité* qu'il garde pour lui, il passe aux choses sérieuses : la physique et l'astronomie, l'histoire de l'humanité, l'exégèse des textes anciens.

En Angleterre, il avait apprécié en philosophe la scientificité newtonienne ; grâce à Mme Du Châtelet et à son ami Maupertuis, il en pénètre plus techniquement les principes et les calculs, au point de pouvoir les expliquer au public français non spécialiste. Pendant que sa maîtresse prépare une traduction, avec commentaires, des *Philosophiae naturalis principia mathematica*, il rédige des *Eléments de la philosophie de Newton* qui prétendent non seulement faire connaître aux Français le grand savant anglais, mais encore leur faire adopter sa méthode et ses théories. On s'initie aussi à Leibniz,

Dates de Voltaire, 1734-1744

VIE	ŒUVRES
1734 Arrivée à Cirey	Première allusion à *La Pucelle*
1735 Voltaire obtient le droit de revenir à Paris, mais choisit Cirey comme port d'attache, et Mme Du Châtelet choisit de s'y installer avec lui	*La Mort de César,* tragédie *Traité de métaphysique* (publié en 1785)
1736 Il séjourne deux mois à Paris. Il reçoit une lettre enthousiaste de Frédéric, héritier du trône de Prusse, et noue avec lui une relation épistolaire Le scandale déclenché par *Le Mondain* l'engage peut-être à faire un voyage en Hollande. Il suit, à Leyde, les cours du physicien 's Gravesande, rencontre Boerhaave et d'autres savants	*Alzire ou les Américains,* tragédie *La Crépinade* (satire contre J.-B. Rousseau) *L'Enfant prodigue,* comédie en vers *Epître sur la calomnie* *Le Mondain,* poème
1737 Début d'un recyclage scientifique systématique (philosophie, histoire, physique, exégèse biblique...) qui s'étendra sur plusieurs années : lectures, réflexion, discussions avec Mme Du Châtelet, ébauches de traités, expériences	
1738 Voltaire et Mme Du Châtelet envoient chacun un mémoire sur la nature du feu à l'Académie des sciences Polémiques violentes avec l'abbé Desfontaines *(La Voltairomanie)* et J.-B. Rousseau	*Eléments de la philosophie de Newton* *Le Préservatif* (satire contre Desfontaines) *Lettre à M. l'abbé Dubos* (programme du futur *Siècle de Louis XIV*)
1739 Fréquents séjours à Bruxelles et en Hollande. Les premiers chapitres du *Siècle de Louis XIV,* dissimulés sous le titre *Recueil de pièces fugitives...,* sont saisis à Paris	*Discours en vers sur l'homme* (6 discours, et un 7e, en 1745) *Vie de Molière* *Réponse à toutes les objections principales faites en France contre la philosophie de Newton*
1740 De nouveaux documents l'amènent à réviser son *Charles XII* Frédéric devient roi de Prusse. Malgré son ordre, Voltaire n'arrête pas l'impression de l'*Anti-Machiavel,* traité politique que le roi lui avait demandé de corriger. L'ouvrage paraît peu avant l'invasion de la	*Zulime,* tragédie *La Métaphysique de Newton* (c'est-à-dire sa philosophie ; cet ouvrage sera intégré aux *Eléments de la philosophie* — c'est-à-dire de la physique —*de Newton* en 1741)

VIE	ŒUVRES
.../... Silésie par les Prussiens, en décembre (guerre de succession d'Autriche). Officieusement chargé de sonder ses intentions par le cardinal Fleury, Voltaire avait rencontré Frédéric II en novembre	
1741 Hollande-Bruxelles-Paris-Cirey	*Mahomet*, tragédie, créée à Lille. Grand succès. Protestation de l'ambassade de Turquie
1742 Les négociations que mène Voltaire auprès de Frédéric II n'empêchent pas celui-ci de signer une paix séparée avec l'Autriche	*Mahomet* fait scandale à Paris, auprès des dévots, qui font interdire la pièce
1743 Mort de Fleury. Le comte d'Argenson, ami de Voltaire, devient ministre de la Guerre Refusé à l'Académie française (au profit de Marivaux), Voltaire est élu membre de la Royal Society de Londres. Il découvre et encourage Vauvenargues	*Mérope*, tragédie. Enorme succès
1744 Son ami le marquis d'Argenson devient ministre des Affaires étrangères. Retour en grâce de Voltaire à la cour	*Sur les événements de l'année 1744*, poème

aux sciences physiques et naturelles auprès des savants hollandais. En matière d'histoire, il est clair qu'il faut tout repenser radicalement. Ils remontent donc aux sources. L'immense documentation que Voltaire amasse alors lui sera un réservoir inépuisable, non seulement pour ses ouvrages historiques de la période suivante, mais pour toute son œuvre à venir. Parmi les sources de l'histoire des hommes, la Bible occupe une place prééminente, de fait à cause de son antiquité, et de droit par son caractère de texte sacré. Voltaire va contester et le droit et le fait, mais il ne le fera qu'après un très complet examen du texte et de ses commentaires, ceux par exemple de Dom Calmet. Dorénavant, la solidité de son information en matière historique et biblique se composera — de manière inimitable — avec le don de la dissimuler sous une apparente légèreté et de la rendre attrayante.

Naître à la politique

Il ne faudra pas moins de quinze ans à Voltaire pour faire le tour de toute ambition de type politique, en quatre étapes à peu près égales : quelques années de faveur versaillaise, trois ans d'intermède prussien, deux années d'errance à l'Est, et quatre années de résidence problématique en Suisse. Pour comprendre la période versaillaise, il suffit de lire *Zadig* qui en dresse le bilan ironique. Tout réussit soudain à celui que le pouvoir a jugé utile de s'attacher : les titres, les honneurs, les commandes. Il peut se mettre à nourrir les plus hautes espérances... jusqu'au jour où, le naturel reprenant le dessus, il ne peut s'empêcher de lâcher à mi-voix, en anglais, au jeu de la reine où Mme Du Châtelet était en train de perdre gros : « Vous ne voyez donc pas que vous jouez avec des fripons ? » Il ne devait plus revoir la cour de sa vie. Avec Frédéric II, l'expérience est d'une tout autre sorte. Le roi-philosophe, le « Salomon du Nord » l'appelle depuis longtemps auprès de lui. Quand, après la mort de Mme Du Châtelet, il se décide à répondre à cette invitation, il est reçu avec tous les honneurs et chargé des plus hautes distinctions. En réalité, Frédéric le considère comme un domestique majuscule, et l'emploie à relire et corriger les vers qu'il aime écrire en français. Voltaire ne met pas longtemps à comprendre que ce despote éclairé est surtout un despote, et que sa philosophie ne l'empêche pas de prendre le plus grand goût à la guerre, ni de traiter ses familiers avec le plus froid mépris. Est-ce par rancune envers Maupertuis, ex-amant de Mme Du Châtelet, est-ce pour marquer un point sur le prince/frère/ennemi ? Il prend parti dans la querelle scientifique qui oppose le président de l'académie de Berlin au mathématicien Koenig, se range du côté de ce dernier et ridiculise Maupertuis dans la spirituelle *Diatribe du docteur Akakia,* que le roi, furieux, fait brûler. Le séjour durera trois ans, mais dès les premiers mois, Voltaire avait perdu toute illusion de jouer le moindre rôle de conseiller auprès d'un monarque imbu de son autorité et supportant mal la liberté des autres. Les choses finiront par une rupture violente et un départ mouvementé. Voltaire reprendra sa relation épistolaire avec Frédéric un peu plus tard, mais ne prétendra plus remplir la fonction politique et diplomatique qu'il s'était un moment cru en mesure d'assurer.

Dates de Voltaire, 1745-1759

	VIE	ŒUVRES
1745	Désormais en faveur à la cour de Versailles, Voltaire est nommé historiographe de France, puis gentilhomme ordinaire du roi	*La Princesse de Navarre,* comédie-ballet (pour le mariage du Dauphin, musique de Rameau) *La Bataille de Fontenoy,* poème *Le Temple de la gloire,* opéra (musique de Rameau)
1746	Il entre à l'Académie française	*Dissertation sur les changements arrivés à notre globe*
1747	Un mot imprudent lâché au jeu de la reine l'oblige à se réfugier à Sceaux, auprès de la duchesse du Maine. Sa faveur est perdue	*Memnon,* histoire orientale (première version de *Zadig*) *La Prude,* comédie en vers
1748	Il passe l'année à Lunéville, à la cour du roi Stanislas, avec Mme Du Châtelet	*Sémiramis,* tragédie *Panégyrique de Louis XV* *Zadig,* conte
1749	Début de son amitié avec Diderot Mme Du Châtelet accouche d'une fille, fruit d'une liaison avec le poète Saint-Lambert. Elle meurt quelques jours après. Voltaire est inconsolable	*Nanine ou le Préjugé vaincu,* comédie en vers
1750	Début de la vie commune avec sa nièce, Mme Denis Voltaire cède à l'appel de Frédéric II et se rend à Potsdam ; il y devient son chambellan	*Oreste,* tragédie
1751	Diverses affaires annoncent la brouille entre Voltaire et Frédéric	*Le Siècle de Louis XIV*
1752	Voltaire soutient le savant Koenig dans sa querelle avec Maupertuis, président de l'académie de Berlin. Fureur de Frédéric	*Micromégas,* conte *Catilina ou Rome sauvée,* tragédie *Diatribe du Docteur Akakia* (contre Maupertuis)
1753	Frédéric refuse la démission de Voltaire, puis le laisse partir, en annonçant qu'il le « chasse ». Il trouve un prétexte pour le faire brutalement arrêter et séquestrer à Francfort pendant plus d'un mois Ne pouvant rentrer à Paris, Voltaire erre dans l'Est, cherchant où se poser (Strasbourg, Colmar, Lyon)	*Scarmentado,* conte

VIE	ŒUVRES
1754 Divers projets d'installation échouent, ainsi que les tentatives pour obtenir la permission de revenir à Paris	*Les Annales de l'Empire* (histoire de l'Empire germanique)
1755 Voltaire s'installe près de Lausanne, aux Délices, avec Mme Denis. Inquiétude des membres du consistoire de Genève devant l'activité théâtrale aux Délices	*Epître en arrivant dans sa terre près du lac de Genève* *L'Orphelin de la Chine,* « tragédie » Articles pour l'*Encyclopédie*
1756 Début de la guerre de Sept Ans. Voltaire célèbre la victoire de son ami le maréchal de Richelieu à Minorque, mais intervient, en vain, pour sauver son vaincu, l'amiral Byng, condamné en Angleterre pour trahison	*Poème sur le désastre de Lisbonne* *Poème sur la religion naturelle* *Essai sur l'histoire générale et sur les mœurs et l'esprit des nations,* dit *Essai sur les mœurs*
1757 L'article « Genève » de d'Alembert, dans l'*Encyclopédie,* fait scandale. On y dénonce l'influence de Voltaire . Ayant renoué avec Frédéric, Voltaire tente de négocier la paix. En vain	
1758 En publiant sa *Lettre à d'Alembert sur les spectacles,* J.-J. Rousseau se brouille définitivement avec Voltaire Les pasteurs veulent expulser Voltaire du territoire de Genève	*La femme qui a raison,* comédie *Mémoires pour servir à la vie de M. de Voltaire* (publ. 1784)
1759 Aggravation de la répression contre les philosophes : l'*Encyclopédie* est condamnée Voltaire trouve le slogan « Ecr. l'Inf. » (écraser l'Infâme) Il aménage le domaine qu'il vient d'acquérir à Ferney, en territoire libre entre la Suisse et la France	*Candide,* conte *Relation de la maladie, de la confession, de la mort et de l'apparition du jésuite Berthier,* satire *Le Sermon des Cinquante,* violent pamphlet contre le christianisme

Au retour de Prusse, nouvelle expérience de l'errance à laquelle est condamné celui qui aspire à être courtisan sans en avoir la moindre vocation. Il se sent « entre deux rois le cul par terre » : on ne veut de lui nulle part, ni à Paris malgré ses intrigues et ses relations, ni à Colmar où les Jésuites redoutent sa mauvaise influence. Quand il croit avoir enfin trouvé son havre, sur le territoire de la république de Genève, il s'aperçoit que les petites républiques valent bien les grandes monarchies et que le protestantisme ne le cède en rien au catholicisme, en matière de réaction contre les

Lumières : son goût pour les pièces de théâtre, qu'il écrit, fait représenter, joue lui-même chez lui, aux Délices, en y invitant les Genevois qui viennent de plus en plus nombreux, inquiète les autorités
du consistoire. Depuis Calvin en effet, le théâtre est proscrit comme
un art profane et pervers. Voltaire, pour qui il est au contraire le
moyen par excellence de la sociabilité et de la moralité publique,
ne cède pas. Il joue même les provocateurs, inspire à d'Alembert
son article « Genève » de l'*Encyclopédie*. Celui-ci, souhaitant, arguments à l'appui, le rétablissement d'un théâtre public à Genève,
s'attire une réaction indignée des pasteurs, et une riposte argumen-
tée de J.-J. Rousseau. Il est devenu clair que Voltaire ne s'entendra
avec aucun pouvoir politique existant. Il lui faut, pour ainsi dire, se
créer son propre cadre politique, bâtir sa cité, ou, comme il le dit
alors, « fonder Carthage » (contre toutes les Romes, sans doute). Et
c'est ce qu'il va faire à Ferney.

Les difficultés de cette vie itinérante et mouvementée n'empêchent pas l'écrivain de produire. A côté des tragédies, des comédies
et des poèmes, on voit apparaître les contes, dont *Candide,* point
d'orgue de cette période de désillusion et moment d'une métamorphose philosophique : aux mirages de la poursuite naïve d'un bonheur chimérique va succéder la prudente gestion des biens dont on
peut jouir, les discours feront place aux actes, aux cours va se substituer le jardin. C'est aussi l'époque de l'achèvement des grandes
sommes historiques : *Le Siècle de Louis XIV,* qui est plus qu'une histoire du XVIIe siècle français, une nouvelle manière de concevoir
l'histoire, en privilégiant des périodes de progrès accéléré et en en
cherchant le dynamisme dans l'esprit d'une collectivité ; l'*Essai sur
les mœurs,* vaste revue des horreurs « médiévales » étendue à toutes
les civilisations, de l'Occident et de l'Orient. En 1759, l'expérience
proprement politique de Voltaire est terminée. Ces sommes en ont
fait le bilan et montrent la nécessité d'une autre sorte d'engagement dans « le monde comme il va ».

Naître à la liberté

Le jour où Voltaire s'installe à Ferney inaugure une nouvelle
époque des Lumières, un nouveau modèle de la philosophie
appliquée, un nouvel élan vers la liberté. Certes, c'est à sa

Dates de Voltaire, 1760-1765

	VIE	ŒUVRES
1760	Au moment même où il s'installe à Ferney, Voltaire mène une campagne tous azimuts contre les ennemis des philosophes (Pompignan, Fréron, Palissot, J.-J. Rousseau, les Jésuites d'Ornex, l'évêque d'Annecy...)	Les *Quand,* les *Qui,* les *Quoi,* les *Ah ! Ah !* (contre Pompignan) *L'Ecossaise* (contre Fréron) *Tancrède,* tragédie *Histoire de l'Empire de Russie sous Pierre le Grand*
1761	Pour la petite-nièce de Corneille qu'il a recueillie chez lui, il prépare une édition commentée du grand dramaturge Il construit à Ferney une église avec cette inscription (déiste) : *Deo erexit Voltaire*	*Lettres sur « La Nouvelle Héloïse »* *Parallèle d'Horace, de Boileau et de Pope* *Epître à Mme Denis sur l'agriculture*
1762	Voltaire apprend l'exécution de J. Calas et entreprend de réhabiliter sa mémoire	*Le Droit du seigneur,* comédie en vers *Extrait des sentiments de Jean Meslier* *La Pucelle* (1re éd. reconnue)
1763	Il marie et dote Mlle Corneille. Il suit de très près la révision du procès Calas	*Catéchisme de l'honnête homme* *Traité sur la tolérance* *Saül,* tragédie en prose
1764	Diverses interventions en faveur des protestants persécutés	*Dictionnaire philosophique portatif* *Le Sentiment des citoyens* (contre J.-J. Rousseau)
1765	J. Calas est réhabilité. Encouragé par ce triomphe, Voltaire lance une nouvelle « affaire », pour sauver le protestant Sirven	*La Philosophie de l'histoire*

manière qu'il la vit, et tout le monde ne peut pas être seigneur de Ferney, dans un pays de Gex à peu près indépendant et de la France et de Genève ; de plus, tout le monde ne jouit pas de l'immense fortune qu'il a amassée et qu'il arrondit de plus en plus grâce à de judicieux placements ; tout le monde n'a pas acquis l'indépendance d'esprit que lui ont procurée ses précédentes « naissances ». Cependant, l'idée de « cultiver son jardin » peut être transposée dans toutes sortes de situations, et c'est en songeant à l'exemple — aux vertus duquel il croit — que le châtelain de Ferney se met à organiser la vie dans ses terres : amélioration des chemins (ô abbé de Saint-Pierre!), assèchement des marais, développement des petites industries (montres ct bas de soie) par une commercialisation dont il s'occupe personnellement, application des théories agronomiques, défense contre les abus ordinaires de l'administration, liberté absolue des croyances et des cultes et tolérance mutuelle, organisation de spectacles et de fêtes. Les gens de Ferney ne se rendirent sans doute pas compte à quel point leur destin était exceptionnel dans l'Europe de l'Ancien Régime, et ils n'auraient non plus pas su dire qu'ils le devaient à une première — et pionnière — conquête de la liberté par leur seigneur. Le tout premier signe de cette liberté est la levée de toute aliénation religieuse. Le déisme voltairien rend un culte à l'Etre suprême, mais ne s'embarrasse pas de théologie, met tout dogme à distance, et surtout réfute toute prétention cléricale.

Sur ce dernier point la liberté achève de prendre toute sa dimension : être libre chez soi n'est rien si ses voisins sont asservis. Jouir de la liberté, c'est pouvoir la donner, aussi. C'est le sens de l'activité débordante du « patriarche » à l'extérieur d'un domaine qui aurait pu l'occuper tout entier. C'est ce qui lui fait écrire des milliers de lettres, correspondant avec l'Europe entière, qu'il ne cesse de recevoir à Ferney. C'est ce qui lui fait concevoir d'une manière nouvelle sa profession d'écrivain : non plus briller devant les grands en leur aliénant sa liberté, mais aider les petits à conquérir la leur. Le *Dictionnaire philosophique* illustre bien cette intention. Voltaire l'a voulu « portatif », c'est-à-dire utile à la vie de chaque jour. La guerre à outrance déclarée à « l'Infâme » (et tant pis pour eux si les catholiques s'y reconnaissent plus que d'autres!) n'est donc pas le symptôme du déchaînement maniaque d'un vieillard obsédé et haineux, mais l'implacable avancée d'une libération en marche, dont il a résolument pris la tête, et que rien n'arrêtera plus :

> Jamais vingt volumes in-folio ne feront de révolution; ce sont les petits livres portatifs à trente sous qui sont à craindre.
> Si l'Evangile avait coûté douze cents sesterces, jamais la religion chrétienne ne se serait établie.
>
> (Lettre à d'Alembert, 5 avril 1766.)

Comme au paysan ou au manufacturier de son domaine, comme au lecteur de ses contes, Voltaire fait confiance à chacun pour qu'il use au mieux d'une liberté dont il a su exciter en lui le désir et dont il lui a fourni quelques moyens... Mais le détour éducatif est long et, dans l'intervalle, « l'Infâme » ne laisse pas de sévir, d'accumuler les victimes. A son travail de fond sur les consciences, Voltaire ajoute l'intervention d'urgence. A plus de soixante-dix ans, c'est l'occasion de sa dernière naissance, la plus belle peut-être à nos yeux, aujourd'hui.

Naître à la justice

Tout avait commencé avec l'affaire Calas, dès 1762, ou plutôt avec ce dont Voltaire eut le génie et la ténacité de faire une « affaire ». Jean Calas, père de famille protestant de Toulouse, est accusé d'avoir pendu son propre fils parce qu'il voulait se convertir au catholicisme. Sans preuves, sans aveux, sous la pression d'une opinion publique locale fanatisée, le parlement de la ville expédie une parodie de jugement et envoie l'accusé au supplice de la roue. Voltaire sent bien la présence de la violence fanatique, mais comme il la présume des deux côtés, il s'informe soigneusement, reçoit les membres de la famille Calas, mène sa propre enquête, laquelle le conduit à une intime conviction :

> Il est avéré que les juges toulousains ont roué le plus innocent des hommes. Presque tout le Languedoc en gémit avec horreur. Les nations étrangères, qui nous haïssent et qui nous battent, sont saisies d'indignation. Jamais depuis le jour de la Saint-Barthélemy rien n'a tant déshonoré la nature humaine. Criez et qu'on crie.
>
> (Lettre à Damilaville, 4 avril 1762.)

Il se met alors à alerter l'opinion française et européenne, à écrire à tous ses amis pour qu'ils interviennent, à composer tout un dossier de témoignages, à faire à ses frais travailler des avocats sur les vices de la procédure. Au bout de deux ans, le conseil privé du roi casse le jugement, et un an après, Jean Calas est réhabilité. Voltaire exulte : derrière l'honneur d'un homme et la paix de toute une famille, c'est à la justice qu'il a permis de triompher, qui, sans lui, aurait été impunément et effrontément bafouée ; c'est l'imbroglio du système judiciaire d'Ancien Régime qu'il a d'un seul coup

Dates de Voltaire, 1766-1778

	VIE	ŒUVRES
1766	Voltaire défend les « natifs » (étrangers nés dans la ville) de Genève contre les « citoyens » qui les excluent Il entreprend la défense posthume du chevalier de La Barre et de Lally-Tollendal, tous deux exécutés	*Questions sur les miracles* *Le Philosophe ignorant* *Commentaire sur le livre « Des délits et des peines »* de Beccaria
1767	Projet de construire un port à Versoix, pour concurrencer Genève et offrir un asile aux « natifs »	*Les Scythes,* tragédie *Questions de Zapata* *Examen important de Milord Bolingbroke* *L'Ingénu,* conte
1768	Continuation des aménagements du domaine de Ferney	*La Princesse de Babylone,* conte *L'Homme aux quarante écus,* conte *Précis du siècle de Louis XV*
1769	Voltaire mène intensivement ses campagnes judiciaires	*Epître à Boileau* *Le Cri des nations* *Les Lettres d'Amabed,* conte *Les Guèbres,* tragédie
1770	Il fait campagne pour l'affranchissement des « serfs du Mont-Jura », maltraités par leurs seigneurs, les chanoines de Saint-Claude	
1771	Acquittement de Sirven, défense de Montbailli	*Questions sur l'Encyclopédie* (9 vol.)
1772	Mort du vieil ami Thiériot	*Epître à Horace*
1773	Voltaire est atteint de strangurie, maladie grave qui l'affaiblit beaucoup	*Les Lois de Minos,* tragédie *Le Taureau blanc,* conte
1774	Il combat pour la réhabilitation du jeune d'Etallonde, condamné avec La Barre et réfugié en Prusse Il soutient le ministère Turgot	*Sophonisbe,* tragédie
1775	Il se bat en vain pour la réhabilitation de La Barre Turgot accorde l'autonomie fiscale aux états de Gex	*Le Cri du sang innocent* (pour La Barre) *Histoire de Jenni ou le Sage et l'Athée,* conte
1776	Visite de Lekain à Ferney Voltaire s'afflige de la chute de Turgot	*La Bible enfin expliquée*
1777	Joseph II d'Autriche passe près de Ferney mais ne s'y arrête pas	*Prix de la justice et de l'humanité* *Dialogues d'Evhémère*
1778	Voltaire vient à Paris, pour la première fois depuis 1750. Visites, députations, séances à l'Académie, réception à la Loge des Neuf-Sœurs, représentation triomphale d'*Irène* à la Comédie-Française. Après trois mois épuisants et glorieux, il meurt, le 30 mai. Ses restes, inhumés en terre chrétienne malgré l'interdiction ecclésiastique, seront transférés au Panthéon le 11 juillet 1791	*Irène,* tragédie

dénoué, comme un nœud gordien ; c'est, dit-il lui-même, « le plus beau 5ᵉ acte » qu'il ait jamais écrit.

Rarement, en effet, homme de lettres avait été aussi efficace dans une affaire publique, rarement le pouvoir de la plume avait été aussi magnifiquement manifesté, et s'était aussi brillamment justifié. Non seulement cet homme écrit les textes fondateurs que sont le *Traité sur la tolérance,* le *Commentaire sur le livre « Des délits et des peines »* de l'Italien Beccaria, ou cet ouvrage au beau titre emblématique, *Prix de la justice et de l'humanité,* mais encore il se montre capable de faire effectivement reculer les forces sinistres de l'arbitraire et de la prévention, si actives en cette fin du XVIIIᵉ siècle à cause de la faiblesse du pouvoir central et de la hargne antiphilosophique.

Après Calas, le héros ne cessera plus, jusqu'à sa mort, de s'emparer de causes semblables afin de les faire triompher et de faire triompher, avec elles, la justice : Sirven, Montbailli, Lally-Tollendal, Martin, le chevalier de La Barre, les serfs du Mont-Jura, Delisle de Sales... C'est en toute conscience qu'il put rédiger, au moment de sa mort, cette profession de foi :

> Je meurs en adorant Dieu, en aimant mes amis, en ne haïssant pas mes ennemis et en détestant la superstition.

Il n'avait alors oublié aucune de ses naissances. On a vu comment la colonne « Œuvres » des encadrés de ce chapitre entrelace de façon de plus en plus complexe leurs développements successifs : ils ne se remplacent pas, mais se conjuguent et s'enrichissent mutuellement. Que la courbe biographique générale l'ait mené de l'académisme de l'ode à l'engagement pour l'affirmation et la défense des droits de l'homme est une manière de mesurer, en même temps que le parcours d'une vie exceptionnellement riche, le mouvement même du siècle : de plus en plus militant à mesure que les Lumières, sur les plans moral, intellectuel et poétique, se comprennent et sont comprises non plus comme une mode, un luxe, un jeu, mais comme le simple et beau devoir d'un homme digne de ce nom.

Ils en étaient dignes tous les deux, le destinateur et le destinataire de ce superbe passage de relais quasi testamentaire :

> La saine philosophie gagne du terrain depuis Arkangelsk jusqu'à Cadix, mais nos ennemis ont toujours pour eux la rosée du ciel, la graisse de la terre, la mitre, le coffre-fort, le glaive et la canaille. Tout ce que nous avons pu faire s'est borné à faire dire dans toute l'Europe aux honnêtes

gens que nous avons raison ; et peut-être à rendre les mœurs un peu plus douces et plus honnêtes. [...] Vivez longtemps, Monsieur, et puissiez-vous porter des coups mortels au monstre dont je n'ai mordu que les oreilles !

(Lettre de Voltaire à Diderot, 14 août 1776.)

Conseils de lecture. — *Voltaire en son temps,* éd. René Pomeau, Oxford, Voltaire Foundation, Paris, Touzot, 1985-1994, 5 vol., I : *D'Arouet à Voltaire, 1694-1734,* II : *Avec Mme Du Châtelet, 1734-1749,* III : *De la cour au jardin, 1750-1759,* IV : *Ecrasez l'Infâme, 1759-1771,* V : *On a voulu l'enterrer, 1770-1791 ;* René Pomeau, *La Religion de Voltaire,* Paris, Nizet, 1969 ; Christiane Mervaud, *Voltaire en toutes lettres,* Paris, Bordas, 1991 ; Jean Goldzink, *Voltaire, la légende de saint Arouet,* Paris, Gallimard, coll. « Découvertes », 1989 ; Id., *Voltaire,* Paris, Hachette, coll. « Portraits littéraires », 1994 ; Jean-Michel Raynaud, *Voltaire soi-disant,* Lille, PUL, 1983 ; Coll., *Le Siècle de Voltaire,* Mélanges offerts à René Pomeau, Oxford, Voltaire Foundation, 1987 ; *Dictionnaire Voltaire,* éd. Jacques Lemaire, Raymond Trousson, Jeroom Vercruysse, Bruxelles, Paris, Hachette, 1994.

SECONDE PARTIE

1750-1802
Les Lumières militantes

7 – Les Lumières, philosophie du siècle

« La philosophie, qui forme le goût dominant de notre siècle, semble, par les progrès qu'elle fait parmi nous, vouloir réparer le temps qu'elle a perdu, et se venger de l'espèce de mépris que lui avaient marqué nos pères. » L'affirmation est extraite du Discours préliminaire de l'*Encyclopédie* : d'Alembert y exprime sa conviction d'appartenir à un siècle philosophique qui représente un progrès par rapport aux âges précédents. l'*Encyclopédie* a répandu ces idées d'un siècle des Lumières et d'une histoire en progrès. Les thèmes qu'elle diffuse à partir de 1750 lui préexistent sans doute, mais elle leur assure une force médiatique, une diffusion nouvelle. Deux éléments frappent les contemporains : l'ambition de l'entreprise qui rassemble tous ceux qui se reconnaissent dans les idées nouvelles et d'autre part son ostentation militante, sa façon de proclamer publiquement ce qui était longtemps resté l'apanage de quelques-uns. La notion de siècle ne correspond pas alors au découpage séculaire que nous pratiquons. On parlait avec Voltaire des quatre siècles (de Périclès, Auguste, Léon X et Louis XIV) et on discutait pour savoir si le siècle de Louis XV, sur le trône depuis 1715, valait celui de son prédécesseur : le siècle définissait alors un règne, l'époque marquée par un souverain. Faire entrer la France dans le siècle de la philosophie, c'était substituer à une histoire déterminée par les rois et soumise au cycle des grandeurs et des décadences, un devenir conçu du point de vue de l'esprit humain et ouvert à l'espoir d'un progrès, sans que le siècle se confonde encore exactement avec une tranche de cent ans.

Le public, mondanité et philosophie

On illustre parfois l'activité philosophique du temps par une peinture de Lemonnier, actuellement au musée de Rouen, la lecture de *L'Orphelin de la Chine* dans le salon de Mme Geoffrin en 1755. Le décor est luxueux, avec un large tapis par terre, de nombreuses toiles aux murs. Les auditeurs sont en costume de cour, les hommes portent perruque, habit, culotte et bas de soie, plusieurs arborent des décorations princières. Le salon où est lue la pièce de Voltaire représente la dimension aristocratique et mondaine des Lumières. La pensée nouvelle s'inscrit dans une culture des élites et correspond à un raffinement des modes de vie. Elle correspond à une esthétique de l'esprit et de la langue. Les salons, tels que celui de Mme Geoffrin, pratiquent un français spirituel, ironique, rapide, brillant. L'originalité de la formule fait passer le non-conformisme, le trait d'esprit excuse l'impertinence. Les Lumières dans ce contexte sont liées à une civilisation aristocratique qui mêle progressivement et prudemment les élites de la naissance à celles de la fortune et de l'esprit. Mais pour un Voltaire fêté dans les salons, connu de l'Europe entière, que de pauvres hères qui cherchent à survivre de leur plume et dont les livres sont poursuivis par la police. A côté du monde aristocratique qui peut acheter de riches éditions et relier à ses armes les volumes, un monde bourgeois, voire populaire, découvre les livres sous forme de brochures ou bien de volumes empruntés et loués. Les Lumières deviennent alors une philosophie qui se soucie moins d'élégance linguistique et de conformisme social, qui exprime les insatisfactions et les impatiences de tous ceux qui ne se sentent pas reconnus par l'ordre existant.

D'un côté, une intégration lente associe aux élites, par le biais des fauteuils académiques, des charges d'historiographe, de secrétaire, de bibliothécaire, de censeur, des pensions, quelques hommes dc lettres privilégiés ; de l'autre, une foule d'écrivains dit crûment les frustrations de ceux qui demeurent exclus. La diffusion des Lumières est assumée concurremment, contradictoirement, par des bénéficiaires et des victimes de l'ordre ancien. Le radicalisme philosophique peut se développer parmi les ors et les tentures des grands hôtels aristocratiques, tels que celui du baron d'Holbach, et les accommodements entre idées nouvelles et tradition religieuse se pratiquer chez des écrivains faméliques, violemment critiques envers les audaces théoriques des privilégiés. Ces chassés-croisés permettent de mieux poser la question des rapports entre Lumières et Révolution. On ne peut ni dessiner une continuité simpliste entre les luttes encyclopédiques et les ruptures de 1789 et 1793, ni opposer de façon encore plus simpliste le travail de transformation, de l'intérieur de l'Ancien Régime, à l'explosion de violence qui s'en prend aux élites intellectuelles aussi bien qu'aux tenants de titres et de fortunes. L'affirmation des Lumières postule l'existence d'un public dont la nature reste floue et passe par une transformation de la vie culturelle.

La notion de public a fait l'objet des travaux récents de philosophes comme Jürgen Habermas et d'historiens comme Keith Baker et Roger Chartier. J. Habermas a montré l'émergence d'une sphère publique de discussion et d'échange qui se distingue à la fois du peuple qui n'y a que peu accès et du pouvoir politique en place. Aussi parle-t-il parfois d'une « sphère publique bourgeoise » dans laquelle des personnes privées se rassemblent pour se constituer en force raisonnable et publique. L'individu a progressivement acquis une indépendance par rapport aux structures sociales, religieuses et professionnelles qui le définissaient autrefois, il a fait reconnaître son droit à l'intimité et à la particularité qui débouche conjointement sur toutes les formes d'écriture du moi et sur une réflexion politique librement critique. Des espaces se dégagent où cette réflexion privée acquiert une forme de « publicité », ce sont les salons, les cafés, les clubs, les journaux, qui entraînent même parfois des espaces traditionnellement contrôlés par l'Etat monarchique, comme les académies, à conquérir une relative autonomie. De tels lieux de rencontre et de discussion vont du cercle fermé, socialement homogène, aux organes médiatiques, ouverts plus largement. Les philosophes se posent par rapport au pouvoir en place comme conseillers ou comme concurrents et par rapport au peuple illettré ou peu lettré comme instituteurs ou comme représentants, chargés de prendre la parole pour lui. L'histoire contrastée des relations entre le pouvoir et les Lumières, alternant des phases de complicité et des phases de conflit, naît de cette ambivalence, de même que les moments différents de la Révolution française peuvent être mis en rapport avec la difficile définition de l'opinion publique, s'opposant au peuple ou bien s'identifiant à lui.

La complexité de la situation est illustrée par le décalage entre les efforts de contrôle par l'Etat et l'Eglise et la réalité de la production imprimée. Officiellement, un livre ne peut paraître en France sans *privilège,* c'est-à-dire qu'il ne peut être imprimé sans avoir été lu et approuvé à l'avance par un censeur. En cas d'approbation, le chancelier octroie au libraire le privilège de fabriquer et diffuser le livre. Un tel privilège ne met pas toujours le livre à l'abri de poursuites ultérieures, de la part du Parlement, autorité judiciaire, ou de la Sorbonne, autorité religieuse. Ces diverses instances peuvent faire converger leurs actions ou bien entrer en conflit, d'autant plus que la stricte limitation des privilèges se faisait au détriment de l'édition française et au profit des éditeurs étrangers, installés autour du royaume, en Hollande et en Suisse principalement, en Allemagne et en Angleterre également. Aussi les chanceliers du XVIIIe siècle ont-ils pris l'habitude d'autoriser des livres à paraître sans privilège, par simple permission tacite dûment enregistrée. Une telle permission montre les contradictions d'un système qui légalise en quelque sorte les infractions à la loi. Elle se développe au cours du siècle. Limitée à quelques cas par an durant la première moitié du siècle, elle s'élève annuellement à quelques dizaines, puis à plus d'une centaine durant la seconde. Elle ne parvient pas à bloquer la fabrication de livres interdits soit en France, soit à l'étranger, puis leur diffusion clandestine par le biais de colporteurs. Robert Darnton a montré ainsi l'activité de la Société typographique de Neuchâtel qui faisait parvenir aux libraires français un catalogue de livres interdits, mêlant les ouvrages proprement philosophiques de Voltaire ou d'Holbach, les fictions érotiques, telles que *Thérèse philosoph*e ou *Dom Bougre, portier des chartreux* et les pamphlets politico-pornographiques, attaquant les vices de la cour, les débauches du vieux Louis XV puis celles de la jeune Marie-Antoinette.

Un personnage incarne les contradictions de l'Ancien Régime en matière de librairie et les hésitations du pouvoir à l'égard de la philosophie nouvelle. Chrétien Guillaume de Lamoignon de Males-herbes (1721-1794) appartenait à une famille de parlementaires, grands serviteurs de l'Etat. Son père devint en 1750 chancelier de France et nomma son fils à la direction de la librairie. C'est lui qui dut gérer les crises ouvertes par les poursuites engagées à l'encontre du traité d'Helvétius, *De l'esprit,* en 1759, pourtant doté d'un privilège royal, puis à l'encontre de l'*Encyclopédie,* elle aussi protégée en principe par plusieurs privilèges. Malesherbes est obligé de faire révoquer les privilèges, mais il s'arrange parallèlement pour protéger les philosophes et trouve des accommodements pour que l'*Ency-*

clopédie continue à paraître. Conscient du caractère peu satisfaisant d'une telle situation, il rédige au moment de cette crise cinq mémoires manuscrits sur la librairie qui tentent de préserver le pouvoir d'Etat par rapport aux initiatives du Parlement, ainsi que les intérêts des libraires français et les droits des écrivains par rapport aux exigences du maintien de l'ordre. Il y défend la tolérance nécessaire à l'époque moderne et ce qu'il nomme liberté de la presse (c'est-à-dire de l'impression, et non pas des périodiques, au sens actuel du terme), mais il entend que toute la profession des imprimeurs soit encore plus étroitement surveillée qu'elle ne l'était et refuse le modèle anglais d'une seule censure *a posteriori*. Il revient sur la question en 1788, en pleine effervescence de la convocation des Etats généraux, dans un *Mémoire sur la liberté de la presse*. Ces mémoires seront publiés ultérieurement comme argument, tantôt libéral, tantôt coercitif. Ils témoignent d'une époque où les relations entre pouvoir et Lumières sont faites, selon Roger Chartier, de « négociations, de concessions, de complicité ». Le pouvoir a hésité entre la défense de ce qui existait et la conscience d'une réforme nécessaire, les Lumières entre la participation à cette réforme de l'Etat et la radicalisation au nom d'un idéal utopique ou révolutionnaire. Malesherbes a été cohérent dans ses engagements lorsqu'il a décidé d'être le défenseur de Louis XVI devant la Convention : il paie ce courage de sa tête et monte à son tour à l'échafaud en 1794.

Malesherbes compare les gens de lettres, au milieu de leurs lecteurs dispersés, aux orateurs de Rome et d'Athènes prenant la parole au milieu d'un public rassemblé. Le siècle des Lumières est en effet celui du livre dont la production augmente en nombre d'ouvrages et en nombre d'exemplaires, c'est-à-dire de lecteurs concernés, sans pourtant dépasser des tirages de quelques milliers. Le français a désormais relégué le latin à quelques traités étroitement spécialisés, de théologie ou de médecine. Relié, marqué aux armes, le livre devient objet de collection ou de prestige dans les bibliothèques de l'élite ; broché, il traîne sur les tables ou bien, sous la forme des petits volumes de la Bibliothèque bleue de Troyes, il parvient jusqu'aux milieux populaires des villes et de la campagne, ce qui ne signifie pas que les livrets bleus soient rédigés par des gens du peuple. Les volumes destinés à l'élite qui a l'habitude de lire peuvent être composés de paragraphes longs, dans une typographie dense. Les volumes qui visent un public populaire plus récemment touché par l'alphabétisation facilitent la tâche de lecteurs plus

maladroits par une typographie aérée et des paragraphes courts.
Ces derniers s'inscrivent dans une logique du livre rare, sans cesse
repris, relu, voire déclamé en petit cercle devant ceux qui ne savent
pas déchiffrer. Les premiers supposent une prise de possession plus
rapide, plus individualisée du livre qui est lu parmi d'autres. A l'exception des « canards » et des feuilles volantes, les volumes de la
presse périodique ne se distinguent pas encore des livres proprement dits. Ils habituent le public à une consommation extensive de
l'imprimé. Le livre abandonne le modèle du monument pour
entrer dans la fugitivité et la relativité du temps.

L'élargissement et les turbulences de l'édition correspondent à
la professionnalisation de l'écrivain. Pendant longtemps, l'auteur
possédait une fortune personnelle ou une situation qui lui permettait d'écrire par loisir et l'incitait dans les publications à s'esquiver
sous le voile de l'anonymat, ou bien il bénéficiait de l'appui d'un
grand dont il était le protégé et auquel il dédiait son œuvre, le nom
du dédicataire pouvant s'étaler sur les pages de titre en caractères
plus importants que ceux qui étaient utilisés pour le nom de l'auteur. Les auteurs qui tentent de vivre de leur plume deviennent de
plus en plus nombreux et leurs droits sont progressivement reconnus. L'administration distingue les privilèges limités dans le temps,
accordés aux libraires, et le privilège sans limitation, reconnu à
l'auteur qui voudrait s'éditer lui-même. La lutte des écrivains pour
la reconnaissance d'un droit moral et économique sur leur œuvre
rejoint celle qui est menée par les auteurs de théâtre contre les
Comédiens-Français qui s'arrogeaient toute latitude dans le choix
des manuscrits et la gestion des pièces. La Révolution couronnera
ces luttes en reconnaissant le droit d'auteur. La seconde moitié du
XVIIIe siècle voit subsister plusieurs modèles d'hommes de lettres,
de Voltaire qui s'est assuré, fût-ce par la spéculation, fortune personnelle et indépendance, à Diderot qui, par le biais de sa tâche de
secrétaire de l'*Encyclopédie*, vit de sa plume, des académiciens et titu-
laires de pensions royales aux pauvres hères obligés de vendre leur
plume à des compilations de librairie ou même à des libelles scandaleux. S'impose de plus en plus le principe d'un dialogue direct
entre l'écrivain et le public, entre celui qui se met en scène comme
auteur et ceux qui, par le biais de la lecture, se reconnaissent en lui.
L'époque connaît une médiatisation de l'écrivain ; les figures
contrastées de Voltaire et de Rousseau en fournissent les meilleurs
exemples. La caution mondaine, l'indépendance économique, la
revendication d'un droit à la parole sur tous les sujets contribuent à

une héroïsation de l'homme de lettres. Le souvenir de l'orateur antique, la crise des valeurs religieuses, le souci qu'a la philosophie de s'adresser à chacun tendent à ce que Paul Bénichou a justement proposé de nommer le sacre de l'écrivain. Voltaire et Rousseau seront parmi les premiers reçus au Panthéon, ce temple laïque de la mémoire nationale en quoi la Révolution transforme l'église Sainte-Geneviève.

Les valeurs des Lumières

Précédé dès 1750 par le prospectus rédigé par Diderot pour présenter aux souscripteurs le projet encyclopédique, suivi par les articles « Art » et « Encyclopédie » dus au même Diderot, le Discours préliminaire par d'Alembert expose une théorie de la connaissance qui définit largement le XVIIIe siècle français et esquisse une théorie du progrès. Il commence par décrire « la généalogie et la filiation de nos connaissances », telles qu'elles avaient été établies par Locke. Durant l'âge classique, le principe avait prévalu des idées innées, selon lequel les idées préexistent chez l'individu qui n'en prendrait conscience que par le développement de la raison : l'individu se débarrasserait ainsi des illusions, inévitablement liées aux sensations, aux préjugés de l'enfance et au poids de la tradition. L'Anglais Locke dont l'œuvre est traduite en français par Coste dès 1700, puis Condillac dans l'*Essai sur l'origine des connaissances humaines* (1746) et dans le *Traité des sensations* (1754) défendent la thèse contraire selon laquelle une expérience sensorielle est antérieure à toute activité intellectuelle. Aux idées innées ils opposent la *table rase* selon laquelle l'enfant en naissant apporterait un esprit vierge, prêt à enregistrer ses premières sensations, à les différencier en agréables ou non, à les comparer, à tirer de cette comparaison une ébauche d'idées. La communication avec ses semblables, l'élaboration du langage permettraient à l'enfant de confronter ses idées ébauchées, de les préciser, d'accéder enfin à l'abstraction. Une idée est ainsi définie comme une sensation transformée.

Condillac recourt à une image pour rendre compte de son hypothèse, celle de la statue de marbre, « organisée intérieurement comme nous et animée d'un esprit privé de toute espèce d'idée ». Il suffit à la statue de disposer d'un seul sens, l'odorat, jugé comme le moins abstrait, le moins intellectuel, pour être frappée par les objets extérieurs et commencer à les classer selon le plaisir ou le désagrément qu'ils lui causent. La comparaison entraîne l'apparition d'un jugement. L'habitude et le développement de la mémoire font passer des sensations mémorisées aux idées. L'appoint des autres sens rapproche par degrés cette statue des capacités complexes propres à l'être humain. Aristote avait déjà affirmé qu'il n'y avait rien dans l'esprit qui n'ait été d'abord dans les sens. D'Alembert reprend après Condillac : « Toutes nos connaissances directes se réduisent à celles que nous recevons par les sens : d'où il s'ensuit que c'est à nos sensations que nous devons toutes nos idées. » Au début du XIXe siècle, on nommera cette théorie le *sensualisme* à cause de la prééminence accordée à la sensation, mais la proximité lexicale avec *sensualité* risque de donner au mot une connotation péjorative et polémique. On parle alors de l'*empirisme*, système selon lequel la connaissance est fondée sur l'expérience. Ce dernier terme est un des maîtres mots du siècle. Avant de désigner la pratique scientifique qui consiste à recréer artificiellement les conditions d'un phénomène pour pouvoir l'observer, l'expérience représente l'ensemble des sensations éprouvées et mémorisées par l'individu qui lui permettent de raisonner sur une réalité vécue et non sur des idées abstraites ou illusoires. L'expérience est censée fournir aux hommes une vérité immédiate qui est du même type que l'évidence rationnelle. C'est ainsi que les hommes des Lumières réconcilient le rationalisme et l'empirisme, par-delà l'opposition entre les systèmes de Locke et de Descartes. La raison s'allie selon eux au réel tel qu'il est rapporté par les sens, pour éliminer les préjugés. Kant donnera pour devise aux Lumières une formule d'Horace, *sapere aude*, ose te servir de ta raison.

Préjugé est aussi un des maîtres mots des Lumières. L'*Encyclopédie* le définit comme un « faux jugement que l'âme porte de la nature des choses, après un exercice insuffisant des facultés intellectuelles », elle ajoute : « Ce fruit malheureux de l'ignorance prévient l'esprit, l'aveugle et le captive », mais évoque ensuite une « pente de l'âme vers l'égarement », car « l'esprit humain, loin de ressembler à ce cristal fidèle, dont la surface égale perçoit les rayons et les transmet sans altération, est bien plutôt une espèce de miroir magique qui défigure les objets et ne présente que des ombres et des monstres ». Deux conceptions différentes de la nature et de l'homme se distinguent dans l'article. L'homme est spontanément raisonnable, et toute erreur de jugement viendrait d'une connaissance insuffisante ou d'un mensonge volontaire diffusé par des imposteurs. Ou bien l'homme est naturellement faible et n'accède à la connaissance rationnelle qu'au prix d'un effort sur lui-même. Dans leur lutte contre l'Eglise et le despotisme, les Lumières ont souvent défini les préjugés comme des illusions imposées aux peuples par les prêtres et les tyrans pour les éloigner de la nature et les soumettre à leur pouvoir. Les titres sont significatifs : d'Holbach publie en 1768 les *Lettres à Eugénie, ou Préservatif contre les préjugés* et une traduction des *Letters to Serena* de l'Anglais John Toland sous le titre de *Lettres philosophiques sur l'origine des préjugés,* etc., puis en 1770 l'*Essai sur les préjugés, ou de l'influence des opinions sur les mœurs et sur le bonheur des hommes* par M. D. M. (Dumarsais). La Révolution accentue le contenu politique et social du terme, l'avocat Bergasse compose des *Observations sur le préjugé de la noblesse héréditaire* en 1789 et le conventionnel Lequinio *Les Préjugés détruits* en 1792. La fiction prend le relais, le préjugé dans les comédies et les romans concerne surtout l'inégalité de condition qui empêche des jeunes gens de s'aimer et de se marier. Marivaux donne en 1746 *Le Préjugé vaincu* et Voltaire trois ans plus tard *Nanine ou le préjugé vaincu.* Des romancières, Mme Falques puis Mme Gacon-Dufour, exploitent le même filon : la première publie en 1755 *Les Préjugés trop bravés et trop suivis* qui devient, près de vingt plus tard, *Le Danger des préjugés* et la seconde *Le Préjugé vaincu, ou lettres de Mme la comtesse de ** et de Mme de ** réfugiée en Angleterre.*(1787).

L'ambivalence du préjugé, extérieur ou intérieur à l'être humain, est aussi celle de la nature à laquelle tout le siècle se réfère pour désigner tantôt une réalité immanente qui peut être connue par l'expérience et transformée par le travail des hommes, tantôt une providence à peine laïcisée qui aurait assuré à l'humanité un bonheur sur terre dont celle-ci se détournerait. Jean Ehrard a superbement montré comment, au cours du siècle, une notion descriptive devient une valeur prescriptive, comment une idée-force se retourne en idée-frein. Le dynamisme critique d'une nature qui est constat des réalités diverses de la matière et de l'être humain, opposées à une tradition figée, risque de se crisper à son tour en norme polémique. Les philosophes des Lumières ne cessent de faire parler la Nature. Les *Pensées sur l'interprétation de la nature* (1754) de Diderot s'ouvrent par cette déclaration : « C'est de la nature que je vais écrire. » Au nom de la nature, Diderot récuse toutes les religions qui réduisent le grand tout à des explications limitatives. Il se garde de refermer son propre essai qu'il a choisi de composer sous forme de pensées discontinues et qu'il achève par une série de questions ouvertes. Le *Système de la nature* de d'Holbach, auquel le même Diderot a peut-être participé, commence par préciser : « Lorsque, dans le cours de cet ouvrage, je dis que la nature produit un effet, je ne prétends point personnifier cette nature, qui est un être abstrait, mais j'entends que l'effet dont je parle est le résultat nécessaire des propriétés de quelqu'un des êtres qui composent le grand ensemble que nous voyons. » Le même traité s'achève par une prosopopée de la nature qui s'adresse à l'homme religieux : « Reviens donc, enfant transfuge, reviens à la nature ! Elle te consolera ; elle chassera de ton cœur ces craintes qui t'accablent, ces inquiétudes qui te déchirent, ces transports qui t'agitent, ces chaînes qui te séparent des hommes que tu dois aimer. » La rhétorique emporte les scrupules méthodologiques de la note initiale. La plupart des philosophies, des codes, des catéchismes de la nature qui se multiplient durant la seconde moitié du XVIIIᵉ siècle lui font jouer la même fonction double, de réalité scientifiquement tangible et de valeur moralement normative.

Le prêtre parlait au nom d'une révélation, d'un Dieu ; le philosophe s'adresse à ses semblables au nom de la nature. Le premier prêchait le souci du salut éternel, le dépassement des plaisirs terrestres, l'indifférence aux séductions des sens. Le second réhabilite l'homme physique qui ne peut accéder à la pensée sans l'expérience sensorielle, ni à l'équilibre personnel et collectif sans satisfaction sensuelle. Les valeurs traditionnelles de l'ascèse individuelle sont remplacées par le sens du dévouement au bien public. Ce que le christianisme nomme charité est nommé d'un néologisme de l'époque, la bienfaisance. Telle est la définition que Voltaire donne de la vertu pour clore son *Dictionnaire philosophique* : « Qu'est-ce que vertu ? Bienfaisance envers le prochain [...] Mais que deviendront les vertus cardinales et théologales ? Quelques-unes resteront dans les écoles. » Et Voltaire d'écarter la foi et l'espérance, la tempérance et la prudence comme autant d'excellentes qualités qui ne sont pas à proprement la vertu, définie par la seule utilité sociale. La laïcisation des valeurs religieuses amène à substituer au salut dans l'au-delà l'idée de bonheur ici-bas et maintenant, épanouissement individuel et collectif.

Robert Mauzi a montré les hésitations de l'époque dans l'analyse d'un bonheur, fondé sur le repos, la stabilité et la permanence ou bien sur le mouvement, le changement et l'intensité. L'autre nœud théorique du temps concerne la complémentarité des bonheurs. Les Lumières tendent à considérer l'être humain comme un individu qu'elles dotent de la pitié ou de la sociabilité pour l'accorder avec ses semblables. La doctrine libérale postule une adéquation des intérêts particuliers à l'intérêt général, de même les bonheurs individuels doivent concourir à la félicité publique. L'axiome est susceptible d'interprétations et d'infléchissements. Selon les auteurs, l'accent est mis sur le droit au bonheur individuel ou sur le bonheur du plus grand nombre, sur la rationalité qui détermine l'intérêt bien compris ou sur l'entraînement émotif qui, par plaisir moral, fait secourir le voisin. Les paradoxes de Sade à la fin du siècle placent un coin dans cette possible contradiction entre l'égoïste recherche du plaisir individuel et la reconnaissance du plaisir d'autrui. Tout le siècle a répété que l'être humain, dégagé du péché originel, est intrinsèquement bon, rationnel et vertueux dans une nature providentielle. Le marquis scélérat oppose à cet idéalisme moral la réalité d'une nature où les espèces s'entre-dévorent, où il n'est pas de vie qui ne naisse de la destruction et où le plaisir des hommes, ou du moins des plus énergiques d'entre eux, proviendrait de la souffrance causée à autrui. Le XIXe siècle nommera *sadisme* cette tendance que Sade appelle l'*isolisme*, solitude radicale de l'homme, livrée à une nature hostile, à une société conflictuelle. Défenseurs et adversaires des Lumières présenteront Sade comme le retour au dogme du péché originel ou, au contraire, comme le dernier mot d'une philosophie qui a rompu les amarres avec toute transcendance. Comme le dernier grand féodal et théologien paradoxal ou comme un philosophe poussant jusqu'à leurs limites la réhabilitation du plaisir et la légitimation du bonheur.

Il n'est pas besoin d'être l'auteur de *Justine* pour constater que, dans la société, la vertu est souvent malheureuse et le vice triomphant. Selon les philosophes, de telles contradictions viennent d'une politique irrationnelle. Ils placent leur espoir dans une transformation, par la réforme ou par la révolution, du désordre existant, dans une éducation de l'homme et un progrès de l'humanité. A une conception statique, fixiste, qui valorise l'immobilité, ils préfèrent une vision dynamique de l'être humain, mû par son inquiétude, son insatisfaction fondamentale. Cet être est *perfectible*, susceptible d'un progrès, ce qui ne signifie ni l'assurance d'une amélioration continue et régulière ni même la certitude d'une amélioration matérielle et morale. De Turgot à Condorcet, les Lumières proclament leur foi dans le progrès, mais Jean-Jacques Rousseau rappelle que le développement technique et matériel de l'homme risque de s'accompagner d'une perte des qualités morales. Condorcet lui-même parle des progrès de l'esprit humain, ce qui ne se confond pas avec ceux de l'humanité. L'esprit humain est le principe positif d'une humanité, travaillée par des besoins et des contradictions qui freinent son développement et imposent parfois des retours en arrière. Si le Discours préliminaire de l'*Encyclopédie* dessine la marche victorieuse de la raison humaine, l'*Essai sur les mœurs* de Voltaire et bien des traités historiques du XVIIIe siècle se font les greffiers des violences, guerres et carnages qui transforment le passé en cauchemar.

   Du déisme voltairien à l'athéisme holbachique, du paradoxe rousseauiste sur le progrès aux espoirs de Condorcet, du conformisme social au radicalisme révolutionnaire, les Lumières représentent une tendance générale du siècle, diversifiée, éclatée. Elles n'épuisent pourtant pas la vie intellectuelle de ce siècle et l'on parle parfois d'Anti-Lumières pour fédérer les résistances à l'esprit nouveau qui sont elles-mêmes fort différentes. On peut avec Jean Deprun distinguer entre la permanence d'une pensée dualiste et spiritualiste, d'inspiration volontiers cartésienne et malebranchiste, l'activité de groupes hostiles à la mainmise des institutions par le groupe des encyclopédistes, et la mouvance mystique. A la veille de 1750, on publie l'original latin puis la traduction française de l'*Anti-Lucrèce* du cardinal de Polignac, ainsi que la *Défense du sentiment du père Malebranche sur la nature et l'origine des idées contre l'examen de M. Locke* du cardinal Gerdil. Plus tard, Le Large de Lignac oppose à Locke, à Helvétius, à tous les défenseurs du sensualisme, l'évidence de son sens intime, la continuité du moi et la force du jugement, indépendamment des sens : il publie en 1753 les *Eléments de métaphysique tirés de l'expérience* et en 1760 le *Témoignage du sens intime*. La fin du siècle et la Révolution voient se développer des philosophies originales qui critiquent le sensualisme mais récupèrent dans le cadre de la création divine une vision dynamique de l'homme et de la société. Louis-Claude de Saint-Martin polémique avec Garat, représentant du sensualisme, mais il n'est solidaire ni d'un catholicisme compromis avec l'Ancien Régime, ni d'aucune Eglise institutionnalisée (voir p. 460). L'abbé Lamourette (1742-1794), auteur des *Délices de la religion* (1788) et des *Pensées sur la philosophie de la foi* (1789), ainsi que les auteurs du Cercle social proposent de même des syncrétismes ou des alliances conceptuelles originales, qu'on simplifie en les classant hâtivement parmi les Lumières ou parmi les Anti-Lumières. Le cas de Jean-Jacques Rousseau illustre une évolution individuelle, de l'*Encyclopédie* à la défense de la foi, mais aussi les usages contradictoires qui peuvent être faits d'une même œuvre, tour à tour révolutionnaire et conservatrice.

Un deuxième ensemble d'auteurs et de textes s'inscrivent directement dans la lutte contre les Lumières, considérées comme un clan ou une clique à la conquête de l'Etat et dans la défense de l'ordre monarchique et catholique traditionnel. Ils sont suscités par la crise autour de l'*Encyclopédie*, du *Dictionnaire philosophique* ou du *Système de la nature*. On distingue parmi eux Nicolas Sylvestre Bergier (1718-1790), chanoine de Notre-Dame et confesseur de Mesdames, tantes de Louis XV, qui fréquentait souvent les mêmes salons que les philosophes, mais argumentait contre eux dans *Le Déisme réfuté par lui-même* (1765), la *Certitude des preuves du christianisme* (1768), l'*Apologie de la religion chrétienne* (1769), la *Réfutation du Système de la nature* (1771). Un troisième ensemble enfin se situe à l'écart de toute polémique, de tout engagement dans le siècle. Il s'agit des mystiques qui se consacrent à l'adoration de Dieu et à l'anéantissement du moi. Leurs témoignages sont souvent publiés après leur mort, c'est le cas des *Réflexions spirituelles* du P. Berthier en 1790, des *Lettres spirituelles* du P. Milley en 1791. Il faudra même attendre 1833 pour que soient publiés le *Manuel des âmes intérieures* du P. Grou et 1861, l'*Abandon à la Providence divine* du P. de Caussade. Défense philosophique du dualisme, défense politique et idéologique de l'Ancien Régime, oubli du monde et du moi, autant de négations des valeurs des Lumières.

Le savoir et les sommes encyclopédiques

En quelques années, le public a vu paraître l'*Essai sur l'origine des connaissances humaines* de Condillac (1746), *L'Esprit des lois* de Montesquieu (1748), les premiers volumes de l'*Histoire naturelle* de Buffon (1749), autant de synthèses qui renouvellent la connaissance de la nature et de la société. Au tournant du siècle, l'*Encyclopédie* se veut le « dictionnaire raisonné des sciences, des arts et des métiers », mis en ordre par MM. Diderot et d'Alembert. On a vu que le prospectus, rédigé par le premier d'entre eux, et le Discours préliminaire, dû au second, valent comme un manifeste de la pensée nouvelle, à la fois histoire de l'esprit humain et discours de la méthode expérimentale. Un système des connaissances humaines répartit ensuite les productions humaines autour des trois facultés, mémoire, raison et imagination. Il assure une mise en réseau de l'ensemble des connaissances, ordonnées selon l'ordre alphabétique. Le double système, logique et lexical, marque le dynamisme d'une pensée qui ne peut s'immobiliser et doit multiplier les relations, il déjoue également la censure, en déplaçant ironiquement les développements sulfureux d'un article attendu à un autre qui l'est moins et en organisant un jeu de cache-cache entre rédacteurs, lecteurs et autorités.

D'Alembert présente à la fin du Discours préliminaire les collaborateurs de l'ouvrage : Daubenton, l'adjoint de Buffon, pour l'histoire naturelle, l'abbé Mallet et l'abbé Yvon pour la métaphysique et la morale, Dumarsais pour la grammaire, Toussaint pour le droit, Rousseau pour la musique, d'Holbach pour la chimie, etc. Montesquieu donne l'article « Goût » et Saint-Lambert l'article « Génie ». Voltaire finalement composera son propre *Dictionnaire philosophique*, puis *Questions sur l'Encyclopédie*. Une mention particulière doit être réservée au marquis de Jaucourt (1704-1779), auteur de travaux sur la philosophie de Leibniz, sensibilisé par ses origines protestantes aux droits de l'homme, devenu progressivement un des principaux collaborateurs de l'*Encyclopédie*. Au-delà de tous les rédacteurs d'articles, Diderot s'est appuyé sur les informations fournies par de nombreux professionnels et ingénieurs. La philosophie dont se réclame l'entreprise est en effet à la fois abstraite et concrète, conceptuelle et pratique. Elle s'adresse à un public, réunissant gens de loisir et gens de métier, mêlant la culture classique aux techniques contemporaines de l'agriculture et de l'artisanat. Le système des renvois invite chaque lecteur à dessiner son propre itinéraire à travers le labyrinthe du savoir. La diversité des disciplines permet des utilisations professionnelles et individualisées des volumes. Cette dimension technique est renforcée par la complémentarité entre la partie proprement rédigée et les planches qui suivent. Ces planches ont fait l'objet d'une collecte de documents, Diderot a utilisé des recueils existants (dont la *Description des arts et métiers* préparée par l'Académie des sciences) et employé une équipe de dessinateurs et de graveurs.

L'histoire de la publication est celle d'un combat, économique, politique, idéologique. Ce qui ne devait être à l'origine que la traduction de la *Cyclopædia, or Universal Dictionary of Arts and Sciences* de l'Anglais Chambers est devenu un projet indépendant et ambitieux qui a nécessité l'alliance de plusieurs libraires et l'appel à des sous-cripteurs. Le premier volume paraît en 1751 avec privilège. Dès la fin de cette année, les Jésuites attaquent l'entreprise à travers un de ses collaborateurs, l'abbé de Prades, dont les thèses de théologie sont condamnées par la Sorbonne. Au début de 1752, le Conseil du roi interdit la diffusion des deux premiers volumes. Malesherbes aide Diderot et d'Alembert à franchir ce premier cap. Les attaques deviennent plus vives, après l'attentat de Damiens (1757) qui alourdit le climat politique. L'*Encyclopédie* est condamnée par le Parlement en même temps que *De l'esprit* d'Helvétius. Les autorités religieuses ne sont pas en reste. Jésuites et jansénistes s'accordent pour une fois. Le Conseil du roi révoque le privilège et ordonne le remboursement des souscripteurs. Pour éviter la banqueroute, Malesherbes suggère que soient imprimés les volumes de planches qui dédommageront les souscripteurs. Un nouveau privilège est accordé pour eux. D'Alembert limite désormais sa collaboration à des articles de mathématiques, mais Diderot continue le travail éditorial. Il est attaqué comme plagiaire et comme écrivain. La démission de Malesherbes en octobre 1763 semble le laisser sans protection, mais son successeur, Sartine, reste favorable à l'entreprise et le principal ennemi, la Compagnie de Jésus, vient d'être supprimé. Diderot découvre que le libraire Le Breton a pris l'initiative de censurer les articles jugés dangereux dans les volumes VIII à XIV. Catherine II propose au philosophe de venir achever l'*Encyclopédie* chez elle en Russie. Les derniers volumes sont pourtant imprimés à Paris, avec la complicité tacite des autorités, sous le couvert de Samuel Fauche, un des éditeurs de la Société typographique de Neuchâtel. Finalement les souscripteurs auront reçu 17 volumes de textes et 11 de planches, ainsi qu'un frontispice gravé par Charles Nicolas Cochin : sur fond de portique grec, la raison entreprend de dévoiler la vérité, au milieu de toutes les muses et sciences, portant les attributs de leur discipline. Le tirage a été de 4 225 collections dont 2 000 semblent avoir été diffusées en France et 200 et quelques à l'étranger.

Diderot a accompli sa tâche, il peut partir pour Saint-Pétersbourg. Le texte encyclopédique n'en finit pourtant pas de se répandre et d'essaimer. Un *Supplément* est imprimé par Panckoucke, avec une relève dans les collaborateurs : Condorcet, Lalande. Marmontel signent les articles de littérature, tandis que la nouvelle esthétique allemande apparaît dans plusieurs articles sur les Beaux-Arts. Des éditions sont publiées en Italie et en Suisse, à Lucques de 1758 à 1776, à Livourne de 1770 à 1776, à Genève de 1771 à 1773. Des éditions in-quarto puis in-octavo prennent le relais à Genève, à Neuchâtel, à Berne, à Lausanne, à Yverdon. C'est ensuite l'*Encyclopédie méthodique*, contrôlée par Panckoucke, qui réorganise la matière en rompant avec l'ordre lexical et en composant des ensembles par disciplines. Le projet militant laisse souvent place à un monument, construit souvent par les représentants des institutions officielles. Le prospectus fait appel aux souscripteurs en 1782. Le premier volume paraît dix ans plus tard. La collection devait comprendre 42 volumes in-4° ou bien 84 volumes in-8° de texte. Elle comprendra finalement, en 1832, 157 volumes de texte et 53 de planches. L'entreprise assure la transition d'un siècle à l'autre.

L'idée de synthèse du savoir est présente dans d'autres grandes entreprises collectives qui ont suscité autant de combats. L'*Histoire naturelle* lancée par Buffon et Daubenton paraît en 36 volumes durant un demi-siècle, de 1749 à 1789. Les premiers volumes n'ont été examinés ni par les censeurs ni par l'Académie des sciences dont Buffon est membre. Dès 1751, la Sorbonne s'inquiète de certaines propositions. Mais la position de l'intendant du Jardin du roi, faisant publier son travail par l'imprimerie royale et possédant une fortune personnelle, est plus solide que celle de Diderot. En 1779, le volume des *Epoques de la nature*, qui interprète métaphoriquement la Genèse, provoque une condamnation explicite. A chaque fois, Buffon se soumet formellement et poursuit son travail scientifique qui consiste à mettre en relation une description et une explication des phénomènes de la nature. Nombreux avant Buffon sont les naturalistes qui observent la nature, qui utilisent les ressources nouvelles offertes par le microscope, qui classent les espèces ; Buffon ne se contente pas de décrire ou d'épuiser un secteur particulier de la réalité, il veut composer une histoire générale de la nature et rendre compte des opérations de cette nature qui n'est pas sans doute un être idéal et providentiel, mais prend pourtant la place accordée par les théologiens et bien des naturalistes au Créateur. Aussi Buffon a-t-il subi les attaques des défenseurs du christianisme ainsi que celles des scientifiques, choqués de son ambition généraliste et du décalage entre l'état des connaissances et l'ampleur de la synthèse. Il ne compose pas un traité de spécialistes, il écrit dans une langue littéraire dont il propose la théorie dans son discours de réception à l'Académie, connu sous le titre de discours sur le style. Il s'adresse au nouveau public lettré.

Biographie de Buffon

1707   Naissance à Montbard de Georges Louis Leclerc

1717   Son père acquiert la terre de Buffon, ainsi que les droits seigneuriaux de Montbard

1720   Etudes chez les Jésuites de Dijon, avec Charles de Brosses comme condisciple

1726-1728   Etudes de droit puis de médecine

1730-1731   « Grand Tour » en France, Suisse et Italie

1732   Installation à Montbard, expériences scientifiques

1734 et 1739 Adjoint, puis associé à l'Académie des sciences, intendant du Jardin du roi (actuel Jardin des plantes)

1740   Traduction de la *Méthode des fluxions et des suites infinies* de Newton

1749   Trois premiers volumes de l'*Histoire naturelle*

1753   Election à l'Académie française, Discours sur le style

1770   *Histoire naturelle des oiseaux* avec Gueneau de Montbeillard et l'abbé Bexon

1772   Louis XV érige les terres de Buffon en comté

1778   *Les Epoques de la nature*

1788   Mort de Buffon

1789   Dernier tome de l'*Histoire naturelle*

Les trois premiers volumes concernent l'histoire de la terre et des planètes, puis l'histoire naturelle de l'homme. Ils s'ouvrent par un « Premier Discours » qui vaut le Discours préliminaire de l'*Encyclopédie* et qui propose de concilier l'expérience quotidienne avec les hypothèses cosmologiques. Abandonnant la classification de Linné, Buffon décrit les animaux selon l'ordre dans lequel un Européen du XVIIIᵉ siècle pouvait les découvrir. Les animaux domestiques s'offrent les premiers au regard et à la connaissance. Ils sont décrits de l'extérieur et de l'intérieur, tels que les pratiquent les gens de la campagne et les aristocrates de retour sur leurs terres. Ils sont restitués dans leur existence, dans leur énergie vitale. Alors que les naturalistes s'attachaient au détail de la morphologie pour dresser une taxinomie, Buffon rend compte d'une vie animale pour saisir l'opération de la nature. Il se situe à la fois en deçà et au-delà de la classification traditionnelle. En deçà puisqu'il demeure plus proche de l'expérience quotidienne, au-delà puisqu'il vise une explication globale de la nature. Il n'hésite pas à placer l'homme dans le cadre de cette histoire naturelle, mais se réfère au dualisme cartésien qui confère à cet être humain un statut particulier dans l'ensemble de la nature. Toutes ces analyses établissent un équilibre entre le spiritualisme affiché et des développements qu'on peut traiter de matérialistes. Les historiens aujourd'hui discutent de cette alliance. Certains plaident pour un spiritualisme sincère de Buffon. D'autres avec Jacques Roger croient à la prudence de celui qui n'a pas voulu heurter de front l'autorité. Le sens de la synthèse est également sensible dans sa théorie de la reproduction qui tente de dépasser la contradiction entre les *ovistes*, partisans d'une prééminence de l'élément maternel, et les *animalculistes*, insistant sur l'importance de l'animalcule paternel ou spermatozoïde. Mais ce débat en cache un autre, plus fondamental : les êtres sont-ils tout formés dans un germe, préexistent-ils à leur naissance ? Buffon commence à penser la reproduction, sans s'émanciper totalement de l'idée de germe qui serait l'être futur en réduction. Il s'efforce de rendre compte de l'hérédité qui montre l'évolution des espèces, sans pouvoir renoncer à une préexistence. Son *Histoire naturelle* est un ensemble composite qui discute des grands problèmes scientifiques du temps mais constitue également un tableau pittoresque de la nature, destiné à une large diffusion pédagogique et mondaine durant plus d'un siècle.

L'*Histoire des deux Indes* est une autre des entreprises intellectuelles qui ont mobilisé les énergies et provoqué les passions. Dans l'*Histoire naturelle générale et particulière* de Buffon, on a vu l'importance des adjectifs général et *particulier*. Le titre exact, *Histoire philosophique et politique du commerce et des établissements des Européens dans les deux Indes*, mérite également un commentaire. *Philosophique* renvoie aux valeurs nouvelles et *politique* souligne les enjeux d'un débat qui pourrait sembler purement économique et colonial. Les deux Indes désignent l'Orient et l'Amérique, depuis les premières découvertes du XVIe siècle. Le livre pouvait n'être qu'un manuel pour le commerce outre-mer, de même que l'*Encyclopédie* aurait pu n'être qu'un recueil de renseignements et de figures des arts et métiers, l'*Histoire naturelle* une galerie d'espèces animales. C'est dans ce sens que le projet est soutenu par le ministère de la Marine qui a la charge des colonies et qu'il est confié à l'abbé Raynal (1713-1796), homme d'Eglise passé à la Philosophie, journaliste et responsable de compilations historiques. Raynal rassemble une vaste documentation et réunit des collaborateurs. Le point de vue de la métropole est dominant : le plan adopté étudie successivement les empires coloniaux de chaque puissance européenne : le Portugal, l'Espagne, la Hollande, l'Angleterre, la France. Chaque pays fait l'objet d'un tableau géographique et climatique, d'une étude de la faune et de la flore et des ressources économiques, puis d'une chronologie de la colonisation et des rivalités entre métropoles. Mais cette *Histoire des deux Indes* se veut *philosophique* et *politique* : plusieurs collaborateurs, au premier rang desquels Diderot, ont intercalé dans cette description des pays de vibrants plaidoyers pour un changement politique.

La collection est une somme des Lumières comme encouragement aux échanges et au développement économique, mais c'est aussi un des brûlots de la philosophie nouvelle comme appel à la révolte des esclaves et à l'émancipation des colonies. Yves Benot a parlé de « contradictions et incohérence » érigées en système de composition. Ce sont celles de l'équipe autour de Raynal, ce sont aussi celles de tout un siècle qui donne naissance au libéralisme et au socialisme, qui insiste sur la libre entreprise ou sur les droits de l'homme. La première édition parut en 1770 en Hollande, à La Haye, et fut diffusée en 1772, la seconde suivit en 1774 et la troisième en 1780. Cette troisième édition est considérablement augmentée, mais aussi signée et assumée par Raynal. C'est dans cette troisième édition que la participation de Diderot est la plus sensible, sous forme de morceaux rhétoriques et d'appels au lecteur. Diderot s'adresse tantôt aux puissants en vue d'une réforme, tantôt aux esclaves et aux colonisés en vue d'une révolte. La première perspective est sensible dans le programme de réformes adressé au jeune Louis XVI : « Jeune prince, toi qui as pu conserver l'horreur du vice et de la dissipation, au milieu de la cour la plus dissolue et sous le plus inepte des instituteurs, daigne m'écouter avec indulgence, parce que je suis homme de bien et un de tes meilleurs sujets, parce que je n'ai aucune prétention à tes grâces et que, le matin et le soir, je lève des mains pures vers le Ciel pour le bonheur de l'espèce humaine et pour la prospérité de ton règne. » Le philosophe se situe ici en observateur historique, en conscience morale et en conseiller, indépendant de l'autorité royale. Médiateur entre le ciel et la terre, entre les peuples et le souverain, il bénéficie d'une sacralité réservée autrefois aux prêtres. Mais ce même philosophe envisage l'éventualité d'un échec des réformes et la nécessité d'un appel à l'insurrection : « Peuples dont les rugissements ont fait trembler tant de fois vos maîtres, qu'attendez-vous? Pour quel moment réservez-vous vos flambeaux et les pierres qui pavent vos rues? Arrachez-les... » On ne s'étonne pas que Raynal ait dû fuir pour éviter l'arrestation. Durant cinq ans, il séjourna à Liège, en Allemagne et à Neuchâtel, avant d'obtenir l'autorisation de revenir en France avec assignation à résidence dans le Languedoc et le Roussillon. La Révolution donna une actualité nouvelle et paradoxale aux contradictions de l'*Histoire des deux Indes*. Elle salua Raynal comme un apôtre de la liberté et découvrit avec indignation son *Adresse à l'Assemblée nationale*, monarchiste et conservatrice. Une telle prise de position aida à voir la part prise par Diderot dans la rédaction de l'*Histoire des deux Indes*.

Le temps et l'écriture fugitive

Tandis que se constituaient ces savantes accumulations de connaissances, la vie intellectuelle épousait les rythmes de l'actualité. D'un côté les volumes de l'*Encyclopédie* et autres synthèses dressent des monuments du savoir. De l'autre, la conversation se déploie, les lettres s'échangent, les articles se succèdent. L'esprit de l'époque s'inscrit dans la durée avec des entreprises de longue haleine et dans l'instant avec le mot et la formule. La conversation est apparue à l'Europe du temps comme une des caractéristiques de la France et elle nous apparaît aujourd'hui comme un des traits du XVIIIe siècle. La civilité classique y trouve une perfection dans l'élargissement de la vie de cour à la vie des salons, puis des salons à presque toute la société, par l'intermédiaire des gazettes et des périodiques. Un art de vivre y rencontre le goût des idées, une sociabilité s'y conjugue avec l'assouplissement des hiérarchies traditionnelles, le savoir s'y érotise. Sous le signe du féminin, on apprécie particulièrement la suggestion et la litote, une façon d'évoquer sans dire le glissement d'un sujet à l'autre, le refus de tout ce qui pèse et qui pose. Parmi les grands salons du demi-siècle, ceux de Mme Du Deffand et de Mme Geoffrin sont les plus connus. Sous le Directoire, Mme de Staël entend perpétuer cette lignée. Elle décrit dans *De l'Allemagne* ce plaisir typiquement français de jouer avec les idées et les mots : « C'est une certaine manière d'agir les uns sur les autres, de se faire plaisir réciproquement et avec rapidité, de parler aussitôt qu'on pense, de jouir à l'instant de soi-même, d'être applaudi sans travail, de manifester son esprit dans toutes les nuances par l'accent, le geste, le regard, enfin de produire à volonté comme une espèce d'électricité qui fait jaillir des étincelles. » Durant ces mêmes années de l'Empire, Jacques Delille se remémore nostalgiquement le salon de Mme Geoffrin dont il fut un familier avant la Révolution. Dans la continuité de poèmes savants depuis l'*Ars confabulendi* du P. Tarillon (1693), *La Conversation* (1812) consacre les deux premiers chants aux torts de l'esprit et du caractère sous la forme d'une galerie de portraits qui fait défiler l'érudit et l'esprit léger, le bavard et le minutieux, etc., puis l'égoïste et l'indifférent, le babillard et le curieux, etc. La conversation est échange et commerce, dans un double refus de la tyrannie démagogique et d'une monarchie absolue. Elle permet de sublimer les agressivités, de transformer la violence en plaisir quasi physique, dont rendent compte deux métaphores sportives. Delille récuse la boxe, sport sanglant, et compare la conversation à l'escrime ainsi qu'au jeu de paume :

> La balle, dans ce jeu, volant de main en main,
> Court, tombe, se relève, et reprend son chemin :
> Des conversations c'est l'image fidèle
> [...] Sans cesse allant, venant, revenant tour à tour,
> Exacte à son départ, exacte à son retour,
> Avec la même ardeur et par la même voie,
> Chaque parti l'attend, l'arrête et la renvoie.

La correspondance est un prolongement de la conversation. Les épistoliers conservent à distance la même liberté, ils se donnent l'illusion d'être toujours ensemble, ils s'écrivent pour se convaincre qu'ils vont bientôt se revoir. Mme Du Deffand écrit à Voltaire en 1760 : « Je comprends très aisément que vous ne regrettiez point ce pays-ci ; mais je vous prie d'avoir assez bonne opinion de moi pour comprendre combien je vous regrette. Vous seriez bien nécessaire pour empêcher la perte totale du goût. » De lettre en lettre, le badinage se poursuit entre la vieille dame que les années n'empêchent pas d'être coquette et le patriarche de Ferney qui se souvient de ses galanteries de jeune homme. « Rien n'est si agréable qu'un commerce où l'on se dit tout ce qui passe par la tête », soupire Mme Du Deffand. « Je suis toujours inconsolable d'avoir quitté Paris, et encore plus inconsolable de n'avoir reçu aucune nouvelle ni de vous, ni du paresseux philosophe » : à peine a-t-il quitté Paris pour le royaume de Naples, l'abbé Galiani se plaint de s'exiler loin de l'esprit et de ses amis, Mme d'Epinay à qui la lettre est adressée, et Diderot. Mme d'Epinay se défend et proteste de sa fidélité. Les amis se chamaillent, échangent des nouvelles, se disent leur peine d'être séparés. « Les plantes se dénaturent en changeant de sol, et moi j'étais une plante parisienne », se plaint encore l'abbé napolitain. Diderot également quand il s'éloigne de Sophie Volland lui fait vivre par procuration les charmes de la sociabilité entre philosophes. Quand il monte du salon à sa chambre pour s'entretenir avec elle, la conversation se poursuit, les arguments s'échangent, les aveux intimes se mêlent aux réflexions théoriques, les déclarations d'amour aux potins. La lettre marque le refus de la rhétorique, de l'étiquette, de la théâtralité sociale, elle se veut liberté et authenticité. Elle peut devenir tragique, sous la plume, par exemple, de Mlle de Lespinasse (1732-1776), fille naturelle d'une grande dame, recueillie par Mme Du Deffand puis brouillée avec elle, aimée de d'Alembert, tombée amoureuse du marquis de Mora, puis du chevalier de Guibert. Elle avoue les ravages de la passion avec des accents qui rappellent ceux de la religieuse portugaise. Si l'exil n'aigrit pas le style de la duchesse de Choiseul, la prison donne une véhémence accrue à des tempéraments comme ceux de Mirabeau qui entretient une correspondance brûlante avec sa Sophie, ou de Sade qui accable sa femme de recommandations et de sarcasmes, et réserve à sa gouvernante, Mlle de Rousset, un peu de complicité intellectuelle.

Conversation et correspondance conservent des rapports étroits avec la littérature. Les échanges dans les salons ou les cafés trouvent un écho dans tous les dialogues écrits, entretiens ou conversations que le siècle affectionne. Le genre du dialogue philosophique est rénové par la réalité de la vie mondaine. Dans *Le Neveu de Rameau*, Diderot se souvient de l'atmosphère du café de la Régence et ses nombreux dialogues gardent l'aisance des discussions chez le baron d'Holbach. *Le Rêve de d'Alembert* met en scène des êtres bien réels, d'Alembert et Mlle de Lespinasse, Bordeu et Diderot lui-même (voir p. 322). Inversement les traités de rhétorique donnent des conseils pour prendre la parole en société et donner l'apparence du naturel. Les correspondances quant à elles sont en continuité avec la fiction épistolaire qui, Richardson et Rousseau aidant, devient la principale forme romanesque du demi-siècle. Les romans miment les correspondances réelles qui, elles-mêmes, sont influencées par les œuvres littéraires. Des recueils comme celui des lettres que Voltaire aurait envoyées de Berlin à Mme Denis ou l'*Histoire de*

Mme de Montbrillant par Mme d'Epinay se situent à mi-chemin entre le document et la fiction, la réalité et la mystification.

Aucune frontière étanche ne sépare non plus les lettres personnelles des gazettes à la main, et les « correspondances littéraires » manuscrites des journaux imprimés. Le développement d'une presse périodique, apparue un siècle plus tôt, caractérise, on l'a vu, les Lumières et participe à la constitution d'une opinion publique. Ce développement s'accélère à partir du milieu du siècle et devient vertigineux à l'approche de la Révolution, puis après 1789, tandis que des gazettes continuent d'arriver de l'étranger. Un magnat de la presse contribue à cette expansion, Panckoucke, qui lance parallèlement l'*Encyclopédie méthodique*. La souscription et l'échelonnement dans le temps rapprochent l'objet encyclopédique et le périodique. De nombreuses publications se présentent aussi en série pour suivre la clientèle et s'adapter à sa demande. Le premier quotidien en France est le *Journal de Paris* en 1777, tandis qu'apparaît une presse spécialisée : *Journal économique* (1751-1772), doublé par les organes des physiocrates, *Ephémérides du citoyen* (1765-1772) et *Nouvelles Ephémérides économiques* (1774-1788), *Journal de médecine* (1754-1793), *Journal des dames* (1759-1777). On pourrait multiplier les titres qui sont maintenant répertoriés par le dictionnaire de Jean Sgard.

Le périodique transforme les rapports entre l'écriture, la lecture, la vérité et le temps. Les événements rapportés par les journalistes se rapprochent, une familiarité s'établit entre l'ailleurs et l'ici, le pouvoir et le public. La mise en page des périodiques sur grand format et surtout celle des gazettes habituent à une lecture fragmentée qui, elle-même, selon la formule de Claude Labrosse et Pierre Rétat, renvoie à un monde dispersé. La découverte de l'*Encyclopédie* suppose un itinéraire à travers l'ordre lexical, en suivant l'arbre des connaissances et les renvois ; celle d'une gazette invite à une confrontation d'informations qui sont datées, situées, rapportées à une origine. L'opinion devient l'enjeu d'une bataille de nouvelles. Les articles de journaux sont relayés par les brochures, les mémoires judiciaires et les livres même qui perdent leur statut de monument intemporel pour devenir des contributions relatives et historiques. La familiarité du lecteur avec la presse est manifeste avec l'apparition de la lettre de lecteur. Un dialogue s'établit entre ceux dont la lecture n'est pas attente passive et les rédacteurs qui ont besoin des informations et des réactions de leur public. On trouve la trace d'un dialogue similaire dans les recueils de fictions qui sont publiés épisodiquement : Rétif de La Bretonne ou Baculard d'Arnaud font appel aux histoires dont auront été témoins leurs lecteurs et tirent de cet appel une garantie d'authenticité pour toutes leurs nouvelles (voir p. 389). Dans la presse militante de la Révolution, la lettre de lecteur, réelle ou prétendue, deviendra parfois dénonciation.

Les sommes des Lumières sont contraintes à la discontinuité par leur ambition totalisante. Les formes de la mondanité et du journalisme le sont par la spontanéité d'une vie qui se déroule au jour le jour et ne se laisse résumer par aucune vérité centrale ou définitive. Il peut paraître erroné de les rapprocher d'une autre discontinuité qui, bien au contraire, se veut refus de l'anecdote et repli sur l'essentiel. La *maxime* classique vise une vérité humaine, au-delà des différences. Le *caractère* lui aussi dépasse le cas individuel et postule une typologie des êtres humains. L'une et l'autre correspondaient à la vision théologique et pessimiste d'une l'humanité dont le moraliste entendait démasquer les vices et les hypocrisies. La réhabilitation de la nature humaine par les Lumières change le sens de ces formes littéraires qui deviennent vérités fragmentaires, aspects relatifs de l'infinie variété de l'homme, réflexions sur le fonctionnement du cœur et de l'esprit. Vauvenargues marque cette évolution durant la première moitié du siècle, Pinot-Duclos et Sénac de Meilhan durant la seconde. En 1751 paraissent les *Considérations sur les mœurs de ce siècle* : Pinot-Duclos (1704-1772) commence par distinguer une définition normative des mœurs par rapport à la morale et une acception descriptive par rapport aux usages d'un pays ou d'une époque. Puis il écarte la condamnation telle qu'on la trouvait chez La Rochefoucauld : « Les hommes sont, dit-on, pleins d'amour-propre, et attachés à leur intérêt. Partons de là. Ces dispositions n'ont par elles-mêmes rien de vicieux, elles deviennent bonnes ou mauvaises par les effets qu'elles produisent. » Si Duclos se montre caustique, ce n'est pas contre l'homme en général, mais contre une société fondée sur les faux-semblants et contre ceux qui en sont les principaux bénéficiaires, les privilégiés de l'Ancien Régime. Le moraliste s'engage.

Sénac de Meilhan (1736-1803) publie en 1787 un diptyque économique et social, les *Considérations sur les richesses et le luxe* et les *Considérations sur l'esprit et les mœurs*. Il justifie son propos après La Rochefoucauld, La Bruyère et Duclos par le changement historique, sans rompre totalement avec un *a priori* fixiste : « Quoique le fond soit le même, l'homme se montre dans chaque siècle, sous chaque règne, avec des formes différentes. » Il critique Duclos qui n'aurait peint que le Parisien de son temps, mais lui-même se plaint de vivre dans une époque sans grandeur et sous un gouvernement sans perspective. Homme de cour mal reconnu, solidaire d'un régime qui ne lui offre pas la possibilité de se réaliser, il se réfugie dans le pessimisme hautain d'un La Rochefoucauld, avant d'être contraint à l'exil par la Révolution. La crise de l'Ancien Régime inspire aussi et la Révolution révèle à eux-mêmes Chamfort, Rivarol, Hérault de Séchelles. Le moraliste devient alors militant ou cynique. Chamfort et Rivarol font de leurs maximes des slogans politiques, Hérault de Séchelles détourne les Lumières en aventure personnelle (voir p. 494-496).

Conseils de lecture. — Sur l'*Encyclopédie* : Jacques Proust, *Diderot et l'Encyclopédie*, A. Colin, 1965 ; Robert Darnton, *L'Aventure de l'Encyclopédie, 1775-1800*, Perrin, 1982, coll. « Points », 1992 ; Madeleine Pinault, *L'Encyclopédie*, PUF, coll. « Que sais-je ? », 1993.

Sur l'*Histoire des deux Indes* : Michèle Duchet, *Diderot et l'Histoire des deux Indes ou l'Ecriture fragmentaire*, Nizet, 1978. — *Lectures de Raynal*, éd. par H.-J. Lüsebrink et M. Tietz, *Studies on Voltaire*, 286, 1991.

Sur l'*Histoire naturelle* : Jacques Roger, *Buffon. Un philosophe au Jardin du Roi*, Fayard, 1989.

Sur la presse : Jean Sgard, *Dictionnaire des journalistes*, Grenoble, Presses universitaires, 1976 ; Id., *Dictionnaire des journaux. 1600-1789*, Oxford, Voltaire Foundation, 1991 ; Pierre Rétat, *Le Journalisme d'Ancien Régime*, Lyon, Presses universitaires, 1982.

8 – Diderot et le radicalisme philosophique

Trois éléments ont longtemps empêché de donner à Diderot sa juste place dans le siècle des Lumières : la diversité et même la dispersion d'une œuvre qui aborde à peu près tous les domaines de la connaissance et de la réflexion, le nombre de ses textes restés manuscrits, donc ignorés des contemporains et révélés progressivement au fil des deux siècles suivants, l'attitude de rejet enfin à l'égard du matérialisme et du radicalisme philosophique qui, aujourd'hui même, n'ont pas cessé de nous déranger. La compréhension de cette œuvre suppose donc de se défaire de trois préjugés : d'abord le cloisonnement disciplinaire qui séparerait la philosophie de la fiction littéraire, l'esthétique de l'économie ou la médecine de la politique, ensuite la méconnaissance des progrès accomplis récemment dans la connaissance des fonds de manuscrits qui se trouvent désormais à la Bibliothèque nationale et à Saint-Pétersbourg, enfin le refus d'un athéisme irréductible, trop souvent escamoté par des références à l'humanisme de Diderot ou bien à son lyrisme, quand il n'était pas simplifié et réduit à quelques slogans. L'œuvre de Diderot, au cœur de la pensée des Lumières, est un foyer de questions, un chantier de réflexions dont la fécondité est loin d'être épuisée. Elle rayonne doublement, par son refus des réponses dogmatiques auxquelles s'en tiennent bien des compagnons du philosophe et par la générosité de celui qui s'est dépensé sans compter pour des entreprises collectives. Elle ne peut être décrite ni comme un système ni même comme un corpus textuel fermé. Elle est en relation permanente avec tous les mouvements de pensée du siècle et s'articule sur les œuvres des contemporains avec lesquels Diderot travaille ou des grands ancêtres qu'il ne cesse de méditer.

Biographie de Diderot

1713   Naissance à Langres

1723   Etudes chez les Jésuites de Langres

1729   Etudes à Paris

1743   Incarcération dans un couvent, fuite et mariage clandestin avec Anne-Toi-
        nette Champion

1745   Adaptation de l'*Essai sur le mérite et la vertu* de Shaftesbury

1746   *Pensées philosophiques*

1748   *Les Bijoux indiscrets*

1749   *Lettre sur les aveugles*, incarcération à Vincennes

1750   Prospectus de l'*Encyclopédie*

1751   *Lettre sur les sourds et muets*, premier tome de l'*Encyclopédie*

1753   *Pensées sur l'interprétation de la nature*
        Naissance d'Angélique

1757   *Le Fils naturel* et les *Entretiens sur le Fils naturel*

1758   *Le Père de famille* et *De la poésie dramatique*

1759   Premier salon de peinture, début de la correspondance avec Sophie
        Volland

1760   Rédaction de *La Religieuse*

1761   *Eloge de Richardson*

1763   *Salon de 1763*

1765   *Salon de 1765*, début de la correspondance avec Falconet

1766   *Essais sur la peinture*

1767   *Salon de 1767*

1769   *Le Rêve de d'Alembert, Salon de 1769*

1770   *Système de la nature*

1771   *Entretien d'un père avec ses enfants*

1772   *Sur les femmes, Supplément au Voyage de Bougainville*
        Mariage d'Angélique avec M. de Vandeul

1773   *Réfutation d'Helvétius*. Voyage à La Haye, Dresde, Saint-Pétersbourg

1774   Retour de Russie. *Entretien avec la maréchale*

1775   *Plan d'une université, Salon de 1775, Pensées détachées sur la peinture*

1778   *Essai sur la vie de Sénèque*

1781   *Lettre apologétique de l'abbé Raynal, Salon de 1781*
        Essais sur les règnes de Claude et de Néron

1784   Mort de Diderot, cinq mois après celle de Sophie Volland

Monsieur le Philosophe

« Comment s'étaient-ils rencontrés ? Par hasard, comme tout le monde. » On pourrait parodier l'ouverture fameuse de *Jacques le Fataliste* qui refuse l'illusion métaphysique du commencement absolu et de l'origine. Quand Diderot a-t-il rencontré la philosophie ? Comment est-il devenu Monsieur le Philosophe ? La morale du travail et de la famille que lui inculque son père, les leçons des Jésuites de Langres, puis des maîtres de théologie de Paris, la révolte du jeune homme contre l'emprise familiale et religieuse qui lui a tracé une carrière sans lui demander son avis sont les premiers éléments contradictoires d'une réflexion. Destiné à l'état ecclésiastique pour conserver dans la famille le bénéfice d'un oncle chanoine, il suivit des études au collège de Langres, puis au collège d'Harcourt de Paris et à la Sorbonne, alors faculté de théologie. Il acquit ainsi un bagage de philosophie traditionnelle et une impatience qui ne le quittera plus, à l'égard de toute pensée close. Plongé dans la vie parisienne, il s'émancipa de l'autorité paternelle et manifesta son refus non seulement d'une carrière ecclésiastique mais même de la carrière juridique à laquelle son père avait songé en l'envoyant chez un compatriote, établi comme procureur à Paris. Sa fille, devenue Mme de Vandeul, a rapporté dans les mémoires qu'elle a composés pour servir à l'histoire de son père, une anecdote significative. Sommé de choisir un état, de se décider à devenir médecin, procureur ou avocat, ou de dire enfin ce qu'il voulait donc être, le jeune Diderot aurait répondu : « Ma foi, rien, mais rien du tout. J'aime l'étude, je suis fort heureux, fort content ; je ne demande pas autre chose. » Le père ne l'entendait pas de cette oreille, qui coupa les vivres. Mais la réponse du jeune homme n'était pas si loin de ce qu'il devint réellement. Il fut tout à la fois médecin, avocat et théologien à sa façon, c'est-à-dire rien en particulier et tout à la fois, encyclopédiste curieux de tout, philosophe épris d'hypothèses totalisantes.

Livré à lui-même sur le pavé parisien, et bientôt marié, ayant charge de famille, il subsista en acceptant tous les obscurs travaux de la vie intellectuelle : leçons, rédaction de sermons, traductions, articles de journaux et autres commandes de librairie. On connaît mal encore ces années où Diderot a produit sans signer et rompu sa plume à tous les styles. Certains chercheurs ont cru deviner son style dans des chroniques anonymes. On sait du moins avec certitude qu'il se consacre à de grandes traductions de l'anglais : l'*Histoire de la Grèce* de Temple Stanyan (1743) en trois volumes, le *Dictionnaire universel de médecine* de Robert James (1745-1748) en six volumes traduits en français par Diderot, Eidous et Toussaint, enfin l'*Essai sur le mérite et la vertu* de Shaftesbury (1745). Les traducteurs n'ont pas au XVIIIᵉ siècle les scrupules qu'ils manifestent aujourd'hui, ils n'hésitent pas à transformer l'original qu'ils s'estiment chargés d'adapter au goût français. Lorsqu'un texte est idéologiquement aussi délicat que celui de Shaftesbury, ils s'accordent également le droit de le transformer dans le sens de l'orthodoxie. Diderot édulcore ainsi parfois ce qui risquerait d'effaroucher les censeurs royaux, quitte à laisser ailleurs des formules qui disent indirectement la même chose. Sa marge de liberté par rapport à l'original s'élargit encore grâce aux notes personnelles qu'il ajoute pour souligner un argument, glisser une nuance. Il y assume personnellement la critique des religions révélées, une conception de la nature comme un grand tout dynamique qui risque de rendre inutile l'hypothèse d'un dieu créateur, le goût enfin de l'héroïsme. C'est dire que, dans son adaptation de Shaftesbury, Diderot s'affirme déjà et pleinement comme philosophe.

De ses débuts comme traducteur, il conservera tout au long de sa carrière une conception de la philosophie comme discussion, comme échange d'arguments sans cesse relancé, que ce dialogue ait lieu avec d'autres philosophes, avec soi-même ou avec le lecteur. Au traité, il préfère donc des genres moins strictement définis : les observations et les réfutations, le dialogue d'idées proprement dit, les pensées et les fragments. A la connaissance d'une nature dont la fécondité n'apparaît aux hommes que de manière incomplète correspond une expression philosophique qui fait le choix de la discontinuité, de l'ouverture. Les *Pensées philosophiques* et les *Pensées sur l'interprétation de la nature*, publiées respectivement en 1746 et en 1753, se présentent comme une suite de réflexions et de propositions. *La Promenade du sceptique, ou les Allées*, rédigée avant 1749 et restée manuscrite jusqu'en 1831, relève du dialogue d'idées. Les deux lettres, sur les aveugles et sur les sourds et muets, publiées en 1749 et 1751, constituent des interventions philosophiques qui miment le dialogue avec un correspondant et avancent des hypothèses théoriques.

Dès leur parution, les *Pensées philosophiques* sont condamnées à être brûlées par arrêt du Parlement de Paris tandis que, trois ans plus tard, la *Lettre sur les aveugles* envoie son auteur au donjon de Vincennes, par lettre de cachet. Diderot qui y séjourne plus de trois mois a le temps de réfléchir à la liberté de pensée et d'expression qui peut être la sienne dans la France du temps. Ainsi, la complexité d'une pensée qui se cherche, se redouble des jeux de prudence et d'autocensure, destinés à tourner une répression bien réelle et vigilante. Les commentateurs sont parfois divisés pour interpréter ces œuvres, les uns insistant sur l'unité d'une philosophie qui se détache rapidement de toute religion, les autres restant plus sensibles à l'évolution de Diderot, à la maturation de son esprit qui se serait d'abord reconnu dans le déisme de Shaftesbury et dans une « religion naturelle ». L'essentiel est sans doute moins dans l'interprétation de chaque fragment en particulier, qui pourrait être rapporté à une position philosophique répertoriée, que dans le dynamisme d'une recherche qui rejette la Révélation et la Tradition, mais continue à postuler une vérité objective. Diderot insiste tantôt sur la relativité de toute connaissance, tantôt sur l'objectivité du savoir que la raison et l'expérience peuvent construire. Il part du mécanisme cartésien qui, prolongé au-delà de la volonté de Descartes, permet de se passer du Créateur, et lui associe ou lui substitue les nouvelles connaissances chimiques et physiologiques qui transforment la grande machine de la nature en un organisme en devenir permanent. La question de la Création et de l'Origine est ainsi dépassée par l'idée d'une inépuisable fécondité de la matière, la question de l'ordre et de la finalité dépassée par l'hypothèse de tâtonnements et d'une adaptation progressive des corps.

Cette audace intellectuelle s'identifie à un style, à une allure, on a envie de dire, à un culot. Les *Pensées philosophiques*, publiées par un quasi-inconnu, affichent dès leur titre la volonté de répondre à Pascal et de proposer à la philosophie nouvelle un équivalent des *Pensées*. Elles ne craignent de s'ouvrir sur ces mots : « J'écris de Dieu » et de récuser dès la première pensée toute une tradition de mortification : « On déclame sans fin contre les passions ; on leur impute toutes les peines de l'homme, et l'on oublie qu'elles sont aussi la source de tous ses plaisirs. » Diderot poursuit : « Il n'y a que les passions et les grandes passions qui puissent élever l'âme aux grandes choses. » Il en tire comme conséquences : « Les passions sobres font les hommes communs » et « Les passions amorties dégradent les hommes extraordinaires ». Après avoir chanté les ressources des passions qui fournissent à l'homme son potentiel énergétique, il dénonce les illusions et les impostures de la religion. Seule la raison permet de déterminer une conduite et le scepticisme de fonder la tolérance. Des arguments divergents en faveur de l'athéisme, du déisme et du christianisme ne sont que des variations autour de ce portrait de l'homme des Lumières comme être de raison et de passion.

Il est symptomatique que les deux *Lettres* de 1749 et de 1751 s'attachent à des êtres humains auxquels manquerait un sens. L'existence d'aveugles de naissance et de sourds et muets met en cause l'idée d'une création harmonieuse. La façon dont les uns et les autres parviennent à compenser leur handicap, à connaître et à juger ce qui semblerait de l'ordre exclusif du sens qui leur fait défaut prouve que tout organisme est modifiable et peut s'adapter aux situations les plus contraignantes. Le héros de la lettre sur les aveugles est le mathématicien anglais, professeur à Cambridge, Saunderson que sa cécité n'empêche pas de devenir un grand savant, que cette cécité au contraire délivre de nombre de nos illusions, de nos prétendues évidences. La scène de la mort de Saunderson se rattache à une tradition, celle de la mort de Socrate et du testament philosophique. Le mathématicien, détaché de toute croyance religieuse, décrit un univers sans limites ni centre, constitué de la seule « matière en fermentation ». La *Lettre sur les sourds et muets* quant à elle s'interroge sur les possibilités du langage et de la communication entre les hommes. Elle évoque successivement les questions de l'origine et de l'ordre naturel des langues. L'idée se dégage que le manque peut devenir positif, qu'un handicap représente un défi auquel l'individu doit répondre par l'invention d'une solution de qualité supérieure. Il ne s'agissait moins pour Diderot de développer des problèmes qui avaient déjà donné lieu à toute une littérature de la part de ses contemporains (tels que le problème de Molyneux qui consiste à savoir si un aveugle de naissance, recouvrant la vue, saurait distinguer un cube et une sphère, ou bien la question de l'existence d'un ordre naturel d'expression qui placerait l'objet avant le verbe), mais de montrer la créativité de l'esprit humain. Nos faiblesses organiques deviennent ainsi le garant de notre génie.

Le chantier encyclopédique qui occupe Diderot durant presque vingt ans, de la fin des années 40 à la fin des années 60, s'inscrit dans le double sillage de son travail de traducteur et de philosophe. Le projet lancé par les libraires est en effet à l'origine celui d'une traduction du dictionnaire anglais de Chambers. A la façon dont

Diderot a fait naître son œuvre personnelle d'une simple tâche d'adaptateur, l'originalité de l'Encyclopédie française se développe à partir du modèle anglais. Mais Diderot reste philosophe dans ce qu'il rédige, que ce soit le prospectus, véritable manifeste des Lumières, l'article « Encyclopédie », théorie de l'œuvre en train de se faire, et dans la suite des articles d'histoire de la philosophie qui ont été regroupés dès 1769 sous le titre d'*Histoire générale des dogmes et opinions philosophiques depuis les plus anciens temps jusqu'à nos jours* et que Naigeon a repris en 1798 dans les œuvres de Diderot. De « Acousmatiques » (disciples de Pythagore) à « Zend-Avesta » (recueil de la philosophie de Zoroastre), ces articles sont le plus souvent tirés de l'*Historia critica philosophiae* de Brucker, mais constituent à leur manière une œuvre originale de Diderot qui, s'il recense les aberrations de l'esprit humain, montre aussi l'obstination de celui-ci à cheminer à travers les pires erreurs jusqu'au vrai. La leçon qui s'en dégage est, une fois de plus, de relativité et de tolérance.

On ne s'étonne pas que Diderot souscrive plus ou moins discrètement à la physique des épicuriens dont la distinction entre mouvement local et tendance ou mouvement latent devient un élément essentiel de son propre matérialisme durant ces années. On comprend qu'il se reconnaisse dans ce qu'il nomme l'éclectisme, mouvement né à Alexandrie qu'il prolonge jusqu'à Bacon et Descartes : « L'éclectisme, cette philosophie si raisonnable, qui avait été pratiquée par les premiers génies longtemps avant d'avoir un nom, demeura dans l'oubli jusqu'à la fin du XVIᵉ siècle. Alors la nature, qui était restée si longtemps engourdie et comme épuisée, fit un effort, produisit enfin quelques hommes jaloux de la prérogative la plus belle de l'humanité, la liberté de penser par soi-même. » Il est plus étonnant qu'il fasse une présentation positive des théosophes et de ceux qui, regardant la raison avec pitié, se prétendent « éclairés par un principe intérieur, surnaturel et divin » qui brillerait en eux. Il leur reconnaît une sensibilité particulière, une capacité à saisir des liaisons subtiles qui peuvent s'expliquer mais qui échappent généralement. Il fait de ces alchimistes et de ces astrologues des philosophes-artistes, des rêveurs sublimes mêlant les intuitions les plus profondes aux folies les plus creuses. « O que le génie et la folie se touchent de près ! » L'*Encyclopédie* a sans doute représenté pour Diderot une charge accablante, mais elle a aussi constitué une stimulant sans précédent et une forme d'écriture discontinue originale.

C'est fort d'une traversée de toute l'histoire de la philosophie, d'une information sur toutes les techniques, qu'il poursuit son œuvre personnelle de philosophe, fort aussi de ses avancées dans le domaine esthétique et de la rédaction, en particulier des grands salons de 1765 et 1767. Un texte court, révélé par Naigeon, marque avec une netteté particulière l'approfondissement des convictions matérialistes de Diderot. Les *Principes philosophiques sur la matière et le mouvement* rappellent que celui-ci est un caractère essentiel de celle-là. Ce mouvement est tantôt visible, correspondant à un déplacement et tantôt purement interne, tendanciel ou, comme le dit Diderot, *in nisu*. Un tel mouvement interne peut être pensé en termes physiques, selon le modèle fourni par la gravitation de Newton ou bien en termes chimiques sur le mode de la fermentation. Le mouvement et la vie même s'expliqueraient par « la fermentation générale de l'univers ». Tel est l'enjeu des deux grands textes que le philosophe rédige alors, *Le Rêve de d'Alembert* et les *Eléments de physiologie*. Ils sont nourris de tout un savoir scientifique dans le domaine de la chimie et de la médecine. Le philosophe a suivi les leçons publiques données par Rouelle au Jardin du roi, et a rédigé un *Cours de chimie de Rouelle* qu'il fait précéder d'une l'histoire de la discipline de l'Egypte ancienne jusqu'au XVIIIe siècle. L'ancien traducteur du *Dictionnaire de médecine* de James a continué à se tenir au courant des progrès de la médecine. Il a lu Haller, Barthez qui défendait à Montpellier l'idée d'un principe vital destiné à remplacer l'âme (c'est ce qu'on nomme le vitalisme). Il s'est entretenu avec Bordeu, qui avait été formé à Montpellier et s'était imposé dans la capitale à la fois par ses consultations et par ses livres. Il avait fourni l'article « Crises » de l'*Encyclopédie*. De cette information amassée, Diderot s'essaie à tirer des hypothèses globales. Il les tire en savant dans les *Eléments de physiologie*, en poète dans *Le Rêve de d'Alembert*, en philosophe dans les deux. Ces textes, qu'il a prudemment conservés par-devers lui sous forme de manuscrits, formaient les deux versants d'une seule recherche, qu'il semble avoir même songé à réunir textuellement.

Le *Rêve de d'Alembert* intéresse plus directement l'histoire littéraire. On donne ce titre à trois dialogues dont le second seul est intitulé, à strictement parler, *Le Rêve de d'Alembert*. Ils mettent en scène successivement trois conversations, entre d'Alembert et Diderot, puis entre Mlle de Lespinasse, la compagne de d'Alembert, et Bordeu qu'elle a fait appeler en consultation et qui ausculte le mathématicien, entre les deux précédents interlocuteurs enfin, en tête en tête, hors de la présence de d'Alembert. Cette simple description des intervenants dans le dialogue indique une évolution qui est celle de la pensée de Diderot. La conversation roule, entre un philosophe et un mathématicien, sur l'hypothèse d'une sensibilité universelle qui suffirait à expliquer la vie et la pensée. Ces deux représentants de l'abstraction sont remplacés par un médecin et une femme, dénuée de toute formation particulière, mais pleine de bon sens. Parallèlement, la discussion évolue de l'hypothèse matérialiste générale à ces conséquences morales et sociales.

Comme les seuls arguments rationalistes ne peuvent résoudre les questions en suspens, Diderot a imaginé de faire rêver d'Alembert. Troublé par l'athéisme de son ami Diderot, d'Alembert s'endort en songeant à l'hypothèse d'une sensibilité répandue dans toute la matière, animée ou non. Libéré de toute censure, il rêve à haute voix et développe une vision poétique de l'univers : « Tout change. Tout passe. Il n'y a que le Tout qui reste. Le monde commence et finit sans cesse. Il est à chaque instant à son commencement et à sa fin. Il n'en a jamais eu d'autre et n'en aura jamais d'autre... Dans cet immense océan de matière, pas une molécule qui ressemble à une molécule ; pas une molécule qui se ressemble à elle-même un instant. » Les espèces, les genres, les sexes, les individus ne sont que des formes transitoires. Les frontières qui les séparent sont floues, incertaines. La classification traditionnelle excluait les monstres comme des cas à part. L'univers mouvant et changeant, rêvé par d'Alembert, n'est plus composé que de monstres : l'homme serait le monstre de la femme et inversement, à moins que la notion même de monstre disparaisse et que celle de loi se dissolve. L'homosexualité, la zoophilie, l'onanisme que la morale traditionnellement considère comme des perversions, deviennent de simples variantes ou variations, et la sexualité, une fois la reproduction et l'utilité sociale laissées de côté, une activité de plaisir polymorphe. La vie et la mort sont également relativisées, la naissance, la décomposition ne seraient que des changements de forme. On comprend que Diderot ait préféré garder dans ses tiroirs un tel manuscrit.

Si la réflexion sur la nature et la vie mène ainsi à une relativité généralisée, le philosophe va-t-il conclure comme La Mettrie que la seule morale pour l'homme est celle de son plaisir ou même avec Sade que la nature justifie toutes les pulsions que l'individu ressent, jusqu'à l'agression du prochain, jusqu'à son meurtre ? Le fils du coutelier de Langres est resté soucieux de fonder une loi morale. Il reconnaît la puissance débridée du désir, vante l'énergie des passions, mais il entend exalter l'une et l'autre au profit de la communauté. Pour évoquer cette question morale, Diderot revient au genre du dialogue dont il avait déjà multiplié les ressources dialectiques dans *Le Rêve de d'Alembert.* Comme il l'avait fait dans le *Rêve,* il se met en scène dans l'*Entretien d'un père avec ses enfants* et dans l'*Entretien d'un philosophe avec la maréchale de ****. Le premier le fait dialoguer avec son père, sa sœur et son frère, l'abbé Diderot, qui s'était engagé à sa place dans la carrière ecclésiastique et qui défend l'orthodoxie. Le second, avec une grande dame, la maréchale de Broglie. Le sous-titre de l'*Entretien d'un père avec ses enfants, Du danger de se mettre au-dessus des lois,* indique la nécessité de se soumettre aux lois civiles dont seul le sage peut apprécier la relativité. Mais la raison et le cœur doivent les tempérer et permettre aux athées et aux chrétiens de vivre en harmonie. Diderot, bourgeois conscient de ses devoirs familiaux et sociaux, n'apparaît pas dans le *Supplément au Voyage de Bougainville* dont le décor est plus exotique et le propos plus radical. Le *Supplément* se présente comme un dialogue sur le récit, publié par Bougainville, de son voyage autour du monde et de son séjour à Tahiti, surnommé la Nouvelle Cythère, car les amours y seraient libres. Un dialogue s'ouvre au second degré entre les Tahitiens et les Européens. Les Tahitiens n'ont pas de difficulté à prouver la supériorité de leur code par rapport aux contradictions et aux interdits européens. Ils incarnent une nature, mythique sans doute, qui permet à Diderot de faire la critique de la société chrétienne. Les plus lucide d'entre eux dénoncent le colonialisme à venir. Ces dialogues ne remplacent pas un traité, ils illustrent la complexité de la question morale.

L'égoïsme et l'altruisme, l'immoralisme, né de l'affaiblissement des valeurs traditionnelles, et le moralisme nouveau, fondé par les Lumières, prennent surtout les visages de Lui et de Moi, du Neveu et du Philosophe. Le premier est Jean-François Rameau, le neveu du célèbre musicien, déchiré entre son sens esthétique et son absence de sens moral, entre cynisme et conscience de soi. « Rien ne dissemble plus de lui que lui-même. Quelquefois, il est maigre et hâve, comme un malade au dernier degré de la consomption (...) le mois suivant, il est gras et replet, comme s'il n'avait pas quitté la table d'un financier, ou qu'il eût été enfermé dans un couvent de Bernardins. Aujourd'hui, en linge sale, en culotte déchirée, couvert de lambeaux, presque sans souliers, il va la tête basse, il se dérobe, on serait tenté de l'appeler, pour lui donner l'aumône. Demain, poudré, chaussé, frisé, bien vêtu, il marche la tête haute, il se montre et vous le prendriez au peu près pour un honnête homme. Il vit au jour la journée. » Dans son corps même, le Neveu fournit l'équivalent de l'indécision des formes dans l'univers rêvé par d'Alembert. Mais la vie sociale et morale ne peut accepter le flottement général qui est celui des espèces. Entre l'égoïsme étroit du Neveu, « au jour la journée », et le point de vue cosmique de la nature, le philosophe défend le principe d'une continuité de l'individu et d'une continuité de la société. Malgré les discordances entre les lois de la société et la conscience de l'individu, le bien public doit toujours être préféré à l'intérêt individuel, et le jugement de la postérité aux bénéfices immédiats. L'athée qui ne croit ni à l'immortalité ni au Jugement dernier, tels que les enseigne le christianisme, s'en remet à une instance qui transcenderait l'individu et le moment présent. Le Neveu peut bien lui opposer les malheurs de la vertu et les prospérités du vice, l'entre-dévorement des êtres et le conflit des égoïsmes, l'injustice de l'institution judiciaire et l'iniquité de la loi civile, le Philosophe garde pour lui sa conscience et la postérité.

Le débat moral débouche sur le problème politique qui hante Diderot durant la décennie 1770. Alors que la France est en crise, que les efforts de réforme de la monarchie débouchent sur des coups de force, Diderot a l'occasion d'aller observer de près la réalité d'un grand pays neuf, d'un pouvoir qui affiche sa volonté de se réformer radicalement selon les principes de la philosophie nouvelle. En 1773, il accepte l'invitation de Catherine II et part pour la Russie via Bruxelles et La Haye. Il passe à Saint-Pétersbourg l'automne et l'hiver, en contact étroit avec la tsarine. La déception est à la mesure des illusions qu'il se faisait sur le libéralisme de celle-ci. Du moins a-t-il, jusqu'au bout, pris au sérieux son rôle de conseiller. Il rédige la matière de ses entretiens avec la tsarine dans les *Mémoires pour Catherine II* qui discutent d'une future constitution de la Russie et de la nécessité d'y instaurer une éducation nationale, et, après son départ de Saint-Pétersbourg, critique la très officielle *Instruction préparatoire pour la confection des lois* ou *Nakaz*, dans des *Observations sur le Nakaz*. Ces deux gros manuscrits n'étaient évidemment pas publiables à l'époque et Catherine II prendra connaissance avec colère du « babil » d'un philosophe qui n'aurait « ni connaissance des choses, ni prudence, ni clairvoyance » et serait prêt à « mettre les choses sens dessus dessous ». Diderot posait en effet sans ambiguïté les problèmes du pouvoir central, de ses limites et de son contrôle, de la fonction d'une future assemblée et du rôle que devait jouer l'élite éclairée du pays.

Il est encore plus net dans un petit écrit vengeur où Frédéric II de Prusse représente le tyran mais où nombre des traits qui l'atteignent pourraient toucher Catherine II. Les *Principes de la politique des souverains* seraient des « notes écrites de la main d'un souverain à la marge de Tacite ». Le cynisme n'est plus alors tant celui d'un pauvre hère comme le Neveu que d'un prince tout-puissant qui étouffe en embrassant et n'accepte finalement que des esclaves autour de lui. La conviction de Diderot s'exprime également dans certains passages de la *Réfutation d'Helvétius* : « Le gouvernement arbitraire d'un prince juste et éclairé est toujours mauvais. Ses vertus sont la plus dangereuse et la plus sûre des séductions. Elles accoutument le peuple à aimer, à respecter, à servir son successeur quel qu'il soit, méchant et stupide. Il enlève au peuple le droit de délibérer, de vouloir ou ne vouloir pas, de s'opposer à sa volonté même lorsqu'il ordonne le bien. Cependant ce droit d'opposition, tout insensé qu'il est, est sacré : sans quoi les sujets ressemblent à un troupeau dont on méprise la réclamation, sous prétexte qu'on le conduit dans de gras pâturages. » La réflexion politique prend également la forme d'interventions dans l'*Histoire des deux Indes* de l'abbé Raynal. Diderot y rédige nombre de discours enflammés pour appeler concurremment les rois à la réforme et les peuples à la révolte. Ces contributions anonymes à un ouvrage collectif, ces recours à la tradition rhétorique antique sont comme la revanche du philosophe qui veut traduire ses principes dans les faits et donner réalité à ses idées. On peut résumer avec Jacques Proust le sens qu'a eu le voyage à Saint-Pétersbourg : « L'expérience russe et les effets qu'elle eut sur sa pratique d'écrivain politique entraînèrent en retour de profonds changements dans la conception qu'il avait des rapports entre la Volonté générale, le Philosophe, le Prince, le Peuple ; le censeur des rois pensa quelquefois se muer en moniteur des peuples. Il y parvint, en deux ou trois circonstances qui le haussèrent assez au-dessus de lui-même pour lui permettre d'échapper au mortel scepticisme de ses dernières années. »

Le premier ouvrage de Diderot avait été un commentaire dans les marges de Shaftesbury, son dernier grand ouvrage sera un commentaire dans les marges de Sénèque. Le prétexte en fut la traduction du philosophe antique, entreprise par le jeune Lagrange, précepteur des enfants de d'Holbach. Comme Victor Hugo, un siècle plus tard, composera son *William Shakespeare* pour introduire l'adaptation faite par son fils, François-Victor, Diderot rédige pour l'édition des œuvres complètes de Sénèque un *Essai sur la vie de Sénèque le philosophe, sur ses écrits et sur les règnes de Claude et de Néron* (1779). Trois ans plus tard, le livre, étendu et remanié, est devenu un *Essai sur les règnes de Claude et de Néron*. La méditation sur les rapports entre le philosophe et le tyran s'y trouve en première place. Et il est facile d'y lire un retour de l'auteur sur sa propre vie. Alors que Rousseau s'était attaché à reconstituer sa biographie et présenter l'unité de son moi, Diderot le matérialiste ne fait le bilan de son existence que par la figure de Sénèque interposée. Le choix du précepteur et du ministre de Néron pouvait sembler paradoxal. La postérité jugeait en effet sans indulgence l'action d'un philosophe qui était resté aux côtés du tyran jusqu'à ce que l'atteigne l'ordre de se suicider. Diderot au contraire défend le sage qui refuse de s'enfermer dans sa tour d'ivoire et tente jusqu'au bout d'agir dans la cité. Entre Sénèque, l'homme d'Etat malheureux, et La Mettrie, auteur d'un *Anti-Sénèque, ou Discours sur le bonheur*, courtisan de Frédéric II, son choix est sans équivoque. Celui qui avait pris pour modèle Socrate et Diogène choisit, au soir de vie, de s'identifier au philosophe qui n'a pas craint de se salir les mains.

Le travail des formes littéraires

La réflexion philosophique pour Diderot n'est jamais séparable d'une recherche formelle et de jeux métaphoriques entre le développement théorique et les effets d'écriture. Le penseur d'un « monde qui commence et finit sans cesse » affectionne des ouvrages éclatés, faits de digressions et de reprises, commentaires d'autres textes ou pensées détachées. Il a trouvé un mode d'expression privilégié dans le dialogue, genre philosophique qui consistait traditionnellement en un échange d'idées et qu'il transforme en une dramaturgie intellectuelle. Il remplace le cadre généralement abstrait ou largement stéréotypé du dialogue, par des décors : concrets : le Neveu de Rameau est inséparable du café de la Régence avec ses joueurs d'échecs, ses bruits et ses mouvements ; les émois philosophiques, poétiques et sexuels de d'Alembert supposent une chambre à coucher, avec le grand lit du malade et la petite table sur laquelle Mlle de Lespinasse note le rêve de son compagnon. Le *Supplément au Voyage de Bougainville* nous entraîne dans une case au milieu des seins nus des belles Tahitiennes, puis sur la plage où les Français font leurs adieux aux insulaires et où les vagues laissent leur écume. La discussion d'une thèse se fait conversation, développement en fugue de plusieurs arguments, scènes de comédie, discours à l'antique. Comme les espèces dans la nature, les genres littéraires entre les mains de Diderot se croisent et se transforment, deviennent des hybrides où l'histoire littéraire a parfois du mal à retrouver ses catégories.

Quand il veut s'adresser à ses contemporains, il songe à la scène théâtrale qui est un des principaux lieux de dialogue avec l'opinion, mais il lui faut s'émanciper des contraintes formelles et institutionnelles du théâtre classique. Rousseau se méfie de la représentation qui lui apparaît comme une aliénation et une commercialisation du réel. Diderot n'a pas ces scrupules, à condition de réformer le spectacle, c'est-à-dire de dépasser l'opposition entre la tragédie et la comédie, les pleurs et le rire, la noblesse et l'humanité simple. Il s'inscrit dans la recherche de ce que nous avons pris l'habitude de nommer le drame, tout au long du siècle. Quand il défend un genre mixte, Diderot, selon l'analyse d'Alain Mesnil, propose une triple substitution : celui du réel au vraisemblable, celui des conditions sociales aux caractères intemporels, celui d'un rapport de sympathie et d'identification à la délectation classique, fondée sur la distance. Il compose deux « comédies », situées dans la société du temps et axées sur des relations familiales, touchantes, émouvantes, pathétiques, *Le Fils naturel* (1757) et *Le Père de famille* (1758). Les deux pièces sont le prétexte d'un exposé théorique et militant, les *Entretiens sur le Fils naturel* et le *Discours sur la poésie dramatique*. Le dramaturge a ébauché d'autres drames, dans un décor antique à propos de la mort de Socrate, ou bien anglais dans une adaptation du *Joueur* d'Edward Moore et dans *Le Shérif*, dont la violence en pleine guerre civile anglaise retrouvait la grandeur antique : un tyran local abuse de son pouvoir et fait du chantage à jeune fille en menaçant son fiancé. Ce scénario est fréquent dans la littérature du XVIIIe siècle : Diderot fait punir le méchant par le fiancé ou, dans une autre version, par le peuple qui se soulève. Il a aussi laissé un manuscrit ironique, *Est-il bon ? est-il méchant ?* dans lequel il présente M. Hardouin, autoportrait en bienfaisant mystificateur qui bouscule les préjugés et se rit des prudences sociales. Comme le remarque Jean Ehrard, « dans *Le Fils naturel* et *Le Père de famille*, la vertu était émue, solennelle et bavarde, elle perd ici toute sensiblerie, se fait désinvolte, lucide, sinon diabolique ». Théâtre et dialogue philosophiques se rejoignent dans *Le Neveu de Rameau* où l'identification est sans cesse déjouée par des ruptures de thème, de ton et de construction qui interdisent d'assigner un sens fixe à Moi et Lui qui débattent du Vrai, du Bien et du Beau. Déjà, les *Entretiens sur le Fils naturel* poursuivaient après la fin de la pièce la réflexion sur le réel et la fiction. A la fin de sa vie, Diderot compose un dialogue théorique déroutant, le *Paradoxe sur le comédien* qui prend à contre-pied tous les adeptes de l'émotion et de l'identification. Le bon comédien est l'homme froid qui produit l'illusion sans se laisser gagner par les sentiments qu'il anime. D'un bout à l'autre de sa carrière d'homme de théâtre, Diderot a défendu les droits de la représentation, le sens du jeu et le goût de la fiction, mais les solutions qu'il a préconisées ou pratiquées ont varié, du pathétique à l'ironie, de l'identification à la réflexion critique.

La présence et la distance commandent également son invention romanesque. Il compose en 1748 *Les Bijoux indiscrets* qui reprend un argument médiéval, celui du *Chevalier qui faisait les cons parler*, et la mode orientale, entretenue par la traduction des *Mille et Une Nuits* ou *Le Sopha* de Crébillon. L'anecdote de l'anneau qui fait avouer aux femmes leurs désirs permet à Diderot de mêler au jeu érotique des réflexions philosophiques, politiques et morales. *La Religieuse* touche sans doute plus profondément et le créateur et le lecteur. Le point de départ serait une farce faite à un ami, le marquis de Croismare, pour le convaincre de rentrer à Paris. Poussé par Grimm et la joyeuse bande, Diderot imagine une religieuse qui ferait appel à lui pour qu'il l'aide à se faire relever de ses vœux. Suzanne Simonin raconte sa vie et ses vœux forcés pour attendrir le marquis. Mais cet appel au secours, cette revendication d'une liberté fondamentale de l'être, cette évocation de l'institution monacale et de ses perversions renvoient à des expériences personnelles de Diderot et correspondent à des hantises profondes. La plaisanterie a partie liée avec les inquiétudes de l'homme privé et de l'encyclopédiste militant. Le récit à la première personne ébauche le roman épistolaire qui suit, la préface-annexe qui est jointe pour rapporter l'origine du texte exploite ce double registre du pathétique et de l'ironie. La relation que le narrateur entretient avec la religion n'est pas moins complexe. Le roman, publié pour la première fois sous la Révolution, a souvent été présenté comme un texte anticlérical, comme une implacable dénonciation du célibat et de la claustration. Mais c'est aussi une méditation sur la religion comme inspiration esthétique, comme institution d'une redoutable efficacité. Dans ses nocturnes, dans ses scènes de prières et d'agonies, l'écrivain rivalise avec les peintres religieux qu'il admire tant.

Diffusé dans la *Correspondance littéraire* en feuilleton de 1778 à 1780, *Jacques le Fataliste* n'a pas été non plus publié du vivant de Diderot. Ce « texte-puzzle », comme le nomme Eric Walter, avait de quoi choquer. Au lieu de raconter une histoire, Diderot met en scène à travers les personnages de Jacques et de son maître notre goût pour raconter et pour écouter des histoires. Il montre comment naît la fiction, comment se construit une intrigue, comment se superposent des éléments hétérogènes. Il se souvient des libertés prises par Rabelais ou par Sterne et de toute la tradition antiromanesque qui est constitutive même du genre romanesque. Genre critique, autocritique dans lequel les Lumières en général et Diderot en particulier ne pouvaient manquer de se reconnaître. La déambulation de Jacques et de son maître, les histoires inégales et dissymétriques de leurs amours, celles de ceux qu'ils rencontrent fournissent les éléments d'une interrogation, tout à la fois sociale, morale et métaphysique. Sociale, car Jacques le valet prouve qu'il est bien souvent, par son ingéniosité, le maître de son maître, il devient une image de l'écrivain, de l'intellectuel, chargé d'amuser ses maîtres, ceux-là par exemple qui paient chèrement pour recevoir la *Correspondance littéraire* et s'amusent des paradoxes de Diderot. Morale, car les deux hommes, selon les principes de la complicité masculine, se racontent des histoires de femmes, s'arrogent le droit à quelques privautés de vocabulaire et sont confrontés aux libertés revendiquées, sinon par les femmes, du moins par des femmes d'exception : Mme de La Pommeraye ressemble à la marquise de Merteuil, bien décidée à venger son sexe. Métaphysique enfin, car Jacques est fataliste comme Candide commence par être optimiste. L'un professe une philosophie issue de Spinoza, de même que l'élève de Panglos récitait du Wolf, dérivé de Leibniz. Le livre sert de métaphore au destin, au grand rouleau où tout serait écrit, mais ce livre qui refuse de commencer (« D'où venaient-ils ? ») et de conclure (plusieurs dénouements sont proposés), ce livre qui montre comment une logique immanente organise *a posteriori* les événements, comment des relations construisent le sens des aventures et des récits propose un fatalisme joyeux et imaginatif. Si l'homme n'est pas libre, il peut s'inventer une liberté créatrice.

Au fil du temps : lettres et articles

La générosité de l'homme, toujours prêt à se donner, à se dévouer, rejoint les principes du philosophe qui ne croit pas aux essences. Tandis que l'encyclopédiste expérimente les ressources de la dispersion d'un article à l'autre, l'homme privé exploite la discontinuité d'une correspondance et l'homme public celle de la presse périodique. Deux personnes vont cristalliser le goût de Diderot pour une écriture livrée aux aléas du temps : Sophie Volland et Grimm, la maîtresse et l'ami, qu'il a souvent réunis dans une même affection. Sophie se nommait en réalité Louise Henriette Volland (1716-1784). Elle appartenait à une famille de riches financiers, adjudicataires des impôts royaux, qui avaient pu acquérir un château en Champagne, à L'Isle-sur-Marne exactement, mais, à la différence de ses deux sœurs, elle était restée célibataire. Elle rencontra le philosophe, son aîné de quelques années, en 1754 ou 1755. Il pouvait la voir à Paris ou bien à L'Isle-sur-Marne sur le chemin de Langres. Friedrich Melchior Grimm (1723-1807), quant à lui, était né en Allemagne, à Ratisbonne, dans une famille modeste et après ses études était venu à Paris comme lecteur ou précepteur de grands aristocrates allemands. Il caressa des ambitions politiques et diplomatiques et devint rédacteur de la *Correspondance littéraire*. Il connaissait alors déjà Diderot, rencontré une première fois chez Rousseau, puis régulièrement chez le baron d'Holbach.

Telles sont les deux personnalités en qui l'écrivain se reconnut et qui le marquèrent assez pour l'engager dans un travail d'écriture original. Nous ne possédons plus les 134 premières lettres écrites par Diderot, d'autres ont été perdues et toutes celles de Sophie ont disparu. La première lettre conservée date du 10 mai 1759, elle narre une partie de campagne dans le parc de Marly, laissé à l'abandon depuis la mort du vieux roi. « La chose qui me frappa, c'est le contraste d'un art délicat dans les berceaux et les bosquets, et d'une nature agreste dans un massif touffu de grands arbres qui les dominent et qui forment le fond. » Le ton est donné. Toute la correspondance de Diderot avec Sophie Volland aura cette liberté d'une promenade entre amis, d'un vagabondage entre nature et culture. Elle prolonge la conversation mondaine mais s'engage aussi sur le chemin des confidences plus intimes.

Alors que le dialogue a vite cessé entre Diderot et sa femme, le philosophe, durant plusieurs années, a trouvé en Sophie une complice sensuelle et une interlocutrice intellectuelle. Si le temps est ensuite venu mettre quelque distance entre les amants, du moins sont-ils restés l'un à l'autre fidèles jusqu'à la mort. Les lettres à Sophie se présentent donc comme un journal où le narrateur rend compte de ses activités publiques, de son travail littéraire et de ses réflexions intimes. « Mes lettres sont une histoire assez fidèle de la vie. J'exécute sans m'en apercevoir ce que j'ai désiré cent fois. Comment, ai-je dit, un astronome passe trente ans de sa vie au haut d'un observatoire, l'œil appliqué le jour et la nuit à l'extrémité d'un télescope, pour déterminer le mouvement d'un astre, et personne ne s'étudiera soi-même, n'aura le courage de nous tenir un registre exact de toutes les pensées de son esprit, de tous les mouvements de son cœur, de toutes ses peines, de tous ses plaisirs... » (14 juillet 1762). L'astronome détermine les lois de l'infiniment grand, le moraliste devrait définir celles de l'infiniment petit. La méthode de l'un et de l'autre est la même, c'est l'observation méthodique et systématique, l'objectivité d'un regard qui doit pouvoir s'appliquer à soi comme à n'importe quelle étoile lointaine. Comme le ciel, le cœur humain livrera alors ses principes. « Il en coûterait peut-être moins pour écrire sur son registre : *J'ai désiré le trône aux dépens de la vie de celui qui l'occupe,* que pour écrire : *Un jour que j'étais dans un bain parmi un grand nombre de jeunes gens, j'en remarquai un d'une beauté surprenante, et je ne pus jamais m'empêcher de m'approcher de lui.* » L'ambition, mobile tragique par excellence, relève encore de la vie publique ; la composante homosexuelle chez un homme qui aime les femmes renvoie à une histoire méconnue du cœur humain, obscurci par les préjugés.

Le périodique, comme le journal intime, dissémine l'écriture au fil du temps. Diderot a lui-même fourni, dans l'*Encyclopédie*, une définition du journaliste, « auteur qui s'occupe à publier des extraits et des jugements des ouvrages de littérature, de sciences et d'arts, à mesure qu'ils paraissent ». Il précise ensuite sur le mode conditionnel l'ambition philosophique qui devait être celle du journaliste : « Il aurait à cœur les progrès du genre humain ; il aimerait la vérité, et rapporterait tout à ces deux objets. »

Le dialogue des arts

Le philosophe était conduit à s'interroger sur la place du Beau par rapport au Bien et au Vrai ; le journaliste devait rendre compte de la vie artistique à Paris, marquée par les passions musicales, rythmée par les salons de peinture ; Catherine II demandait à son correspondant de lui acheter les œuvres ou les collections qui paraissent dignes de ses palais. L'intérêt de Diderot pour les Beaux-Arts n'a rien d'épisodique ni de marginal, tous les aspects de son activité et de sa réflexion l'y ramenaient. Philosophiquement, il hérite d'un système des Beaux-Arts qui a rompu avec l'antique distinction entre les arts libéraux (auxquels appartenait la musique, assimilée à la rigueur mathématique) et les arts mécaniques (dont relevaient la peinture et la sculpture, ravalées ainsi vers l'artisanat) et d'une interrogation sur le Beau qui renonce à toute caution divine ou essentialiste. Pour définir l'unité des Beaux-Arts, les théoriciens avaient insisté dès le début du XVIIIe siècle sur ce qui serait le fondement commun à toutes les activités artistiques : l'imitation. Dans ses *Réflexions critiques sur la poésie et sur la peinture*, publiées en 1719, l'abbé Dubos affirme : « Les premiers principes de la musique sont donc les mêmes que ceux de la poésie et de la peinture. Ainsi que la poésie et la peinture, la musique est une imitation », mais ses analyses concrètes nuancent la rigueur de ce propos. En 1746, le titre adopté par l'abbé Batteux est explicite : *Les Beaux-Arts réduits à un même principe*. Le principe de l'imitation de la belle nature y est systématisé. Mais cette délimitation d'un espace commun ne résout pas la question du Beau. Les théoriciens admettent une relativité du Beau qui est rapportée soit à la diversité des points de vue particuliers des spectateurs, soit à la constitution d'une unité limitée ou d'un jeu de relations et de rapports. Une nouvelle discipline va correspondre à cette double réflexion sur le système des Beaux-Arts et sur le Beau, l'*esthétique*. Le mot est apparu sous sa forme latine en Allemagne dans le traité de Baumgarten, *Aesthetica* (1750), il est repris par un autre philosophe leibnizien Johann Georg Sulzer dont le projet d'une Théorie générale des Beaux-Arts est diffusé en France sous la forme d'une « Lettre de M. Sulzer à l'un de ses amis », parue dans le *Journal étranger* en 1761. Le terme est lexicalisé en France dans un article « Esthétique » du Supplément de l'*Encyclopédie* en 1776. Sous la plume de Baumgarten, il désigne, selon l'étymologie grecque, la théorie des sensations. En se diffusant en

Europe, il se spécialise dans les sensations particulières provoquées par l'activité artistique et par la contemplation du Beau.

La place de Diderot est essentielle, dans cette élaboration de l'esthétique nouvelle. Quoiqu'il n'ait composé ou parce qu'il n'a composé aucun traité théorique comparable à ceux qui paraissaient à la même époque en Allemagne, il fournit les éléments d'une réflexion de première importance. Lorsqu'il publie dans l'*Encyclopédie* en 1752 l'article « Beau », il semble s'engager dans une voie théorique abstraite. L'article n'a-t-il pas été publié sous forme indépendante en 1772 sous le titre de *Traité du beau* et transformé par Naigeon en *Recherches philosophiques sur l'origine et la nature du beau* (1798) ? Si l'univers ne peut être dit beau ni laid, le regard porté sur lui par l'homme y établit un réseau de relations qui le constitue en objet susceptible de beauté. Diderot refuse d'accepter comme évidentes les notions d'ordre ou de symétrie, qui permettaient à certains de définir le beau, aussi bien que celle de belle nature, qui constituerait l'objet de l'imitation artistique. Il fonde son approche du plaisir esthétique sur l'expérience de rapports qui dépendent des situations particulières. Il n'est donc de beau que relatif et singulier. Même si, tout au long de sa carrière, Diderot a songé à développer ce premier traité du beau, il a finalement préféré aller dans le sens de la relativité, de la singularité, c'est-à-dire approfondir sa connaissance technique de chaque pratique artistique pour en souligner la spécificité. Il s'intéresse à des techniques aussi particulières que celle de la peinture en cire pour rédiger l'article « Encaustique » de l'*Encyclopédie*. Il est amené à souligner la différence fondamentale entre les arts de l'espace qui, telles la peinture et la sculpture, donnent à voir simultanément l'ensemble de l'œuvre, invitant le spectateur à y dessiner un cheminement du regard, et les arts de la temporalité qui, comme la poésie ou la musique, se déploient dans la durée et imposent à l'auditeur leur déroulement. Dès la *Lettre sur les sourds et muets*, Diderot remet en cause l'adage traditionnel *Ut pictura poesis*. Il ne cesse de s'interroger jusqu'à la fin de sa vie sur le fonctionnement propre de la peinture et des arts plastiques d'une part, de la musique de l'autre. Il prolonge certains Salons par des *Essais sur la peinture* et des *Pensées détachées*.

L'expérience décisive pour le philosophe est la fréquentation des ateliers d'artistes et la visite des expositions organisées tous les deux ans au Louvre. On sait que Grimm demanda à son ami de faire le compte rendu de ces expositions pour les lecteurs de la *Correspondance littéraire*, princes et privilégiés, soucieux de connaître l'actualité parisienne et susceptibles d'acheter certaines des œuvres présentées.

Comme l'exposition, après avoir eu lieu dans la Grande galerie, s'était installée dans le Salon carré, on prit l'habitude d'appeler *salon* l'exposition elle-même, puis le compte rendu rédigé par un journaliste. Plusieurs d'entre eux ont précédé Diderot dans cette entreprise. On a pu présenter comme le « premier grand critique d'art au XVIIIe siècle » La Font de Saint-Yenne, personnage mal connu qui publia une dizaine d'ouvrages sur des questions d'esthétique entre 1747 et 1760. Dès ses *Réflexions sur quelques causes de l'état présent de la peinture en France, avec un examen des principaux ouvrages exposés au Louvre le mois d'août 1747*, il affirmait le droit de chacun à juger en matière d'art, indépendamment de l'autorité technique qui est celle des professionnels ou du pouvoir social qui est celui des mécènes et des collectionneurs. Dans un monde organisé hiérarchiquement et réglé par le monopole académique, ce droit au jugement personnel est apparu comme scandaleux. On s'engouffra d'autant plus dans la brèche. Mais il était réservé à Diderot de transformer le *salon*, limité jusque-là à une série d'articles ou à une brochure, en un genre littéraire autonome. La transformation est à la fois quantitative et qualitative. Dans ses neuf salons rédigés pour la *Correspondance littéraire* entre 1759 et 1781, Diderot passe d'un simple article d'une quinzaine de pages en 1759 à des comptes rendus de plusieurs dizaines de pages en 1761 et 1763, puis à de véritables livres indépendants de plusieurs centaines de pages en 1765, 1767 et 1769, avant de revenir à des dimensions plus modestes en 1771, 1775 et 1781. De telles dimensions lui donnent la liberté de mêler réflexions théoriques et descriptions des œuvres, et de varier les formes d'expression.

Le travail de Diderot salonnier peut être analysé peintre par peintre, en suivant l'évolution de son jugement sur chaque artiste au fil du temps, ou bien en termes de rhétorique et de poétique, en montrant la méthode de description mise au point par le critique, ou encore d'un point de vue proprement esthétique, en insistant sur les notions théoriques utilisées (sur la musique, voir p. 436-437).

La pensée matérialiste

Le travail théorique de Diderot est directement lié à celui des autres représentants de la pensée matérialiste, au premier rang desquels Helvétius et d'Holbach. Diderot réfute le premier et collabore

avec le second, tous appartiennent à une même mouvance intellectuelle dont ils incarnent les variations et les nuances. Claude-
Adrien Helvétius (1715-1771) et Paul-Henri Thiry d'Holbach
(1723-1789) sont de riches privilégiés de l'Ancien Régime, origi-
naires l'un et l'autre du Palatinat. La famille du premier (les
Schweitzer dont le nom a été latinisé en Helvétius) avait fui sa
patrie au temps de la Réforme et s'était installé en Hollande. C'est
le futur baron d'Holbach lui-même qui quitte l'Allemagne, étudie
en Hollande avant de s'installer à Paris. L'un et l'autre disposent
d'une fortune qui leur permet de se consacrer tout entier à la spéculation intellectuelle et d'accueillir généreusement leurs amis, à
Paris ou dans leur château de province, Helvétius à Voré dans le
Perche, d'Holbach à Grandval sur les bords de la Marne. Ils bénéficient tous deux également d'une formation pratique qui leur est
d'un précieux secours dans leur réflexion théorique. Helvétius est
fils de médecin et d'Holbach possède une solide formation de chimiste qui l'a fait recruter pour trente-six articles spécialisés de l'*Encyclopédie*. La chimie et la médecine constituent deux sciences qui
tentent alors d'expliquer la vie et la nature indépendamment du
dogme religieux et où, on l'a vu, Diderot lui-même a cherché les
éléments d'une théorie matérialiste de la nature et de la vie.

Si leur combat est commun contre le spiritualisme chrétien et
sa morale ascétique, s'ils partagent les mêmes convictions sensualistes que rien n'est dans l'esprit qui n'ait été d'abord dans les
sens, Helvétius et d'Holbach représentent deux aspects du matérialisme qui insiste soit sur le déterminisme social, soit sur le
déterminisme physiologique. Ils représentent également deux stratégies d'intervention philosophique différentes : Helvétius travaille
seul et publie sous son nom ; d'Holbach anime un véritable atelier
de travail collectif et préfère publier sous le voile de l'anonymat
ou sous le nom d'érudits du début du siècle, décédés depuis lors.
Helvétius se fait connaître par *De l'esprit* (1758) qui frappe les
contemporains par ce qui semble un paradoxe : chaque esprit
n'est que ce qu'il sent, il est donc déterminé par ses seules expériences et habitudes. Les foudres de la censure, pour avoir tardé,
n'en ont pas été moins rudes : le livre est condamné et l'auteur
doit se rétracter. Il développe ses thèses dans un second ouvrage
qui ne paraît qu'au lendemain de sa mort, *De l'homme, de ses facultés intellectuelles et de son éducation* (1773).

De l'esprit se présente comme un traité systématique, divisé en
quatre discours : la sensibilité physique est à l'origine de nos idées

et les erreurs ne peuvent provenir que de nos passions ou de l'ignorance (discours I), l'intérêt est à l'origine de tous nos jugements :
n'est bon ou mauvais que ce qui nous est utile ou nuisible (discours II), l'esprit est moins un don de la nature qu'un effet de
l'éducation (discours III), il prendra donc des formes différentes
mais peut être contrôlé et développé par une société profondément
réformée (discours IV). La réduction de la morale à l'intérêt rappelle le pessimisme des moralistes classiques pour lesquels nos prétendues vertus ne seraient que des vices cachés, mais Helvétius
libère l'homme de tout jugement *a priori* et ne se soucie que de son
bonheur ici et maintenant. Il peut affirmer l'égalité de principe de
tous les esprits et chanter l'inventivité des êtres passionnés. « C'est
aux passions fortes qu'on doit l'invention et les merveilles des arts :
elles doivent donc être regardées comme le germe productif de l'esprit et le ressort puissant qui porte les hommes aux grandes
actions. » Le nivellement des esprits à la naissance et la toute-puissance accordée à l'éducation ne débouchent pas sur le cynisme ou
le machiavélisme, mais sur un acte de foi dans l'homme mû par la
passion de la gloire et de l'estime : « Il est certain que les grands
hommes, qui maintenant sont l'ouvrage d'un concours aveugle de
circonstances, deviendraient l'ouvrage du Législateur, et qu'en laissant moins à faire au hasard, une excellente éducation pourrait,
dans les grands empires, infiniment multiplier et les talents et les
vertus. » Tels sont les derniers mots de *De l'esprit*. *De l'homme*
enfonce le clou. Les principes y sont « étendus et approfondis »,
selon les termes de la préface. Les formulations y sont souvent
péremptoires : « Toute idée neuve est un don du hasard »,
« L'éducation peut tout ». Il présente un tableau noir de la France
d'Ancien Régime, écrasée par le despotisme.

Les traités d'Helvétius ont frappé les contemporains par leur
intransigeance. Diderot emporte *De l'homme* dans son voyage en
Russie. Il lui emprunte de nombreux éléments qui se retrouvent
dans les textes qu'il compose alors, mais entreprend une « réfutation suivie » de l'ouvrage. Page à page et pied à pied, il polémique
avec Helvétius, refuse la place que celui-ci assigne au hasard dans
l'histoire et insiste sur la différence physiologique entre les êtres que
l'éducation peut réduire mais non supprimer. Il sauvegarde ainsi
les droits de l'originalité et du génie. Aucune éducation, si parfaite
fût-elle, n'aurait pu faire de Mme Riccoboni une grande actrice
ni de Diderot un bon danseur. Helvétius passionnera ensuite le
jeune Stendhal qui ne cessera d'en recommander la lecture à sa

sœur, mais l'irritera parfois par sa méconnaissance de la passion amoureuse.

Averti par la condamnation de *De l'esprit*, d'Holbach préfère l'action collective et clandestine. Aidé par une équipe de collaborateurs, il publie tout d'abord des traités posthumes, les *Recherches sur le despotisme oriental* (1761) et *L'Antiquité dévoilé* (1766) de Nicolas Boulanger, la *Lettre de Thrasybule à Leucippe* (1765) et l'*Examen critique des apologétistes de la religion chrétienne* (1766) de Fréret, puis *Le Militaire philosophe* qui est sans doute de Robert Challe (1767) et *Le Philosophe* de Dumarsais (1770). Il traduit et adapte parallèlement des ouvrages anticléricaux anglais. Il diffuse ainsi tout l'argumentaire de la tradition libertine contre les prétentions du christianisme à une vérité exclusive. Il donne à des manuscrits qui restaient clandestins et érudits une audience nouvelle. Il n'hésite pas à transformer ce qu'il édite ou traduit de l'anglais, à la façon dont Voltaire a récrit Meslier. La même stratégie lui fait attribuer à d'autres ses œuvres personnelles, pour autant que la notion d'auteur garde un sens dans cette littérature polémique et collective : *Le Christianisme dévoilé* (1761) est publié sous le nom de Boulanger et *La Théologie portative* ironiquement sous celui du pieux abbé Bergier (1768). Viennent ensuite *La Contagion sacrée* (1768), *De la cruauté religieuse* (1768) et l'*Histoire critique de Jésus-Christ* (1770). Cette production abondante circule sous le manteau et pénètre en province dans les hottes des colporteurs.

Cette volée de bois vert contre le christianisme est suivie par une série de sommes qui se veulent un exposé positif du matérialisme : le *Système de la nature* (1770) propose une philosophie générale, le *Système social* (1773), *La Politique naturelle* et l'*Ethocratie* (1776) une politique, une morale et un programme de réformes pour le jeune Louis XVI. Le *Système de la nature* a surtout frappé les esprits. Le livre s'ouvre et se ferme sur l'idée de nature. La nature, dans sa réalité matérielle, est un grand tout auquel l'homme ne peut échapper sans tomber dans l'erreur et le malheur. Erreurs que la croyance à une âme et l'opposition entre le physique et le moral, erreurs que les idées innées et le principe de la liberté. La seconde partie du traité dresse la généalogie de ces erreurs qui, sous la forme des différentes religions, ont mené les êtres humains à la violence et à l'oppression. Le traité s'achève par une prosopopée de la nature et une prière à cette nouvelle providence laïque. La prosopopée appelle les hommes à s'affranchir des préjugés : « O vous ! qui, d'après l'impulsion que je vous donne, tendez vers le bonheur dans chaque instant de votre durée, ne résistez point à ma loi souveraine. Travaillez à votre félicité ; jouissez sans entrave, soyez heureux ; vous en trouverez les moyens écrits dans votre cœur. » La prière est la réponse des créatures : « O nature ! souveraine de tous les êtres ! et vous ses filles adorables, Vertu, Raison, Vérité ! soyez à jamais nos seules Divinités. » Pour les lecteurs qui ne sont sensibles ni au détail argumentatif du *Système*, ni aux références érudites accumulées dans les notes infrapaginales, ni aux envolées rhétoriques de la conclusion, d'Holbach a composé un condensé, un portatif aurait dit Voltaire, *Le Bon Sens* (1772). La *Correspondance littéraire* résumait le propos du livre : « C'est le *Système de la nature* dépouillé de ses idées abstraites et métaphysiques ; c'est l'athéisme mis à la portée des femmes de chambre et des perruquiers ; c'est le catéchisme de cette doctrine écrit sans prétention, sans enthousiasme, d'un style précis et simple, parsemé d'apologues pour l'édification des jeunes apprentis athées. » Et Diderot commente : « Le petit livret intitulé *Le Bon Sens* fera plus de mal ou de bien que toutes les plaisanteries de Voltaire. »

Diderot en revanche ne se laissa pas séduire par les *Lettres sur l'esprit du siècle* et *La Voix de la raison contre la raison du temps*, deux livres publiés par un protégé de Voyer d'Argenson, Dom Deschamps (1716-1774). Il faut dire que sa pensée était difficile ; la révélation de ses manuscrits, en particulier du *Vrai Système*, aide à l'approcher sans la rendre moins austère. Elle prétend aller au-delà de Spinoza et des Lumières, en distinguant l'Etre en rapport et l'Etre sans rapport, l'Un et l'Unique, le Tout et Tout. Les matérialistes seraient restés prisonniers de l'idée du Grand Tout sans parvenir à penser Tout qui s'identifie sans doute à Rien et conduit la métaphysique à sa limite, de même que l'état de mœurs qui est censé dépasser l'opposition entre nature et société installerait l'humanité dans un bonheur étal, communautaire et totalitaire. Quand il construit ce matérialisme qui confine à la mystique, Dom Deschamps croit radicaliser les percées philosophiques de son siècle. Il ne produit peut-être qu'un mitigé de théologie et de philosophie nouvelle où certains verront un hégélianisme à la française avant la lettre.

Conseils de lecture. — Les *Œuvres complètes* de Diderot ont été publiées chronologiquement par Roger Lewinter au Club français du livre en 15 vol. (1669-1973). Une édition scientifique, mise en place par Herbert Dieckmann, Jacques Proust et Jean Varloot (d'où le sigle DPV), est en cours de publication aux Ed. Hermann depuis 1975 (33 vol. prévus). Des volumes regroupés par genres et par thèmes sont disponibles dans la collection des classiques Garnier (éd. par Paul Vernière) et dans la collection Bouquins (éd. par Laurent Versini).

Pour une première approche, Jacques Chouillet, *Diderot*, SEDES, 1977 ; Arthur Wilson, *Diderot. Sa vie et son œuvre*, trad. franç., coll. « Bouquins », 1985, et Jacques Proust, *Lectures de Diderot*, Colin, 1974. D'autres références dans la bibliographie de Spear (Genève, Droz, 1988), dans les volumes de la collection à périodicité irrégulière depuis 1949 *Diderot studies* qui paraît chez Droz et dans la revue semestrielle, *Recherches sur Diderot et l'Encyclopédie.* depuis 1986.

Sur le matérialisme, Pierre Naville, *D'Holbach et la pensée scientifique au XVIIIe siècle*, Gallimard, 1943 ; J. S. Spink, *La Libre pensée française de Gassendi à Voltaire*, trad. franç., Ed. Sociales, 1966 ; Roland Desné, *Les matérialistes français de 1750 à 1800* (anthologie), Buchet-Chastel, 1965 ; Olivier Bloch (éd.), *Le Matérialisme du XVIIIe siècle et la littérature clandestine*, Vrin, 1982 ; collection dirigée par Antony McKenna, « Libre pensée et littérature clandestine » à la Voltaire Foundation.

Le citoyen de Genève

Rousseau fait, jeune, l'expérience de la perte : absence des parents — la mère morte en le mettant au monde, le père instable et voyageur —, fuite de Genève, errance à travers l'Europe. Sans domicile ni statut, il passera sa vie à se constituer des références qui compensent ce deuil premier. Il refuse successivement de devenir artisan à Genève, précepteur, secrétaire ou laquais, homme de lettres ou musicien à Paris. Il a tâté de tous ces métiers, passé les frontières et changé de milieu, troqué le protestantisme pour le catholicisme, vécu dans sa chair la hiérarchie sociale, la cascade du mépris, la comédie des sourires et des grimaces, sans jamais jouer le jeu de l'intégration et de l'ascension. Trop lié à ses origines modestes pour se faufiler, comme si de rien n'était, dans les couches supérieures, trop cultivé pour demeurer au bas de l'échelle. Une crise en 1749 lui offre enfin, sinon un lieu ou un statut, du moins une posture, une image de lui-même.

En route pour Vincennes où il va rendre visite à Diderot, emprisonné pour la *Lettre sur les aveugles*, il découvre dans un numéro du *Mercure* la question mise au concours par l'Académie de Dijon : « Si le rétablissement des sciences et des arts a contribué à épurer les mœurs. » La scène a peut-être été reconstituée plus tard par Rousseau qui affirme : « A l'instant de cette lecture, je vis un autre univers et je devins un autre homme. » Elle est allégorique d'une situation de marginalité : topologiquement, Rousseau se

---

Biographie de Rousseau

1712   Naissance à Genève, mort de la mère dix jours plus tard

1722   Rousseau en pension chez les Lambercier

1728   Fuite de Genève, conversion au catholicisme, Rousseau chez Mme de Warens

1740   Précepteur à Lyon chez M. de Mably

1742   Arrivée à Paris, amitié avec Diderot

1743   Secrétaire d'ambassade à Venise

1745   Opéra *Les Muses galantes*, début de la liaison avec Thérèse Levasseur

1749   Visite à Diderot prisonnier, illumination de Vincennes

1750   *Discours sur les sciences et les arts*, couronné par l'Académie de Dijon

1751   Réforme personnelle, représentation du *Devin de village* et d'une comédie *Narcisse, ou l'Amant de lui-même*

1752   *Lettre sur la musique française*

1754   Retour au calvinisme

1755   *Discours sur l'origine et les fondements de l'inégalité*

1756   Rousseau s'installe dans un pavillon de l'Ermitage prêté par Mme d'Epinay

1758   *Lettre à d'Alembert sur les spectacles*

1761   *Julie, ou La Nouvelle Héloïse*

1762   *Emile* et *Le Contrat social*, fuite de Paris vers la Suisse

1764   *Lettres de la montagne*

1765   Maison de Rousseau lapidée, refuge sur l'île Saint-Pierre

1766   Voyage en Angleterre avec Hume, rupture entre les deux hommes

1767   *Dictionnaire de musique*

1767-1770   Rédaction des *Confessions*

1770   Retour à Paris

1772-1776   Rédaction des *Dialogues*

1776-1778   Rédaction des *Rêveries du promeneur solitaire*

1778   Installation à Ermenonville chez le marquis de Girardin et mort le 2 juillet, inhumation à l'île des Peupliers

---

trouve en dehors de la ville, il est placé entre les institutions culturelles, représentées par les concours académiques, et la répression qui frappe l'ami Diderot pour sa pensée hétérodoxe. La réponse à la question de Dijon semble s'imposer en ce siècle de Lumières, parmi les collaborateurs d'un dictionnaire des sciences et des arts :

le progrès des sciences et des arts assure un progrès moral. Rousseau défend le paradoxe d'une contradiction entre le développement intellectuel, économique et social et les valeurs morales. Il associe l'idée neuve, « philosophique » d'une bonté originaire de l'homme et l'ancien modèle d'une histoire comme chute, décadence, perte d'une vérité première. Contre les dogmes religieux, il croit à une nature bonne en elle-même et, contre les Lumières qui s'érigent en nouveau dogme, il accuse un progrès qui n'est que matériel et intellectuel, il dénonce la collusion entre le travail rationnel et l'injustice sociale. Tel est le sens du *Discours sur les sciences et les arts*, couronné à Dijon, applaudi comme un brillant paradoxe et un beau morceau de littérature. Mais Rousseau considère la position qu'il a prise comme un engagement personnel, il réforme sa vie, renonce aux avantages de la mondanité sans pouvoir totalement rompre avec ses protecteurs. Il s'engage dans une contradiction entre sa renommée grandissante à travers l'Europe et la marginalité psychologique et économique qu'il revendique. Contradiction également entre la critique qu'il mène des sciences et des arts et sa pratique de musicien et d'écrivain. Rousseau s'est forgé une identité en partie imaginaire, en tout cas symbolique, celle de citoyen de Genève, de membre d'une communauté idéalement vertueuse et démocratique, au milieu d'une Europe livrée aux compromissions et aux tyrannies.

Les interprètes de sa pensée ont souvent proposé des couples conceptuels pour en rendre compte : romantisme et romanité selon Albert Schinz, transparence et obstacle selon Jean Starobinski, solitude et communauté selon Bronislaw Baczko. Mais si le premier de ces couples introduit la contradiction à l'intérieur de la personne de Rousseau, les deux autres marquent le décalage entre le penseur et la société aliénée dans laquelle il vit, ils postulent une unité de la pensée et une dérive existentielle provoquée par les conflits avec l'entourage. Le principal de ces conflits sépare l'ami de Diderot, le collaborateur de l'*Encyclopédie,* de ses compagnons des Lumières. L'article « Genève » de d'Alembert dans l'*Encyclopédie,* auquel il répond par une *Lettre sur les spectacles,* consomme la rupture. Les philosophes font l'apologie du théâtre comme forme culturelle et principe de sociabilité alors que Rousseau, pour justifier l'interdiction des spectacles dans sa ville natale, critique la *représentation* théâtrale au nom de la fête qui permet la participation de tous les citoyens. Coupé de ses amis, Rousseau va se retrouver de plus en plus seul et confondre progressivement ses difficultés personnelles

avec le ressentiment du clan philosophique et la haine des traditio-
nalistes de tout poil.

Il avait développé l'intuition, exposée dans le premier discours,
dans un second sur l'origine et les fondements de l'inégalité parmi
les hommes qui dénonce l'appropriation privée comme la source de
la perversion sociale et dans l'article « Economie politique » de
l'*Encyclopédie,* qui ruine les théories traditionnelles du pouvoir fondées sur le modèle paternel, mais aussi sur le contrat social. C'est
ensuite deux grands traités qu'il prépare sur les institutions politiques et sur l'éducation et qui paraissent conjointement en 1762,
frappés aussitôt par les autorités religieuses et juridiques. Ni *Du
contrat social,* ni *Emile, ou l'éducation* ne constituent de traités concrets
sur les formes politiques ou les pratiques pédagogiques. Le premier
fournit les bases de la vie politique et le second raconte l'éducation
imaginaire du jeune Emile. *Du contrat social* récuse la force incapable de fonder le droit et tout contrat qui ne repose pas sur la
volonté générale. L'homme ne peut aliéner sa liberté, ne peut donc
accepter par contrat de devenir esclave. Il peut seulement abandonner son indépendance naturelle dans un acte de réciprocité qui
constitue les hommes en peuple et leur restitue la liberté comme
obéissance à des lois qu'ils se sont prescrites. Si *Du contrat social*
considère l'homme en tant que citoyen, *Emile* le forme en tant
qu'individu indépendant d'un pays.

Le livre suit la formation de l'enfant, de ses premières années où
la nature doit être respectée (liv. I), à la découverte d'une raison
sensitive ou puérile (liv. II), de la raison abstraite (liv. III) à la
révélation des liens sociaux, amoureux et religieux (liv. IV). Le
livre V est consacré à l'éducation, parallèle et complémentaire, de
Sophie, destinée à devenir la compagne d'Emile. Loin des collèges
et des précepteurs des grandes familles qui inculquent d'abord à
leurs élèves une conscience de leurs privilèges, Emile est élevé sans
préjugé et formé par la seule expérience, judicieusement préparée
par son précepteur. Les deux traités ont frappé l'opinion et eu une
influence décisive sur la philosophie européenne en général, sur
Kant en particulier. *Emile* a sensibilisé les familles à l'importance de
l'éducation et à la spécificité de l'enfant, tandis que *Le Contrat social*
a été le livre de chevet des Jacobins qui ont voulu en appliquer les
principes à la jeune République française. Rousseau lui-même
avait réfléchi aux constitutions à donner à la Pologne ou à la Corse,
il avait confronté l'abstraction des principes à la réalité concrète
d'un pays déterminé par une histoire et une mentalité. La richesse

et la complexité du *Contrat* et de l'*Emile* en ont autorisé des lectures diverses, contradictoires. Le débat religieux, par exemple, a été lancé par le chapitre du *Contrat social* sur la religion civile et par la Profession de foi du vicaire savoyard qui initie Emile à une religion délivrée de toute révélation et fondée sur le seul instinct. On comprend que ces pages aient été attaquées par toutes les Eglises aussi bien que par la « synagogue » holbachique. L'Eglise catholique est la première à réagir par la voix de Christophe de Beaumont, archevêque de Paris, les pasteurs de Genève suivent. Au premier, Rousseau répond par une *Lettre à Christophe de Beaumont*, aux seconds par les *Lettres de la montagne* où il leur conteste le droit de condamner la foi du vicaire savoyard.

Le romancier de *La Nouvelle Héloïse*

A la suite d'*Emile,* Rousseau a ébauché un roman, *Emile et Sophie ou les solitaires* qui met à l'épreuve le traité, qui confronte la théorie à la réalité. Une éducation idéale n'assure pas le bonheur, Emile et Sophie élevés l'un pour l'autre ne s'entendront peut-être pas. C'est dire la fonction du roman dans la réflexion de Rousseau. Les expériences amoureuses qui l'ont lié dans sa jeunesse à Mme de Warens et à Claude Anet, ou bien tout récemment à Sophie d'Houdetot, la belle-sœur de Mme d'Epinay ct à Saint-Lambert, nourrissent également sa rêverie d'homme qui se sent vieillir et craint d'avoir passé le temps d'aimer. Il est timide avec les femmes, passionné avec ses amis masculins, il a choisi de vivre avec Thérèse Levasseur, une servante d'auberge qui ne peut participer à sa création, il se réfugie au pays des chimères, il y connaît des satisfactions que la réalité lui refuse, il fait exister sur le papier la « société charmante », l' « étroite société » à laquelle il a sans succès convié Mme d'Houdetot et son amant Saint-Lambert. Il se souvient des grands romans d'amour du XVIIe siècle qu'il a lus dans sa jeunesse. *Julie, ou la Nouvelle Héloïse* naît de cette double nécessite sentimentale et intellectuelle, comme compensation à la pauvreté de la vie et à la sécheresse de la théorie. La forme épistolaire permet d'alterner les lettres d'amour et les discussions philosophiques. Le titre lui-même se réfère au couple fameux Héloïse et Abélard, le philosophe châtré à cause de son amour pour Héloïse. Le poème de Pope et ses nombreuses traductions avaient mis à la mode le couple légendaire, Rousseau s'approprie la figure d'Héloïse et délaisse celle d'Abélard, refoulant la question de la castration et de l'impuissance. Le chant d'amour qui constitue le point de départ du texte s'amplifie, se complique, s'approfondit pour aboutir au roman en six parties que nous connaissons.

Un précepteur, homme de savoir au statut inférieur dans la société, tombe amoureux de son élève. Une liaison s'ébauche entre Saint-Preux et Julie d'Etanges, sous l'œil complaisant de la cousine de celle-ci, Claire. Mais Claire doit épouser M. d'Orbe et le baron d'Etanges impose à sa fille M. de Wolmar. La séparation des amants mène Saint-Preux au bord du suicide dont il est sauvé par un Anglais qui devient son directeur moral, Milord Edouard Boston. Il fait le tour du monde et revient plusieurs années plus tard. Il découvre M. et Mme de Wolmar installés avec leurs enfants dans une communauté idéale au bord du Léman, à laquelle ils l'invitent à se joindre. Saint-Preux sublime son amour mais le passé n'est pas si loin, il pourrait ressurgir. Julie meurt avant qu'il pervertisse le présent. Cette intrigue est paradoxale : elle redresse un roman d'amour en roman de la vertu et de l'ordre, elle substitue au triangle d'un homme entre deux femmes celui d'une femme entre deux hommes, elle dénie et dit tout à la fois le désir, la passion, la mélancolie. Le drame amoureux s'apaise pour que soit décrit le fonctionnement de Clarens, et reprend dans la crise finale.

L'histoire semble opposer l'authenticité des sentiments au pied des Alpes à l'artifice de la vie parisienne et aux préjugés nobiliaires. Clarens serait un coin de nature à la fois sauvegardé et reconstitué : sauvegardé car les paysages alpins sont vierges, les habitudes campagnardes y sont préservées ; et reconstitué car M. et Mme de Wolmar ont dû réunir artificiellement les conditions d'un parc qui paraît naturel, et d'une communauté de travail qui semble conforme aux besoins naturels des individus. Mais Clarens est aussi un abrégé de l'Europe entière dans ce coin de Suisse médiatrice, une île grâce à laquelle Saint-Preux a le sentiment de dépasser la contradiction entre les deux expériences qu'il a faites autour du globe : l'aliénation des diverses sociétés et la tentation de la solitude dans les îles lointaines. Vers Clarens convergent l'Anglais Edouard et le Balte Wolmar, hommes du Nord, et la poésie et la musique italiennes, les échos des passions romaines d'Edouard, le jeune chanteur castré qui exprime la passion mieux que quiconque. A

Clarens se réunissent également des représentants des courants des Lumières : Saint-Preux est le déiste raisonnable, Wolmar l'athée vertueux, Julie la chrétienne aux tendances mystiques. Alors que la rupture se consomme entre Rousseau le chrétien et ses amis athées, *La Nouvelle Héloïse* poursuit la perspective d'une alliance entre la raison qui fait de Wolmar un « œil vivant » et la foi qui permet à Julie d'animer une communauté, qui lui fait concrétiser humainement un projet abstrait. Le chagrin secret de la jeune femme, sa mort causée par un accident qui matérialise ses contradictions, marque l'échec de la tentative, à moins que Saint-Preux accepte la proposition que lui a faite la mourante, de devenir le précepteur des trois enfants de Julie et de Claire. *La Nouvelle Héloïse* est un roman long, un roman qui fait sentir le temps qui passe, que ce soit l'absence entre la troisième et la quatrième partie, ou bien le rythme des saisons. L'émotion qu'il a suscitée, les processus d'identification qu'il a provoqués et dont témoignent les lettres reçues par Rousseau sont liés à la durée, à respiration épistolaire.

Les illustrations de Gravelot ont contribué au succès de l'œuvre. Rousseau en a surveillé l'exécution et en a commenté la réalisation dans les « Sujets d'estampe » qui complètent le texte. Elles sont au nombre de douze qui mettent en valeur les passages pathétiques de l'intrigue : le premier baiser de l'amour qui place Saint-Preux face aux deux cousines dans un bosquet et suggère plus qu'il ne montre la violence physique du contact, l'héroïsme de la valeur qui agenouille le lord anglais devant le plébéien vertueux, mais aussi le mouvement de jalousie qui précipite Saint-Preux vers son ami anglais, la honte de Saint-Preux qui s'est laissé entraîner dans un lieu de débauche parisien et l'inoculation de l'amour qui lui fait embrasser Julie atteinte de la petite vérole et contracter la maladie par amour... Il faudrait détailler chacune des estampes jusqu'à la dernière, sans titre qui montre l'héroïne sur son lit de mort, au moment où Claire va couvrir son visage. Des rideaux du lit de maladie et d'amour à ceux du lit de mort, toutes ces scènes théâtralisent le sentiment, elles le matérialisent en mouvements qui précipitent les êtres les uns vers les autres, les font s'agenouiller, lever les bras au ciel. Elles marquent le battement de l'écriture entre l'ostentation et la rétention, entre ce qui peut être montré et ce qui doit être « gazé ». Julie n'est pas montrée dans la plénitude de son corps, elle reste inaccessible sur l'image, elle est réservée au texte et à l'imaginaire du lecteur qui est ainsi sollicité.

L'écriture du moi

Emile et plus encore *La Nouvelle Héloïse* étaient habités par les souvenirs personnels de Rousseau. Lorsque *Le Contrat social* et l'Emile furent condamnés, il ressentit une particulière solitude, pris entre les encyclopédistes qui le répudiaient comme trop religieux et les Eglises qui le rejetaient comme trop philosophe. Un homme lui montra de l'amitié, dont la fonction était pourtant de diriger la contrôle étatique de la production imprimée, Malesherbes, directeur de la librairie (voir p. 292). Rousseau répondit à cette confiance par un autoportrait épistolaire qui semble à l'origine du travail autobiographique. Il conserva par-devers lui les doubles de ces « Quatre lettres à M. le président de Malesherbes contenant le vrai tableau de mon caractère et les vrais motifs de toute ma conduite ». La lettre du 12 janvier 1762 saisit l' « heureux hasard », l'étourdissement et l'ivresse, l'illumination de la route de Vincennes, treize ans plus tôt. Heureux hasard qui désigne Rousseau pour révéler aux hommes leurs erreurs, et malheureuse catastrophe qui le voue à la haine de ceux qui ne veulent pas comprendre. L'entreprise autobiographique est marquée par ce double caractère d'une écriture euphorique et douloureuse : euphorique quand elle se suffit à elle-même, douloureuse quand elle se débat contre les mensonges.

Les Confessions se développent à partir de l'impérieux besoin de se justifier, de prouver sa sincérité et de valider par là toute son œuvre antérieure. Mis en accusation, Rousseau répond en se montrant dans sa nudité, à la fois différent des autres et naturel, fidèle à la bonté originelle. *Les Confessions* de saint Augustin retraçaient l'itinéraire d'une vie pour en donner une signification apologétique. Les mémorialistes classiques témoignaient d'une vie dans le siècle pour illustrer un nom, une foi, une mission. Le *je* restait second par rapport à des valeurs spirituelles ou terrestres supérieures. Rousseau proclame au début des *Confessions* la nouveauté d' « une entreprise qui n'eut jamais d'exemple ». Il accepte en effet de dire l'individualité irréductible d'un moi dans tous ses détails, dans ses hontes, dans ses particularités physiques et sexuelles. « Voici le seul portrait d'homme, peint exactement d'après nature et dans toute sa vérité, qui existe et qui probablement existera jamais. » En douze livres, il relate sa vie jusqu'aux catastrophes de 1765. Il s'agit moins

de dérouler des souvenirs que de restituer la vérité d'une conscience. Rousseau accepte, proclame, revendique sa différence.

Il ne suffit pourtant pas de montrer cette différence pour être
reconnu sincère. Rousseau se sent prisonnier dans les lacs des faux-
semblants et des mensonges. Il y répond par trois dialogues intitulés *Rousseau juge de Jean-Jacques* qui acceptent tactiquement le cli-
vage imposé de l'extérieur entre le nom et le prénom. Rousseau
s'entretient avec un Français des crimes commis par Jean-Jacques,
il essaie ainsi de comprendre le complot qui l'entoure, l'étouffe, il
veut reconstituer le paradoxe qui fait qu'un homme bon puisse être
chargé de toutes les accusations. L' « Histoire du précédent manuscrit », à la fin des *Dialogues*, rend compte de la dernière tentative de
Rousseau pour faire authentifier son texte par une référence religieuse : il veut déposer le manuscrit sur le grand autel de Notre-
Dame et ne peut y accéder : les grilles du chœur sont fermées. Il est
désormais livré à lui-même et aux autres dans un monde dénué de
certitudes. *Rousseau juge de Jean-Jacques* peut être lu comme un texte
fou, comme la mise en scène de l'écriture moderne prise dans les
jeux de miroir des consciences.

L'enjeu est moins une réalité insaisissable que la sincérité. Après
avoir tout dit selon le fil chronologique de sa vie, puis dans le labyrinthe des regards et des discours, Rousseau se met à écrire pour
lui-même, il identifie le travail du souvenir, la remémoration, la
sensation présente et l'écriture. Il rêve encore aux persécutions qu'il
a subies (I), à un accident qui, à Ménilmontant, lui a permis de se
réveiller dans la pure conscience d'un présent, débarrassé de toute
autre vicissitude (II), à ses convictions religieuses (III), à sa définition du vrai et du faux (IV), au bonheur qu'il a connu dans l'île
Saint-Pierre (V), etc. Tels sont les thèmes successifs des dix *Rêveries
du promeneur solitaire* que Rousseau laisse inachevées à sa mort. Entre
la musique et la botanique qui ont été deux passions constantes de
sa vie, il module les mots et les phrases au rythme de la sensation,
du souvenir, de la conscience. La musique est un art du temps, la
botanique la jouissance de l'infinie variété de la nature : la littérature, au-delà de toute finalité, accorde le temps qui passe et
l'expérience sensible, la durée de la personne et la pure présence de
l'instant.

L'exigence d'une telle démarche ne pouvait manquer de frapper des lecteurs qui ont entretenu un rapport passionnel avec la
personne, capable de cet héroïsme de l'aveu. De son vivant, Rousseau fut l'objet d'enthousiasmes fusionnels et après sa mort d'un

véritable culte. Plus encore que le voyage à Ferney, le pèlerinage sur l'île des Peupliers, image de toutes les îles fréquentées ou rêvées par Rousseau, devint un genre littéraire. Il est l'occasion de s'exercer à la même écriture que Jean-Jacques. Pierre Le Tourneur, le traducteur de Shakespeare, se met à rêver dans la voiture qui l'emporte vers la tombe de Rousseau : « J'aime à rêver en silence au mouvement de la voiture, à laisser mon âme tranquille recevoir, comme la toile d'une chambre obscure, les images, les sensations des objets, des sites divers qui se succèdent devant mes yeux ; et cette manière d'exister en est une de jouir pour moi. » Robespierre écrira des pages non moins frémissantes sur son maître et la République française transfère officiellement les cendres de Rousseau d'Ermenonville au Panthéon en 1794. Girondins et Jacobins, contre-révolutionnaires et chrétiens orthodoxes peuvent se réclamer de lui. La critique littéraire l'inscrit dans deux intertextualités bien différentes, celles de la Cité vertueuse et du moi triomphant.

La tradition de la critique sociale et l'utopie

Rousseau a donné un écho et un style à une critique de l'inégalité qui a constitué le thème privilégié d'autres penseurs. Ces penseurs, sensibles à la violence subie par les masses populaires, se situent aux marges des Lumières qui insistent plus sur les entraves mises au développement de l'individu. Ils ont été constitués en école par certains Jacobins durant la Révolution française, puis par la tradition socialiste du XIXᵉ siècle, relayée par la critique marxiste. Si l'on ne peut finaliser ce courant égalitaire à partir de théories ultérieures, du moins faut-il rappeler sa place dans le paysage intellectuel du XVIIIᵉ siècle. On connaît mal Morelly, sans doute régent de collège, qui publia plusieurs livres dont le *Naufrage des îles flottantes ou la Basiliade* (1753) et le *Code de la nature* qui se veut, ainsi que l'indique le sous-titre, le *véritable esprit des lois* (1755). *La Basiliade* s'inscrit dans la lignée de *L'Utopie* de Thomas More ou de *La Cité du Soleil* de Campanella. Les Utopiens vivent heureux, en harmonie avec la nature qui ignore la propriété privée et le mariage. Le *Code de la nature* fournit la base théorique de cette fiction. Il insiste sur la propriété commune et sur la solidarité dans le travail, il interdit le commerce privé et le luxe.

Rousseau n'a jamais écrit d'utopie proprement dite. Mais il a introduit dans *La Nouvelle Héloïse* une microsociété et Bronislaw Baczko a pu caractériser les *Considérations sur le gouvernement de Pologne* comme un voyage imaginaire, une rêverie qui, à partir de l'information réunie sur la réalité polonaise, construit le modèle d'un pays idéal, digne de Rome et de Sparte. Cet exemple prouve qu'on ne peut toujours distinguer entre réforme et utopie, entre progrès et saut vers un ailleurs, vers une différence radicale. La crise de l'Ancien Régime a suscité de nombreux voyages imaginaires, arcadies ou robinsonnades qui ne fournissent pas le Lieu et la Loi constitutifs de l'utopie, mais qui sont symptomatiques des inquiétudes et des aspirations, confuses et souvent contradictoires, de l'époque. Charles Garnier rassemble de 1787 à 1789 39 volumes de *Voyages imaginaires, songes, visions et romans cabalistiques* caractéristiques d'un appel à un ailleurs susceptible de critiquer ou même de remplacer la réalité présente. Diderot compose un *Supplément au Voyage de Bougainville* qui récrit à l'irréel du passé l'histoire des terres qui auraient pu éviter le colonialisme. Rétif de La Bretonne imagine *La Découverte australe par un homme volant* qui fait la transition de la robinsonnade familiale à la colonisation utopique et du politique à l'eugénisme. Dom Deschamps pousse à la limite le principe de l'égalité jusqu'à l'indifférenciation. Louis Sébastien Mercier substitue aux îles lointaines une uchronie qui fait du Paris de *L'An 2440* une ville hygiénique et démocratique, c'est-à-dire l'inversion de la capitale du XVIIIe siècle. Ledoux et Boullée dessinent des villes imaginaires et construisent sur le papier des monuments gigantesques qui régleraient la vie sociale selon les lois de la géométrie et de la nature. Ledoux a commencé à réaliser la ville nouvelle d'Arc-et-Senans et, à défaut de rénover Paris, l'a ceinturé d'une barrière néo-classique dont la signification économique (il s'agissait d'un octroi) a empêché les Parisiens d'en apprécier l'esthétique : le mur murant Paris rend Paris murmurant, expliquera Victor Hugo. La Révolution a relancé cette architecture de la table rase et des formes élémentaires. Le monument le plus frappant de Boullée est le cénotaphe de Newton, sphère parfaite qu'on retrouve, par exemple, dans la maison des gardes champêtres imaginée par Ledoux à Arc-et-Senans. Si ces architectes ont été liés aux milieux des financiers qui suscitent l'ire de Rousseau et de ses semblables, l'utopisme de leurs constructions correspond à une rêverie sur l'origine, sur une nature première.

La Révolution s'est d'abord voulue régénération, retour à une pureté initiale, et l'Antiquité a continué à fournir le modèle le plus probant d'un ordre social différent à opposer à l'Ancien Régime. L'historien Mably (1709-1785), demi-frère de Condillac, a fourni des éléments au rêve antique. Dès le *Parallèle des Grecs et des Romains* et le *Parallèle des Romains et des Français* (1740), il vante les républiques fondées sur la vertu et l'égalité. Il développe ses thèses dans *Des droits et des devoirs du citoyen* (1758), dans les *Entretiens de Phocion sur le rapport de la morale avec la politique* (1763) et dans *De la législation ou Principes des lois* (1776) qui stigmatisent la propriété, coupable de tous les maux de la société. Mably ne s'est pourtant pas contenté d'étudier les sociétés anciennes, il s'est intéressé à l'histoire de France sur laquelle il publie des *Observations* en 1765 et aux événements d'Amérique qui lui inspirent les *Observations sur le gouvernement et les lois des Etats d'Amérique* (1784). Il s'inquiète de voir la jeune république américaine abandonner la vertu à l'ancienne pour un modèle marchand. Mably, mort quatre ans avant la prise de la Bastille, a été lu et cité par les révolutionnaires pour sa fidélité au rêve antique plus que pour ses propositions de réforme souvent modérées. Avec les utopies du temps, il manifeste l'importance de la critique sociale qui débouche sur certains courants jacobins et sur le babouvisme.

La littérature de l'intimité

L'exemple de Rousseau dans ses *Confessions* et ses *Rêveries* a frappé toute l'Europe. Il a cristallisé les tendances latentes de l'époque, mais s'il fournit le paradigme de l'autobiographie moderne, *Les Confessions* ne constituent pas un genre précis. Les traditions des mémoires et de la confession religieuse se mêle à celle du récit de vie rousseauiste. Le principe d'une littérature du moi est souvent lié à l'affirmation d'une originalité et au refus de tout modèle. Aussi la filiation se fait-elle parfois sur le mode de la dénégation. Rétif de La Bretonne a rédigé *Monsieur Nicolas ou le Cœur humain dévoilé* à partir de 1783, sous le choc des *Confessions* qui viennent de paraître. La critique de Rousseau dans la version finale n'en est que plus dure. « Il existe deux modèles de mon entreprise : les *Confessions* de l'évêque d'Hippone et celles du citoyen de Genève. J'ai beaucoup du caractère d'Augustin ; je ressemble moins à

J.-J. Rousseau : je n'imiterai ni l'un ni l'autre. J'ai des preuves que J.-J. Rousseau a fait un roman ; et pour Augustin, ses *Confessions* ne sont véritablement qu'un apologue. » Rétif insiste sur la valeur exemplaire de son récit qui serait plutôt « le cœur humain dévoilé » que l'histoire anecdotique d'un individu.

La référence à Rousseau peut également se présenter dans les textes autobiographiques des contemporains sous la forme d'une visite faite au citoyen de Genève. Le ton est critique chez Giacomo Casanova qui accompagne à Montmorency une de ses riches protectrices, curieuse de connaître le philosophe. La distance est d'emblée posée entre Casanova qui se veut chevalier de Seingalt et le pauvre copieur de musique qu'on paye « le double de l'argent qu'on aurait payé à un autre ». « Nous trouvâmes l'homme qui raisonnait juste, qui avait un maintien simple et modeste, mais qui ne se distinguait en rien ni par sa personne ni par son esprit. Nous ne trouvâmes pas ce qu'on appelle un aimable homme. » Un grand aristocrate comme le prince de Ligne se montre beaucoup moins méprisant à l'égard de celui qu'il va voir dans « son grenier » parisien de la rue Plâtrière, « séjour des rats, mais sanctuaire du génie ». Le prince s'approche de Rousseau plein de respect et de tremblement : « Ses yeux étaient comme deux astres. Son génie rayonnait dans ses regards, et m'électrisait. » Ce récit est sans doute aussi artificiel et construit *a posteriori* que celui de Casanova. Il indique en tout cas l'importance que Jean-Jacques a eue, dans son individu et dans sa parole autobiographique.

La même année 1797, Rétif de La Bretonne fait imprimer *Monsieur Nicolas* ; Casanova, exilé loin de toute mondanité au château de Dux en Bohême, achève l'*Histoire de ma vie* ; le prince de Ligne rédige une préface pour les *Fragments de l'histoire de ma vie*. Les deux premières œuvres sont des récits continus, la troisième, ainsi que le titre l'indique, se présente comme la suite décousue de fragments et risque de se perdre parmi les bons mots et les anecdotes. Le prince de Ligne possède un historiographe qui a « écrit et daté » tout ce qui lui est officiellement arrivé. S'il fragmente ses souvenirs personnels, c'est pour rejoindre, à sa façon, les deux autres récits dans une même exploration de l'intimité. Le modèle des mémoires aristocratiques reste prégnant dans les trois textes. *Monsieur Nicolas* débute par une généalogie fantaisiste et peut-être ironique qui fait descendre la famille des Restif « en ligne directe de l'empereur Pertinax, successeur de Commode ». *Pertinax* signifie en effet *rétif* en latin. Le paysan devenu écrivain croit nécessaire pour s'affirmer littéraire̩ment de devenir *de La Bretonne* et de dérouler cette généalogie prestigieuse. Casanova se contente de remonter en 1428 lorsqu'un certain Jacob Casanova, né à Saragosse et secrétaire du roi d'Aragon, enlève une jeune religieuse et s'enfuit avec elle à Rome. Le ton est donné, toute la vie du mémorialiste se fera sur le mode de la fuite. Quant au prince de Ligne, il peut répéter que certains généalogistes font descendre sa maison d'un roi de Bohême, si ce n'est de Charlemagne lui-même. La mémoire officielle n'est posée que pour être investie d'une signification nouvelle par l'individu qui écrit.

Les premiers souvenirs d'enfance prennent autant d'importance pour l'individu en gestation que la longue suite des générations qui le précèdent. « Le premier trait de mon enfance qui me soit resté dans la mémoire, explique Rétif, est de la fin de ma deuxième année. » Dans un mouvement d'impatience, le bébé s'en prend au miroir de toilette qu'il brise pour écarter son image grimaçante. Suit le souvenir d'une escapade pour aller voir une sœur nouvelle mariée. L'escapade s'interrompt à la question d'une paysanne : « Eh! où allez-vous donc, Monsieur Nicolas ? » L'histoire de Casanova commence par « le fait le plus reculé » dont il ait gardé souvenir : des saignements de nez persistants qui le font conduire par sa grand-mère chez une sorcière de Murano. L'enfance du prince de Ligne est bercée de noms de capitaines et de hauts faits d'armes, le petit garçon entend parler du prince Eugène et veut le remplacer. « Ce fut la première pensée que je me rappelle. La seconde qu'on faisait la guerre dans ce temps-là et que cela me montait la tête. » Le prince poursuit cette série de souvenirs, jusqu'aux figures de sa nourrice et de sa gouvernante qui l'initient à la sensualité. A travers ses premiers souvenirs, l'écrivain cherche à atteindre une vérité qui est moins celle du personnage public qu'un jeu de reflet entre la conscience individuelle et l'image sociale.

L'écriture reconstitue l'histoire singulière de chacun. Tous ces premiers souvenirs semblent l'annonce et le mode d'emploi des récits qui suivent. Le jeune Rétif brise l'image qu'on lui tend et s'éloigne de la maison paternelle : l'installation dans la capitale, l'entrée en écriture et l'entreprise autobiographique répètent ces gestes premiers. Casanova, au seuil de sa vie, est surpris par les exigences physiologiques de son corps et la dimension irrationnelle de l'existence. Sa conduite de séducteur, son goût pour les sciences occultes et son fatalisme sont inscrits dans la première visite à la sorcière de Murano. Le prince de Ligne, de son côté, vivra dans le deuil d'une gloire militaire qui se refusera toujours à lui et dans les délices d'une existence mondaine et libertine qui lui en tiendra lieu. Chacune de ses œuvres à caractère autobiographique est animée par un double mouvement jubilatoire et affligé. Rétif, Casanova, Ligne s'enchantent de leurs pouvoirs respectifs d'invention romanesque ou de séduction mondaine et sexuelle. Mais la culpabilité d'avoir trahi les valeurs ancestrales, la conscience que le temps des amours est définitivement clos, le regret de n'avoir pu s'imposer sur un champ de bataille constituent l'envers de cet enchantement d'écrire.

Les projets autobiographiques de la fin du XVIIIᵉ siècle entrent en résonance avec les événements politiques. Pour Casanova (1725-1798), Rétif (1734-1806) et Ligne (1735-1814), le temps du retour sur soi est celui de l'âge qui vient et d'une Révolution française qui rejette dans le passé toutes les certitudes anciennes. Casanova compose l'*Histoire de ma vie* dans un français, proclamé langue de la séduction, alors que la Révolution multiplie les néologismes. Il compose le chant funèbre des plaisirs propres à la jeunesse mais aussi à l'Ancien Régime. L'aventurier vénitien et le prince de Ligne se connaissaient et n'ont cessé de correspondre. Ligne s'est passionné pour les mémoires de son ami. Conscient que l'époque qu'ils évoquaient est irréversiblement close, il s'adresse dans une lettre à « Mes deux chers Casanova », comme si le narrateur de l'*Histoire de ma vie* ne pouvait désormais pas plus rejoindre le libertin que ces dernières années du XVIIIᵉ siècle les beaux jours du règne de Louis XV. La Révolution française s'est voulue coupure radicale avec le passé, elle a provoqué les mémoires de contemporains, cherchant à redonner une unité à leur existence.

Dans l'immense corpus des mémoires suscités par l'événement révolutionnaire, il faut signaler les récits d'ordre autobiographique composés par les Girondins. Ils permettent en effet de mieux saisir les échanges entre la tradition des mémoires et le nouveau modèle rousseauiste. Hommes et femmes des Lumières, lecteurs des *Confessions* mais aussi du *Contrat social*, révolutionnaires soudain dépassés par le mouvement qu'ils avaient contribué à lancer, les Girondins sont exemplaires des contradictions du temps. Prisonniers ou fugitifs, ils tombent de l'activisme politique dans un repos forcé. Portés par les espoirs de l'*Encyclopédie* et de 1789, ils sont confrontés à la violence, à la haine, à l'impuissance. Ils se mettent à écrire pour continuer la lutte politique aussi bien que pour témoigner de la sincérité de leur engagement, à la façon dont Rousseau composait *Les Confessions* pour défendre l'honnêteté de toute son œuvre. Leurs mémoires présentent une relative unité du fait de la concertation qui a présidé à leur rédaction puis à leur publication. Henri Coulet a montré les quatre registres qui s'y donnent à lire : l'exposé des événements historiques, le plaidoyer d'hommes politiques qui ont échoué dans leur ambition, le récit dramatique de militants plongés dans la clandestinité et devenus aventuriers malgré eux, l'épanchement lyrique enfin et le retour sur soi. Le souci de soi se trouve ainsi à la fois en continuité et en discontinuité avec l'argumentation politique. « Je veux oublier un instant mon martyre, et mettre à profit la solitude de ma prison. Je touche à cet âge où Rousseau fit un examen général de sa vie passée et de toutes ses connaissances, et se fixa un plan de conduite qu'il pût suivre jusqu'à sa mort. Je vais imiter Rousseau » (Brissot). Les textes de Barbaroux, Brissot, Buzot ou Pétion méritent tous d'être lus ; seuls ceux de Louvet et de Mme Roland sont aujourd'hui disponibles. Le premier a intitulé ses mémoires *Quelques notices pour l'histoire et le récit de mes périls depuis le 31 mai 1793, par Jean-Baptiste Louvet, l'un des représentants proscrits en 1793*, tandis que Mme Roland a distingué des *Portraits et Anecdotes* qui sont les éléments d'une histoire de la Révolution, et des *Mémoires particuliers* qui correspondent plus directement à ce que nous considérons aujourd'hui comme une autobiographie.

Louvet mêle le récit de son combat politique et celui de ses amours avec la femme qu'il nomme Lodoïska et à laquelle il doit son salut. Les diatribes enflammées contre les Montagnards cèdent soudain la place à des paysages de montagne ; le temps court des événements politiques se perd dans la longue durée des rythmes géologiques. La liberté du citoyen se confond alors avec la conscience de soi et le sentiment d'une liberté métaphysique : « Ici, loin des hommes et devant Dieu, malgré toutes les révolutions, en dépit de tous les tyrans, je suis encore moi, je suis libre ! » Solitaire et solidaire, Louvet s'identifie à son maître : « Alors je me rappelle que ce fut ton sort, ô mon maître, ô mon soutien, sublime et vertueux Rousseau. Toi aussi, pour avoir bien mérité du genre humain, tu t'en vis persécuté. Toi aussi, pour avoir été l'ami du peuple [...] tu fus méconnu, détesté, maltraité par lui. » La comparaison s'impose d'autant plus que le Jura où Louvet s'est caché n'est pas éloigné des lieux chantés par *La Nouvelle Héloïse*. Dans ses *Mémoires particuliers*, Mme Roland, pour oublier et pour mieux comprendre un présent insupportable, retrace toute sa vie : « Je me propose d'employer les loisirs de ma captivité à retracer ce qui m'est personnel depuis ma tendre enfance jusqu'à ce moment, c'est vivre une seconde fois que de revenir ainsi sur tous les pas de sa carrière, et qu'a-t-on de mieux à faire en prison que de transporter ailleurs son existence par une heureuse fiction ou par des souvenirs intéressants ? » Mais pour Mme Roland, raconter son enfance de petite Parisienne, ses enthousiasmes religieux au couvent, ses lectures de jeune fille sensible et réfléchie, son mariage avec un homme de vingt ans son aîné qui la séduit par son sérieux de philosophe, c'est marquer la logique d'une existence qui débouche sur l'engagement révolutionnaire. Mme Roland participe pleinement à la carrière de son mari qui devient ministre de l'Intérieur dans le gouvernement girondin en 1792. Lorsque, l'année suivante, les Montagnards affermissent leur pouvoir, les deux époux sont pareillement poursuivis. Mais la tourmente politique se double d'un drame passionnel. Mme Roland s'est éprise d'un député girondin, François Buzot. Femme des Lumières, elle a refusé les faux-semblants et les mensonges, elle a avoué la situation à son mari. Ses mémoires sont animés par ce double mouvement de lucidité et de passion.

Plus ou moins proches du modèle rousseauiste, ces mémoires et ces confessions tentent de restituer le sens d'une vie, de lui donner une unité, mais ils utilisent souvent comme matériau, des notes discontinues, dispersées au jour le jour. Le journal intime et l'autobiographie constituent deux genres à la fois proches et opposés : le journal intime constate la discontinuité de la vie, l'autobiographie cherche à en dégager une continuité. Historiquement, les deux modes d'expression du moi se développent au même moment, dans les deux dernières décennies du XVIIIᵉ siècle. Les journaux sont nombreux avant cette époque : livres de raison, cahiers de souvenirs ou albums de citations, carnets de méditations spirituelles, journaux, ainsi que le rappelle Pierre Pachet. Dans la crise sociale que représente la décomposition de l'Ancien Régime, ils deviennent le lieu d'une réflexion inquiète sur le moi. Ils s'interrogent sur le rapport de l'individu à son contexte, de la conscience aux circonstances qui la déterminent. Parmi les autobiographies issues de Rousseau, nous avons cité *Monsieur Nicolas*, nous retrouvons Rétif comme un des premiers diaristes de la modernité. A quarante-cinq ans, touché par la maladie, le paysan de Paris prend l'habitude de fixer des dates intimes sur les murs de l'île Saint-Louis. Déraciné, perdu dans le flux du temps, confronté à la mort, il choisit de fixer quelques repères, entre pierre et eau, à la frontière de ce qui dure et de ce qui se passe. « Je la [cette première inscription] fis dans cette idée : verrai-je cette marque l'année prochaine ? Il me semble que, si je la revoyais, j'éprouverais un sentiment de plaisir, et le plaisir est si rare, vers l'automne de la vie, qu'il est bien permis d'en rechercher les occasions. » D'année en année, il poursuit ces inscriptions jusqu'à ce qu'une main hostile les efface. Il les transcrit alors de mémoire et les commente sur un carnet dont la prolixité dépasse vite toute idée d'inscription. Il n'est pas impossible que cette origine soit mythique, elle n'en est que plus intéressante pour l'historien qui voit naître le journal intime de l'inscription lapidaire, dans un conflit entre l'essentiel et l'anecdotique, la concision et le détail. Ce journal rédigé avec des abréviations et dans une graphie difficile à déchiffrer, par la lutte qu'il donne à suivre contre le temps, la maladie et la mort, dépasse le simple *mémorandum*.

Durant ces mêmes années, la jeune Lucile Laridon-Duplessis qui va épouser Camille Desmoulins tient le registre de sa vie personnelle ; Joseph Joubert commence à noter dans ses carnets les pensées et réflexions qu'il ne parvient jamais à réunir dans un système ou un livre ; Maine de Biran, retiré sous la Révolution à la campagne, exilé de l'intérieur, exilé dans son intimité, se met à tenir un journal que l'on considère parfois, avec celui de Benjamin Constant, comme le premier journal intime proprement dit. C'est que, nourri par des lectures philosophiques et religieuses, Maine de Biran prend sa propre intimité comme objet d'observation et de notation. Philosophe de la conscience, il expérimente sur lui-même les fluctuations de la pensée et du sentiment. Rousseau avait projeté de composer *La Morale sensitive ou le matérialisme du sage* pour expliquer les variations des individus si « souvent dissemblables à eux-mêmes » selon les circonstances. Maine de Biran applique ce programme, à l'écoute d'une conscience dont la seule continuité est « le retour dubitatif sur soi » (P. Pachet).

Conseils de lecture. — Les *Œuvres complètes* de Rousseau sont disponibles dans la Bibliothèque de la Pléiade en cinq volumes (Gallimard, 1959-1995). Jean Starobinski, *J.-J. Rousseau. La Transparence et l'obstacle*, Gallimard, 1971, coll. « Tel », 1976 ; Raymond Trousson, *J.-J. Rousseau*, Tallandier, 2 vol., 1988-1989 (Biographie) ; Bronislaw Baczko, *Lumières de l'utopie*, Payot, 1978 ; Béatrice Didier, *Le Journal intime*, PUF, 1976 ; Alain Girard, *Le Journal intime et la notion de personne*, PUF, 1963 ; Philippe Lejeune, *L'Autobiographie en France*, Colin, 1971, et *Le Pacte autobiographique*, Seuil, 1975 ; Georges May, *L'Autobiographie*, PUF, 1979 ; Pierre Pachet, *Les Baromètres de l'âme. Naissance du journal intime*, Hatier, 1990 ; Deux colloques : *Intime. Intimité. Intimisme*, PU Lille, 1976, et *Le Journal intime et ses fonctions littéraires*, Genève, Droz, 1978.

Hybridations et contaminations

« De toute l'histoire du roman sous l'Ancien Régime, la période dont il est le plus difficile de donner une description satisfaisante est la fin du XVIIIe siècle », remarque Henri Coulet qui ajoute : « Le genre triomphe mais se dissout. » La bibliographie du genre romanesque durant la deuxième moitié du siècle, que nous ont procurée Angus Martin, Vivienne Mylne et Richard Frautschi permet de mesurer en effet, d'année en année, la multiplication des titres nouveaux, des traductions et des rééditions. Ce foisonnement des œuvres romanesques se fait sous la forme de volumes indépendants que les progrès des techniques d'impression permettent d'illustrer de plus en plus fréquemment, ou bien sous la forme de grandes séries, *Bibliothèque de campagne*, *Bibliothèque amusante* et surtout *Bibliothèque universelle des romans* qui paraît de 1775 à 1789. D'une telle marée romanesque, la postérité n'a retenu que quelques titres, coupés de l'efficacité sociale que leur assuraient d'une part l'illustration, d'autre part la pratique du résumé. Longtemps n'avaient été illustrées que les éditions de luxe ; à la fin du XVIIIe siècle se généralisent les frontispices qui attirent l'attention du lecteur sur une scène clef de l'intrigue ou qui perpétuent la tradition du frontispice allégorique en visualisant l'esprit de l'œuvre. Si l'image accompagne ainsi le texte, celui-ci n'est parfois connu du lecteur que dans des versions peu canoniques. La critique dans les journaux pédiodiques consiste souvent en un montage de citations. La *Bibliothèque universelle des romans*, animée par le marquis de Paulmy, le comte de Tressan et Jean-François de Bastide, propose des résumés des œuvres, rapportées à leur seul fil narratif. Chaque succès entraîne des plagiats, des imitations et des continuations. Un roman est ainsi diffusé par une nébuleuse d'images et de textes qui excèdent l'œuvre proprement dite, telle qu'on a coutume de la reconnaître.

Pour mettre un peu d'ordre dans la prolifération des romans, force est de croiser des catégories de forme et de contenu. Si l'on se contente de critères formels, on risque de devoir juxtaposer parmi les récits à la troisième personne *Candide* de Voltaire qui date de 1759 (« Il y avait en Westphalie, dans le château de monsieur le baron de Thunder-ten-tronckh, un jeune homme à qui la nature avait donné les mœurs les plus douces »), *Bélisaire* de Marmontel (1767) (« Dans la vieillesse de Justinien, l'Empire, épuisé par de longs efforts, approchait de sa décadence ») et *Alexis, ou la Maisonnette dans les bois* de Ducray-Duminil (1789) qui s'ouvre par une réflexion morale : « Qu'est-ce qui fait le bonheur ou le malheur de notre vie ? C'est notre caractère, c'est la manière dont nous voyons les choses, dont nous les sentons, dont nous nous en affectons. » Les trois titres sont constitués par des noms de personnages : caractère emblématique (Candide), figure historique (Bélisaire), jeune homme voué aux aventures (Alexis). Un enjeu philosophique est commun aux trois textes : *Candide* est sous-titré *ou l'optimisme*, *Bélisaire* est un appel à la tolérance et l'incipit d'*Alexis* indique assez le souci moralisant du roman. Mais l'ironie et la rapidité d'écriture qui caractérisent *Candide* n'ont que peu à voir avec la rhétorique classique de Marmontel qui prend pour modèle *Télémaque* ou avec la facilité, si ce n'est le relâchement de Ducray-Duminil qui annonce le roman-feuilleton. Ces trois romans diffèrent fondamentalement par le ton, le rythme, la longueur. On a coutume de désigner *Candide* comme un conte ; la prose de *Bélisaire* en suivant l'exemple de Fénelon prétend rivaliser avec la poésie ; l'écriture d'*Alexis* tire à la ligne et accumule les effets pathétiques.

La distinction entre narration à la première et à la troisième personne ne suffit pas à rendre compte de la réalité de certains textes. Des récits enchâssés associent fréquemment les deux formes. « Sur le côté oriental de la montagne qui s'élève derrière le Port-Louis de l'Ile-de-France, on voit, dans un terrain jadis cultivé, les ruines de deux petites cabanes » : l'ouverture de *Paul et Virginie* de Bernardin de Saint-Pierre (1788) s'apparente à un récit à la troisième personne, mais, après deux paragraphes de description, un *je* apparaît : « J'aimais à me rendre dans ce lieu d'où l'on jouit à la fois d'une vue immense et d'une solitude profonde. » Le narrateur rencontre un vieil homme qui prend à son tour la parole et raconte l'histoire de Paul et de Virginie en voisin, témoin privilégié sans être partie directement prenante. « En 1726 un jeune homme de Normandie, appelé M. de La Tour [...] » Après l'évocation du panorama de l'Ile-de-France et la présentation du deux voix narratives successives, le récit du vieil homme se déroule comme un récit à la troisième personne. Le cadre se referme à la fin du roman : « En disant ces mots ce bon vieillard s'éloigna en versant des larmes, et les miennes avaient coulé plus d'une fois pendant ce funeste récit. » L'intervention des premières personnes offre une double caution d'authenticité et de sensibilité. Elle assure que les amours de Paul et de Virginie sont bien réelles et méritent, après celles des deux narrateurs, les larmes des lecteurs.

Les Amours de Faublas se présente comme un récit à la première personne : le jeune héros raconte son arrivée à Paris, son entrée dans le monde et développe ses aventures sur plusieurs centaines de pages. La folie menace celui qui se disperse ainsi entre trop de femmes et dépense sa santé en pure perte. Elle finit par le frapper, le rendant incapable de raconter ce qui a pu lui advenir durant ces mois de délire : le récit-mémoires cède alors la place au récit épistolaire. Inversement, *Aline et Valcour* est un roman épistolaire de Sade dont la moitié environ est occupée par deux récits-mémoires dans lesquels un couple moins timoré que celui d'Aline et de Valcour montre que le monde appartient à ceux qui savent désobéir. La richesse du roman à la fin du XVIIIe siècle réside dans ces contaminations et ces hybrides, comme si l'invention littéraire débordait le système poétique. La classification formelle et générique ne doit servir qu'à souligner comment une époque vient la bousculer et la mettre en cause.

Un long épisode du roman de Bernardin de Saint-Pierre est constitué par une discussion entre Paul et le Vieillard, présentée comme un dialogue de théâtre avec le nom de chaque intervenant au milieu de la ligne avant le texte de sa tirade. Une telle présentation des dialogues à l'intérieur du récit romanesque est caractéristique de la fin du XVIIIe siècle. On trouve de même des scènes de comédies, mises en valeur typographiquement, dans *Les Amours de Faublas* de Louvet. Faublas, le jeune héros, est déguisé en fille par un de ses amis, pour aller au bal de l'Opéra ; une marquise, volontaire et libertine, profite de ce déguisement pour séduire et littéralement enlever Faublas à la barbe de l'amant en titre et du mari. Le lendemain, mari, amant éconduit et nouvel amant se retrouvent à la table de la marquise. La scène est de pure comédie, elle vaut par les sous-entendus, les mots à double ou triple entente. Plusieurs autres passages de théâtre ponctuent les aventures romanesques de Faublas, en particulier une consultation médicale bouffonne qui semble sortie d'une farce de Molière. A la fin du siècle, *Les Aphrodites* et *Le Diable au corps* sont deux romans pornographiques de Nerciat, composés essentiellement par des dialogues présentés théâtralement. La narration laisse place à la négociation des désirs et au plaisir du jeu de mots libertin.

Si le roman de l'époque exploite certaines ressources dramatiques, il intègre également des éléments de poésie. Une des grandes scènes amoureuses dans *Une année de la vie de Faublas* nous montre le héros qui, d'une fenêtre, cherche à attirer l'attention de celle qu'il aime, enfermée dans le couvent voisin. « Je me mis à mon *forte-piano*, et je chantai, sur un air ancien, ces couplets que m'inspira mon amour » :

> Jeunes beautés, je vous supplie
> De terminer vos jeux si doux ;
> Venez, venez, et parmi vous
> Amenez-moi la plus jolie.
> La plus jolie et la plus belle !
> Celle-là m'a donné sa foi !
> Où la verrai-je ? Où donc est-elle ?
> Jeunes beautés, montrez-la moi.

Les couplets s'enchaînent, pour dire l'émotion des amants, leur connivence malgré les barrières et les interdits sociaux. Une note précise que si la romance a été composée sur un air ancien, elle a suscité depuis une musique originale dont on peut se procurer la partition. Au même titre que la gravure de frontispice, la romance constitue une partie intégrante du roman de la fin du siècle. Elle lui semble extérieure et tente de dire ce qui en fait la force émotive. L'illustration fixe visuellement la scène, la romance en souligne le pathétique. Les passages romanesques dans lesquels une romance est chantée correspondent souvent à des moments où des personnages se découvrent avant de se voir, où des amants se retrouvent avant de pouvoir s'étreindre. Jean-Jacques Rousseau dans son *Dictionnaire de musique* définit la romance comme un air sur lequel on chante un petit poème « duquel le sujet est pour l'ordinaire quelque histoire amoureuse, et souvent tragique », il précise qu'elle doit être « écrite d'un style simple, touchant et d'un goût un peu antique », qui lui donne son pouvoir de séduction : « L'intérêt augmente insensiblement, et quelquefois on se trouve attendri jusqu'aux larmes, sans pouvoir dire où est le charme qui a produit cet effet. » De même qu'une musique peut servir à plusieurs chansons, la diversité des aventures individuelles se regroupe en un même sentiment, une même émotion. En insérant de telles romances, le roman moderne se réfère à une tradition poétique ancienne, il prétend retrouver une vérité humaine antérieure. Pauliska, l'héroïne de Révéroni commente ainsi le trouble causé par une romance : « Nous applaudîmes par nos larmes. »

Réalité et fiction

Les larmes définissent la contagion sensible qui envahit la littérature de la seconde moitié du siècle. Alors que la psychologie classique essentialiste trouvait son expression dans la tragédie, située au sommet de la hiérarchie des genres, la psychologie sensualiste des Lumières qui construit l'être humain à partir d'une expérience sensorielle et émotive, se reconnaît dans le genre romanesque qui montre le devenir des personnages, et plus particulièrement dans les formes romanesques à la première personne qui suivent le développement d'une conscience. Les formes les plus pratiquées sont alors le roman-mémoires dans lequel un narrateur retrace *a posteriori* l'histoire de sa vie et le roman épistolaire dans lequel un ou plusieurs épistoliers rendent compte des états de conscience qui se succèdent au fil du temps. Elles installent le lecteur dans la relativité et la temporalité. A la maîtrise du récit par un narrateur omniscient, elles préfèrent le point de vue limité de celui qui a vécu un événement et le rapporte sur le coup dans une des lettres d'un recueil ou s'en ressouvient dans un roman-mémoires.

Cet éparpillement du récit en une succession de lettres ou bien tout au long des étapes d'une expérience est souvent de l'ordre de l'effet ménagé par le romancier. Pseudo-mémoires et recueils épistolaires ne se veulent pas fictions, mais documents réels. Ils se réfèrent moins à la poétique ou à la rhétorique qu'à une authenticité qui placerait la valeur même de l'œuvre dans ses défauts. « Quiconque veut se résoudre à lire ces lettres doit s'armer de patience sur les fautes de langue, sur le style emphatique et plat, sur les pensées communes rendues en termes ampoulés ; il doit se dire d'avance que ceux qui les écrivent ne sont pas des Français, des beaux-esprits, des académiciens, des philosophes ; mais des provinciaux, des étrangers, des solitaires, de jeunes gens, presque des enfants, qui, dans leurs imaginations romanesques, prennent pour de la philosophie les honnêtes délires de leur cerveau. » L'avertissement de Rousseau en tête de *Julie, ou la Nouvelle Héloïse* est abondamment imité par tous les romanciers qui prétendent écrire vrai plutôt que bien. Les recueils épistolaires accueillent la parole de ceux qui en étaient traditionnellement privés, que ce soient les enfants ou des personnages populaires. Une des lettres de *La Nouvelle Héloïse* est composée par la petite Henriette qui écrit à sa mère : « Où êtes-vous donc, maman ? », une autre par la servante de Julie, Fanchon Regard : « Pardonnez une pauvre fille au désespoir, qui, ne sachant plus que devenir, ose encore avoir recours à vos bontés. » Le langage que Rousseau met sous la plume de tels personnages reste correct, mais la caractérisation du style de chacun leur impose une gaucherie d'expression. Certains des imitateurs de Rousseau n'hésiteront pas à user d'un style fautif.

On retrouve le procédé de *La Nouvelle Héloïse* dans *Les Liaisons dangereuses*. Laclos mime avec virtuosité les naïvetés de Cécile qui reste une enfant et la lourdeur d'Azolan, le chasseur du vicomte de Valmont. L'effet de vérité du roman est à ce prix. Rétif de La Bretonne va plus loin dans *La Paysanne pervertie*. Ursule, la paysanne montée à Paris qui donne son titre au roman, est séduite par un apprenti peintre dont Rétif donne une lettre, sans orthographe ni ponctuation. La condamnation morale du personnage se confond avec son illettrisme ; il écrit à un ami qu'il va enlever Ursule et compte sur son aide : « Ma foi cet a se soir que je la quiens com sa sera la nuit é con ne set pas se qui peut arriver trouve toi pas loin de sa porte pour que cil arivet queq chose jus quecum pour me secouri. » La lettre se poursuit ainsi sur une douzaine de lignes qui défient la grammaire et les règles de style. Les formes romanesques à la première personne caractérisent une époque qui substitue aux Belles-Lettres une idée nouvelle de la littérature comme document frappant, comme émotion contagieuse.

On pourrait relever les procédés par lesquels le romancier, grimé en éditeur, met en scène dans la préface sa découverte de la liasse de mémoires ou du recueil de lettres. Son intervention, explique-t-il souvent, se limiterait à effacer les noms propres permettant d'identifier les personnes ou à choisir dans l'abondance d'un échange les lettres qui suffisent à retracer un drame. Cette fiction de la non-fiction marque l'ambiguïté d'une littérature qui ne veut pas dire son nom. Le « réalisme » du roman au XVIIIe siècle est d'abord cette mise en scène de la réalité. En 1735, le marquis d'Argens, ayant déjà pas mal bourlingué à travers l'Europe, donnait les *Mémoires de monsieur le marquis d'Argens*. « Les aventures qui me sont arrivées ont quelque chose de si surprenant et forment des incidents si particuliers que j'hésiterais à les écrire, si elles n'étaient connues de bien des gens sous les yeux desquels elles se sont passées, ou si je les destinais à être imprimées. Mais je ne les couche sur le papier que pour ma satisfaction. Je suis assuré qu'elles ne verront jamais le jour. » Le plaisir du lecteur repose sur cette dénégation, il surprend les confidences d'un mémorialiste ou d'un épistolier qui ne s'adresse pas à lui, qui refuse même qu'on diffuse ce qu'il écrit. Le lecteur se fait indiscret pour lire par-dessus l'épaule de celui qui a l'imprudence de se confier au papier. Le jeune marquis d'Argens jouait sur son nom pour entrer dans la carrière des lettres. Ses mémoires n'étaient qu'un roman, mais l'apparence de l'écriture intime était la garantie d'une authenticité, d'une vérité que ne voileraient ni pudeur ni convenance sociale. « Rien n'a pu m'obliger à farder, ni à déguiser la vérité. J'ai dit naturellement ce que je pensais sur des matières assez délicates. C'est là je crois, la façon dont il serait à souhaiter que tout le monde écrivît, et c'est aussi ce qui me met en repos sur la vérité de mon récit. »

La présentation que d'Argens fait de ses mémoires vaut pour tout le genre qui se perpétue jusqu'à la fin du siècle et se nourrit d'une même exigence de vérité. En 1798, c'est le fils d'un bourgeois de Paris, Jean-Baptiste Choudard-Desforges, qui, après avoir tâté de pas mal de métiers et couru l'Europe, fait paraître *Le Poète, ou Mémoires d'un homme de lettres écrits par lui-même*. Le titre de *poète* qu'il se donne remplace celui de marquis dont d'Argens pouvait se prévaloir, c'est un signe des temps en ces lendemains de la Révolution, la dignité nouvelle est fondée sur le seul mérite personnel. Mais la mise en scène de la prise de parole reste à peu près la même : « Il s'agit ici d'une histoire vraie, et non pas d'un roman [...] Le romancier se crée un héros ou des héros, une héroïne ou des héroïnes, qu'il promène au gré de son imagination partout où cette magicienne voudra les conduire. Les héros ou les héroïnes de l'historien sont tous créés, et ne peuvent se promener ailleurs que dans le cercle de leur véritable existence [...] Enfin jusqu'au style qui est à la disposition du romancier devient une entrave pour l'historien ainsi que la morale. Le premier donne à ses acteurs les principes, le sentiment, le caractère, le langage qui lui conviennent le mieux. L'autre, qui ne peut rien inventer, est contraint de suivre ses modèles comme un peintre dont la tâche est de faire des tableaux ressemblants. » Choudard-Desforges s'abrite derrière cette profession de vérité pour accumuler quatre volumes de souvenirs et pour multiplier les situations libertines. Collégien, puis acteur, il se présente en Faublas du ruisseau.

Les échanges sont donc permanents entre fiction et autobiographie, pseudo-mémoires et mémoires réels. Jean-Baptiste Louvet prend le pseudonyme aristocratique de Louvet de Couvray pour raconter à la première personne les aventures du chevalier de Faublas. Rétif de La Bretonne introduit dans *Monsieur Nicolas, ou le Cœur humain dévoilé* qui déroule l'histoire de sa vie, des personnages de ses romans comme si la fiction était une dimension supplémentaire de sa biographie. L'engagement révolutionnaire et la Terreur qui le contraignent à la clandestinité et à l'exil font quitter à Louvet son masque libertin, mais c'est du nom de son héroïne romanesque Lodoïska qu'il appelle la femme dont il partage la vie et dont il chante les vertus dans ses mémoires bien réels, *Quelques notices pour l'histoire et le récit de mes périls depuis le 31 mai 1793.* Après avoir narré les époques de sa vie, Rétif de La Bretonne se prend à rêver aux vies qu'il n'a pas vécues, mais qu'il aurait pu vivre, il les nomme ses *revies.* La présentation des romans-mémoires comme des documents réels n'a donc rien d'un simple artifice, elle engage une conception et de la littérature et de la réalité.

De tels échanges expliquent le glissement du personnage romanesque, de la personne sociale à l'être intime. On pourrait repérer dans les romans l'âge auquel le narrateur commence son récit. L'entrée dans l'écriture peut correspondre à l'entrée dans le monde ou bien renvoyer à l'enfance de l'autobiographie, ou remonter même jusqu'à la naissance qui est antérieure aux souvenirs conscients. « J'étais à vingt-cinq ans capitaine aux gardes du roi de Naples. » Le narrateur du *Diable amoureux* de Cazotte se présente dans son uniforme d'officier à un âge qui ne devrait plus être celui des illusions, sa vie est pourtant bouleversée par la rencontre de Biondetta. « Veuve à vingt-cinq ans, j'habitais la terre d'Alexiowitz, à trois lieux de Cracovie » : la comtesse Pauliska dont Révéroni Saint-Cyr écrit les mémoires possède elle aussi un titre et une expérience de la vie et de l'amour, ce qui ne l'empêche pas d'être emportée par le tourbillon des révolutions et de la « perversité moderne ». « Je n'avais pas seize ans quand ma sœur, plus jeune que moi de dix-huit mois, fut mise au couvent à Paris. Le baron, qui l'y conduisit, saisit avec plaisir cette occasion de montrer la capitale à un fils pour l'éducation duquel il n'avait rien négligé jusqu'alors. » Mais de cette éducation et des premières années en province nous ne saurons rien. *Une année de la vie du chevalier de Faublas* commence à la façon de bien des romans libertins du siècle, par l'entrée du héros dans le monde des salons.

Certains romans fournissent quelques indications sur les débuts de la vie. « Je suis né à Saint-Domingue. A dix ans, mon père me fit passer en France. » L'héroïne de *La Dot de Suzette* de Joseph Fievée passe sans transition de la naissance à ses dix ans, et traverse rapidement ses années de couvent : « A douze ans, le temps perdu pour mon éducation était en grande partie réparé [...] J'avais seize ans quand on me parla, pour la première fois, d'abandonner le couvent. » En trois pages, Suzette se trouve en âge d'entrer dans le monde. « Je suis née dans la province de Vencerop [anagramme de Provence]. Mon père était un bon bourgeois, négociant de..., petite ville jolie, où tout inspire la joie et le plaisir : la galanterie semble y former seule tout l'intérêt de la société. » Thérèse philosophe, imaginée selon toute vraisemblance par le marquis d'Argens, commence l'histoire de sa vie par sa naissance. En bonne matérialiste, elle sait l'influence du climat et des premières années. Elle peut également montrer que la sexualité infantile existe et que les jeux sexuels n'attendent pas la puberté. Irmice, en véritable « fille de la nature », imaginée quant à elle par Dulaurens, s'attarde à d'autres détails : « Mon grand-père, qui aimait tendrement ses petits-fils, se chargea lui-même de mon éducation. Dès que je sortis du sein maternel, il me mit sur la paille ; la nuit je pissais dans la paille. Le bonhomme était enchanté des progrès de mon éducation, lorsqu'il voyait que j'avais la paille collée au cul. » Nous apprenons à la page suivante comment la petite Irmice perce ses premières dents. De même, Choudard-Desforges raconte comment, nouveau-né, il a été mis chez une nourrice qui ne pouvait pas l'allaiter et qui l'a élevé au lait de chèvre. Comme l'éducation réformée par Rousseau, les genres romanesque et autobiographique prêtent une attention inédite à la petite enfance et aux détails de la vie sensorielle et affective. Se prétendre véridique, c'est, pour le roman-mémoires, rendre compte d'une nouvelle conception de l'être humain.

Correspondances réelles et romans épistolaires sont liés par les

Chronologie du roman épistolaire

1669   Guilleragues, *Lettres portugaises*

1684   Marana, *L'Espion du Grand Seigneur*

1697   Traduction des lettres d'Héloïse et d'Abélard dans les *Lettres de Messire Roger de Rabutin, comte de Bussy*

1721   Montesquieu, *Lettres persanes*

1732   Crébillon, *Lettres de la marquise de M*** au conte de R****

1736-1739   Boyer d'Argens, *Lettres juives, Lettres cabalistiques, Lettres chinoises*

1742   Traduction de Richardson, *Paméla, ou la Vertu récompensée*

1743   Godard d'Aucourt, *Mémoires turcs*

1749   Vadé, Caylus, *Lettres de la grenouillère*

1750   Louis Damours, *Lettres de Ninon de Lenclos*

1751   Traduction de Richardson, *Lettres anglaises, ou Histoire de Miss Clarissa Harlowe*

1752   Maubert de Gouvest, *Lettres iroquoises*

1755   Traduction de Richardson, *Nouvelles Lettres anglaises, ou Histoire du chevalier Grandison*

1757-1759   Mme Riccoboni, *Lettres de Mistriss Fanni Butlerd, Lettres de Milady Juliette Catesby*

1761   Rousseau, *Julie, ou La Nouvelle Héloïse*

1763   Thorel de Campigneulles, *Le Nouvel Abélard*

1764   Mme de Beaumont, *Lettres du marquis de Roselle*

1765   Ange Goudard, *L'Espion chinois*

1767   Rétif de La Bretonne, *La Famille vertueuse*

1768   Crébillon, *Lettres de la duchesse de *** au duc de ****

1770   Rédaction de l'*Histoire de Mme de Montbrillant*, de Mme d'Epinay

1771   Crébillon, *Lettres athéniennes*

1771-1772   Dorat, *Les Sacrifices de l'amour, Les Malheurs de l'inconstance*

1772   Rétif de La Bretonne, *Adèle de Comm****

1774   Abbé Gérard, *Le Comte de Valmont, ou les Egarements de la raison*

1774   Léonard, *La Nouvelle Clémentine*

1775   Rétif de La Bretonne, *Le Paysan perverti*

1776   Imbert, *Les Egarements de l'amour*

1776   Traduction de Goethe, *Les Souffrances du jeune Werther*

1777   Nouvelle traduction de Goethe, *Les Passions du jeune Werther*

1777   Nougaret, *La Paysanne pervertie*

1777	Ramond de Carbonnières, *Les Dernières Aventures du jeune d'Olban*
1777	Mme Riccoboni, *Lettres de Mylord Rivers*
1778	Rétif de La Bretonne, *Le Nouvel Abélard*
1782	Laclos, *Les Liaisons dangereuses*
1782	Mme de Genlis, *Adèle et Théodore*
1783	Léonard, *Lettres de deux amants habitants de Lyon*
1784-1785	Mme de Charrière, *Lettres neuchâteoises, Lettres écrites de Lausanne*
1785	Nouvelle traduction de Richardson, *Clarisse Harlowe* par Le Tourneur
1786	Fleuriot de Langle, *Amours, ou Lettres d'Alexis et de Justine*
1787	Mme de Charrière, *Caliste*
1788	Loaisel de Tréogate, *Ainsi finissent les grandes passions*
1789	Lesuire, *Le Crime, Le Repentir*
1791	Louvet, *Emilie de Varmont, ou le Divorce nécessaire*
1793	Mme de Charrière, *Letttres trouvées dans des portefeuilles d'émigrés*
1794	Mme de Souza, *Adèle Sénange*
1795	Sade, *Aline et Valcour*
1795	Senancour, *Aldomen, ou le Bonheur dans l'obscurité*
1797	Révéroni Saint-Cyr, *Sabina d'Herfeld, ou les Dangers de l'imagination*
1797	Sénac de Meilhan, *L'Emigré*
1799	Mme Cottin, *Claire d'Albe*
1802	Mme de Staël, *Delphine*
1802	Rétif de La Bretonne, *Les Posthumes*
1804	Mme de Krüdener, *Valérie*
1804	Senancour, *Oberman*

mêmes échanges que les mémoires réels et fictifs. Le débat reste ouvert sur l'authenticité des missives d'Héloïse et d'Abélard qui constituent l'un des modèles mythiques auquel Rousseau rend hommage par le titre même de son roman. Lorsque, revenu de ses illusions, Voltaire voulut se venger de Frédéric II, il demanda à sa nièce, Mme Denis, les lettres qu'il lui avait envoyées de Berlin pour les récrire et en composer « comme *Paméla* une histoire en lettres » ; André Magnan a suivi la transformation d'une correspondance réelle en un roman polémique, un *Anti-Frédéric* ou les *Châtiments* d'un prince faussement philosophe. Un autre contexte polémique explique la préparation d'un manuscrit qu'on a pu considérer comme un recueil de lettres réelles, constituant les Mémoires de Mme d'Epinay, ou comme un roman, l'*Histoire de Mme de Montbrillant*. Le manuscrit lui-même ne porte pas de titre, les noms des personnes ont été systématiquement transformés. Mais on reconnaît les visages de chacun, ainsi que les événements qui ont agité le petit monde de Mmes d'Epinay et d'Houdetot, de Grimm, Diderot et Rousseau. Le recueil, entre mémoires et fiction, a sans doute été achevé par Mme d'Epinay et ses amis pour répondre aux *Confessions* de Rousseau. L'effet de vérité appartient ici encore à une tactique, celle des philosophes, soucieux de se venger de leur ancien ami Rousseau et de se protéger de ses révélations possibles.

Bienséances et crudités

On a souvent divisé les romans du temps en sentimentaux et libertins. Il est vrai que le sillage de Crébillon et de Duclos se marque très nettement jusqu'à la fin du siècle, que *La Nouvelle Héloïse* est par ailleurs un modèle dont est issue une abondante tradition romanesque. Lorsque Jean-François de Bastide publie en 1749 *Les Confessions d'un fat*, il s'inscrit dans la continuité des *Egarements du cœur et de l'esprit* de Crébillon et des *Confessions du comte de **** de Duclos. Le roman suit l'entrée du jeune narrateur « dans ce labyrinthe éternel qu'on appelle le monde ». Il se disperse de femme en femme, s'exerce aux roueries et tue un rival en duel. Exilé en province, il peut revenir à lui-même et découvre la réalité de l'amour, conforté par l'estime et la reconnaissance. *Le Début, ou les Premières Aventures du chevalier de **** d'Ambroise Falconet en 1770 trace un itinéraire moral approchant, de l'égoïsme juvénile lorsqu' « on cesse d'être polisson pour devenir libertin », à la découverte de l'altruisme, qu'il s'agisse de la bienfaisance ou de l'amour. Le romancier reconnaît sa dette : « Que ne puis-je atteindre à la manière de l'auteur charmant que vous admirez tous les jours ! Qui n'a pas nommé l'élégant auteur des *Egarements du cœur et de l'esprit*, de *Tanzaï*, du *Sopha*, etc. ? » A la veille de la Révolution, Joseph de Maimieux publie encore *Le Comte de Saint-Méran, ou les Nouveaux Egarements du cœur et de l'esprit*. Au-delà de ces références explicites, l'entrée du jeune homme dans le monde, les conseils qu'il reçoit d'un roué, les audaces et les pudeurs des femmes du monde qui s'intéressent à lui, la structure du roman-liste ou du roman-galerie qui passe en revue les femmes séduites par le héros, les inventions du jargon libertin sont autant d'éléments devenus canoniques après Crébillon.

Parallèlement, l'influence de *La Nouvelle Héloïse* de Rousseau se laisse lire dès les titres de bien des œuvres. Brument publie en 1768 *Henriette de Wolmar, ou la mère jalouse de sa fille, histoire véritable pour servir de suite à La Nouvelle Héloïse*, Rétif de La Bretonne en 1778 *Le Nouvel Abailard, ou Lettres de deux amants qui ne se sont jamais vus*, et un certain Dauphin, de Verdun, en 1784 *La Dernière Héloïse, ou Lettres de Junie Salisbury*. On veut profiter du succès de Rousseau, de l'engouement du public, on est pris par l'air du temps. *Julie ou La Nouvelle Héloïse* était sous-titrée « Lettres de deux amants habitants d'une petite ville au pied des Alpes ». En 1765 paraît *Le Philosophe par amour, ou Lettres de deux amants passionnés et vertueux* dont l'attribution est douteuse tandis que Léonard donne les *Lettres de deux amants habitant Lyon* (1783). A ces échos intertextuels entre les titres, on pourrait ajouter la citation de la préface de *La Nouvelle Héloïse* choisie par Laclos comme épigraphe des *Liaisons dagereuses* : « J'ai vu les mœurs de ce siècle et j'ai publié ces lettres. » C'est toute une langue et une sensibilité, un répertoire de formules et de situations que Rousseau lègue à ses successeurs. L'expression « fatal présent qu'une âme sensible » par laquelle Saint-Preux se plaint à Julie, dans la lettre 26 de la première partie, de la fragilité de leur bonheur, n'est sans doute pas une pure invention de Rousseau mais c'est lui qui lui donne sa forme ramassée et frappante. C'est lui qui l'impose comme le cri de ralliement des belles âmes et comme un slogan de la nouvelle littérature. Les héros de Baculard d'Arnaud la répètent en gémissant. Dorat, Mercier ou Pigault-Lebrun nuancent son fatalisme. Sans doute aidée par Grimm et Diderot, Mme d'Epinay fait la leçon à Rousseau et à ses imitateurs.

Il en va des contenus comme des formes romanesques. Les croisements sont incessants entre des modèles qui paraissent à première lecture contradictoires. Ce n'est pas seulement que Baculard d'Arnaud, le romancier bien pensant, ait aussi composé un *Art de foutre* ou que Sénac de Meilhan, l'auteur non moins vertueux de *L'Emigré*, soit aussi celui de *La Foutromanie*. Les grandes œuvres romanesques du demi-siècle brassent les influences et dépassent les antagonismes simplistes. Le romanesque selon Crébillon et Duclos est d'abord celui de la mondanité, des contraintes de la règle aristocra-

---

Le succès d'une formule

Parvenue à l'âge de seize ans, j'ai commencé à jouir de mon être, c'est-à-dire que j'éprouvai que j'avais un cœur tendre et sensible : ce précieux et fatal présent du Ciel me mit dans le cas de faire beaucoup de réflexions.

(Mme Benoist, *Mes principes, ou la vertu raisonnée*, 1759.)

O Julie, que c'est un fatal présent du Ciel qu'une âme sensible !

(Rousseau, *La Nouvelle Héloïse*, 1761.)

[Un cœur sensible est-il] un présent de la nature, ou le supplice de ceux qui le possèdent [?]
(Mercier, *Contes moraux, ou les Hommes comme il y en a eu*, 1768.)

Vous vous plaignez de sa sensibilité. Ah ! ma nièce, que c'est au contraire un beau présent du Ciel !

(Mme d'Epinay, *Histoire de Mme de Montbrillant*, nouvelle rédaction 1764-1771 ?)

Dieu ! si la sensibilité est un don, tu fais payer cher tes présents !
Cette même sensibilité qui cause vos peines, peut-être un jour, doublera vos plaisirs.
(Dorat, *Les Sacrifices de l'amour*, 1771.)

J''étais né sensible [...] Mon âme se peignait sur ma physionomie ; elle n'exhalait que l'humanité, la tendresse, funeste présent du Ciel !

(Baculard d'Arnaud, « Sidney et Volsan », *Epreuves du sentiment*, 1773.)

Oh, ma chère cousine, que la sensibilité est un fatal présent !

(Marquis de Langle, *Amours, ou Lettres d'Alexis et de Justine*, 1786.)

Rare sensibilité ! Ornement céleste d'une âme immortelle ! Fatal présent du Ciel pour la terre !
(Feuchez d'Artaize, *Réflexions d'un jeune homme*, 1786.)

Oui, Madame, je l'avoue, trop de sensibilité est un des plus cruels présents que nous fait la nature
(Sade, *Aline et Valcour*, 1795.)

L'homme raisonnable ne cherche pas à détruire les passions, mais à les régler. Sans elles, il n'est point de bonheur. C'est un présent du Ciel qui peut devenir funeste.
(Pigault-Lebrun, *L'Enfant du carnaval*, 1796.)

---

tique avec lesquelles le désir doit ruser aussi bien que le sentiment. Il impose une société fermée, un langage codé, un décor urbain. Rousseau ouvre les fenêtres de la littérature parisienne, il y fait entrer un grand courant d'air frais : ses amants habitants d'une petite ville au pied des Alpes ne savent parler ni se comporter comme des gens du monde. A l'opposition entre un libertinage qui montrerait des conduites de séduction et un sentimentalisme qui ne peindrait que des passions sincères et durables se superposent celles de la mondanité et de la vie populaire ou provinciale, du langage châtié et de tous les registres linguistiques différents, depuis le lyrisme jusqu'à la crudité.

Le genre épistolaire, dominant durant la seconde moitié du XVIII⁰ siècle, permet de croiser les tons et les points de vue, de juxtaposer la froideur du séducteur et les élans des âmes sensibles. Les œuvres de Dorat et de Laclos donnent l'exemple le plus frappant de ces interférences qui, selon les lectures, vont être tirées du côté du libertinage ou du côté du rousseauisme. Claude Joseph Dorat (1734-1780) est une redécouverte récente. Longtemps la postérité a paresseusement répété le jugement de ses contemporains qui le regardaient comme un touche-à-tout, homme du monde plutôt qu'homme de lettres, pratiquant tous les genres, la tragédie aussi bien que la comédie, la poésie aussi bien que le roman. Deux récits épistolaires ont pu être réévalués grâce à de courageuses rééditions : *Les Malheurs de l'inconstance* en 1983 (aux Ed. Desjonquères) et *Les Sacrifices de l'amour* en 1995 (aux Ed. Le Promeneur). Chronologiquement, *Les Sacrifices de l'amour. Lettres de la vicomtesse de Senanges et du chevalier de Versenay* est le premier publié, en 1771. Le titre indique les sacrifices que l'amour doit consentir aux convenances sociales et aux exigences sensuelles ou, inversement, les sacrifices qu'il fait de tout ce qui n'est pas lui. Le chevalier de Versenay, lié à une mondaine, pourrait n'être qu'un libertin parmi d'autres. Un de ses amis se vante d'avoir séduit une jeune femme passionnée de musique, en cachant un orchestre dans son appartement et en graduant les airs selon les étapes de la séduction. Versenay ne vaut pas mieux lorsqu'il enjambe la fenêtre de la vicomtesse de Senanges, s'approche de son lit : il l'aurait violée si elle ne s'était réveillée et révoltée à temps. Eprise mais révulsée, la jeune femme se retire dans un couvent. Le désespoir de Versenay prouve pourtant que sa violence était un entraînement de l'amour et non le calcul d'un scélérat méthodique. Malgré les manigances des mondains qui veulent empêcher une réconciliation, Versenay finit par être pardonné et l'amour par triompher.

Les Malheurs de l'inconstance ou Lettres de la marquise de Syrcé et du comte de Mirbelle (1772) reprend le schéma sur un mode tragique. Mirbelle est tiraillé entre un roué, homme de Cour, qui veut l'entraîner dans son sillage, et un ami vertueux, noble de province. Lui aussi change de maîtresse et l'on n'est pas bien assuré que ce soit par amour et non par libertinage ou simple passade sensuelle. Lui aussi se montre muffle et violent, la marquise ne se défend pas totalement : « L'occasion, le lieu, sa surprise, son saisissement, l'obscurité même assuraient mon triomphe. J'osai profiter de tant d'avantages réunis, j'osai (peut-être son cœur me le pardonne), j'osai tout, un voile de verdure enveloppa la pudeur. » Mirbelle est réellement épris et la marquise prête au pardon, mais elle ne peut s'opposer à la loi sociale, elle meurt littéralement d'amour. Le comte n'a plus qu'à se retirer du monde pour pleurer ses fautes et la vie gâchée, à cause de lui, de deux femmes. Dans *La Double Inconstance* de Marivaux, le redoublement spéculaire assurait un nouvel équilibre ; dans *Les Malheurs de l'inconstance,* l'homme semble voué à faire le malheur des femmes. Entre sentimentalisme et libertinage, Dorat explore les noirceurs des êtres, il identifie le « plaisir horrible » de trahir l'innocence et de porter la perfidie au sein de l'amour, le « plaisir barbare » de déchirer un cœur.

Ce « plaisir barbare », ainsi que la mort d'amour, Laclos les met en scène dans *Les Liaisons dangereuses*, publié dix ans plus tard. Le comte de Tilly qui était alors page de la reine se souvient dans ses mémoires : « C'est à peu près vers ce temps que parut un livre qui fit une prodigieuse sensation dans le public et plus de ravages dans bien des têtes que les peintures les plus lascives ou les productions les plus obscènes ; un livre qui plaça son auteur entre le blâme et la louange, le mépris et l'estime ; entre les écrivains distingués et ceux qui ont fait un usage funeste du talent d'écrire, entre les grands peintres de quelques vices et les corrupteurs de toute vertu ; un livre auquel son auteur ne craignait pas de supposer un but moral, quand il était un outrage universel à la morale de toute la nation, un livre enfin que toutes les femmes ont confessé avoir lu quand les hommes auraient dû le réprouver et qui méritait d'être livré aux flammes par la main de l'exécuteur public, quoiqu'il soit digne dans son genre d'occuper une place classique dans les meilleures bibliothèques. Je crois avoir nommé *Les Liaisons dangereuses.* » Les paradoxes et oxymores dont abuse Tilly sont assez significatifs du succès du roman et de sa réception jusqu'à aujourd'hui. En avril 1782, la première édition de quelque deux milles exemplaires est aussitôt épuisée ; deux milles nouveaux exemplaires sont retirés ; les éditions se multiplient tout au long de l'année, tandis que les journalistes avertissent que ces *Liaisons* sont bien *dangereuses,* ce que la critique va répéter durant deux siècles. Laclos devient un auteur de second rayon dont le nom suscite le sourire des uns et la gêne des autres. Sous la Restauration et sous le Second Empire, le livre est même condamné pour « outrage aux bonnes mœurs ». Il faut attendre 1968 pour que la Sorbonne couronne la première thèse d'Etat française sur Laclos, 1979 pour qu'il entre dans la Bibliothèque de la Pléiade, 1982 pour que le roman soit inscrit au programme de l'agrégation. Ce n'est pourtant pas la bible du libertinage que l'institution scolaire et universitaire accueille ainsi, mais un livre qui emprunte son épigraphe à *La Nouvelle Héloïse* et raconte l'histoire d'un amour fou aussi bien que la séduction de jeunes innocents, mais une merveilleuse mécanique formelle, une machine épistolaire montée avec virtuosité par son romancier.

Rien ne semblait prédisposer Choderlos de Laclos (1741-1803) à cet excès d'indignité et d'honneur. Fils d'un secrétaire de l'intendant de Picardie, devenu officier du génie et faisant une carrière plutôt lente de garnison en garnison, il publie de petits vers dans l'*Almanach des muses* et finit par épouser la femme avec qui il avait une liaison. Certains ont cherché une continuité entre l'expérience des villes où il a été en mesure d'observer les manèges des femmes du monde et des officiers, et l'intrigue des *Liaisons dangereuses* : le roman cacherait même peut-être des portraits de personnes réelles. D'autres au contraire ont établi une complète discontinuité entre l'ennui et la solitude de certains postes, tel celui de la petite île d'Aix sur la côte Atlantique, et la liberté héroïque des mondains de la capitale, tels que le romancier les imagine. On peut aussi mettre en relation les études scientifiques du futur officier, sa spécialité militaire, à savoir les fortifications et les sièges, et la rigueur d'un libertinage de tête, la construction d'un roman par lettres. L'essai qu'il ébauche en 1783 pour répondre à un concours de l'académie de Dijon sur l'éducation des femmes prouve un lecteur non conformiste de Rousseau et un contempteur radical de la société d'Ancien Régime mais quelle est la part du scandale voulu, dans la rédaction du roman, et celle de la conviction militante ? La carrière politique qu'il commence en 1788 comme secrétaire du duc d'Orléans, qu'il poursuit sous la Révolution comme journaliste, indique un homme des Lumières engagé dans la régénération de son pays, ou bien un ambitieux qui voit dans le duc d'Orléans celui qui, en tant que Régent, peut accéder au trône. Est-il bon ? est-il méchant ? sentimental ou cynique ? La biographie de Laclos ne peut donner le sens du roman.

Biographie de Laclos

1741	Naissance de Pierre Ambroise Choderlos de Laclos à Amiens
1751	Installation de la famille à Paris
1759	Ecole d'artillerie de La Fère
1762	Lieutenant à La Rochelle
1763	Garnison de Toul
1765	Garnison de Strasbourg
1769	Garnison de Grenoble
1775	Garnison de Besançon
1777	Représentation d'un opéra, *Ernestine,* tiré d'un roman de Mme Riccoboni
1779	Fortification de l'île d'Aix, demande de congé
1782	Publication des *Liaisons dangereuses*
	Correspondance avec Mme Riccoboni à propos du roman
	Liaison avec Marie-Soulange Duperré
1783	Concours de l'Académie de Besançon sur l'éducation des femmes
1786	Mariage avec Marie-Soulange Duperré
1788	Congé : Laclos devient secrétaire du duc d'Orléans
1789	Activités politiques dans le sillage du duc d'Orléans
1790	Rédacteur du *Journal des amis de la constitution*
1792	Réintégration dans l'armée
1793-1794	Arrestation, menaces d'exécution et finalement libération
1800	Nommé par le premier consul général de brigade, campagne d'Italie
1803	Mort à Tarente dans l'Italie du Sud

Le roman se découpe en quatre parties équilibrées de 50, 37, 37 et 50 lettres. Il croise, sans les confondre, les projets de Mme de Merteuil qui veut se venger d'un ancien amant, et de Valmont qui entend séduire une femme apparemment inaccessible, et l'idylle de deux jeunes inexpérimentés, Cécile et Danceny. Un quadrille s'esquisse entre les deux roués que lie une vieille complicité sensuelle et morale, et les jeunes naïfs. Valmont initie Cécile et Merteuil se charge de Danceny. Mais la présidente de Tourvel, femme vertueuse et passionnée, dérange tous les plans. Valmont croyait la séduire comme une autre, il se prend à son propre jeu et la marquise de Merteuil observe d'un œil froid, peut-être jaloux, la transformation de l'entreprise de séduction de Valmont en une passion véritable. Le recueil devrait juxtaposer les lettres cyniques des libertins entre eux, hypocrites des libertins aux personnages conformistes ou sentimentaux, et sincères de ces derniers entre eux, mais la méfiance s'installe entre les libertins qui croient contrôler leur langage aussi bien que leurs sentiments, et se laissent prendre à leurs filets. La rigueur formelle du roman par lettres qui fait se répondre les missives et ricocher les mots de reprise en citation emporte les personnages. Le narrateur marque son ironie en faisant précéder le roman d'un avertissement de l'éditeur et d'une préface du rédacteur, contradictoires, il commente les lettres des épistoliers de notes distantes et prétendument objectives. L'intrigue s'achève par la mort du couple passionné, par la séparation des jeunes naïfs, par la fuite loin de Paris d'une marquise de Merteuil qui est défigurée, morte à la mondanité, mais tire peut-être une épingle du jeu. Victoire du conformisme, du libertinage ou de la passion : les commentateurs ont hésité sur le sens de ce dénouement. La fascination pour ce texte énigmatique qui fait de son lecteur un voyeur, sinon un complice, ne s'est pas démentie depuis deux siècles. Romanciers et cinéastes ne cessent depuis dix ans d'imaginer des adaptations, transpositions ou suites des *Liaisons*, on ne peut mieux prouver l'actualité et la fécondité du roman.

C'est en rêvant au succès des *Liaisons dangereuses* que le jeune Louvet (1760-1797), fils d'un papetier de Paris, entreprend un roman libertin. Le nom aristocratique de Louvet de Couvray joue de la connivence avec le personnage du chevalier de Faublas. *Une année de la vie du chevalier de Faublas* est édité en 1787, c'est une éducation libertine. La suite paraît en 1788, *Six semaines de la vie du chevalier de Faublas*, le ton semble être encore aux frasques sans conséquence, mais *La Fin des amours du chevalier de Faublas* ne permet plus de douter : la passion de Louvet pour celle qu'il nomme Lodoïska et la Révolution ont porté condamnation de la mode libertine. Louvet s'engage au club des Jacobins puis dans la mouvance girondine. En 1791, il publie un roman noir et sentimental, *Emilie de Varmont, ou le Divorce nécessaire, et les amours du curé Sévin*. La chute des Girondins le fait entrer en clandestinité, seul l'amour de Lodoïska lui permet de survivre jusqu'au 9 thermidor. Il a la douleur de voir son idéal républicain bafoué par la réaction thermidorienne et directoriale. Il meurt en 1797, fidèle à Lodoïska et à son idéal révolutionnaire. La construction des *Amours de Faublas* montre le glissement, de la complaisance envers le libertinage à un point de vue sentimental et vertueux.

Dès les premières pages, le narrateur raconte son initiation aux amours adultères et la naissance d'un grand amour pour Sophie. Il est entraîné au bal de l'Opéra, travesti en fille ; une marquise le trouve à son goût et joue du déguisement pour le mener jusqu'à son lit. C'est le début d'une suite de liaisons qui multiplient les travestissements, les fuites et les duels. La santé et la jeunesse du héros lui permettent de satisfaire ses maîtresses, de se glisser par les escaliers dérobés, de sauter par les fenêtres. Il n'en oublie pas pour autant la belle Sophie à laquelle il prétend garder une forme paradoxale de fidélité. Il écoute aussi la vie de Lovzinski, noble polonais, entraîné dans les guerres qui ravagent son pays. Le contraste ne peut être plus frappant entre les débauches juvéniles de Faublas et l'héroïsme rapporté par ce long récit enchâssé, entre les aventures désordonnées du Parisien et la passion des Polonais, unis dans leur errance, solidaires dans leur lutte pour la liberté du pays. Les deux univers finissent pourtant par se rejoindre : Sophie se révèle la fille de Lovzinski et de Lodoïska, et les violences de la société et de l'individu, longtemps refoulées, font retour. Une maîtresse de Faublas se suicide, l'autre est assassinée par son mari, Faublas lui-même devient fou et perd la parole de narrateur. Ce très long roman s'achève comme un roman noir. Le libertinage n'y est plus l'affirmation d'une volonté à travers un code mondain, il est dispersion, éparpillement de soi. Faublas est moins séducteur que séduit par toutes les femmes qui l'habillent de leurs costumes féminins. Son travestissement reste sans doute un jeu, il ne met pas vraiment en cause son identité sexuelle, mais il est le signe d'un dérèglement général de la société. La hiérarchie entre les sexes, entre les ordres ne va plus d'elle-même. La rupture révolutionnaire fait sentir sa présence au cœur même de la fiction. Alors que Laclos n'a jamais réalisé son projet de composer un pendant vertueux aux *Liaisons dangereuses*, Louvet a rédigé *Emilie de Varmont*, roman épistolaire où les libertins deviennent de dangereux roués, où leurs séductions font écho aux injustices de ce désordre qu'on appelle l'ordre social.

La longueur de *Faublas*, la multiplication des voyages et des décors, l'épisode polonais font échapper le roman à la stricte mondanité parisienne. Chez Dorat ou chez Laclos, les échappées campagnardes représentaient déjà un refus du code des salons. La tension entre libertinage et sentimentalisme prend souvent l'aspect d'une opposition entre Paris et la province, la ville et la campagne. Une telle opposition est constitutive de l'univers romanesque de Rétif de La Bretonne qui connaît son premier succès avec une version romanesque et noire de son émigration, de la campagne près d'Auxerre à Paris. *Le Paysan perverti* (1775), dont le titre semble une réfutation du *Paysan parvenu* de Marivaux, raconte l'illusion d'une ascension sociale et la déchéance qui en est le revers et la conséquence. Edmond, le fils de paysan, semble par ses dons et sa beauté promis au plus brillant avenir. Il arrive dans la capitale pour parfaire sa formation de peintre. Mais il profite de son séjour parisien pour séduire des femmes et se laisse lui-même séduire par le machiavélique Gaudet qui se sert de lui comme d'une pièce sur l'échiquier de ses ambitions et de ses désirs. Les liaisons d'Edmond s'étendent à la haute société. Il devient l'amant d'une marquise dont il a fait le portrait. Il est puni de s'être cru parvenu. Ayant épousé une vieille trop riche, il est accusé à sa mort de l'avoir empoisonnée et est condamné aux galères. Ses parents meurent de désespoir. Il est frappé dans sa beauté même et dans son corps. Il revient mourir dans son village estropié et aveugle. Le libertinage mondain ne représente qu'un épisode dans ce roman épistolaire qui brasse les langages paysan et citadin, vertueux et débauché. A côté du monde des salons apparaissent la vie des campagnes et les bas-fonds des villes.

Le succès du *Paysan perverti* a conduit Rétif à en publier une suite ou plutôt un complément, *La Paysanne pervertie* (1784) qui raconte les aventures parallèles d'Ursule, la sœur d'Edmond. Elle aussi découvre Paris avec émerveillement, cède au mirage de l'ascension sociale. Elle se croit arrivée lorsqu'elle a un fils du marquis, tandis que son frère devient l'amant de la marquise. Mais il n'y a qu'un pas de cet illusoire succès à la pire déchéance. Elle se retrouve prostituée de bas étage et ses souffrances lui assurent une forme de réhabilitation morale et même sociale avec la reconnaissance de son fils, lorsqu'elle est finalement tuée par son frère, ignorant son repentir. *Le Paysan* s'achevait par les statuts d'une communauté rurale idéale, construite avec l'argent dont le marquis a doté le fils qu'il a eu d'Ursule, et *La Paysanne* par une complainte qui égrenne les aventures et les malheurs de l'héroïne selon le modèle des chansons populaires. Par la perspective d'une communauté ou par la complainte, Rétif réinsère ses personnages dans un monde populaire et, plus précisément, paysan. Les romans racontent le mirage de la capitale et du libertinage, la vérité reste dans l'attachement aux valeurs morales et familiales. La fiction de Rétif dépasse pourtant ce qu'il y aurait de trop simplement conformiste dans cette condamnation de toute mobilité sociale. Le romancier se complaît à suggérer la liaison incestueuse entre le frère et la sœur, la liaison homosexuelle entre Edmond et Gaudet. Il sait que la création littéraire n'est possible que dans une trahison du passé familial. La richesse de ses romans vient de telles contradictions.

Dolbreuse, ou l'Homme du siècle, ramené à la vérité par le sentiment et par la raison (1783) de Loaisel de Tréogate raconte aussi la tentation libertine et parisienne d'un jeune aristocrate breton. Dolbreuse et son épouse Ermance appartiennent à une noblesse provinciale appauvrie. Ils auraient dû vivre de leur amour et du maigre revenu de leurs terres. Dolbreuse se laisse entraîner à Versailles et à Paris et séduire par une marquise volage. Ils tombent « entre les mains de ces agréables de la capitale qui érigent la scélératesse en système, et la font passer en amusement, qui, se disant les dispensateurs des réputations, les maîtres de la renommée, s'emparent de tous ceux qui débutent dans le monde, les endoctrinent, les forment et se dépêchent de les associer à tous les vices, à tous les travers ». Dolbreuse a plusieurs maîtresses, il finit lui aussi par corrompre l'innocence et par verser le sang : il séduit une jeune femme et tue en duel son époux. La conscience du crime le ramène dans sa Bretagne natale, auprès de son épouse. Mais la fatalité ou le poids de la culpabilité conduisent Ermance au tombeau. Il reste à son mari à incinérer son corps selon un rite personnel qui mêle christianisme et paganisme et à perpétuer son souvenir par la douleur et l'écriture. Le roman se présente comme un récit rétrospectif à la première personne. Le drame sentimental semble la métaphore d'un décalage entre certaines couches de la société et la modernité urbaine.

L'Emigré de Sénac de Meilhan relève encore de cette critique du libertinage parisien, mais le contexte de la Révolution et de l'émigration engage à traiter le roman dans une autre problématique (voir p. 493). Toute la littérature féminine, en revanche, mérite d'être considérée comme une mise en cause de ce que les lois de la mondanité peuvent avoir de mortifère pour ceux qui n'en ont pas la maîtrise, les femmes en particulier. La seconde partie du XVIIIe siècle voit se développer une riche production romanesque féminine. Mme de Graffigny (1695-1758) rapporte les malheurs de Zilia, la jeune Péruvienne, dans les *Lettres d'une Péruvienne* (1747). Son premier drame est son dépaysement, le second la trahison de son amant trop aimé, Aza. Elle dénonce la condition faite aux femmes par le mariage européen : « Il semble qu'en France les liens du mariage ne soient réciproques qu'au moment de la célébration, et que dans la suite les femmes seules y soient assujetties [...] S'il est donc vrai que le désir dominant de nos cœurs soit celui d'être honoré en général et chéri de quelqu'un en particulier, conçois-tu par quelle inconséquence les Français peuvent espérer qu'une jeune femme accablée de l'indifférence offensante de son mari ne cherche pas à se soustraire à l'espèce d'anéantissement qu'on lui présente sous toutes sortes de formes ? » Ni la vertu de renoncement ni la docilité aux désirs masculins ne suffisent à assurer le bonheur féminin.

Marie-Jeanne de Laboras de Mézières a librement choisi de devenir Mme Riccoboni (1713-1792), épouse d'un acteur et comédienne elle-même. Son choix a été doublement malheureux, sur les planches comme au domicile conjugal. Elle a cherché une compensation morale et une indépendance financière dans l'invention romanesque. Ses fictions mettent en accusation l'inconstance masculine. Elles utilisent le plus souvent la forme épistolaire, puisqu'il ne reste souvent à la femme que l'écriture et la confidence épistolaire pour s'arracher à ses douleurs : *Lettres de mistriss Fanni Butlerd à Milord Charles Alfred de Caitombridge*, présentées comme traduites de l'anglais (1757), *Lettres de Milady Catesby à Milady Henriette Campley, son amie* (1759), *Lettres d'Adélaïde de Dammartin, comtesse de Sancerre à M. le comte de Nancé, son ami* (1766), etc. Juliette Catesby analyse avec lucidité, pour son amie, l'injustice de la société : « Heureux hommes, combien la différence de l'éducation, les préjugés, l'usage donnent d'avantage à ce sexe hardi qui ne rougit de rien, dit et fait tout ce qu'il veut. Que de ressources il a su ménager pour son orgueil, pour ses intérêts ! » Mais quand elle s'adresse à l'homme qui l'a déçue, son ton se fait plus véhément : « Ne me donnez point des préjugés pour des lois, Milord, ni l'usurpation comme un titre ; le temps et la possession affermissent le pouvoir de l'injuste, mais ne le rendent jamais légitime [...] Je n'admets point de distinction entre des créatures qui sentent, pensent et agissent de même. » L'*Histoire du marquis de Cressy* (1758) prouve qu'en fin de compte, les hommes ne trouvent pas non plus le bonheur dans leur égoïsme.

La critique de la condition faite aux femmes devient vite critique d'une société figée dans sa hiérarchie. L'*Histoire d'Ernestine* (1765) rapporte les hésitations et les scrupules de la jeune Ernestine, orpheline qui vit de son travail de peintre en miniature. Elle est courtisée par le marquis de Clémengis qu'elle ne peut prétendre épouser. Il faudra une série de coups de théâtre et un assaut d'héroïsme entre les amants pour que leur amour soit enfin couronné et reconnu par la société. Par sa grandeur d'âme, le personnage masculin se hausse cette fois-ci au niveau de son partenaire féminin et parvient à dépasser les préjugés de la société. Mme Ricçoboni continue à écrire jusqu'en 1786 lorsqu'elle donne au *Mercure* une *Histoire de deux jeunes amies*. Elle rend hommage à ses maîtres, qu'il s'agisse de Marivaux dont elle continue la *Vie de Marianne*, laissée inachevée par son créateur (1761) ou des romanciers anglais : les œuvres de Richardson étant déjà adaptées en français, elle traduit l'*Amélie* de Fielding (1762). Ses héros ont une vie intérieure dont les complexités rappellent Marivaux, mais ils n'ont pas l'énergie, la vitalité des personnages de celui-ci. On ne s'étonne pas que Mme Riccoboni ait mal accepté la violence du roman de son cadet qui avait cinq ans plus tôt tenté d'adapter à la scène *Ernestine*. Elle reproche à Laclos la peinture de personnages aussi noirs que le couple de roués des *Liaisons dangereuses*.

Mme de Charrière (1740-1805) appartient à la génération de Laclos dont les dates correspondent aux siennes à quelques années près. L'oubli dont elle a longtemps été la victime est lié à son statut de femme et à la brouille des catégories que représentent sa vie et son œuvre. Née Belle de Zuylen dans une riche famille hollandaise, elle épouse, tardivement selon les critères de l'époque, un gentilhomme vaudois avec lequel elle s'installe dans la principauté de Neuchâtel. Elle est liée aux grandes familles nobles de l'Europe mais n'en éprouve pas moins de la compréhension pour la Révolution française. Elle a conquis une indépendance de vie, de pensée et de création que la postérité a été longue à lui pardonner. Ses deux premiers romans adoptent la forme épistolaire. Ils mettent en scène l'aliénation de l'amour : dans les *Lettres neuchâteloises* (1784), Henri Meyer a séduit la jeune Julianne et ne pourra épouser celle qu'il aime, Mlle de La Prise ; dans les *Lettres écrites de Lausanne* et dans *Caliste* qui lui sert de suite (1785-1787), de jeunes Anglais ne savent pas imposer à leur entourage leur choix sentimental, à moins qu'ils ne sachent pas aimer ou que les êtres masculins ne soient pas capables des mêmes sentiments que les femmes. La forme épistolaire et les contrepoints entre récits parallèles permettent à Mme de Charrière de poser ces questions, présentes déjà chez Mme Riccoboni, reprises ensuite par Mme de Staël. Les *Lettres de Mistress Henley* (1784) constituent la réponse féminine au roman publié l'année précédente par Samuel Constant, l'oncle de Benjamin, *Le Mari sentimental,* « récit d'une vie perdue par un mariage mal assorti » (Pierre Kohler). Une femme superficielle rend malheureux le héros de Samuel Constant. Mme de Charrière tint à donner le point de vue féminin, en racontant les déceptions d'une épouse. Les *Lettres trouvées dans des portefeuilles d'émigrés* (1793) intègrent la question sentimentale dans le débat politique : le genre par lettres permet de faire dialoguer républicains et royalistes de bonne volonté (voir p. 493).

Si la Révolution refuse finalement de reconnaître aux femmes l'égalité juridique et politique avec les hommes, leur revanche sera romanesque. Le tournant du XVIIIe au XIXe siècle voit s'épanouir une véritable école de romancières. Félicité Ducrest (1746-1830) épouse le comte de Genlis, devient « gouverneur » des enfants de la famille d'Orléans, maîtresse du duc, futur Philippe-Egalité, et se lance dans une carrière de femme de lettres d'autant plus prolifique qu'elle vivra longtemps et verra son ancien élève devenir roi de France en 1830. Une part de son œuvre est romanesque, d'*Adèle et Théodore ou Lettres sur l'éducation* (1782), paru la même année que *Les Liaisons dangereuses* d'un autre protégé de la famille d'Orléans, aux *Chevaliers du cygne* (1795), roman historique qui évoque la cour de Charlemagne, des *Petits émigrés ou Correspondance de quelques enfants* (1798) à *Mademoiselle de Clermont* (1802), nouvelle historique dans le goût de *La Princesse de Clèves*. Mme de Genlis reste attachée moralement aux valeurs de l'Ancien Régime, mais sa fécondité littéraire la rend sensible aux modes et aux courants du temps. Née vingt ou trente ans après Mme de Charrière et Mme de Genlis, une pléiade de romancières commence à publier sous le Directoire. Germaine Necker, la fille du ministre et l'épouse de M. de Staël (1766-1817), accumule les expériences et mène dans l'*Essai sur les fictions* (1795) une réflexion théorique sur le roman, qui feront le succès de *Delphine. Adèle de Senanges* en 1794 révèle Mme de Souza (1761-1836) et *Claire d'Albe* en 1799 Mme Cottin (1770-1807). Ce dernier roman raconte les déchirements d'une jeune femme entre un mari âgé et compréhensif et le jeune Frédéric, impérieux et excessif. Le dénouement, un soir, sous l'ombre des peupliers qui couvre l'urne de son père, prouve que la fiction féminine ne se contente pas des demi-teintes : « Elle l'a goûté dans toute sa plénitude, cet éclair de délice qu'il n'appartient qu'à l'amour de sentir ; elle l'a connue, cette jouissance délicieuse et unique, rare et divine comme le sentiment qui l'a créée. »

Brièvetés

Des romans de Lesage à ceux de Ducray-Duminil, du *Cleveland* de Prévost au *Faublas* de Louvet, le siècle s'est passionné pour les longues histoires dont le lecteur pouvait suivre les rebondissements et dont les volumes multiples lui assuraient une intimité approfondie avec les personnages. Il n'en goûtait pas moins les histoires rapides qui lui procuraient le plaisir de l'esprit, de la formule frappante ou de la fable enlevée. Les périodiques fournissaient régulièrement des contes à lire plus ou moins vite entre deux articles. La *Bibliothèque universelle des romans*, on l'a vu, réduisait toute la tradition romanesque à des intrigues qui pouvaient être consommées l'une après l'autre. L'épanouissement du romanesque durant ces décennies passe aussi par l'efficacité de telles nouvelles, regroupées en recueil ou brillant de leur éclat solitaire. La terminologie n'est pas fixée pour les désigner génériquement. A l'époque, on parle souvent de *conte* : le mot renvoyait à l'idée d'un rapport direct à l'auditeur ou au lecteur, d'une naïveté qui se moquerait de la rhétorique, d'une ingéniosité qui supposerait, selon un critique du temps, « beaucoup de goût, de finesse, de délicatesse et de légèreté ». Le conte relève d'une esthétique de la brièveté qui régit aussi les genres de la maxime ou de la pensée, du proverbe dramatique ou de la poésie fugitive, ainsi que les nombreux recueils intitulés *L'Esprit de Rousseau* ou *L'Esprit de Raynal*. Il peut se réclamer d'illustres précédents et certains auteurs ne manquent pas d'afficher par leur titre une telle référence. Louis d'Ussieux regroupe ses nouvelles sous le titre *Le Décaméron français* (1774). Plus sulfureux, l'abbé Dulaurens donne *L'Arétin* (1763), devenu en 1772 *L'Arétin moderne*, et Félix Nogaret *L'Arétin français* (1787). Le marquis de Sade à la Bastille envisage de composer un *Boccace français*. *Les Mille et Une Nuits*, traduites par Galland au début du siècle, n'ont cessé d'inspirer les écrivains français : *Les Mille et Une Folies* de Jean-Baptiste Nougaret, parues en 1771, ont été un succès jusqu'à la Révolution. Rétif a songé à plusieurs ouvrages sur ce modèle et mis en chantier *Les Mille et Une Métamorphoses*.

La lignée crébillonesque culmine avec trois contes, petits sans doute par la taille, mais grands par la réussite littéraire. *La Petite Maison* de Jean-François de Bastide parut d'abord dans un recueil, *Le Nouveau Spectateur* en 1758, puis dans les *Contes* de Bastide en 1763 et dans la *Bibliothèque universelle des romans* en 1784. Le conte tire son titre de ce haut lieu du libertinage et du luxe qu'est alors une « petite maison » ; le terme désigna d'abord la propriété, discrètement située en dehors de Paris, où aristocrates et grands financiers allaient cacher leurs amours illicites, avant de désigner la « folie » où pouvait s'exercer leur goût du faste. Le marquis de Trémicour, libertin peu habitué à ce qu'on lui résiste, et Mélite, femme du monde peu sensible aux galanteries vulgaires, font le pari que celle-ci sera séduite par une simple visite à la petite maison de celui-là. Le conte nous fait découvrir avec Mélite un lieu tout entier consacré au plaisir de vivre et d'aimer. La description du décor alterne avec les notations psychologiques, le détail des meubles et des sculptures avec les échanges de regards et les reparties. Le luxe rocaille devient l'image du marivaudage entre celle qui se laisse troubler par la beauté des choses, et celui qui pressent la qualité de cœur de sa compagne. D'une version à l'autre du conte, le dénouement n'est pas le même. Dans l'une, Mélite cède ; dans l'autre, Trémicour renonce au libertinage. L'enjeu se trouve moins dans la victoire de l'un ou l'autre que dans l'exploration des influences qui lient les corps et les décors, les âmes et les choses.

La Reine de Golconde du chevalier de Boufflers parut en 1761. Quatre fois dans leur vie, les chemins d'un homme et d'une femme se croisent. Ils sont adolescents et se rencontrent dans un vallon ; jeunes encore, lancés dans le monde, ils se retrouvent au sortir de l'Opéra ; la maturité les réunit dans le lointain royaume de Golconde ; la vieillesse leur permet de se retrouver dans une solitude alpestre. Le narrateur reste longtemps prisonnier des illusions du moment, des vertiges du plaisir ; seule la jeune femme sait reconnaître son amant. Aline la paysanne peut devenir marquise de Castelmont ou reine de Golconde, elle est fidèle au sentiment auquel l'homme, lui, n'accède qu'au terme de la nouvelle : « Je tombai au pied de la divine Aline, pénétré d'admiration pour elle et de mépris pour moi ; nous nous aimâmes plus que jamais, et nous devînmes l'un et l'autre notre univers. »

Point de lendemain est paru en 1777 dans le *Journal des dames* de Dorat auquel le conte a parfois été attribué, et dans plusieurs autres recueils, avant d'être publié en brochure anonyme en 1812. Il a fallu une polémique à la fin du XIXe siècle pour que soit reconnue la paternité de Vivant Denon, le créateur du musée du Louvre et l'auteur du compte rendu de l'expédition d'Egypte. « J'aimais éperdument la comtesse de... ; j'avais vingt ans, et j'étais ingénu ; elle me trompa, je me fâchai, elle me quitta. J'étais ingénu, je la regrettai ; j'avais vingt ans, elle me pardonna : et comme j'avais vingt ans, que j'étais ingénu, toujours trompé, mais plus quitté, je me croyais l'amant le mieux aimé, partant le plus heureux des hommes. » Cette perfection dans le style et l'ironie correspond à la version de 1812 : Denon vieillissant rajeunit avec indulgence son narrateur et regarde avec nostalgie cette liberté de mœurs que la vertu révolutionnaire semble avoir définitivement rejetée dans le passé. La version originale était sans doute plus cynique . « La comtesse de... me prit sans m'aimer, continua Damon : elle me trompa. Je me fâchai, elle me quitta : cela était dans l'ordre. Je l'aimais alors, et pour me venger mieux, j'eus le caprice de la *ravoir*. » Mais naïf ou cynique, *Point de lendemain* célèbre la surprise du plaisir. Le jeune homme est amoureux ou bien roué, Mme de T..., l'amie de la comtesse, calculatrice ou bien joueuse, ils attendaient l'un et l'autre une aventure, la matière de bavardages ou de vantardises mondaines, ils sont emportés par un plaisir qui les dépasse. Le propre de la jouissance est d'être sans lendemain.

La réussite du conte se mesure aux imitations et adaptations qu'il a suscitées. Il est pimenté de détails physiologiques dans une version pornographique, *La Nuit merveilleuse, ou le Nec plus ultra du plaisir,* parue à la fin du XVIIIe siècle, il est édulcoré par Balzac qui l'intègre à *La Physiologie du mariage* en 1829. Louis Malle en a tiré l'idée de son film, *Les Amants* (1958), qui transpose la fiction du XVIIIe siècle dans la province française de l'après-guerre, et Milan Kundera la matière de son roman, *La Lenteur* (1995) qui imagine le château de Mme de T..., devenu, deux siècles plus tard, un centre de congrès internationaux. Le sens dix-huitiémiste de la beauté et du plaisir semble à Kundera malmené par l'obsession moderne de la vitesse et de la médiatisation.

Dans leur brièveté, *La Petite Maison* et *Point de lendemain* célèbrent la puissance de l'occasion et du moment, tandis que *La Reine de Golconde* médite sur la difficulté de la fidélité. Le conte est également exploité pour chanter la vertu. C'est Marmontel qui lance la mode du « conte moral ». Il publie ces récits édifiants dans le *Mercure de France* de 1755 à 1759, puis en recueils en 1761 et en 1765 sous le titre de *Contes moraux*. Le succès fut immédiat et européen. Les dramaturges en proposèrent des adaptations pour la scène et les romanciers des imitations. Trois contes parmi d'autres aident à saisir le changement de ton par rapport aux contes libertins. *L'Heureux divorce* met en scène une jeune femme trop jeune et un époux trop prudent. Lucile doit faire l'expérience du monde et des hommes pour savoir apprécier son mari. Elle est entraînée par un libertin dans un superbe château, sur les bords de la Seine, qui rappelle la petite maison de Bastide et annonce le décor de *Point de lendemain*. Mais le propriétaire n'est pas à la hauteur de son domaine : Lucile s'échappe et revient à son mari. De même *Heureusement* montre une marquise qui aurait sans doute succombé aux tentations du monde si un *heureux* hasard n'avait à chaque fois sauvé sa vertu. L'occasion libertine se retourne contre elle-même, la morale est sauve, à condition de rester souriante et tolérante. Crébillon avait montré dans *Le Sylphe, ou Songe de Mme de R**** le pouvoir de l'illusion et l'entraînement de l'imagination ; dans *Le Mari Sylphe*, Marmontel met au service du mariage les prestiges du rêve. Pur esprit ou bien principe de plaisir, le sylphe invite chez Crébillon aux escapades sensuelles et ramène chez Marmontel au lit conjugal. L'anecdote dans les *Contes moraux* peut être empruntée à l'Antiquité grecque *(Alcibiade)* ou à la tradition orientale *(Soliman II)*, elle nous transporte dans une campagne à la Greuze *(Annette et Lubin)* ou dans les Alpes *(La Bergère des Alpes)* ; les dénouements demeurent vertueux et les intrigues sans provocation.

Le succès de Marmontel multiplia les recueils de contes moraux. En 1768, Louis Sébastien Mercier explique en préface à ses *Contes moraux, ou les Hommes comme il y en a peu* qu'il lui en eût coûté de peindre des monstres et de montrer les attentants d'un Lovelace contre la vertu. Il conçoit le conte moral comme le tableau d'une vie bourgeoise qui, si elle n'exclut pas les conflits, récuse du moins la violence. Un quart de siècle plus tard, il réunit dans des *Fictions morales* des contes, donnés dans des journaux et des recueils, qui n'ignorent plus le tragique mais se réclament toujours d'une intention morale. L'avant-propos rend hommage au maître du genre pour mieux s'en démarquer : « M. Marmontel est l'auteur qui s'est le plus distingué dans ce genre ; il s'y est montré à la fois philosophe et homme du monde ; ce genre exige de la précision, une vue fine et profonde, et une raison toujours parée par la main des grâces, de l'invention enfin. » Homme du monde, Marmontel se serait souvent attaché à dénoncer des ridicules ; Mercier se veut le champion des valeurs morales sans concession aux bienséances. Le cadre des intrigues se diversifie : Mercier n'hésite pas à entraîner son lecteur sur les bords de l'Orénoque où un Indien, trop vieux désormais pour se battre, exige d'être tué par son fils, puis dans un Groenland glacé où l'amour n'est pas couronné de bonheur.

Les *Epreuves du sentiment* de Baculard d'Arnaud ne confondent pas non plus dénouement heureux et fin édifiante. Si l'émotion conduit à la vertu, il suffit que le lecteur soit ému : « J'ai aspiré à intéresser par la simplicité, par le sentiment, persuadé que le langage qui l'exprime est de tous les temps et de tous les goûts. On n'apercevra dans mon style aucune de ces nuances délicates qui ne sont saisies que par les yeux de l'esprit : j'ai voulu parler au cœur, et non m'attirer des éloges. Quand je n'aurais fait couler les larmes que d'un seul de mes lecteurs, quand le peu d'écrits qui me sont échappés n'auraient donné lieu qu'à une seule bonne action, je ne désirerais point d'autre récompense ; c'est selon moi l'unique salaire qui puisse payer dignement l'homme de lettres pénétré de la noblesse de son art. » Plusieurs des *Epreuves* se déroulent en Angleterre, terre de contrastes où se heurtent le libertinage londonien et la sensibilité des campagnes. La première du recueil, entre autres, nous montre Fanny, la fille d'un paysan, séduite par un riche aristocrate qui feint un mariage pour obtenir ses faveurs et l'abandonner au profit d'une riche héritière. L'héritière est une mauvaise épouse, elle meurt et, des années plus tard, l'infidèle, torturé par le remords, retrouve Fanny et son fils. Les retrouvailles fournissent à Baculard l'occasion d'une scène pathétique comme il les affectionne : « Fanny ne peut répondre que par ces pleurs délicieux, l'expression du sentiment, et elle tombe dans cette heureuse ivresse entre les bras de son mari. O charmante et pure volupté, voilà bien tes ineffables douceurs ! plaisirs de l'amour, qu'êtes-vous sans ceux de la vertu ? » Mais Baculard sait que la société n'assure pas toujours de telles revanches à la vertu qui doit souvent se contenter de la seule conscience d'elle-même et de l'amère complaisance de la douleur.

Fréron applaudit dans *L'Année littéraire* et le public suit. Baculard multiplie les volumes des *Epreuves* qu'il double de *Nouvelles historiques*, puis des *Délassements de l'homme sensible* qui réduit encore le conte aux dimensions de l'*anecdote* ou de ce qu'il nomme le *trait* : trait d'humanité, trait de courage, trait de perversité, trait de l'amour filial, trait d'un attachement singulier. Quelques pages y suffisent. Alors que l'esprit libertin cherche la pointe et le mot d'esprit, le moralisme de Baculard élimine l'intrigue pour la réduire au simple énoncé du fait. Le romancier devient annaliste de la vertu, journaliste des émotions, chroniqueur de l'héroïsme anonyme. Au développement d'une histoire est préférée l'accumulation de cas. Une dérive similaire est sensible chez Rétif de La Bretonne qui est sans doute le nouvelliste le plus prolixe de l'époque. Il commence à publier *Les Contemporaines, ou Aventures des plus jolies femmes de l'âge présent* en 1779 ; d'année en année, le recueil finit par compter 42 volumes qui traversent toute la société, et présente un échantillon des femmes, du ruisseau que Rétif connaît bien, aux salons aristocratiques qu'il fréquente nettement moins. Sur la lancée de cet échantillon qui se prétend une typologie par métiers et niveaux sociaux, Rétif donne ensuite *Les Françaises* (1785), *Les Parisiennes* (1786) et l'*Histoire des filles du Palais-Royal* (1790). On ne peut établir de stricte concordance entre la focalisation progressive qui fait passer de la France à Paris, puis à cette capitale dans la capitale qu'est le Palais-Royal, et la réduction des nouvelles à de simples historiettes de quelques pages chacune ; le fait est que les portraits des filles du Palais-Royal se rapprochent par leur brièveté des anecdotes rassemblées par Baculard dans les *Délassements de l'homme sensible*.

Rétif n'a pas encore épuisé son inspiration. Il donne en 1796, alors que le conte moral est en train de passer de mode, *L'Année des dames nationales, ou Histoire, jour par jour, d'une femme de France*, qui est intitulé sur certains exemplaires *Les Provinciales, ou Histoires des filles et femmes des provinces de France*. L'unité de base des nouvelles reste extrêmement courte. Le cadre formel croise le calendrier et la géographie. Jour après jour, Rétif passe en revue tous les coins du territoire français. On pourrait prendre en compte, comme y incite Pierre Testud, d'autres œuvres de Rétif qui s'apparentent à la nouvelle ou au recueil, mais les 75 volumes constitués par *Les Contemporaines* et leurs suites autorisent déjà quelques conclusions. Le recueil de contes est conçu comme un catalogue exhaustif, une typologie qui épuise son sujet ; il est organisé selon un principe directeur, que ce soit la gradation des situations sociales des femmes ou la liste des régions de France. Il relève également du journalisme puisque la nouvelle est une histoire à la fois courte, véritable et récente, Rétif précise même : « arrivée dans la décade présente ». Par sa taille et son caractère, elle s'oppose donc doublement au roman. Rétif utilise le terme de *trait*, qui est retenu par Baculard d'Arnaud, lorsqu'il invite les lecteurs des *Contemporaines* à lui communiquer la matière première de ses recueils : « J'invite les personnes qui auraient des traits remarquables à publier, à m'en faire parvenir le simple canevas, c'est-à-dire les principaux événements : une page ou deux suffiront, lorsqu'on ne voudra pas détailler davantage. »

Alors que Rétif se restreint à la France et à Paris, Florian conçoit ses recueils de nouvelles comme des séries de variations nationales. Ses *Six nouvelles* en 1784 conduisent successivement le lecteur de France en Allemagne, d'Espagne en Grèce, du Portugal en Perse. Six autres, intitulées en 1792 *Nouvelles nouvelles* adoptent des décors anglais, africain, savoyard (la Savoie est alors un royaume indépendant), indien, américain et italien. Le premier texte de 1784, *Bliombéris. Nouvelle française,* se déroule au Moyen Age. Florian ne prétend pas comme Rétif exploiter la réalité sociale qui l'entoure, il ne se cache pas d'exploiter une tradition sentimentale. « J'ai toujours aimé les romans de chevalerie, surtout ceux dont les héros sont français. La valeur, l'esprit, les grâces, l'étourderie même des guerriers de cette nation les rendent plus aimables et plus intéressants que les autres. » Bliombéris est un chevalier digne de ce préjugé favorable, il multiplie les exploits pour se rendre digne de la fille du roi. Le conte culmine sur un tournoi pathétique et un heureux dénouement. Comme dans les *Contes moraux* de Marmontel, les histoires de Florian s'achèvent selon les principes de la morale conventionnelle.

Dans *Pierre. Nouvelle allemande,* le criminel se dénonce lui-même et sauve l'innocent Pierre de l'exécution qui semblait inéluctable. C'est le héros lui-même qui, bien plus tard, raconte ses aventures à ses enfants pressés autour de lui. Il peut conclure : « Le Ciel m'a récompensé de toutes mes peines par l'amour que vous avez pour moi. » L'originalité de Florian se trouve dans la diversité des pays visités et dans l'effort pour caractériser chacun d'eux. Il n'hésite pas à nous conduire sur les côtes de Guinée ou bien sur les rives du fleuve Paraguay. Ses connaissances géographiques sont approximatives, mais il a le sens du détail caractéristique. Les cruels supplices pratiqués par le roi de Dahomey correspondent aux fantasmes européens sur une Afrique où le cannibalisme persiste, mais Sélico est à la fois le plus noir des « nègres de Juida » et « le mieux fait, le plus aimable », à la hauteur, par son courage, des autres héros du recueil. *Valérie. Nouvelle italienne* nous entraîne aux frontières du fantastique. Valérie par amour s'est empoisonnée, son amant descend dans la tombe et la ramène à la vie : le narrateur nous laisse douter s'il s'agit d'un miracle de la passion ou d'une inhumation prématurée comme il s'en pratiquait à une époque où les signes cliniques de la mort restaient flous.

Lorsqu'il projette un recueil de nouvelles, en prison à la veille de la Révolution, Sade envisage son organisation sur le principe de l'alternance. Il veut que se succèdent histoires plaisantes et sombres, contes relativement longs et anecdotes courtes. Ses histoires seront ainsi entremêlées « de manière qu'une aventure gaie ou même polissonne, mais toujours contenue dans les règles de la pudeur et de la décence, suive immédiatement une aventure sérieuse et tragique ». Sade ne réalisera pas ce projet et tirera de ses manuscrits en 1800 *Les Crimes de l'amour. Nouvelles héroïques et tragi-*

ques dont le ton est uniformément sombre, même si quelques dénouements sont moins sinistres. Maurice Heine révélera en 1930 les récits non retenus, en particulier *Les Infortunes de la vertu* (d'où sont nés *Justine* et *La Nouvelle Justine*) et les *Historiettes, contes et fabliaux* de joyeuse humeur. L'épigraphe empruntée aux *Nuits* de l'Anglais Young donne le ton : « Amour, fruit délicieux, que le ciel permet à la terre de produire pour le bonheur de la vie, pourquoi faut-il que tu fasses naître des crimes ? et pourquoi l'homme abuse-t-il de tout ? » La diversité ne vient finalement ni de la tonalité ni de la longueur, mais des époques et des pays concernés.

Juliette et Raunai ou la Conspiration d'Amboise est une nouvelle historique qui se déroule dans la France des guerres de religion, *Miss Henriette Stralson* une nouvelle anglaise, *Rodrigue ou la Tour enchantée* un conte allégorique dans l'Espagne médiévale, *Laurence et Antonio* une nouvelle italienne dans la Florence de la Renaissance, *Ernestine* une nouvelle suédoise, *La Comtesse de Sancerre, ou la Rivale de sa fille* une « anecdote de la cour de Bourgogne » à l'époque des luttes entre Louis XI et Charles le Téméraire. Les cinq autres nouvelles sont françaises et contemporaines. Mais *Faxelange ou les Torts de l'ambition* fait découvrir au cœur du pays certaines collines sauvages du Vivarais, et *Eugénie de Franval* les massifs déserts de la Forêt-Noire. L'amour qui était un principe d'héroïsme chez Florian devient chez Sade une pulsion destructrice, indifférente aux normes sociales, dans un monde régi par une fatalité tragique qui semble se rire des projets humains. Sade a volontairement placé à la fin de son recueil *Eugénie de Franval*, l'histoire d'un amour incestueux entre un père et une fille, capables de tous les crimes pour aller au bout de leur passion. Franval finit par se suicider, ruiné et désespéré, une nuit d'orage dans la forêt. Il déclare au prêtre qui l'assiste : « C'est ainsi que doit mourir le triste esclave de ses passions, assez vil pour avoir éteint dans son cœur le cri du devoir et de la nature. » Libre au lecteur d'entendre dans cette pieuse déclaration le sincère repentir d'un libertin ou bien l'ironie du romancier.

Si ironie il y a chez Sade, elle est noire et grinçante. Celle du prince de Ligne est plus légère. Il a pratiqué la nouvelle comme tous les genres à la mode. Pour se moquer de Marmontel et de tous les « sentimentaires », il nomme son recueil *Contes immoraux*. On les trouve recueillis dans le tome XXIII de ses *Mélanges* en 1801. En voulant faire l'ange, Marmontel faisait parfois la bête. Ligne n'est jamais bête quand il fait le diable. Il imagine une conversation aux Enfers durant laquelle Belial, diable, plutôt bon diable, raconte à ses congénères des aventures galantes sous divers déguisements. Avec un si bon guide, nous traversons l'Europe du temps, nous nous attardons dans les villes d'eaux où se donnent rendez-vous les élites aristocratiques et où se nouent les intrigues. « Ligne dessine une sorte de typologie féminine qui va de l'austère Anglaise Sara à la tendre Vaudoise Isidore, de la belle Russe Ivanowna à la franco-orientale Fatmé » (Roland Mortier). On retrouve le catalogue des romans libertins à la Duclos, cette *Galerie des femmes* comme Etienne de Jouy intitule son recueil de huit « tableaux » ou huit caractères de femmes en 1799. Le Belial du prince de Ligne tire une morale tolérante de toutes ses aventures : « Ne jugez personne, ne condam-nez personne, et soyez tous aussi bons diables que moi. » Jouant comme le prince de Ligne du genre lancé par Marmontel, paraî-tront encore *L'Antipode de Marmontel* de Félix Nogaret, puis au début du XIXᵉ siècle un anonyme *Sylphe galant et observateur* (1801) sous-titré *Contes antimoraux* que la Bibliothèque nationale de Paris a jugé bon de serrer à l'Enfer, et des *Contes non immoraux* (1806) de Rigaud de Montmeyan.

Du moralisme à l'immoralité, de la diversité à l'unité, le genre du conte déploie tout son prisme. Loaisel de Tréogate nomme de « petits contes moraux » ses *Soirées de mélancolie* (1777) qui font suite à *Valmore et Florello*, deux nouvelles dans le goût de Baculard. Daniel Mornet avait attiré l'attention au début du siècle sur ses *Soirées de mélancolie* dont une teinte sombre assure l'unité et qui développent l'épigraphe, empruntée à Ovide : « *Est quædam flere voluptas.* » D'anecdote en anecdote, ce ne sont que fuites au désert et solitudes, deuils et dépressions. Un pathétique plus gesticulant a fait en 1786 le succès des *Folies sentimentales*, puis des *Nouvelles Folies sentimentales*, variations sur le thème de la jeune femme à laquelle sa passion fait perdre la raison. Le théâtre avait lancé la mode avec *Nina, ou la Folle par amour* de Marsollier de Vivetières. Les nouvelles ont suivi avec *La Folle de la forêt de Sénart* de Mme de Staël, *La Folle de Saint-Joseph* du chevalier de Grave, *La Folle par amour, ou Lucile et Lindamore* de Cubières, *La Folle du Pont-Neuf* du comte de Guibert... On pourrait multiplier les titres et citer des descriptions de corps désarticulés par la démence, des tirades haletantes, des décors funè-bres. Plus sage est la littérature pour enfants qui se développe à la fin du XVIIIᵉ siècle, sous forme de recueils de textes courts adaptés à l'attention des plus jeunes, du *Magazin des enfants* de Mme Leprince de Beaumont (1757) à *L'Ami des enfants* d'Arnaud Berquin (1782), des *Veillées du château* de Mme de Genlis (1784) aux *Veillées de ma grand-mère* de Ducray-Duminil (1799). Les titres composés à partir de *Soirées* ou de *Veillées* évoquent la narration au coin du feu ou dans l'intimité familiale, ils rappellent la définition du conte comme pratique orale, comme complicité du narrateur avec ses auditeurs. Les titres composés à partir de *Nuits* évoquent plutôt la lecture solitaire.

Erotismes

Si les fictions sentimentales sollicitent l'émotion du lecteur, si certains contes voltairiens appellent le sourire, d'autres textes romanesques prétendent susciter le désir. Les histoires littéraires ont ignoré jusqu'à tout récemment une production qui était pourtant connue des contemporains et qui fut particulièrement riche au siècle des Lumières. Aucun des termes utilisés aujourd'hui pour la désigner n'est pleinement satisfaisant. On ne peut parler de *littérature libertine*, le terme renvoie d'abord à la tradition qui, de Crébillon et Duclos à Laclos, décrit des conduites de séduction dans le cadre et dans le langage de la mondanité. Les bienséances obligent à rester allusif. L'expression *littérature érotique* suppose de préciser que l'adjectif désigne alors en poétique une ode anacréontique ou bien caractérise en médecine les maladies ou mélancolies amoureuses. Quant à *pornographie*, c'est un néologisme de 1803. Rétif de La Bretonne a créé *pornographe* et donné ce nom en 1769 à un projet de réforme de la prostitution, mais le sens du terme a vite glissé : il désignait celui qui traite de l'amour vénal et s'est mis à stigmatiser celui qui décrit complaisamment les ébats physiques. Les contemporains englobent sous le nom de *livres interdits* ou même de *livres philosophiques* tout ce qui tombe sous le coup de la censure : pamphlets contre l'orthodoxie monarchique, traités voltairiens ou matérialistes, fictions obscènes. Les différentes formes de liberté se croisent et se recoupent.

Les textes les plus fameux sont parus à la veille de 1750 : *Thérèse philosophe* attribué au marquis d'Argens et *Dom Bougre, Portier des chartreux*, dont on n'a pu percer l'anonymat. Ces deux récits à la première personne racontent l'éducation d'une jeune femme, Thérèse, ou d'un jeune garçon, Saturnin. Ils ont vite fait de découvrir que l'être humain est sexué et que les discours religieux et moralisants masquent les réalités du désir et du plaisir. *Thérèse philosophe*, comme le titre l'indique, mêle une éducation sexuelle à un apprentissage philosophique. Dom Bougre ne sait pas faire la théorie des perversions qu'il pratique successivement et joyeusement. La révélation de l'amour physique passe dans les deux cas par la démystification de l'institution religieuse. Thérèse surprend les ébats du P. Girard et de sa pénitente la Cadière : sous prétexte de la détacher des choses terrestres et de la faire accéder à un état mystique, il abuse d'elle. Quant à Saturnin, fils de moine, il devient moine lui-même. Des couvents servent de cadre à ses débauches. Les deux livres sont diffusés à travers toute l'Europe et sans cesse cités comme les modèles de livres qui excitent le lecteur, de livres, selon la formule du temps, à ne lire que d'une main. Le succès se mesure aux rééditions et aux imitations ou réfutations. Le roman attribué à D'Argens suscite *L'Anti-Thérèse, ou Juliette philosophe* de Toussaint (1750) qui n'a rien d'obscène, et l'anonyme *Nouvelle Thérèse, ou la protestante philosophe* (1774) qui, pour sa part, l'est. Dom Bougre de son côté inspire les *Mémoires de Suzon, sœur de Dom Bougre* (1778), puis l'*Histoire de Marguerite, fille de Suzon, nièce du portier des chartreux* (1784).

Un récit enchâssé de *Thérèse philosophe* est l'histoire qu'une prostituée, la Bois-Laurier, fait à Thérèse de sa vie, lui permettant d'acquérir un savoir sur les perversions humaines sans avoir à les pratiquer personnellement. Racontent également à la première personne une carrière de courtisane, *Margot la ravaudeuse* de Fougeret de Monbron (1750) et la traduction des *Mémoires de Fanny Hill*, le roman anglais de John Cleland. Margot à Paris, Fanny à Londres vendent leur corps pour tenter de s'arracher à la misère, mais elles ne perdent ni leur sens de l'observation ni leur libre jugement. Fougeret de Monbron fait presque parler Margot comme la fille de bas-fonds de Paris qu'elle est : elle décrit sans complaisance les amants qui se succèdent dans son lit, échantillon des élites du temps et de quelques nationalités européennes. Les costumes et les défroques sociales sont des illusions auxquelles ne se laissent prendre que les dupes. Margot ne connaît que les réalités de l'argent et d'une solide constitution physique. Sa fortune faite, elle se retire et la morale de son récit est une mise en garde contre les courtisanes : ambiguïté de ces livres qui marient souvent complaisance et conclusion moralisante.

Henri Coulet présente l'abbé Dulaurens (1719-1793) comme « une espèce de Fougeret de Monbron qui ne serait pas nihiliste ». Moine sans vocation, Dulaurens n'a cessé de provoquer des scandales, qu'il soit accusé d'avoir rédigé des livres impies ou d'avoir enlevé une religieuse. Il finit par quitter les ordres et mène une vie errante, entre Paris, Amsterdam, Liège et Francfort. Ses deux principaux romans sont *Irmice ou la Fille de la nature* (1765) et *Le Compère Mathieu, ou les Bigarrures de l'esprit humain* (1766). Il ne parvient pas cette fois à échapper à la police, il est arrêté et sa rétractation ne lui évitera pas la prison à vie. Il sombre dans la folie et meurt en 1793. Les tribulations de ses personnages valent bien les siennes. Irmice est élevée par un philosophe expérimentateur et observateur comme les quatre jeunes gens de *La Dispute* de Marivaux (1744) ou comme *L'Elève de la nature* de Guillard de Beaurieu (1763). Elle est reléguée dans une cave avec un compagnon de son âge dont le nom indique la volonté polémique de Dulaurens, Emilor. Rousseau croit à un état de nature, à une bonté originelle de l'homme. Dulaurens décrit la réalité d'une condition animale : les deux enfants grandissent « comme des poules dans une basse-cour », ils s'accouplent et donnent naissance à des enfants, sans s'encombrer des sentiments qu'on désigne par pudeur, amour conjugal, amour maternel ou paternel. Lorsque le philosophe, sensible à la beauté d'Irmice, intervient dans l'expérience, la jeune femme se donne à lui sans scrupule et oublie son premier compagnon. Le couple initial se reconstitue pour découvrir la société et la ville de Paris.

Dulaurens pratique une double critique, de l'abstraction philosophique de Rousseau et des illusions imposées par la société. L'état de nature n'est sans doute entaché de nul péché originel, mais l'être humain ne se réalise que dans une vie sociale délivrée du fanatisme et de la superstition. La narration à la première personne d'Irmice est accompagnée d'autres récits qui, tous, insistent sur la nature sexuelle de l'être humain et sur cette pulsion qui le force à s'accoupler. Un personnage peut affirmer tranquillement : « Les préjugés sont ici méprisés ; ce que les sots appellent faiblesse, est la nature ; et ce qu'on nomme putain, est une fille qui obéit plus particulièrement à son instinct. » Ce thème de l'enfant, protégé de toute influence sociale et observé comme pur produit de la nature, se prolonge durant tout le siècle jusqu'à la découverte au début de l'année 1800 dans une forêt entre le Tarn et l'Aveyron d'un jeune enfant sauvage qu'on nommera Victor de l'Aveyron. Philosophes et savants se pencheront sur son cas, mais on ne saura jamais ni son passé ni la façon de le ramener à l'humanité. Le romantisme réinventera une nouvelle figure mythique à partir du cas de Gaspard Hauser.

Le second roman de Dulaurens réunit cinq compagnons de nationalités et d'opinions diverses. Il y a des Français, un Hollandais et un Espagnol, un athée et un superstitieux, un optimiste et un pessimiste. Ils voyagent à travers le monde, font l'expérience des « bigarrures de l'esprit humain » et des bizarreries de toutes les sociétés. « J'ai consulté l'histoire générale de toutes les nations policées, et je n'y ai vu qu'un mélange bizarre de grandeur et de misère, d'orgueil et de bassesse, de prospérité et d'infortune, de courage et de lâcheté ; je n'y ai vu qu'un assemblage monstrueux d'opinions qui se heurtent, d'intérêts qui se croisent, de préjugés, de haines, de trahisons [...] » Leurs aventures sont le prétexte de débats philosophiques, d'essais de jugement et de refus de conclure. La forme du texte correspond à ce sens aigu de la complexité du monde et de l'inadéquation de toute réponse simpliste. Il mêle aux récits des citations latines, italiennes ou grecques, multiplie les notes en bas de page et les digressions. La leçon de ce texte éclaté, disparate et rabelaisien est une dénonciation des inquisitions de toute espèce et un appel à la tolérance. Il rend le lecteur sensible au sort de « tant de victimes infortunées que la cagoterie, l'avarice, la politique, l'ambition des parents, et quelquefois le délire de l'imagination d'une jeunesse aveugle et sans expérience, réduisent à lutter éternellement contre la nature et le tempérament ». La force de l'amour ne constitue pas l'objet principal de ces cinq célibataires, mais sa reconnaissance reste un des enjeux du roman. La répression de la sexualité est l'emblème de toutes les violences exercées par la société et la religion contre les individus.

Les trois grands producteurs de fictions proprement érotiques à la fin du XVIIIᵉ siècle sont Nerciat, Mirabeau et Sade qui tous trois, aventuriers dans l'âme, ont connu la prison et vécu les bouleversements de la Révolution. André Robert Andréa de Nerciat (1739-1800), fils d'un trésorier au parlement de Bourgogne, sillonne l'Europe, changeant sans cesse de métier et de pays : militaire en France et au Danemark, conseiller et sous-bibliothécaire à la cour de Cassel, intendant des bâtiments du prince de Hesse-Rheinfels-Rothenburg. La Révolution fait de lui un émigré, agent secret à la solde des coalisés ou peut-être un agent double. Mais c'est d'abord un homme des salons et de cour pour lesquels il sait organiser une fête, brocher une comédie ou un opéra. *Félicia, ou mes fredaines* (1775) garde la légèreté et l'insouciance de cette mondanité à la française qui rit de tout au profit d'un bon mot et érige le plaisir en valeur suprême. L'héroïne est élevée par des artistes et, de protecteur en protecteur, elle découvre les joies d'une vie lascive et luxueuse. Le sommet du roman correspond à l'arrivée dans un château de campagne, digne de la petite maison de Bastide. Le maître des lieux peut surveiller ce qui se passe dans chaque appartement et même y accéder secrètement. Un tel décor correspond au principe même de la fiction érotique qui rend tous les corps immédiatement disponibles et à une morale épicurienne qui considère comme perte de temps tout ce qui n'est pas plaisirs des sens.

En lectrice de *Thérèse philosophe*, Félicia sait théoriser la liberté d'aimer qu'elle revendique : « Apprenez que partout notre sexe penserait, et même très juste, si l'on n'y mettait la plupart du temps obstacle, par une mauvaise éducation. » Elle n'ignore ni la maladie, ni la mort, ni la jalousie ; elle demande seulement aux êtres humains de ne pas s'imposer à eux-mêmes interdits et restrictions. Mais l'équilibre est fragile et, en 1792, *Monrose, ou le libertin par fatalité*, suite de *Félicia*, n'en retrouve sans doute pas la grâce équivoque et le charme amoral. C'est que la Révolution aurait brisé avec l'élitisme d'Ancien Régime une alliance de l'érotisme et de l'élégance. A la fin de sa vie, Nerciat compose deux grands romans ouvertement pornographiques : *Les Aphrodites, ou Fragments thali-priapiques pour servir à l'histoire du plaisir* (1793) et *Le Diable au corps* (posthume, 1803) dont le titre a pu inspirer Radiguet. Des rescapés de l'Ancien Régime se retrouvent secrètement pour de somptueuses orgies dont la liberté est aussi celle de la langue qui multiplie les néologismes et de la forme romanesque qui associe récits et dialogues théâtraux. Les personnages se nomment désormais Troubouillant, Tréfoncier, Limefort, Pinefière ou Durengin ; ils sont prêts à tout tenter. *Florentiner* ou *loyoliser* est sans doute faire preuve des défauts attribués aux Florentins et aux Jésuites, mais l'indulgence est de mise dans cette utopie du plaisir sexuel, cette dernière Cythère du siècle où l'on se plaît aux gros mots comme autrefois aux allusions raffinées.

Honoré Gabriel de Riquetti, comte de Mirabeau (1749-1791) est le fils du marquis de Mirabeau dont *L'Ami des hommes, ou Traité de la population* avait fait sensation en 1756. Mais le père s'entendait mal avec le fils qui se faisait remarquer par ses frasques amoureuses et qui fut enfermé à répétition, en 1774 au château d'If, en 1775 au fort de Joux, en 1776 à Dijon, de 1777 à 1780 au château de Vincennes. Là entre une lettre enflammée à la femme aimée, un pamphlet contre les lettres de cachets dont il était victime et une traduction de Tacite, il jeta sur le papier plusieurs fictions érotiques.

Ma conversion, ou le libertin de qualité (1783) raconte la formation d'un gigolo mondain et constitue un traité de non-population. *Le Rideau levé, ou l'éducation de Laure* (1788) est un récit féminin, celui d'une jeune fille initiée par son père lui-même. Elle avertit en épigraphe : « Retirez-vous, censeurs atrabilaires ; / Fuyez, dévots, hypocrites ou fous ; / Prudes, guenons, et vous, vieilles mégères : / Nos doux transports ne sont pas faits pour vous. » *Le rideau levé* qui sert de titre est le moyen par lequel Laure surprend les ébats de son père avec la gouvernante. Le lecteur se trouve dans la même position, en train d'observer par un coin de rideau levé. *Erotika Biblion* (1783) est un traité érudit, bourré de références bibliques, grecques et latines. On attribue encore à Mirabeau *Hic-et-Hec ou l'Elève des RR. PP. Jésuites d'Avignon*, paru en 1798, bien après sa mort : le latin *Hic-et-haec* (il et elle) désigne le narrateur, héros d'aventures homosexuelles aussi bien qu'hétérosexuelles. Le roman n'est peut-être pas de Mirabeau, mais il complète cette trilogie de trois romans d'éducation.

Il faudrait analyser maintenant l'œuvre de Sade, Provençal comme Mirabeau et son voisin de cellule à Vincennes : elle s'inscrit dans la lignée de ces évocations crues des positions et des perversions, mais l'insistance sur le sang, la souffrance et la mort en fait une liquidation du libertinage, une inversion de l'érotisme des Lumières qui demande à être étudiée ailleurs (voir p. 496). Comme si Sade n'avait pas lié la jouissance à la douleur infligée ou subie, un récit joyeux ferme le siècle. Pigault-Lebrun avait raconté les tribulations de *L'Enfant du carnaval* (1796), enfant conçu, un jour de carnaval, par un moine et une cuisinière vieillissante. Est-il aussi l'auteur de *L'Enfant du bordel ou les Aventures de Chérubin* ? Rien ne permet de l'affirmer. Le point de départ ne semblait pas prêter au sourire : les amants sont séparés, la jeune mère violée et prostituée, un sort similaire semble attendre l'enfant. La grâce qui était celle du héros de Beaumarchais protège « l'enfant du bordel » qui longe des abîmes et n'y tombe pas. Il couronne une tradition littéraire que les pudibonderies du XIXᵉ siècle ont enfermée dans l'Enfer des bibliothèques, alors qu'elle constitue le nécessaire contrepoint au moralisme de Rousseau, de Bernardin de Saint-Pierre puis de Chateaubriand, faisant mourir Julie de Wolmar, Virginie et Atala pour sauvegarder leur vertu. Entre les corps souffrants de l'amour interdit par la loi religieuse et les corps torturés de Sade, il reste une place pour les corps glorieux des romans érotiques.

Exotismes

L'abbé Prévost pouvait entraîner Manon et des Grieux ou bien Cleveland de l'autre côté de l'Atlantique, ses forêts et ses déserts n'étaient pas l'occasion de descriptions précises d'un monde étranger. Certaines des nouvelles évoquées précédemment sont censées se dérouler dans quelque décor lointain, elles n'en utilisent pas vraiment les ressources pittoresques. Loaisel de Tréogate met en parallèle *Valmore, nouvelle française*, et *Florello, nouvelle américaine* (1776). Deux couples d'amants sont condamnés à un malheur immérité : Valmore survit à la mort de sa maîtresse, tandis que Florello meurt, pleuré par la belle Eurimale. Si les codes sociaux diffèrent, la violence est la même des deux côtés de l'Atlantique. La description de la douleur reste générale. L'Afrique et l'Amérique fournissent plutôt des cas de violence au moraliste qu'une différence de décor et de mode de vie. Ainsi parmi les nouvelles de Florian, *Sélico, nouvelle africaine* rappelle la vieille légende selon laquelle « nulle terre ne produit autant de poissons, de bêtes féroces, de reptiles venimeux », et décrit les cruels supplices pratiqués dans ces contrées, tandis que *Camiré, nouvelle américaine* évoque les noirceurs de la colonisation. L'étrangeté des lieux n'a pas de vraie fonction dans le récit.

Il faut se tourner vers le roman que Jean-Louis Castilhon publie en 1769, *Zingha, reine d'Angola*, pour que l'étrangeté envahisse soudain la fiction et lui impose son inquiétude. Castilhon est l'animateur avec son frère du *Journal encyclopédique* de Bouillon qui diffuse les thèmes des Lumières. C'est en encyclopédiste qu'il décrit les mœurs violentes des climats tropicaux, en philosophe qu'il dénonce les superstitions locales et le colonialisme. Il met en scène « une nation guerrière, féroce, anthropophage, l'effroi de tous les peuples qui habitent ces régions barbares », « les terribles Giagues ou Jagas, célèbres par leurs crimes, par leurs goûts détestables et les excès de leur atrocité ». Les cruautés pratiquées sont soigneusement détaillées dans un mélange d'horreur et de fascination qui bouscule la discrétion classique et qui retiendra l'attention de Sade, grand lecteur du roman. Il n'est de pouvoir et de sacralité chez ces peuples que sanguinaires. Une relation s'établit entre le décor et les mœurs, mais Castilhon ne peut que recopier les récits de voyage et les compilations géographiques. Il leur imprime du moins un ton qui distingue la cruelle Zingha de toutes les héroïnes dont le Z du nom caractérisait l'origine lointaine.

Si l'on crédite Bernardin de Saint-Pierre et Chateaubriand d'avoir fait entrer la nature exotique dans la littérature, c'est que l'un et l'autre ont voyagé, qu'ils ont été l'un et l'autre les témoins de ce qu'ils décrivent. Havrais et Breton, ils ont eu dès l'enfance un rapport intime avec la mer et l'horizon. Jacques Henri Bernardin de Saint-Pierre (1737-1814) s'embarque dès douze ans pour la Martinique. Il sillonne l'Europe comme ingénieur militaire, journaliste, agent secret et, pour tout dire, aventurier en attendant de repartir à trente ans pour Madagascar et la Réunion. Il y séjourne assez longtemps pour s'imprégner des lieux et des mœurs. Il en tire la matière d'un *Voyage à l'île de France*, de plusieurs développements des *Etudes de la nature* et surtout d'un récit, *Paul et Virginie*, qui paraît en 1788 dans le quatrième volume des *Etudes de la nature*. François René de Chateaubriand (1767-1848) choisit de quitter la France révolutionnaire : au printemps 1791, il s'embarque à Saint-Malo pour l'Amérique. Il passe moins de neuf mois au Nouveau-Monde, mais ses souvenirs nourrissent un récit *Atala*, publié en 1801, qui est intégré dès l'année suivante dans le *Génie du christianisme*.

« Sur le côté oriental de la montagne qui s'élève derrière le Port-Louis de l'Ile-de-France, on voit, dans un terrain jadis cultivé, les ruines de deux petites cabanes. » L'ouverture de *Paul et Virginie* met en place les deux cabanes qui sont celles des héros, mais s'attarde à décrire le paysage avant d'entamer leur histoire. Le regard balaye le paysage, enrichi bientôt par les échos, le bruissement des vents et des vagues. Il note les couleurs de l'arc-en-ciel qui se peignent sur les flancs verts et bruns des montagnes, et les reflets d'or et de pourpre qui embrasent les sommets sur l'azur des cieux. La référence à la nature ou à la providence qui l'anime s'impose tout d'abord par la luxuriance des formes et des couleurs. Les deux personnages qui donnent son titre au roman se perdent dans les dimensions du spectacle ; leurs amours contrariées, leurs malheurs et leur mort ne remettront pas en cause la confiance dans l'ordre universel. Cette présence de la vie universelle est également sensible dès le Prologue d'*Atala*, consacré au Mississipi, autrement dit le Meschacebé, fleuve puissant qui draîne les eaux de tout un pays dont il rythme la vie de ses crues. « Sur le bord occidental, des savanes se déroulent à perte de vue ; leurs flots de verdure, en s'éloignant, semblent monter dans l'azur du ciel où ils s'évanouissent [...] Telle est la scène sur le bord occidental ; mais elle change sur le bord opposé, et forme avec la première un admirable contraste. Suspendus sur le cours des eaux, groupés avec les rochers et sur les montagnes, dispersés dans les vallées, des arbres de toutes les formes, de toutes les couleurs, de tous les parfums, se mêlent, croissent ensemble, montent dans les airs à des hauteurs qui fatiguent les regards. » Des troupeaux de buffles, de vieux bisons, des ours et des caribous, une multitude d'oiseaux traversent le paysage et l'animent. Chateaubriand utilise sans doute des sources livresques, mais une expérience personnelle anime ces pages qui installent le lecteur dans l'anarchie supérieurement organisée de la nature sauvage. Le décor n'est plus une toile de fond, il donne sens au livre et relativise les drames qui naissent des erreurs humaines.

Le *je* de *Paul et Virginie* reste bien évanescent, cédant vite la parole au vieillard qui a vu les deux enfants grandir, s'épanouir et souffrir. Le *je* est autrement présent et consistant dans l'épilogue d'*Atala*. Le récit est fait par un vieillard aussi, mais c'est Chactas lui-même, l'amant d'Atala. Dans les deux romans, les règles sociales se heurtent à l'exubérance végétale et animale des tropiques. Tout semble inviter à l'amour les jeunes gens, Paul et Virginie, Atala et Chactas, si ce n'est la loi européenne et chrétienne qui les sépare et condamne la jeune fille à mort. Virginie et Atala meurent, martyres de la virginité. Virginie, envoyée en Europe, ne revient vers son île natale que pour s'échouer sur les récifs. Plutôt que se déshabiller et se laisser sauver par un matelot, « tout nu et nerveux comme Hercule », elle préfère sombrer avec le navire. « Le matelot s'élança seul à la mer ; et Virginie, voyant la mort inévitable, posa une main sur ses habits, l'autre sur son cœur, et levant en haut des yeux sereins, parut un ange qui prend son vol vers les cieux. » De même, Atala s'empoisonne pour respecter son vœu de chasteté. Une première fois, elle a failli céder à son amant. « Atala n'offrait plus qu'une faible résistance ; je touchais au moment du bonheur, quand tout à coup un impétueux éclair, suivi d'un éclat de la foudre, sillonne l'épaisseur des ombres, remplit la forêt de soufre et de lumière et brise un arbre à nos pieds. » La nature dont les forces profondes poussent les êtres à l'amour est soudain transformée en signe divin. La nature des Lumières devient opéra religieux. Mais les deux romans de Bernardin de Saint-Pierre et de Chateaubriand sont riches de toutes les contradictions de l'époque, ils métamorphosent l'hymne du XVIIIᵉ siècle à la nature en louange du Créateur, et la dénonciation des préjugés en critiques des superstitions qui font mal comprendre le christianisme. L'exotisme marque un refoulement du désir vers l'au-delà de l'horizon à la fois géographique et eschatologique.

Ces deux récits ou courts romans sont encore comparables par leur statut par rapport au texte théorique. *Paul et Virginie* illustre les *Etudes de la nature*, tandis que le *Génie du christianisme* comprend comme épisodes *Atala* et *René*. La tradition réclamait que la réflexion abstraite fût éclairée d'*exempla*, c'est-à-dire de brèves narrations exemplaires. Les contes moraux de Marmontel et de ses imitateurs entendaient prouver, nouvelle après nouvelle, le bien fondé de la morale altruiste, dans sa version proprement philosophique ou bien religieuse. Les romans de 1788 et de 1802, salués par un grand succès, marquaient l'attente sensible du public, le besoin de terres lointaines et d'assurances transcendantes.

Fantastiques

Le début du siècle avait vu le succès des contes de fées, la fin du siècle le perpétue en rassemblant à partir de 1785 plusieurs volumes du *Cabinet des fées ou Collection choisie des contes de fées et autres contes merveilleux*. Certains d'entre eux renouvellent un genre passablement usé. Dans la décennie 1740, Crébillon, Duclos, La Morlière, Voisenon l'investissent d'un érotisme certain. Diderot n'est pas en reste avec *Les Bijoux indiscrets*. *La Poupée* de Bibiena en 1747 mérite aussi l'attention. Un jeune abbé mondain raconte comment il a été littéralement séduit par une poupée au fond d'une boutique. « Chaque trait de son petit minois était formé à ravir. » Le narrateur ne peut s'empêcher de décrire longuement le visage et le corps de la poupée qu'il acquiert et qui se révèle vivante, non seulement vivante, mais capable de grandir, au rythme des progrès qu'il accomplit sous sa férule. C'est ainsi qu'un abbé mondain, coquet et efféminé, devient un adulte sachant aimer, digne de celle qui est finalement devenue une femme. L'interlocuteur s'étonne et s'interroge : « Prendrai-je votre récit pour un songe ? [...] Le croirai-je comme l'histoire d'un événement véritable ? » Cette hésitation est le propre du fantastique.

La mode des sylphes, lancée dès le XVIIᵉ siècle par *Le Comte de Gabalis* de l'abbé Montfaucon de Villars, est également susceptible d'une exploitation moderne. Le sylphe, pur esprit dans un premier temps avant de prendre visage et corps, correspond aux vœux contradictoires de femmes qui désirent l'amour et craignent une virilité agressive. *Le Sylphe* de Crébillon est une œuvre de jeunesse (1730). Pas plus que l'héroïne, le lecteur ne saura si la créature admirable qui lui apparaît la nuit est un rêve ou une réalité. *Le Sylphe amoureux,* qui est resté anonyme et daterait de la même époque, alourdit l'argument psychologique ou psychanalytique de tout un attirail merveilleux : le sylphe est un magicien capable de faire apparaître des bracelets et des papillons, c'est en fait un riche et habile prétendant qui sera agréé. *Le Mari Sylphe* de Marmontel, on l'a vu (p. 387), récupère au profit de l'institution matrimoniale les sortilèges et les enchantements. Si le sylphe est un esprit aérien, la salamandre est l'esprit du feu : *L'Amant-Salamandre* de Cointreau (1756) tire le thème du côté du mélodrame : la fausse salamandre est le fils d'une gouvernante indélicate qui veut s'asurer la fortune de la jeune héritière, mais le fils est beau et aimant, la ruse réussit. Prudemment anonyme, *Le Sylphe galant et observateur* (1801) corse nettement l'histoire qui évoque les excès sadiens. *The Sylph* (1779) de Giogiana Cavendish, duchesse de Devonshire, bientôt traduit par Le Tourneur en 1784 et par Mme de Montolieu en 1795 inverse le rôle de chacun des deux sexes : c'est une femme qui se transforme en sylphide pour éprouver son cousin.

Le Diable amoureux de Cazotte (1772) s'inscrit dans ce contexte, mais le fantastique ne se réduit plus à quelques ruses ou supercheries, il est lié à la présence d'un pouvoir diabolique, capable de se changer en animal (chameau, puis épagneul) ou en être humain au sexe mal déterminé, auquel, en tout cas, il est plus que difficile de résister. Ce qui n'était qu'une curiosité ou une gageure risque de devenir un jeu d'amour et de mort. Jusqu'où Cazotte a-t-il contrôlé son œuvre ? Quelle est la part d'ironie qu'il a voulu y mettre, et la part de conviction ésotérique ? Il est difficile de répondre à ces questions. Après une carrière de fonctionnaire colonial aux Antilles, Jacques Cazotte (1719-1792) s'est retiré en 1760 dans sa propriété familiale près d'Epernay. Il avait déjà fait paraître quelques contes orientaux, il continue dans le style parodique, qu'il compose *Ollivier*, roman troubadour en douze chants (1763), *La Nouvelle Raméide*, épopée bouffonne publiée sous le nom de Jean-François Rameau, le neveu rencontré par Diderot au Palais-Royal (1766) ou qu'il ajoute un septième chant à *La Guerre civile de Genève* de Voltaire (1768). Il semble bien que le projet du *Diable amoureux* soit une plaisanterie du même ordre, un divertissement sur les illusions et tentations de la jeunesse.

Le jeune Espagnol, don Alavare, capitaine des gardes du roi à Naples, se laisse initier au satanisme par un de ses compagnons. « Enfant de la fin du siècle », comme le nomme Max Milner, il paraît libre de tout préjugé et prêt aux expériences, voire aux croyances les plus folles. Il se rend sur un champ de ruines, « restes des monuments les plus augustes écroulés, brisés, épars, couverts de ronces » qui annoncent la métaphore que Freud établira entre les vestiges du passé historique et les souvenirs enfouis du passé individuel. Il évoque donc Belzébuth, une fenêtre s'ouvre dans une ruine, une tête de chameau apparaît qui lui répond : *Che vuoi ?* Alavare exige une forme moins laide : qu'à cela ne tienne, une petite chienne blanche s'approche de lui, les ruines se changent en un luxueux cabinet et la chienne devient un page, Biondetto, trop beau et trop serviable, capable de se travestir en cantatrice, Fiorentina, de se féminiser pour souligner sa disponibilité et devenir Biondetta. Dans une Venise que le carnaval change en lieu d'illusions et de plaisir, il ou elle aide Alvare à gagner au jeu et adopte définitivement le sexe féminin. Elle poursuit Alvare qui fuit vers l'Espagne et vers sa mère, il cède sexuellement et revoici l'effroyable tête de chameau. Sa mère et un docteur de Salamanque ne veulent voir dans ces métamorphoses, l'une qu'illusion et l'autre que tentation.

La réussite du conte est de tenir l'équilibre entre l'ironie et le merveilleux. Alvare n'est peut-être qu'un jeune homme qui a besoin du diable, du carnaval de Venise et de l'opéra pour s'avouer ses propres désirs. Mais Cazotte qui a hésité sur le dénouement a fini par croire aux créatures dont il plaisantait. Il s'est initié à son tour au martinisme, a laissé son engagement religieux et mystique prendre de l'importance dans sa vie, il s'est tourné vers la Contre-Révolution, il est condamné à la guillotine en 1792. Les polémiques post-révolutionnaires et la littérature se sont emparées de lui et en ont fait un personnage de sa fiction. La Harpe prétend qu'un soir de 1788, Cazotte aurait glacé un salon voltairien en prophétisant la Terreur. Il aurait annoncé à Condorcet et à Chamfort leur suicide, à Bailly, à Roucher et à la duchesse de Grammont leur mort sur l'échafaud, à de plus grandes dames encore une marche ignominieuse dans la charrette des condamnés... Cette prophétie *a posteriori* eut un grand succès, Nerval la diffuse dans le portrait qu'il fit en 1845, d'un Cazotte « humoristique » au sens allemand ou anglais, c'est-à-dire d'un « inventeur qui prend au sérieux le rêve éclos de sa pensée ».

Deux autres textes fantastiques sont, pour reprendre une formule de Mallarmé, des dons que l'Europe aristocratique et cosmopolite fit à la littérature française. L'Anglais William Beckford compose en français *Vathek, conte oriental* et le Polonais Potocki *Le Manuscrit trouvé à Saragosse*. Aucun des deux livres ne fut connu directement ni simplement. William Beckford (1760-1844) hérita de son père une immense fortune et de sa mère une ascendance aristocratique. Son éducation et le « Grand Tour », qui lui fait découvrir le continent, sont ceux de l'élite du temps, mais son engouement pour la littérature orientale et l'ésotérisme, son refus de refouler une bisexualité scandaleuse sont bien à lui. Il fête ses vingt-et-un ans et Noël 1781 en s'enfermant trois jours avec maîtresses et amants, l'Angleterre y perdit un homme politique, elle y gagna un excentrique et un grand écrivain. Entre les contes voltairiens et *Les Mille et Une Nuits*, *Vathek* tire son nom du calife qui en est le personnage principal : il se consacre à Eblis, l'esprit du mal, et prend la route d'Istakhar vers de fabuleux trésors. Il est prêt à toutes les transgressions dont le passage d'une chaîne de montagne constitue la métaphore. Avec sa maîtresse, il descend un escalier de marbre qui paraît sans fin, pénètre dans un palais souterrain et se trouve face-à-face avec Eblis, beau jeune homme de vingt ans, vieilli avant l'âge par le désespoir et l'orgueil. Vathek à son tour sent son cœur qui s'embrase, il perd « le plus précieux des dons du Ciel, l'espérance ». « Tel fut, et tel doit être le châtiment des passions effrenées et des actions atroces. » *Vathek* parut d'abord dans sa traduction anglaise en 1786, puis dans sa version originale en 1786. Beckford a complété son récit par plusieurs épisodes ultérieurs qui sont autant de variations sur un scénario qui a pour lui la force du fantasme. Lorsqu'il tentera de construire un château gothique où cacher ses amours, il confondra lui aussi la réalité et la fiction.

Le comte Jean Potocki (1761-1815) naît un an après Beckford. Si ses goûts ont fait de l'Anglais un éternel exilé, dans son pays même, c'est la disparition de la Pologne rayée de la carte par l'impérialisme des pays voisins qui condamne Potocki à l'errance. « Il n'est de nulle part et de partout, voyageur sans attaches » (Dominique Triaire). Slave et francophone, rationaliste épris d'histoire des religions et des superstitions, il est curieux de tout et n'hésite pas à s'aventurer au-delà de ce que la prudence lui conseillerait. Il voyage en Europe, mais aussi au Proche-Orient, et rédige un long roman à tiroirs dont nous ne connaissons pas encore la forme complète. Le modèle du *Manuscrit trouvé à Saragosse*, rédigé entre 1794 et

1815, est en effet le *Décaméron* de Boccace ou l'*Heptaméron* de Marguerite de Navarre. Il devait comprendre soixante-six journées dont Potocki ne fit paraître, à quelques exemplaires, que les treize premières en 1804-1805. C'est ce fragment que Roger Caillois fit redécouvrir en 1958. Une version plus longue est parue en français en 1989, mais dont une partie n'est qu'une traduction française d'une traduction allemande d'une traduction polonaise d'un original dont on attend toujours l'édition annoncée ! Un tel imbroglio montre que le roman de Potocki a trop longtemps été oublié alors qu'il s'agit d'une grande somme romanesque dont la construction relève de la virtuosité.

Un jeune officier de père flamand et de mère espagnole, Alphonse von Warden, traverse la Sierra Morena, région d'Espagne désertique et mal famée. Les corps de deux frères à une potence marquent l'entrée d'une vallée sinistre et constituent le premier des éléments doubles. Alphonse passe la nuit dans une ruine avec deux ravissantes sœurs d'une famille maure qui lui promettent le secret de fabuleux trésors. S'endormant dans leurs bras, il se réveille entre les cadavres des deux frères. Il s'enfuit terrorisé jusque chez un ermite qui a vécu la même aventure. La narration éclate en une mutitude de récits parallèles dont le héros voit à chaque fois les corps d'amour se changer en squelettes, la vie s'inverser en mort et le féminin en masculin. La réalité se défait en une série de rêves ou de cauchemars, en tout cas d'illusions. Le sens de ce roman touffu où l'angoisse alterne avec l'ironie n'est pas facile à déterminer. Parmi ses plus récents exégètes, François Rosset interprète *Le Manuscrit* comme une sorte d'encyclopédie de la matière romanesque où les formes aussi bien que les discours avec les contenus qu'ils véhiculent sont exposés en tant que pièces constitutives d'une gigantesque machine à raconter qui ne renvoie, en dernier ressort, qu'à son propre mouvement, alors que Dominique Triaire lit dans *Le Manuscrit* « la métamorphose d'un homme », crispé au début sur ses valeurs traditionnelles et découvrant progressivement la relativité et la tolérance : le roman devient ainsi la métaphore d'une révolution, de la Révolution française réussie. Alphonse van Warden réussit sa traversée de l'Espagne et son initiation, alors que Potocki, entre l'Occident et la Russie, ne trouvera jamais de place (au double sens de lieu et de fonction) où il puisse donner sa pleine mesure : il se suicidera en 1815.

Le Diable amoureux, *Vathek* et *Le Manuscrit trouvé à Saragosse* montrent assez que le fantastique est le mode d'expression privilégié des inquiétudes et des désirs les plus profonds. Deux écrivains, connus pour leur invention entre fiction et autobiographie, ont eu recours au fantastique pour aller au-delà du récit réaliste. Au hasard de ses aventures amoureuses, Casanova n'a craint de s'aventurer ni du côté de l'inceste ni de celui de l'homosexualité. Dans l'*Icosaméron* (1788), il installe l'inceste et la négation de la différence des sexes au cœur même d'une fiction en délire. Le titre indique le cadre du récit en vingt-deux journées, le sous-titre, *Histoire d'Edouard et d'Elisabeth qui passèrent quatre-vingt-un ans chez les Mégamicres, habitants aborigènes du protocosme dans l'intérieur de notre globe*, fournit l'argument fantastique. En 1533, un frère et une sœur, adolescents intrépides, quittent l'Angleterre à bord d'un vaisseau en partance pour découvrir des terres nouvelles vers le cap Nord. Au-delà du cercle polaire, une tempête provoque un naufrage dont seuls Edouard et Elisabeth échappent, aspirés par un courant qui les entraîne jusqu'au centre de la terre. Là ils découvrent un monde féérique et bariolé.

Les mégamicres dont le nom est un clin d'œil vers Micromégas de Voltaire sont petits et jolis. Certains sont rouges, avec des yeux bleus à l'iris rouge, des lèvres et une langue verte, tout comme les ongles. D'autres sont verts ou bigarrés. Ils sont surtout androgynes, leur accouplement consiste à s'asseoir vis-à-vis l'un de l'autre et à exprimer chacun un œuf par la bouche. Ces deux œufs donnent naissance à deux frères, mari et femme pour la vie. Le détail de la langue des mégamicres, de leur vie sociale, du paysage à l'intérieur du globe est du même ton, farfelu et délirant. Humains perdus, Edouard et Elisabeth ne pouvaient manquer de devenir amants et de procréer selon un rythme vertigineux. En quatre-vingts ans de vie dans l'espace intérieur, ils virent leur huitième génération et plus de quatre millions de leurs descendants. Il leur fallut ce temps pour découvrir que les doux mégamicres vivaient de sang et d'entre-sucement. Le paradis des rouges amours vire au cauchemar et les époux incestueux parviennent à s'enfuir jusqu'à la surface du globe. Ils passent par Venise, vertige de fêtes qui pourrait être l'envers de l'Angleterre à la façon dont le centre de la terre est l'envers de sa surface. Ils reviennent dans leur famille à laquelle ils peuvent raconter leurs aventures, mais ils perdent le bénéfice de leur presque éternelle jeunesse et meurent en 1629, âgés de cent dix ans. Casanova brasse toutes les utopies et voyages merveilleux du siècle, il mêle ses hantises les plus sérieuses à un sens de la bouffonnerie dans les centaines de pages de cet *Icosaméron* qui expriment aussi peut-être les sentiments de l'aventurier vieillissant, recueilli et enfermé au château de Dux en Bohême.

Certains fantasmes de Rétif de La Bretonne s'apparentent à ceux de Casanova. *La Découverte australe* (1781) racontait déjà la fuite d'un couple illégitime mais prolifique et décrivait un envers de notre monde, en l'occurrence le monde austral. Rétif y détaillait la multiplicité des races hybrides : hommes-singes, hommes-ours, hommes-chiens, etc. Mais le fantastique se donne libre cours dans *Les Posthumes*, rédigés sur une dizaine d'années de 1787 à 1796 et publiés en 1802 sous le nom de Cazotte. Le président de Fonthlète, désespérément amoureux d'une femme mariée, décide de se suicider par un poison à retardement. Quand Hortense lui apprend qu'elle est libre, il est trop tard. Il l'épouse et prépare les 366 lettres qu'elle recevra, grâce à un ami complice, après sa mort, alors qu'elle le croira en voyage à l'étranger. Lettre après lettre, il réconcilie sa femme avec la mort, considérée comme un passage vers l'immortalité. A travers les histoires enchâssées d'Yfflasie et Clarendon, puis du duc de Multipliandre, capable de séparer son âme de son enveloppe corporelle pour prendre la forme de quiconque, ce dont il ne se prive pas à des fins libertines, Rétif s'abandonne à ses rêveries de toute-puissance et d'immortalité. Il domine les époques, puisqu'un système de métempsycose fait renaître régulièrement les êtres et réincarne les personnages historiques sous des formes nouvelles.

Rétif a rédigé un autre roman fantastique qui tourne autour des mêmes thèmes, *L'Enclos et les oiseaux*, dont le manuscrit a été saisi par la police et a disparu. Un duc de la famille de Mazarin a découvert le secret d'immortalité : il suffit d'absorber le *spermaton*. Il ne se contente pas d'en bénéficier et d'en faire bénéficier sa famille, il entend « renouveler le genre humain » et « repeupler successivement toute la terre ». Il se ménage donc un enclos, protégé par des aigles, où il prépare une humanité nouvelle à l'aide de ses 366 épouses, sans compter les concubines. Le duc de Multipliandre et le duc de Mazarin représentent des figures idéales de Rétif lui-même, séducteur omnipotent et immortel. Le romancier a d'ailleurs mis en chantier des *Revies* qui racontent les vies qu'il n'a pas vécues, qu'il pourrait vivre si l'occasion lui en était offerte. Autant de thèmes qui sont à mettre en relation avec le succès, à la veille de la Révolution, d'aventuriers qui se prétendent vieux de plusieurs siècles si ce n'est immortels, tels Cagliostro ou le comte de Saint-Germain. Casanova lui-même ne se faisait pas de scrupule d'exploiter la crédulité d'illustres dupes et de leur promettre de transfuser leur âme dans celle de quelque enfant. Alors que le fantastique, dans *Le Diable amoureux*, *Vathek* et *Le Manuscrit trouvé à Saragosse*, prend la forme d'une quête d'un ailleurs dangereux et mortifère, l'*Icosaméron* et les œuvres de la vieillesse de Rétif chantent le merveilleux pouvoir génésique de l'être humain. Les premiers romans explorent l'inconnu du côté de l'ombre et du deuil, de la jouissance douloureuse, les seconds du côté d'un plaisir exubérant et prolifique.

Le fantastique est sans doute moins grandiose dans les romans gothiques qui envahissent l'Europe à la fin du XVIIIᵉ siècle, mais manifeste un besoin similaire d'émotions et de jeu avec l'irrationnel. Dans l'*Idée sur les romans*, en 1800, Sade parle de « ces romans nouveaux, dont le sortilège et la fantasmagorie composent à peu près tout le mérite » ; il place « à leur tête *Le Moine*, supérieur sous tous les rapports aux bizarres élans de la brillante imagination de Radcliffe » ; il y voit « le fruit indispensable des secousses révolutionnaires dont l'Europe entière se ressentait. » Les deux filiations, mentionnées par Sade, du roman noir français au genre gothique anglais et aux événements révolutionnaires méritent discussion. Il est vrai que se multiplient à partir de 1794 les traductions françaises des romans d'Ann Radcliffe, de Regina Maria Roche ou de Mathurin Lewis, puis les pseudo-traductions de l'anglais et les imitations. Ainsi, en 1797 paraissent les adaptations françaises du *Moine* de Lewis, des *Enfants de l'abbaye* de Regina Maria Roche, des *Mystères d'Udolphe* et de *L'Italien* d'Ann Radcliffe. Mais à cette influence déterminante se mêlent la tradition européenne de l'histoire tragique, la veine du *sombre* à la Prévost ou à la Baculard d'Arnaud et le récit effrayant à l'allemande. C'est dire que les événements français n'ont fait qu'infléchir un genre qui précède 1789, que les souvenirs de la Terreur se sont télescopés avec une tradition d'histoires de terreur.

En 1800, un journaliste du *Mercure de France* résume ironiquement ce type de roman : « On meurt à la première page ; à la seconde ce sont les cachots de la Bastille qui s'ouvrent pour une victime ; et à partir de là, c'est bien la plus belle succession dont on puisse se faire une idée, de meurtres de toute espèce, variée sous toutes les formes, et embellie d'apparitions, de fantômes, de souterrains, de ruines, enfin de tous les accessoires du genre. » Les éléments constitutifs de ce que les Anglais nomment le genre gothique, et de ce que nous avons pris l'habitude de nommer le roman noir,

sont en effet une topologie, un personnel romanesque et un répertoire de situations. La topologie tourne autour d'un château, d'un
couvent ou d'une ruine, qui cache un secret, la mémoire d'un passé
douloureux, la trace d'un crime. Le bâtiment gothique, au sens le
moins précis du terme, oppose une double verticalité à l'horizonta-
lité rassurante de la plaine ou du présent : celle de ses souterrains
qui l'enracinent dans le sol et de ses tours qui se détachent sur le
ciel, celle de ses souvenirs qui le rattachent à une longue histoire.
De tels lieux hors du commun mettent aux prises le méchant,
détenteur du secret ou de la clef du souterrain, qui convoite la
jeune fille et sa fortune, et d'autre part cette jeune fille, innocente,
belle et malheureuse, ou quelque enfant qui semble abandonné de
tous. D'autres personnages tournent bien sûr autour de ces deux
figures emblématiques. Mais la polarité essentielle oppose, pour
reprendre les catégories de Sade, la vertu malheureuse au vice
prospère. Le dénouement rétablit sans doute l'ordre moral et
fournit une explication rationnelle au merveilleux, mais laisse l'impression d'un malaise persistant. Pour y parvenir, une série de
scènes, que ce soit l'emprisonnement ou l'apparition, installent le
lecteur à la frontière flottante entre la vie et la mort, entre la réalité
et l'imaginaire.

Les principaux représentants du roman noir dans la France de
la fin du siècle sont Révéroni Saint-Cyr et Ducray-Duminil. Jac-
ques-Antoine de Révéroni Saint-Cyr (1767-1829) est issu d'une
famille d'émigrés italiens installés à Lyon dès le XVIe siècle. Il
devient officier du génie, poursuit sa carrière sous la Révolution et
l'Empire, mais doit quitter les champs de bataille pour l'Ecole
Polytechnique et le ministère. Il mène désormais la guerre dans la
fiction, sous forme d'opéras et de romans. Le plus célèbre de ceux-ci
est *Pauliska ou la Perversité moderne. Mémoires récents d'une Polonaise*
(1798), oublié pendant près de deux siècles, avant d'être redécou-
vert par Albert-Marie Schmidt en 1959, salué par Michel Fou-
cault, par Annie Le Brun et par Hervé Guibert, réédité en 1976
puis en 1991. Comme le titre l'indique, il s'agit du récit à la première personne d'une Polonaise, veuve, que les troupes russes chas-
sent de son château, séparent de son jeune fils et de son fiancé et qui
erre à travers une Europe travaillée par d'obscures conspirations.
La « perversité moderne » prend la forme inquiétante de machines
mises au service des forces du mal : presse d'imprimerie changée en
machine de mort, cloche pneumatique, appareil électro-statique.
Le fils et le fiancé subissent les mêmes emprisonnements, les mêmes

agressions dans leur corps. Les expériences scientifiques et médicales contemporaines (inoculation, analyse de la respiration, maîtrise de l'électricité) deviennent des armes tournées contre les individus et les Etats.

François Guillaume Ducray-Duminil (1761-1819) commença par le journalisme et la littérature pour enfants avant de donner ses grands romans noirs qui eurent leur heure de célébrité. André Lebreton en 1901 ironise sur ce succès populaire : « Vingt ans durant, il fit métier de torturer l'âme sensible du petit boutiquier, de donner des insomnies aux portières et des attaques de nerfs aux grisettes. » *Alexis, ou la maisonnette dans les bois* (1789), *Victor, ou l'enfant de la forêt* (1796) et *Coelina, ou l'enfant du mystère* (1799) sont trois histoires d'enfants qui ne savent pas qui sont leurs parents et qui errent à travers la méchanceté humaine. La forêt et l'architecture gothiques alourdissent l'atmosphère de crainte et d'effroi. *Alexis* et *Coelina* se déroulent à une époque contemporaine, *Victor* se situe entre la Bohème et l'Allemagne à la fin du XVIIᵉ siècle, mais les décors et les comportements sont strictement les mêmes. Dans le premier titre, la *maisonnette* n'a rien d'une villégiature, ni les *bois* d'un cadre idyllique, l'une est un château menaçant, d'où partent des souterrains tandis que les bois apparaissent comme une forêt accidentée, hantée de voleurs. Les drames se révèlent pourtant moins graves qu'on ne le croyait, les jalousies s'apaisent et les mésalliances se résolvent. *Victor* marque un degré de plus dans l'inquiétude, car le père du héros se révèle un bien réel chef de bande, brigand d'honneur. Victor descend dans la caverne qui sert de repaire à la troupe et, plus tard, assiste à son exécution. Les dénouements en 1796 sont moins aisés qu'en 1789, la Révolution et la Terreur sont passées par là. *Coelina* déploie à nouveau un drame familial dans un paysage des Alpes. L'héroïne erre « sans instruction, sans expérience, pendant la nuit, au milieu des glaciers, des pics, des plaines de neige et des avalanches ». Elle doit s'arrêter et attendre l'aube « assise sur la glace, les mains levées vers le ciel », n'entendant que « le sifflement des vents et les cris des marmottes et des chamois ». La description du paysage lorsque le soleil se lève enfin et les périls du chemin qu'elle reprend durent encore une bonne douzaine de pages. Ducray-Duminil recourt ainsi aux ressources de ce qui va devenir le roman-feuilleton. Après ces trois romans, il continue à émouvoir son public par de nouveaux titres tandis que, portés à la scène par Pixérécourt, *Victor* et *Coelina* devenaient des mélodrames.

Les dizaines, les centaines de romans qui exploitent cette veine au tournant du XVIIIe au XIXe siècle mériteraient une étude, ne serait-ce que quantitative. Les titres se font écho, les frontispices dont ces romans sont presque systématiquement accompagnés fixent l'attention des lecteurs sur les scènes pathétiques, les scènes qui font *tableau*. Ce ne sont dans les titres que châteaux et forêts, couvents et prisons qui incarnent le poids du passé, jeunes femmes fragiles ou enfants menacés, tandis que les frontispices multiplient les cadavres et les squelettes, les escaliers et les voutes mangés par l'ombre. L'outrance appelle la parodie, et l'ironie qui n'était pas absente du *Diable amoureux* reparaît dans la charge de Bellin de La Liborlière, *La Nuit anglaise* (1799) ou dans les plaisanteries de romanciers qui veulent amuser plutôt qu'effrayer. C'est le cas de Pigault-Lebrun qui note au début des *Barons de Felsheim* (1798-1799) : « La belle chose qu'une forêt pour un faiseur de romans. Comme il se trouve à son aise, lorsqu'il y tient une femme intéressante, comme les incidents se multiplient sous sa plume féconde. Les vents sifflent, les chênes se déracinent... »

Conseils de lecture. — Textes : *Romanciers du XVIIIe siècle*, éd. Etiemble, 2 t., Bibl. de la Pléiade, 1965 ; *Romanciers libertins du XVIIIe siècle,* éd. R. Trousson, coll. « Bouquins », 1993 ; *Nouvelles françaises du XVIIIe siècle*, éd. J. Hellegouarc'h, « Le Livre de poche », 1994 ; *Anthologie du conte en France, 1750-1799*, UGE, « 10/18 », 1981 ; coll. « Dix-huitième siècle » aux Ed. Desjonquères et aux Ed. Zulma-Calmann-Lévy.
Voir la bibliographie générale, ainsi que R. Godenne, *Histoire de la nouvelle française aux XVIIe et XVIIIe siècles*, Genève, Droz, 1970 ; Laurent Versini, *Le Roman épistolaire*, PUF, 1979 ; J.-M. Goulemot, *Ces livres qu'on ne lit que d'une main. Lectures et lecteurs de livres pornographiques au XVIIIe siècle*, Alinea, 1991.
Sur Laclos, voir la synthèse de Laurent Versini, *Laclos et la tradition*, Klincksieck, 1968, et la monographie par Michel Delon dans la coll. « Etudes littéraires », PUF, 1986.

La vie théâtrale

La vie théâtrale jusqu'à la Révolution reste régie, à Paris, par le système du monopole. D'après ce qu'on nomme alors le *privilège*, trois troupes sont seules autorisées à jouer officiellement : la Comédie-Française, constituée en 1680 par la réunion de deux troupes ; l'Opéra, institué en 1699 ; la Comédie-Italienne, définitivement installée à Paris en 1716. Les trois spectacles se répartissent les genres et les types de représentation : la Comédie-Française possède le monopole des pièces en cinq actes et des tragédies ; l'Opéra celui des représentations avec musique et danse ; la Comédie-Italienne celui des pièces en italien ainsi que des pièces à canevas, puis celui du genre nouveau qui s'impose dans la seconde moitié du XVIIIᵉ siècle, l'opéra-comique, mi-parlé, mi-chanté. Ils ont chacun leur lieu fixe dans Paris (voir p. 102).

La Comédie-Française est installée rue des Fossés-Saint-Germain de 1689 à 1770 (installation qui assure le succès du café Procope sur le trottoir d'en face et qui explique le nom actuel de la rue de l'Ancienne-Comédie), puis au château des Tuileries, avant de prendre possession de sa nouvelle salle, construite par Peyre et de Wailly, et ouverte en 1782 (c'est l'actuel Odéon).

L'Opéra est installé au Palais-Royal, mais la salle brûle deux fois en 1763 et en 1781 (sur cet incendie, on possède les témoignages littéraires de Louis-Sébastien Mercier dans le *Tableau de Paris* et de Rétif de La Bretonne qui, dans *Les Nuits de Paris,* décrit la scène depuis Ménilmontant : « Je n'ai jamais vu de plus parfaite image du Vésuve ou de l'Etna », ainsi que le témoignage pictural de Hubert Robert qui peint pour le Salon de cette année, *L'Incendie de l'Opéra* et *L'Intérieur de l'Opéra le lendemain de l'incendie*). Après le second incendie, l'Opéra déménage à la porte Saint-Martin.

La Comédie-Italienne pour son retour à Paris joue sur la scène du Palais-Royal en 1716, puis s'installe à l'hôtel de Bourgogne (premier emplacement de la Comédie-Française, au n° 29 de l'actuelle rue Etienne-Marcel) jusqu'en 1735, date à laquelle elle inaugure une nouvelle salle entre la rue Richelieu et le boulevard auquel elle donne son nom, boulevard des Italiens (c'est aujourd'hui l'Opéra-Comique).

L'institutionnalisation des trois spectacles n'est pas sans conséquence esthétique, idéologique et économique. Esthétiquement, elle fixe et fige le système des genres. Elle transforme les troupes en « conservatoires » des répertoires traditionnels (les trois grands du XVIIe siècle, Molière, Corneille, Racine, mais aussi Lulli) et influe positivement ou par réaction sur la création dramatique du temps. Idéologiquement elle assure le contrôle, par l'Etat, du théâtre qui continue à être un outil de prestige monarchique, il se trouve au service du roi avant d'être au service du public. Economiquement enfin, le théâtre échappe à la logique de l'entreprise privée et, coûtant plus qu'il ne rapporte, doit recourir aux subsides officiels. Ce système qui tend à se confondre avec le principe monarchique ne survivra pas à l'Ancien Régime. En 1791, la Révolution décrétera la liberté des spectacles.

Tout au long du XVIIIe siècle, le monopole théâtral a été contesté et battu en brèche par une multitude de troupes marginales en « guérilla » permanente, selon le mot de Martine de Rougemont, contre les troupes officielles. On parle à ce propos de théâtre de la foire ou de théâtre de boulevards, deux appellations qui renvoient à leur localisation et à leur statut. Les foires étaient des espaces d'exception, dépendant d'abbayes parisiennes ; elles étaient ouvertes, quelques mois par an, aux commerces et aux spectacles. Les plus célèbres, on l'a vu (voir p. 103), étaient les foires Saint-Germain et Saint-Laurent. Parmi les stands commerciaux se trouvaient des prestidigitateurs, des acrobates et contorsionnistes, des danseurs et marionnettistes, des improvisateurs et quelques troupes théâtrales constituées. Ces spectacles se caractérisaient par le double registre de la *parade* (à l'extérieur pour attirer le badaud) et de la représentation proprement dite (à l'intérieur de la baraque pour les spectateurs qui avaient payé leur place). Ils ont évolué au rythme des conflits avec les comédiens qui obtiennent de limiter les spectacles forains à des pièces en un acte, à des pièces muettes..., autant de mesures qui suscitent l'inventivité des forains pour tourner la loi. Ils ont attiré un public divers, du petit peuple aux privilégiés. Ils sont relayés dans la seconde moitié du siècle par les *théâtres des boulevards* qui passent outre le monopole, puis bénéficient de la nouvelle législation révolutionnaire. On nomme ainsi les théâtres qui s'installent à la périphérie du Paris d'alors, en particulier le boulevard du Temple (que ses spectacles mélodramatiques firent appeler au XIXe siècle le boulevard du Crime). Nicolet est le premier entrepreneur de spectacle à quitter la foire pour s'installer en permanence sur le boulevard du Temple. Il est bientôt suivi par ses confrères. En 1784, c'est le Palais-Royal qui accueille des troupes non officielles. La Révolution accélère et radicalise une évolution manifeste, lorsqu'elle proclame la liberté des théâtres : les salles se multiplient, à la façon dont, deux années plus tôt, avaient foisonné les nouveaux titres de journaux (voir p. 486).

Pour être complets et ne pas céder aux illusions du centralisme parisien, il faut mentionner aussi les théâtres de province et les théâtres de société. Les grandes villes possèdent leur propre troupe qui change fréquemment pour relancer l'intérêt d'un public vite lassé. La fonction du théâtre dans ces villes est illustrée, après 1750, par la construction prestigieuse de salles autour desquelles se réorganise l'urbanisme. C'est le cas à Bordeaux avec le théâtre de Victor Louis, à Lyon avec celui de Soufflot (le créateur du Panthéon), à Besançon avec celui de Claude Nicolas Ledoux (l'architecte utopiste d'Arc-et-Senans). La place centrale accordée au théâtre avec l'appui des autorités en fait une véritable église laïque, la tribune de la philosophie, le lieu où se réunit le « public ». A la fin du siècle, le théâtre va devenir une métaphore de l'opinion qui sait comprendre les œuvres littéraires et exprimer ses jugements avec modération. L'aménagement intérieur des salles reflète ces évolutions idéologiques.

On joue encore dans les collèges, où les Jésuites en particulier ont l'habitude de faire monter des spectacles par leurs élèves, dans les châteaux et les hôtels particuliers où les aristocrates, les banquiers et les grands bourgeois ne dédaignent pas de monter sur la scène. Dans l'intimité des théâtres de société, on a toute liberté pour jouer des pièces interdites à la ville (par exemple celles de

Beaumarchais, avant leur autorisation) ou bien des scènes qui défient la pudeur (Beaumarchais, lui encore, n'a pas dédaigné les parades scatologiques et érotiques). Les scènes privées jouent tantôt des pièces du grand répertoire, tantôt des divertissements rédigés par un des intimes de la maison. Avant de construire le théâtre de Besançon, Claude Nicolas Ledoux avait aménagé une scène privée pour l'actrice Mlle Guimard qui pouvait y accueillir cinq cents personnes, appartenant alternativement à l'élite sociale et aux milieux mélangés du théâtre et de la courtisanerie.

L'acteur, il est vrai, offre, au XVIIIᵉ siècle, un visage ambivalent. D'un côté, il reste marqué par l'excommunication traditionnelle, de l'autre il tend à devenir un porte-parole de la morale nouvelle, le relais par lequel le philosophe des Lumières peut s'adresser au public. Economiquement, il reste parfois assimilé à l'aventurier, au *picaro* ou bien au domestique, et quand il s'agit d'une femme, à la courtisane ; parfois au contraire il fait fortune par son talent et s'impose à l'opinion publique comme un personnnage fascinant. L'Eglise catholique française se référait à d'obscures décisions de Concile pour frapper les acteurs d'infamie et leur refuser la sépulture chrétienne. Les cas de Molière ou d'Adrienne Lecouvreur (voir p. 85-87) sont fameux. Voltaire dont elle avait joué des tragédies avait composé une *Ode sur la mort de Mlle Lecouvreur* et glorifié par contraste dans les *Lettres philosophiques* la nation anglaise capable d'honorer ses grands comédiens en les accueillant à côté des rois dans l'abbaye de Westminster. Dans une société où la loi civile n'était pas séparée de la religion, l'excommunication s'accompagnait d'infamie civile, et des manifestations d'intolérance se manifestèrent parfois au cours du siècle à l'égard de comédiens. Si la Révolution les rétablit dans tous leurs droits juridiques et politiques, tel curé en 1815, dans l'atmosphère de réaction qui accompagne la Restauration, prétend encore refuser une sépulture chrétienne à une actrice célèbre, Mlle Raucourt.

Aux antipodes de ce discrédit jeté sur la personne des comédiens et même sur le principe du théâtre, les Lumières valorisent la fonction pédagogique de la scène et envisage de confier à l'acteur un sacerdoce laïque. Mais des réticences demeurent. Louis Sébastien Mercier exige une réforme radicale du théâtre pour exempter les comédiens de l'ancienne infamie : « Ce qu'il y a de sûr, c'est qu'une conduite honnête et de grands talents font tomber cette espèce de proscription, et elle serait totalement effacée si les comédiens devenaient ce qu'ils devraient être, et si les pièces plus châtiées ne laissaient voir dans l'acteur que l'interprète des maximes les plus épurées » (*Du théâtre*, 1773). Rétif de La Bretonne annonce également la réhabilitation morale des hommes et la constitution d'une scène nouvelle : « Formons-nous des acteurs d'un ordre nouveau, dignes des chefs-d'œuvre qu'ils représenteront, de l'homme honnête, de l'innocente et naïve beauté qui viendront s'y former le cœur et l'esprit » (*Le Mimographe, ou idées d'une honnête femme pour la rénovation du théâtre national*, 1770). L'ambivalence de l'acteur est également économique, car il y a loin du comédien français à l'acteur de la foire, de celui qui est invité à prix d'or par un souverain étranger à celui qui court le cachet d'une ville de province à l'autre. La célébrité est réservée aux actrices et danseuses de l'Opéra pour lesquelles le théâtre sert de paravent à la courtisanerie de haut vol, et à celles et ceux qui renouvellent l'art du comédien.

Cet art évolue en effet au cours du siècle, vers plus de naturel et de mobilité. Pour autant que les témoignagnes de contemporains permettent de l'imaginer, la diction tragique à la fin du XVIIe siècle était une déclamation artificielle, risquant de devenir une pure virtuosité vocale. Adrienne Lecouvreur, au début du siècle, puis Mlle Clairon et Lekain au milieu, Talma à la fin recherchent plus de simplicité et de vraisemblance, dans le respect du texte. La tirade cesse d'être un prétexte à effet personnel, un numéro individuel et isolé, pour devenir le moment d'une pièce et un élément de la mise en scène. Parallèlement à cette mise de la voix au service de l'œuvre, l'acteur quitte la pose hiératique du récitant pour délier son corps et doubler la parole par un jeu muet, celui de la pantomime. Il prend possession de l'ensemble de la scène et n'hésite pas à se déplacer. Si le jeu comique et le jeu tragique restent bien distincts, le succès du mélodrame fait se croiser plus d'une de leurs caractéristiques respectives. Les théoriciens du théâtre s'interrogent sur ces tendances nouvelles de l'art du comédien et demandent l'institution d'écoles qui préfigurent nos conservatoires modernes.

C'est au XVIIIe siècle que le terme de *scène* désigne au sens moderne du mot l'espace de la représentation qui était appelé autrefois le *théâtre*. Le théâtre se compose désormais essentiellement d'une salle et d'une scène qui se font face et s'opposent : d'un côté, le monde social et de l'autre, celui de l'illusion dramatique. Le théâtre dit à l'italienne sépare résolument le public venu voir le spectacle et le spectacle donné à voir au public. La réalité en

France est plus complexe et Martine de Rougemont propose de parler d'un théâtre à la française, selon le modèle diffusé par les grandes réalisations du XVIIIe siècle. Ce type de théâtre à la française atténue la coupure entre la salle et la scène, il tend à mêler au spectacle de l'œuvre dramatique proprement dite un autre spectacle, celui de la hiérarchie sociale et de l'ostentation des privilèges. Longtemps à la Comédie-Française, des spectateurs privilégiés ont été admis sinon sur la scène, du moins sur une avant-scène où jouaient les acteurs. Ils étaient donc intégrés à l'espace de la représentation et s'offraient au regard de la salle. Lorsque les bancs disparaissent de l'avant-scène, ils sont remplacés par des loges qui constituent un espace intermédiaire entre la fiction et la réalité, la passivité du public et l'action théâtrale. Longtemps le parterre est resté debout et la représentation se déroulait sans plonger la salle dans l'obscurité. Lorsqu'on a installé des sièges au parterre, le public a d'abord résisté à cette nouvelle situation qui l'obligeait à l'immobilité et au silence, lui faisant perdre le pouvoir d'intervenir dans le spectacle, d'influer directement sur son succès ou son échec. L'évolution vers l'assagissement du public s'accompagne d'efforts techniques pour assurer plus de sécurité dans les théâtres (grâce à l'utilisation du fer, destiné à limiter les incendies) et plus de confort (en chauffant l'hiver et en essayant d'aérer l'été). Il correspond également à un déplacement de l'ostentation sociale, des salles mêmes vers les entrées moumentales, les vestibules et les escaliers d'honneur. La hiérarchie sociale n'est plus tant théâtralisée pendant le spectacle qu'avant et après, durant les entractes. Elle organise l'étagement des loges et des balcons, de l'étage noble jusqu'au poulailler où s'entassent les gens du peuple.

La transformation du rapport entre salle et scène va de pair avec une nouvelle conception du rapport entre scène et acteur. L'éloignement des spectateurs et la suppression des banquettes sur la scène dégagent un espace de mouvement pour l'acteur et d'illusion pour le spectateur. Les comédiens se libèrent lentement des types fixes, des grimages traditionnels (qui perpétuaient le masque) et des costumes luxueux et a-historiques pour gagner en naturel et en couleur locale. Les décors suivent cette évolution, sans que le parallèle soit toujours exact. Ils se différencient selon les pièces et bénéficient de ressources techniques nouvelles. Auteurs dramatiques et professionnels du spectacle s'intéressent au jeu de l'acteur, à ses gestes et à ses déplacements. Un tel souci est sensible dans les textes théoriques, tels que les *Lettres sur la danse* de Jean-Georges

Noverre (1760) ou dans les didascalies qui se multiplient à l'intérieur des pièces éditées. Ces didascalies ne nous restituent pas la réalité des représentations du temps, mais elles nous indiquent l'importance prise par tout ce que nous appelons aujourd'hui la *mise en scène*. Ces éléments étaient autrefois laissés à l'initiative du machiniste et du directeur de la troupe. Ils étaient considérés comme des détails techniques. Ils prennent une importance théorique ·et acquièrent la même dignité que le texte littéraire lui-même. Ils relèvent d'une nouvelle instance qui n'a pas encore de nom et que le XIXe siècle appellera le *metteur en scène*.

Le théâtre et le système des genres

Le principe du privilège qui accorde le monopole du théâtre à trois troupes et les cantonne chacune dans un type de pièces, contribue à immobiliser un système des genres et des styles. La tripartition rejette hors du circuit officiel tout ce qui n'est pas forme reconnue. Elle repose sur une hiérarchie des modes d'expression et sur une opposition entre le tragique et le comique. On distingue entre les pièces selon qu'elles sont composées en vers ou bien en prose, dans une langue plus ou moins noble. L'opposition du tragique et du comique recoupe parfois une telle hiérarchie : les personnages nobles et princiers doivent s'exprimer noblement, c'est-à-dire en vers, dans une intrigue noble, c'est-à-dire tragique.

La répartition des pièces entre tragique et comique remonte au théâtre grec. Aristote l'a théorisée dans la *Poétique*, mais l'inégalité de traitement entre les deux genres est liée à l'histoire du traité d'Aristote. Le livre premier de la *Poétique*, traitant du tragique, est parvenu jusqu'à nous, tandis que le livre concernant le rire a disparu. On se souvient que cette disparition est un des points de départ du roman d'Umberto Eco, *Le Nom de la rose*. Les hasards d'une telle disparition renvoient en fait à la facilité de tansformer le genre tragique, racontant l'histoire de personnages supérieurs à la moyenne, en un genre didactique moral, alors que le rire reste suspect et mal contrôlable. La *catharsis* ou purgation des passions, qu'Aristote assigne comme but à la tragédie, devient alors un principe de contrôle social, tandis que la forme tragique est strictement réglée par les poétiques classiques.

Le XVIIIᵉ siècle hérite de l'âge précédent une tragédie étroitement corsetée par les trois unités, les bienséances et le devoir de distance qui privilégie les sujets antiques. Ses théoriciens, de l'abbé Dubos et Charles Batteux à Marmontel, durcissent même les préceptes présentés par d'Aubignac et par le P. Rapin au siècle précédent, car le « siècle classique » est aussi une invention du XVIIIᵉ. La Comédie-Française reprend sans cesse les grands modèles du XVIIᵉ siècle et crée des pièces qui s'épuisent à en perpétuer la leçon. Deux auteurs sont jugés dignes de Corneille et de Racine : Prosper Jolyot de Crébillon et Voltaire. Crébillon père a cru trouver un renouveau du tragique dans le noircissement des caractères et des situations. Voltaire de son côté tente de renouveler le modèle classique en abandonnant une Antiquité gréco-romaine vidée de toute signification historique au profit d'autres décors et d'autres cultures. Après avoir sacrifié à la tradition avec *Œdipe* en 1718, il met en scène Jérusalem au temps des Croisades dans *Zaïre* (1741), l'Egypte dans *Sémiramis* (1748), l'Arabie dans *Mahomet* (1755), l'Europe du Moyen Age dans *Tancrède* (1760), l'Extrême-Orient dans *L'Orphelin de la Chine* (1778). La tragédie qui mettait l'homme aux prises avec un destin inexorable se transforme en un plaidoyer en faveur de la morale nouvelle (voir p. 109-110). Le destin cesse d'être une fatalité transcendante dès lors qu'il apparaît sous la forme d'illusions religieuses ou d'aberrations nationales, et qu'on le nomme *fanatisme* ou *intolérance*. Voltaire touche ainsi à son tour aux limites du genre. « En mettant en relief les ressorts qui meuvent les mentalités et les peuples, Voltaire s'éloigne des présupposés esthétiques et éthiques de la tragédie classique dont il perpétue dans le même temps les formules dramatiques » (Christian Delmas). Si la tragédie s'est imposée comme la forme correspondant parfaitement à l'idéalisme classique, identifiant l'être à sa naissance, le figeant dans un caractère et une essence intangibles, la philosophie des Lumières, fondée sur la foi dans le devenir et dans le progrès, peut-elle durablement s'exprimer dans cette forme tragique ?

Le XVIIIᵉ siècle produit des tragédies conformes à un moule formel mais en décalage avec l'idéologie qui en avait assuré le sens et l'éclat. Antoine Houdar de La Motte avait bien suggéré d'abandonner la versification et les unités, mais il n'allait pas aussi loin en pratique qu'il le proposait en théorie. Les sujets nationaux refusent l'éloignement vers l'Antiquité ou l'Orient. *Guillaume Tell* de Lemierre en 1766 présente le héros des patriotes suisses en lutte pour leur indépendance. L'histoire de France elle-même est mise à contribution par De Belloy dans *Le Siège de Calais* (1765) qui joue des analogies entre la guerre de Cent Ans et les récentes hostilités franco-anglaises. La tragédie devient nationale, sans cesser de prôner les valeurs monarchiques. L'idée d'une tragédie nationale évolue lorsque Marie-Joseph Chénier met en scène dans *Charles IX* (1789) un mauvais roi allant jusqu'à tirer sur ses sujets. Les valeurs monarchiques entrent désormais en contradiction avec les valeurs nationales, mais nous sommes alors en 1789 : la représentation de *Charles IX* apparaît comme un acte révolutionnaire, alors que formellement la pièce reproduit le cadre des tragédies de Corneille et de Racine. On pourrait encore citer, dans le sillage de la dénonciation voltairienne du fanatisme, *La Veuve du Malabar* (1770) de Lemierre, *Les Druides* (1772) de Le Blanc de Guillet ou encore *Jean Calas* (1792) où Marie-Joseph Chénier exploite un des récents scandales judiciaires, rendus fameux par l'intervention du Patriarche de Ferney (voir p. 486-487).

Les efforts de novation et les pesanteurs du modèle sont particulièrement sensibles dans les adaptations françaises de Shakespeare au XVIIIᵉ siècle. Voltaire lui-même avait commencé par présenter l'auteur anglais, dans les *Lettres philosophiques* (1734), comme un monstre sublime et par adapter la même année *La Mort de César*, avant de revenir sur ses enthousiasmes de jeunesse. La traduction qu'il propose du monologue d'Hamlet, dans les *Lettres philosophiques*, indique assez le décalage entre la langue de Shakespeare et celle de Voltaire. « To be or not to be, that is the question » devient :

> Demeure ; il faut choisir, et passer à l'instant
> De la vie à la mort, ou de l'être au néant.

Des traductions plus fidèles à la lettre et à l'esprit de l'original sont éditées par La Place (1745-1748) et par Le Tourneur (1776-1782). C'est dans la préface à la traduction due à Le Tourneur qu'on trouve la première définition en français, sinon la première occurrence, de *romantique*, appliquée à un paysage. Le Tourneur imagine le lecteur de Shakespeare en train de se promener dans la nature, « dans l'épaisseur des forêts » ou « sur la cime des rochers et des montagnes », les yeux fixés « sur la vaste mer » ou « sur le paysage aérien et romantique des nuages », comme si le cadre étroit de la salle de théâtre classique ne suffisait plus aux aspirations du lecteur de Shakespeare. Les adaptations réellement représentées au

XVIIIe siècle sont en revanche beaucoup plus timorées. Ce sont celles de Jean-François Ducis qui propose au public français *Hamlet, Roméo et Juliette, Othello, Le Roi Lear*. La monstruosité shakespearienne y est sagement réduite. Ducis transforme le monologue d'Hamlet et la formule fameuse devient :

> Je ne sais que résoudre... immobile et troublé...
> C'est rester trop longtemps de mon doute accablé ;
> C'est trop souffrir la vie et le poids qui me tue.
> Hé ! qu'offre donc la mort à mon âme abattue ?

L'évolution du contenu de la tragédie, les nouvelles exigences de vérité, de naturel dans le jeu des acteurs et dans la mise en scène débouchent sur un blocage du modèle formel fourni par le classicisme. Cette analyse de la tragédie vaut également pour la comédie, réduite à l'exemple des grandes pièces de Molière, c'est-à-dire centrée sur un caractère-titre et montrant au spectateur la conversion ou l'élimination du personnage asocial. Il suffit de parcourir les titres seuls des comédies composées au XVIIIe siècle pour constater l'emprise du modèle moliéresque. A l'avare, au misanthrope, au malade imaginaire succèdent *Le Dissipateur* de Destouches, *Le Jaloux* d'Antoine Bret, *Le Célibataire* et *Le Malheureux imaginaire* de Dorat, *L'Inconstant* et *Le Vieux Célibataire* de Collin d'Harleville, *Le Vieux Fat* d'Andrieux, *Le Capricieux* de Sade. De même, *L'Ecole des femmes* et *L'Ecole des maris* de Molière servent de modèle au siècle des Lumières à deux *Ecoles des mères* (dont une de Marivaux), à quatre ou cinq *Ecoles des pères*, à une *Ecole des jeunes gens*, une *Ecole des vieillards*, etc. Les polémiques du temps donnent du mordant à certaines pièces. *Les Femmes savantes* sont démarquées par Palissot dans son attaque contre les encyclopédistes, *Les Philosophes* en 1760 : Diderot y est caricaturé sous les traits de Dortidius, escroc qui cherche à faire épouser à un de ses complices la fille de la famille, tandis que les thèses de Rousseau sont ridiculisées à travers le personnage de Crispin. Les enjeux ne sont pas moins nets durant la Révolution, dans deux pièces qui se répondent et posent la question de l'acceptation ou du refus de l'ordre social, *L'Optimiste* de Collin d'Harleville et *Le Pessimiste* de Pigault-Lebrun, ou bien dans deux suites données au *Misanthrope*, *Le Philinte de Molière* de Fabre d'Eglantine et *Le Misanthrope corrigé* de Desmoutiers. La troisième pièce de la trilogie de Beaumarchais est un « autre Tartuffe », tandis que se multiplient les tartuffes politiques ou révolutionnaires (voir p. 488).

Le renouvellement de la comédie vient du théâtre italien auquel Marivaux a choisi de confier nombre de ses pièces, et de l'opéra-comique avec lequel le théâtre italien finit par se confondre. Les auteurs et les spectateurs trouvent là un espace de liberté et des ressources absentes du strict modèle conservé à la Comédie-Française. Les théâtres privés encouragent un peintre à devenir l'inventeur d'un petit genre, le proverbe. Carmontelle (1717-1806) excelle en effet dans ces courtes pièces qui ne durent pas plus d'un acte et qui débouchent sur un proverbe en guise de morale. Il a composé plus de cent proverbes qui remplissent huit volumes entre 1768 et 1781. Le genre pourrait n'être que pédagogique ou superficiel, il brosse autant de tableaux de mœurs, de situations sociales. La comédie se perpétue également du côté de la farce et de la bouffonnerie. Beaumarchais n'hésite pas à composer des parades grossières et scatologiques, dont l'inspiration, épurée et contrôlée, anime la trilogie de Figaro. Aux personnages traditionnels de la farce s'adjoignent des figures nouvelles : Jocrisse, Cadet Roussel, Jérôme Pointu, Janot (lancé par *Les Battus paient l'amende* de Dorvigny en 1779), Nicodème (voyageur débarquant sur la lune dans *Nicodème dans la lune* de Beffroy de Reigny en 1790), Mme Angot ou la poissarde parvenue. La harangère, forte en gueule, d'où le nom d'*Angot*, était un personnage traditionnel, joué par un travesti ; elle devient une enrichie de la Révolution avec Maillot en 1797. A sa suite, Joseph Aude crée en 1800 *Madame Angot au sérail de Constantinople* et en 1803 *Madame Angot au Malabar*.

De nombreuses expériences ont été tentées pour dépasser l'opposition figée entre la comédie et la tragédie, soit que l'on tire la comédie du côté du sérieux et du pathétique, soit que l'on affranchisse la tragédie de ses lisières idéologiques. Une première direction est empruntée par Nivelle de La Chaussée et ce qu'on désigne, depuis Gustave Lanson, comme des comédies larmoyantes. La société y était présentée dans la réalité des injustices et des inégalités qui provoquent conflits et crises, mais que la morale parvient finalement à surmonter. Voltaire lui-même explorait cette voie avec *L'Enfant prodigue* (1736) ou *Nanine* (1749). Mme de Graffigny connaît le succès grâce à une comédie de ce type, *Cénie* (1750). Diderot théorise les besoins de l'époque dans deux essais qui accompagnent ses pièces d'un genre nouveau, les *Entretiens* qui suivent *Le Fils naturel* (1757) et le *Discours sur la poésie dramatique* avec *Le Père de famille* (1758). Les exemples qu'il cite sont ceux de la tragédie anglaise et de la comédie latine, de Shakespeare et de Térence. Sous le nom de « tragédie domestique et bourgeoise » ou de « comédie sérieuse », Diderot revendique le droit de mettre en scène la diversité des états, tout au long de l'échelle sociale, la diversité des décors et des situations qui n'en montrent que mieux, selon lui, l'identité des sentiments sous tous les climats et dans toutes les classes sociales, c'est-à-dire l'universalité de la morale. Un type pourtant domine dans les pièces de Diderot et de ses contemporains, celui du marchand, « philosophe sans le savoir » selon le titre choisi par Sedaine en 1765, philosophe spontané, pratiquant naturellement les valeurs nouvelles du travail et de la bienfaisance. *Le Philosophe sans le savoir* a été donné par Sedaine comme une comédie, mais les valeurs qu'elle incarne sont celles du drame. Le marchand et le père de famille incarnent l'idéal productif et reproductif des Lumières qui conçoivent le progrès historique sur le mode d'une augmentation de la production, d'une accélération des échanges, d'une élévation du niveau culturel de la population. Ces présupposés font appeler souvent le genre nouveau « drame bourgeois ». Les deux termes de cette formule méritent une remarque.

Le terme *drame* a été régulièrement employé par les régents de collège, en particulier jésuites, qui intégraient une pratique théâtrale dans leur pédagogie et faisaient représenter des pièces à leurs élèves. Pour désigner celles-ci, ils évitaient les termes contaminés par le théâtre profane (la comédie étant condamnée comme immorale et la tragédie suspecte à cause de sa peinture de la passion) et intitulaient les pièces le plus souvent latines : *drama comicum, drama tragicum, drama tragicomicum* ou tout simplement *drama*. Le mot français *drame* a d'abord été employé sous la forme adjective de *poème dramatique* (chez d'Aubignac et dans *La Critique de l'Ecole des femmes* de Molière), le substantif se généralise après la grande offensive de Diderot.

Drame bourgeois ne signifie pas que la bourgeoisie soit le principal sujet de cette littérature dramatique, ni qu'elle en soit l'unique destinataire. Le bourgeois est un type d'homme plus qu'une réalité sociologique, dans lequel sont censés se reconnaître aristocrates éclairés et bourgeois proprement dits. Le drame présente souvent des aristocrates déclassés ou des personnages à cheval sur deux statuts sociaux, le dénouement instituant une réconciliation de la noblesse et de la classe marchande. Princes et personnages royaux deviennent sur scène des personnages comme les autres, des êtres humains, pris dans un réseau de relations. La tragédie était fondée sur l'opposition entre la salle et la scène, entre des personnages élevés et le public. Le drame repose quant à lui sur l'identification des spectateurs aux personnages. Ce nouveau théâtre ne met qu'exceptionnellement en scène les couches inférieures du tiers état : c'est le cas de Louis-Sébastien Mercier dans *La Brouette du vinaigrier* (le vinaigrier est un détaillant de vinaigre qu'il transporte dans une brouette, métier indigne socialement, mais lucratif, donc finalement honnête et acceptable), *Le Déserteur*, *L'Indigent*.

Les valeurs prônées par cette littérature dramatique sont censées être celles de la nature ou, du moins, de ce que les Lumières nomment telle, c'est-à-dire la sincérité des sentiments, la fidélité en amour, l'humanité et la bienfaisance, le sens du travail, de la famille, de la patrie (à une époque où cette dernière trilogie n'a pas encore été revendiquée par le fascisme français). Elles s'opposent aux anciennes valeurs aristocratiques de l'honneur ou religieuses de la virginité et de l'intolérance. Elles s'opposent également aux institutions répressives d'Ancien Régime : la féodalité et son « droit du seigneur », une Justice injuste (qui condamne à mort un innocent comme Calas), une Eglise (qui fait prononcer des vœux monastiques à des jeunes gens contre leurs aspirations et les enferme dans des couvents), etc. Alain Boureau a récemment retracé le mythe théâtral du droit de cuissage qui apparaît dès 1699 dans *La Noce interrompue* de Dufresny, puis inspire des pièces toutes intitulées *Le Droit du seigneur* à Louis de Boissy en 1735, à Voltaire en 1762, à Nougaret l'année suivante, à Desfontaines en 1784. Cette dernière pièce correspond au succès du *Mariage de Figaro* qui s'inscrit dans une telle tradition. Symptomatiquement en ces années qui précèdent la Révolution, le comte Almaviva doit dénoncer ce droit archaïque dont il aurait pourtant encore bien envie d'user.

Le drame est une tribune où s'expriment les revendications de la philosophie nouvelle, une école où former le public à la morale des Lumières, un lieu de sacralité laïque en concurrence avec la chaire religieuse. Il entend se libérer des contraintes aussi bien formelles qu'idéologiques, pour parler à chacun des problèmes de la vie concrète qui sont les siens. Conquérir une vérité, une authenticité que la tradition restreignait à la fois dans le choix des sujets, dans le langage, dans la mise en scène et le jeu des acteurs. Le drame veut frapper le public, il s'adresse à son émotion pour l'amener à prendre conscience et à agir en tant qu'acteur de l'opinion publique. Le double registre de la Défense théorique et de l'Illustration littéraire, tel que Diderot l'a pratiqué, se retrouve chez Beaumarchais, auteur de deux drames, *Eugénie* et *Les Deux Amis,* ainsi que d'un *Essai sur le genre dramatique sérieux* (1767) avant de créer la trilogie de Figaro, ou bien chez Louis-Sébastien Mercier, auteur d'un traité *Du théâtre* (1773) et de très nombreux drames. L'œuvre de ce dernier montre la continuité du drame bourgeois au drame historique. Mercier met en scène *Jean Hennuyer, évêque de Lisieux* (1772), où la Saint-Barthélemy en province, *La Mort de Louis XI* (1783) ou la fin d'un roi intolérant et cruel, *La Destruction de la Ligue...* De telles pièces sont exclues par principe de la Comédie-Française, gardienne de la tradition. Elles sont simplement publiées ou bien elles sont jouées sur des scènes privées ou provinciales. A Paris, elles peuvent être accueillies à la Comédie-Italienne ou sur les boulevards. Elles se répandent en se mêlant à d'autres genres, comme l'opéra-comique (Sedaine par exemple compose un *Déserteur* pour l'Opéra-Comique) et le *mélodrame* qui était à l'origine un mélange de mélodie et de drame, donc un genre hybride entre opéra et théâtre, et dérive à la fin du XVIIIᵉ siècle vers les effets de scène, les machines, le pathétique et le spectaculaire.

La Révolution porte un coup décisif au système des genres. Elle supprime le monopole, donc la répartition autoritaire selon les salles, elle fait des acteurs des citoyens à part entière et des auteurs des propriétaires de leurs œuvres littéraires. On a tantôt souligné la continuité qui mène du classicisme à la production de cette époque révolutionnaire, tantôt inversement marqué les ruptures. En fait, on assiste à la cristallisation des tendances sensibles durant les décennies précédentes, avec un investissement idéologique propre à la période. Indépendamment de la reprise et de l'infléchissement de pièces antérieures, on crée alors quatre types d'œuvres principalement :

1 / Des tragédies classiques à sujets antiques qui montrent la continuité de cette inspiration. Tandis que le *Brutus* de Voltaire est repris et applaudi, on crée *Caïus Gracchus* ou *Timoléon* de Marie-Joseph Chénier, *Agamemnon* de Népomucène Lemercier... C'est l'équivalent au théâtre des grandes toiles à l'antique de David.

2 / Des drames et tragédies nationales qui vantent les bons rois tels Henri IV ou Louis XII et stigmatisent les mauvais (Louis XI ou Charles IX, responsable de la Saint-Barthélemy).

3 / Des drames sombres, en particulier sur des sujets religieux. On reprend *Le Comte de Comminge* que Baculard d'Arnaud avait tiré en 1765 des *Mémoires du comte de Comminge* de Mme de Tencin. Parmi les pièces nouvelles qui dénoncent les vœux forcés, la plus célèbre est celle de Monvel, *Les Victimes cloîtrées*. De tels drames ont en commun avec le roman noir qui se développe au même moment le goût du pathétique, des scènes outrées, des effets spectaculaires et une opposition manichéenne entre le Bien et le Mal, les victimes et leurs bourreaux. Entre les tragédies nationales et les drames, il faudrait citer le fait historique. L'époque se caractérise en effet par la multiplication des genres intermédiaires. La crise du système traditionnel suscite une hésitation sur les dénominations. C'est ainsi que Loaisel de Tréogate, après avoir composé plusieurs comédies, écrit une comédie héroïque, *Le Château du diable* (1792), un fait historique, *La Bataille des Thermopyles* (1794), puis des drames, une « pantomime-féerie à grand spectacle », un « drame en prose à spectacle » (1801) et un « mélodrame en prose à grand spectacle » (1804). Le mélodrame sous le Directoire et le Consulat correspond à une dépolitisation du drame, à un remplacement du politique par le spectaculaire. L'un des auteurs les plus prolixes est Guilbert de Pixérécourt (1773-1844) qui adapte les succès romanesques de Ducray-Duminil, *Victor ou l'Enfant de la forêt* (1798) et *Cœlina ou l'Enfant du mystère* (1800).

4 / Des comédies satiriques, burlesques ou parodiques. La plus fameuse d'entre elles est *Le Jugement dernier des rois* de Sylvain Maréchal (voir p. 489).

La Révolution se caractérise enfin par la rencontre du théâtre et de la fête, de la création esthétique et de la participation militante. Les salles de spectacle s'ouvrent à un public plus large, la coupure de la salle et de la scène est balayée par une participation du public, une confusion du réel et de la fiction, une identification parfois des acteurs et de leurs rôles. On peut être critique envers le contenu des textes produits durant l'époque révolutionnaire, force est de constater l'inventivité théâtrale en dehors du cadre classique. De ce foisonnement d'expériences reste le mélodrame qui devient le grand genre des boulevards au début du XIXe siècle mais qui vide le spectacle pathétique de son contenu politique, et ce qui va devenir le drame romantique, nourri de tragédies historiques et de drames bourgeois.

Beaumarchais

Biographie de Beaumarchais

1734   Naissance à Paris de Pierre Augustin Caron, fils d'un maître horloger

1753-1754   Le jeune Pierre Augustin découvre un nouveau système d'échappement sur les montres. Dépossédé de son invention par un confrère, il porte la polémique sur la place publique et devant l'Académie des sciences. Il se fait connaître et est admis à la cour

1755   Il achète la charge de contrôleur de la bouche et surveille désormais « la viande de Sa Majesté ».

1756-1757   Il épouse une riche veuve, devient M. de Beaumarchais. Sa femme meurt avant d'avoir réglé la succession en sa faveur. D'où une série de procès.

1757-1758   Il écrit des parades pour Lenormand d'Etioles et s'initie avec lui aux arcanes de la finance.

1759   Maître de harpe de Mesdames, filles de Louis XV

1760   Collaborateur du financier Pâris-Duverney

1761   Il achète la charge anoblissante de secrétaire du roi

1764-1765   Voyage d'affaires en Espagne

1767   Première du drame *Eugénie*

1768   Mariage avec une riche veuve

1770   Première d'un second drame, *Les Deux Amis*, échec
Mort de Pâris-Duverney et de Mme de Beaumarchais. Procès avec l'héritier de Duverney

1772   Rédaction d'un opéra-comique, *Le Barbier de Séville*, refusé par les Italiens

1773   *Le Barbier de Séville* transformé en comédie est accepté par la Comédie-Française, mais une altercation avec le duc de Chaulnes conduit Beaumarchais en prison. Cascade de procès, Beaumarchais accuse le juge Goëzman de concussion et lance dans le public ses *Mémoires à consulter*

1774   Missions secrètes à Londres

1775   Première du *Barbier de Séville*, échec. Beaumarchais réduit la pièce à quatre actes et triomphe
Nouveaux voyages à Londres, relations avec le chevalier d'Eon

1776   Beaumarchais organise l'aide de la France aux insurgents américains

1777   Activités commerciales, financières, diplomatiques, amoureuses
Fondation de la Société des auteurs dramatiques

1778   Signature du traité d'amitié entre la France et les Etats-Unis

1780   Fondation de la Société littéraire typographique pour imprimer à Kehl les *Œuvres complètes* de Voltaire

1781-1784	Lectures du *Mariage de Figaro*, représentations privées, interdictions jusqu'à la représentation publique au printemps 1784
1785	Activités bancaires et boursières
1787	Polémiques autour de Beaumarchais et de l'avocat Bergasse Première de l'opéra *Tarare* Construction d'une luxueuse maison près de la Bastille
1792	Beaumarchais ne parvient pas à négocier en Hollande l'achat de soixante mille fusils pour l'armée française, il est dénoncé à l'Assemblée Première de *L'Autre tartuffe, ou la Mère coupable*. Arrestation, libération et fuite en Angleterre
1793	Retour en France, publication des *Six Epoques* justificatives, nouvelle fuite et errances à l'étranger
1796-1797	Retour à Paris, reprise de *La Mère coupable*
1799	*Lettres sur Voltaire et Jésus-Christ*, mort de Beaumarchais

Les deux comédies qui assurent la célébrité de Beaumarchais ne sont que deux titres parmi bien d'autres, et ces activités littéraires qu'un aspect d'une vie débordante d'initiatives et d'inventions. Mais *Le Barbier de Séville* et *Le Mariage de Figaro* tirent sans doute leur réussite d'une telle diversité et des contradictions qu'elle recouvre. Pierre Augustin Caron fut artisan horloger, professeur de musique, commerçant, banquier, agent secret : toutes ces activités se retrouvent dans la construction des intrigues, dans le sens du temps, du rythme, de la musique qui caractérisent ses pièces. Il est homme des Lumières dans la générosité de ses engagements, dans la bonne conscience de ses ambitions, dans la confusion parfois entre intérêt personnel et bien général. Il l'est aussi dans ses hésitations entre intégration dans la société d'Ancien Régime et critique de l'ordre ancien. Il l'est enfin dans son double goût du rire et des larmes, de la bouffonnerie qui chante la vie sans reculer devant les truculences, et du sérieux qui dénonce les tares de la société et plaint les malheurs qu'elles provoquent. Il fait successivement l'expérience des parades pour le théâtre privé de Lenormand d'Etioles, et des drames pour les scènes publiques. La situation de Lenormand, mari de Mme de Pompadour qui avait négocié ses complaisances lorsque sa femme était devenue la maîtresse du roi, prêtait plus à la farce qu'au drame. Le banquier menait joyeuse vie dans son château d'Etioles, au sud de la forêt de Sénart, et Beaumarchais brocha pour lui des divertissements qui empruntaient à la tradition des foires, des personnages stéréotypés (Cassandre, le père, Isabelle et Colombine, ses filles, Léandre, le fiancé ou l'amant, Gilles et Arlequin, les valets), des situations forcées à base de disputes, de déguisements, de cocuages et de coups de bâton, enfin des jeux de mots de plus ou moins bon goût. Il a fallu attendre le XXe siècle pour que soient publiées *in extenso* ces pièces dont le caractère licencieux avait auparavant gêné les éditeurs. *Colin et Colette* n'est qu'un lever de rideau, un dépit amoureux qui prélude à une fête de château. *Les Députés de la Halle et du Gros-Caillou* est une « scène de poissardes et de maîtres pêcheux », c'est-à-dire de marchands de poissons de la halle qui parlent un langage populaire, transformé en style littéraire, avec ses mots déformés et ses liaisons mal-z-à-propos. La scène s'ouvre par une altercation entre la mère Fanchette qui prétend entrer au marché la première, et Cadet Heustache : « La mère Fanchette qu'est moi, z'et la commère Chaplu que v'là n'auront z'en verté d'Dieu pas fait six bonn' lieues sans r'proche et n'seront pas vénues tout z'exprès d'la halle pour qu'un fichu mareigner d'eau douce comm'toi passe d'sus le corps d'vant la présence d'honnête compagnée. Entends-tu, bouffi ? » *Les Bottes de sept lieues*, *Léandre marchand d'agnus, médecin et bouquetière* et *Jean-Bête à la foire* jouent des déguisements et des airs chantés. *Zizabelle mannequin* multiplie les ariettes et devient un véritable petit opéra-comique.

On pourrait rapprocher Isabelle, enceinte sans être mariée, dans *Jean-Bête à la foire*, d'Eugénie, l'héroïne du drame créé à la Comédie-Française en 1767. Mais quoi de commun entre les gauloiseries de la parade et la dénonciation du cynisme de lord Clarendon qui mystifie la jeune Eugénie par un faux mariage ? entre la joie de vivre et le rire de la parade et le sens moral du drame ? *Eugénie* met en scène un drame social, celui de l'inégalité entre un grand seigneur de la capitale et un petit hobereau de province. La pièce a commencé par s'appeler *Eugénie ou la vertu au désespoir* puis *Eugénie ou la vertu malheureuse*. Après avoir été située en France et s'être référée à l'actualité de la guerre de Sept Ans, elle se déroule en Angleterre, le pays de Richardson et de tout un romanesque larmoyant dont le meilleur exemple est « Fanni, histoire anglaise » dans les *Epreuves du sentiment* de Baculard d'Arnaud. Beaumarchais s'est peut-être inspiré de cette nouvelle (voir p. 388). Mais il conserve une dimension comique dans la pièce, incarnée par un valet, Drink, et par le père et la tante d'Eugénie, nobliaux de province passablement ridicules. Les arrivées du frère d'Eugénie et d'un ami du père, un guet-apens et un duel constituent autant de coups de théâtre qui mènent le lord libertin au repentir et permettent à Eugénie de l'épouser bien réellement cette fois.

Les Deux Amis ou le Négociant de Lyon, deuxième drame, créé à la Comédie-Française en 1770, présente une situation qui fait fureur à l'époque. Un roman et deux nouvelles (*Les Deux Amis, conte iroquois* de Saint-Lambert et *Les Deux Amis de Bourbonne* de Diderot) paraissent la même année avec le même titre, sur un thème proche. Deux amis sont amoureux d'une jeune fille, l'un se sacrifie. Dans le drame de Beaumarchais, l'amant aimé est le fils du receveur général des fermes, c'est-à-dire des impôts, à Lyon, l'amant héroïque, fermier général, et le père de la jeune fille, un riche négociant de la ville. Un drame financier, tel que le souhaitait Diderot dans les *Entretiens sur le Fils naturel*, vient compliquer l'intrigue sentimentale. La situation de Pauline, fille naturelle de celui qui se fait passer pour son oncle, permet à l'auteur de poser un autre problème social qui, chez lui, reparaît de pièce en pièce, celui des enfants non légitimes. Les belles âmes font assaut de générosité, le père reconnaît sa fille et les amants sont unis. Le receveur des fermes de Lyon peut conclure : « Quelle joie, mes amis, de penser qu'un jour aussi orageux pour le bonheur n'a pas été tout à fait perdu pour la vertu ! » Mais le public s'est montré moins enthousiaste pour tant de dévouement et de vertu. La pièce n'a pas eu le succès d'*Eugénie*.

Cet échec est peut-être l'une des causes du retour à la comédie de Beaumarchais qui utilise comme point de départ un canevas de parade, intitulé *Le Sacristain, intermède espagnol*. Pauline est mariée à un vieil époux impuissant. Son amant cherche à effrayer le mari et se déguise en sacristain pour parvenir jusqu'à elle. Une seconde version de ce canevas montre l'évolution vers plus de dignité sociale et morale. Pauline n'est plus la femme de Bartholo ni la maîtresse de Lindor. Le premier est devenu médecin, le second un comte déguisé en bachelier. Celui qui va donner son nom à la pièce n'apparaît que le dernier, comme principe de comique et de bouffonnerie dans un texte qui s'est assagi. L'intrigue ressemble alors à celle de *L'Ecole des femmes*, Bartholo le tuteur, malgré toutes ses précautions, ne peut empêcher Almaviva de se faire aimer de Rosine et, avec l'aide de Figaro, de l'épouser. Beaumarchais compose un opéra-comique qui est refusé par la Comédie-Italienne. Il le transforme en comédie en cinq actes qui est acceptée par la Comédie-Française, est jouée en février 1775 et tombe. Il la remanie, sacrifie un acte et fait applaudir *Le Barbier de Séville* en quatre actes que nous connaissons. Quelques mois plus tard, il la fait publier, accompagnée d'une « Lettre modérée sur la chute et la critique du *Barbier de Séville* ». Il y imagine une suite possible : une fin moins gaie qui manque de tourner au tragique pour devenir pathétique. Après le mariage de Rosine et d'Almaviva, une altercation s'élève entre Bartholo et Figaro. « Des injures on en vint aux coups. » Le docteur découvre soudain, à une marque sur le crâne, que Figaro est son fils. Ce nouvel acte possible indique l'ambivalence du rire et des larmes dans l'imaginaire de Beaumarchais, ainsi que son refus de s'enfermer dans la limite de l'unité de temps classique.

L'idée d'une suite du *Barbier* est donc présente dès 1775. La suite est écrite de 1776 à 1780 et s'intitule *Le Mariage de Figaro*. Si le drame *Eugénie*, au cours de sa genèse, est passé de France en Angleterre, *Le Mariage* lui est passé de France en Espagne pour édulcorer les allusions critiques à l'Ancien Régime et tourner la censure. Les manuscrits qui demeurent montrent aussi une hésitation sur le personnage de Marceline, figure ridicule de vieille femme ou bien mère de Figaro, pathétique dans ses illusions passées et militante dans sa dénonciation du sort fait aux femmes. La première comédie était emportée par un personnage apparu tardivement dans sa composition, le barbier ; la seconde trouve son rythme dans un personnage marginal et central, Chérubin, entre l'enfance et l'âge adulte. Figaro donnait au *Barbier* son rythme et son allant, Chérubin représente dans la seconde le principe de désir, insaisissable, irrésistible. Selon l'âge qu'il a, pubère ou non, il maintient la comédie dans l'aisance et le sourire ou bien risque de la faire basculer dans la grossièreté des parades ou encore dans le drame. De 1780 à 1784, la pièce met quatre ans à être acceptée en représentation publique. Beaumarchais en profite pour en parfaire l'efficacité dramatique et augmenter l'impatience du public. La pièce triomphe en avril 1784.

Les deux pièces se ressemblent : deux hommes se disputent une femme, celui qui est aimé finit par l'emporter sur son rival. Dans la première, le vainqueur est l'aristocrate, jeune premier, et le vaincu, Bartholo, le bourgeois, vieux et ridicule. Dans la seconde, la victoire a socialement changé de camp. Almaviva est devenu un noble qui prétend profiter de l'ancien droit du seigneur. Figaro change de statut, le barbier, l'homme à tout faire du comte est devenu à son tour sujet et objet du désir amoureux, il a acquis le droit d'aimer pour son compte, c'est lui dont on célèbre le mariage. Rosine était seule dans *Le Barbier de Séville*. Dans la seconde pièce, Rosine est entourée de Suzanne, sa camériste, fiancée de Figaro, et de Marceline : une authentique solidarité s'établit progressivement entre ces femmes qui dépassent leurs jalousies et s'imposent face aux hommes. Figaro dans *Le Barbier* gardait son franc parler à l'égard du comte comme de tous les autres personnages. Avec l'antagonisme qui l'oppose à son maître dans la seconde pièce, ses mots deviennent des satires, plus ou moins voilées, de l'Ancien Régime. *Le Mariage* est hantée par une violence qui reste latente et finit par se dissiper avec l'air final du vaudeville. Les critiques ont pu insister sur la force révolutionnaire de la pièce ou sur sa prudence et son dénouement conformiste. Son triomphe à la veille de la Révolution repose sur cette ambiguïté.

Les deux pièces sont construites sur une opposition entre le dedans et le dehors. Le mouvement général de la première est de pénétration : Almaviva s'efforce de parvenir jusqu'à Rosine pour lui dire son amour, puis pour l'épouser. Bartholo se barricade pour lutter contre l'envahissement. Le mouvement général de la seconde pièce est au contraire d'ouverture. Le comte veut éloigner de chez lui Figaro, mari encombrant, Chérubin, double et rival. Alors que *Le Barbier* se termine par le rassemblement de tous les personnages dans la maison du docteur, *Le Mariage* s'achève dans le parc du château d'Aguas Frescas, dans la pénombre du soir et des arbres, dans une confusion des rôles et des fonctions, voire des sexes. L'intérieur du château avec sa salle du trône et ses appartements suppose une hiérarchie et une stricte répartition des lieux. Le plein air final marque la difficulté de remettre chacun à sa place. Le lieu du premier acte, « à demi démeublé », dont Figaro prend les mesures, est la future chambre nuptiale : l'indication va-t-elle dans le sens d'un aménagement ou bien d'un déménagement ? Pas plus que *Le Barbier*, *Le Mariage* ne se clôt par un dénouement univoque.

Les deux pièces jouent de la clôture temporelle des vingt-quatre heures. Mais le personnage de Chérubin indique métaphoriquement l'instabilité du dénouement : l'enfant ne peut que grandir, l'ordre précaire du château ne peut que s'altérer. La suite du *Mariage* est composée dans les premières années de la Révolution, proposée à la Comédie-Française, puis retirée et jouée au théâtre du Marais durant l'été 1792. Le succès est mitigé. Les démêlés de l'auteur avec les autorités successives interdisent d'envisager une reprise avant son retour à Paris et la stabilisation du pouvoir sous le Directoire. Le pièce est adaptée à la situation et jouée à nouveau au printemps 1796. Beaumarchais envisage un quatrième titre, *La*

Comparaison entre trois textes construits sur un même air, par Charles Péguy dans *Clio, dialogue de l'histoire et de l'âme païenne*

1 / UNE CHANSON POPULAIRE

> Malbrough s'en va-t-en guerre,
> Mironton, mironton, mirontaine,
> Malbrough s'en va-t-en guerre,
> Ne sait quand reviendra *(ter)*
>
> Il reviendra z'à Pâques
> Mironton, mironton, mirontaine,
> Il reviendra z'à Pâques
> Ou à la trinité *(ter)*, etc.

2 / LA CHANSON DE CHÉRUBIN (*Le Mariage de Figaro*, II, IV)

> Mon coursier hors d'haleine,
> (Que mon cœur, mon cœur a de peine !)
> J'errais de plaine en plaine,
> Au gré du destrier.
>
> Au gré du destrier.
> Sans varlet, n'écuyer ;
> Là près d'une fontaine,
> (Que mon cœur, mon cœur a de peine !)
> Songeant à ma marraine,
> Sentais mes pleurs couler, etc.

3 / LE SACRE DE NAPOLÉON III dans *Les Châtiments* de Victor Hugo (1853)

> Dans l'affreux cimetière,
> Paris tremble, ô douleur, ô misère !
> Dans l'affreux cimetière
> Frémit le nénuphar.
>
> Castaing lève sa pierre,
> Paris tremble, ô douleur, ô misère !
> Castaing lève sa pierre
> Dans l'herbe de Clamar
>
> Et crie et vocifère
> Paris tremble, ô douleur, ô misère !
> Et crie et vocifère :
> Je veux être césar !, etc.

Vengeance de Bégearss ou le Mariage de Léon. La mort l'a empêché de l'écrire. Mais l'aurait-il pu ? *La Mère coupable* marque un retour au drame. Après les courses et poursuites de la pièce précédente, la dramaturgie s'assagit, s'intériorise. Nous sommes revenus d'Espagne en France, la famille Almaviva est enfermée dans son hôtel parisien, autour duquel bruit l'émeute populaire. Almaviva et Figaro retrouvent finalement leur ancienne complicité pour expulser l'intrus, le personnage menaçant, doublement étranger puisqu'il se nomme Bégearss, Irlandais, major d'infanterie espagnole. Un mariage est encore au centre de cette troisième intrigue, celui de Léon, fils dont le comte soupçonne qu'il est le fruit des amours illégitimes de la comtesse et de Chérubin, et Florestine, pupille et en réalité fille du comte. La pièce est hantée par les fautes du passé, la ci-devant comtesse vit dans le deuil d'un Chérubin qui de principe de plaisir est devenu celui de mort. Bégearss, nouveau Tartuffe, comme l'indique le titre, possède les secrets des deux époux et si le sous-titre, *La Mère coupable*, paraît insister sur la culpabilité féminine, le dénouement heureux n'est rendu possible que par le parallélisme entre les deux erreurs et l'égalité entre les sexes. La joyeuse gesticulation du *Mariage* est devenue convulsive, l'agilité de Chérubin laisse place aux évanouissements et aux crises de suffocation de la comtesse, à toute une violence de larmes qui est celle du drame en train de virer au mélodrame. On peut regretter ce vieillissement et cet embourgeoisement de *La Folle Journée*, mais Charles Péguy a bien vu que la trilogie de Beaumarchais constitue une métaphore sur l'histoire de la France durant un demi-siècle, une réflexion sur le devenir des individus et des sociétés. Le réemploi d'un même air, d'un même rythme lui suggère la permanence d'une mémoire profonde. Il inscrit la mort de Chérubin dès l'apparemment si joyeux *Mariage de Figaro*, où une blessure minime annonce pourtant une future blessure mortelle.

Théâtre et musique

Beaumarchais a fait jouer un opéra, *Tarare*, sur une musique de Salieri. Ses pièces de théâtre comportent, toutes, une dimension musicale. Du vivant de l'écrivain, Mozart s'est emparé du *Mariage* ; au XIXe siècle Rossini met en musique *Le Barbier* et au XXe Darius Milhaud *La Mère coupable*. Mais tout le XVIIIe siècle s'inscrit sous le signe de la musique qui appartient à la vie de tous les jours et dont les débats occupent la vie intellectuelle. Voltaire a composé *Samson, La Princesse de Navarre* ou *Le Temple de la Gloire* pour Rameau. Rousseau réunit en lui librettiste et musicien quand il donne *Les Muses galantes* et *Le Devin de village*, plus français de facture que ne le laisseraient attendre ses pamphlets en faveur de la musique italienne. Il écrit une scène lyrique *Pygmalion* mais ne collabore que partiellement à la musique. Diderot se passionne pour la musique, mais ne semble avoir composé que le *Plan d'un opéra-comique*. C'est peut-être qu'il a voulu, avec *Le Neveu de Rameau*, expérimenter une écriture musicale, faite de glissements et de retours thématiques et décrire les pantomimes de Rameau le neveu comme autant d'airs transcrits en mots. Sedaine collabora avec Philidor, Monsigny et Grétry. *Richard Cœur de lion* (1785) et *Raoul Barbe-bleue* (1789), nés de cette collaboration entre Sedaine et Grétry, furent applaudis et fredonnés durant toute la Révolution. Marmontel écrivit également pour Grétry, en particulier un *Zémire et Azor* (1771), variation sur le thème de la Belle et la Bête dans une Perse de convention. *Nina ou la Folle par amour* (1786) sur un texte de Marsollier et une musique de d'Alayrac qui a tenté de rendre mélodiquement la déraison, déclencha la mode des « folles », contes et nouvelles mettant en scène une passion qui menait au délire (voir p. 392). Inversement le roman est à l'origine d'opéras-comiques. En 1777, Laclos tire un opéra-comique de l'œuvre de Mme Riccoboni, *Ernestine*. L'épisode polonais de *Faublas* inspire deux opéras français en 1791, *Lodoïska* de Fillette-Loraux, mis en musique par Cherubini et *Lodoïska, ou les Tartares* du citoyen Dejaure sur une musique de Kreutzer, puis une série d'imitations musicales à travers toute l'Europe. La même année, Kreutzer signe aussi la musique d'un *Paul et Virginie*.

Comme les salons de peinture qui suscitent d'autant plus de débats esthétiques et idéologiques que les discussions politiques sont bridées, les querelles musicales enflamment l'opinion. Deux d'entre elles secouent la seconde moitié du siècle. En 1752, la troupe des Bouffons revient pour une troisième tournée à Paris. Elle tirait son nom de l'*opera buffa*, pièce courte inspirée par la tradition napolitaine, originellement conçue comme un intermède et bientôt jouée de manière indépendante. Elle relança la comparaison entre musiques française et italienne. Grimm restait prudent dans sa *Lettre sur*

Omphale, critique envers la tradition française. Rousseau se montra plus radical dans la *Lettre à M. Grimm* (1752), puis dans la *Lettre sur la musique française* (1753) qui dénoncent l'artifice de l'harmonie française et vantent le naturel de la mélodie italienne. La violence de l'attaque suscita une nuée de pamphlets parmi lesquels on remarque les *Observations sur la lettre de J.-J. Rousseau* de Cazotte, ainsi que plusieurs apologies de la musique française. D'Alembert prit du temps et de la hauteur pour dépasser les antagonismes avec *De la liberté de la musique* (1759).

Un nouvel accès de fièvre suivit l'arrivée de Gluck à Paris et la représentation d'*Iphigénie en Aulide* (1774), puis la venue de Piccinni (1776). La querelle était désormais triangulaire et les arguments plus complexes, ce qui ne veut pas dire les débats moins passionnels. Les enjeux des articles de presse et des brochures concernent la nature du langage et les mérites comparés des langues nationales, le statut de la musique et la distance par rapport au principe d'imitation, le droit au jugement et à la critique. Rares sont ceux qui, comme Bemetzrieder, l'ami de Diderot, qui collabora à ses *Leçons de clavecin*, prêchaient le « tolérantisme musical » (1779) et montraient les mérites respectifs de chaque tradition musicale, conforme au génie de chaque peuple. En 1789, la *Dissertation sur les opéras bouffons italiens* de Quatremère de Quincy remet en cause le principe d'imitation de la musique : « Cet art n'est qu'un prestige, son modèle un fantôme, son imitation une magie. » Dans l'opéra, la musique n'a pas à s'adapter aux paroles, c'est elle qui a la prééminence par rapport au langage parlé, relégué au second rang. Quatremère prolonge les intuitions de Diderot qui définissait la musique par l'énergie, ou de l'abbé Morellet qui voyait le principe de la musique dans l'expression et non dans une quelconque reproduction de la nature. Chabanon dans son essai *De la musique considérée en elle-même* (1785) affirme l'autonomie d'un art qui est sa propre finalité. Il réhabilite la musique instrumentale. Alors que le *ut pictura* d'Horace avait dominé la pensée esthétique classique, le tournant des Lumières refuse de réduire toutes les pratiques artistiques à un seul et unique principe ; le remplacement de l'imitation par la création originale se place sous le signe du *ut musica*.

Les *Mémoires* de Grétry (1741-1813) peuvent servir de conclusion au siècle. Le compositeur y propose une théorie des climats, appliquée à la musique : « La mélodie est donc le partage de la sensibilité produite par l'influence d'un soleil ardent, et l'harmonie

mâle et nerveuse est celui des hommes plus robustes, des hommes
du Nord. » Méridionaux et septentrionaux doivent collaborer et
s'influencer mutuellement. « Ils doivent sans débats considérer leur
mérite respectif et profiter chacun de leurs divers avantages ; toute
contestation est inutile où il n'y a point de rivalité. »

Conseils de lecture. — Voir la bibliographie générale. — Félix Gaiffe, *Le Drame en France au XVIIIᵉ siècle*, Colin, 1910, rééd. 1970 ; Michel Lioure, *Le Drame*, Colin, 1963 ; J.-M. Thomasseau, *Le Mélodrame*, PUF, 1984. Deux numéros de revue consacrés au mélodrame : *Revue des sciences humaines*, 162, 1987 et *Europe*, novembre-décembre 1987.

René Pomeau, *Beaumarchais ou la bizarre destinée*, PUF, 1987 ; Jacques Scherer, *La Dramaturgie de Beaumarchais*, Nizet, 1954, rééd. 1980.

Béatrice Didier, *La Musique des Lumières*, PUF, 1985 ; Belinda Cannone, *Philosophies de la musique (1752-1789)*, Klincksieck, 1990.

L'âge classique n'a cessé de débattre des mérites respectifs du vers et de la prose, sans remettre en question l'existence de deux langages distincts. Aujourd'hui nous considérons souvent la poésie comme un genre, à côté du roman et des formes théâtrales. Elle constitue pour nos ancêtres un mode d'expression dont relèvent, par exemple, la tragédie et la comédie dès lors qu'elles sont versifiées. Pour eux, un discours ou un conte peuvent être en vers aussi bien qu'en prose. Presque tout énoncé serait susceptible d'une version prosaïque ou poétique. L'*Encyclopédie* définit la prose comme « le langage ordinaire des hommes », mais hésite à caractériser la poésie par la fiction, par la versification ou par l'enthousiasme qui l'inspirerait. Elle admet donc le poème en prose, « genre d'ouvrages où l'on retrouve la fiction et le style de la poésie et qui, par là, sont de vrais poèmes, à la mesure et à la rime près ». La poésie serait à la fois plus naturelle, langage primitif et spontané, et plus artificielle, langage travaillé et difficile. Le procès hâtif qui a jugé le XVIIIe siècle comme une époque sans poésie doit être révisé à la lumière de cette hésitation fondamentale sur la frontière entre poésie et prose. La poésie existe, elle n'est peut-être pas là où on la cherche.

Omniprésence de la poésie

En tant que versification, elle est en tout cas partout. A l'école où on l'apprend, en vers latins et français, à la cour où l'on salue le moindre événement dynastique, à l'église où l'on chante la gloire de Dieu, dans les salons où l'on trousse des compliments en vers, dans les faubourgs et les campagnes même où l'on ajoute facilement un couplet nouveau aux chansons traditionnelles, dans tous les esprits où la mémoire est fixée par la rime. Il n'est pas un seul de nos prosateurs qui n'ait pratiqué la poésie. La première œuvre connue de Diderot est une « Epître à M. B*** » (sans doute Baculard d'Arnaud), parue en 1742 dans *Le Perroquet, ou Mélange de diverses pièces intéressantes pour l'esprit et pour le cœur* :

> Vous savez d'une verve aisée
> Joindre aux charmes du sentiment
> L'éclat piquant de la pensée ;
> Oncques ne fut un rimeur si charmant.

Tout au long de sa vie, Diderot saura fêter ses amis de rimes semblables. Loin de limiter la poésie à un divertissement mondain, le jeu engage parfois les convictions les plus profondes et les plus secrètes du philosophe. En 1772, Diderot tire les rois et gagne la fève. Pour refuser la couronne, il compose un poème qui serait une parodie de Pindare si l'exercice mondain ne se transformait en poème révolutionnaire. Le dithyrambe qui s'intitule *Les Eleuthéromanes* (ou fanatiques de la liberté) interpelle l'homme esclave des tyrans : « Eveille-toi, lève la tête » et prophétise :

> S'il osait de son cœur n'écouter que la voix,
>   Changeant tout à coup de langage,
>   Il nous dirait, comme l'hôte des bois,
>   « La nature n'a fait ni serviteur ni maître ;
>   Je ne veux ni donner ni recevoir de loix. »
>   Et ses mains ourdiraient les entrailles du prêtre,
>   A défaut d'un cordon, pour étrangler les rois.

La violence de ce poème qui emprunte sa dernière image au prêche anarchiste du curé Meslier, est sans doute un jeu érudit entre amis. Elle suffit à indiquer que la poésie du XVIIIᵉ siècle réserve plus d'une surprise.

Rousseau n'hésite pas à composer un virelai pour annoncer à Mme de Warens « la prise de quatre rats », ni Laclos trois quatrains pour envoyer un panier de mirabelles à une petite fille de six ans. Un peu moins inconsistants sont *Le Verger de Madame la baronne de Warens* où Rousseau chante en alexandrins sa bienfaitrice et l'*Epître à Margot* où Laclos multiplie en octosyllabes les allusions malignes à Mme du Barry, passée du trottoir parisien au lit du roi : « Laissez-la devenir catin, / Bientôt peut-être le destin / La fera Marquise ou Comtesse. » Tout peut être prétexte à poème, une émotion intime ou un événement public. Chaque année, l'*Almanach des muses* rassemble des pièces semblables et fournit la notice de tout ce qui se publie en fait de poésie. Lancé en 1765 par Sautreau de Marsy, il paraîtra jusqu'en 1833. D'innombrables recueils collectifs diffusent également cette production. L'Académie française et les académies de province ne se contentent pas de mettre au concours des sujets d'éloges et de discours en prose, elles sollicitent et couronnent parallèlement des poètes. La hiérarchie qui prévaut alors classe les formes poétiques, depuis les épopées et les poèmes philosophiques ou didactiques, jusqu'aux poésies fugitives, en passant par les odes, les idylles et les romances, les contes et les fables, les satires, les épîtres... Comme l'a remarqué Edouard Guitton, un tel ordre « frappe autant par sa rigidité que par ses incertitudes ».

En bas de l'échelle se trouve donc la poésie fugitive à laquelle le raffinement de la vie mondaine donne tout son éclat, mais aussi les ressources de la philosophie sensualiste. C'est ce que Walter Moser a nommé la « signification d'une poésie insignifiante ». Fugitive, elle chante un monde éphémère et heureux, superficiel et séduisant. Elle se doit d'être brève, à l'image d'une mondanité qui se satisfait de l'instant, mais selon les principes, également, d'une philosophie qui fonde la connaissance sur la succession des sensations. Claude-Joseph Dorat (1734-1780) a défini ces pièces comme « les saillies du moment » : « tout le sel s'évapore dès qu'elles annoncent un projet » ; en d'autres termes, « il ne leur reste rien, pour peu qu'on leur ôte cette fraîcheur, ces grâces impalpables, cette transparence de coloris qui fait leur premier charme ». Elles retrouvent les étapes de l'expérience humaine, telle que la constitue la pensée sensualiste. Le point de départ est l'éveil de l'être dans le foisonnement des impressions, dans la conscience d'un plaisir d'exister. Alors que la poésie lyrique chante souvent le décalage entre la réalité et l'idéal, entre le désir et la possession, la poésie fugitive s'enchante de notre présence au monde. Les thèmes traditionnels du lyrisme sont débarrassés de leur drame :

> Je cherche partout le plaisir :
> Mais lorsque ma recherche est vaine,
> Je sais jouir de mon désir,
> Quelquefois même de ma peine.

La sensation morale n'est pas absente de cette poésie, elle s'approfondit dans les parenthèses du plaisir physique, dans les moments de repos qui succèdent à la sensation matérielle. C'est cette situation que chante Pierre Joseph Bernard, dit Gentil-Bernard (1710-1775) :

> Avec Psyché, c'est vous que je préfère,
> Jeux suspendus, plaisirs que je diffère,
> Volupté lente, où, fixant ses désirs,
> L'âme s'écoute, en comptant ses plaisirs.

La poésie de l'instant, nourrie par le soleil des colonies, s'épanouit en un véritable lyrisme chez ceux qu'on nomme les « créoles » : Nicolas Germain Léonard, Antoine de Bertin, surnommé le Properce français, et Evariste Parny.

Les historiens de la littérature n'ont pas toujours pris garde que la seconde moitié du XVIIIᵉ siècle a connu un développement sans précédent de deux genres traditionnels, la fable et le conte, ainsi que d'un genre qui trouve ses modèles dans l'Antiquité mais avait été moins pratiqué jusque-là, l'héroïde. La fable et le conte ont en commun de narrer une histoire brève qui se termine par une morale ou une pointe. La première est généralement moralisante, le second volontiers libertin. La Fontaine est le maître incontesté des deux genres. Tandis que les illustrateurs se succèdent pour enrichir les éditions des *Fables* et des *Contes*, les philosophes rendent hommage à leur modèle, promu au rang de grand ancêtre. J.-J. Rousseau seul se montre réticent. En 1774, l'Académie de Marseille couronne Chamfort pour un *Eloge de La Fontaine*. Le genre de la fable envahit les périodiques et le marché du livre à partir de 1770. Les sources se diversifient : à côté d'Esope et de Phèdre, toujours mis à contribution, les nouveaux fabulistes s'inspirent de sources anglaises, allemandes, espagnoles et orientales. Chez les abbés pédagogues, la morale reste sage et sans ambiguïté. Mais l'intention devient politique chez nombre de fabulistes.

L'apologue des membres et de l'estomac concluait à la nécessité de respecter la hiérarchie : les membres révoltés reconnaissent que l'estomac qu'ils « croyaient oisif et paresseux, / A l'intérêt commun contribuait plus qu'eux ». La Fontaine précisait le sens de la fable : « Ceci peut s'appliquer à la grandeur royale. » « La Main droite et la Main gauche » de l'abbé Aubert (1731-1814) dénonce les prétentions de la droite aux privilèges d'une naissance supérieure (alors que les deux côtés n'ont pas encore pris la signification politique qu'ils acquerront dans les assemblées de la Révolution) et « La Tête et les Pieds » de Barthélemy Imbert (1747-1790) appelle à un meilleur partage des droits et des devoirs entre la tête qui commande et les pieds qui portent. Dorat abandonne les métaphores organiques pour raconter la fable du jet d'eau et du réservoir : le jet d'eau se prévaut d'être le plus beau, d'être vu de tous et prétend se passer du réservoir. Il suffit que ce dernier n'alimente plus le jet d'eau :

> Notre orgueilleux commence à se connaître :
> Il baisse, il tombe, il ne peut plus aller,
> Il est à sec. Vous devinez peut-être
>   De ma fable quel est le sens :
> Appauvrissez le peuple, adieu l'éclat des grands.

Dorat, selon Jean-Noël Pascal, « n'est pas loin d'être le meilleur fabuliste de son temps ». Il a, en tout cas, de singulières audaces. Une de ses fables met en scène une révolution qui renverse un tyran :

> Le peuple sent sa force et court à la défense ;
> Tous ses bras sont armés, le sang coule à grands flots ;
> La garde est égorgée, et le monstre en lambeaux.

Le prolifique Boisard (1744-1833) qui ne donne pas moins de cinq recueils entre 1773 et 1806 transforme à sa manière la fable du loup et de l'agneau : l'agneau ne s'en laisse pas conter, la loi du plus fort n'est plus toujours la meilleure. Florian (1755-1794) et le duc de Nivernais (1716-1798) se montrent plus modérés. Ils prêchent la tolérance mutuelle et le respect de l'ordre. « Le Vacher et le Garde-chasse », mis en scène par le premier, croient pouvoir échanger leur métier, celui-là rate le gibier et celui-ci laisse échapper le bétail : « Chacun son métier, / Les vaches seront bien gardées. » Chez le second, la caille qui craint le froid ne comprend pas la bécasse qui le recherche, le pivert qui frappe contre les troncs ne comprend pas mieux le roitelet qui se balance sur les branches. Que chacun respecte les manies et les habitudes de l'autre :

> Eh ! n'est-ce pas pour le bonheur de tous,
> Que ce qui plaît à l'un déplaît à l'autre ?
>   Tout est bon ou mauvais pour nous
>   Suivant les besoins et les goûts.

Florian et Nivernais veulent surtout plaire à leurs lecteurs. Florian a su charmer les siens, de son vivant et après sa mort : ses fables ont été rééditées durant tout le XIXᵉ siècle, jusqu'à aujourd'hui. Jean-Noël Pascal peut conclure qu'à rebours des idées reçues, le siècle des Lumières est « un véritable âge d'or de la fable ».

C'est aussi sans doute celui du conte en vers. Lorsque Voltaire en 1764 publie les *Contes de Guillaume Vadé*, il en propose à ses lecteurs deux seulement en prose et pas moins de sept en vers. Jusqu'à sa mort, il composera parallèlement les deux types de contes. Il s'y amuse pour amuser son public. Alors que les fables prennent une fonction scolaire et moralisante, les contes en vers se veulent un jeu social et verbal. Le mètre en est court, généralement octosyllabique. Le thème en est connu : « Ils roulent presque tous sur le même sujet, explique Voltaire : c'est toujours une fille ou une femme dont on vient à bout. » L'originalité du conteur se situe donc dans l'art de renouveler la tradition, dans son habileté à suggérer et à sous-entendre, dans la manière d'étendre l'histoire sur plusieurs pages ou de la condenser en quelques vers. Le conteur doit donner l'impression de légèreté, de facilité, de futilité même. Voltaire ne cache pas ses modèles :

> Ovide a conté cette affaire ;
> La Fontaine en parle après lui ;
> Moi, je la répète aujourd'hui,
> Et j'aurais mieux fait de me taire.

Les poètes se nomment donc le petit-cousin de Rabelais, le petit-neveu de l'Arétin, le petit Boccace ou le singe de La Fontaine, d'autres prennent le surnom d'abbé Mouche ou d'abbé Colibri. Ils disent leurs vers galants, grivois, libertins, libres ou simplement badins. Il s'agit du plaisir pour le plaisir : on raconte le plaisir amoureux, on pratique le plaisir poétique. Sont sans cesse convoqués des personnages stéréotypés : jeunes filles ingénues et jeunes femmes expertes, maris cocus et amants malins, prêtres lubriques et pédagogues non conformistes.

> Je hasarderais bien un conte.
> Sujet certes ne manque pas.
> Tant de filles font des faux pas

Ainsi commence un conte du prince de Ligne. Ceux que nous connaissons de Laclos n'ont aucune des subtilités de son roman. « La Procession » raconte le dépucelage de Lison, le jour de la Fête-Dieu, tandis que « Le Bon Choix » est celui de la jolie voisine qui au bel esprit Pamphile préfère le joyeux drille Cléon. Pamphile n'a rien à ajouter, « Car entre nous, ce que vous pourrez dire, / Ne vaudra pas ce que Cléon a fait. » La satire anticléricale est parfois poussée loin. Augustin de Piis (1755-1832) présente un chanoine galant qui répond à son évêque indigné :

> (...) Croyez, mon maître,
> Que je fais comme saint Augustin,
> Autant que vous, et mieux peut-être ;
> Ce que sa morale défend,
> Sa vie entre nous l'autorise,
> Car il fut père d'un enfant,
> Avant de l'être de l'Eglise.

Antoine de La Porte (1707-1793) montre le gendre du pape Alexandre Borgia au soir de ses noces. L'épousée n'est pas vierge, mais elle se défend :

> Jamais nul autre que mon père
> (...)
> Jamais je ne me laissai faire
> Qu'avec son absolution.

Le genre se laisse parfois pénétrer d'idées nouvelles. La même histoire, empruntée à un ancien conteur, Béroalde de Verville, prend un sens nouveau, selon qu'elle est interprétée par Grécourt, au début du XVIIIe siècle, et par Dorat, à la fin. « Les Cerises » raconte les mésaventures d'une jeune paysanne venue offrir des cerises à son seigneur et contrainte à se déshabiller. Le seigneur l'exhibe nue devant ses amis, mais force ensuite ceux-ci à la dédommager financièrement. Grécourt s'en amuse, Dorat s'en indigne. La paysanne sait alors répondre :

> Garde ton or, dit-elle, corrupteur ;
> Je ne veux point de ton affreux salaire.

Le conte en vers peut même devenir sentimental. Dans « L'Amour paternel » ou « L'Amour filial », l'abbé Lemonnier versifie les thèmes patriarcaux et paysans que Greuze traite sur ses toiles et que le drame met sur scène. La référence à la peinture de Greuze est explicite dans « L'Accordée de village » de l'abbé Aubert :

> Le Patriarche assis, l'air noble et respectable,
>   Parlait au gendre avec bonté,
> Lui donnait des leçons de mœurs, de probité,
> Qu'embellissait sa bouche aimable.

Le sentimentalisme ambiant est également lié au succès d'un genre qui connaît une vogue particulière durant trois décennies. La *Lettre d'Héloïse à Abélard* par Colardeau lance la mode de l'héroïde en 1758. Ce qui était la traduction du poème anglais de Pope, devient vite le modèle d'un genre nouveau. « Voilà toutes les têtes de nos jeunes poëtereaux échauffées, se plaint *L'Année littéraire* ; ils

ne bégayent plus que des héroïdes. » Le principe en est le même
que dans le roman par lettres : le texte naît d'une absence, la séparation exacerbe les sentiments et assure le pathétique.

> Avant que ma raison puisse étouffer ma flamme,
> Combien faut-il encore aimer, se repentir,
> Désirer, espérer, désespérer, sentir,
> Embrasser, repousser, m'arracher à moi-même,
> Faire tout, excepté d'oublier ce que j'aime ?

Les poètes commencent par recourir aux figures qui ont déjà leurs
lettres de noblesse littéraires : Abélard et Héloïse, la Religieuse portugaise, ou bien les personnages de la mythologie et de l'Antiquité.
Mais l'évolution du genre est caractéristique des mutations de la
littérature à l'époque. D'autres sources de pathétique apparaissent
à côté de l'amour malheureux : l'exil et la dissidence politiques, les
persécutions religieuses, les drames sociaux. Aux figures de l'Antiquité et du Moyen Age succèdent celles d'un passé plus récent et
même du présent.

Dorat emprunte le personnage de Barnevelt au théâtre anglais :
Le Marchand de Londres de Lillo racontait les égarements d'un
apprenti que sa passion pour une courtisane a conduit au crime et
à l'échafaud. L'héroïde est la confession que le malheureux adresse
avant de mourir à un ami. Gilbert imite Dorat dans *Le Criminel
d'Orval* : la passion a poussé l'amant à tuer le mari de sa maîtresse.
Des criminels bourrelés de remords et prêts à payer leur crime, on
passe aux innocentes victimes avec la marquise de Gange, personnage réel, qui fut assassinée par un mari indigne et ses deux beaux-
frères et qui inspirera à Sade un de ses derniers romans, avec Calas
surtout, figure exemplaire des injustices de la Justice d'Ancien
Régime. Voltaire s'était mobilisé pour ce vieillard protestant
accusé du meurtre de son fils, puis pour sa réhabilitation. Mercier
participe à la campagne philosophique par une héroïde engagée.
Le protestant persécuté clame sa confiance dans les valeurs de tolérance et de fraternité :

> Nous sommes comme vous, des hommes, des chrétiens.
> Si je suis un de ceux que votre culte abhorre,
> Enfant du même Dieu, comme vous je l'adore.

Formellement, une suite d'héroïdes est également symptomatique
des transformations de la littérature durant ces années : Dorat
publie successivement la lettre d'une jeune sauvagesse à l'officier
français qu'elle aime, puis la réponse du séducteur français prêt à

se racheter, enfin le dénouement heureux de l'histoire et la réunion des amants (1764-1767). De même que la peinture quand elle adapte une œuvre littéraire doit privilégier un moment particulier, l'héroïde focalise l'attention sur un instant, fréquemment l'instant ultime avant la mort. Elle reconquiert avec Dorat une dimension temporelle, à la façon dont le théâtre s'assure une durée romanesque dans la trilogie de Figaro chez Beaumarchais ou celle d'Arlequin chez Florian.

L'héroïde

1758	Colardeau, *Lettre d'Héloïse à Abélard*
1759	Dorat, *Julie, fille d'Auguste, à Ovide* et *Abélard à Héloïse* La Harpe, *Montézume à Cortès* Ximénez, *Lettres portugaises en vers*
1760	La Harpe, *Annibal à Flaminius* et *Caton à César* Mercier, *Hécube à Pyrrhus*
1761	Blin de Sainmore, *Gabrielle d'Estrées à Henri IV*
1763	Dorat, *Lettre de Barnevelt dans sa prison à Truman, son ami* Mercier, *Médée à Jason après le meurtre de ses enfants* et *Sénèque mourant à Néron*
1764	Dorat, *Lettre de Zeila, jeune sauvage esclave à Constantinople, à Valcour, officier français* Mercier, *Calas sur l'échafaud à ses juges*
1765	Blin de Sainmore, *Jean Calas à sa femme et à ses enfants*
1766	Dorat, *Réponse de Valcour à Zeïla* François de Neufchâteau, *Lettre de Charles Ier, roi d'Angleterre, à son fils, le prince de Galles retiré en France* Villemain d'Abancourt, *Lettre de Gabrielle de Vergy à sa sœur*
1767	Dorat, *Lettre de Valcour à son père pour servir de suite et de fin au roman de Zeïla* Masson de Pezay, *Lettre d'Ovide à Julie*
1768	Langeac, *Lettre d'un fils parvenu à son père laboureur*
1770	Dorat, *Lettres d'une chanoinesse de Lisbonne à Melcour, officier français*
1772	Gilbert, *Didon à Énée*, *Le Criminel d'Orval à Mélidor* et *La Marquise de Gange à sa mère*
1774	Anonyme, *Lettre d'Alexis, déserteur, dans sa prison, à Louise, sa maîtresse*
1775	Dorat, *Les Victimes de l'amour, ou Lettres de quelques amants célèbres*
1782	Langeac, *Colomb dans les fers à Ferdinand et Isabelle*
1786	Laya, *La Présidente de Tourvel, mourante, au vicomte de Valmon* et *Lettre de Didon à Énée*

La satire durant la seconde moitié du XVIIIᵉ siècle ne peut prétendre à la nouveauté de l'héroïde. Le terme même de *satire* hésite encore entre le sens ancien de *satura*, c'est-à-dire mélange, qui fait appeler *Le Neveu de Rameau* par Diderot « satire seconde », et le sens de critique des vices ou des ridicules qui s'impose progressivement. Pourtant les querelles sont alors trop vives pour ne pas s'exprimer en poésie. C'est un représentant de l'antiphilosophie qui donne la satire la plus fameuse, en 1775 : la position de Gilbert est cohérente, dans *Le Dix-huitième siècle* qu'il dédie à Fréron, l'infatigable journaliste de *L'Année littéraire*. Il imite Boileau dont il se réclame poétiquement et idéologiquement. Il déplore le développement dans Paris d'un monstre « qui, paré du manteau de la philosophie, / Que dis-je ? de son nom faussement revêtu, / Etouffe les talents et détruit la vertu ». La philosophie nouvelle entraînerait « la chute des arts » et « la perte des mœurs ». La satire présente une galerie de types caricaturaux, puis attaque nommément Saint-Lambert et « ce vain Beaumarchais », le « lourd Diderot » et le « froid d'Alembert ». Gilbert superpose la querelle des Anciens et des Modernes, le conflit des encyclopédistes et de leurs adversaires et la contradiction entre la société moderne et la poésie. Il lance ainsi le thème du poète persécuté qui sera souvent réutilisé et le résume en un vers devenu célèbre :

La faim mit au tombeau Malfilâtre ignoré :
S'il n'eut été qu'un sot, il aurait prospéré.

Le parti philosophique ne manqua pas de répliquer. A Gilbert, Milcent opposa *Le Dix-huitième siècle vengé* et Ginguené, le futur rédacteur de la *Décade philosophique*, une *Satire des satires*. Clément que Voltaire surnommait l'inclément se rangea aux côtés de Gilbert dans une furieuse *Satire sur la philosophie* (1778).

Les bouleversements de la Révolution n'ont pas manqué de donner lieu à une nouvelle guerre de satires. Avec Juvénal et Boileau, Gilbert est le modèle affiché par Victor Campagne qui dénonce la France thermidorienne et directoriale. Il s'en prend au déchaînement de l'agiotage et prévoit que le luxe des spéculateurs va entraîner la chute de Paris. Dans *Les Quatre Satires, ou la Fin du XVIIIᵉ siècle*, Gilbert Despaze se réfère également à Gilbert, comme modèle des satiriques et comme pourfendeur des idées nouvelles. L'an VIII du calendrier républicain correspond à l'année 1800 du calendrier grégorien : le changement de siècle suscite les bilans. Les monarchistes Fonvielle et Colnet du Ravel systématisent la critique d'un XVIII⁰ siècle mal-pensant, accouchant de la Révolution et de la Terreur. Gilbert s'écriait en 1775 : « Eh ! quel temps fut jamais en vices plus fertiles ? » Colnet du Ravel reprend en écho vingt-cinq ans plus tard : « Eh ! quel siècle jamais fut plus fécond en crimes ? » Parmi les avocats des Lumières on compte Cubières et Marie-Joseph Chénier. L'un publie *Le Défenseur de la philosophie, ou Réponse à quelques satires dirigées contre la fin du XVIII⁰ siècle,* l'autre contre-attaque dans *Les Nouveaux Saints.* Cubières disculpe la philosophie des violences de la Terreur :

> Fontenelle, enfermé dans sa robe de chambre,
> Ruminait-il jadis les meurtres de septembre ?
> (...)
> Et la loi des suspects, abhorrés en tout lieu,
> Y reconnaissez-vous l'esprit de Montesquieu ?
> (...)
> Et le baron d'Holbach s'est-il jamais assis
> A côté du baron Cloots Anacharsis ?
> Serait-ce à Diderot qu'on a dû les noyades ?
> Faut-il sur d'Alembert jeter les fusillades ?

Marie-Joseph Chénier reprend les plaisanteries de Voltaire contre Fréron-Aliboron :

> Courage, marguilliers ! N'entendez-vous pas braire
> Les fils, les compagnons de l'âne littéraire ?

Il y ajoute des traits contre Mme de Genlis, Philaminte un peu janséniste, et contre Chateaubriand dont « le dévot Chactas » est traité de « sauvage érotique ». Au tournant du XVIII⁰ et du XIX⁰ siècle, les recueils de satires se multiplient. Mais le renouvellement du genre vient sans doute du frère de Marie-Joseph, André Chénier, qui abandonne la satire de Juvénal pour l'ïambe d'Archiloque et donne les poèmes sans doute les plus saisissants de la Révolution, stigmatisant la démagogie, la lâcheté et l'hypocrisie.

Chanter l'homme et le monde

Au sommet de la hiérarchie classique, l'épopée reste le grand rêve de la poésie. Voltaire avait cru trouver le héros digne de cette ambition dans la personne de Henri IV, réconciliateur en France des catholiques et des protestants. Ses successeurs sortent de l'histoire proprement nationale et proposent à l'admiration de leurs lecteurs, comme héros des Temps modernes, Pierre le Grand, réformateur de la Russie, ou Christophe Colomb, inventeur d'un monde nouveau. Antoine Léonard Thomas (1732-1785) a surtout montré le voyage de formation de Pierre à travers l'Europe, son apprentissage des sciences et des techniques. Il le fait descendre dans les mines d'Allemagne pour une initiation aux secrets du monde qui rappelle la visite que les héros épiques de l'Antiquité faisaient aux Enfers pour interroger un grand ancêtre. La mine représente à la fois la vérité du globe dans ses mouvements géologiques les plus profonds, et de l'humanité dont les générations s'entassent dans la terre. Mais Thomas ne parvient pas à finir ni même faire souffler le vent du progrès sur ses alexandrins. Les titres des cinq épopées consacrées à Colomb dans le demi-siècle sont caractéristiques de l'évolution du temps. Böesnier et Mme Du Boccage, en termes militaires *(Le Mexique conquis)* ou en termes religieux *(La Foi portée au Nouveau Monde)*, glorifient une victoire de l'Europe. Colomb par la croix et l'épée conquiert des terres nouvelles au christianisme et à un prince européen. L'un et l'autre ont conscience de tenir un grand sujet : « Il n'a jamais paru de sujet plus digne de l'épopée que la conquête du Mexique » (Böesnier). « Ce nouvel Ulysse méritait sans doute un autre Homère » (Mme Du Boccage). Mais l'un en prose, l'autre en vers s'embarrassent dans une mythologie du surnaturel chrétien qui fait intervenir saints protecteurs, anges et diables. L'Amérique n'est plus à conquérir chez Nicolas Louis Bourgeois, mais à découvrir. Enfin chez Marmontel qui opte pour la prose et Robert Martin Lesuire qui reste fidèle au vers, Colomb, héros civilisateur, n'a pas su empêcher sa découverte de provoquer destructions et massacres. Il a été dépassé par la cupidité et la violence des siens.

L'épopée n'est plus alors celle d'une seule nation, elle veut prendre en charge le devenir de l'humanité entière. Comme dans les héroïdes de La Harpe, *Montézume à Cortès*, et de Langeac, *Colomb dans les fers à Ferdinand et Isabelle*, le point de vue devient celui des victimes indiennes, parmi lesquelles se retrouve Colomb lui-même, incompris et persécuté. Mais le défaut de ces épopées est d'encombrer leur texte de descriptions du Nouveau Monde, de passer en revue sa faune et sa flore. André Chénier a mis en chantier une *Amérique* où Colomb aurait pris à partie les Européens, avec la véhémence d'un personnage de Diderot ou de Raynal : « Vos livres parlent tant d'humanité. Cœurs pitoyables, vous ne connaissez pas la pitié de loin... Vous osez vous enrichir du fruit de ces horreurs...

Vous n'avez aucune honte. Vous ne tremblez pas à l'idée des malédictions de la postérité qui vous attendent. » Nul n'est en mesure de dire si le poète survivant à la Terreur aurait pu achever son poème ou s'il se serait heurté aux contradictions du genre. Colomb est bien une figure épique moderne, mais il n'apparaît comme tel, au tournant du siècle, qu'en dehors de l'épopée proprement dite, dans *Les Conquêtes de l'homme sur la nature* de Lebrun, dans *L'Invention poétique* de Millevoye ou encore dans la mythologie personnelle de Chateaubriand, éternel exilé entre l'Europe et l'Amérique. Le découvreur devient alors frère du savant (« Son génie est une autre boussole » selon Millevoye) et de l'écrivain lui-même (Chateaubriand

---

L'épopée

1751	Morel de Lomer, *Pondichéry sauvé*
1752	Böesnier, *Le Mexique conquis*
1755	Voltaire, *La Pucelle d'Orléans*
1756	Mme Du Boccage, *La Colombiade ou la Foi portée au Nouveau Monde*
1759	Thomas, *Jumonville*
1762	Mainvilliers, *La Pétréide ou Pierre le créateur*
1767	Marmontel, *Bélisaire*
1773	Bourgeois, *Christophe Colomb*
1777	Marmontel, *Les Incas ou la Destruction de l'empire du Pérou*
1778	Pagès de Vixouze, *Louis XIV ou la Guerre de 1701*
1781	Lesuire, *Le Nouveau Monde, ou Christophe Colomb*
1784	Pagès de Vixouze, *La Philippide ou l'Avènement de Philippe de France à la couronne d'Espagne* (rééd. de *Louis XIV*)
1789	François Vernes, *La Franciade, ou l'Ancienne France*
1790	André Chénier, rédaction de *L'Amérique*
1793	Pagès de Vixouze, *La France républicaine, ou le Miroir de la Révolution française*
1799	Saint-Martin, *Le Crocodile*
1800	Charles François Philibert Masson, *Les Helvétiens*
1802	Thomas, public. posthume de *La Pétréide*
1803	Népomucène Lemercier, *Les Ages français*
1806	Saint-Marcel, *Charles Martel* Ménégault, *La Napoléonide*
1809	Chateaubriand, *Les Martyrs*

écrit : « Colomb, seul de tout un monde, s'obstine à croire à un nouvel univers ; et un nouvel univers sort des flots »). Les contemporains perdus de la Révolution, les flagorneurs de Napoléon ni Chateaubriand même, voulant chanter la geste du christianisme souffrant, ne sauront ressusciter l'épopée à l'ancienne.

Autant que l'épopée, l'ambition de l'époque a été de produire un poème de la nature, monument poétique digne des synthèses de l'Antiquité et de l'*Encyclopédie*. Edouard Guitton résume un tel projet : « Ecrire le *De rerum natura* des Temps modernes et forger une forme d'expression appropriée à ce dessein, tel est le rêve qui prend corps en France vers 1750. » L'*Encyclopédie* elle-même parfois changeait la description en vision : grâce à la magie du style de Diderot, la nomenclature des choses, la comptabilité du réel laissaient alors place au « spectacle pathétique et sublime de la nature ». Buffon de son côté considérait son *Histoire naturelle* comme un grand poème du savoir scientifique, depuis les plantes et les animaux jusqu'au devenir de la terre et des étoiles. Désireuse de participer à ce mouvement, la poésie se heurte au double problème du lexique et de la métrique. Pour décrire le monde, elle est condamnée soit à la périphrase, soit à l'abandon du langage noble imposée par le classicisme. Elle a souvent tenté d'échapper au dilemme en accompagnant le poème proprement dit de notes en prose, en séparant son discours en deux versants, l'un traditionnellement versifié et l'autre, plus précis, plus directement informatif, plus libre aussi, grâce à la prose.

Le Bonheur d'Helvétius relève encore du poème philosophique et de l'épopée d'une humanité capable d'exorciser ses démons pour atteindre le bonheur. L'œuvre de Saint-Lambert (1716-1803) se réfère quant à elle à un thème qui parcourt tout le XVIIIe siècle, celui du cycle des saisons qui inspire des musiciens comme l'Italien Vivaldi et l'Allemand Haydn, des poètes comme l'Anglais Thomson et le Français Bernis. *Les Saisons* de Saint-Lambert datent de 1769. Le lecteur est invité à suivre le cours de l'année, de l'éveil de la nature jusqu'à son endormissement. Le discours préliminaire résume le cycle : « La nature, au commencement du printemps, est sombre et majestueuse ; bientôt elle est aimable et riante. Elle est grande, belle et touchante en été, mélancolique en automne, sublime et terrible en hiver. » Le projet n'est pas éloigné de celui d'Helvétius, compagnon de Saint-Lambert dans le grand combat des Lumières :

> Je viens de leur richesse avertir les humains,
> Des plaisirs faits pour eux leur tracer la peinture,
> Leur apprendre à connaître, à sentir la nature.

La connaissance est la condition du bonheur. Il semble facile au printemps, époque de surabondance vitale où le monde s'offre à l'homme sous le signe du plaisir et de l'amour. Il semble encore proche durant l'été, mais aux pluies bienfaisantes succèdent parfois des orages dévastateurs. L'automne offre ses fruits, mais aussi sa mélancolie.

> Cette terre, autrefois si belle et si fertile,
> Devient en ce moment, triste, pauvre, stérile,
> Je ne les verrai plus ces émaux éclatants,
> La pompe de l'été, les grâces du printemps,
> Ces nuances du vert, des bois et des prairies,
> Le pourpre des raisins, l'or des moissons mûries.

Ces vers sont doublés par une page de note : « Les moments où l'homme commence à regretter ce qu'il a perdu, ne sont pas sans plaisir ; on est bientôt dans cet état qu'on appelle la douce mélancolie. Nos nerfs ne sont point comme les cordes d'un clavecin, dont le son cesse dès qu'on ne les touche plus. Ils sont plutôt comme les cordes d'un piano-forte qui résonnent longtemps encore lorsqu'on a cessé d'en jouer. » La note s'achève par cette phrase : « On aime ses larmes, on est affligé, et non malheureux. » Le discours en vers propose un tableau coloré, le discours en prose est plus explicatif, mais le recours à une comparaison, que Diderot réutilise dans *Le Rêve de d'Alembert*, les formules finales lui assurent une force poétique propre. L'hiver enfin apparaît comme la saison des tempêtes et des déluges, la vie y devient difficile. Ce cycle de la nature est aussi celui de la vie humaine et de l'évolution de l'espèce, en d'autres termes, d'une ontogenèse et d'une phylogenèse. Le poème de Saint-Lambert se déroule d'une nature immédiatement donnée à une culture conquise par l'homme. Il associe la description de la nature et l'épopée de l'humanité, le tableau et le récit.

L'année 1769 voit aussi la publication des *Géorgiques* de Jacques Delille (1738-1813) et de *La Peinture* d'Antoine Marin Lemierre (1723-1793). Nous sommes aujourd'hui moins sensibles à la beauté des alexandrins qui valurent à Delille les applaudissements de ses contemporains, qu'à la perspicacité du *Discours préliminaire*. Comparant les langues latine et française, Delille y établit en effet une relation entre les formes linguistiques et les systèmes politiques. « Chez les Romains, le peuple était roi ; par conséquent les expressions qu'il employait partageaient sa noblesse [...] Parmi nous, la barrière qui sépare les grands du peuple a séparé leur langage ; les préjugés ont avili les mots comme les hommes, et il y a eu, pour

ainsi dire, des termes nobles et des termes roturiers. Une délicatesse
superbe a donc rejeté une foule d'expressions et d'images : la
langue, en devenant plus décente, est devenue plus pauvre. »
Delille n'invente pas cette analyse, pas plus qu'il ne propose,
comme le fera Hugo, de mettre un bonnet rouge au dictionnaire, il
désigne du moins avec netteté le blocage du français classique. A
l'origine, Lemierre avait également conçu *La Peinture* comme une
traduction, celle du poème didactique néo-latin de l'abbé de
Marsy. Mais il s'est émancipé de son modèle pour offrir un grand
poème de l'homme créateur, de la toute-puissance de l'artiste. Les
contemporains ont été moins indulgents pour lui que pour Delille.
Diderot n'est pas tendre dans son compte rendu de *La Peinture*. Le
poème n'est pourtant pas sans mérite qui s'ouvre sur ces vers :

> Je chante l'art heureux dont le puissant génie
> Redonne à l'univers une nouvelle vie.

et s'achève par une double transfiguration, celle du Christ peinte
par Raphaël et celle du poète, transformée en constellation :

> Je plane, je m'élève aux sphères éternelles,
> Déjà la terre au loin n'est plus qu'un point sous moi,
> Génie! Oui, d'un coup d'œil, tu m'égales à toi
> (...)
> Un feu pur dans l'éther jaillissant par éclats
> Trace en sillons de flamme : Invente, tu vivras.

Dix ans après cette triple publication, une nouvelle rencontre
marque le succès du genre descriptif, celle des *Fastes* de Lemierre et
des *Mois* de Roucher qui se succèdent en 1779. Le principe de base
est celui des *Saisons* : parcourir un cycle de la nature et en tirer un
progrès de l'humanité. Les deux poètes, Lemierre déjà connu du
public et Antoine Roucher (1745-1794) encore inconnu, assoient
leur ambition poétique, l'un sur la théorie physiocratique, l'autre
sur la théorie de l'histoire de son compatriote méridional, Court de
Gébelin. Ils veulent trouver une unité et une logique dans la dispersion des phénomènes naturels aussi bien qu'humains. Lemierre ne
se contente pas d'imiter Ovide. Les fastes se présentent comme un
calendrier liturgique et politique, comme un recueil des us et coutumes : le poète y cherche un sens, c'est-à-dire une harmonie de
l'homme et de la nature et l'assurance que la société se rassemble
régulièrement en communauté, au rythme des cérémonies religieuses et civiles. Ses assurances cèdent parfois la place à la contem-

plation ; il décrit ainsi une nuit de lune, « ce demi-jour si doux levé sur la nature » :

> Tout repose la vue et l'âme recueillie.
> Reine des nuits, l'amant devant toi vient rêver,
> Le sage réfléchir, le savant observer.

Antoine Roucher préfère les éclairages plus contrastés, il décrit un monde en mouvement et en germination permanents et n'hésite pas à bousculer la métrique traditionnelle. Il veut forcer l'alexandrin à dire ce qu'Edouard Guitton nomme le « dynamisme explosif de la nature ». *Les Mois* s'imposent comme « le poème de l'Energie universelle ». Cette énergie est aussi celle d'un homme qui croit à ses idées et préfère laisser une page blanche au milieu de son livre plutôt que se soumettre à la censure. Ses intuitions retrouvent celles d'un Diderot, dépassant les oppositions de la vie et de la mort, de l'animé et de l'inanimé :

> Je mourrai : cependant les germes de mon être
> D'une éternelle mort ne seront point frappés ;
> Non, de la tombe un jour mes esprits échappés,
> Soutiens d'un autre corps, y nourriront la vie.

Le public n'a pas accueilli sans réticence ces œuvres ambitieuses. Jacques Delille en revanche a construit sa carrière sur le genre descriptif. Professeur au Collège de France, puis académicien, il donne régulièrement ses longs poèmes, accompagnés de notes : *Les Jardins, ou l'Art d'embellir les paysages* (1782), *L'Homme des champs, ou les Géorgiques françaises* (1800), *Le Malheur et la Pitié* (1803), *L'Imagination* (1806), *Les Trois règnes de la nature* (1806), *La Conversation* (1812), ainsi qu'une traduction de l'*Enéide* (1804) et du *Paradis perdu* de Milton (1805). La description du monde rural vante une société restée en accord avec la nature et joue sur l'analogie entre le paysage et poésie : le contraste entre les jardins à la française et à l'anglaise renvoie à l'opposition entre un art corseté par les règles et une création plus libre. Le diptyque composé des *Trois règnes* et de *L'Imagination* constitue une double encyclopédie de la nature et de la vie sociale. *L'Imagination* reconstruit l'homme et la société à partir des sensations. Le principe sensualiste est glosé par une formule de la préface : « La poésie est matérialiste. » La comparaison et l'imagination qui en est le moteur établissent des analogies entre la nature et l'homme, entre l'abstrait et le concret. *Le Malheur et la Pitié* évoque les violences de la Révolution tandis que *La Conversation* vante l'art de vivre, tel qu'il a pu s'épanouir sous l'Ancien Régime.

Le succès de Delille et l'enracinement du genre dans la philosophie profonde de l'époque expliquent l'étonnante prolifération des poèmes descriptifs à la fin du XVIIIe siècle et au début du siècle suivant. Tout fut prétexte à versification. Fontanes décrivit l'astronomie, Berchoux l'astronomie, puis la danse, Esménard la navigation et l'abbé Roman les échecs !

La poésie descriptive et didactique

1760	Watelet, *L'Art de peindre* Lebrun met en chantier *La Nature*
1763	Bernis, *Les Quatre Saisons*
1766	Dorat, *La Déclamation théâtrale*
1769	Saint-Lambert, *Les Saisons* Delille, *Les Géorgiques* Lemierre, *La Peinture*
1772	Helvétius, *Le Bonheur* (posthume)
1773	Roman, *L'Inoculation*
1774	Rosset, *L'Agriculture*
1779	Lemierre, *Les Fastes* Roucher, *Les Mois*
1781	Lesuire, *Le Nouveau Monde ou Christophe Colomb*
1782	André Chénier met en chantier *L'Hermès* et *L'Amérique* Delille, *Les Jardins*
1785	Chevalier de Piis, *L'Harmonie imitative de la langue française*
1788	Fontanes, *Essai sur l'astronomie*
1796	Cubières, *Le Calendrier républicain*
1798	Sylvain Maréchal, *Le Lucrèce français*
1800	Delille, *L'Homme des champs, ou les Géorgiques françaises*
1803	Delille, *Le Malheur et la Pitié*
1804	Berchoux, *La Gastronomie, ou l'Homme des champs à table*
1805	Delille, *Le Paradis perdu traduit en vers français* Esménard, *La Navigation*
1806	Delille, *L'Imagination* et *Les Trois Règnes de la nature* Berchoux, *La Danse, ou les Dieux de l'opéra*
1807	Chênedollé, *Le Génie de l'homme* Roman, *Les Echecs*
1811	Lebrun, *La Nature* (posthume)
1812	Delille, *La Conversation* Népomucène Lemercier, *L'Atlantiade, ou la Théogonie newtonienne*

Ce type de poésie constituait sans doute l'idéal d'André Chénier (1762-1794) qui s'est attelé à un ambitieux projet, l'épopée de la Nature et de l'Homme. Le poème se serait intitulé *Hermès* et n'aurait pas compté moins de dix mille vers. Balayant toutes les fictions religieuses, il aurait montré la terre comme un grand animal, éternel et changeant, et la vie comme un cycle de métamorphoses. La vision aurait été celle du Diderot dans *Le Rêve de d'Alembert* ou de Robinet dans *De la nature*. « O mon fils, mon Hermès, ma plus belle espérance » : les fragments conservés montrent combien le jeune homme avait investi dans ce projet. Mais de même que Volney dans *Les Ruines* fait surgir une loi du progrès et l'annonce de la Révolution parmi les restes d'une ville disparue, de même que le peintre Hubert Robert imagine la toute nouvelle galerie du Louvre, transformée en musée, comme une ruine future, Chénier envisage le temps où le français sera devenu langue morte, comme le latin ou le grec ancien : il légitime son propos par cette caution du temps passé mais se montre aussi sensible à la fragilité de la société dans laquelle il vit et que la Révolution menace. L'inachèvement du texte se change en ruine, en trace d'un monument emporté par le temps.

Un autre projet se rattache à l'idéal descriptif. *L'Amérique* est liée à l'actualité de la guerre d'indépendance. Chénier envisageait une même synthèse de la géographie du continent « de côte en côte » et une histoire de l'Europe vue de l'autre côté de l'Atlantique. Il a ainsi préparé un long développement sur la Saint-Barthélemy qui constitue le sujet de la pièce qui va rendre célèbre son frère Marie-Joseph, *Charles IX*. Dans les années qui précèdent 1789, les deux frères partagent les mêmes convictions esthétiques et idéologiques. *L'Amérique* aurait ensuite suivi les guerres de la conquête européenne puis de l'indépendance. Une note de travail prévoyait un « jeune héros-poète » expliquant qu'il n'a, dans sa jeunesse, chanté que les amours, mais que sa muse est devenue guerrière. Tel est André Chénier lui-même dont la postérité a retenu les *Bucoliques*, les *Elégies* et *Les Amours*, ces exercices d'un lecteur des Grecs et des Latins, plutôt que ses œuvres de « héros-poète ». Il faut dire que ces poèmes courts qui évoquent une Antiquité païenne, héroïque et amoureuse, présentent une perfection formelle qui entraîne mieux l'adhésion que les fragments descriptifs. Mais la Méditerranée que fait vivre Chénier dans l'apparente froideur marmoréenne de ses alexandrins est un monde violent, éclaboussé de sang et de sperme. Les corps y sont violentés, tout en conservant la beauté de leur jeunesse.

Le recul dans l'histoire n'est pas non plus fuite devant les réali tés sociales du temps. Tel poème sur Homère qui refuse de chanter pour désennuyer les riches pose la question du statut de l'artiste dans la société moderne. Les frères Chénier ont cru que 1789 leur donnerait l'occasion de devenir les hérauts de la régénération. Marie-Joseph a pu en partie remplir cette ambition. André n'a publié qu'un seul poème *Le Jeu de paume*, dédié à Louis David, peintre, avant d'être emporté par l'actualité et de devenir journaliste bientôt engagé du côté de la Contre-Révolution. La colère lui arrache des *Iambes* vengeurs et un beau salut à Charlotte Corday dont le geste qui a frappé Marat devient digne des hauts faits de la Grèce ancienne. Ponce Denis Ecouchard Lebrun (1729-1807) qu'André considérait comme son maître n'achèvera pas non plus son grand cycle, *La Nature ou le bonheur philosophique*, laissé en chantier pendant près d'un demi-siècle. Les éléments de son encyclopédie poétique ne paraîtront qu'après sa mort. Il avait été pris lui aussi par l'actualité et chanté le sacrifice du vaisseau le *Vengeur*. Est-ce la métaphore d'un naufrage, celui des espoirs d'une époque ou bien l'image d'une nouvelle beauté, faite de catastrophe et d'inachèvement ?

La sacralité du langage

C'est en se libérant de l'obsessionnelle coupure entre le vers et la prose, puis en s'interrogeant sur la fécondité propre du langage que la poésie du XVIIIᵉ siècle sut se renouveler et préparer l'avenir. Le matérialisme visionnaire de Diderot rejoint dans cette perspective les réussites lyriques de la poésie religieuse. Tandis que l'athée prophétise, des poètes comme Gilbert ou Malfilâtre assurent, après Louis Racine ou Lefranc de Pompignan, la permanence du modèle biblique. Loin de tous les effets à la mode, le Jugement dernier dans l'ode que lui consacre Gilbert est une réconciliation universelle, un apaisement général :

> L'Eternel a brisé son tonnerre inutile ;
> Et d'ailes et de faux dépouillés désormais,
> Sur les mondes détruits le Temps dort immobile.

L'*Ode imitée de plusieurs psaumes* retrouve une simplicité qui frappe :

> Salut champs que j'aimais, et vous, douce verdure,
>   Et vous, riant exil des bois,
> Ciel, pavillon de l'homme, admirable nature,
>   Salut pour la dernière fois !

De même, Malfilâtre chante *Le Prophète Elie enlevé aux cieux.*

L'inspiration religieuse passe souvent par des poètes étrangers comme l'Anglais Milton ou l'Allemand Klopstock. *Le Paradis perdu* est généralement admiré au XVIII⁰ siècle et fait régulièrement l'objet de traductions nouvelles. Louis Racine en propose une en 1755, il n'approuve ni le fanatisme de l'homme ni toutes les extravagances du poète, mais se laisse subjuguer par la force religieuse de l'œuvre, en particulier par le drame qui se noue entre Satan, Adam et Eve. La Baume-Desdossats dans *La Christiade* (1753), Berault-Bercastel dans *La Conquête de la Terre promise* (1766) et Dubourg dans *Le Messie* (1777) essaient sans grand succès de retrouver la grandeur qui est celle du modèle anglais et, en deçà, de l'original biblique. Bitaubé, issu d'une famille protestante exilée en Allemagne, n'est pas non plus à la hauteur, dans *Joseph* (1767), des ambitions qu'affiche sa préface : libérer la littérature de Jupiter, de Mars et d'Apollon pour restaurer une mythologie chrétienne. Dans toute cette production ambitieuse et maladroite, Max Milner et Jacques Bousquet ont proposé de réhabiliter un inconnu, Dugat, auteur en 1799 de *La Mort d'Azaël ou le Rapt de Dina*. Ils y ont entr'aperçu le Chateaubriand des *Martyrs*. Les désirs humains et les enjeux transcendants s'y mêlent en effet subtilement, et Satan, contemplant « d'un œil ravi la vaste étendue de son empire » avant de provoquer Dieu, manifeste une démesure miltonienne.

Quelle que soit la réussite, pour le moins inégale, de ces poèmes, leur intérêt est de revenir à une violence biblique qui est susceptible de bousculer la langue classique. Mais la littérature n'a été réellement renouvelée que lorsque cette inspiration fut soutenue par une folie personnelle, par une invention spirituelle ou encore par une réflexion linguistique. Le cas de la folie personnelle est celui de Jean Marie Chassaignon, fils de commerçants lyonnais qui hésita entre le vagabondage et la retraite mystique, entre la Révolution et la réaction, s'intéressa à Mesmer et à Saint-Martin et donna des *Cataractes de l'imagination* (1779) dont le mélange de vers et de prose, de citation et d'invention personnelle reste aujourd'hui encore sidérant.

L'invention religieuse est manifeste chez le théosophe Saint Martin et chez le révolutionnaire mystique, Nicolas de Bonneville. Louis-Claude de Saint-Martin (1743-1803) a poursuivi toute sa vie une méditation qui allait à l'encontre de la philosophie du siècle, mais la retrouvait paradoxalement pour exalter les pouvoirs de l'homme, en particulier poétiques. *Des erreurs et de la vérité, ou les Hommes rappelés aux principes de la science* (1775), *Tableau naturel des rapports qui existent entre Dieu, l'homme et l'univers* (1782), *Ecce Homo* (1792), *Le Nouvel Homme* (1796), *De l'esprit des choses* (1800), *Le Ministère de l'homme-esprit* (1802), ces œuvres qui soulignent leur continuité par les épigraphes, empruntées les unes aux autres, veulent rétablir l'unité là où le rationalisme et le sensualisme décomposent le réel en éléments indépendants. Les phénomènes de la nature ne s'expliquent que par l'homme qui lui-même renvoie sans cesse au Créateur dont il doit magnifier la grandeur. Par son action, l'homme participe à la grandeur divine. Une telle leçon philosophique relèverait de la seule histoire des idées si Saint-Martin n'avait placé « le don des langues » parmi les privilèges des élus chargés de dire la vérité à leurs contemporains, s'il n'avait eu recours lui-même à la poésie pour communiquer son message spirituel. *L'Homme de désir* (1790) se présente comme un chant d'admiration et un appel aux hommes, sous forme de 301 versets. « Cri d'allégresse » et « chant de douleur », la prose y respire selon un rythme ample. La cause de la poésie y est celle de la religion. « Sectateurs de la poésie, si vous lisiez les Ecritures saintes, combien de merveilles ne vous offriraient-elles pas ! Vous y verriez des pierres parlantes dans les temples bâtis avec le sang. Vous y verriez les guerriers de l'iniquité descendant au fond de l'abîme, et s'y reposant la tête appuyée sur leur sabre. » Saint-Martin, détaché des rites de magie qui l'avaient attiré dans sa jeunesse, s'attache au pouvoir poétique du langage qui devient prière et exhortation. Il renouvelle au début de *L'Homme de désir* l'image du torrent qui avait, un siècle plus tôt, inspiré Mme Guyon :

> Ta parole s'est subdivisée lors de l'origine, comme un torrent qui du haut des montagnes se précipite sur des roches aiguës.
> Je le vois rejaillir en nuages de vapeurs ; et à chaque goutte d'eau qu'il envoie dans les airs, réfléchit à mes yeux la lumière de l'astre du jour.
> Ainsi tous les rayons de ta parole font briller aux yeux du sage ta lumière vivante et sacrée ; il voit ton action produire et animer l'univers.

La lumière, l'eau et la parole deviennent métaphore l'une de l'autre pour suggérer une action qui se fait par correspondances, échos et miroirs. Maniés par des « hommes de désir », la poésie et la musique tendent à retrouver le pouvoir originel du Verbe, avant la séparation de l'acte et de la parole. Cette exaltation de la fonction poétique s'exprime dans des poèmes de Saint-Martin, tels que *Phanor*, où les élus de la poésie peuvent « imposer des lois aux éléments » et dans *Le Cimetière d'Amboise*, où deux vers, relevés par Paul Bénichou, assurent que le poète :

> Qui de l'art de parler serait vraiment l'oracle
> Ne ferait pas un vers qu'il ne fît un miracle.

Nicolas de Bonneville (1760-1828) a commencé comme traducteur de l'allemand. Il connaît bien Klopstock, mais aussi les poètes de l'Antiquité. Il s'enthousiasme pour la Révolution et participe avec l'abbé Fauchet au Cercle social. *De l'esprit de religions* (1791) souligne la convergence des religions et appelle à une « Confédération universelle des amis de la vérité ». *Les Poésies* (1792) juxtaposent des pièces composées avant la Révolution et les poèmes inspirés qui datent de l'engagement révolutionnaire. Bonneville veut être le prophète de l'humanité, le Pindare de la cité nouvelle :

> Dans la Grèce antique,
> Le Poète a chanté les vainqueurs et les chars
> De la course olympique.
> Qu'un nouvel hymne, un sublime cantique
> Puisse, en nos jours, créer les jeux du Champ-de-Mars.

Un long poème définit les privilèges et la mission du poète qui participe directement au génie divin et dont le Verbe réconcilie la parole et l'action :

> La Parole et la Liberté !
> Le Ciel est tout entier dans le cœur du Poète.
> Ecoutez. Voilà le Prophète
> De l'Eternité.

Interrogation spirituelle et réflexion linguistique se croisent chez Court de Gébelin et Fabre d'Olivet. Antoine Court de Gébelin (1725-1784), dès ses études de théologie protestante à Lausanne, s'est intéressé au prophétisme. Il s'attelle à une synthèse en neuf volumes, *Le Monde primitif analysé et comparé avec le monde moderne* qui décrypte les analogies, les étymologies et les allégories permettant de passer des signes du passé à ceux du présent. De cette somme, il tire une *Histoire naturelle de la parole* où Alain Rey voit autant d'incompétence scientifique que de passion et de poésie. L'écrivain est celui qui redonne leur force primitive aux mots, leur pouvoir non seulement de représentation, mais surtout de figuration phonique et picturale. L'alphabet réinterprété par Court de Gébelin a des accents du Rimbaud des *Voyelles*.

> L'A peignit premièrement l'homme lui-même ; E son visage ; O son œil ; Ou son oreille ; I sa main ; R son nez ; S ses dents ; B sa maison ; P la bouche entrouverte et la Parole, K la Langue et les lèvres, AL les ailes et les bras, C et G la gorge, M la mère de famille, N son nourrisson, Th le sein qui le nourrit, H le champ cultivé des mains de l'homme, Q la force avec laquelle il agit, les instruments tranchants, agents de cette force. Enfin T la perfection, l'ensemble de tout ; cette peinture peignant l'homme, qui, les bras étendus, embrassent l'Univers, et forme la figure de la Croix, l'Emblème constant de la perfection et de l'accomplissement de tout.

Une telle construction frappa les contemporains et nombre d'entre eux saluèrent Court de Gébelin comme un savant génial. On compte parmi eux Antoine Fabre d'Olivet (1767-1825), lui aussi d'origine protestante, mystique aux ambitions totalisantes, qui s'est occupé de musique, de poésie occitane, anglaise, hébraïque, qui publiera en 1815 *La Langue hébraïque restituée*. Une même mystique de la langue nourrit toutes ces rêveries. Les signes ne seraient pas arbitraires, mais essentiels ; la création poétique non un travail de versification, mais un sacerdoce. Il est à noter que la plupart de ces poètes et grammairiens visionnaires qui contribuent à remettre en cause le classicisme linguistique et littéraire à la française sont des traducteurs. Saint-Martin adapte en français le mystique allemand Jacob Boehme, Bonneville un choix de pièces et de romans allemands, Fabre d'Olivet le *Caïn* de Byron. Ils partent à la recherche d'une langue universelle pour parler à tous les hommes, par-delà les frontières et les différences confessionnelles.

Une prose nouvelle

Alors que la poésie descriptive s'essoufflait à reproduire le monde, une prose nouvelle naissait dans les récits de voyage et dans la contemplation de la nature. La discordance, sensible entre les vers et les notes dans la poésie descriptive, l'est aussi dans les récits en vers et en prose qui imitent le voyage de Chapelle et Bachaumont ou celui de Lefranc de Pompignan en Languedoc et en Provence. En 1773, de l'île Bourbon, Parny écrit à son ami Bertin : un jeu pourrait s'établir entre le réalisme de la prose et la vision idyllique présentée par les vers. Mais les vers glissent une fois de plus vers le catalogue et l'émotion se réfugie paradoxalement dans la prose. Vincent Campenon (1771-1843), le neveu de Léonard, adresse à sa sœur un *Voyage de Grenoble à Chambéry*. La prose pourrait se présenter comme une discrète parodie des vers : les paysannes ne sont pas toutes belles, ni les rivières fraîches. Mais c'est elle aussi qui est chargée de dire les souvenirs le plus personnels, débarrassés de la mythologie poétique. La vue d'une cascade provoque la mémoire : « Pourquoi me rappelait-elle tous les malheurs dont j'ai gémi depuis mon enfance ? Qu'avait de commun ce beau ciel, ce beau paysage, avec nos adieux, mes craintes sur toi, sur tout ce qui m'est cher, et le tourment inconsolable de l'absence ! Voilà ce qu'elle jeta de douloureux dans mon cœur ; et pourtant je m'attachais avec une sorte de charme à ces réflexions ; et pourtant, en les repassant dans mon âme, je jouissais d'une tristesse qui n'avait rien d'amer ; car il est une sorte de volupté lugubre et douce attachée au souvenir du malheur. »

Une autre forme littéraire, qui se développe à la fin du XVIIIᵉ siècle, aide à comprendre les progrès de la prose. Le *Voyage pittoresque* est un livre de luxe, généralement de grand format, qui associe un artiste et un écrivain pour offrir au lecteur le contrepoint d'un récit d'un itinéraire et d'illustrations. Les paysages écrits ne pouvaient pas demeurer abstraits et vagues lorsque les gravures, de page en page, les donnaient à voir dans toute leur minutie. Parurent ainsi des voyages pittoresques aux glacières de Savoie par Bordier (1773), en Grèce par Choiseul-Gouffier (1782), dans les royaumes de Naples et de Sicile par l'abbé de Saint-Non (1786)... Ce dernier livre s'attarde, par exemple, autour du Vésuve et de l'Etna qui sont dessinés « dans l'état de calme » et en éruption et font l'objet de longues dissertations, puis à Pompéi dont les ruines sont décrites, maison à maison, pièce à pièce. La technicité géologique ou archéologique n'effraie plus l'amateur, elle lui donne l'habitude d'une attention nouvelle au détail. La littérature prend goût au fait concret et aux impressions sensibles.

Les récits de voyages lointains font souffler l'air du large. Même si leur culture reste sensible dans l'évocation des îles océaniques, Bougainville qui boucle son tour du monde en 1769 et La Pérouse qui n'aura pas le bonheur d'achever le sien apportent à leurs lecteurs une précision scientifique et un vocabulaire technique qui restait traditionnellement exclu de la littérature. Bougainville voit les habitants de Tahiti comme des Hercules et des Vénus, les scènes lui apparaissent « dignes du pinceau de Boucher ». Une vérité de la vie sauvage bouscule pourtant sa mythologie classique. La Pérouse ne veut pas céder aux illusions du bon sauvage ; il n'hésite pas à rapporter la violence et la misère. Il fournit les renseignements éthnologiques et linguistiques les plus précis qu'il a pu trouver. Bernardin de Saint-Pierre dans le *Voyage à l'Isle-de-France* se demande comment relater les expériences qui échappent au langage de la mondanité européenne. « L'art de rendre la nature est si nouveau que les termes mêmes n'en sont pas inventés. Essayez de faire la description d'une montagne de manière à la faire reconnaître : quand vous aurez parlé de la base, des flancs et du sommet, vous aurez tout dit. Mais que de variétés dans ces formes bombées, arrondies, allongées, aplaties, cavées, etc. ! Vous ne trouverez que des périphrases. C'est la même difficulté pour les plaines et les vallons. » Pour pouvoir parler avec exactitude de sa traversée, Bernardin adjoint à son récit un lexique des termes de marine. Le voyageur qui n'a aucune difficulté à décrire un temple ou un palais européens ne doit plus être démuni devant la vie sauvage ni devant les spectacles de la nature. Chateaubriand est confronté à ce problème lorsqu'il débarque, en Amérique, en juillet 1791. Lui qui avait composé durant les années précédentes « une foule de petites idylles ou tableaux de la nature », se trouve face à une exubérance des paysages qui nécessite une autre palette. Pendant des années, il vivra littérairement de ses cinq mois américains qui lui inspirent *Atala*, *René*, *Les Natchez*, et bien des pages du *Génie du christianisme*, en attendant les *Mémoires d'outre-tombe*. Avec *Paul et Virginie* et *Atala*, Bernardin de Saint-Pierre et Chateaubriand font entrer dans la fiction une faune et une flore radicalement différentes.

Quand la prose prend l'habitude de dire le détail et l'émotion personnelle, quand elle invente des mots pour les paysages aussi bien que pour les états d'âme, chaque pays mérite d'être observé avec attention. L'exotisme n'a plus besoin de traversées au long cours. Le voyage en France réserve des surprises à l'anthropologue et au poète. Jacques Cambry invite à découvrir la Bretagne, Le Grand d'Aussy la haute et la basse Auvergne. « Quoi ! toujours des voyages de Suisse, d'Angleterre, d'Italie, de tous les Etats du monde enfin et jamais des voyages de France. » Le Grand d'Aussy est donc parti à la découverte du Massif central : « Jamais mes yeux n'avaient vu un théâtre aussi riche, aussi vaste, et aussi grandement dessiné. Je ne pouvais me lasser de l'admirer ; et comme Argus, j'eusse voulu en ce moment être tout œil. » La formule caractérise cette prose qui veut rendre la diversité du réel tel qu'il est perçu par les sens. L'œil est celui du peintre en même temps que du savant : l'écrivain n'hésite pas à juxtaposer lyrisme et analyse scientifique. Les titres choisis respectivement par Masson de Pezay et Laurent Pierre Bérenger, *Les Soirées helvétiennes, alsaciennes et francomtoises* (1771) et *Les Soirées provençales* (1786), semblent annoncer des recueils d'anecdotes. Les anecdotes sont là, mais aussi des évocations précises de la vie provinciale et des élans lyriques. *Les Soirées helvétiennes* s'ouvrent sur une analyse de cette terreur, suscitée par les montagnes qui n'est qu'un plaisir de plus. Haller en allemand, Rousseau en français avaient déjà battu en brèche l'ancien préjugé contre les paysages montagnards. Masson de Pezay se livre à une analyse sensualiste de l'effet produit par un paysage montagnard : « Les montagnes sont de tous les objets nouveaux pour un voyageur, celui qui porte le plus d'idées vastes dans sa tête et de sentiments profonds dans son âme. Ces sentiments et ces idées ont d'abord quelque chose de confus, comme l'objet qui les donne ; mais à mesure que l'œil s'accoutume à débrouiller ses masses informes en apparence, l'esprit parvient à rapprocher les rapports qu'il n'a d'abord que confusément aperçus ; et le tumulte de ces pensées, forçant à une combinaison plus suivie pour pouvoir en rendre compte, finit ainsi par s'ajouter lui-même à leur clarté, comme à leur énergie. »

Bérenger exploite un autre thème rousseauiste, la rêverie au fil de l'eau. La lente navigation sur une rivière, tandis que le soir tombe, amène une somnolence, qui est aussi une lucidité nouvelle : « Insensiblement l'âme sombre dans des rêveries confuses, mais attachantes ; elle a, par intervalles, des pensées graves ou sublimes. Les brillants projets, les souvenirs heureux semblent voltiger autour d'elle, embellis par l'imagination ; la triste raison chasse à son tour ces fantômes, alors l'instabilité des plaisirs, le néant des honneurs, les chimères de l'ambition sont les textes qu'on amplifie pendant qu'on est ainsi bercé ; jamais le sommeil ne fut plus éloigné de mes yeux. Cet état difficile à décrire, pendant ces moments sans durée, tient presque de l'extase. » Comme dans la cinquième rêverie de Rousseau, l'émotion passe moins par les mots que par le déroulement de la phrase, par son rythme. Ainsi, la prose parvient à rendre un « état difficile à décrire » qui échapperait à une versification classique ou au lyrisme mythologique.

Les paysages de montagne surtout envahissent la littérature de la fin du XVIIIᵉ siècle. Le 8 août 1786, Michel-Gabriel Paccard et Jacques Balmat était parvenus pour la première fois au sommet du Mont-Blanc. L'année suivante, un savant genevois gravissait à son tour le sommet, Horace Benedict de Saussure (1740-1799) qui depuis une dizaine d'années sillonnait les Alpes avec les instruments qu'il s'était confectionnés pour les décrire avec rigueur. Il livra ses observations et ses hypothèses dans les quatre volumes des *Voyages dans les Alpes* (1779-1796). Le bonheur de comprendre n'est pas séparable du lyrisme d'autres voyageurs. Saussure décrit le panorama au sommet du Mont-Blanc : « Ce que je vis avec la plus grande clarté, c'est l'ensemble de toutes les hautes cimes dont je désirais depuis si longtemps de connaître l'organisation. Je n'en croyais pas mes yeux, il me semblait que c'était un rêve, lorsque je voyais sous mes pieds ces cimes majestueuses, des redoutables aiguilles, le Midi, l'Argentière, le Géant, dont les bases mêmes avaient été pour moi d'un accès si difficile et si dangereux. Je saisissais leurs rapports, leur liaison, leur structure, et un seul regard levait des doutes que des années de travail n'avaient pu éclairer. » Dans sa volonté de saisir des rapports, des liaisons, des structures comme dans son enthousiasme, Saussure est homme des Lumières.

Les Pyrénées eurent elles aussi leurs savants et leurs poètes. Ramond de Carbonnières (1755-1827) donna des *Observations faites dans les Pyrénées* où les considérations géologiques ou météorologiques alternent avec les confidences personnelles. Ramond analyse l'influence du paysage sur le moral, et l'euphorie des sommets provoquée par la raréfaction de l'air. Au plaisir intellectuel de Saussure, en haut du Mont-Blanc, il ajoute une activation de la pensée et de l'imagination qui contraste avec l'affaiblissement des sensations et qui procure comme « un avant-goût de l'immortalité ». On se souvient que c'est aussi dans ces *Observations* que Ramond décrit un phénomène de mémoire affective. Le Jura enfin inspira un *Voyage pittoresque et physico-économique dans le Jura* à Lequinio, Jacobin militant, reconverti dans la conservation des eaux et forêts. Le livre est dédicacé à Bonaparte, Premier Consul, puis au tonnerre. Il est divisé en journées et son style est un mélange d'informations objectives et d'échappées poétiques, qui est bien dans le goût de l'époque. Il dit par exemple le plaisir des bruits dans le soir : « Le carillon presque perpétuel, et sans cesse changeant, des cloches que toutes les vaches portent au cou, ce carillon, varié à l'infini par les timbres différents et qui se ralentit, se précipite ou s'arrête sur les mouvements divers de ces animaux, selon qu'ils marchent ou qu'ils sautent, qu'ils broutent ou qu'ils ruminent, le son beaucoup plus énergique, mais beaucoup plus rare du cornet des bergers, quelques aboiements inquiets des chiens, même le sifflement sinistre des fresaies [ou effraies, oiseaux de nuit], et le hululement lugubre de la chouette, enfin le murmure ondulé des vents qui se coulent entre les branches sonnantes des sapins [...], voilà pour moi, lecteur, de vraies jouissances encore, jouissances parfaites à qui sait les goûter, jouissances sans remords [...] » Si le rationalisme avait en partie désenchanté le monde, l'avait transformé en objet à connaître et à posséder, le sensualisme en a fait parfois une brassée de sensations et d'émotions, une jouissance, un poème.

La prose du quotidien

Il peut sembler paradoxal d'inclure dans ce chapitre Louis Sébastien Mercier, le contempteur des vers. « Pour qu'on leur pardonnât, affirme-t-il dans son *Nouvel Examen de la tragédie française*, il faudrait qu'ils se rapprochassent de la prose, c'est-à-dire qu'ils fussent doux, simples, faciles et naturels. » C'est qu'il distingue complètement poésie et versification. La poésie, c'est l'art de toucher, d'intéresser, et la versification n'est que la codification de cet art qui le rend incapable de toucher et d'intéresser. Mercier peut en parler en toute connaissance de cause. Il a commencé sa carrière d'homme de lettres en 1760 par des héroïdes et l'essentiel de sa production durant la décennie 1760 est versifiée. A l'autre bout de sa carrière, on trouve parmi ses dernières œuvres des *Satires contre les astronomes* et des *Satires contre Racine et Boileau*. Il ne renie pas ses textes poétiques. Il inclut par exemple dans le premier tome de *Mon bonnet de nuit* en 1784 une « Epître à un ami », qui développe sur cinq pages d'alexandrins l'épigraphe *Est Deus in nobis*, et cinq fables, en vers mêlés. Ce que Mercier conteste et attaque, c'est la hiérarchisation des modes d'expression et leur fixation par une norme rhétorique. La poésie suppose une liberté de création et une contagion de l'émotion. De même que la langue doit sans cesse s'enrichir de mots nouveaux, l'expression littéraire nécessite des expérimentations formelles, une attention à l'air du temps et à l'évolution des mœurs. Le XVIIᵉ siècle avait déjà associé l'urbanité et la pratique du beau langage. A la fin du XVIIIe siècle, Mercier rapproche le phénomène urbain, la conscience du temps qui passe et une sensibilité à la langue. La nouvelle urbanité révèle la prose du quotidien qui est aussi la poésie de la modernité.

> A la fin tu es las de ce monde ancien

> Bergère ô tour Eiffel le troupeau des ponts bêle ce matin.

Il n'est pas question d'identifier anachroniquement le *Tableau de Paris* que Mercier commence à publier en 1781 et le recueil d'Apollinaire. Mais la volonté du poète d'*Alcools* de chanter la ville moderne, dominée par une tour Eiffel où beaucoup voyaient le comble de la laideur moderne, peut éclairer l'ambition du *Tableau de Paris*. A défaut de la tour Eiffel, Mercier monte sur les tours de Notre-Dame : « La ville est ronde comme une citrouille. » Le mot était imprononçable selon la poétique classique, il emblématise le regard qui est jeté sur la ville réelle, et l'écriture journalistique qui veut en rendre compte. Le livre classique était monumental, fixé selon des codes, et la ville classique le lieu de prestige de la monarchie, organisé autour des places royales ou des grands lieux de culte. Le *Tableau de Paris* n'est plus un livre selon cette définition ancienne, c'est un recueil de courts chapitres, réunis en volumes paraissant au fil des ans, de 1781 à 1788. La ville qu'il décrit est une concentration d'individus, de métiers, d'habitudes, un nœud de contradictions qu'aucun ordre central ne contrôle plus vraiment. C'est un dédale de rues et de lieux qui changent selon l'heure, la saison, le passant qui les regarde. L'écrivain-journaliste qui arpente les artères parisiennes, qui traîne dans ses recoins brasse tous les idiomes, les argots, les patois de la capitale. Il y accueille tous les mots, spécialisés, archaïques, populaires qui offusquaient le grammairien classique. Il entend dire Paris à la façon dont les poètes descriptifs voulaient décrire la nature, mais ses moyens sont bien différents. Le poète descriptif croit au travail formel qui va exprimer la beauté de la nature. Mercier mime dans la dispersion de ses chapitres l'entrelacs des rues, des occasions et des itinéraires.

Deux axes l'aident à quadriller le grand fouillis urbain. Verticalement, du haut de Notre-Dame, il circonscrit Paris. Horizontalement, il profite de la travée de la Seine. Le coup d'œil du milieu du Pont-Royal est un des plus beaux de la capitale. Mais l'imaginaire relaie rapidement l'observation. Sous les maisons, Mercier entrevoit la craie avec laquelle on a construit la ville, les carrières qui en minent les fondations et risquent d'en ruiner la solidité. Derrière le présent, il aperçoit le passé et le futur. Il dessine la ville aérée, moderne, hygiénique qui balaierait les vieux quartiers médiévaux et dégagerait les ponts encore encombrés de maisons. « Au moyen de quelques alignements, on pourrait avoir, depuis la porte Saint-Jacques jusqu'à celle de Saint-Martin, une rue qui aurait deux mille cinq cents toises. On pourrait aligner une autre rue, depuis la porte Saint-Antoine jusqu'à la porte Saint-Honoré, qui aurait la même grandeur, et qui couperait la précédente à angle droit. » Le piéton visionnaire qui décrit la ville future rejoint l'auteur de *L'An 2440*, publié une dizaine d'années plus tôt. Mais l'utopie chante l'apparition d'un idéal, alors que le *Tableau de Paris* raconte les contradictions entre les abus et les réformes, les beautés et les turpitudes d'une ville, irréductible à tout discours définitif. « La circonférence de Paris est de dix mille toises. On a tenté plusieurs fois de borner son enceinte : les édifices ont franchi les limites ; les marais ont disparu, et les campagnes reculent de jour en jour devant le marteau et l'équerre. » Paris, ville tentaculaire, déborde toutes les frontières qu'on voudrait lui assigner, jusqu'à celle du livre. Le *Tableau de Paris* est sans cesse à recommencer ou à poursuivre. Louis-Sébastien Mercier a inauguré un véritable genre littéraire qui va s'épanouir durant tout le XIXe siècle.

Ce genre, Rétif de La Bretonne est un des premiers à l'avoir pratiqué et adapté à sa personnalité. « Hibou ! combien de fois tes cris funèbres ne m'ont-ils pas fait tressaillir, dans l'ombre de la nuit ! Triste et solitaire, comme toi, j'errais seul, au milieu des ténèbres, dans cette capitale immense : la lueur des réverbères, tranchant avec les ombres, ne les détruit pas, elle les rend plus saillantes : c'est le clair-obscur des grands peintres ! » Sous le signe du hibou, Rétif propose un complément nocturne de Mercier. Il adopte la même discontinuité, les chapitres étant simplement remplacés par les nuits, sur le modèle des *Mille et Une Nuits* : mille et une histoires nocturnes que le promeneur vient rapporter à une marquise insomniaque et dépressive. L'épigraphe *nox et amor* donne la tonalité de ces récits. Dans l'ombre de la nuit, Rétif rencontre des amants heureux ou désespérés, des prostituées, des voleurs, des espions de police. Lui-même se fait espion, il écoute, surprend, devine, imagine. Il se met en scène, témoin toujours présent, tenté de devenir acteur des scènes qu'il rapporte, voyeur des agressions sexuelles et des étreintes partagées. *Les Nuits de Paris, ou le Spectateur nocturne* qui paraissent à partir de 1788 se présentent comme une série d'histoires qui parfois trouvent leur suite ou leur conclusion, quelques nuits plus tard. Mercier était déjà sensible aux noirceurs de la capitale : sang des boucheries, miasmes des cimetières, cadavres volés par les étudiants en médecine, violences des rues. Rétif développe cette inquiétante étrangeté de la ville noyée dans l'obscurité.

Les manifestations populaires, les mouvements de foule et l'agitation révolutionnaire viennent à la fois couronner la fermentation de la capitale, ressentie par les deux promeneurs, et faire disparaître un certain Paris d'Ancien Régime. Aussi Mercier préfère-t-il composer un second ensemble, *Le Nouveau Paris*, paru en 1798 (voir p. 496), alors que Rétif poursuit la série de ses nuits. 1789 ou plutôt 1793 constitue une rupture pour Mercier, le Girondin. La Terreur et ses bacchanales apparaissent à Rétif comme un nouvel aspect des pulsions sexuelles qui travaillent profondément l'individu et plus encore la foule. La tension présente chez les deux écrivains, entre l'observation et la vision, la réalité et le fantasme, s'incarne dans une figure hautement symbolique, l'aveugle. Deux grands poètes, incarnant l'Antiquité et les temps nouveaux, Homère le Grec et Milton l'Anglais, étaient aveugles comme si leur cécité aux illusions du grand nombre leur ouvrait les yeux de l'âme à d'autres réalités.

> Quel est ce vieillard blanc, aveugle et sans appui ?
> Serait-ce un habitant de l'empire céleste ?
> Ses traits sont grands et fiers ; de sa ceinture agreste
> Pend une lyre informe, et les sons de sa voix
> Emeuvent l'air et l'onde et le ciel et les bois.

Sous le titre « L'Aveugle », André Chénier chante le pouvoir d'évocation d'Homère, méconnu par ses contemporains et subjuguant ses auditeurs. C'est à la figure de l'aveugle que Diderot recourt encore pour représenter le philosophe matérialiste, réduit à l'expérience tâtonnante et à la force de son esprit. Une connivence s'établit aussi entre le spectateur nocturne et un aveugle qu'il nomme étrangement *éclairé*. L'aveugle se fait en effet éclairer par un porte-falot pour être bien vu des passants et susciter la charité, mais il est aussi éclairé par un extraordinaire développement des autres sens que la vue, l'odorat en particulier. Il connaît la vie de chacun par son odeur, à la façon dont Rétif reconstitue l'histoire de ceux qu'il rencontre. Il sait émouvoir les passants à la façon dont Rétif et Mercier donnent la parole aux rumeurs de la rue, dont ils nourrissent leur prose de la poésie du quotidien.

Conseils de lecture. — Walter Moser, De la signification d'une poésie insignifiante : examen de la poésie fugitive au XVIIIᵉ siècle et de ses rapports avec la poésie sensualiste en France, *Studies on Voltaire*, XCIV, 1972 ; Jean-Noël Pascal, *La Fable au siècle des Lumières*, Université de Saint-Etienne, 1991 ; Renata Carocci, *Les Héroïdes dans la seconde moitié du XVIIIᵉ siècle (1758-1788)*, Schena-Nizet, 1988.

Herbert Hunt, *L'Epopée ou la case vide. La Réflexion poétologique sur l'épopée nationale en France*, Tübingen, Niemeyer, 1988 ; Edouard Guitton, *Delille et la poésie de la nature de 1750 à 1820*, Klincksieck, 1974.

Paul Bénichou, *Le Sacre de l'écrivain, 1750-1830*, José Corti, 1973 ; Jean Gillet, *Le Paradis perdu dans la littérature française de Voltaire à Chateaubriand*, Klincksieck, 1975 ; Ph. Le Harivel, *Nicolas de Bonneville préromantique et révolutionnaire*, Strasbourg, 1923 ; Léon Cellier, *Fabre d'Olivet. Contribution à l'étude des aspects religieux du romantisme*, Nizet, 1953 ; Jean Roudaut, *Poètes et grammairiens au XVIIIᵉ siècle*, Gallimard, 1971.

Mercier et Restif, *Paris le jour Paris la nuit*, éd. Baruch-Delon, coll. « Bouquins », 1990 ; Mercier, *Tableau de Paris* et *Le Nouveau Paris*, Mercure de France, 1994, 3 vol. ; *Louis-Sébastien Mercier, un hérétique en littérature,* sous la direction de J.-C. Bonnet, Mercure de France, 1995.

13 – La littérature de la Révolution et de l'émigration

La littérature de la décennie révolutionnaire souffre d'un double préjugé : ou bien ce serait une littérature de circonstances et de propagande, incapable de prendre ses distances à l'égard de l'événement et d'accéder à une forme esthétique, ou bien ce serait une prolongation de la littérature précédente, mièvres bergeries et intrigues sentimentales, cruellement décalées par rapport aux réalités politiques du moment. « En présence des supplices, remarque Mme de Staël, les spectacles étaient remplis comme à l'ordinaire ; on publiait des romans intitulés *Nouveau voyage sentimental, L'Amitié douloureuse, Ursule et Sophie* ; enfin toute la fadeur et toute la frivolité de la vie subsistaient à côté de ses plus sombres fureurs » (*Considérations sur la Révolution française*). Chateaubriand reprend dans les *Mémoires d'outre-tombe* : « Tandis que la tragédie rougissait les rues, la bergerie florissait au théâtre, il n'était question que d'innocents pasteurs et de virginales pastourelles. » Cette double condamnation a marqué l'histoire littéraire jusqu'au Bicentenaire de la Révolution. L'un des pères de cette discipline nouvelle qu'était l'histoire littéraire, La Harpe, voltairien devenu défenseur du Trône et de l'Autel, auteur du pamphlet *Du fanatisme dans la langue révolutionnaire* et du *Cours de littérature*, dénonce la subversion de toutes les valeurs religieuses, morales et esthétiques qui interdit à l'époque de produire des chefs-d'œuvre. On attendrait un point de vue radicalement différent de la part de Marie-Joseph Chénier, poète de l'élan révolutionnaire, qui présente à l'Empereur en 1808 un rapport sur les progrès de la littérature française depuis 1789. Il écarte l'accusation de décadence, mais reste gêné par « les temps de trouble » qui continuent à lui paraître incompatibles avec la création : « Et si l'esprit de parti, décoré, dans les temps de trouble, du nom d'opinion publique, avait autrefois donné de fausses directions aux idées les plus généreuses, si ce même esprit non moins funeste, en agissant d'une autre manière et par d'autres hommes, avait depuis arrêté l'essor des talents et paralysé la pensée, il nous resterait des espérances qui ne seront point déçues. » Marie-Joseph Chénier paraît prêt à sacrifier la dernière décennie du XVIIIᵉ siècle au nom du renouveau que marquerait le début du siècle suivant. Ce ne sont pas les romantiques, soucieux de souligner leur différence, qui pouvaient rendre justice à l'inventivité des années révolutionnaires dont ils ont au contraire souligné le classicisme attardé. La rencontre de la liberté en politique et dans les lettres ne se serait faite, selon eux, que dans l'effervescence de 1830. Dans cette perspective, Gustave Lanson parle d' « un avilissement inouï de la littérature » et un dictionnaire de grande diffusion, paru en 1987, évoque encore « une ère catastrophique pour la littérature ». Malgré des polémiques qui ont souvent répété d'anciennes condamnations *a priori*, le Bicentenaire de la Révolution a suscité des travaux collectifs et des rééditions qui permettent une relecture de cette production.

Au-delà des susceptibilités politiques toujours touchées par les événements de 1789 et de 1793, le problème de la littérature du temps pose la question des rapports entre Lumières et classicisme et nous permet de nous interroger sur les catégories de *néo-classicisme* et de *préromantisme*. Le danger des termes formés avec les préfixes *pré* et *néo* est de réduire les différences au nom d'une évolution qui supposerait une double répétition, comme préparation maladroite puis comme redoublement stérile. Le néo-classicisme établirait une continuité de Boileau à Marmontel et à La Harpe, comme auteurs de poétique, et de Corneille à Marie-Joseph Chénier, comme auteurs tragiques. Inversement, Jean-Jacques Rousseau, Loaisel de Tréogate et Bernardin de Saint-Pierre annonceraient Chateaubriand ; Mercier, théoricien et praticien du drame, ouvrirait la voie au Stendhal de *Racine et Shakespeare*, au Hugo de *Cromwell*. S'il est vrai que Voltaire chante le siècle de Louis XIV, que les Lumières restent éprises de clarté et d'universalité, le XVIIIᵉ siècle empiriste ne se contente pas de prolonger le siècle précédent. Les valeurs sont relativisées, du point de vue de l'histoire et de l'individu. La relation à l'Antiquité ne correspond plus à la volonté d'édicter les règles éternelles du Beau et du Vrai, mais à l'effort pour retrouver un jaillissement premier, une énergie dissipée sous le règne des règles et des poétiques. Dans cette perspective, l'appel des Lumières à l'opinion publique correspond au droit de chacun à juger les œuvres littéraires, au souci de suivre l'évolution du temps, à l'intérêt pour les époques et les horizons lointains. Les Lumières ne peuvent pas plus s'opposer de façon simpliste au romantisme que la raison ne peut être indépendante, dans un contexte empiriste, de l'expérience individuelle et sensible. La Révolution française accélère, dramatise et crispe parfois une évolution de plus longue durée qui fait passer de « l'honnête homme » au public, du goût au pathétique, c'est-à-dire plus généralement des Belles-Lettres à la littérature.

La prise de parole

La Révolution se caractérise d'abord par un gigantesque brouhaha : la parole, traditionnellement cloisonnée, hiérarchisée, est soudain délivrée de ses lisières. En 1781, Necker fait scandale en publiant son *Compte rendu* qui livre au public le budget du pays, qui lève donc le secret sur les finances royales. Le roi est lui-même contraint d'entrer dans cette logique de la transparence et de la liberté de parole. En 1788, il convoque les Etats généraux pour faire accepter le principe d'un effort financier accru et appelle la population à exprimer ses soucis et ses souhaits dans des cahiers de doléances apportés par chaque député. « Tous les savants et personnes instruites » sont invités à lui adresser renseignements et mémoires pour la bonne tenue des Etats généraux. Le pays ne bruit que de réunions où sont soudain débattus publiquement les grands problèmes de la nation. Pamphlets, brochures, libelles se multiplient, tandis que les titres de presse prolifèrent. Durant la seule année 1789, 140 journaux nouveaux sont créés à Paris. L'administration royale tente encore durant les premiers mois de 1789 de limiter cette prise de parole de la presse périodique, mais la pression est trop forte et la liberté s'impose de fait.

Si la plupart des pamphlets restent des « occasionnels », c'est-à-dire des réponses directes à une situation particulière, certains s'élèvent à la généralité des principes ou bien dérivent vers la caricature burlesque. Les pamphlets de Sieyès sont parmi les plus fameux. Prêtre sans vocation, Emmanuel Sieyès (1748-1836) trouve l'occasion de se réaliser dans l'agitation qui suit la convocation des Etats généraux. Il publie en novembre 1788 l'*Essai sur les privilèges* et quelques mois plus tard *Qu'est-ce que le Tiers Etat ?* qui connaît un succès extraordinaire. Les deux textes trouvent les formules simples dans lesquelles l'opinion se reconnaît et qui lui fournissent slogans et mots d'ordre. Le premier essai oppose ainsi le privilégié qui regarde vers le passé et vit de ses ancêtres, au bourgeois « qui les yeux toujours fixés sur l'ignoble présent, sur l'indifférent avenir, prépare l'un et soutient l'autre par les ressources de son industrie » : « Il est au lieu d'avoir été. » Le second texte commence par des répliques devenues célèbres : « Qu'est-ce que le Tiers Etat ? — Tout. — Qu'a-t-il été jusqu'à présent dans la société politique ? — Rien. — Que demande-t-il ? — A y devenir quelque chose. » Tout et rien, les deux mots reviennent dans la conclusion du texte, comme de redoutables armes : « Autrefois, le Tiers était serf, l'ordre noble était tout. Aujourd'hui le Tiers est tout, la noblesse est un mot. »

Avec de tels essais, les pamphlets orduriers contre la cour n'ont en commun que leur redoutable efficacité. Marie-Antoinette devient vite la cible privilégiée des pamphlétaires. Elle est attaquée en tant qu'Autrichienne, en tant que femme, en tant que reine. Les premières agressions viennent sans doute des frères du roi eux-mêmes qui jouent avec le feu et sont entraînés dans cette mise à mort symbolique, précédant les exécutions réelles. Ils souhaitaient la répudiation de la reine, ils enclenchent le processus qui mène à sa condamnation à mort. Des *Amours de Charlot et Toinette* à *L'Autri-chienne en goguette*, du *Bordel royal* aux *Fureurs utérines de Marie-Antoi-nette*, se développe le mythe d'une reine assoiffée de plaisirs, de richesses et de sang. La duchesse de Polignac, favorite de la reine, est visée aussi par des pamphlets pornographiques. Bientôt, c'est l'ensemble de Versailles qui est comparé à une basse-cour ou à une ménagerie. La *Chasse aux bêtes puantes et féroces, qui, après avoir inondé les bois, les plaines, etc., se sont répandues à la cour et à la capitale* se présente comme un règlement de chasse dont l'article premier engage à la capture de la panthère, échappée de la cour de Vienne. Louis XVI, dont l'avènement avait suscité les espoirs les plus vifs et auxquels les cahiers de doléances marquaient encore une réelle affection, est accusé d'impuissance, de passivité, de gourmandise, d'hypocrisie. La *Description de la ménagerie royale d'animaux vivants* s'attarde à décrire le roi comme un porc : « Il est vorace par nature. Il mange ou plutôt il dévore avec malpropreté tout ce qu'on lui jette. » Des caricatures sous forme d'estampes diffusent ces thèmes. *Les Crimes des reines de France* de Louise Robert dénoncent les reines comme coupables de la plupart des forfaits de la royauté. Marie-Antoinette s'inscrit dans une continuité qui remonte à Isabeau de Bavière et à Catherine de Médicis. Sur le même modèle, *Les Crimes des papes* de Lavicomterie passent en revue tous les successeurs de saint Pierre et prédit : « La chute de Rome entraînera celles des barbares oppresseurs de Madrid, de Lisbonne, de leurs tyrans politiques et sacrés. » L'*Histoire critique de la noblesse* et la *Collection de la liste des ci-devant ducs, marquis, comtes, barons, etc.*, de Dulaure énumèrent les crimes des privilégiés, de Gilles de Rais à Sade lui-même. A chaque époque de la Révolution, des pamphlets attaquent les acteurs de l'événement dans leurs défauts physiques et dans une vie privée, le plus souvent romancée.

Claude Labrosse et Pierre Rétat ont essayé de dresser une typologie de la presse et du journaliste révolutionnaire, qui échappe au simple classement par attitudes politiques. Ils opposent matériellement les grands formats qui présentent un tableau éclaté de l'actualité, juxtaposant nouvelles, avis, anecdotes, et les brochures qui proposent un énoncé plus suivi. Le contenu permet de distinguer les comptes rendus de l'Assemblée, les discours, les commentaires et analyses de l'actualité. Selon ces perspectives, le journaliste se pose en observateur, en témoin, ou bien en censeur, en inquisiteur, ou encore en orateur, en porte-parole de ceux qui en étaient exclus. Ces diverses fonctions vont fréquemment fournir leurs titres aux journaux. Dès 1789, notent C. Labrosse et P. Rétat, le ton de la presse change : « L'émotion n'est pas seulement dans la coulée de la phrase ou dans la vibration des mots. Elle procède de nouvelles noces entre le verbe et l'action. Le texte ne suffit plus à peindre le mouvement, il en devient le mode. » Bien des acteurs de la Révolution se font connaître par un journal et souvent s'identifient à son titre. Volney se fait *La Sentinelle du peuple*, Brissot *Le Patriote français*, Marat *L'Ami du peuple*, Camille Desmoulins lance *Les Révolutions de France et de Brabant* avant devenir *Le Vieux Cordelier*. Nicolas de Bonneville et Claude Fauchet sont la *Bouche de fer*, à l'image de la boîte aux lettres en forme de gueule de lion qui attendait les suggestions ou les dénonciations au siège du Cercle social. Jean-Louis Carra et Louis Sébastien Mercier animent les *Annales patriotiques*. Sur un ton qui est celui des pamphlets les plus grossiers, Stanislas Louis Marie Fréron, le fils du journaliste de *L'Année littéraire*, passe, un temps, du côté de la Révolution avec *L'Orateur du peuple* tandis que Hébert se change en *Père Duchesne*. Du côté des adversaires de la Révolution, *Les Actes des apôtres* de Peltier durent tant que ses rédacteurs n'ont pas émigré. D'une feuille à l'autre, les journalistes ne cessent de polémiquer, ils révèlent des complots, dénoncent des conspirateurs, appellent à la vigilance et à la mobilisation.

Cette presse se développe parallèlement à la renaissance d'une éloquence délibérative. Le modèle commun est celui de l'orateur antique, tel que la culture classique et les collèges en perpétuaient la mémoire. Mercier dans le *Tableau de Paris* déplorait l'absence d'une *tribune aux harangues* « où l'on parlerait au public assemblé », où l'on « tonnerait contre de cruels abus qui ne cessent en tous pays que quand on les a dénoncés à l'animadversion publique ». L'Ancien Régime avait relégué l'éloquence dans les églises, dans les parlements (au sens ancien de cours de justice) et dans les académies. Les affaires judiciaires s'étaient souvent politisées à la veille de 89 et de nombreux procès avaient été l'occasion de polémiques publiques, par l'intermédiaire de *mémoires*, ces brochures qui diffusaient les argumentaires de chaque partie, sinon les plaidoiries proprement dites. Les sermons et les discours académiques permettaient parfois quelques audaces, mais ce n'est qu'à partir de 1789 que la tribune des clubs et des assemblées devient un des pôles de la vie politique. Les uns et les autres eurent à définir le cadre et les règles de la circulation de la parole. Les Etats généraux, devenus Assemblée constituante, s'installèrent dans la salle des Menus-Plaisirs à Versailles, magasin transformé pour la circonstance, puis au Manège des Tuileries à Paris, où continuèrent à siéger la Législative et la Convention jusqu'en mai 1793. La Convention se transporta alors dans l'ancienne salle du Théâtre-Français aux Tuileries. Chacun de ces cadres entraîna des discussions sur la topologie qui engageait la place respective des députés et du public, du président et de l'orateur. Un règlement intérieur dut être également voté pour limiter le temps de parole et organiser les discussions, restreindre les députations, les interventions du public et plus généralement la pression de l'extérieur. Si la parole devient action, l'éloquence parlementaire tend pourtant à se distinguer des prises de parole dans la rue et dans les clubs, l'argumentation ne peut se réduire à la répétition de mots d'ordre et aux entraînements émotifs.

On doit également marquer les différences entre les discours préparés et les discours prononcés, entre les discours prononcés et les discours publiés. Certains orateurs, tels Mirabeau, Barnave, l'abbé Maury ou Clermont-Tonnerre, étaient fameux pour leur don d'intervention et d'improvisation. D'autres comme Vergniaud ou même Robespierre soignaient leur rédaction, mais abandonnaient parfois leurs notes pour répondre à l'urgence. Les conditions matérielles des débats dans des salles dont l'acoustique était souvent mauvaise éliminaient tous ceux dont la voix ne portait pas. Secrétaires et journalistes notent les discours qui sont souvent rectifiés ou corrigés par les orateurs eux-mêmes et on ne s'étonne pas qu'un même discours puisse être diffusé sous des formes variées. A travers ces hésitations et ces difficultés, l'éloquence s'impose pourtant comme une des caractéristiques littéraires de la Révolution. Des formules ont marqué la conscience des contemporains et la mémoire de la postérité. Mirabeau n'a peut-être pas jeté au marquis de Dreux-Brézé qui ordonnait aux députés d'évacuer la salle par ordre du roi, le 23 juin 1789 : « Nous sommes ici par la volonté du peuple, et nous n'en sortirons que par la force des baïonnettes », mais la diffusion de la formule en fait la vérité. En septembre 1792, Danton prêche la levée de masse : « Le tocsin qu'on va sonner n'est point un signal d'alarme, c'est la charge sur les ennemis de la patrie. Pour les vaincre, Messieurs, il nous faut de l'audace, encore de l'audace, toujours de l'audace, et la France est sauvée. » Mais le terme ricoche lorsque, un an et demi plus tard, Danton se trouve en position d'accusé devant le Tribunal révolutionnaire. Lorsque le président le menace : « Danton, l'audace est le propre du crime », il doit distinguer entre l'audace individuelle et l'audace nationale, toujours nécessaire en révolution. On oublie parfois le contexte dans lequel telle phrase a été prononcée. Lorsque Saint-Just lance, en mars 1794 : « Le bonheur est une idée neuve en Europe », c'est pour introduire un décret, indemnisant les nécessiteux avec les biens des ennemis de la République.

La multiplication des discours ne va pas sans débat sur les formes et fonctions de l'éloquence. L'époque développe les deux thèses, moins contradictoires que complémentaires, de l'éloquence comme garant de la liberté et de la rhétorique comme menace contre la démocratie. Dans son ultime discours à valeur testamentaire, Saint-Just livre sa conviction : « Avez-vous vu des orateurs sous le sceptre des rois ? Non. Le silence règne autour des trônes ; ce n'est que chez les peuples libres qu'on a souffert le droit de persuader ses semblables. » Le modèle reste celui des cités antiques où les citoyens se réunissaient pour débattre librement des problèmes communs. Mais inversement l'art de bien parler, de trop bien parler risque d'abuser les auditeurs. La parole ne doit pas devenir sophisme. Dans *Les Préjugés détruits,* Lequinio se fait l'héritier de toute une tradition de méfiance envers l'abus des mots et les ornements du discours : « Qu'est-ce que l'éloquence ? L'art de tromper les hommes en leur faisant aimer l'erreur, un moyen sûr aux intrigants d'obtenir des succès et le fléau de la liberté. » L'époque révolutionnaire affirme à la fois sa confiance dans la force d'entraînement du discours vrai et son refus d'un discours qui se substitue à son objet. Le thème du laconisme correspond au dépassement de la contradiction. C'est Saint-Just encore qui prévoit dans les fragments pédagogiques des *Institutions républicaines* : « Les enfants seront rigoureusement formés au laconisme du langage. On doit leur interdire les jeux où ils déclament et les accoutumer à la vérité simple. »

Plus radicalement, l'éloquence peut être liée à une forme de démocratie directe dépassée, impraticable dans les Etats modernes. Les défenseurs de la représentation parlementaire qui distinguent la liberté des Anciens fondée sur la participation directe des hommes libres à la vie publique, et la liberté des Modernes qui délègue à des assemblées représentatives le droit de décision, tendent à opposer de façon parallèle l'éloquence ancienne de la parole publique à l'éloquence moderne du raisonnement écrit. Dans ses projets sur l'éducation publique, Condorcet critique une image convenue de la cité grecque ; la parole publique avec ses entraînements ne doit pas masquer le temps second de la réflexion : « Démosthène, à la tribune, parlait aux Athéniens assemblés ; le décret que son discours avait obtenu était rendu par la nation même, et les copies de l'ouvrage circulaient ensuite lentement parmi les orateurs ou leurs élèves. Ici, nous prononçons un discours non devant le peuple, mais devant ses représentants ; et ce discours, répandu par l'impression, a bientôt autant de juges froids et sévères qu'il existe en France de citoyens occupés de la chose publique. »

Ecrite sous forme de pamphlets ou d'articles, prononcée sous forme de discours, la prise de parole est aussi chantée. Des chansons ont scandé toute notre histoire, mais elles sont particulièrement vivantes durant les événements révolutionnaires qui font intervenir les masses populaires. Elles se caractérisent par une circulation extrêmement souple des airs et des textes. Une même musique, un même timbre peut être utilisé pour un très grand nombre de chansons différentes, voire opposées politiquement. Un même texte peut solliciter plusieurs timbres, chaque couplet étant chanté sur un air différent. Les gardes du corps à Versailles et plus généralement les défenseurs de la monarchie s'approprient au début de la Révolution les airs tirés de deux drames de Sedaine, *Richard Cœur de Lion*, sur une musique de Grétry (1784), et *Le Déserteur*, sur une musique de Monsigny (1769). La situation de Richard prisonnier n'était pas sans analogie avec celle de Louis XVI :

> O Richard ! ô mon roi !
> L'univers t'abandonne ;
> Sur la terre il n'est donc que moi
> Qui m'intéresse à ta personne.

D'un mois à l'autre, d'un groupe à l'autre, un refrain change de ton ou de signification. Le slogan de l'unanimité de la fête de la Fédération :

> Ah ! ça ira, ça ira, ça ira,
> Le peuple en ce jour sans cesse répète
> Ah ! ça ira, ça ira, ça ira,
> Malgré les mutins tout réussira.

se fait plus agressif lorsque l'unanimité se révèle illusoire :

> Ah ! ça ira, ça ira, ça ira,
> Les aristocrates à la lanterne !
> Ah ! ça ira, ça ira, ça ira,
> Les aristocrates on les pendra !

Le *Chant de l'armée du Rhin*, composé par Rouget de Lisle en avril 1792, est adopté par les volontaires de Marseille qui en font *La Marseillaise*. Il est orchestré par Gossec pour *L'Offrande à la liberté*, représentée à l'Opéra en 1792, et reçoit un septième couplet qui évoque la relève des générations : « Nous entrerons dans la carrière [...] » Le succès de cette chanson se mesure à sa postérité puisqu'elle va devenir l'hymne national, mais aussi au nombre de *contrefacta*, si on désigne par ce terme les textes composés sur le même air, sans qu'il s'agisse forcément de parodies. Hinrich Hudde en a dénombré plus de 250, représentant plus de mille couplets sur l'air de *La Marseillaise*. Certains sont des variations révolutionnaires sur les thèmes de Rouget de Lisle. D'autres sont des répliques contre-révolutionnaires, telle *La Contre-Marseillaise*, chantée en Vendée :

> Allons, les armées catholiques,
> Le jour de gloire est arrivé :
> Contre nous de la République
> L'étendard sanglant est levé.

Ou bien la marche des Bretons qui veut remplacer celle des Mar
seillais :

> Sur les rochers de la Bretagne
> Un cri d'horreur a retenti :
> De cette orgueilleuse Montagne
> Terrassons enfin le parti.

D'autres encore sont purement festives et burlesques :

> Allons, amis de la bouteille,
> Le jour de gloire est arrivé !
> Sur ces bords, du Dieu de la treille,
> L'étendard joyeux est levé.

A côté de *La Carmagnole* et de *La Marseillaise*, la postérité a
gardé mémoire du *Chant du départ*, composé par Marie-Joseph Chénier sur une musique de Méhul. Dans la chanson alternent les couplets particuliers et le refrain général. Les couplets font intervenir
les différents corps de la nation : les représentants du peuple qui
déterminent la politique, les mères, les vieillards, les enfants, les
épouses, les jeunes filles et les guerriers. Chaque groupe se fait
entendre par une voix différente et toute la nation se réunit dans le
couplet qui a la simplicité d'un mot d'ordre :

> La République nous appelle ;
> Sachons vaincre, ou sachons périr :
> Un Français doit vivre pour elle ;
> Pour elle, un Français doit mourir.

Les idées à l'épreuve des faits

L'urgence n'a pas toujours permis aux artistes de réaliser leurs
projets, ni aux politiques de mettre en application leurs réformes. La
décennie révolutionnaire correspond en tout cas à un foisonnement
d'idées qui est peut-être sans précédent. L'Ecole normale fondée par
la Convention en l'an III est le cadre de mises au point théoriques qui
suscitent de grands débats. L'un des plus fameux d'entre eux oppose
Garat, chargé de la chaire d'analyse de l'entendement humain, à
Louis Claude de Saint-Martin. A Garat exposant la vulgate empiriste qui, de Locke à Condillac, cherche la source de la pensée dans les
sensations, Saint-Martin rétorque qu'un tel empirisme ramène plus

ou moins directement au matérialisme. Spiritualiste qui ne se reconnaît pas dans les philosophies spiritualistes traditionnelles, il voit dans l'homme une émanation de Dieu, un « extrait divin universel », que la Faute sépare de son origine, mais que le désir continue à relier à Dieu. Garat définit l'homme par son entendement, Saint-Martin par sa volonté. Le premier désigne le langage comme principe de la supériorité de l'espèce humaine sur les animaux que le second cherche dans le sens moral et dans la mission divine : « La raison n'est que le flambeau de l'homme pensant, elle n'en est pas la vie : il y a en lui une faculté plus radicale encore et plus profonde ; c'est celle dont vous ne voulez point ; c'est celle à laquelle nous avons déjà donné tant de noms, et que des écrivains célèbres ont appelée avant moi le sens moral. » Cette opposition est celle de l'Idéologie et de l'Illuminisme, mais nullement de la Révolution et de la Contre-Révolution.

L'*idéologie* est le terme, à l'origine polémique, qui désigne ceux qui se reconnaissent dans la théorie empiriste des idées, en tirent une science de l'homme et qui conjuguent leur action durant la Révolution et le Consulat. L'œuvre centrale est celle de Destutt de Tracy (1754-1836), les *Eléments d'idéologie* qui se développent à partir de l'*Idéologie proprement dite* (1801) et comprennent ensuite une *Grammaire* (1803), une *Logique* (1805) et un *Traité de la volonté et de ses effets* (1815). Destutt de Tracy suit le développement de l'être humain de la sensation au langage, de la pensée à la volonté. Son travail est complété par celui de Cabanis (1757-1808) dont les *Rapports du physique et du moral* (1802) explorent les déterminismes physiologiques de l'être humain, mais aussi les réactions de la vie morale sur le corps. Les deux démarches se rejoignent dans l'étude de l'habitude, comme conduite morale et transformation des organes. L'homme est un animal qui peut se transformer. Pour rendre compte de ces possibles, les idéologues ont cherché à rassembler les connaissances anthropologiques et médicales. La Société des observateurs de l'homme, créée en 1800, commandite des voyages d'études, tandis que les médecins se penchent sur les cas de sourds-muets, des aliénés ou des enfants trouvés pour comprendre le fonctionnement organique et social du cerveau. Philippe Pinel (1745-1826), médecin de l'hospice de Bicêtre en 1793 auquel on attribue le geste symbolique d'avoir délivré les fous de leurs chaînes, se réclame des idéologues dans son *Traité médico-philosophique sur l'aliénation mentale ou la manie* (1800) qui récuse toute fatalité et s'interroge sur la curabilité de la folie. La même année 1800, on trouve aux confins du Tarn et de l'Aveyron un enfant sauvage auquel on donne le nom de Victor et auquel se consacre Itard, un élève de Pinel.

L'expérience de la Révolution est décisive pour les idéologues qui y voient une étape du devenir historique, l'occasion d'un travail collectif et réformateur, mais aussi le choc traumatisant de la Terreur. Deux œuvres affirment l'espoir d'un progrès historique, l'*Esquisse d'un tableau historique des progrès de l'esprit humain* (1794) de Condorcet et *Les Ruines ou Méditations sur les révolutions des empires* (1791) de Volney. Mathématicien spécialisé dans les applications des calculs et des probabilités à la vie sociale (en particulier dans le domaine des élections ou de l'assurance sociale), le marquis de Condorcet (1743-1794) a organisé l'édition des *Œuvres complètes* de Voltaire et travaillé à la mise en place d'un système scolaire durant la Révolution. Sa confiance dans la raison lui inspire un tableau des progrès de l'esprit humain. La Terreur qui le rattrape lui prouve le décalage entre l'esprit et la réalité humaine sans lui faire mettre en doute sa foi dans l'avènement d'une société rationnelle. Volney (1757-1820) avait choisi ce pseudonyme, composé de la première syllabe de Voltaire et de la dernière de Ferney. Il avait commencé par voyager en Orient, il se lance ensuite dans le journalisme et l'activisme révolutionnaire. Les colonnes brisées de Palmyre servent de cadre aux *Ruines* pour faire apparaître le génie des tombeaux et lui faire prophétiser une histoire de l'humanité se libérant progressivement de ses tyrans et de ses imposteurs. Cette mise en scène, cette prise en compte de la ruine et de la mort relativisent l'optimisme historique de Volney que la violence de la Terreur, le cynisme politicien du Directoire et l'autoritarisme croissant de Bonaparte se sont chargés de bousculer. Les idéologues ont lutté à travers leur organe de presse, *La Décade philosophique*, et les institutions qu'ils ont contribué à mettre en place, tel l'Institut ; ils se sont ensuite éloignés de l'action politique et se sont réfugiés dans l'érudition, la recherche médicale ou le spiritualisme.

La Révolution détermine également l'engagement politique de la fille de Necker, Germaine de Staël, et de Benjamin Constant qui l'a rencontrée en 1794. La première lance des *Réflexions sur le procès de la reine* (1793) qui proposent un point de vue féministe sur l'événement, mais ne publie pas *Des circonstances actuelles qui peuvent terminer la Révolution* (1796) qui prennent parti en faveur de la république parlementaire. Dans *De la force du gouvernement actuel de la France et de la nécessité de s'y rallier* (1796), Benjamin Constant s'engage dans le même sens. *Des réactions politiques*, l'année suivante, s'interrogent sur les mouvements de balancier de l'histoire et sur la difficulté de passer de l'arbitraire à des principes constitutionnels. Les convictions protestantes de Mme de Staël l'empêchent de se reconnaître dans l'idéologie. Lorsqu'elle publie en 1800 *De la littérature considérée dans ses rapports avec les institutions sociales*, beaucoup croient que son traité réconcilie enfin les Lumières et la morale religieuse, les acquis de la Révolution et le sens de la Tradition. L'écrivain est investi d'une fonction essentielle pour que la perfectibilité devienne progrès, c'est-à-dire pour qu'advienne la société libérale que Mme de Staël et ses amis appellent de leurs vœux. Mais la France des lendemains du coup d'Etat se reconnaîtra plutôt dans le *Génie du christianisme* de Chateaubriand et préférera les certitudes du passé à l'idée de perfectibilité.

Le premier livre de Chateaubriand, l'*Essai sur les révolutions* (1797), prouve qu'on ne peut réduire le champ intellectuel de ces années à la seule polarité entre Révolution et Contre-Révolution. Pour comprendre l'événement qui l'a exilé et a décimé sa famille, Chateaubriand lui cherche des précédents dans le passé. Il suggère une histoire en changement permanent et en répétition non moins incessante, à laquelle seuls échappent l'individu qui sait affirmer sa singularité et la religion qui assure une permanence. Dès 1790, dans *Des principes et des causes de la Révolution en France*, Sénac de Meilhan s'efforce de saisir une logique de l'enchaînement qui conduit à l'effondrement d'un système apparemment éternel, et dénonce les forces d'autodissolution à l'intérieur de l'Ancien Régime. Ce type d'analyse est repris avec le recul de deux années supplémentaires par Mallet du Pan dans les *Considérations sur la nature de la Révolution de France* qui postule une force des choses. Saint-Martin lui-même montre dans sa *Lettre à un ami sur la Révolution* (1795) que « les vérités religieuses » n'ont pas eu à souffrir « du renversement de la ci-devant Eglise », mais qu'au contraire les événements ont aidé à détruire « les abus qui avaient infecté l'ancien gouvernement dans toutes ses parties ».

Bénéfique pour les uns, ou du moins indispensable, la Révolution apparaît comme une aberration et une monstruosité pour les autres. Le comte Ferrand dans *Les Conspirateurs démasqués* (1790) et l'abbé Barruel dans les *Mémoires pour servir à l'histoire du jacobinisme* (1798) expliquent l'inexplicable par un complot qui englobe les encyclopédistes et les francs-maçons, nombre de princes et de ministres. Les *Réflexions* de Burke qui sont aussitôt traduites en français opposent la Révolution anglaise à ce qui est déjà senti comme un dérapage en France. Elles dénoncent toute table rase, toute radicalité dans le traitement de ce qui ne peut être que de l'ordre de l'évolution lente. Avec une force visionnaire et un talent pamphlétaire, dans les *Considérations sur la France* (1796), Joseph de Maistre présente les années qui suivent 1789 comme une révolte insensée de l'individu contre Dieu et le roi, et annonce l'inévitable restauration qui rétablira l'ordre éternel dans sa force première. Louis de Bonald dans la *Théorie du pouvoir politique et religieux dans la société civile* (1796) précise l'analyse théologique en référence au péché originel. Alors que pour Rousseau l'homme naturel, essentiellement bon, était corrompu par la société, pour Bonald il est originairement mauvais et n'atteint la morale que par et dans l'état social. La Révolution qui détruit cet ordre n'est qu'involution, retombée dans le chaos animal, « triomphe de la brute méchante et infantile », selon la formule de Gérard Gengembre. Tout un courant de pensée se nourrira au XIXe et au XXe siècle de cette vision d'une « histoire désespérante » qui tournerait le dos aux vérités essentielles.

Les genres dans la tourmente

Le double sentiment que la production révolutionnaire prolonge le classicisme et en même temps échappe à toute réglementation formelle n'est pas si contradictoire. La dernière décennie du siècle pratique en effet toujours les mêmes genres, mais elle les travaille, les déforme ou les investit de significations nouvelles. Le domaine dramatique, traditionnellement tenu en lisière, est bouleversé par la loi du 13 janvier 1791 qui instaure la liberté des théâtres et abolit la censure, tandis que les acteurs se voient reconnaître les mêmes droits que les autres citoyens. On continue à représenter le répertoire classique, à produire des comédies et des tragédies sagement rimées en alexandrins, mais les appellations des pièces qui se diversifient témoignent de l'éclatement du système des genres. L'Antiquité reste sollicitée comme réserve de sujets, mais elle est concurrencée par l'histoire nationale et l'actualité politique (voir p. 426).

Charles IX, ou la Saint-Barthélemy de Marie-Joseph Chénier, dont la représentation ne fut possible qu'après le début de la Révolution, est caractéristique des modifications de contenu dans le cadre formel de la tragédie. La pièce fut acceptée par la Comédie-Française en 1788 mais interdite par la censure. Marie-Joseph Chénier proclame dans le discours préliminaire la nouveauté de son œuvre, digne de la nouveauté des temps : « Pour créer parmi nous la tragédie nationale, j'ai choisi le sujet le plus tragique de l'histoire moderne. J'ai banni de ma pièce les confidents froids et parasites qui n'entrent jamais dans l'action, et qui ne semblent admis sur la scène que pour écouter tout ce qu'on veut dire, et pour approuver ce qu'on veut faire. » La pièce met en scène la préparation du massacre des protestants, au premier rang desquels l'amiral de Coligny, par Catherine de Médicis, le cardinal de Lorraine et le duc de Guise, secondés par la faiblesse du jeune roi Charles IX. Les valeurs de tolérance et de patriotisme sont représentées par Coligny, ainsi que par le chancelier de L'Hôpital, « ami des bons, ennemi des méchants, mais lent à les soupçonner » dont la place dans la tragédie n'est pas sans rappeler le chœur des Grecs, et par Henri de Bourbon, roi de Navarre, futur Henri IV. Les règles classiques sont respectées, les bienséances observées puisque le massacre est rapporté par le chancelier au roi de Navarre :

> On voit de tous côtés, sans armes, sans défense,
> Tomber de cet Etat la gloire et l'espérance :
> Malgré ses cheveux blancs, le vieillard immolé ;
> Sous un gros d'assassins le jeune homme accablé,
> Qui de son corps mourant protège encore un père ;
> L'enfant même égorgé sur le sein de sa mère.

Mais les convenances idéologiques interdisaient de montrer sur la scène un roi indigne de sa fonction et des prêtres catholiques dans l'exercice de leur fonction. Tout au long de la pièce, Charles IX apparaît incapable de s'opposer aux projets criminels de sa mère qu'il finit par rejoindre dans le meurtre ; la fin de l'acte IV montre le cardinal de Lorraine bénissant les armes qui vont tuer les protestants, tandis que la cloche résonne plusieurs fois. Marie-Joseph Chénier radicalise les tirades dès les mois suivants et fait prophétiser à Coligny la Révolution en Amérique et en France, il intitule désormais sa pièce *Charles IX, ou l'Ecole des rois*. Il définit le théâtre comme « une chaire, un moyen d'instruction publique ».

Le Philinte de Molière, ou la suite du Misanthrope de Fabre d'Eglantine en 1791 représente pour la comédie un cas similaire à celui de *Charles IX* pour la tragédie. Les cinq actes et les alexandrins identifient la pièce comme une comédie classique, mais le modèle moliéresque de la comédie de caractère est transformé en comédie sociale. Alceste, retiré sur ses terres après sa rupture avec Célimène et le monde qu'elle représentait, se bat contre les injustices. Il dénonce en particulier un parvenu, installé près de chez lui, qui entreprend de ruiner un innocent. Philinte, devenu comte de Valençay et soucieux de ses seuls intérêts, n'a pas assez d'épithètes pour railler ce militantisme de son ancien ami ; il ne s'aperçoit que trop tard que le malheureux pour lequel Alceste rompt des lances n'est autre que lui-même ; il avoue au dénouement : « J'ai tort. » Fabre d'Eglantine relit Molière au travers de la critique qu'en faisait Rousseau dans la *Lettre à d'Alembert*. Alors que Marmontel proposait parmi ses *Contes moraux* un « Misanthrope corrigé » (1765), finalement revenu de son aversion pour le genre humain et épousant une femme qu'il aime, que Demoustier met en scène le conte en 1798 sous le titre *Alceste à la campagne, ou le misanthrope corrigé*, Fabre d'Eglantine change la condamnation du caractère d'atrabilaire en une condamnation du conformisme social. Philinte est dénoncé pour son égoïsme et son refus de tout point de vue civique.

On peut rattacher la pièce à la polémique qui oppose à la veille de la Révolution *L'Optimiste, ou l'Homme content de tout* de Collin d'Harleville (1788) auquel Fabre d'Eglantine s'attaque dans sa préface, et *Le Pessimiste* de Pigault-Lebrun (1789). L'enjeu de la comédie est désormais moins de corriger les caractères que de donner à voir les conflits de la société. C'est une autre comédie de Molière que Jean-François Laya démarque en 1793 pour dénoncer les Montagnards. *Les Femmes savantes* avait déjà servi de modèle à Palissot dans *Les Philosophes*, la pièce sert à Laya dans *L'Ami des lois*. Le ci-devant baron de Versac a promis sa fille à un ami, lui aussi ci-devant, Forlis. Mais Mme de Versac s'est entichée des Montagnards qu'elle accueille chez elle, Nomophage, le mangeur de lois en grec, Filto, son ami, Duricrâne, journaliste, et Plaude, l'agrarien. L'intrigue sentimentale a disparu, la question même du mariage de la fille, absente de la scène, passe au second plan. Le débat est politique entre les révolutionnaires intransigeants et Forlis qui, accusé de modérantisme, réassume l'injure, si le terme désigne le patriote non démagogue :

> Patriote, et non pas de ceux-là dont la voix
> Va crier *Liberté* jusqu'au plus haut des toits ;
> Mais de ceux qui sans bruit, sans parti, sans systèmes,
> Prêchent toujours la loi qu'ils respectent eux-mêmes ;
> Si fuir les factions, c'est être modéré,
> De cette injure alors j'ai droit d'être honoré !

Le dénouement déjoue les projets des intrigants et Mme de Versac avoue à Forlis : « Ma tête se perdait, vous l'avez guérie. » *L'Ami du peuple ou les Intrigants démasqués* de Cammaille Saint-Aubin (1793) inverse l'argumentaire de Laya dont le titre apparaît comme un moyen terme entre *L'Ami du peuple*, le journal de Marat (dont le nom est repris par Cammaille Saint-Aubin), et *L'Ami du roi* de Royou.

Le travail formel rencontre le changement de contenu dans *Le Jugement dernier des rois, prophétie en acte, en prose* de Sylvain Maréchal. Le terme *prophétie* est justifié par une note liminaire qui présente la pièce comme un rêve prémonitoire d'avant 1789. La Révolution a commencé à le réaliser, la suite des temps devrait achever de donner raison au « visionnaire ». Tous les peuples de la terre se sont donné le mot « pour se saisir de la personne de leur roi » et pour les déporter sur une île volcanique. Sont ainsi rassemblés sur scène l'empereur, la tsarine, le pape, ainsi les rois d'Angleterre, de Prusse, d'Espagne, de Naples, de Sardaigne et de Pologne. Ils apparaissent dans leur dignité à la fois politique et théâtrale et la pièce les montre, se dépouillant de leurs apparences trompeuses pour devenir des êtres humains méprisables. Ils se battent bientôt comme des chiffonniers pour leur nourriture. Les sans-culottes n'ont pas à juger et condamner leurs monarques : à la façon dont le vieillard dans le *Supplément au Voyage de Bougainville* de Diderot appelle une tempête pour débarrasser son peuple des explorateurs colonisateurs, le volcan débarrasse la terre de ses tyrans. Sylvain Maréchal propose ainsi une île bouffonne entre les îles utopiques imaginées par Marivaux et l'île très réelle de Sainte-Hélène où les Anglais déporteront Napoléon, monarque révolutionnaire. Mais comme les vêtements dont se dépouillent les rois sont les costumes tragiques traditionnels de la Comédie-Française, *Le Jugement dernier des rois* constitue aussi un Jugement dernier de la tragédie : le théâtre classique et ses bienséances sont condamnés au nom de la violence révolutionnaire et romantique, telle que l'incarne le volcan. « L'explosion se fait : le feu assiège les rois de toutes parts ; ils tombent, consumés dans les entrailles de la terre entrouverte. »

La poésie n'offre peut-être pas la même subversion formelle. Du moins plusieurs poètes expriment la volonté d'une liberté poétique qui corresponde à celle qui est revendiquée dans le domaine politique. *Les Etats généraux du Parnasse, ou les Cahiers des muses* de Michel de Cubières se présentent comme un *Anti-Art-poétique* : Apollon en prince réformateur promulgue un édit de quinze articles qui supprime les épîtres dédicatoires aux grands, interdit les purs jeux formels et propose à chaque genre littéraire de grands thèmes civiques. La hiérarchie classique des genres n'est pas mise à bas, mais chaque muse apporte son cahier de doléances et Melpomène déclare :

> Puisque la liberté vient briser ses fers,
> Rappelez tous les maux qu'elle a jadis soufferts,
> Et des tyrans surtout faites haïr les crimes ;
> Du saint patriotisme étendez les maximes.

Il s'agit de renouveler des contenus plus que de changer de langage : « La Révolution a créé un monde nouveau ; heureux qui saura le conquérir ! heureux qui saura exploiter les nouvelles mines qu'il renferme, et fouillera à d'assez grandes profondeurs pour en arracher les précieux métaux qui n'attendent qu'une main habile » *(Les Progrès des arts dans la République)*. On sait la fortune de ce thème du nouveau monde qui sollicite Lesuire, André Chénier et bien d'autres ; de même que *L'An 2440* de Mercier transforme l'utopie en uchronie, Cubières fait de la France régénérée cette terre nouvelle que d'autres vont chercher par-delà les mers. Il note encore dans son *Calendrier républicain* :

> Eh bien ! que Despréaux aime son esclavage ;
> Tyrans des nations et tyrans du langage,
> Courbez vos fronts et tombez à genoux
> Devant la liberté qui vient régner sur vous.

Charles Nodier considère comme le « premier des poètes lyriques de la Révolution française » Théodore Desorgues auquel Michel Vovelle a consacré une monographie. Desorgues (1763-1808), issu d'un bourg sur les bords de la Durance, fils de notable, monte à Paris, fréquente Cubières et Delille et devient soudain poète officiel quand son *Hymne à l'Eternel* est choisi pour remplacer celui de Marie-Joseph Chénier, suspecté d'athéisme, lors de la fête de l'Etre suprême de l'an II.

> Père de l'Univers, suprême intelligence,
> Bienfaiteur ignoré des aveugles mortels,
> Tu révélas ton être à la reconnaissance,
>   Qui seule éleva tes autels !

> Ton temple est sur les monts, dans les airs, sur les ondes.
> Tu n'as point de passé, tu n'as point d'avenir ;
> Et, sans les occuper, tu remplis tous les mondes,
>   Qui ne peuvent te contenir.

L'hymne développe ainsi sur huit strophes une langue simple et dépouillée qui a dû prendre toute sa dignité sur la musique de Gossec. Cet hymne, comme ceux de Marie-Joseph Chénier ou de Cubières, ne se sépare pas du contexte poétique et esthétique qui lui donne sens : le poème est commandé par le pouvoir politique, mis en musique, chanté par des chœurs de plusieurs centaines, parfois plusieurs milliers de personnes, dans des décors éphémères, selon des rituels de la fête révolutionnaire. Comme dans la fête monarchique ou l'opéra aristocratique, la poésie participe à un art total qui entend mobiliser la population.

Jean-Baptiste Leclerc (1756-1826), avec son *Essai sur la propagation de la musique en France*, et Nicolas Etienne Framery (1745-1810), avec son *Avis aux poètes lyriques, ou de la nécessité du rythme et de la césure dans les hymnes ou odes destinés à la musique*, sont les théoriciens de cette union des arts. On retrouve chez le premier l'idée d'une convergence entre enjeux esthétiques et politiques : « La Révolution, opérée par Gluck dans la musique, aurait dû faire trembler le gouvernement : ses accords vigoureux réveillèrent la générosité française, les âmes se retrempèrent, et firent voir une énergie qui éclata bientôt après ; le trône fut ébranlé. Les amis de la liberté se servirent à leur tour de la musique ; elle employa les accents mâles auxquels le compositeur allemand l'avait accoutumée. » Les chœurs et les voix à l'unisson sont l'image de l'unanimité sociale, le rythme marque la volonté des citoyens. Le jugement esthétique reste aujourd'hui encore difficile dans ce domaine encombré par les *a priori* idéologiques. La postérité a plutôt retenu les iambes vengeurs et techniquement savants qu'André Chénier, prisonnier, compose contre ses bourreaux, ou les alexandrins par lesquels Delille appelle à la réconciliation des Français. *Le Malheur et la Pitié* chante par exemple la Vendée, non pas comme le soulèvement de la vérité contre l'erreur, mais comme un déplorable fratricide :

> L'humanité recule, et la Pitié gémit.
> La funeste Vendée, en sa fatale guerre,
> De Français égorgés couvrait au loin la terre ;
> Et le sujet des rois, l'esclave des tyrans,
> De leur sang répandu confondaient les torrents.

Delille veut croire aux trêves et aux retrouvailles :

> Tout redevient Français, ami, parent et père,
> L'humanité respire et la nature espère.

Le même espoir cherche à s'exprimer dans plusieurs fictions romanesques. Poétiquement plus libre, le roman semblait être disponible pour un temps de révolution, il a en effet tenté à répondre à l'urgence et au défi des événements. Les positions politiques ne permettent pas de distinguer un roman favorable et un roman opposé à la Révolution. « Il y eut autant d'anecdotes injurieuses et obscènes, de bouffonneries, d'apologues, de contes philosophiques, de voyages à la Sterne, d'histoires secrètes, de récits héroïques antiques ou orientaux chez les adversaires que chez les partisans de la Révolution, qui se ressemblaient jusque dans le style et le vocabulaire » (Henri Coulet). On trouve toute la gamme des tons, du pathétique au comique, et l'actualité française est transposée dans l'Antiquité (par exemple dans *Les Loisirs de la liberté, nouvelles républicaines*, de Barbault-Royer) ou en Orient (dans *Le Prince philosophe, conte oriental* d'Olympe de Gouges). Les romanciers éprouvent souvent des difficultés à concilier l'aventure et l'engagement. Le héros de *Charmansage, ou Mémoires d'un jeune citoyen faisant l'éducation d'un ci-devant noble*, publié par le prolifique Lesuire (1792), est *charmant* et *sage*, libertin et citoyen, de même que le héros de Rousseau se voulait *saint* et *preux*. Au cœur du roman se dresse la Bastille où le personnage se trouve plusieurs fois prisonnier, mais, remarque Philippe Roger, « la Bastille de Lesuire est à double fond ». Sous la forteresse que les révolutionnaires se préparent à prendre d'assaut, se cache « une utopie sexuelle », un étonnant sérail peuplé par « la progéniture bâtarde et voluptueuse issue de complexes combinatoires érotico-politiques ». C'est un mélange de roman noir et de rêverie érotique à la Rétif.

Delisle de Sales entreprend lui aussi d'associer l'aventure et la réflexion politique dans *Ma république, auteur Platon, éditeur destiné à être publié en 1800* (mais paru en 1791), devenu en 1793 *Eponine ou De la république, ouvrage de Platon découvert et publié par l'auteur de la Philosophie de la nature*. Un double manuscrit antique traverse les siècles pour parvenir jusqu'à nous, dans un échange incessant entre le passé et le présent, la théorie et la pratique, le masculin et le féminin. A la veille de l'événement révolutionnaire en France qui doit amener la fin d'un cycle historique, un vieillard et sa fille, « Platon et Eponine modernes », partent à la recherche du manuscrit demeuré en Grèce pour réunir les deux versions, la sagesse antique et l'expérience historique. Le roman s'achève par le long exposé d'une constitution pour la France. « Entre l'universel et le particulier, la tradition et l'expérience, le texte gravé et son animation orale, c'est une véritable dialectique qui s'instaure et conduit la dynamique étrange de l'ouvrage » (Pierre Malandain). Le romanesque de *Charmansage* s'amusait de ses inventions sans souci de vraisemblance, celui d'*Eponine* se perd dans ses emboîtements et l'abstraction législative.

Les romans les plus convaincants du temps sont sans doute les fictions par lettres qui utilisent l'échange épistolaire pour faire dialoguer les partis politiques. Les *Lettres trouvées dans la neige* de Mme de Charrière au début de 1793 sont celles d'un Français inquiet des excès de la Révolution et d'un Suisse conscient des imperfections du gouvernement de Neuchâtel. Les *Lettres trouvées dans des portefeuilles d'émigrés* qu'elle publie à la fin de l'été 1793 s'échelonnent du 19 avril au 2 juillet de cette même année : c'est dire que la fiction coïncide avec la narration. Une famille noble est dispersée entre Londres où se trouve Germaine, une des filles, l'Allemagne où le père a rejoint l'armée du prince de Condé, la Vendée où le reste de la famille demeure dans le château ancestral. Alphonse, le fiancé de Germaine, qui n'a pas voulu rester dans l'armée des princes, est en Suisse avec son ancien précepteur, et son ami, Laurent, officier de l'armée républicaine, passe sa convalescence dans le château vendéen. Des lettres s'échangent des quatre coins de l'Europe, faisant dialoguer royalistes qui ne croient qu'à la permanence du passé, royalistes critiques de l'Ancien Régime et républicains exempts de fanatisme. Les positions finalement se rapprochent. « Entre Laurent jacobin et Alphonse aristocrate, que je vois de sympathie, de vrais rapports, et qu'ils vivraient bien ensemble si le sort voulait les rendre frères ! La diversité d'opinions est-elle considérable quand les cœurs sont également honnêtes et les esprits également droits ? »

L'Emigré de Sénac de Meilhan paraît en 1797. Le marquis de Saint-Alban a émigré en Allemagne. Officier de l'armée des princes, il est blessé et recueilli dans un château rhénan. Une idylle s'ébauche entre le jeune Français et son hôtesse, la double mort du comte de Loewenstein et du père de Saint-Alban rend possible une union, mais la réalité historique rappelle l'émigré à ses devoirs. Un article de journal apprendra au lecteur qu'il a été fait prisonnier, les armes à la main contre son pays, et s'est donné la mort après avoir défendu sa cause devant le Tribunal révolutionnaire. Parallèlement à l'intrigue sentimentale, le débat s'engage entre le père, aristocrate épicurien qui n'a pas pris conscience des enjeux historiques et se suicide, le président de Longueil qui sait analyser les fai-

blesses de l'Ancien Régime et le comte de Loewenstein, épris de
tradition et de formalisme. La parole est même donnée à une
gazette révolutionnaire qui rapporte la mort de Saint-Alban. La
construction épistolaire, qui avait servi à exprimer les inquiétudes
morales du siècle, correspond désormais à une Europe éclatée, à
une actualité contradictoire, à une époque qui ne peut se contenter
d'explications simplistes.

Une autre forme littéraire est renouvelée par les événements
révolutionnaires. La maxime et le fragment ont su exprimer les évidences d'un monde immobile chez les moralistes du XVIIᵉ siècle et
les aspects d'une réalité changeante chez leurs successeurs du siècle
des Lumières. Ils trouvent un nouvel éclat, sombre et parfois cruel,
chez Chamfort et Rivarol, esprits souvent proches mis au service de
causes politiques diamétralement opposées. Par leur naissance, ils
sont l'un et l'autre *a priori* exclus d'une société d'Ancien Régime
dont ils parviennent pourtant, par leur charme et leur intelligence,
à se faire reconnaître. Nicolas de Chamfort (1740-1794) est fils inavouable d'une aristocrate et d'un chanoine, il s'est choisi le nom
qu'il porte ; Rivarol (1753-1801) est un fils de roturier. La littérature est la ressource d'esprits tels que les leurs. Chamfort s'essaie au
théâtre avec *La Jeune Indienne* ou *Le Marchand de Smyrne* ; Rivarol fait
couronner à Berlin un *Discours sur l'universalité de langue française* (1784). Mais l'un ni l'autre ne fera œuvre, comme si l'une et
l'autre avaient pris conscience de la vanité de la littérature. Leur
esprit caustique excelle dans des *mots* qui courent dans le monde et
qu'ils recueillent eux-mêmes dans leurs cahiers. 1789 voit Chamfort
prendre feu et flamme pour les idées nouvelles et Rivarol se crisper
dans la défense des valeurs traditionnelles. Le premier rédige des
Tableaux de la Révolution française, devient bibliothécaire à la Bibliothèque du roi devenant Bibliothèque nationale et le second journaliste aux *Actes des apôtres*, rédacteur du *Journal politique national* et
redoutable pamphlétaire royaliste. Tous deux restent critiques sur
leur propre camp.

Les recueils de leurs pensées, réflexions et maximes confondent
les mots qui visent les masques de la mondanité d'Ancien Régime
et ceux qu'inspire la Révolution. Ils permettent de voir le glissement, du jeu de mots applaudi dans les salons, au slogan qui
enchante les clubs. La brièveté exprime la désillusion ou bien l'urgence, la colère ou bien la hâte. « Il n'y a d'histoire digne d'attention que celle des peuples libres. L'histoire des peuples soumis au
despotisme n'est qu'un recueil d'anecdotes », remarque Chamfort

qui ajoute : « En France, il n'y a plus de public ni de nation, par la raison que de la charpie n'est pas du linge. » L'impossibilité de constituer une œuvre correspond à la crise d'une société qui est éclatée en coteries et en égoïsmes. Chamfort fait des portraits sans dresser de typologie, note des souvenirs sans rédiger de mémoires, saisit des contrastes sans élaborer de systèmes. Sa fin est tragique. Lié aux Girondins, rattrapé par la Terreur, il se suicide et se rate. Défiguré, il survit encore quelques mois. Selon la formule de son biographe, Claude Arnaud, il a successivement tué en lui le libertin, l'écrivain, le petit Marat. Il trouve quelques dernières formules pour stigmatiser la Terreur qui proclame : « Sois mon frère ou je te tue » et se réclame de « la fraternité d'Abel et Caïn ». Après sa mort, ses amis idéologues auront à cœur de défendre sa mémoire. Ginguené rassemble et publie quatre volumes de ses œuvres en 1795.

Rivarol avait donné en 1788 un *Petit almanach de nos grands hommes* dont les notices assassinaient les prétentions des contemporains. En 1790, le *Petit dictionnaire des grands hommes de la Révolution* donne la suite adaptée aux circonstances. Dès ces premiers mois de la Révolution, il décrit Robespierre comme « le grand homme le plus petit et le plus fougueux du Sénat français » dont la fragilité ne « fait qu'irriter son éloquence et qu'augmenter sa gloire ». Ses 136 notices sont tous de cette encre au vitriol, de même que ses pensées et maximes : « Les vices de la cour ont commencé la Révolution, les vices du peuple l'achèveront. » « Tout le règne de Louis XVI se réduit à quinze ans de faiblesse, et à un jour de force mal employée. » « Les nations que les rois assemblent et consultent, commencent par des vœux et finissent par des volontés. » « Le peuple ne goûte de la liberté comme de liqueurs fortes, que pour s'enivrer et devenir furieux. » On voudrait continuer à citer ces réflexions d'un journaliste engagé, puis d'un émigré impuissant devant un événement qui emporte le pays.

La forme discontinue semble la marque des intelligences trop critiques pour se contenter des apparences. Le cynisme de brillant homme de Cour, devenu le non moins brillant président de l'Assemblée nationale, Hérault de Séchelles (1759-1794), n'est pas celui d'un exclu du système social comme Chamfort ou Rivarol. Son *Voyage à Montbard* (1785) est un portrait sans indulgence de Buffon. Son *Codicille politique et pratique d'un jeune habitant d'Epone*, publié en 1802 sous le titre de *Théorie de l'ambition*, appelle, par-delà le bien et le mal, à l'énergie individuelle (« Fuir le petit et chercher le grand ») ou collective (« Jusqu'ici nous n'avons été que passifs, devenons actifs »). Il dresse son programme d'action comme un plan de bataille et de carrière : « Il ne s'agit pas d'être modeste, mais d'être le premier. » Son goût de l'analyse montre l'élève des philosophes ; l'obsession de l'*impetus* et du *maximum*, selon ses termes, est celle de la génération révolutionnaire et romantique. Des *Réflexions sur la déclamation* font également éclater en remarques et anecdotes la rhétorique classique. Toutes ses maximes ne lui évitent pas de monter à l'échafaud durant la Terreur. Jacques Charles Bailleul (1762-1843), conventionnel emprisonné, a réussi finalement à y échapper. Plutôt que de rédiger des mémoires comme la plupart de ses amis girondins, il publie en 1796 un *Almanach des bizarreries humaines, ou Recueil d'anecdotes sur la Révolution* dont la discontinuité est refus de conclure et de condamner hâtivement. « La doctrine du fatalisme est, dit-on, une doctrine désespérante ; elle attaque la morale dans ses bases, ce qui est vrai jusqu'à un certain point. Cependant, quand on examine la destinée de la plupart des hommes, on est forcé de reconnaître une sorte de fatalité. Il y a un jeu cruel dans les événements, surtout dans les moments orageux, qui confond toutes les idées et dérange toutes les combinaisons de la sagesse. » Sans renoncer à ses convictions, force lui est d'avouer l'importance du hasard ou de la *force des choses*, et la convergence de certains contraires : « Des émigrés, des anarchistes, des Marat, des prêtres, des princes, comme tout cela se ressemble ! » La forme discontinue ramène à Louis Sébastien Mercier qui tire de son travail de journaliste la matière d'un *Nouveau Paris*, histoire non chronologique de la Révolution, récit d'un idéal bousculé par une réalité brutale, errance à travers les événements d'un homme des Lumières qui ne renonce pas à ses espérances. Dans cette suite au *Tableau de Paris*, l'invention se trouve dans l'angle de vue (qui privilégie le détail et le quotidien) et dans le montage (qui juxtapose les contraires) (sur le genre des mémoires, voir p. 355-358).

La Terreur dans les lettres : Sade

Que la relation entre Sade et la Révolution ne soit pas une simple coïncidence chronologique est évident sans qu'il soit facile de donner un sens à cette évidence. Les pamphlétaires révolutionnaires ont dénoncé dans le marquis, libéré de la Bastille, un crimi-

Biographie de Sade

1740   Naissance de Donatien Alphonse François de Sade à Paris

1744   Séjour en Provence chez ses tantes et chez son oncle, l'abbé de Sade

1750   Etudes chez les Jésuites du collège Louis-le-Grand à Paris

1754   Elève à l'Ecole des Chevau-Légers et carrière militaire

1763   Mariage avec Mlle de Montreuil, d'une riche famille parlementaire. Cinq mois plus tard, arrestation après la fustigation d'une jeune ouvrière

1768   Scandale public après une partie sacrilège, la veille de Pâques, à Arcueil. Incarcération de sept mois

1772   Second grand scandale à la suite d'une partie à Marseille avec son valet et quatre prostituées. Fuite en Italie. Condamnation à mort par contumace. Arrestation et évasion

1775   Risque d'un nouveau scandale à Lacoste : second séjour en Italie

1777   Arrestation à Paris, la condamnation à mort est commuée en amende, mais Sade reste en prison par lettre de cachet, à Vincennes (1777-1784), puis à la Bastille (1784-1789)

1782   Rédaction du *Dialogue entre un prêtre et un moribond*

1782-1785   Rédaction des *Cent Vingt Journées de Sodome*

1787   Rédaction des *Infortunes de la vertu*

1788   Rédaction d'*Aline et Valcour*

1790   Abolition des lettres de cachet, libération du « citoyen Sade »

1791   Représentation d'Oxtiern et publication de *Justine*

1794   Condamnation à mort pour modérantisme, libération après la chute de Robespierre

1795   Publication d'*Aline et Valcour* et de *La Philosophie dans le boudoir*

1799   Publication de *La Nouvelle Justine*, suivie de l'*Histoire de Juliette* (antidatée de 1797)

1800   Publication des *Crimes de l'amour*

1801   Incarcération de Sade à Sainte-Pélagie, à Bicêtre puis à Charenton où il restera jusqu'à sa mort

1804   Rédaction des *Journées de Florbelle*

1812   Rédaction d'*Adélaïde de Brunswick*

1813   Publication de *La Marquise de Gange* et rédaction de l'*Histoire secrète d'Isabelle de Bavière*

1814   Mort de Sade à Charenton

nel envers lequel l'Ancien Régime aurait montré une mansuétude scandaleuse. Les adversaires de la Révolution ont au contraire établi une continuité entre le terrorisme jacobin et l'imaginaire sanguinaire de l'écrivain. Un siècle plus tard, Apollinaire et les surréalistes ont marié le radicalisme révolutionnaire et la liberté revendiquée par Sade pour ses héros du mal, tandis que Gilbert Lely, l'un de ceux qui ont le plus fait pour la diffusion et la connaissance de Sade, oppose l'élitisme hautain du grand seigneur et tout mouvement populacier. C'est dire qu'on ne peut assigner de sens univoque à une œuvre qui est de fiction et qui joue de tous les discours et de toutes les formes de son temps.

Les Cent Vingt Journées de Sodome s'apparente aux récits enchâssés dans une histoire-cadre du type des *Mille et Une Nuits*, *Aline et Valcour* est un roman épistolaire, *Justine* un récit-mémoires à la première personne, *La Philosophie dans le boudoir* un dialogue philosophique, *Les Crimes de l'amour* un recueil de nouvelles (voir p. 390). Le répertoire des manies sexuelles rappelle toute la littérature pornographique contemporaine. Les discours des libertins sont empruntés à l'argumentaire matérialiste du baron d'Holbach, aux diatribes antichrétiennes de Voltaire, aux traités d'anthropologie qui rassemblent et classent trois siècles de récits de voyage. Mais ces formes connues, ces arguments et ces exemples souvent ressassés deviennent sous la plume de Sade un objet neuf, inouï, insupportable. Les formes sont distordues. *Les Cent Vingt Journées de Sodome* qui réunit quatre libertins durant quatre mois dans un château inaccessible pour entendre et pratiquer tout ce qui peut se faire en matière de perversion, s'aventure aux limites du langage et de l'humanité. Le texte ne peut finalement que suggérer l'inimaginable dans un inachèvement principiel. La forme épistolaire d'*Aline et Valcour* est rompue par deux récits qui occupent la moitié de l'ensemble, le dialogue de *La Philosophie dans le boudoir* par un pamphlet révolutionnaire ou la parodie d'un tel pamphlet. Le discours des libertins emprunte ses prémices à l'athéisme et au matérialisme des Lumières, l'univers est infini, incréé, amoral. Alors que les encyclopédistes tiraient de telles prémices la possibilité d'une maîtrise de la nature par l'homme et la perspective d'un progrès, Sade ne peut s'arracher au pessimisme religieux, il condamne l'humanité au ressassement des mêmes passions qui mènent aux mêmes crimes. Les révolutions ne sont que répétition de terreurs. Le spectacle de la vertu malheureuse qui forme une des sources du drame bourgeois et du romanesque des Lumières devient chez Sade plaisir cynique et, dira-t-on au XXᵉ siècle, sadique.

La force de cette œuvre qui témoigne du passage de la norme classique à une littérature de l'expression, qui a fini par quitter l'enfer des bibliothèques et des livres de psychiatrie pour s'imposer dans les collections de poche et les programmes universitaires, se trouve dans la pulsion répétitive qui fait raconter à Sade quelques scénarios de base avec mille variations, selon les deux mouvements complémentaires de la litote et de l'outrance. Le désir veut rester toujours en éveil, doublement sollicité par la « gaze » qui suggère sans dévoiler et la transgression qui brise tous les freins, dépasse toutes les censures, outrepasse tous les interdits. C'est ainsi qu'un conte voltairien, *Les Infortunes de la vertu*, est repris, aggravé dans *Justine, ou les malheurs de la vertu*, roman à la première personne où les sévices subis par la pure héroïne sont explicités, puis à nouveau répété, allongé dans *La Nouvelle Justine* où la vertueuse jeune fille est dépossédée de la parole, au profit de sa sœur, la criminelle Juliette qui raconte l'*Histoire de Juliette, ou les prospérités du vice*, épopée triomphante de la volonté de nuire. Les deux tendances de l'écriture sadienne sont indissociables : en même temps Sade avoue *Aline et Valcour*, roman pour le public, et désavoue *Justine*, réservé aux initiés. La violence qu'il impose au lecteur n'est pas seulement le constat du mal ou l'omniprésence d'une sexualité polymorphe, elle est dans le décentrement fondamental qui renvoie tout discours à son contraire, ruine toute certitude par son inverse. L'œuvre est contradictoire et cohérente, variée et obsessionnelle. Elle marque la résistance du passé à tous les espoirs des Lumières, le cœur de terreur au milieu de la Révolution, elle oppose un principe d'inversion à toutes les certitudes. L'inversion homosexuelle se transforme en une dynamique de la contradiction, elle prend la grandeur d'une Création à rebours jusqu'à postuler un Etre suprême en méchanceté, elle se loge au creux de l'antagonisme entre Lumières et Anti-Lumières, Révolution et Contre-Révolution.

Conseils de lecture. — Jean Starobinski, *Les Emblèmes de la raison*, Flammarion, 1973, rééd., coll. « Champs »; *La Carmagnole des muses*, sous la direction de J.-C. Bonnet, Armand Colin, 1988 ; Béatrice. Didier, *La Littérature de la Révolution française*, « Que sais-je ? », 1988, et *Ecrire la Révolution, 1789-1799*, PUF, 1989 ; Gérard Gengembre, *La Contre-Révolution ou l'Histoire désespérante*, Imago, 1989 ; Révolution et Littérature, *Revue d'histoire littéraire de la France*, juillet-octobre 1990.

Les *Œuvres complètes*, ou relativement complètes, de Sade ont été publiées par Gilbert Lely (Cercle du livre précieux, 1966-1967), repris par Jean-Jacques Pauvert. La publication des *Œuvres* est en cours pour la Bibliothèque de la Pléiade dans un texte contrôlé et annoté (t. I, 1990 ; t. II, 1995).

Conclusion

Quand finit le siècle des Lumières ? De la réponse à la question dépend une définition de l'époque. Si l'on insiste sur le lien entre les Lumières et l'esprit des salons, entre l'ironie des contes et le style de la mondanité, le siècle s'arrête en 1789. La prise de la Bastille, l'irruption des masses populaires sur la scène politique, la fin des académies et du monopole des théâtres marquent bien la fin d'une époque. Les représentants de la génération de l'*Encyclopédie* sont tous morts : Voltaire et Rousseau en 1778, Diderot en 1784, Buffon en 1788, d'Holbach en 1789. Si l'on veut souligner le bilan positif de la Révolution, il faut inclure dans le siècle la stabilisation thermidorienne et le Directoire. Au nom de l'héritage encyclopédique, les institutions culturelles sont mises en place : Institut, Ecole normale, Ecole polytechnique, Conservatoire des arts et métiers et Muséum d'histoire naturelle qui réalisent un idéal exprimé par la génération précédente. La campagne d'Italie et celle d'Egypte soignent encore leur alibi culturel et peuvent une dernière fois faire croire à un idéal républicain. 1799 et 1802 représentent bien une coupure. En brumaire, le général révolutionnaire bascule du côté du pouvoir personnel ; en 1802 un *Te Deum* fête, à Notre-Dame qui vient d'être réouverte au culte catholique, le Concordat et la paix d'Amiens. Chateaubriand en profite pour lancer le *Génie du christanisme* qui oppose à *De la littérature* de Mme de Staël un programme de restauration catholique. Fontanes orchestre l'événement. Ballanche venait de publier, quelques mois auparavant, *Du sentiment considéré dans ses rapports avec la littérature et les arts* qui défend la primauté du sentiment sur la raison et dont le titre paraît une réplique à celui de Mme de Staël qui considérait la littérature « dans ses rapports avec les institutions sociales ». Mme de Genlis s'empresse de donner *La Philosophie chrétienne* (1802) et *Les Monuments religieux* (1805).

Sylvain Maréchal peut enrôler tout ce qui pense dans son *Dictionnaire des athées*, Parny rimer une *Guerre des Dieux* dans le goût sacrilège de *La Pucelle* et Louis Sébastien Mercier couronner avec sa *Néologie, ou vocabulaire de mots nouveaux, à renouveler ou pris dans des acceptions nouvelles* une carrière d'iconoclaste, l'opinion veut tourner la page. En 1811, le siège académique de Marie-Joseph Chénier le voltairien, l'ancien poète de la Révolution, est occupé par Chateaubriand, le représentant du nouvel esprit religieux. 1814 et 1815 marquent plus encore les esprits. Le calendrier révolutionnaire n'est plus qu'un souvenir ; la seconde génération des Lumières a été progressivement enterrée dans le nouveau cimetière du Mont-Louis, dessiné par Brongniart, qu'on va nommer le cimetière du Père-Lachaise : le poète Delille, l'architecte Brongniart lui-même, le musicien Grétry en sont les premiers hôtes. Puis Bernardin de Saint-Pierre et Louis Sébastien Mercier. Les émigrés de retour essaient d'effacer les Lumières et la Révolution, réduites à la licence et à l'anarchie sanglante. En 1819 sont révélés un poète disparu dans la Terreur, André Chénier, et une jeune poétesse, Marceline Desbordes-Valmore. L'année suivante, *Les Méditations poétiques* de Lamartine frappent l'opinion, comme l'avait frappée le *Génie du christianisme*. « On y passait subitement, expliquera Sainte-Beuve, d'une poésie sèche, maigre, pauvre, ayant de temps en temps un petit souffle à peine, à une poésie large, vraiment intérieure, abondante, élevée et toute divine. » Le XVIIIe siècle aurait été un âge matérialiste, ignorant la poésie qui attendait Lamartine et le spiritualisme pour renaître. La nouvelle école romantique, monarchiste et catholique, puis libérale et républicaine, cherche à faire oublier sa dette à l'égard de ses prédécesseurs. On néglige la continuité de Delisle de Sales ou Bernardin de Saint-Pierre à Ballanche et Chateaubriand, de Mercier à Hugo, etc. On lit *De Racine et Shakespeare* ou la préface de *Cromwell* comme s'il n'y avait pas eu *Du théâtre*.

Le groupe de Coppet incarne pourtant la continuité et l'infléchissement des Lumières au Romantisme. A l'intérieur d'un même idéal de raison et de progrès, les idées de liberté et d'individu se développent dans le libéralisme, tandis que celles de justice et d'égalité sont reprises par le socialisme. Libéralisme et socialisme sont les frères jumeaux que le XVIIIe siècle lègue à notre modernité. Chaque école se dessine sa généalogie parmi les penseurs des Lumières et les figures de la Révolution. Des voltairiens s'opposent aux rousseauistes, tandis que d'autres réconcilient *post mortem* les deux hommes, réunis dans la pompe du Panthéon puis dans l'opprobre de la dépanthéonisation lorsque l'église Sainte-Geneviève est rendue au culte catholique. Le positivisme, pour sa part, se réclame d'une filiation qui va de Diderot et Danton à Auguste Comte. Les rééditions se font tout au long du XIXe siècle au gré des identifications et des récupérations. De Joseph de Maistre à Barbcy et à Maurras, la tradition contre-révolutionnaire voue aux gémonies ceux qui auraient livré la France à la Terreur, à l'individualisme, aux influences étrangères. Las de querelles idéologiques, des artistes redécouvrent l'art rococo, la spontanéité des épistoliers, la liberté des conteurs galants.

Le XVIIIe siècle demeure jusqu'à aujourd'hui une référence, concurremment ou conjointement, libertine et militante. Crébillon, Laclos, Vivant Denon, Sade sont passés du second au premier rayon. Ce sont désormais des classiques. Ils inspirent cinéastes, dramaturges et romanciers. En quelques années sortent deux films inspirés des *Liaisons dangereuses*, trois par l'*Histoire de ma vie* de Casanova, tandis que paraît une adaptation de *Jacques le Fataliste* par Milan Kundera qui ensuite récrit à sa façon *Point de lendemain*. On ne cesse de monter au théâtre les dialogues de Crébillon. Casanova met en verve savants, psychanalystcs ct romancicrs. Jacques Chessex salue le tricentenaire de la naissance du patriarche par *Le Rire de Voltaire*. Quand, à la fin du XIXe siècle, ceux qu'on se mit à nommer les *intellectuels* prirent la défense d'un innocent accusé parce que juif, l'affaire Dreyfus se définit comme une nouvelle affaire Calas, condamné en son temps parce que protestant. Zola occupait la place de Voltaire. L'intervention dans la vie de la cité au nom de valeurs rationnelles et tolérantes illustre l'esprit des Lumières. Lorsque l'Allemagne s'effondre dans le nazisme, que l'on brûle les livres sur les places publiques, un professeur de philosophie de l'Université de Hambourg démissionne. Il publie *La Philosophie des Lumières* avant de quitter l'Allemagne : le livre de Ernst Cassirer reste un des maîtres-livres sur la pensée du siècle. En 1989, la chute du mur de Berlin commémore le bicentenaire de la Révolution. Aujourd'hui c'est en tant qu'écrivain et militant de la pensée libre que Salman Rushdie est condamné à mort par une autorité religieuse.

BIBLIOGRAPHIE GÉNÉRALE

On ne trouvera ici que les livres généraux de langue française. Pour plus de détails, on se reportera aux indications à la fin de chaque chapitre.

Bibliographies

A. Cioranescu, *Bibliographie de la littérature française du XVIIIᵉ siècle*, CNRS, 1969, 3 vol. Depuis 1969, voir les volumes annuels de René Rancœur (RHLF, Armand Colin) et Otto Klapp et successeurs (Francfort-sur-le-Main, Klostermann).

P. M. Conlon, *Prélude au siècle des Lumières. Répertoire chronologique de 1680 à 1715*, Genève, Droz, 1970-1975, 6 vol., et *Le Siècle des Lumières. Bibliographie chronologique*, Genève, Droz, depuis 1983, 10 vol. parus en 1993 qui vont jusqu'en 1760, et 2 vol. d'index.

André Monglond, *La France révolutionnaire et impériale*, Grenoble, Arthaud, puis Imprimerie nationale, 1930-1963, 9 vol.

Carol Brenner, *A Bibliographical List of Plays in the French Language (1700-1789)*, Berkeley, 1947, et André Tissier, *Les Spectacles à Paris pendant la Révolution. Répertoire analytique, chronologique et bibliographique, 1789-1792*, Genève, Droz, 1992.

S. P. Jones, *A List of French Prose (1700-1750)*, New York, 1939, et Frautschi-Martin-Mylne, *Bibliographie du genre romanesque français (1751-1800)*, Londres-Paris, 1977 ; Yves Giraud, *Bibliographie du roman épistolaire*, Fribourg, Suisse, 1977.

Jean Sgard, *Dictionnaire des journaux, 1600-1789*, Universitas, 1991, 2 vol., et *Dictionnaire des journalistes, 1600-1789*, Presses universitaires de Grenoble, 1976 ; Ulla Kölving et Jeanne Carriat, *Inventaire de la Correspondance littéraire de Grimm et Meister*, The Voltaire Foundation, 1984, 3 vol.

Plusieurs revues et collections sont consacrées au XVIIIᵉ siècle : *Dix-huitième siècle*, revue annuelle depuis 1969, publiée chez Garnier, puis depuis 1984 aux PUF ; *Studies on Voltaire and the Eighteenth Century*, collection de recueils et de monographies depuis 1955, Oxford, Voltaire Foundation, Paris, Universitas. Une revue particulière est consacrée à chaque grand auteur.

Contexte historique

Pierre Chaunu, *La Civilisation de l'Europe des Lumières*, Arthaud, 1971 ; Pierre Goubert et Daniel Roche, *Les Français et l'Ancien Régime*, Armand Colin, 1984 ; Daniel Roche, *La France des Lumières*, Fayard, 1993 ; René Pomeau, *L'Europe des Lumières, cosmopolitisme et unité européenne au XVIIIᵉ siècle*, Stock, 1966 ; Albert Soboul, Guy Lemarchand et Michèle Fogel, *Le Siècle des Lumières*, PUF, 1977.

Histoire culturelle

Roger Chartier, *Lectures et lecteurs dans la France d'Ancien Régime*, Seuil, 1987 ; Id., *Les Origines culturelles de la Révolution française*, Seuil, 1990 ; Robert Darnton, *Bohème littéraire et Révolution : le monde des livres au XVIIIᵉ siècle*, Le Seuil, 1983 ; Id., *Edition et sédition : l'univers de la littérature clandestine au XVIIIᵉ siècle*, Gallimard, 1991 ; Id., *Gens de lettres, gens du livre*, Odile Jacob, 1992 ; Arlette Farge, *Dire et mal dire. L'Opinion publique au XVIIIᵉ siècle*, Seuil, 1992 ; Daniel Roche, *Le Siècle des Lumières en province. Académies et académiciens provinciaux (1680-1789)*, Mouton, 1978 ; Id., *Le Peuple de Paris. Essai sur la culture populaire au XVIIIᵉ siècle*, Aubier-Montaigne, 1981 ; Id., *Les Républicains des lettres. Gens de culture et Lumières au XVIIIᵉ siècle*, Fayard, 1988.

Histoire des idées

Georges Benrekassa, *Le Concentrique et l'excentrique : marges des Lumières*, Payot, 1980 ; Id., *La Politique et sa mémoire. Le Politique et l'historique dans la pensée des Lumières*, Payot, 1983 ; Id., *Le Langage des Lumières. Concepts et savoirs de la langue*, PUF, 1995 ; Ernst Cassirer, *La Philosophie des Lumières*, trad. franç., Fayard, 1966 ; Jean Dagen, *L'Histoire de l'esprit humain de Fontenelle à Condorcet*, Klincksieck, 1977 ; Michel Delon, *L'Idée d'énergie au tournant des Lumières, 1770-1820*, PUF, 1988 ; Jean Deprun, *La Philosophie de l'inquiétude en France au XVIIIᵉ siècle*, Vrin, 1979 ; Jacques Domenech, *L'Ethique des Lumières. Les Fondements de la morale dans la philosophie française du XVIIIᵉ siècle*, Vrin, 1989 ; Michèle Duchet, *Anthropologie et Histoire au siècle des Lumières*, Maspero, 1971 ; Jean Ehrard, *L'Idée de nature en France dans la première moitié du XVIIIᵉ siècle*, SEVPEN, 1963, et Albin Michel, 1994 ; Jean Fabre, *Lumières et Romantisme. Energie et nostalgie de Rousseau à Mickiewicz*, Klincksieck, 1963 ; Roger Favre, *La Mort au siècle des Lumières*, Lyon, Presses universitaires, 1978 ; Jean M. Goulemot, *Discours, histoire et révolutions. Représentations de l'histoire et discours sur les révolutions de l'Age classique aux Lumières*, UGE, 1975 ; Catherine Larrère, *L'Invention de l'économie au XVIIIᵉ siècle, du droit naturel à la physiocratie*, PUF, 1992 ; Francine Markovits, *L'Ordre des échanges. Philosophie de l'économie et économie du discours au XVIIIᵉ siècle en France*, PUF, 1986 ; Robert Mauzi, *L'Idée du bonheur dans la littérature et la pensée françaises au XVIIIᵉ siècle*, Colin, 1960, et Albin Michel, 1994 ; Roland Mortier, *Clartés et Ombres du siècle des Lumières*, Genève, Droz, 1969 ; Id., *Le Cœur et la raison. Recueil d'études sur le XVIIIᵉ siècle*, Oxford, Voltaire Foundation, 1990 ; Jacques Roger, *Les Sciences de la vie dans la pensée française au XVIIIᵉ siècle*, Colin, 1962 ; Jean Starobinski, *Le Remède dans le mal. Critique et légitimation de l'artifice à l'âge des Lumières*, Gallimard, 1989 ; Paul Vernière, *Spinoza et la pensée française avant la Révolution*, PUF, 1982 ; Id., *Lumières ou clair-obscur ? Trente essais sur Diderot et quelques autres*, PUF, 1988.

Histoire des genres

Sur le roman : Henri Coulet, *Le Roman jusqu'à la Révolution*, Colin, 1967 ; Jean Fabre, *Idées sur les romans de Mme de La Fayette au marquis de Sade*, Klincksieck, 1979 ; Françoise Barguillet, *Le Roman français au XVIIIᵉ siècle*, PUF, 1981 ; Henri Lafon, Les Décors et les choses dans le roman français du XVIIIᵉ siècle de Prévost à Sade, *Studies on Voltaire*, 297, 1992.

Sur le théâtre : Pierre Larthomas, *Le Théâtre en France au XVIIIᵉ siècle*, PUF, 1980 ; Martine de Rougemont, *La Vie théâtrale en France au XVIIIᵉ siècle*, Genève, Slatkine, 1988 ; *Le Théâtre en France* sous la direction de Jacqueline de Jomaron, t. I : *Du Moyen Age à 1789*, Armand Colin, 1988.

Sur la poésie : Sylvain Menant, *La Chute d'Icare : la crise de la poésie française (1700-1750)*, Genève, Droz, 1981, et Edouard Guitton, *Delille et la poésie de la nature de 1750 à 1820*, Klincksieck, 1974.

Formes et esthétiques

Annie Becq, *Genèse de l'esthétique française moderne, 1680-1814*, Pise, Paccini, 1984, et Albin Michel, 1994 ; Jacques Chouillet, *L'Esthétique des Lumières*, PUF, 1974 ; Roland Mortier, *La Poétique des ruines en France : ses origines, ses variations, de la Renaissance à Victor Hugo*, Genève, Droz, 1974 ; Id., *L'Originalité. Une nouvelle catégorie esthétique au siècle des Lumières*, Genève, Droz, 1982 ; Baldine Saint Girons, *Esthétiques du XVIIIe siècle. Le modèle français*, Philippe Sers (éd.), 1990 ; Jean Starobinski, *L'Invention de la liberté, 1700-1789*, Genève, Skira, 1964 ; Jean Weisgerber, *Les Masques fragiles. Esthétique et formes de la littérature rococo*, Lausanne, L'Age d'Homme, 1991.

Index des noms

Les auteurs sont ici nommés de la manière la plus simple possible, lorsqu'il n'y a pas de confusion à craindre. Les chiffres en italiques renvoient aux pages où l'écrivain — vie ou œuvre — est plus spécialement présenté.

Michel Delon remercie Jean-Christophe Abramovici d'avoir établi l'index de la seconde partie.

Imprimé en France
Imprimerie des Presses Universitaires de France
73, avenue Ronsard, 41100 Vendôme
Janvier 1996 — N° 42 030

**Collection
Premier
Cycle**

Norbert ALTER — Sociologie de l'entreprise et de l'innovation

Sylvain AUROUX — La philosophie du langage

Claude AYME — Version anglaise / Filière classique

Marie-Claire BANCQUART, Pierre CAHNÉ — Littérature française du XXᵉ siècle

Jean-Louis BANDET — Anthologie de la littérature allemande

Dominique BARJOT, Jean-Pierre CHALINE, André ENCREVÉ — La France du XIXᵉ siècle

Hervé BÉCHADE — Grammaire française

Lucien BÉLY — La France moderne 1498-1789

Jacques BEYRIE, Robert JAMMES — Histoire de la littérature espagnole

Jacqueline BIDEAUD, Olivier HOUDÉ, Jean-Louis PÉDINIELLI — L'homme en développement

Thérèse CHARMASSON, Anne-Marie LELORRAIN, Martine SONNET — Chronologie de l'histoire de France

Marguerite COCUDE, Muriel JOUHANEAU — L'homme biologique

Dominique COLAS — Sociologie politique

Franck DEBIÉ — Géographie économique et humaine

Jacques DEBORD — Comptabilité nationale

Michel DELON, Pierre MALANDAIN — Littérature française du XVIIIᵉ siècle

Vinciane DESPRET, Pol. P. GOSSIAUX, Catherine PUGEAULT, Vincent YZERBYT — L'homme en société

Bernard ESNAULT, Christian HOARAU — Comptabilité financière

François ETNER — Microéconomie

Brian FERGUSSON — Thème anglais / Filière LEA

Dominique FOLSCHEID — La philosophie allemande de Kant à Heidegger

Dominique FOLSCHEID, Jean-Jacques WUNENBURGER — Méthodologie philosophique

Jean-Michel de FORGES — Droit administratif

Jean FRANCO, Jean-Marie LEMOGODEUG — Anthologie de la littérature hispano-américaine du XXᵉ siècle

Guy HERMET — L'Espagne au XXᵉ siècle

Winfrid HUBER — L'homme psychopathologique et la psychologie clinique

Samuel JOHSUA, Jean-Jacques DUPIN — Introduction à la didactique des sciences et des mathématiques

Edmond JOUVE — Relations internationales

Chantal LABRE, Patrice SOLER — Méthodologie littéraire

Philippe LABURTHE-TOLRA, Jean-Pierre WARNIER — Ethnologie-Anthropologie

Viviane de LANDSHEERE — L'éducation et la formation

François LAROQUE, Alain MORVAN, André TOPIA — Anthologie de la littérature anglaise

Marcel LE GLAY, Jean-Louis VOISIN, Yann LE BOHEC — Histoire romaine

Alain de LIBÉRA — La philosophie médiévale

Monique et Jean LOZES — Version anglaise / Filière LEA